Hanns Thomae-Venske · Islam und Integration

Hanns Thomä-Venske

Islam und Integration

Zur Bedeutung des Islam im Prozeß der Integration türkischer Arbeiterfamilien in die Gesellschaft der Bundesrepublik.

ebv Rissen

Erwachsenenbildung · Sozialpädagogik
Allgemeine Sozialwissenschaften

Druck und Verarbeitung: Breklumer Druckerei Manfred Siegel
Printed in Germany

ISBN 3-923002-03-3

IN DER MOSCHEE

An einem Freitag, nach dem Mittagsgebet, mußte Nasreddins Vater in der Moschee eine Predigt halten, denn er war der Vorbeter im Dorf. Weil die Mutter beim Einkaufen war, beschloß er, den Jungen mitzunehmen.

An sich waren sich alle diese Predigten sehr ähnlich. Abdullah, auf seiner Kanzel, sprach für gewöhnlich von der Reinigung, rief die Gebote Allahs in Erinnerung und mahnte die Gläubigen, ansonsten fromm und gottgefällig zu leben.

Seltsamerweise aber fiel ihm an diesem Tag nichts, aber auch gar nichts ein. Er führte seine Unsicherheit auf die Anwesenheit Nasreddins zurück, der versteckt auf dem Boden der Kanzel, zu seinen Füßen kauerte, und hustete ein paarmal verlegen.

Schließlich sagte er entschuldigend zu den Gläubigen: "Ehrlich gesagt, ihr Männer, heute habe ich all das vergessen, was ich euch sagen wollte. Es fällt euerem Imam einfach nichts ein."

Da meldete sich Nasreddin, indem er mit lauter Stimme rief:
"Na, Papa, daß es in deinem Kopf leer ist, wissen doch ohnehin alle. Aber warum kommst du nicht auf die Idee, einfach von der Kanzel herunterzusteigen?"

Tödlich beleidigt, aber doch erleichtert, befolgte Abdullah den Rat des unverschämten kleinen Schlingels. Von Natur aus höchst gutmütig, unterließ er es sogar, Nasreddin eins hinter die Ohren zu geben.

(Aus: Gerd Frank (Hg.): Der türkische Eulenspiegel)

INHALTSVERZEICHNIS

VORWORT

"In einem fremden Land bekommt man mit der Zeit eine dünne Haut." (Osman Gürlük in einem Gespräch mit Max von der Grün)

Die Problematik der türkischen Arbeiterfamilien in der Bundesrepublik ist bereits unter verschiedenen Gesichtspunkten analysiert worden; die Frage nach der Bedeutung ihrer anderen Religion wurde bisher wissenschaftlich jedoch noch nicht untersucht. Die vorliegende Arbeit widmet sich dieser Thematik.

Seit dem Abschluß der Arbeit Mitte April 1980 haben sich die politischen Verhältnisse in der Türkei grundlegend verändert. Am 12. September 1980 putschte - wie das seit längerem erwartet wurde - das Militär, übernahm die Regierungsgewalt und setzte die demokratischen Rechte außer Kraft. Diese Einschränkungen treffen insbesondere die fortschrittlichen Organisationen, jedoch u.a. auch die religiös orientierte und argumentierende politische Rechte, da die Militärregierung,dem laizistischen Grundsatz entsprechend,religiös-politische Aktivitäten untersagte.(Für die Situation in der Türkei ergeben sich insofern gewisse Änderungen gegenüber dem in dieser Arbeit berücksichtigten Zeitraum.)
In der Bundesrepublik konnten sich dagegen rechtsgerichtete Moslemorganisationen,wie die Islamischen Kulturzentren, z.T. mit Unterstützung deutscher Institutionen,weiter etablieren, so daß die in dieser Arbeit neben anderem durchgeführte Analyse der anti-demokratischen und desintegrativen Einflüsse solcher Organisationen in den vergangenen Monaten eher noch an trauriger Aktualität gewonnen hat.

Die Arbeit soll deshalb den türkischen Demokraten gewidmet sein, die in der Türkei und in der Bundesrepublik als Moslems oder als Nicht-Moslems ankämpfen gegen anti-demokratische, autoritaristische, rechtsradikale Entwicklungen, die häufig unter der Tarnung kultureller oder religiöser Traditionen auftreten.

Hamburg, März 1981 Hanns Thomä-Venske

1. EINLEITUNG

Die Ausländerpolitik in der Bundesrepublik war bis in die Mitte der siebziger Jahre hinein durch das sogenannte "Rotationsprinzip" bestimmt. (1) Man ging davon aus, daß sich die ausländischen Arbeiter lediglich zum Arbeiten und nur für eine begrenzte Zeit in der Bundesrepublik aufhalten, ohne daß sie ihre Familien nachholen. Ihre über das Geldverdienen hinausgehenden Interessen und Probleme glaubte man vernachlässigen zu können. Heute muß davon ausgegangen werden, daß der überwiegende Teil der z.Zt. in der Bundesrepublik lebenden Ausländer auf Dauer hier wohnen bleiben wird. Vor allem seit dem am 23. 11. 1973 erlassenen Anwerbestop für Arbeiter aus den nicht zur Europäischen Gemeinschaft gehörenden Staaten steigt die Aufenthaltsdauer der Ausländer in der Bundesrepublik ständig an. Diese faktische Einwanderung zwingt zur Auseinandersetzung mit den Folgeproblemen der Ausländerbeschäftigung, da sich inzwischen soziale Konflikte (Ausländerkriminalität, politischer Extremismus) ankündigen, die mit den bisherigen ausländerpolitischen Maßnahmen nicht zu lösen sind.
Die Folgeprobleme der Ausländerbeschäftigung sind nach einer im Auftrag des nordrhein-westfälischen Ministeriums für Arbeit, Gesundheit und Soziales durchgeführten Untersuchung "nicht durch die Quantität und Qualität der tatsächlichen Probleme der ausländischen Familie bestimmt und verursacht, sondern durch ein seit Beginn der Beschäftigung ausländischer Arbeitnehmer bestehendes planloses Verhalten aller relevanten öffentlichen und privaten Institutionen." Die Autoren der Untersuchung "konnten in keinem einzigen Bereich einen echten prophylaktischen Maßnahmeansatz feststellen, der geeignet wäre, über die Reaktion auf bestehende Defizite hinaus zu erreichen, daß vorhersehbare Konflikt- und Problemlagen für die ausländische Familie vermieden werden." (LANGENOHL-WEYER u.a. 1976, 144)

Zwar wandelte sich die Zielrichtung der Ausländerpolitik in der zweiten Hälfte der siebziger Jahre vom "Rotationsprinzip" zum Grundsatz der "Integration durch Konsolidierung" (DER DEUTSCHE BUNDESRAT 1977), sie blieb jedoch weiter "von der Priorität arbeitsmarktpolitischer Gesichtspunkte geprägt..., während die ebenso gewichtigen sozial- und gesellschaftspolitischen Postulate nachrangig erschienen." (KÜHN 1979, 2) LANGENOHL-WEYER / WENNEKES kommen deshalb in ihrer Darstellung der Ausländerpolitik zu dem Schluß, daß die Ausländerpolitik Integration nach wie vor begreift als einseitige

> "Anpassung der Ausländer an die gesellschaftlichen Verhältnisse und an die Lebensform in der Bundesrepublik. Sie begreift damit Integration weniger als einen wechselseitigen Prozeß, sondern eher als eine Unterordnung der Ausländerbevölkerung unter das soziale System und die in der Bundesrepublik vorherrschenden Lebensformen. Ein derartiges Verständnis von Integration vergißt aber, daß die in der Bundesrepublik lebenden Ausländer bereits in ihren Heimatländern einen Sozialisationsprozeß durchlaufen haben und daher bereits ein Vorverständnis von sozialer Kommunikation und Sozialstrukturen mitbringen, das nicht einfach mit dem Hinweis, es sei nicht relevant für die gesellschaftlichen Verhältnisse in der Bundesrepublik, abgewiesen werden kann. Denn Integration kann nur in der aktiven Auseinandersetzung mit der eigenen Geschichte als ein gemeinsamer Prozeß von Deutschen und Ausländern verstanden werden. Sie darf den Ausländer nicht abschneiden von seinen eigenen Erfahrungen, sie darf den individuellen kollektiven Identitätsprozeß nicht als Anpassungsprozeß verstehen und darf die gemeinsame Organisation von Arbeits- und Lernprozessen nicht als alleiniges Problem der Ausländer begreifen. Die jetzige Integrationspolitik stellt einen Gegensatz zwischen ausländischen und deutschen Arbeitnehmern her, der deutlich die marktsteuernde Funktion der Integrationspolitik zu erkennen gibt." (LANGENOHL-WEYER / WENNEKES 1979, 18)

Die Notwendigkeit, Integration als einen gemeinsamen Prozeß zu verstehen, wird in besonderem Maße dort deutlich, wo die Differenzen zwischen Ausländern und Deutschen am größten sind: bei den moslemischen Türken.

In der Bundesrepublik leben heute über 1,5 Millionen Moslems. Die meisten von ihnen sind Türken, die als "Gastarbeiter" in die Bundesrepublik geholt wurden. Ihr kultureller und sozialer Hintergrund wird durch den Islam geprägt. Für keine andere ethnische Gruppe unter den "Gastarbeitern" ist der Konflikt zwischen der heimatlichen und der deutschen Kultur so groß. In diesem Konflikt spielt der Islam eine wichtige Rolle. Durch die jüngsten Entwicklungen in den "islamischen" Ländern ist seine Bedeutung eher noch gestiegen (2). Der ständig wachsende ökonomische und politische Einfluß der erdölexportierenden "islamischen" Staaten und vor allem die "Revolution" im Iran haben auch den türkischen Moslems ein neues Selbstbewußtsein vermittelt, wie z.B. die Solidaritätsbekundungen zahlreicher türkisch-moslemischer Organisationen für den Iran zeigen (vgl. FR 15.01.80). Gerade die Entwicklungen im Iran haben deutlich gemacht, daß gesellschaftliche Prozesse nicht lediglich unter politischen und ökonomischen Gesichtspunkten analysiert werden können, sondern daß ggf. auch die Religion als mehr oder weniger autonomer Faktor in der Analyse berücksichtigt werden muß. Das wird in zunehmendem Maße auch in der deutschen Öffentlichkeit erkannt, wie die steigende Zahl von Tagungen, Publikationen, Rundfunk- und Fernsehbeiträgen zum Thema Islam zeigen (3). Denn auch in der Bundesrepublik hat sich der Islam inzwischen zu einem relevanten gesellschaftspolitischen Faktor entwickelt. Unter den Türken versuchen vor allem politisch rechts stehende Gruppen, sich durch den Islam religiös zu legitimieren.

Anfang der siebziger Jahre traten zum ersten Mal türkische islamische Gruppierungen mit religiös faschistischen Äußerungen an die Öffentlichkeit. Im Februar 1970 verteilte der "Kultur- und Solidaritätsverein", 1 Berlin 61, Postf. 457, ein Flugblatt, in dem es u.a. hieß:

> "Daß die Rufe des Muezzins eines Tages in Berlin die Horizonte zerreißen und bis in den siebten Himmel aufsteigen. Der zweite Befreiungskrieg wird gegen eine Handvoll Kommunisten, Freimaurer, Zionisten, Volksfeinde und Ungläubige eröffnet. Dieser Krieg wird gemacht, um die Großtürkei wieder zu errichten. Das ist unser absolutes Ziel. 100.000 türkische und muslimische Arbeiter und Studenten sind in Europa dazu organisiert, diesen Kampf zu führen." (zit.n. BED 11.04.75)

Solche religiös verbrämten, rechtsradikalen Ideen wurden offensichtlich auch in den Koranschulen verbreitet, in denen türkischen Kindern das Lesen und teilweise Auswendiglernen des Koran auf Arabisch, sowie Grundbegriffe der Religionslehre vermittelt werden. So begründete der "Verein für Koranschulen in Westberlin" die Notwendigkeit von Korankursen wie folgt:

> "Die türkischen Kinder, die ohne eine nationale und religiöse Kultur aufwachsen, müssen aus den Händen kommunistischer Lehrer und Priestererzieher gerettet werden. Denn der Feind nähert sich in hinterlistiger Verkleidung. Sobald du ihm aber die freundliche Maske herunterreißt, taucht dahinter ein häßliches Kommunistengesicht, ein christlicher Missionar oder ein jüdischer Agent auf". (zit.n. ABDULLAH, in: epd-Dokumentation 40/76, 14f)

Die Propaganda der fanatischen Moslems eskalierte bis zu öffentlichen Mordaufrufen. In der Frankfurter Fatih-Moschee rief der Imam die Gläubigen auf: "Wir müssen allen Feinden des Islam den heiligen Krieg erklären und gegen sie kämpfen. Wer einen Kommunisten tötet, kommt ins Paradies." (ABDULLAH in: epd-Dokumentation 40/76, 13) Am 05.05.74 wurde in Norderstedt bei Hamburg der Türke NESET DANIS laut Presseberichten von Schlägerkommandos der MHP erschlagen. Der bei der Schlägerei anwesende Arbeitsattaché des türkischen Konsulats in Hamburg, AYFER ÖZCANOGLU, soll die Schläger angefeuert haben: "Schlagt zu! Schlagt zu! Die Kommunisten sind da. Wer seinen Gott liebt, der soll die Kommunisten erschlagen!" (BED 11.04.75)

Schon relativ früh berichteten einzelne Zeitungen wie die jüdische Wochenzeitung "Berliner Allgemeine" (25.02.72) oder der "Berliner Extra Dienst" (11.04.75) über die Funktionalisierung des Islam und der Koranschulen für die Ziele rechtsradikaler türkischer Parteien wie der islamistischen Nationalen Heilspartei MSP oder der faschistischen Partei der Nationalistischen Bewegung MHP (4). 1976 erschien die epd-Dokumentation "Neu auf der Polit-Bühne: Türkische Extremisten mit religiösem Anstrich" (40/76 vom 06.09.76). Sie legte erste Analysen der religiös-faschistischen Entwicklung unter den türkischen Arbeitern vor. Diese führen die Entwicklung zum einen auf die ungünstigen Lebensbedingungen der Türken in der Bundesrepublik zurück, die eine Radikalisierung unter den türkischen Arbeitern begünstigten, betonten aber auch, daß diese Entwicklung von interessierten Kräften aus der Türkei gezielt gefördert werde.

Verschiedene Institutionen wie die Arbeiterwohlfahrt (23.03.76), die "Ökumenische Kontaktstelle für Nicht-Christen im Erzbistum Köln" (19.03.76), das Kirchliche Außenamt der EKD (19.03.76) oder auch türkische Vereine (z.B. 14.06.76) warnten in öffentlichen Stellungnahmen vor den rechtsextremistischen und religiös-fanatischen türkischen Gruppen. (Vgl. epd-Dokumentation 40/76) Die Diskussion über diese Entwicklung, in der überwiegend deren politische Aspekte angesprochen wurden, blieb jedoch zunächst auf den Kreis der mit der Ausländerpolitik mehr oder weniger direkt befaßten Personen und Institutionen beschränkt. Auch der von den Kirchen und einigen reformorientierten Moslems geführte christlich-islamische Dialog (vgl.z.B. MICKSCH 1978, 71ff; ACIB 1977), der sich um einen Abbau religiös bedingter Konflikte bemüht, erreichte kaum Einfluß über kleine, theologisch interessierte Zirkel hinaus. Erst im Verlauf der Kampagne gegen die Koranschulen, bei der die Fragen nach Kindesmißhandlungen, Schulversagen der Koranschüler und Gettoisierungstendenzen im Vordergrund standen, stieg das allgemeine Interesse an der Tätigkeit moslemischer Gruppen in der Bundesrepublik.

Im Sommer 1977 wurde die deutsche Öffentlichkeit massiv auf die Anwesenheit von über einer Million Moslems in der Bundesrepublik und auf die Probleme, die sich aus ihrem Aufenthalt ergeben, hingewiesen. Anlaß war die Untersuchung der Duisburger Grundschulrektorin RENATE IRSKENS über die Tätigkeit von Koranschulen in Duisburg und deren negativen Einfluß auf die türkischen Schüler (Brief vom 16.12.76, abgedruckt in epd-Dokumentation 35/77, 31ff), sowie der durch diese Untersuchung ausgelöste Briefwechsel zwischen dem zuständigen Schulverwaltungsamt und dem Erziehungsrat der türkischen Botschaft in Bonn (epd-Dokumentation 35/77, 34ff). Nachdem die Untersuchung anfangs nur geringes öffentliches Interesse gefunden hatte (z.B. epd 11.03.77; WAZ 20.04.77), wurden am 01.06.77 und an den darauffolgenden Tagen gleichzeitig in fast allen größeren Tageszeitungen Artikel über die Duisburger Untersuchung und die Problematik der Koranschulen publiziert (z.B. in: DN, FAZ, RN, W, NRZ, FR, WR, SZ, RP, WAZ, HA und epd-Dokumentation 35/77 vom 22.08.77). Berichte und Kommentare in Rundfunk und Fernsehen folgten (z.B. HR II 21.06.77; DW 26.05.77; WDR I 15.06.77). Ministerien und Länderparlamente, Wohlfahrtsverbände, Gewerkschaften und andere gesellschaftliche Gruppierungen begannen, sich mit dem plötzlich ins öffentliche Bewußtsein getretenen Konfliktpotential des Islam auseinanderzusetzen (5).

Der IRSKENS-Bericht beruht auf den Äußerungen von etwa 25 türkischen Lehrern, ihrer deutschen Kollegen und einiger Schulleiter aus Duisburg. Die Kritik an der Praxis der Koranschulen richtet sich vor allem auf folgende Punkte:

a) Bei Kindern, die einen Korankursus besuchen, ist ein deutlicher Abfall der schulischen Leistungen zu beobachten.
b) Die Kinder werden durch den zusätzlichen Unterricht kräftemäßig überfordert.
c) Die Erziehungsmethode der Koranschulen, ein disziplinierender Drill, steht im Widerspruch zu den pädagogischen Vorstellungen der deutschen Schule.
d) In den Koranschulen werden den Kindern Orientierungen vermittelt und Verhaltensvorschriften gemacht, die nicht nur ausdrücklich gegen eine Integration der Türken in die Gesellschaft und in das Erziehungssystem der Bundesrepublik gerichtet sind, sondern die sich ebenso gezielt gegen die türkische Staatsverfassung wenden.
e) Rechtsradikale Parteien versuchen, in den Koranschulen ihre politischen Vorstellungen zu verbreiten.

Die Korankurse werden von verschiedenen Organisationen betrieben, die überwiegend dem konservativen bis reaktionär rechtsradikalen Lager zuzurechnen sind (vgl. Kapitel 3.3.3.1.)
Die vermutlich größte dieser Organisationen, das 'Islamische Kulturzentrum Köln e.V.' (IKZ), unterrichtet in seinen über die ganze Bundesrepublik verbreiteten Zweigstellen nach eigenen Angaben in nahezu 1.500 Korankursen etwa 50.000 Schüler (ANADOLU 09.11.79). Die IKZs treten gegenüber der deutschen Öffentlichkeit als ausschließlich an der Ausübung ihrer Religion interessierte, demokratisch gesinnte und die Integration der Türken fördernde Organisation auf und versuchen ihre Korankurse als vorbildlich darzustellen. Aus ihren türkischen Verlautbarungen muß aber geschlossen werden, daß sie sich in ihren Zielen nicht wesentlich von denen der rechtsradikalen religiösen Fanatiker unterscheiden (vgl. THOMÄ-VENSKE in: JK 1/80, 18ff, und ders. im DLF 26.03.80). Am 01.03.79 haben die IKZs beim Kultusministerium in Düsseldorf einen Antrag auf Anerkennung als Körperschaft öffentlichen Rechts gestellt. Seine Genehmigung hätte direkt oder indirekt (vermittelt über die

mit der rechtlichen Anerkennung verbundene Reputation) für die IKZs u.a. folgende Konsequenzen:
Sie könnten "Kirchensteuern" erheben, öffentlich anerkannte Urkunden im familien- und privatrechtlichen Bereich ausstellen, die Erteilung von islamischem Religionsunterricht an den öffentlichen Schulen fordern (6), sie könnten Vertreter in gesellschaftliche und politische Gremien entsenden, Repräsentation in den Massenmedien fordern, die Berücksichtigung ihrer Feiertage verlangen u.a.m..
Gegen die Anerkennung dieses Antrags wird von verschiedenen Seiten und aus verschiedenen Gründen protestiert (vgl. THOMÄ-VENSKE im DLF 26.03.80 und in JK 1/80, 18ff). Unabhängig vom Ausgang des Anerkennungsverfahrens macht dieser Antrag jedoch deutlich: Im Namen des Islam als einer Religion können türkische Gruppen in der Bundesrepublik einen gesicherten Rechtsstatus anstreben, wie ihn offen politisch auftretende Gruppen nicht annähernd erreichen können, denn diese können wegen der ausländerrechtlichen Bestimmungen allenfalls den Vereinsstatus erwerben. D.h. schon aufgrund der Rechtsstruktur in der Bundesrepublik läßt sich (abgesehen von anderen relevanten Faktoren) die gesellschaftspolitische Bedeutung des Islam begründen.

Wegen der engen Verbindung von rechtsgerichteter Politik und Islam, die das beherrschende Thema der Berichterstattung über den Islam in der Bundesrepublik ist, wurde (und wird) der Islam in der deutschen Öffentlichkeit überwiegend negativ beurteilt (7). Einige Kritiker der gegenwärtigen Praxis des Islam (vor allem aus dem kirchlichen Bereich) weisen jedoch darauf hin, daß der Islam ein wesentlicher Bestandteil der türkischen Kultur sei und daß Integration in die Gesellschaft der Bundesrepublik nicht die Aufgabe jeder kulturellen Eigenständigkeit der Türken bedeuten könne. Die Bewahrung kultureller und religiöser Traditionen könne vielmehr den Integrationsprozeß fördern. Gerade eine religiöse Erziehung könne, sofern sie die Situation der Türken in der Bundesrepublik berücksichtige, die Konflikte türkischer Kinder mit der deutschen Umwelt auffangen (vgl. HELLER im BR 20.11.78). Die nationale, kulturelle und religiöse Identität der türkischen Kinder müsse in der Bundesrepublik gewahrt oder überhaupt erst aufgebaut werden, um einerseits eine mögliche Reintegration zu erleichtern, andererseits eine Integration in die Gesellschaft der Bundesrepublik erst zu ermöglichen. So erwartet der islamische Reformtheologe SMAIL BALIC von einem von qualifizierten Lehrern durchgeführten islamischen Religionsunterricht, daß er "indirekt die Integrierung der moslemischen Arbeiterjugend fördern würde" (epd-Dokumentation 35/77, 13). Und RENATE IRSKENS hat, nach Darstellung von M.S.ABDULLAH,

> "obwohl Christin - dem moslemischen Religionsunterricht eine aktive Funktion im Integrationsprozeß zugewiesen. ... (Ein qualifizierter Religions-) Unterricht kann nach Frau Irskens Auffassung zu einer echten Lebenshilfe für moslemische Menschen in der modernen Industriegesellschaft werden. Durch ihn könnte der junge Moslem in die Lage versetzt werden, seinen eigenen Standort in einer Umwelt zu finden, die ihm fremd erscheinen müsse." (ABDULLAH in: epd-Dokumentation 35/77, 15)

Aus der hier nur kurz angedeuteten Problematik ergeben sich Fragestellungen, die in dieser Arbeit behandelt werden sollen:

- Welche Bedeutung hat der Islam im Prozeß der Integration der türkischen Arbeiterfamilien in die deutsche Gesellschaft? Wirkt er eher integrativ oder eher desintegrativ (in Bezug auf die Gesamtgesellschaft oder in Bezug auf die ethnische Gruppe)? Welche Bedeutung haben Betonung oder Aufgabe bzw. Verlust der kulturellen und religiösen Tradition für den Integrationsprozeß?

- Welche Einstellungs- und Verhaltensmuster werden durch den Islam tradiert, gestützt, entwickelt? Welche Funktion haben sie für den einzelnen Moslem und sein Verhalten? In welchem Verhältnis stehen sie zum Wert- und Normsystem der deutschen Gesellschaft? Kann der Islam unter den gesellschaftlichen Bedingungen in der Bundesrepublik eine seinem Selbstverständnis entsprechende Existenzform finden?

- Welchen Einfluß haben die konkreten Lebensbedingungen der Türken auf die Ausprägung ihrer religiösen Einstellungen? Welche anderen Faktoren prägen die religiösen Einstellungen?

- Welche Bedeutung hat der Islam für die Einstellungen und das Verhalten der deutschen Gesellschaft gegenüber den Türken?

- Welche Rolle spielt der Islam im Konflikt zwischen Türken und Deutschen? Entwickelt er sich zu einem - ungeeigneten - Medium und zum Katalysator für feindselige Auseinandersetzungen? Fördert er eine Lösung oder eine Eskalation der Konflikte (auf Seiten der Türken oder der Deutschen)?

- Welche Bedeutung hat der Islam für die Organisierung der Türken und ihrer Interessen? Welche Funktion hat er für die Übertragung interner Konflikte der Türkei auf die Bundesrepublik?

Zu diesen Fragen liegen bisher keine wissenschaftlichen Arbeiten vor. In der Integrationsdiskussion wurden und werden bis heute vorrangig die Probleme der Sicherung des Rechtsstatus der Ausländerfamilien, der Verbesserung ihrer Bildungs- und Berufschancen, ihrer Wohnsituation und ihrer sozialen Betreuung und Beratung behandelt (vgl. z.B. KÜHN 1979; BFT 1979; LANGENOHL-WEYER u.a. 1976). Auch wenn diese Probleme sozialpolitisch zunächst Vorrang haben, so macht doch die gegenwärtige politische Entwicklung unter den türkischen Arbeitern deutlich, daß ein dringender Bedarf an Untersuchungen über den Einfluß kultureller und religiöser Faktoren auf diese Entwicklung besteht. LÖSCH/WAHL fordern nach einem Überblick über die unzureichende Forschungslage zur Familien- und Sozialisationsforschung bei Ausländern:

> "Ein dringendes Desiderat wäre also die Erforschung gerade der subjektiven Faktoren bei den Ausländern und ihren Familien, ihrer Erziehungsstile und -praktiken bezüglich ihrer Kinder, ihrer langfristigen Lebensplanung, ihrer konkreten Erwartungen für die Lebensgestaltung in der Bundesrepublik Deutschland usw." (1977, 6)

Einzelne Untersuchungen haben zwar die Probleme des Kulturkonflikts behandelt (z.B. BARATH 1978; BINGEMER u.a. 1972; BRAUN 1970; DAMANAKIS 1978; HOLTBRUEGGE 1975; KATSARAKIS 1974; MERTENS/AKPINAR 1977; PAPADOPOULOS 1975). Eine Analyse der Rolle des Islam steht aber bisher noch aus. Der Bedarf der mit den Problemen der türkischen Arbeiterfamilien befaßten Institutionen an wissenschaftlichen Untersuchungen zur Bedeutung des Islam für diese Familien wurde auch bestätigt durch eine schriftliche Befragung von 15 solcher Institutionen zu Beginn dieser Untersuchung. 9 der 15 Anfragen wurden beantwortet. Alle Antworten betonten mehr oder weniger ausdrücklich die Praxisrelevanz der Themenstellung und beklagten gleichzeitig den Mangel an geeigneten Untersuchungen.

Seit Sommer 1979 läuft in Berlin ein praxisorientiertes Forschungsprojekt über "Die Wahrung religiöser und kultureller Identität im Prozeß der Integration von türkischen und deutschen Bewohnern Berlins" (COLPE u.a. 1979). Ziel des Vorhabens ist die

> "Erforschung des Faktors Religion für den Prozeß der Integration...und entsprechend grundgelegte Förderung einer Erweiterung des deutsch/christlichen Wertsystems bei avantgardistischen Gruppen bis zur gesamtgesellschaftlichen Rezeption türkisch/islamischer Werte unter Beibehaltung der bisherigen Grundhaltung und analog auf türkisch/muslimischer Seite" (COLPE u.a. 1979, 12).

Mit den Ergebnissen ist aber erst im Sommer 1981 zu rechnen, so daß sie für diese Arbeit nicht mehr herangezogen werden können.

Da wir in wesentlichen Fragen dieser Untersuchung nicht auf den Ergebnissen anderer Arbeiten aufbauen können, kann es nicht das Ziel dieser Arbeit sein, empirisch gesicherte, repräsentative Ergebnisse zu produzieren. Vielmehr hat die Arbeit den Charakter einer explorativen Studie (pilot-study). Sie will den thematisch weit gefaßten Rahmen der Fragestellung strukturieren, relevante Sachverhalte bestimmen, Fragen entwickeln, nicht Hypothesen testen; sie will Probleme der Forschung diskutieren und relevante Forschungsansätze darstellen.

Die Komplexität der Themenstellung erfordert ein vielseitiges methodisches Vorgehen. Theoretisch abgeleitete und empirisch erhobene Ergebnisse sollen sich gegenseitig ergänzen und nur in eindeutigen Fällen korrigieren. Da kaum wissenschaftliche Vorarbeit zu unserer Fragestellung geleistet wurde - auch wenn die Literatur zur "Gastarbeiterproblematik" unübersehbar geworden ist (vgl. die Bibliographien von PFRIEM/VINK 1976 und 1978; CREMER 1977) - geht es in einem wesentlichen Teil der Arbeit um eine möglichst differenzierte Darstellung der Problematik.

Ein Hauptproblem dieser Arbeit bestand darin, geeignetes Material zu finden, auf das sich eine solche Darstellung stützen konnte. Zu Beginn der Untersuchung lagen zur Situation und Problematik türkischer Moslems in der Bundesrepublik weder allgemeine Darstellungen, noch empirische Erhebungen, systematische Analysen oder theoretische Arbeiten vor. Veröffentlichungen gab es fast ausschließlich aus dem Bereich der "Grauen Literatur", wie z.B. die Artikel aus den verschiedensten Zeitungen und Zeitschriften (vgl. z.B. 4ff), die vor allem die politischen Aspekte des religiösen Rechtsextremismus darstellten, oder einzelne, überwiegend aus dem kirchlichen Bereich stammende Schriften (z.B. KIRCHLICHES AUSSENAMT 1974; JASPER 1977; ACIB 1977), die über die Religion der Moslems informierten und um das Verständnis der Deutschen für die "moslemischen Brüder" warben.

Wegen des Mangels an geeigneter wissenschaftlicher Literatur wurden deshalb für diese Arbeit alle verfügbaren Quellen und Materialien herangezogen. Dazu gehören Zeitungs- und Zeitschriftenartikel, Dokumentationen, Radio- und Fernsehberichte, Flugblätter, Briefe, Drucksachen der Parlamente, Ministerien und Parteien, der Kirchen, Wohlfahrtsverbände, Ausländervereine, Initiativgruppen u.ä.. Diese Quellen konnten, da sie nirgendwo gesammelt oder katalogisiert werden, nicht systematisch und vollständig zusammengestellt werden. Das Sammeln war von Zufällen abhängig und unterlag zeitlichen wie materiellen Beschränkungen. Durch Kontakt und Austausch mit zahlreichen Einzelpersonen, Gruppen und Institutionen im gesamten Bundesgebiet und Westberlin, die ihrerseits Materialien zum Themenbereich dieser Arbeit sammeln und über die ich Zugang zur Pressedokumentation "Der Ausschnitt" hatte, habe ich jedoch versucht, die subjektiven Beschränkungen der Materialauswahl tendenziell zu überwinden und ein möglichst hohes Maß an Repräsentativität der Quellen zu erreichen.

Gleichwohl war - vor allem wegen der thematischen Begrenzung dieser "grauen Literatur" (siehe oben) - eine Erweiterung

der Materialsammlung durch Gespräche und Interviews notwendig. Solche Gespräche führte ich bei allen sich bietenden Gelegenheiten auf Tagungen, bei Veranstaltungen, in Alltagssituationen. Sie haben mir oft zu wichtigen Informationen und Einsichten verholfen, die eine Einordnung und Beurteilung der schriftlichen Materialien wie der Interviewaussagen erleichterten.
Die Interviews sind demgegenüber geplante und strukturierte Befragungen gewesen, die ausschließlich mit "Experten" durchgeführt wurden.

Zu Beginn der Untersuchung im Frühjahr 1978 habe ich versucht, türkische Arbeiterfamilien direkt zu befragen. Dabei traten jedoch verschiedene Probleme auf:
a) In der Regel haben weder die türkischen Eltern noch ihre Kinder einen Religionsunterricht erhalten, der über die bloße Einübung der für das religiöse Leben wichtigen Glaubensformeln, Gebete, Übungen und Pflichten hinausging. Eine Reflexion über den eigenen Glauben wurde nicht angeregt. Für eine Befragung solcher Familien über ihr religiöses Leben hat das die Konsequenz, daß keine Fragen gestellt werden können, die eine Erklärung oder Reflexion über die eigene religiöse Einstellung bzw. über den Islam verlangen (vgl. hierzu ausführlicher im folgenden Kapitel). Eine explorative Studie kann also mit Hilfe von Interviews in diesen Familien nicht durchgeführt werden. Dazu wäre "teilnehmende Beobachtung" nötig.
Möglich sind dagegen standardisierte Befragungen (vgl. NEUMANN 1980, 180ff), über deren Sinn bei einer Untersuchung der religiösen Einstellungen von Türken man allerdings streiten kann. Auch NEUMANN räumt ein, mit ihren geschlossenen Fragen das Problem nicht hinreichend erfaßt zu haben (1980, 33). Voraussetzung für die Konstruktion eines standardisierten Fragebogens sind in jedem Fall genaueste Kenntnisse über den Untersuchungsgegenstand und über die relevanten Daten, die erst eine angemessene Formulierung von Hypothesen und Fragen ermöglichen. Der gegenwärtige Stand der Kenntnis bzw. Unkenntnis über das religiöse Leben der türkischen Arbeiterfamilien und über den Islam erlaubt eine solche Untersuchung nicht.

b) Interviews, die über ein bloßes Abhaken vorformulierter Fragen hinausgehen, setzen ein Vertrauensverhältnis der Gesprächspartner voraus. Das gilt umso mehr, je geringer die persönliche Distanz zum Gesprächsgegenstand ist, d.h. bei Interviews mit Türken im besonderen Maße für den Bereich der Religion. Ein solches Vertrauensverhältnis kann sich z.B. aus der Arbeit in einer Ausländergruppe ergeben. Es entsteht nicht aus dem einmaligen Besuch eines Interviewers. Mir standen solche engen Kontakte nicht in ausreichendem Maße zur Verfügung.

c) Ich hätte nur mit solchen Familien sprechen können, die Deutsch verstanden und sprachen, d.h. mit den vermutlich relativ gut integrierten Familien.

Aus diesen Gründen habe ich weitgehend auf Interviews mit den betroffenen Familien verzichtet und mich für die Durchführung von Experteninterviews entschieden. Ziel der Interviews war es nicht, die Alltagstheorien der Experten und deren mögliche ideologische Verzerrung zu untersuchen. Es sollten auch nicht repräsentative Daten erhoben werden. Vielmehr wurden die Expertenäußerungen als der Realität verhältnismäßig nahekommende Beschreibungen und Analysen gewertet, die die relevanten Aspekte der Fragestellung dieser Arbeit benennen, den Themenbereich strukturieren und die Entwicklung von Hypothesen ermöglichen sollen. Die Interviews wurden als qualitative Interviews mit explorativem Charakter durchgeführt.

Im Verlauf der Befragung wurde mit zwei verschiedenen Interview-Leitfäden gearbeitet. Der erste Leitfaden stellte - neben einigen Fragen zu den Einstellungen, Analysen und Deutungen der Experten - zahlreiche Informations- und Sachfragen sowie Fragen zur Beurteilung bestimmter Problembereiche, deren Beantwortung wesentlich vom Kenntnisstand der Interviewpartner abhing. Diese Fragen sollten vor allem die aus der Literatur nicht zu erhebenden Daten auffüllen. Sie erwiesen sich jedoch weitgehend als ungeeignet, weil auch die Experten die lückenhafte Forschungslage widerspiegelten und nicht auf alle Fragen antworten konnten. Darüberhinaus war die Gruppe der Experten nicht so homogen, daß an alle Experten die gleichen Fragen gestellt werden konnten. Schon die ersten Interviews konnten nicht streng nach dem ersten Leitfaden durchgeführt werden. Vielmehr versuchte ich im Verlauf der Interviews, die in den Fragen des Leitfadens formulierten Themenschwerpunkte in einer Weise anzusprechen, die es den Experten ermöglichte, auf die Fragen einzugehen. In der Regel bedeutete das, daß ich die Fragen so offen und allgemein formulierte, daß eine Beantwortung auch bei sehr unterschiedlichem Kenntnisstand möglich war. Durch Nachfragen wurden dann die in der ersten Antwort offen gebliebenen Punkte weiter geklärt.

Die Erfahrungen der ersten drei Interviews wurden in eine zweite Fassung des Interview-Leitfadens eingearbeitet. In ihm wurden nur noch die verschiedenen Themenbereiche angesprochen und Stichworte für weiterführende Fragen gegeben, so daß weitgehend der Verlauf des Interviews durch den Gesprächspartner bestimmt werden konnte. Diese offene Form des Interviews erwies sich als sehr flexibel auf die unterschiedlichsten Gesprächssituationen anwendbar. Es konnten sowohl die verschiedenen Themenschwerpunkte der Experten, ihr unterschiedlicher Kenntnisstand wie auch die unterschiedliche Zeit, die für ein Interview zur Verfügung stand, berücksichtigt werden. Die Interviews dauerten zwischen einer und fünf Stunden. Ihre Vergleichbarkeit ist dadurch sichergestellt, daß alle Interviews vom Verfasser selbst durchgeführt und ausgewertet wurden, so daß dadurch in jeder Interviewsituation und bei der Auswertung der Gesamtkontext der Themenstellung miteingebracht und berücksichtigt werden konnte. Während des Interviews wurden die Gesprächsbeiträge laufend mitprotokolliert, so wörtlich und vollständig wie möglich, d.h. der Sprache des Interviewpartners folgend. Auf Tonbandmitschnitte mußte ich verzichten, weil fast alle Interviewpartner eine Tonbandaufzeichnung direkt verweigerten oder aber andeuteten, daß sie bei Tonbandaufnahmen wegen der politischen Brisanz des Themas wesentlich zurückhaltender und vorsichtiger antworten würden.

Die Auswahl der Experten war vom Zufall bestimmt. Entweder wurden sie mir durch Veröffentlichungen oder auf Tagungen bekannt, oder sie wurden mir durch dritte Personen empfohlen.

Das Auswahlkriterium bestand darin, daß die Experten in ihrer Arbeit mit den Problemen türkischer moslemischer Arbeiterfamilien zu tun haben mußten. Bevorzugt wurden solche Experten, von denen ein möglichst weiter Überblick über die Problematik zu erwarten war, vor solchen, die sich lediglich mit Einzelfällen beschäftigten. Befragt wurden sowohl Deutsche als auch Türken, Moslems wie Nicht-Moslems, Vertreter der verschiedenen politischen Richtungen, "Privatpersonen" und Vertreter von Institutionen. Geplant waren zwanzig Intensivinterviews. Davon konnten 16 Interviews durchgeführt werden, drei Interviews wurden verweigert und ein Interview konnte aus anderen Gründen nicht durchgeführt werden. Die Interviews fanden in Hamburg, Berlin, Nordrhein-Westfalen und Ankara/Türkei statt, in der Zeit zwischen Juli 1978 und Oktober 1979.

Die Gruppe der Experten war sehr heterogen. Das entsprach dem Ziel dieser Arbeit, ein möglichst großes und zutreffendes Spektrum von Einschätzungen der Problematik abzubilden. Um dieses Spektrum zu kennzeichnen, sollen die Interviewpartner kurz charakterisiert werden:

1. türkischer Lehrer, Berlin, aktiv tätig gegen rechtsradikale türkische Vereine, öffentliche Kritik an den Korankursen;
2. türkischer Lehrer, Vorsitzender eines Lehrerverbandes, der eine kritische Dokumentation über Korankurse veröffentlicht hat;
3. türkischer Volkswirt, Hamburg, intimer Kenner der innenpolitischen Situation in der Türkei, Arbeiten über türkische Arbeitsmigranten, verschiedene Veröffentlichungen;
4. türkischer Publizist, Hamburg, zeitweise Ausländerberater bei der Arbeiterwohlfahrt;
5. türkischer Wirtschaftswissenschaftler, Ankara, Mitarbeiter in einer hohen Regierungsstelle, langjähriger Studienaufenthalt in der Bundesrepublik, genaue Kenntnisse über die türkischen politischen und religiösen Gruppierungen, mehrere Veröffentlichungen;
6. türkischer Dolmetscher, Hamburg, Mitglied im Vorstand einer Gemeinde, die der Nationalen Heilspartei, MSP nahesteht, eine Moschee unterhält und Korankurse durchführt;

7. türkischer Imam, Beauftragter für religiöse Angelegenheiten bei einem türkischen Konsulat;
8. türkischer islamischer Theologe, Ankara, stellvertretender Leiter der Behörde für religiöse Angelegenheiten in Ankara, seit 1980 Beauftragter für religiöse Angelegenheiten der türkischen Botschaft in Bonn;
9. marokkanischer islamischer Religionswissenschaftler, Hamburg, intimer Kenner der theologischen wie der sozialen und politischen Strömungen im Islam, zahlreiche Veröffentlichungen in deutschen und ausländischen Zeitschriften, Rundfunk- und Fernsehbeiträge, Bücher, Mitglied und Vertreter islamischer Organisationen;
10. deutscher islamischer Journalist, Saarbrücken, zahlreiche Veröffentlichungen in Zeitungen, Zeitschriften, Dokumentationen, Rundfunkbeiträge, Bücher über den Islam in der Bundesrepublik, Arbeiten u.a. zur Frage der Korankurse und zur öffentlich rechtlichen Anerkennung des Islam, Mitglied islamischer Organisationen;
11. deutscher Referent in einem Minsterium, Bonn, Aufgabengebiet: Arbeitsmarktpolitik in Bezug auf ausländische Arbeitnehmer;
12. deutscher Referent in einem Ministerium, Düsseldorf, zuständig für Ausländerpolitik, nimmt an der Auseinandersetzung um die Korankurse teil;
13. deutscher Leiter der für die Ausländerbetreuung zuständigen Abteilung eines Wohlfahrtsverbandes, Bonn, zuständig für die Konzeption der Ausländerpolitik dieses Verbandes, hat sich in die Diskussion um die Korankurse und um rechtsradikale türkische Gruppierungen eingeschaltet;
14. deutsche Grundschulrektorin, Duisburg, hat eine Untersuchung über Koranschulen veröffentlicht;
15. deutscher Wissenschaftler, Hamburg, Türkeiexperte eines wissenschaftlichen Instituts;
16. deutscher Pfarrer, Religions- und Missionswissenschaftler, Hamburg, mehrjähriger Aufenthalt in Beirut/Libanon, Veröffentlichungen zum modernen Islam, Teilnahme an christlich-islamischen Gesprächen.

Die Auswahl der Experten ist zwar vom Zufall bestimmt, sie beansprucht jedoch, bis zu einem gewissen Grade ein repräsentatives Meinungsspektrum darzustellen. Aufgrund des sehr unterschiedlichen Charakters der verschiedenen Experten konnten nicht in allen Interviews alle Themen in gleicher Weise angesprochen werden. Vor allem Gespräche über den politischen Charakter des Islam erwiesen sich als äußerst schwierig, weil sie vor dem Hintergrund scharfer politischer Auseinandersetzungen geführt werden mußten. Zwei Gespräche wurden mit der Hilfe von Dolmetschern geführt, die in beiden Gesprächen sowohl Fragen als auch Antworten nicht exakt übersetzten, sobald es um konfliktträchtige Themen ging. In einem Gespräch griff der Dolmetscher aktiv in die Diskussion ein, als er anderer Meinung als mein türkischer Gesprächspartner war. Einzelne Übersetzungsfehler konnten in diesem Gespräch dadurch geklärt werden, daß mein Gesprächspartner radebrechend auf Englisch seinen Dolmetscher korrigierte.

Die Analyse der Experteninterviews im zweiten Teil der Arbeit (Kapitel 3.) soll die verschiedenen Aspekte der Themenstellung entwickeln und strukturieren. Sie ist stärker konzentriert auf die einstellungs- und handlungsprägenden Funktionen des Islam, während die Analyse der öffentlichen Diskussion über den Islam in der Bundesrepublik vorrangig die politischen Aspekte behandelt.

Im ersten Teil (K. 2.) werden theoretische Ansätze diskutiert, die für die Fragestellung der Arbeit relevant erscheinen. Sie sollen einen Interpretations- und Erklärungsrahmen abgeben, der soweit möglich zur Analyse der Experteninterviews und der öffentlichen Diskussion über den Islam in der Bundesrepublik im zweiten und dritten Teil herangezogen werden soll. Der theoretische und der empirische Teil der Arbeit sind jedoch nicht gradlinig aufeinander bezogen, sondern haben je für sich auch einen eigenständigen Charakter als Beiträge zu verschiedenen thematischen Aspekten. Sie entsprechen sich nicht in der Weise, daß eine empirische Überprüfung des Theorierahmens oder eine vollständige theoretische Erfassung der empirischen Ergebnisse beabsichtigt wäre.

2. THEORETISCHE ANSÄTZE ZUR BEDEUTUNG VON KULTUR UND RELIGION IM INTEGRATIONSPROZESS

Es gibt zahlreiche Arbeiten zur Integrationsproblematik (vgl. Literaturverzeichnis). Es gibt jedoch keinen theoretischen Ansatz, der umfassend genug wäre, um die Fragestellung dieser Arbeit in ihrer Komplexität zu berücksichtigen, und der gleichzeitig differenziert genug spezifische Aspekte erfassen könnte. Es sollen deshalb im folgenden verschiedene theoretische Ansätze dargestellt werden, deren Interpretations- und Erklärungsraster sich kumulativ ergänzen. Eine solche Vorgehensweise macht es möglich, daß wir uns auf verschiedenen Ebenen und von unterschiedlichen Fragestellungen ausgehend dem Thema nähern.

Es ist nicht das Ziel dieses Kapitels, die dargestellten Ansätze zu einer neuen Theorie auf höherem Niveau zusammenzufassen. - Die für einen solchen Versuch notwendige grundsatztheoretische Diskussion würde den Rahmen dieser vornehmlich an einer empirischen Fragestellung interessierten Arbeit sprengen. - Vielmehr sollen theoretische Wege aufgezeigt werden, auf denen eine Analyse der Problematik sinnvoll und möglich erscheint. Gleichwohl werden die ausgewählten Ansätze nicht nur additiv nebeneinander gestellt, sondern soweit wie möglich aufeinander bezogen.

Die Auswahl der Ansätze orientiert sich an folgenden Fragestellungen:

- Welche Faktoren bestimmen den Integrationsprozeß?
- Wie ist das Verhältnis zwischen Kultur bzw. Religion und Gesellschaft zu bestimmen?
- Welche Bedeutung hat die kulturelle Prägung der Persönlichkeit der Arbeitsmigranten für deren Integrationsprozeß?
- Wie entstehen und verändern sich jene Regeln, die die Wahrnehmung, Interpretation und Erklärung der sozialen Wirklichkeit bestimmen und die das soziale Handeln (z.B. das von ethnischen Minderheiten im Integrationsprozeß) steuern?

- Welche spezifischen Funktionen erfüllen religiöse Deutungsmuster? Welche besonderen Entstehungs- und Entwicklungsbedingungen gelten für religiöse Systeme?

Die Anordnung der theoretischen Ansätze ermöglicht ein argumentierendes Fortschreiten in der Diskussion der Thematik dieser Arbeit, ausgehend von der allgemeinen Problematik der internationalen Arbeitsmigration und ihrer Bedeutung für die Integration der Arbeitsmigranten bis hin zur Bestimmung der spezifischen Bedeutung von Religion in Wandlungsprozessen und Konfliktsituationen. Ein der theoretischen Erörterung vorangestellter Exkurs geht auf die Vieldeutigkeit des Integrationsbegriffes ein.

2.1. Exkurs: Zum Begriff der Integration und seiner Synonyme

Begriff und Konzept der Integration (und anderer synonym verwendeter Termini) werden in der öffentlichen wie wissenschaftlichen Diskussion keinesfalls eindeutig und übereinstimmend verwendet. Man spricht von kultureller oder sozialer Integration, von Anpassung, Eingliederung, Assimilation, Absorption oder Akkulturation. Der jeweilige Bedeutungsgehalt schwankt je nach theoretischem Standpunkt oder den eigenen Zielvorstellungen. Verschiedene Begriffe werden synonym verwendet. Von daher erscheint eine Begriffsklärung notwendig.

BARTELT unterscheidet drei Grundformen des Verhältnisses von 'Gastarbeitern' und Deutschen (BARTELT 1971, 133ff): a) Das Modell der "<u>Distanz</u>" liegt dann vor, wenn der Aufenthalt der ausländischen Arbeiter - meist administrativ geregelt (Rotationsprinzip) - als nur kurzfristig und vorübergehend angesehen wird und den Einheimischen daher eine Auseinandersetzung mit den ausländischen Arbeitern oder gar ihre Integration in die Gesamtgesellschaft nicht erforderlich oder lohnend erscheint. Sie sollen arbeiten und im übrigen nicht auffallen. b) Das "<u>Integrations</u>"-modell fordert die volle rechtliche und soziale Gleichstellung, die bei einem dauernden Aufenthalt der ausländischen Familien nach verschiedenen Phasen der Anpassung gewährt werden kann. c) Das Modell der "Partnerschaft" bedeutet, daß die ausländischen Arbeiter als "gleichrangig" und "gleichberechtigt" akzeptiert werden, daß sie ihre Interessenkonflikte mit den Deutschen austragen und daß sie die bestehenden Machtstrukturen in ihrem Sinne verändern können, daß sie sich also nicht einfach in eine auf den Status quo fixierte Gesellschaft einzuordnen haben, sondern vielmehr den Charakter der Gesamtgesellschaft mit prägen können.

BINGEMER/MEISTERMANN-SEEGER gehen, einen psychoanalytischen Ansatz vertretend, davon aus, daß die sozialen Integrationsprozesse in Analogie zu den integrativen Prozessen der Person ablaufen. Sie unterscheiden idealtypisch drei Integrationsformen:

> "Monistische Integration: Damit ist gemeint eine Integration durch Assimilation, durch Unterwerfung. Eine Minderheit gibt ihre Eigenart so gut wie vollständig auf und paßt sich einer Mehrheit an, deren soziale Kontrolle anerkannt wird, während die Mehrheit unverändert bleibt. ...
> Pluralistische Integration: Hier wird die Integration durch Dissimilation erreicht, ein Mindestmaß von beiderseitiger Veränderung ist das Ziel. Die Partner behalten ihre Eigenart und leben im Sinne einer Koexistenz mit Notlösungen zusammen. Das Getto ist das Beispiel einer dissimilierten Integration. ...
> Interaktionistische Integration: Hier wird durch Anpassung im oben beschriebenen Sinne (Änderung der eigenen Person und Änderung der Umwelt - T.-V.) eine wechselseitige Beeinflussung erreicht. Minderheit und Mehrheit stehen in einem Prozeß ständiger und gegenseitiger Interaktionen. Die Partner finden im günstigsten Fall zu einer gemeinsamen Lebensform, sie ist in wesentlichen Punkten oder auch in Nebensächlichkeiten von der früheren der beiden einzelnen Lebensformen unterschieden." (BINGEMER u.a. 1972, 19f)

Definitionen dieser Art dienen nicht einer Präzisierung des Integrationsbegriffes: Gesellschaftspolitische Zielvorstellungen werden mit empirischen Beobachtungen des Integrationsprozesses vermengt. Die Auswahl der Definitionskriterien scheint willkürlich und bei BARTELT auch nicht konsequent durchgeführt. Während der Begriff der "Distanz" durch die Intensität der Interaktion zwischen Ausländern und Einheimischen charakterisiert zu sein scheint, werden die - im übrigen wenig trennscharfen - Begriffe "Integration" und "Partnerschaft" nach dem Ausmaß rechtlicher Gleichstellung und gleichen gesellschaftlichen Einflusses unterschieden. Die Begriffsbestimmung von BINGEMER u.a. macht das Ausmaß, in dem die Minderheit ihre Eigenart bewahren kann, zum einzigen Definitionskriterium und kann deshalb allenfalls den Bereich der kulturellen Integration erfassen. Aber auch in diesem Teilbereich bleibt ungeklärt, unter welchen Bedingungen es zu der einen oder anderen Form der Integration kommt. Die Beziehungen zwischen den einzelnen Dimensionen sind nicht oder nur ungenügend theoretisch reflektiert.

Einen theoretisch fundierteren Begriff von Integration hat HOFFMANN-NOWOTNY entwickelt. Integration ist danach "der zu Marginalität komplementäre Begriff" (HOFFMANN-NOWOTNY 1973, 171). Der Grad der Integration bzw. Marginalität bemißt sich nach dem Rangprofil eines Akteurs. Je größer/kleiner die Zahl der gesellschaftlich relevanten Statusdimensionen ist, die einem Akteur offenstehen, je höher/niedriger sein Rang und je größer/geringer seine Aufwärtsmobilität innerhalb dieser Statusdimensionen ist, umso größer ist der Grad seiner Integration/Marginalität (vgl. HOFFMANN-NOWOTNY 1973, 4ff und 171f).

In Anlehnung an EISENSTADTs Konzept der Absorption von Immigranten entwickelt HOFFMANN-NOWOTNY seine Definition weiter (HOFFMANN-NOWOTNY 1973, 171ff). Nach EISENSTADT spaltet sich der Begriff "Absorption" in drei Dimensionen auf:

> "(a) acculturation; (b) satisfactory and integral personal adjustment of the immigrants; and (c) complete dispersions of the immigrants as a group within the main institutional spheres of the absorbing society."
> (S.N. EISENSTADT 1954, 11; zit. n. HOFFMANN-NOWOTNY 1973, 171)

"Acculturation" bezieht sich auf die Übernahme und Internalisierung von Rollen, Normen und Gebräuchen der aufnehmenden Gesellschaft. "Personal adjustment" bezieht sich auf die Handlungs- und Problemlösungsfähigkeit der Einwanderer. "Dispersion" bezieht sich auf die Konzentration bzw. gleichmäßige Verteilung der Einwanderer auf die wichtigsten institutionellen Bereiche. HOFFMANN-NOWOTNY kritisiert an EISENSTADTs Absorptionsindex, daß er nicht die Möglichkeit biete, kausale Beziehungen zwischen seinen Dimensionen zu analysieren (z.B. die Frage, welchen Einfluß die "Acculturation" auf die "Dispersion" habe).

Eine solche Analyse will HOFFMANN-NOWOTNY ermöglichen, indem er bei der Untersuchung des Absorptionsprozesses von zwei Konzepten ausgeht, für die er die Begriffe "Assimilation" und "Integration" vorschlägt (die sich weitgehend decken mit EISENSTADTs Begriffen "Acculturation" und "Dispersion"). Assimilation meint dabei die "Partizipation an der Kultur", also an der "Symbolstruktur" der sozialen Realität. Integration meint die "Partizipation an der Gesellschaft", also an der "Positionsstruktur" der sozialen Realität (1973, 172). Beide Dimensionen stehen in einem asymmetrischen Interdependenzverhältnis, in dem die Integration stärker die Assimilation determiniert als umgekehrt. Diese Fassung der Definition ermöglicht es HOFFMANN-NOWOTNY, die kulturelle mit der gesellschaftlichen Problematik zu verbinden. Dabei wird die Determination der kulturellen durch die gesellschaftliche Dimension besonders betont und vorrangig analysiert. Die umgekehrte Wirkungsbeziehung bleibt dagegen, wie im folgenden Kapitel dargelegt wird, weitgehend unberücksichtigt. Sie muß für unsere Fragestellung jedoch stärker aufgearbeitet werden (vgl. Kapitel 2.3.; 2.4.; 2.5.).

Abgesehen von dieser Ergänzung übernehmen wir in dieser Arbeit weitgehend die Definitionselemente von HOFFMANN-NOWOTNY, schließen uns aber nicht seiner vom allgemeinen Sprachgebrauch abweichenden Terminologie an. Seine Begrenzung des Integrationsbegriffs auf den Bereich der strukturellen Integration vermag nicht die herrschende Begriffsverwirrung zu lösen, weil sie bestehende Definitionen nicht integriert, sondern ihnen nur eine neue hinzufügt. Eine solche Begriffseinengung ist aber für die Fragestellung dieser Arbeit eher hinderlich. Da die Integrationsdiskussion sinnvollerweise nicht nur im akademischen Bereich geführt werden kann, scheint uns eine Wortwahl geeigneter, die das alltagstheoretische Verständnis von Integration mit berücksichtigt. Wir sprechen deshalb im allgemeinen von Integration und Integrationsprozeß; bzw. dort, wo die Differenzierung nötig ist, von struktureller, sozialer oder kultureller Integration, anstelle der von HOFFMANN-NOWOTNY verwendeten Begriffe "Absorptionsprozeß", "Integration" und "Assimilation".

Dieser Sprachgebrauch läßt sich jedoch, vor allem in der Auseinandersetzung mit anderen Autoren, nicht streng durchhalten, da die verschiedenen Begriffe nicht deckungsgleich und deshalb nicht ohne weiteres miteinander austauschbar sind. Sofern von "Akkulturation" gesprochen wird, soll darunter mit SCHRADER u.a. ein Lernprozeß verstanden werden, der "ein bestimmtes Maß an Sozialisation, nämlich Soziabilisierung und Enkulturation" voraussetzt und der die "wechselseitige Auseinandersetzung zwischen Individuum und Gesellschaft bzw. Kultur" als "abermalige Anpassung an neue kulturelle Lebensbedingungen" begreift (1976, 65). Akkulturation ist wiederum die Voraussetzung von Assimilation. Im Prozeß der Assimilation erfolgt eine Umdeutung der eigenen Identität bis hin zur "Identifikation des einzelnen oder der ethnischen Gruppe mit den Inhalten der fremden Kultur" (NEUMANN 1980, 15).

2.2. Strukturelle Spannungen und Integration: Der systemtheoretische Ansatz von HOFFMANN-NOWOTNY

Einen relativ umfassenden Ansatz zur Erklärung der sozialen Prozesse, die sich gegenwärtig infolge der internationalen Arbeitsmigration in den westeuropäischen Industrieländern abspielen, hat HOFFMANN-NOWOTNY vorgelegt (HOFFMANN-NOWOTNY 1973 und 1976). Sein Theorieentwurf markiert einen gewissen Höhepunkt in der bisherigen Diskussion über Ursachen und Folgen der internationalen Arbeitsmigration und kann als ein erster Versuch systematischer makrosoziologischer Migrationsforschung bezeichnet werden. HOFFMANN-NOWOTNY bemüht sich, seine Analyse von "tagespolitischen Zufälligkeiten freizuhalten" und "im Rahmen einer allgemeinen soziologischen Theorie" dem "Anspruch auf ahistorische Erklärung eines historischen Phänomens" gerecht zu werden (1973, 2). Verschiedene sozialwissenschaftliche Theorien, die jeweils nur einzelne Aspekte der "Fremdarbeiterproblematik" erfassen, versucht er unter dem formalen Rahmen einiger Konzepte der allgemeinen Systemtheorie (General Systems Theory) zu integrieren. Daß sein Erklärungsversuch nicht alle relevanten Phänomene der Integrationsproblematik erfaßt, wie der selbstbewußte Titel seiner Arbeit "Soziologie des Fremdarbeiterproblems" suggerieren könnte, räumt HOFFMANN-NOWOTNY schon in seiner Einleitung ein: Empirische Regularitäten, die nicht in sein theoretisches Raster passen, können vorläufig nur durch "ad hoc-Erklärungen" erfaßt werden (HOFFMANN-NOWOTNY 1973, 3).

Für unsere Fragestellung ist HOFFMANN-NOWOTNYs Ansatz insoweit von Interesse, als er die strukturellen Bedingungen beschreibt, unter denen Integrationsprozesse ablaufen; unter denen also auch die jeweils spezifische nationale Kultur und Religion als Faktoren in diesem Prozeß wirksam werden. Ich verzichte daher auf die Wiedergabe seiner theoretischen Grundüberlegungen und beschränke mich auf die Darstellung der für unsere Fragestellung relevanten Punkte.

2.2.1. Der Einfluß der internationalen Schichtung auf den intranationalen Integrationsprozeß

Internationale Arbeitskräftewanderungen sind nach HOFFMANN-NOWOTNY zum einen die Folge von Entwicklungsunterschieden im internationalen System. Aufgrund ihres Entwicklungsvorsprungs und der damit ermöglichten Kapitalakkumulation kommen die höher entwickelten Länder in die Lage,

> "die Entwicklungsgefälle zur Rekrutierung von Arbeitskräften nutzen zu können, die ... durchaus als eine Art industrielle Reservearmee angesehen werden, und zwar sowohl von den politischen Instanzen wie auch von den Unternehmern und weiten Kreisen der abhängig beschäftigten Einheimischen." (HOFFMANN-NOWOTNY 1976, 45) (8)

Die Wanderungen sind zum anderen eine Folge davon,

> "daß diese Unterschiede vor dem Hintergrund einer Wertintegration als bedeutsames Charakteristikum dieses Systems in ständig zunehmendem Maße Bewußtsein und Verhalten der Mitglieder der Weltgesellschaft prägen. Aus soziologischer Sicht bedeutet die genannte Wertintegration eine Erweiterung der Struktur, die für soziale Akteure relevant ist und an der sie sich orientieren. ... Damit werden aber gleichzeitig die Probleme benachteiligter Gruppen und Regionen zu Problemen dieses größeren sozietalen Systems, das sich nun u.a. mit den Ansprüchen

der Benachteiligten auf Teilhabe an die Werte repräsentierenden Gütern auseinanderzusetzen hat." (HOFFMANN-NOWOTNY 1976, 44)

Die Benachteiligungen können prinzipiell auf zwei Wegen abgebaut werden: Durch eine Verbesserung der Lage des Kollektivs (z.B. Entwicklung einer Region) oder der individuellen Situation (z.B. Auswanderung in höher entwickelte Regionen). Die Massenwanderungen von Arbeitskräften aus dem Mittelmeerraum in die west- und nordeuropäischen Länder lassen erkennen,

> "daß Millionen von Menschen nicht länger bereit sind, auf den Erfolg kollektiver Bemühungen in ihren Heimatländern zu warten, sondern durch die Auswanderung eine Verbesserung ihrer individuellen Lebenslage zu erreichen suchen." (HOFFMANN-NOWOTNY 1976, 45)

Im Einwanderungsland (9) führt die Immigration von Arbeitskräften aus weniger entwickelten Ländern zur "Unterschichtung" der Sozialstruktur, d.h. die Einwanderer nehmen auf allen gesellschaftlich relevanten Dimensionen,wie berufliche Stellung, Einkommen oder Wohnsituation, die untersten Positionen ein. Ursachen dieser Unterschichtung sind a) die Interessen des Aufnahmelandes, unattraktive, an Einheimische nicht vermittelbare Arbeitsplätze durch Einwanderer zu besetzen, b) die Entwicklungsunterschiede, aufgrund derer diese Einwanderer häufig nur über minimale oder nicht verwertbare berufliche Qualifikationen verfügen, so daß sie nur niedrige Statuspositionen erwerben können, und c) die negative Bewertung ihrer Herkunft aus einem wenig entwickelten Kontext durch die autochthone Bevölkerung, durch die die Zuschreibung negativer Merkmale und eines niedrigen sozialen Status begünstigt wird. Institutionelle Maßnahmen (z.B. Ausländergesetzgebung) fördern diese Unterschichtungstendenz, sichern sie ab und hemmen den sozialen Aufstieg von Einwanderern.

HOFFMANN-NOWOTNY kommt zu dem Ergebnis, daß sich die internationale Schichtung im Einwanderungsland reproduziert, was sich sowohl am Verhältnis von Einwanderern und Einheimischen, als auch an den den Entwicklungsunterschieden entsprechenden Rangunterschieden zwischen den verschiedenen Nationalitätengruppen ablesen läßt (HOFFMANN-NOWOTNY 1976, 45f). Der Rahmen, innerhalb dessen eine Integration der Einwanderer in die Gesellschaft des Aufnahmelandes möglich ist, wird also durch das internationale Entwicklungs- und Machtgefälle mit bestimmt.

2.2.2. Die strukturellen Wandlungen im Einwanderungsland. Unterschichtung und differentielle Mobilität

Die Unterschichtung kann genauer beschrieben werden als ein Prozeß, durch den

> "unter die bestehende Struktur eine ethnisch fremde und politisch weitgehend rechtlose Sozialschicht mit Merkmalen geschoben wird, die nicht mehr dem allgemeinen Entwicklungsstand der aufnehmenden Länder entsprechen." (HOFFMANN-NOWOTNY 1976, 46f)

Das hat zur Folge, daß die Sozialstruktur nicht einfach nur an ihrer Basis verbreitert wird. Vielmehr nehmen die in der Gesellschaft bestehenden sozialen Distanzen zu. Bei der Integration der Arbeitsmigranten treten Schwierigkeiten daher nicht nur wegen ihrer ethnischen Fremdheit auf, sondern auch wegen ihrer Zugehörigkeit (und Zuweisung) zu einer Sozialschicht, die im Einwanderungsland im Verlaufe der historischen Entwicklung weitgehend aufgehoben wurde.

Für die Einheimischen verbessern sich infolge von Unterschichtung und zunehmender Tertiärisierung der Wirtschaft die beruflichen Mobilitätschancen; allerdings nicht für alle Einheimischen in gleicher Weise, weswegen HOFFMANN-NOWOTNY von "differentieller Mobilität" spricht.

Probleme ergeben sich aus dieser Situation für zwei Kategorien von Einheimischen:
a) Diejenigen, die die Mobilitätschancen nicht realisieren können (vor allem Ungelernte und/oder Ältere), sehen sich auf dieselbe soziale Stufe mit den Einwanderern gestellt und erfahren diese Stufengleichheit als relativen Statusverlust und als sozialen Abstieg.

> "Dieser Sachverhalt ist eine direkte Folge der Projektion der internationalen Schichtung in das Bewußtsein der betroffenen Einheimischen. ... Es wird von ihnen nur <u>die</u> interne Schichtung als akzeptabel angesehen, die mit der internationalen

Schichtung identisch ist." (HOFFMANN-NOWOTNY 1976, 48)

b) Diejenigen, die infolge expansiver Unterschichtung schnell und "ungleichgewichtig" aufgestiegen sind, bei denen insbesondere der Einkommensstatus über ihrem Bildungs- und Qualifikationsstatus liegt, fühlen sich überfordert und permanent einer latenten Abstiegsbedrohung ausgesetzt.
Beide Gruppen befinden sich in einer anomischen Situation, in der ihre Ziele (sozialer Aufstieg bzw. Sicherung der beruflichen Position) und die zu ihrer Verwirklichung bereitstehenden Mittel (Qualifikation, Leistung) auseinanderfallen. Diese Anomie addiert sich zu jener, die generell für moderne Industriegesellschaften kennzeichnend ist. Individuen reagieren auf anomische Spannungen mit Unsicherheit, Desorientierung, Angst und Frustrationen, die sich als diffuse Aggressionen, soziale Vorurteile und Diskriminierung gegen Minderheiten entladen können.

2.2.3. Die Reaktionen der autochthonen Mehrheit

Die strukturellen Spannungen können, wie HOFFMANN-NOWOTNYs Untersuchungen ergaben, durch die guten Mobilitätschancen der Einheimischen nur in einem relativ engen Bereich abgebaut werden (HOFFMANN-NOWOTNY 1973, 68ff). In anderen Bereichen sind sie dagegen wegen der differentiellen Verteilung dieser Chancen und der ungleichen und ungleichgewichtigen Realisierung der erhöhten Mobilität noch verschärft worden.

> "Da die strukturelle Problematik von den betroffenen Einheimischen nicht - und insbesondere nicht individuell - gelöst werden kann, werden Versuche unternommen, den Spannungen auszuweichen bzw. sich ihnen anzupassen, und zwar in anomischer Form, also in nicht problemadäquater strukturierter Art und Weise." (HOFFMANN-NOWOTNY 1973, 96)

HOFFMANN-NOWOTNY unterscheidet drei hauptsächliche Adaptionsformen der autochthonen Majorität an die anomische Situation (1973, 96ff):

a) Die "Substitution von Statuslinien", bei der Statuslinien erwerbbaren Charakters (z.B. aufgrund von Qualifikation) durch Statuslinien zugeschriebenen Charakters (z.B. aufgrund von Abstammung) ersetzt werden. Hierbei handelt es sich um eine eigentliche Ausweichreaktion, bei der die substituierende Linie zugeschriebenen Charakters in der Regel so gewählt werden dürfte, daß auf ihr Einwanderer definitionsgemäß eine niedrigere Position einnehmen.

b) Die "Sperrung von Statuslinien", bei der den Einwanderern der Zugang zu den zentralen Statuslinien verwehrt oder erschwert, wie auch ihr Aufstieg durch Einschränkungen behindert oder gar verhindert wird. Dieses, auf eine Diskriminierung der ethnischen Minorität abzielende Verhalten, ist eng verbunden mit der Substitution von Statuslinien. Es ist aber nicht als eine Ausweichreaktion zu interpretieren, sondern vielmehr als der Versuch, ein weiteres Ansteigen der strukturellen und anomischen Spannungen zu verhindern.

c) Die "neofeudale Absetzung nach 'oben'", die dann eintritt, wenn sowohl die Substitution als auch die Sperrung von Statuslinien durchgesetzt ist, und wenn zusätzlich die betreffenden Einheimischen einen Abbau der Ausländerbeschäftigung ablehnen, weil sie die Ausländer als diskriminiertes, variabel einsetzbares Arbeitskräftepotential im Lande behalten wollen.

"Neofeudal" wird ein solches Verhalten deshalb genannt,

> "weil die Verteilung von Positionen auf den zentralen Statuslinien 'Beruf' und 'Einkommen' nicht nach erwerbbaren, sondern nach zugeschriebenen Kriterien erfolgen soll, nach Kriterien also, wie sie in traditional feudalen Gesellschaften gelten, in denen eine Identität von Kasten und bestimmten Berufen gegeben ist, die nach Geburtskriterien besetzt werden." (HOFFMANN-NOWOTNY 1973, 129)

Neofeudale Absetzung zielt auf die Verweigerung der Integration und Assimilation von Einwanderern ab bei gleichzeitiger Tolerierung ihres Aufenthaltes im Aufnahmeland und äußert sich politisch in der Zunahme nationalistischer bis chauvinistischer Strömungen. Diese Strömungen nehmen zu, wenn die durch die unterschichtende Einwanderung verstärkten strukturellen Spannungen nicht mehr durch eine Expansion im Bereich infrastruktureller Einrichtungen (vor allem im Bildungsbereich) aufgefangen werden können.

Sowohl überprivilegierte wie unterprivilegierte Einheimische versuchen, die Einwanderer zu marginalisieren und dadurch ihre individuellen anomischen Spannungen zu reduzieren. Während aber Überprivilegierte zu neofeudaler Absetzung nach 'oben' neigen, verlangen Unterprivilegierte eher die Ausweisung der Arbeitsmigranten (HOFFMANN-NOWOTNY 1976, 50f).

Die drei beschriebenen Reaktionsmuster sind nach HOFFMANN-NOWOTNY direkt auf die strukturell anomische Situation der Einheimischen zurückzuführen. Infolgedessen gilt,

> "daß diskriminierende Reaktionen von Einheimischen gegenüber Gastarbeitern aus soziologischer Sicht nicht die Folge individuell bestimmten 'Fremdenhasses' sind, sondern in der Struktur unserer Gesellschaften und der Position des einzelnen darin angelegt sind." (HOFFMANN-NOWOTNY 1976, 51)

Sie sind "die Konsequenz ungelöster oder nur mangelhaft gelöster Strukturprobleme hochentwickelter Industriegesellschaften" (HOFFMANN-NOWOTNY 1973, 152). Da aber die Lösungsversuche die anomischen Spannungen lediglich auf dem individuellen Niveau erfassen, können sie nicht über eine bloße Anpassung hinausgelangen. Das anomische Potential bleibt erhalten.

2.2.4. Die Reaktionen der eingewanderten Minderheit

Die Reaktionen der Einwanderer auf die anomischen Spannungen hängen wesentlich von der Wahrnehmung und Beurteilung ihrer individuellen Lage ab. Das räumt auch HOFFMANN-NOWOTNY in seiner Bewußtseinsprozesse sonst nur am Rande berücksichtigenden Analyse ein. So könne man nicht davon ausgehen,

> "daß die Perzeption von Diskriminierung allein durch deren objektives Maß bestimmt wird. ... Selbst wenn es möglich wäre, objektive Diskriminierung in einem strengen Sinne zu messen, würde man auf die Wahrnehmung nicht verzichten können, da sie es ist, die das uns interessierende und auch politisch relevante adaptive Verhalten der Fremdarbeiter bestimmt."

Eine solche Perzeption der Situation sei auch dann von Bedeutung, "wenn diese Perzeption von der Realität nicht gedeckt wird." (HOFFMANN-NOWOTNY 1973, 196f)

Die ausländischen Arbeiter entstammen in der Regel einer Schicht, die im Auswanderungsland marginal (10) war und der im Einwanderungsland ebenfalls eine marginale Position zugewiesen wird. Ihr Lebensstandard hat sich allerdings tendenziell um den Betrag der Entwicklungsdistanz zwischen dem Aus- und Einwanderungsland verbessert. Diese in der Regel drastische Einkommensverbesserung läßt die marginale Situation und selbst eine faktische Diskriminierung als zunächst tolerabel erscheinen, da die meisten ausländischen Arbeiter bei ihrer Einreise nicht einen längeren oder gar dauernden Aufenthalt im Einwanderungsland planen und das Einwanderungsland lediglich als Arbeitsplatz betrachten. Mit zunehmender Aufenthaltsdauer beginnen die Einwanderer aber ihre Situation mit der homologer einheimischer Gruppen zu vergleichen und nehmen faktische Diskriminierung auch als solche wahr "und zwar im Sinne einer Benachteiligung der Einwanderer unter Umständen, unter denen eine Gleichbehandlung erwartet werden darf" (HOFFMANN-NOWOTNY 1973, 196).

Auf diese Situation, die als anomisch bezeichnet werden kann, weil die Einwanderer an der Verfolgung ihrer Ziele gehindert werden, reagieren die Einwanderer nach HOFFMANN-NOWOTNY mit folgenden Reaktionsformen:
a) Die Kollektivierung und Organisierung der Anomie,

> "d.h. das Bewußtsein eines Kollektivs, daß die individuellen Probleme vornehmlich das Resultat der sozio-ökonomischen Lage eines Aggregates sind, erhält gesellschaftliche Relevanz erst dann, wenn die individuelle Anomie zu einer interinstitutionellen Anomie wird. D.h., daß eine Assoziation die scheinbar individuellen Probleme aufnimmt, sie bündelt und auf der Ebene gesellschaftlicher Institutionen zum Austrag bringt" (HOFFMANN-NOWOTNY 1973, 214).

Voraussetzung für eine solche Organisierung der ausländischen Arbeiter sind 1) die 'Verlängerung der Aufenthaltsdauer', da sich damit die Chancen zu einer dauerhaften Interaktion unter den von einer gemeinsamen Problematik Betroffenen erhöht und zudem die Rückwanderung als ein der Kollektivierung entgegenwirkender Faktor abnimmt; 2) 'wirtschaftliche Prosperität' im Aufnahmeland,

> "da nur dann einmal die manifeste Statusbedrohung

von Einheimischen durch die kollektiven Aktivitäten der Einwanderer relativ gering gehalten wird und zudem die Gastarbeiter einer manifesten Ausweisungsdrohung in geringerem Maße ausgesetzt sind" (HOFFMANN-NOWOTNY 1976, 56)

und 3) die 'Erhöhung von legitimierten Ansprüchen' (Bildung und Qualifikation), die die "Voraussetzung für die Entwicklung eines gesellschaftlichen Bewußtseins wäre(n), das Grundlage für die erwähnte Kollektivierung sein könnte" (HOFFMANN-NOWOTNY 1976, 56). (11)

Selbst wenn diese Bedingungen erfüllt wären, hätten die Einwanderer mit weiteren Schwierigkeiten zu rechnen: Aufgrund der unterschiedlichen Schichtlage von Einwanderern und Einheimischen sind die Interessenvertretungsorgane der Einheimischen nur in begrenztem Maße in der Lage, die Interessen der Einwanderer zu organisieren und zu vertreten. Reine Einwandererorganisationen geraten aber leicht in Konflikt mit Gesetzen, die die politische Tätigkeit von Ausländern einschränken (HOFFMANN-NOWOTNY 1973, 214). Da die Bedingungen für eine Kollektivierung der Anomie gegenwärtig nur in unzureichendem Maße erfüllt sind, überwiegen bei den Einwanderern die individuellen Anpassungsstrategien:
b) Die sukzessive Zurücknahme der Ansprüche "auf einen akzeptablen Mitgliedschaftsstatus im Einwanderungsland, auf Integration und soziale Mobilität" (HOFFMANN-NOWOTNY 1976, 56).

c) Die Substitution der aufgegebenen bzw. als nicht erreichbar angesehenen Werte etwa durch die kompensatorische Betonung von Konsumzielen oder durch die Projektion enttäuschter Aspirationen auf die Kinder (vgl. HOFFMANN-NOWOTNY 1973, 235; GERSTENMEIER/HAMBURGER 1974). Auch die Betonung der nationalen Eigenart hat nach HOFFMANN-NOWOTNY "möglicherweise zumindest z.T. Legitimationsfunktion" (1973, 242). Sie wird vor allem von den Einwanderern mit hoher Anomie hervorgehoben. Als Versuch der kompensatorischen Zuschreibung eines höheren Status sei die Betonung der nationalen Eigenart jedoch in der Regel nicht anzusehen. Es sei eher plausibel,

> "daß die Betonung der Eigenart dazu dient zu verhindern, daß zu den Rang- und Ungleichgewichtsspannungen ... noch eine Unvollständigkeitsspannung (Nicht-Teilhabe an

Statuslinien - T.-V.) hinzutritt, die aus der mangelnden Möglichkeit resultiert, im Einwanderungsland bald einen vollen Mitgliedschaftsstatus zu erwerben." (HOFFMANN-NOWOTNY 1973, 234)

d) Die "neofeudale Absetzung nach 'unten'", die komplementäre Einstellung zur neofeudalen Absetzung der Einheimischen nach 'oben'. Hierbei erkennen die Einwanderer eine ethnisch begründete Überlegenheit der Einheimischen an und akzeptieren ihren eigenen tiefen sozialen Rang als Entsprechung ihres niedrigen ethnischen Status (vgl. HOFFMANN-NOWOTNY 1973, 240ff). Eine solche Einstellung wird vor allem von den Einwanderern vertreten, die nur in geringem Maße über statuslegitimierende Qualifikationen verfügen und die von daher ihre Aspirationen weitgehend aufgegeben haben. Bei ihnen nimmt mit zunehmender Aufenthaltsdauer der Anteil mit neofeudaler Einstellung stark zu. "Mittlere und höhere Bildung wirken dagegen auch dann einer neofeudalen Anpassung entgegen, wenn die Aufstiegswünsche als nicht realisierbar angesehen werden." (HOFFMANN-NOWOTNY 1973, 249)

e) Die Rückwanderung, die in der Regel ein Ausweichen vor den anomischen Spannungen im Einwanderungsland ist und "nur in Ausnahmefällen zu einer Lösung der Spannungen führt, die der Grund der Auswanderung waren" (HOFFMANN-NOWOTNY 1973, 267).

2.2.5. Die Integrationsbereitschaft des Aufnahmelandes

Wenn ein großer Teil der ausländischen Arbeiter auf Dauer im Einwanderungsland bleibt, stellt sich die Frage nach dem Verlauf des Prozesses ihrer Integration und Assimilation. HOFFMANN-NOWOTNY wendet sich gegen die weit verbreitete These, nach der eine Integration der Einwanderer primär dadurch erreicht werden kann, daß man die Anpassung der Einwanderer an Bräuche, Gewohnheiten und Sitten des Aufnahmelandes fördert und damit erst die Voraussetzung für die Gewährung von Integrationschancen schafft. Nach HOFFMANN-NOWOTNY ist der Bedingungszusammenhang eher in umgekehrter Richtung zu bestimmen, denn "<u>Assimilationsbereitschaft</u> und Assimilation der Gastarbeiter (sind) primär eine <u>Funktion der Integrationsbereitschaft</u> des aufnehmenden Landes." (1976, 57)

Dies wird theoretisch begründet aus einer Bestimmung des Verhältnisses von Kultur und Gesellschaft, nach der

> "Kultur und Gesellschaft als in einem Interdependenzverhältnis stehend betrachtet werden müssen, von dem wir mit Peter Heintz annehmen, daß es insofern asymmetrisch ist, als die gesellschaftliche Dimension die kulturelle Dimension stärker determiniert als umgekehrt." (HOFFMANN-NOWOTNY 1973, 173)

Analog gilt daher für den Integrationsprozeß,

> "daß die Integration die Assimilation stärker bestimmt als die Assimilation die Integration, und der sich selbst stützende Prozeß der wechselseitigen Beeinflussung von Integration und Assimilation von der Integration in Gang gebracht wird." (HOFFMANN-NOWOTNY 1973, 173)

Wenn also, wie HOFFMANN-NOWOTNYs Analyse nahelegt, die Einwanderer im Aufnahmeland marginalisiert werden, so ist von ihnen nicht zu erwarten, daß sie besondere Anstrengungen zur Anpassung an die Kultur des Einwanderungslandes unternehmen.

Zusätzlich ist zu berücksichtigen, daß die Assimilationsanforderungen an die Einwanderer tendentiell übersteigert sind,

> "da ihr (der Einwanderer - T.-V.) Assimilationsgrad nicht mit Bezug auf die Kultur der autochthonen Unterschicht, sondern mit Bezug auf die dominierende Kultur der Mittelschichten gemessen zu werden pflegt" (HOFFMANN-NOWOTNY 1976, 57).

Da aber die einheimische Unterschicht nur teilweise an dem partizipiert, was sich als die Kultur der Globalgesellschaft darstellt, kommen auch die Einwanderer nur mit dem 'Kultursegment' dieser Schicht in Kontakt, solange sie auf die Position einer Unterschicht fixiert bleiben.

> "Es ist deshalb offensichtlich mehr als eine Vermutung",

folgert HOFFMANN-NOWOTNY,

> "wenn man die Hinweise auf mangelnde Assimilation oder Assimilationsbereitschaft der Gastarbeiter - und zwar mit Bezug auf die dominierende Kultur - mit dem genannten Aspekt des Versuchs der neofeudalen Absetzung der Einheimischen in Zusammenhang bringt." (1976, 58)

Alle auf eine Assimilation der Einwanderer abzielenden Maßnahmen können daher nur dann erfolgreich sein, wenn vorab oder gleichzeitig die Integration gefördert wird.

2.2.6. Kritik und Bewertung des Ansatzes von HOFFMANN-NOWOTNY

Eine Diskussion und Kritik der Systemtheorie auf der Ebene grundlagentheoretischer Überlegungen, wie sie etwa in der Auseinandersetzung zwischen HABERMAS und LUHMANN thematisiert (HABERMAS/LUHMANN 1971) und wie sie in Bezug auf HOFFMANN-NOWOTNY etwa von ALBRECHT oder HARBACH formuliert wurde (ALBRECHT 1972, 150f; HARBACH 1976, 123ff), soll in dieser an einer empirischen Fragestellung interessierten Arbeit nicht geführt werden. Die von den genannten Autoren vorgetragene Kritik hat für unser Interesse an HOFFMANN-NOWOTNYs Ansatz nur mittelbar Relevanz.

Die theoretische und empirische Analyse von HOFFMANN-NOWOTNY beschreibt und erklärt die strukturellen Bedingungen, unter denen der Prozeß der Integration von Arbeitsmigranten in eine moderne Industriegesellschaft abläuft. Damit entwirft HOFFMANN-NOWOTNY einen Theorierahmen, der es ermöglicht, einzelne Faktoren in diesem Prozeß in Beziehung zur übergreifenden 'Gastarbeiterproblematik' zu setzen. Unzureichend ist sein Ansatz aber überall dort, wo es darum geht, spezifische Probleme, wie sie sich etwa aus der besonderen Situation einer bestimmten Nationalitätengruppe ergeben, zu untersuchen, die nicht hinreichend durch eine Rückführung auf den strukturellen Hintergrund erklärt werden können. Das wird deutlich z.B. bei seiner These, daß die Diskriminierung der Einwanderer durch die Einheimischen nicht auf individuellen Fremdenhaß, sondern auf strukturelle Spannungen zurückzuführen sind. In dieser These wird nicht berücksichtigt, daß unter denselben strukturellen Bedingungen nicht alle betroffenen Einheimischen mit Diskriminierungen reagieren, weil sie beispielsweise aufgrund ihrer unterschiedlichen Sozialisation unterschiedliche Deutungs- und Handlungsmuster haben. Ähnliche Erklärungsdefizite lassen sich auch bei der These, die gesellschaftliche Dimension determiniere die kulturelle Dimension stärker als umgekehrt, nachweisen. So sind die unterschiedlich verlaufenden Anpassungsprozesse der verschiedenen Nationalitätengruppen nicht hinreichend aus dem jeweiligen strukturellen Kontext bzw. aus ihren Rangunterschieden zu erklären: Die Öffnung der Statuslinien z.B. im

Bildungsbereich führt erst dann zur Integration, wenn diese Chancen auch von den Einwanderern angenommen werden, was u.a. von deren kulturabhängigen Deutungs- und Handlungsmustern abhängt. Der kulturellen Dimension gesteht HOFFMANN-NOWOTNY zwar eine gewisse Autonomie zu:

> "In der theoretischen wie in der empirischen Analyse sahen wir aber auch, daß die anomische Spannung Rückwirkungen auf die strukturelle Situation haben kann, die kulturelle also die gesellschaftliche Dimension determiniert." (1973, 173)

Die mögliche Autonomie von Kultur kann HOFFMANN-NOWOTNY aber nur aus den situativen strukturellen Bedingungen erklären. Der in der Situation wirksam werdende, in Kultur geronnene spezifische historische Prozeß wird theoretisch nicht reflektiert.

Ein Argument, das in der Kritik an der Systemtheorie LUHMANNs vorgetragen wurde, ist auch gegen HOFFMANN-NOWOTNYs Ansatz vorzubringen und unterstreicht unsere Argumentation:
Die Systemtheorie vermag für soziale Systeme keine Ziele anzugeben, die über die Erhaltung des Status quo hinausgehen. Die Zielfunktion eines Systems kann nicht aus sich selbst heraus, sondern nur vom übergeordneten Superbezugssystem her bestimmt werden. So kritisiert HABERMAS, daß Grenze, Identität und Bestand sozialer Systeme systemtheoretisch nicht bestimmbar seien, sondern nur von kulturellen Deutesystemen her interpretiert werden können. (12) Was z.B. eine Familie ausmacht, läßt sich nur kulturell bestimmen. Die Systemtheorie kennt keine umweltunabhängigen Systemereignisse und beachtet deshalb zuwenig solche Phänomene wie Interesse und Macht. Sie unterscheidet nicht deutlich genug zwischen analytischem Systembegriff und den empirischen Systemen. Wenn nicht Subjekte mit Interessen, sondern Sinn in sozialen Systemen Handlungen zusammenfügt, wird dieser Sinn hypostasiert und das soziale System ontologisiert. Die intersubjektive Bildung von Sinn wird vorausgesetzt - bei HOFFMANN-NOWOTNY etwa in der Annahme, daß in sozietalen Systemen tendentiell ein Konsensus über die Bewertungsgrundlage von Gütern bestehe (1973, 4f) - in ihrer Problematik aber nicht untersucht (vgl. hierzu KAEFER 1977, 33ff).
Eine solche Untersuchung ist aber notwendig, wenn die Bedeutung

der Kultur bzw. bei unserer Fragestellung der islamischen Religion im gesellschaftlichen Prozeß bestimmt werden soll. Zur Erklärung von Fragestellungen, die nicht in seinen Theorieansatz integriert werden können, muß HOFFMANN-NOWOTNY selbst auf "ad hoc - Erklärungen" zurückgreifen. Sein Ansatz bietet zwar einen relativ komplexen Erklärungsrahmen. Er erfaßt aber gleichsam nur die 'notwendigen' Rahmenbedingungen. Für eine Erklärung spezifischer Probleme des Integrationsprozesses bedarf es einer Ergänzung seines Ansatzes durch andere Theorien.

2.3. Kulturkonflikt und Integration. Der mehrdimensionale historisch-materialistisch orientierte Erklärungsversuch von BARATH

Einen Versuch zur umfassenden Erklärung der konflikthaften Integrationsprozesse und ihrer Auswirkungen auf Einstellungen und (abweichendes) Verhalten der ausländischen Arbeiter und ihrer Familien hat BARATH mit seiner Arbeit "Kulturkonflikt und Kriminalität" (1978) vorgelegt. Im Unterschied zu HOFFMANN-NOWOTNY, der strukturelle Konflikte als zentrale Determinanten für Störungen im Integrationsprozeß identifiziert, sieht BARATH im Kulturkonflikt die zentrale Situation, in der die entscheidenden Faktoren kulminieren, die den Integrationsprozeß der ausländischen Arbeiterfamilien bestimmen. Dabei geht es ihm - anders als HOFFMANN-NOWOTNY - nicht primär darum, einen systematischen, konsistenten Theorieentwurf vorzulegen und diesen dann an der gesellschaftlichen Realität zu überprüfen, als vielmehr darum, eine empirische Fragestellung - die Frage nach den Bestimmungsfaktoren der Ausländerkriminalität - in ihrer Komplexität zu erfassen, indem er Beiträge verschiedener theoretischer Ansätze, die jeweils nur Einzelaspekte erklären, unter der epistemologischen Richtschnur des historischen Materialismus ordnet.

> "Da Kriminalität zweifelsohne eine gesellschaftliche Erscheinung darstellt, die für ihre Präsenz jedoch Individuen benötigt, die kriminelle Handlungen aktualisieren, weist Kriminalität sowohl einen objektiven als auch subjektiven Aspekt auf. Diese beiden, nach divergierenden Theorien und

Erklärungsansätzen sich gegenseitig ausschließenden Momente sind ihrer Natur entsprechend als zwei Seiten der gleichen Substanz anzusehen, wie es der historische Materialismus sieht." (BARATH 1978, 20f)

Ein großer Teil der Ergebnisse BARATHs ist nicht nur für das Phänomen der Ausländerkriminalität relevant, sondern auch auf unsere Fragestellung anwendbar. Seine Arbeit ermöglicht es un , jene Faktoren näher zu bestimmen, die das konkrete Verhalten und die Einstellungen der Arbeitsmigranten bestimmen. Dabei sehen wir BARATHs Erklärungsversuche im wesentlichen als fruchtbare Ergänzungen zu denen von HOFFMANN-NOWOTNY an. Ein Versuch, beide Ansätze miteinander in Beziehung zu setzen, bietet sich gerade auch deshalb an, weil BARATH selbst systemtheoretische Theorieelemente in seinen Ansatz integriert. (13) Die Differenzen zwischen beiden Ansätzen, die vor allem auf der Ebene der erkenntnistheoretischen Prämissen zu lokalisieren sind und die beispielsweise in der unterschiedlichen Berücksichtigung historischer Prozesse bei der Erklärung sozialer Phänomene deutlich werden, sollen hier nicht diskutiert werden. (14)

2.3.1. Die kulturspezifische Prägung der Persönlichkeit

In Auseinandersetzung mit und in Anlehnung an LUCIEN SEVE versucht BARATH eine marxistische Theorie der Persönlichkeit zu skizzieren. Für SEVE ist die sechste Feuerbachthese der Ausgangspunkt für die Rekonstruktion einer solchen Theorie der Persönlichkeit, die seiner Meinung nach schon implizit in den Werken von Marx und Engels angelegt ist. Danach ist "das menschliche Wesen ... kein dem einzelnen Individuum innewohnendes Abstraktum. In seiner Wirklichkeit ist es das Ensemble der gesellschaftlichen Verhältnisse"(MEW Bd. 3, 6), und diese sind die "Summe von Produktivkräften, Kapitalien und sozialen Verkehrsformen, die jedes Individuum und jede Generation als etwas Gegebenes vorfindet." (MEW Bd. 3, 38) Seine Freiheit bzw. seine Autonomie ist nicht ein abstraktes Vermögen, sondern ein "konkretes historisch-soziales Produkt, (ein) vom erreichten Entwicklungsstadium der Gesellschaft determinierter Effekt." (SEVE 1973, D. 68, Anm.6, zit.n. BARATH 1978, 21)

> "Die Menschen, welche die Geschichte machen, sind Produkte der Gesellschaft, Resultat ihrer Lebenserfahrungen, die sich als Funktion übergreifender struktureller Zusammenhänge und gesellschaftlicher Systeme auffassen lassen. Das menschliche Wesen geht zwar dem Dasein eines jeden Individuums voraus, die Individuen sind selbst jedoch etwas anderes als die gesellschaftlichen Verhältnisse." (BARATH 1978, 21)

Zwischen den gesellschaftlichen Verhältnissen und der darauf gegründeten Individualität besteht ein "Funktionaldeterminationsverhältnis", d.h. daß die "gesellschaftliche Individualität" vollständig auf die gesellschaftlichen Verhältnisse zurückgeführt werden kann. Diese Individualität entwickelt sich

> "innerhalb biologischer Individuen, die als solche ganz und gar nicht Produkt der gesellschaftlichen Basis und ihrer Widersprüche, sondern eine ganz distinkte Realität sind." (SEVE 1973, 162, zit.n. BARATH 1978, 22)

Die "psychische Freiheit" bildet sich heraus in einem in bestimmten Schritten verlaufenden Entwicklungsprozeß, in einer "dialektischen Genese", in der das Ich seine eigenen Bedürfnisse mit den "Erfordernissen der Welt" zu vermitteln sucht (vgl. BARATH 1978, 28f).

Ausgehend von dieser groben Bestimmung des Verhältnisses von Individualität und gesellschaftlicher Basis, die eine Analyse der Soziogenese von Kriminalität und allgemein von sozialem Handeln ermöglichen soll, entwickelt BARATH seine theoretischen Überlegungen über die Entwicklung der von einer jeweils spezifischen Kultur geprägten Persönlichkeit, indem er vor allem auf sozialisationstheoretische Ansätze zurückgreift.

Im Kindesalter entwickelt sich - laut BARATH -

> "durch integratives Lernen ein psychisches System im Individuum, die 'basic personality'. (KARDINER 1963)
> Da die einzelnen Individuen einer gesellschaftlichen Einheit in ihren Grundzügen ähnliche Prägungsmomente erfahren, stimmen die Strukturen ihrer Grundpersönlichkeitstypen überein, während Unterschiede zu den in anderen Kulturen sozialisierten Individuen sichtbar werden. Gefestigt werden diese kulturspezifischen Merkmale in 'Sekundärinstitutionen' wie Schule, Beruf, Massenkommunikationsmittel (sic!), Religion, Folklore. Da sich die Persönlichkeit in Interaktion mit ihrer spezifischen Umwelt individuell ausgestaltet, wurde der Begriff 'modal personality' geprägt, der 'nicht so sehr Regelmäßigkeiten im phänotypi-

schen Verhalten, sondern Ähnlichkeiten in dauerhaften Dispositionen' (FEND 1969, 72) umschreibt." (BARATH 1978, 53)

Diese kulturcharakteristische Prägung der Persönlichkeit vollzieht sich im Prozeß der Enkulturation, in dem der Mensch die gesellschaftlich geforderte kulturelle Kompetenz erwirbt und den typischen Lebensstil und die allgemeinen Werte und Normen übernimmt und internalisiert. Relative Autonomie gegenüber diesen 'culture-patterns' gewinnt er aus Lücken im Rollensystem bzw. aus nicht eindeutig definierten oder fixierten Rollen und Regeln. Die Enkulturation vollzieht sich zwar nicht nur in der Kindheit. "Kindheitsprägungen legen jedoch das Fundament für einen später nur schwer veränderbaren Kulturcharakter." (BARATH 1978, 54) BARATH sieht die Erfahrungs-, Handlungs- und Ausdrucksmöglichkeiten des Individuums in einem solchen Ausmaß sozio-kulturell determiniert, daß er von einer "ethnozentrischen Gebundenheit des Individuums in seinen Kulturkreis" (1978, 54) spricht, die bei Erwachsenen im Falle eines Kulturwandels zu größeren Konflikten als bei Kindern führe. (15) Eine relativ konfliktlose Assimilation an eine neue Kultur sei nur unter Aufgabe eines Teils der "ureigensten Persönlichkeit und Eigentümlichkeit" (1978, 56) möglich.

In seiner Analyse verschiedener Kriminalstatistiken kommt BARATH zu dem Schluß, daß,bei einer für alle ausländischen Arbeiter in der Bundesrepublik vergleichbaren Situation und Problemlage, die qualitativen wie quantitativen Unterschiede in der Ausländerkriminalität auf typische Ausprägungen der einzelnen Nationalitäten zurückzuführen sind.

> "In der Kriminalität einer nationalen Gemeinschaft tut sich eine gewisse Volkseigenart kund, die durch Geschichte, Kultur, Religion, Klima, Sozialisationsformen und andere spezifische Lebensverhältnisse ihre Ausformung erhielt." (BARATH 1978, 257)

Für die Türken nimmt BARATH an, daß sich ihre Einstellungen und Verhaltensmuster am meisten von denen der Deutschen unterschieden, daß deshalb der Kulturkonflikt bei ihnen am größten sei, was durch ihre hohe Beteiligung an "schwerwiegenden Verbrechen" bestätigt werde (1978, 258).

Die kulturellen Einstellungs- und Verhaltensmuster seien sehr stabil gegenüber gesellschaftlichem Wandel, so

> "daß eigenkulturelle Werte, die im Sozialisationsprozeß internalisiert wurden, nur schwer oder gar nicht von sekundären Sozialisationseinflüssen - wie kultureller Anpassung - verdrängt werden können. Bedeutende Norm- und Wertkomplexe verändern sich oft nur über Generationen hinweg." (BARATH 1978, 261)

Eine Erklärung für die Stabilität kultureller Systeme sieht BARATH in der psychoanalytischen Erkenntnis gegeben, nach der

> "eine vollständige Kontinuität des grundlegenden Begriffsrahmens zwischen der Identifizierung in der oralen Phase und der Objektwahl in der nachoralen Phase einerseits und der Latenzzeit und Sozialisation in der Adoleszenz andererseits besteht. Das Erlernen von Rollen in der Schule und in der 'peer-group' erfolgt durch Mechanismen der Objektwahl, die durch frühere Identifizierungen motiviert ist." (PARSONS 1968, 132; zit.n. BARATH 1978, 262)

Die ersten Identifizierungen hängen ab von der Primärgruppe, in der die kulturspezifischen grundlegenden Persönlichkeitsstrukturen herausgebildet werden. Frühe Sozialisationseinwirkungen bestimmen zudem das Aggressionspotential und die Frustrationstoleranz eines Individuums wie auch die Rollenflexibilität und damit die Anpassungsfähigkeit an eine sich ändernde Umwelt. Diese Anpassungsfähigkeit hat damit - nach BARATH - einen kulturtypischen Charakter. (16)
Durch die Analyse der Kriminalstatistiken findet er seine Annahme bestätigt,

> "daß - aufgrund der Verflochtenheit des Individuums mit seiner Volkszugehörigkeit - zwischen einzelnen Völkern erhebliche Differenzen in Wert- und Normsystem, Kultur, Sitten und Gebräuchen, Familienstruktur, kulturtypischen Sozialisationstechniken und Verhaltensmustern und darauf beruhenden Eigenschaften und dauerhaften Dispositionen bestehen. Dieser volkstypische Charakter bestimmt maßgeblich die Grenzen der reibungslosen Einordnung in die nationalen Gegebenheiten der Aufnahmegesellschaft. Er bestimmt die Intensität des Kulturkonflikts." (BARATH 1978, 264)

2.3.2. Der Kulturkonflikt als entscheidende Determinante des Integrationsprozesses

Der Kulturkonflikt ist ein "basaler Bestandteil" des Erklärungsansatzes von BARATH (1978, 47). Er spricht dann von einem Kulturkonflikt, wenn zwei oder mehrere verschiedene Kulturen aufeinandertreffen (und wenn die kulturellen Diskrepanzen für die Interaktion der Mitglieder der verschiedenen Kulturen Bedeutung erlangen). Eine solche Situation des Kulturkonflikts ist in der Bundesrepublik durch die Einwanderung ausländischer Arbeiter entstanden. Sie ist nach BARATHs Meinung der entscheidende Faktor, der für die spezifischen Ausprägungen der Ausländerkriminalität im Unterschied zur Inländerkriminalität verantwortlich zu machen ist. Kriminelles oder, allgemeiner gesagt, abweichendes Verhalten deutet auf die mangelhafte Assimilation und Integration der betroffenen Personengruppe hin. Insofern also der Kulturkonflikt als eine Faktorenkombination angesehen wird, die abweichendes Verhalten der ausländischen Arbeiterfamilien fördert, gilt zugleich auch, daß diese Faktorenkombination den Assimilations- und Integrationsprozeß dieser Familien behindert. Wir können mit BARATH die verschiedenen Momente des Kulturkonflikts identifizieren und ihre Bedeutung für die Integration bestimmen.

Der Kulturkonflikt wird determiniert durch verschiedene Ursachenkomplexe:

a) Die Diskrepanz zwischen den verschiedenen Kulturen. Je größer die Unterschiede zwischen den Kulturen sind, je mehr die jeweiligen Wert- und Normvorstellungen voneinander abweichen, umso größer ist der zu erwartende Konflikt (BARATH 1978, 56, 75) und umso stärker wird der Prozeß der Assimilation (und Integration) behindert (vgl. auch Kapitel 3.1.1.).

b) Konsistenz und Verbindlichkeit der Wert- und Normsysteme. Die meisten ausländischen Arbeitnehmer kommen aus einer Gesellschaft, deren Kultur noch als weitgehend statisch bezeichnet werden kann und deren Wert- und Normsystem aufgrund seiner Monopolstellung als allgemein verbindlich gilt. Auch durch neuere Entwicklungen ist diese Geschlossenheit des kulturellen

Systems nach BARATH allenfalls tendentiell aufgebrochen (BARATH 1978, 73ff). In den modernen Industriegesellschaften sehen sich die Einwanderer nicht nur zur Auseinandersetzung mit einer zwar fremden, aber im Vergleich zu ihrer eigenen ähnlich konsistenten Kultur gezwungen. Vielmehr befinden sie sich im Konflikt mit einem pluralistischen inkonsistenten Kulturbündel. Die "repressive Toleranz" (MARCUSE), ein Merkmal der pluralistischen Gesellschaft, die Toleranz bzw. Indifferenz gegenüber der objektiven Wahrheit wie der Lüge, die jede wirkungsvolle Opposition bzw. Position verhindert, macht für die*wie für die Einheimischen die Entwicklung von Autonomie, Selbstverwirklichung und Freiheit nahezu unmöglich und begünstigt die Fremdbestimmung des Menschen (BARATH 1978, 67f). Die ohnehin konfliktreiche Situation der Einwanderer wird dadurch erschwert, daß infolge der komplexen Gesellschaftsstruktur weder erwünschtes noch unerwünschtes Verhalten ein nachdrücklich erlebtes Feedback hervorruft. Das "Vakuum der normativen Orientierungslosigkeit und Diskontinuität" (BARATH 1978, 74) erschwert den Assimilationsprozeß. Der Aufbau relativ beständiger Dispositionen wird gehemmt. Das hat zur Konsequenz, daß in Konfliktsituationen nicht auf Verhaltenssicherheit gewährende, verbindliche Wertmuster zurückgegriffen werden kann. Kinder, die in diesen Konflikten aufwachsen, stehen in der Gefahr, daß sie die die eigenen Bedürfnisse jeweils am ehesten befriedigende Handlungsmöglichkeit wählen und deshalb nicht im nötigen Maße Widerstandskraft und Frustrationstoleranz erwerben können; Fähigkeiten, die für eine erfolgreiche Bewältigung ihrer Probleme unabdingbar sind. Die Pflege eigenkultureller Werte kann in dieser Situation zur Stabilisierung der Persönlichkeit beitragen. Es besteht aber die Gefahr, daß die Traditionspflege zum "Reservat für Personen mit unverarbeiteten Konflikten und Abwehrmechanismen" wird (BARATH 1978, 77), den Blick für die Anforderungen der Realität trübt und einer Segregation Vorschub leistet, die einen Assimilations- und Integrationsprozeß behindern würde (vgl. BARATH 1978, 73ff).

c) Entfremdung und Verdinglichung im Aufnahmeland. Der Kulturkonflikt wird nach BARATH überlagert von Entfremdung (17)

* Einwanderer

und Verdinglichung, einem Phänomen, das kennzeichnend für die modernen Industriegesellschaften ist (BARATH 1978, 59ff). Entfremdung ist zum einen das Ergebnis der modernen Arbeitsteilung, durch die die Qualität der menschlichen Arbeit reduziert und der Mensch dem Produkt seiner Arbeit entfremdet wird. Zum anderen ist sie das Ergebnis der Ausbeutung der Natur durch den Menschen, der, getrieben durch als zwanghaft erfahrene gesellschaftliche und ökonomische Kräfte, dadurch seine eigenen Interessen verletzt, weil er sich langfristig seine Lebensgrundlage entzieht. Aus dem Mittel (Naturbeherrschung mit dem Ziel der Emanzipation) macht er ein Ziel."Dieser Antagonismus des Ziels und des Mittels (vgl. HORKHEIMER/ADORNO 1971 - T.-V.) bietet die Grundlage der Verdinglichung aller persönlichen Verhältnisse, für den Konflikt der Kultur." (BARATH 1978, 62) Folgen dieser Entfremdung sind u.a. der Konsum als Ziel und die damit einhergehende kulturelle Entfremdung. Die "absolute kulturelle Entfremdung" oder "kulturelle Verelendung" vollzieht sich in der "Scheinkultur", in der "affirmativen Kultur" (MARCUSE), in der die als wertvoll und erstrebenswert deklarierten Kulturgüter nicht Ausdruck der autonomen Persönlichkeit sind, sondern sich danach bestimmen, wieweit sie der Realisierung ökonomischer Interessen dienen (z.B. Prestige, Status, Besitz). Über die Internalisierung wertloser Werte, die lediglich der Aufrechterhaltung und Verfestigung der Entfremdung dienen, über die Ausrichtung an einem inhaltsleeren Begriff der "Moderne", entsteht nach BARATH ein Vakuum, das kriminogene Bedeutung erlangen kann (vgl. BARATH 1978, 59ff). Dieses "Sinnvakuum" - so könnte man im Anschluß an BARATH formulieren - birgt für die an vorgegebene, stabile Sinnstrukturen gewöhnten Ausländerfamilien ein zumindest größeres Desintegrationsrisiko als für die an einen rapiden gesellschaftlichen und kulturellen Wandel eher angepaßten Einheimischen.

Der durch die genannten Ursachenkomplexe determinierte Kulturkonflikt manifestiert sich in Rollenkonflikten, Kommunikationsproblemen, niedrigem Sozialstatus, sozialer Isolation, Diskriminierung, hohem Stressniveau (BARATH 1978, 79ff). Diese Konfliktmomente schaffen eine Situation, in der die Wahrscheinlichkeit, daß kriminelles Verhalten realisiert wird, groß ist.

Unter Bezugnahme auf die soziale Handlungstheorie versucht BARATH die Soziogenese krimineller Handlungen nachzuzeichnen (1978, 132ff), zu der er vier wesentliche Elemente zählt:
a) Der niedrige Status verhindert, daß ausländische Arbeiter sich gesellschaftlich erfolgreiche Orientierungen und Verhaltensweisen aneignen können. Diese Inkompetenz wird in der desorganisierten und desintegrierten Familie an die Kinder tradiert. Den Ausländern stehen von daher kaum legitime Mittel zur Erreichung ihrer Ziele zur Verfügung. Sie befinden sich in einer anomischen Situation (BARATH 1978, 139ff).

b) Die Wahrnehmung ihrer objektiv benachteiligten Lage in Verbindung mit nonkonformen Situationsdefinitionen fördert bei Ausländern die Entwicklung abweichender Motivationsrichtungen (BARATH 1978, 186ff).

c) Der Kulturkonflikt führt zu Identitätskrisen und erzeugt das Gefühl von Minderwertigkeit, beides psychische Konflikte, die aggressionsauslösend wirken (BARATH 1978, 193ff).

d) Die ausländischen Familien unterliegen aufgrund ihrer Andersartigkeit einer intensiven sozialen Kontrolle. Auffällige Merkmale genügen zur Stigmatisierung. Soziale Reaktionen auf auffälliges Verhalten können zur Entwicklung einer Außenseiteridentität führen (BARATH 1978, 218ff).

BARATH erwartet deshalb, daß Ausländer, sofern sie überhaupt Konformität mit der Aufnahmegesellschaft erringen können, eher eine "Anpassungskonformität" (Im Verhalten) als eine "Einstellungskonformität" (in Bezug auf die internalisierten Werte und Normen) entwickeln (1978, 235).

2.3.3. Kritik und Bewertung des Erklärungsversuchs von BARATH

Es soll an dieser Stelle nicht diskutiert werden, wieweit es BARATH gelungen ist, seinem Anspruch auf umfassende Erklärung der Ausländerkriminalität gerecht zu werden. Unbestreitbar hat er eine Fülle von Erklärungselementen zusammengetragen. Für uns stellt sich jedoch die Frage, inwieweit seine Ergebnisse auf unsere Fragestellung anwendbar sind.

BARATH betont - im Unterschied zu HOFFMANN-NOWOTNY - die Bedeutung kultureller Prägungen für die Entwicklung der Persönlichkeit, den Einfluß der Kultur auf Einstellungen und Verhalten der Individuen und die Stabilität dieser kultur-charakteristischen Dispositionen im gesellschaftlichen Wandlungsprozeß. Die psychologische Erklärung dieser Stabilität aus der Konstanz frühkindlicher Prägungen unterstreicht die Bedeutung der nationalen Kultur für die ausländischen Arbeiterfamilien. Schließlich macht die Rückführung von Unterschieden in der Ausländerkriminalität auf volkstypische Charaktere deutlich, daß eine Analyse des Integrationsprozesses die kulturcharakteristischen Eigenarten der Ausländergruppen mit berücksichtigen muß. (18)

Auch BARATHs Behandlung des Kulturkonflikts als entscheidenden Ursachenkomplex, auf den abweichendes Verhalten von Ausländern zurückgeführt werden kann, stellt eine wichtige Ergänzung des systemtheoretischen Ansatzes dar. Wir erhalten hierdurch die Möglichkeit, weitere desintegrativ wirkende Faktoren zu identifizieren. (19) Die relativ formale Bestimmung dieser Faktoren durch Kategorien wie Diskrepanz zwischen den Kulturen, Konsistenz, Verbindlichkeit, Stabilität etc. führt jedoch zu einem statischen und begrenzten Verständnis von Kultur. Phänomene wie die derzeit zu beobachtende Re-islamisierung in den "islamischen Ländern" und ihre Auswirkungen auf das Selbstbewußtsein der Türken in der Bundesrepublik, der dialektische Prozeß von kulturellem und gesellschaftlichem Wandel, die Frage, unter welchen Bedingungen die nationale Kultur der Ausländer nicht nur nostalgische Reservate, sondern möglicherweise der Situation angemessene Einstellungs- und Verhaltensmuster entwickeln und bereitstellen kann, d.h. in welcher Weise Kultur als teilweise autonomer Faktor im Integrationsprozeß wirksam werden kann, - solche Phänomene werden nicht erfaßt. Das liegt vor allem daran, daß BARATH seine Fragestellung auf die Erklärung von Kriminalität eingrenzt und das uns interessierende Problem nur am Rande behandelt. Wir werden deshalb versuchen, dieses Theoriedefizit tendentiell zu schließen, indem wir einen weiteren theoretischen Ansatz hinzuziehen.

2.4. Die Konstruktion der Wirklichkeit und soziales Handeln (im Integrationsprozeß). Der Deutungsmusteransatz

In den beiden letzten Kapiteln wurden theoretische Modelle diskutiert, die sich mehr oder weniger explizit mit dem Problem der Integration von Arbeitsmigranten auseinandersetzen. Der in diesem Kapitel vorgestellte Deutungsmusteransatz ist außerhalb der Integrationsdiskussion entwickelt worden, läßt sich aber auf unsere Fragestellung übertragen. Er versucht jene Regeln zu analysieren, die die Wahrnehmung, Interpretation und Bewertung der sozialen Realität durch die Individuen bestimmen und die ihr soziales Handeln steuern. Wenn wir von der Annahme ausgehen, daß der Islam Wahrnehmung, Interpretation und Bewertung der sozialen Realität bei den Türken in der Bundesrepublik mehr oder weniger stark prägt und in einem noch zu bestimmenden Ausmaß ihr soziales Handeln steuert, dann ist die Frage zu klären, ob der Islam durch die Kategorie 'soziales Deutungsmuster' zutreffend erfaßt und in seiner Wirkungsweise durch den Deutungsmusteransatz angemessen beschrieben werden kann.

Eine soziologische Theorie, die soziales Handeln erklären will, muß die Interpretationen der sozialen Realität analysieren, die das Handeln der Subjekte steuern. (20) Sie muß die Sinnzusammenhänge und Interpretationsmuster rekonstruieren, "die dem konkreten Handlungssubjekt als objektive Strukturen gegenübertreten" (OEVERMANN 1973, 2). Sie benötigt für diese Rekonstruktion Konzepte von Systemen sozialer Normen und Erwartungen, von Wertvorstellungen, kulturellen Traditionen und sozialen Deutungsmustern. (21)

2.4.1. Deutungsmuster und soziales Handeln

Soziale Deutungsmuster (oder auch Alltagstheorien - NEUENDORFF/SABEL 1976, 1) sind - nach einer Definition von LEMPERT u.a. -

> "als generative Systeme von Regeln der Wahrnehmung, Interpretation und Bewertung sozialer Handlungssituationen definiert, die zwischen gesellschaftlichen Verhältnissen, auch Arbeitsbedingungen und deren Veränderungen einerseits, psychischen Strukturen und Entwicklungen andererseits handlungsorientierend vermitteln, die also als Erzeugnisse <u>und</u> Medien der Sozialisation ... anzusehen sind und die auf die sie konstituierenden Gegebenheiten und Prozesse - subjektive wie objektive - verändernd zurückzuwirken vermögen." (1979, 548f)

Generativen Charakter haben diese Regeln, weil sie Verhalten erzeugen können,

> "das dem Handlungssubjekt zuvor nicht bekannt war. ... Generative Regeln konstituieren den intersubjektiv verstehbaren Sinn einer Handlung (, auf den das Handlungssubjekt verpflichtet ist)." (OEVERMANN 1973, 8)

Deutungsmuster kanalisieren und strukturieren die Wahrnehmung sowie die kognitive und emotionale Verarbeitung der gesellschaftlichen Realität. Sie sind nicht fixierte, historisch wandelbare, prinzipiell entwicklungsoffene Regelsysteme. Sie sind funktional auf Probleme sozialen Handelns bezogen, die sich aus objektiven sozialen Strukturproblemen ergeben.

Für die empirische Analyse entstehen Schwierigkeiten aus der zirkulären Verknüpfung von Deutungsmustern und Handlungsproblemen. Denn objektive Handlungsprobleme treten immer schon

> "als kulturell interpretierte, also als in Begriffen von Deutungsmustern interpretierte Probleme, in das Handlungsfeld des Subjekts. Insofern stehen Deutungsmuster immer am Anfang einer soziologischen Kausalanalyse. Andererseits lassen sich Deutungsmuster ohne die Rückbeziehung auf objektive Probleme sozialen Handelns, auf die sie antworten, nicht erklären; insofern stehen die objektiven Handlungsprobleme immer am Anfang." (OEVERMANN 1973, 4)

OEVERMANN schlägt deshalb eine Art "Spiralmodell der historisch-genetischen Analyse" vor, in dem die objektiven Handlungsprobleme zu einem willkürlich bestimmten historischen Zeitpunkt als Entstehungsbedingungen für soziale Deutungsmuster angegeben werden, und in dem dann der Verselbständigungsprozeß dieser Deutungsmuster analysiert wird.

Deutungsmuster fundieren soziales Handeln, sie bestimmen es aber nicht allein. Vielmehr wirken situative und psychodynamische Faktoren ebenso mit wie unbewußte Motivierungen und eingeschliffene Gewohnheiten. Wieweit die zentralen Handlungsprobleme der Arbeitenden allerdings selbständig bewältigt werden können, hängt - nach LEMPERT u.a. - wesentlich von den Deutungsmustern ab.

> "Denn diese tragen nicht nur dazu bei, ob betriebliche, ökonomische und gesellschaftliche Ungleichheit überhaupt adäquat, nämlich als solche und als sozial verursachte und politisch überwindbare Benachteiligung erfahren oder verdrängt oder als unbeeinflußbar interpretiert wird, sondern auch, ob Steuerungsschwächen des sozioökonomischen Systems als Ansatzpunkte für aussichtsreiche Veränderungsstrategien erkannt und welche Strategien gegebenenfalls im einzelnen gewählt werden." (1979, 428)

2.4.2. Die historische Entwicklung von Deutungsmustern

Die historische Entwicklung von sozialen Deutungsmustern läßt sich beschreiben als ein Prozeß von Versuchen, Unvereinbarkeiten zwischen Handlungsproblemen und den zur Verfügung stehenden Deutungsmustern zu lösen. Jede Lösung einer solchen Aporie schafft die Voraussetzung für neue Kompatibilitätsprobleme, denn die Menge der Interpretationselemente eines Deutungsmusters ist nie voll kompatibel. Ursachen für interne Inkompatibilitäten können darin bestehen, daß

a) latente Unvereinbarkeiten manifest werden, weil unvereinbare Interpretationen gleichzeitig als Antwort auf soziale Handlungsprobleme aktualisiert werden;

b) daß vorher isolierte Deutungselemente, die verschiedenen Sektoren gesellschaftlichen Handelns zugeordnet waren, miteinander verschmolzen werden;

c) daß latente Interpretationen explizit formuliert und präzisiert werden. (vgl. OEVERMANN 1973, 12ff)

Interne Kompatibilitäten gelten daher indirekt als treibende Kraft im sozialen Wandlungsprozeß. So können etwa die Inte-

grationskonzepte als Versuch zur Lösung der Unvereinbarkeiten interpretiert werden, die sich aus der Gleichzeitigkeit von Gleichheitsprinzip und faktischer Ungleichheit von Arbeitsmigranten und Einheimischen ergeben.
Soziale Deutungsmuster entstehen und verändern sich aber vor allem in Perioden schnellen und krisenhaften Wandels, wenn tradierte Interpretationsmuster keine Antwort auf die aktuellen Handlungsprobleme mehr zu geben vermögen. Sie entwickeln sich im Zusammenwirken von kollektiven und individuellen Interpretationen und werden in Sozialisationsprozessen tradiert. Sie werden vermutlich weniger durch explizites Lernen übernommen als durch

> "vom Kind selbsttätig vorgenommenes 'Ablesen' zentraler Handlungsregeln am beobachtbaren sozialen Handeln in seiner unmittelbaren Umwelt. Das Kind generalisiert selbsttätig und kognitiv strukturiert vom Handlungskontext seiner Umwelt." (OEVERMANN 1973, 18; vgl. LEMPERT u.a. 1979, 429f)

Die generalisierten Regeln werden dann zur Interpretation und Strukturierung neuer Handlungssituationen benutzt. Mit der Zeit lösen sich die Deutungsmuster aus ihrem Entstehungszusammenhang und steuern als verselbständigte kollektive Interpretationen die Beantwortung neuer Strukturprobleme. Dabei verändern sie sich allmählich, passen sich tendentiell der Entwicklung der Strukturprobleme an, versuchen, Autonomie gegen diese Entwicklung zu behaupten und gewinnen an Einfluß in dem Maße, wie es ihnen gelingt, relevante Lösungen für die gestellten Handlungsprobleme bereitzustellen. (22)
Die Fülle der (kulturell und religiös geprägten) Deutungsmuster wird nie vollständig abgerufen. Eine Reihe von Interpretationen bleibt latent. Bei gesellschaftlichem Wandel können u.U. latente Interpretationen aktiviert und nicht mehr angemessene zurückgedrängt werden, oder es entstehen aus dem krisenhaften Deutungsdefizit neue Deutungsmuster.

2.4.3. Die Autonomie von Deutungsmustern

Deutungsmuster sind nicht einfach Abbilder der sozioökonomischen Strukturen. Vielmehr vermitteln sie zwischen diesen und psychodynamischen Faktoren und entwickeln z.T. eine relative Autonomie, aufgrund derer sie auf ihre sozioökonomische Basis zurückwirken können. (23) Ihre Autonomie ist jedoch nur eine relative, weil die Deutungsmuster

> "strukturell durch die Wirklichkeit geprägt sind, der sie aber erst eine bestimmte Relevanzstruktur geben bzw. genauer ausgedrückt, weil die Wirklichkeit den Variationsbereich absteckt, innerhalb dessen sich Deutungsmuster gegenüber der Wirklichkeit verselbständigen und diese gemäß ihrer Eigenlogik verschieden ausdeuten können." (NEUENDORFF/SABEL 1976, 1)

Der sozioökonomische Kontext hat daher den Charakter eines Referenzrahmens für die Analyse sozialer Deutungsmuster und fungiert nicht als allein determinierender 'Unterbau' (vgl. LEMPERT u.a. 1979, 432f,438; OEVERMANN 1973, 15). Sozioökonomischer Strukturwandel und der Wandel des gesellschaftlichen Bewußtseins erfolgen nicht parallel, sondern in einem gegeneinander verschobenen Prozeß. Die gegenseitige Beeinflussung beider Momente kann nach LEMPERT u.a. durch eine "spezifische Verbindung von Deutungsmusteransatz und materialistischer Theorie" erfaßt werden (1979, 553). Die entscheidende Fragestellung lautet danach,

> "welche Züge für die zu untersuchende historisch-soziale Situation primär kennzeichnend sind: Merkmale der Verfestigung einer (noch) lebensfähigen oder Charakteristika des Zerfalls einer alten und des Entstehens einer neuen Gesellschaftsformation. Nur im ersten Falle ... dürften die sozioökonomischen Faktoren dominieren, beim zweiten ... kommt der soziokulturellen Entwicklung ein gewisses Eigengewicht zu." (LEMPERT u.a. 1979, 553f)

2.4.4. Die innere Struktur von Deutungsmustern

Soziale Deutungsmuster folgen einer eigenen Logik und Systematik, die nicht so sehr in der wissenschaftslogischen Konsistenz ihrer Elemente besteht, als in der Konstitution eines für das Individuum subjektiv sinnvollen Zusammenhangs zwischen Umwelt-

erfahrung und eigenen Interessen. Diese innere Struktur der Deutungsmuster bildet sich aus u.a. durch die spezifische Kombination sozialhistorischer, subkultureller und individuell-biographischer Erfahrungen des Individuums. Generationsspezifische Deutungsmuster lassen sich z.B. auf die für eine bestimmte Generation charakteristische Konstellation sozio-historischer und biographischer Prozesse zurückführen.
Nach LEMPERT u.a. ähnelt die innere Logik der Deutungsmuster eher einer Art "Traumlogik" als der Logik des wachen Bewußtseins.

> "Mit Hilfe des Konzepts der Deutungsmuster lassen sich also zunächst widersprüchlich erscheinende Aussagen identischer Individuen auf einen gemeinsamen Nenner bringen." (LEMPERT u.a. 1979, 426, Anm.1)

Eine empirische Analyse der inneren Struktur von Deutungsmustern ist vor allem deshalb so schwierig durchzuführen, weil es sich bei Deutungsmustern um "überwiegend latente Orientierungspotentiale" handelt, deren "fundamentale(n) Regeln denen, die sich mit ihrer Hilfe orientieren, weitgehend verborgen bleiben" (LEMPERT u.a. 1979, 447, 437).
Die Analyse kann sich deshalb nicht nur darauf beschränken, die einzelnen Deutungselemente zu sammeln, sondern muß die Konsistenzregeln erheben, "nach denen sich Kompatibilität und Inkompatibilität der Elemente von Deutungsmustern jeweils bemessen" (OEVERMANN 1973, 12). Darüberhinaus ist es wichtig, innerhalb der Deutungsmuster verschiedene Elemente nach ihrer strategischen Bedeutung für die innere Konsistenz der Deutungsmuster zu unterscheiden. Zentrale Interpretationselemente sind vermutlich besonders widerstandsfähig gegenüber objektiven Handlungszwängen.

> "Erst wenn es gelingt, die generativen zentralen Interpretationen oder Annahmen von Deutungssystemen herauszuarbeiten, wird man sichtbar machen können, in welchem Maße sie aufgrund des von ihnen ausgehenden Konvergenzdrucks mögliche soziale Veränderungen vorstrukturieren und im Entwicklungstempo hemmen, wie umgekehrt die Identifikationen zentraler Strukturprobleme erst Aussagen über die zukünftige Entwicklung von Deutungssystemen und daraus abzuleitende Vorurteilsstrukturen ermöglichen." (OEVERMANN 1973, 17)

2.4.5. Kritik und Bewertung des Deutungsmusteransatzes

Der Deutungsmusteransatz ermöglicht es, jene Regeln näher zu identifizieren, die das Handeln der Gesellschaftsmitglieder (und damit auch das Integrationsverhalten der Arbeitsmigranten) bestimmen. Sein Versuch, sozio-strukturelle und situative, sowie kulturelle, biographische und psychodynamische Faktoren in ihrer komplexen Beeinflussung des Verhaltens zu berücksichtigen, geht über die Ergebnisse der Einstellungsforschung hinaus (vgl. BENNINGHAUS 1973; MEINEFELD 1977; OEVERMANN 1973, 23f). Auch der Versuch, die Verselbständigung und relative Autonomie der Deutungsmuster zu begründen, ihre Entstehung und Veränderung aus Krisensituationen heraus zu erklären, ihre interne "Traumlogik" zu erschließen, bietet fruchtbare Ergänzungen zu unseren bisherigen theoretischen Überlegungen. Einige kritische Anmerkungen müssen jedoch vor allem im Hinblick auf die Verwertung des Deutungsmuster - konzepts für die Analyse religiöser Symbolsysteme gemacht werden.

Der Deutungsmusteransatz ist bisher erst wenig ausgearbeitet und kann z.Zt. kaum als ein konsistenter theoretischer Entwurf gewertet werden. Eher ist mit ihm ein theoretischer und methodischer Anspruch formuliert, als daß er bereits als ein empirisch abgesichertes Konzept gelten könnte. Die relevanten Faktoren werden zwar benannt, ohne daß aber eindeutige Aussagen über ihre kausalen und funktionalen Beziehungen gemacht werden könnten. Das ist zum einen auf den wenig entwickelten Stand der Forschung, zum anderen auf den eher deskriptiven als explanativen Charakter dieses Ansatzes zurückzuführen. Die generativen Potentiale der Deutungsmuster leiten sich danach nicht nur aus den objektiven sozioökonomischen oder aus den tradierten soziokulturellen Strukturen oder aus der besonderen Konstellation beider Momente ab. Sie werden vielmehr geprägt durch die subjektive Wahrnehmung, Interpretation und Bewertung der Realitätserfahrungen. Die Struktur dieses Prozesses, in dem die verschiedenen Dimensionen zusammenwirken, ist theoretisch nicht hinreichend geklärt (vgl. auch LEMPERT u.a. 1979, 548ff).

Ein weiterer Kritikpunkt läßt sich aus der engen Verwandschaft von Deutungsmusteransatz und symbolischem Interaktionismus ableiten (vgl. LEMPERT u.a. 1979, 444f). OTTOMEYER kritisiert am symbolischen Interaktionismus, daß er Gesellschaft ausschließlich als ein großes Interaktionsgefüge versteht. Diese Reduktion der gesellschaftlichen Realität wird zwar vom Deutungsmusteransatz nicht im gleichen Umfang vollzogen. Das in diesem Punkt dennoch vorhandene Theoriedefizit wurde aber (noch) nicht durch andere Theorieelemente aufgefüllt. Es besteht die Gefahr, daß sich Gesellschaftskritik in Normenkritik erschöpft,

> "da die gesamtgesellschaftliche Synthesis der Individuen primär als durch Normen und Werte vermittelt vorgestellt wird. Die Personalisierung und Verharmlosung von Machtverhältnissen ist die politische Konsequenz dieses Soziologieverständnisses. Es steht dem mystifizierten Alltagsbewußtsein besonders nahe. Sein Hauptmerkmal ist die notorische Rückübersetzung der gesamtgesellschaftlichen Bewegung in die Sprache einer unmittelbaren, interpersonellen Erfahrungswelt." (OTTOMEYER 1976, 138)

LEMPERT u.a. versuchen dieses Defizit tendenziell aufzufüllen, indem sie eine Kombination von Deutungsmusteransatz und materialistischer Theorie durch die Einführung der Kategorie der 'subjektiven Relevanzstruktur' vorschlagen.

> "Relevanzstrukturen werden (im Unterschied zu Deutungsmustern - T.-V.) wesentlich auf Erfahrungen materieller Produktions- und Reproduktionsprozesse (und nicht nur sozialer Interaktionsprozesse) zurückgeführt." (LEMPERT u.a. 1979, 427; vgl. auch NEUENDORFF/SABEL 1976, 2ff; MÜLLER u.a. 1978, 193ff)

Eine solche Ausweitung des Ansatzes ermöglicht vor allem eine genauere Untersuchung der aus der Sozialisation durch Arbeit hervorgehenden Deutungsmuster. Probleme wie die der Manipulation oder der gewaltsamen Durchsetzung von Deutungsmustern werden jedoch auch in diesem Ansatz nicht ausreichend berücksichtigt. Weiterhin ist - insbesondere im Hinblick auf die Fragestellung dieser Arbeit - kritisch anzumerken, daß die interaktionistische Form des Deutungsmusteransatzes vor allem auf die Analyse einer solchen Gesellschaft ausgerichtet ist, die aufgrund ihres historischen Entwicklungsstandes durch eine Pluralität von Normen bestimmt ist. Der

> "Deutungsmusteransatz erscheint vielmehr als die sozialwissenschaftliche Konsequenz aus dem Zerfall überlie-

ferter Gesellschaftsbilder in eine Vielzahl unzusammenhängend, teilweise sogar widersprüchlich anmutender Einzeleinstellungen." (LEMPERT u.a. 1979, 436)

Allgemeinverbindlich fixierte Normen scheinen aber gerade für den türkisch-islamischen Kulturbereich kennzeichnend zu sein. Die Traditionsprozesse solcher Normen und ihr Einfluß auf die Deutungsmuster werden durch den Deutungsmusteransatz nicht hinreichend erfaßt.

Wir kommen an dieser Stelle zurück auf die eingangs gestellte Frage, ob die Kategorie des 'sozialen Deutungsmusters' auf den Islam anzuwenden sei. Nach LEMPERT u.a. unterscheiden sich Deutungsmuster von den den religiösen Symbolsystemen ähnlichen Welt- und Gesellschaftsbildern dadurch, daß sie "in sprachlichen 'Topoi' symbolisch bzw. klischeehaft verfestigt(sind)," so daß sie "eher der Ebene der Deutungsprodukte als der Deutungspotentiale zugerechnet werden müssen, allenfalls Teilaspekte sozialer Deutungsmuster darstellen, nicht diese vollständig repräsentieren." (1979, 436)
Im Unterschied zu Weltbildern beziehen sich Deutungsmuster primär auf die soziale, nicht auf die gegenständliche Wirklichkeit. Im Unterschied zu Gesellschaftsbildern, die sich "vorrangig auf erfahrungsferne Sozialbereiche" erstrecken, betreffen Deutungsmuster sowohl unanschauliche als auch anschauliche soziale Strukturen und Prozesse. Sie erscheinen deshalb handlungsnäher. (vgl. LEMPERT u.a. 1979, 436) Diese Unterscheidungen gelten für kulturelle und analog auch für religiöse Systeme. Es müssen aber noch zusätzliche Differenzierungen getroffen werden. Einige Punkte können wir anhand des von EICKELPASCH in Auseinandersetzung mit funktionalistischen und strukturalistischen Mythostheorien entwickelten Modells einer phänomenologischen Analyse symbolischer Systeme verdeutlichen (vgl. EICKELPASCH 1973, 89ff). (24) Sie lassen sich verhältnismäßig leicht zum Deutungsmusteransatz in Beziehung setzen.

Der Mensch tritt, nach EICKELPASCH, nicht direkt mit seiner Umwelt in Kontakt, sondern vermittelt über das Medium eines symbolischen Systems. Dieses System entsteht aus dem sozialen

Interaktionsprozeß heraus. Die Menschen produzieren eine soziale Umwelt, die die Komplexität der prinzipiellen Weltoffenheit reduziert. Das geschieht durch Typisierung des eigenen und fremden Verhaltens. Die Typen werden umso abstrakter, je weiter die Interaktion von der 'Vis-à-vis-Situation' entfernt ist. Durch ein Zeichensystem (z.B. die Sprache) können die Typisierungen intersubjektiv übertragen werden. Sprache kann das 'Hier und Jetzt' gänzlich transzendieren und auf andere Wirklichkeitssphären verweisen. "Sie ist fähig, riesige Symbolsysteme (Religion, Kunst, Wissenschaft) zu errichten, die für die Alltagserfahrung nicht mehr erreichbar sind." (EICKELPASCH 1973, 92) Der Tradierungs-, Entwicklungs- und Veränderungsprozeß einer Religion, z.B. des Islam verläuft deshalb anders als der entsprechende Prozeß der Deutungsmuster, wenn auch ein Teil dieses Prozesses auf der handlungsnahen Ebene der Deutungsmuster verläuft und deshalb auch auf dieser Ebene zu analysieren ist.

Aufgrund der sprachlichen Ausformulierung und der dogmatischen Fixierung ihrer Symbole (25) entwickeln Religionen im Vergleich zu Deutungsmustern eine größere Autonomie, sowohl, was ihren Einfluß auf die Entwicklung der individuellen Persönlichkeit, als auch, was ihre Unabhängigkeit gegenüber dem sozialen Wandel betrifft. Gesellschaftliche Symbolsysteme weisen nach EICKELPASCH den Individuen eine Identität zu. Sie schaffen eine Welt der Gewißheit, legitimieren und konstituieren die gesellschaftliche Ordnung. Sie haben aber keinen ontologischen Charakter, sondern unterliegen einem ständigen Prozeß der Entwicklung. Vor allem in Gesellschaften mit rapidem sozialem Wandel entwickeln diese Symbolsysteme Autonomie gegenüber der gesellschaftlichen Entwicklung (EICKELPASCH 1973, 93ff). Diese Autonomie bedeutet aber keineswegs, daß etwa die Religion in konservativer Erstarrung notwendig und ausschließlich der Affirmation und Legitimation des Status quo dienen müßte. Vielmehr kann sie "in Zeiten des sozialen Umbruchs auch revolutionäre Potenz entfalten und Modelle zur Überwindung des gegenwärtigen Systems liefern." (vgl. EICKELPASCH 1973, 13)

Die gegenüber Deutungsmustern größere Stabilität der gesellschaftlichen Symbolsysteme bedingt auch einen anders gearteten Entwicklungsprozeß. Der Zugang des Individuums zur Welt wird nach EICKELPASCH nicht nur durch die gesellschaftlichen Symbolsysteme bestimmt, sondern ebenso durch seine biographisch akkumulierten Erfahrungen. So geraten z.B. in der Situation des Kulturkontakts symbolische Sinnwelten in eine Krise. Die überkommenen Interpretations- und Sinnschemata werden dann bedroht,

> "wenn eine der beiden Kontaktgruppen eine deutliche Dominanz (auf wirtschaftlichem, politischem, religiösem Gebiet) besitzt und in der Lage ist, von sich aus für die Mitglieder der Fremdgruppe Handlungsfelder einzuschränken, Kontakte zu unterbrechen und den Zugang zu Positionen zu limitieren." (EICKELPASCH 1973, 96)

Kann eine Gruppe der anderen ihre Typisierungs- und Relevanzschemata aufoktroyieren, muß die unterdrückte Gruppe durch Reaktionen, die vom aktiven Widerstand bis zur zwanghaften Anpassung reichen, ihre entfremdete Identität wiederherstellen. Die jeweilige Reaktion hängt dabei von der Deutung der Situation durch die tradierten Interpretationsschemata ab. Da diese für die Lösung der drängenden Probleme unzulänglich sind, setzt ein Prozeß ein, in dem latente Bedeutungsinhalte, die eine Relevanz für die drängenden Probleme haben, ins Bewußtsein gehoben werden, andere in den Hintergrund rücken, Elemente aus dem Symbolsystem der Fremdgruppe integriert werden etc. Die Vergangenheit wird retuschiert, die Zukunftsentwürfe als Problemlösungsentwürfe umgeformt. Entscheidend ist, daß die neuen Deutungsschemata nicht spontan'ex nihilo' geschaffen werden, sondern daß sie eine Rekonstruktion und Fortbildung der traditionellen Schemata darstellen. Die traditionellen Elemente behalten auch in der Neukonstruktion ihren Sinn (vgl. EICKELPASCH 1973, 95ff).

> "Kriterien für ihren Stellenwert im neuen System sind ihr Sinn im vorangegangenen und die Relevanz für die Probleme der aktuellen Situation." (EICKELPASCH 1973, 97)

Der Deutungsmusteransatz kann schließlich eine Reihe weiterer Fragen nicht beantworten, die für die Analyse eines religiösen Systems von Bedeutung sind. So z.B. Fragen, die sich aus der Institutionalisierung der Religion ergeben; aus der Verwaltung und Konstruktion der religiösen Symbolsysteme durch eine Theologenhierarchie (26); aus der Identität bzw. Nicht-Identität der religiösen Funktionäre mit den herrschenden gesellschaftlichen Gruppen und einer daraus folgenden Funktionalisierung der Religion für bestimmte Interessengruppen; aus dem Anspruch nach ausschließlicher, umfassender und zeitloser Gültigkeit und transzendentem Ursprung des religiösen Systems.(27)

Trotz der genannten Defizite, die durch andere Theorieelemente aufgefüllt werden müssen, stellt der Deutungsmusteransatz einen ausbaufähigen Entwurf dar, um die handlungsleitenden Deutungsmuster, auch die religiösen, in ihrer Entwicklung und in ihren Auswirkungen zu analysieren. Es erscheint durchaus möglich, die systemtheoretischen Perspektiven von HOFFMANN-NOWOTNY durch den Deutungsmusteransatz zu ergänzen und ihn mit materialistischen Ansätzen zu verbinden, wie es etwa MÜLLER u.a. (1978, 193ff) mit ihrer empirischen Untersuchung der konfliktorischen Handlungspotentiale von Arbeitern exemplarisch vorgeführt haben.

2.5. Die gesellschaftliche Wirklichkeit der Religion (im Integrationsprozeß). Religionssoziologische Ansätze

Wir haben in den vorangegangenen Kapiteln den strukturellen Kontext der Integration ausländischer Arbeitnehmer in eine der westlichen Industriegesellschaften diskutiert, die Bedeutung des kulturellen Hintergrundes für diesen Integrationsprozeß hervorgehoben, die Entwicklung von (kulturellen) Deutungsmustern und deren Bedeutung für das soziale Handeln (im Integrationsprozeß) erörtert,und werden unsere theoretischen Überlegungen in diesem Kapitel abschließen, indem wir den besonderen Charakter religiös bestimmter Faktoren - im Unterschied zu den alltagstheoretischen Deutungsmustern - erheben.
Hierbei sehen wir uns in dem Dilemma, die umfangreiche und diffuse religionssoziologische Literatur an dieser Stelle nicht ausreichend darstellen zu können - um etwa aus einer solchen Darstellung Elemente einer Theorie religiöser Symbol-

systeme zu entwickeln - und zum anderen keinen einzelnen konsistenten Ansatz vorführen zu können, der die Dimensionen unserer Fragestellung in der gewünschten Komplexität und Spezifität erfaßt. Wir werden uns deshalb auf die Diskussion einiger religionssoziologischer Aspekte beschränken.

2.5.1. Exkurs: Das begrenzte Spektrum der Religionssoziologie

Die Religionssoziologie beschäftigt sich im wesentlichen mit der christlichen Religion in den westlichen Industriegesellschaften (wenn man von einigen historisch und ethnologisch orientierten Arbeiten absieht), sofern sie sich mit aktuellen Problemen der Religionen in der Gegenwart auseinandersetzt. Eine allgemeine Religionssoziologie als eine vergleichende Soziologie kultureller, religiöser und sozialer Systeme ist bestenfalls im Entstehen begriffen (vgl. z.B. MATTHES 1967, 105ff).
Religionssoziologische Untersuchungen zum gegenwärtigen Islam und zu seiner Bedeutung für Einstellungen und Verhalten von Moslems in modernen oder sich entwickelnden Industriegesellschaften gibt es kaum. Die wenigen Arbeiten, die es gibt, untersuchen entweder - wie die Arbeit von WATT über den mittelalterlichen Islam 'Islam and the Integration of Society' (1961) - den Islam in früheren Gesellschaftsepochen; sie beschränken sich - wie etwa die Arbeit MENSCHINGs mit dem ambitiösen Titel 'Soziologie des Islam' (1966) - mehr oder weniger auf eine historische Darstellung der Entwicklung des Islam; oder sie untersuchen wie FREUND (1971), MALIK (1969), RODINSON (1966), BELLAH (1958 und 1970) oder TURNER (1974) in Fortführung der Arbeiten MAX WEBERs die Frage, welche Rolle der Islam im Prozeß der gesellschaftlichen und wirtschaftlichen "Modernisierung" spielt und ob er eher mit einer kapitalistischen oder eher mit einer sozialistischen Wirtschaftsentwicklung kompatibel ist.
Man muß deshalb dem Urteil von Turner zustimmen:

"Any examination of any sociology of religion text-book

published in the last fifty years will show the recurrent and depressing fact that sociologists are either not interested in Islam or have nothing to contribute to Islamic scholarship." (1974, 1)

Als Forscher findet man sich

"in the embarrassing position of facing a massive gap in his knowledge of world religions. There is no major tradition of sociology of Islam and modern research and publication on Islamic issues are minimal." (1974, 2)

Marxistische Arbeiten über die Religionen gibt es nur wenige. Zwar haben sich marxistische Religionssoziologen wie L.J. KLIMOWITSCH und E.A. BELJAJEW mit der Entstehung und Entwicklung des Islam beschäftigt (vgl. auch TOKAREW 1978, 683f), und S.A. TOKAREW legte mit 'Die Religion in der Geschichte der Völker' (1978) eine materialreiche Darstellung der religiösen Entwicklung von der Urgesellschaft bis zur Klassengesellschaft vor; diese Arbeiten gelangen jedoch im allgemeinen über eine religionsgeschichtliche Beschreibung nicht hinaus. Ihr theoretischer Ertrag ist gering. Sie leiden unter einer zu schematischen Übertragung eines wenig differenzierten Basis-Überbau-Schemas auf ihr Material und erreichen nicht die Differenziertheit des marxistischen Ansatzes oder der marxistischen religionsphilosophisch orientierten Ansätze etwa von BLOCH oder GARAUDY. (28) Die apriorische Subsumption der Religion unter den Ideologiebegriff (29) schränkte von vornherein die Forschung auf einzelne Problemaspekte ein. (30) ROBBE kommt daher in seiner Bestandsaufnahme der marxistischen Religionsforschung zu dem Schluß, eine gewisse Kurzsichtigkeit habe lange verhindert,

"daß die Gedanken von MARX, ENGELS und LENIN die Grundlage schöpferischer religionswissenschaftlicher Arbeit wurden und marxistische Religionswissenschaft sich als eigene Disziplin konstituierte. ... die mit dem Stichwort 'Atheismus und Religionskritik' gekennzeichneten Gesichtspunkte, unter denen Religion weitgehend betrachtet wurde, engten die historische und soziologische Fragestellung stark ein, und empirische Forschungen unterblieben überhaupt. ... Erst in den letzten Jahren hat, wenn auch noch zersplittert und nicht selten durch eine Voreingenommenheit gehemmt, ... die marxistische Arbeit auf religionswissenschaftlichem Gebiet merklich zugenommen." (ROBBE 1966, 160) (31)

In der Bundesrepublik wird Religionssoziologie überwiegend als empirische Kirchensoziologie betrieben. Ihre Themen reichen von Untersuchungen der Ursachen schwindenden Gottesdienstbesuchs über Erhebungen von Glaubenseinstellungen der Kirchenmitglieder bis hin zu organisations- und rollentheoretischen Analysen kirchlicher Funktionäre. (32) Durch eine Einengung des Religionsbegriffs auf die empirisch vorfindliche Kirchlichkeit, verfiel die Kirchensoziologie nicht selten einer vulgären Form der Säkularisierungsthese (33), die das schwindende Interesse an den traditionellen Formen kirchlicher Arbeit mit einem Bedeutungsverlust der Religion gleichsetzte.

> "Eine auf Kirchlichkeit konzentrierte Soziologie kann Religion weitgehend nur in ihrer stigmatisierten Gestalt zutagefördern - sei es nun als eine Art 'Asyl für blöde Köpfe (S.Kierkegaard); sei es als eine 'Versicherungsanstalt für schwache stützungsbedürftige Menschen' (M.Scheler). - Und auch in geschichtlicher Sicht muß die Kirchensoziologie als religiösen Funktions<u>verlust</u> registrieren, was sich bei einer Betrachtung im Zusammenhang wohl eher als gesamtgesellschaftliche Funktions<u>umschichtung</u> erschließen läßt." (DREHSEN 1975e, 297)

Es ist der deutschen Religionssoziologie mit anderen Worten bisher kaum gelungen, ihre Arbeiten in den Kontext umfassender Gesellschaftstheorien zu integrieren. Die Kritik an der engen Orientierung der Kirchensoziologie, wie sie etwa von LUCKMANN, MATTHES oder SAVRAMIS geäußert wurde, läßt sich auf folgende Punkte zusammenfassen:

> "Dilettantismus in der Verwendung der zur Verfügung stehenden Methoden, mangelnde Überlegungen zur Methodologie, kaum ein auf die Gesamtgesellschaft bezogenes Theoriegerüst, Abzweckung der Forschung für den puren Verwertungszusammenhang." (FISCHER/MARHOLD 1978, 8)

Die US-amerikanische Religionssoziologie ist bestimmt von der Auseinandersetzung mit dem Säkularisierungsprozeß wie mit der für die USA typischen Organisationsform der Religion, dem 'denominationalen Pluralismus'. (34) Er verbindet den Konsens über ein gemeinsames (religiöses) Wertsystem mit einer Differenzierung der Gesellschaft in zahllose teilautonome Subkulturen. DREHSEN beschreibt im Anschluß an BERGER dieses (Schein-) Paradox von zunehmender Säkularisierung und gleichzeitig gesteigerter Religiosität:

> "So hat sich die Religion in die symbolische Inte-

gration des Amerikanismus und in die Ideologisierung des Mittelstandsethos entäußert. Sie ist auf die Formel gebracht: das Paradox der sozialen Funktionalität bei gleichzeitiger sozialer Irrelevanz. Sie funktioniert insofern, als sie unangetastet in die öffentliche Ordnung der amerikanischen Gesellschaft aufgeht und deren Nationalgefühl symbolisch-rituell bekräftigt. Andererseits aber ist sie zur sozialen Bedeutungslosigkeit verurteilt, weil sie keine eigenen Werte mehr hervorbringt, sondern stets nur vorhandene heiligt; weil sie keinen ernsthaften Einfluß auf das öffentliche Leben mehr hat, sondern sich allenfalls noch als 'psychosozialer Ruheplatz' anbietet. Damit hat sie sich selbst zu einer Privatangelegenheit zurückgenommen und erschöpft sich in Freizeitbeschäftigung." (DREHSEN 1975d, 240)

Diese sozialintegrative Funktion der Religion (in den USA) ist von zahlreichen nordamerikanischen Soziologen untersucht worden. Als prominentes Beispiel sei hier PARSONS in einer Zusammenfassung von MÖRTH zitiert:

"Religion ist der zentrale Bestandteil des Systems kultureller Wertvorstellungen, der als Steuerungs- und Kontrollinstanz in der Gesellschaft fungiert und dessen Integration durch Internalisierung und Institutionalisierung gewährleistet. In Bezug auf den Einzelnen neutralisiert sie dessen egoistische Wünsche, Triebe, Ängste, Frustrationen und mögliche Resignation, indem sie die Priorität von Gruppenzielen in einsichtiger Sinndeutung vermittelt (Sozialisierungsfunktion) und Lebenskrisen sowie mit Leid und Enttäuschung belastete Situationen entschärft und damit Spannungslagen im Verlauf der sozialen Existenz bewältigbar macht (Resozialisierungsfunktion)." (MÖRTH 1978b, 82)

Die sozialintegrative Funktion der Religion wird aus der Annahme einer Identität von gesellschaftlichen und religiösen Wertvorstellungen heraus begründet. Ist diese Annahme schon für die US-amerikanische Gesellschaft problematisch, so ist sie auf die religiöse Struktur in der Bundesrepublik und insbesondere auf die Situation des Islam nicht zu übertragen. Vielmehr legen es empirische Ergebnisse dieser Arbeit nahe, zumindest teilweise von einer desintegrativen Funktion des Islam in Bezug auf die Gesamtgesellschaft der Bundesrepublik zu sprechen. Auch die Forschungen, die den Prozeß der sozialen Differenzierung der Gesellschaft und der Funktion der Religion in diesem Prozeß analysieren (35), bleiben im wesentlichen gebunden an die spezifische Situation der USA und haben wegen ihrer mangelhaften Verankerung in einer allgemeinen Gesellschaftstheorie lediglich heuristischen Wert für unsere Fragestellung. Zu solchen Untersuchungen gehören z.B. diejenigen über die Organisierung von Minderheiten in religiösen Sekten (36), bei denen zu prüfen wäre, wieweit ihre Ergebnisse zur Erklärung der Situation der Moslems in der Bundesrepublik herangezogen werden können. Das soll ad hoc bei der Auswertung des empirischen Materials geschehen. Es bleibt jedoch festzuhalten, daß die nordamerikanische Religionssoziologie, obwohl sie sich mit ähnlichen Problemen wie diese Arbeit beschäftigt, keine empirischen Ergebnisse oder theoretischen Modelle bereitstellen kann, die unmittelbar auf unsere Fragestellung übertragen werden könnten. Das liegt an ihrem eher deskriptiven als explanativen Charakter, an der kultur- und gesellschaftsspezifischen Ausrichtung dieser Untersuchungen und an ihrer unzureichenden Integration in eine allgemeine Gesellschaftstheorie.

2.5.2. Die Konstitution von Religion und die Funktion religiöser Deutungen

Aus der Kritik an der Religionssoziologie sind einige Ansätze hervorgegangen, die, vor allem von wissenssoziologischen Überlegungen ausgehend, die traditionellen Beschränkungen der Religionssoziologie zu überwinden trachten und die sich um einen Entwurf für eine allgemeine Religionstheorie bemühen. In diesen Ansätzen wird Religion als ein Wissenssystem definiert, das in seiner Leistungsfähigkeit mit anderen Wissenssystemen (z.B. Philosophie, Politik, Massenmedien) verglichen werden kann. Als Systeme gemeinsamer Wert-, Glaubens- und Wahrheitsvorstellungen üben solche Systeme eine sozialintegrative Funktion aus. Die Wissenssoziologie analysiert u.a. die Beziehungen zwischen Wissenssystemen und Sozialsystemen und ihre jeweiligen gesellschaftlichen Funktionen. Ihr Ausgangspunkt ist die Frage nach der Konstitution der sozialen Wirklichkeit (BERGER/LUCKMANN, 1969). An diesem Konstitutionsprozeß ist die Religion wesentlich beteiligt.

Schon die 'Klassiker' der Religionssoziologie haben Elemente einer wissenssoziologischen Bestimmung des Verhältnisses von

Religion und Wirklichkeit herausgearbeitet. MÖRTH faßt ihre Definitionen zusammen:

> "Religion wurzelt in den individuellen Problemen der Weltdeutung und Lebensführung. Sie ist einerseits Kompensation für nicht Deut- und Bewältigbares (Feuerbach, Marx), andererseits Symbol dafür, daß menschliches Leben nur als gesellschaftliches, als Einbindung in ein Sozialgefüge möglich ist (Durkheim). Religion verweist als menschliche Utopie auf noch nicht verwirklichte Möglichkeiten menschlicher Weltgestaltung (Marx) und motiviert zu ihrer Verwirklichung, zu fortschreitender Herrschaft über Natur und 'naturwüchsige' Gesellschaftsstrukturen (Weber). Ihre Transzendenz bleibt an den Entwurf menschlichen Bewußtseins gebunden (Religion als Projektion); dieser Entwurf reflektiert die Probleme und Widersprüche gesellschaftlicher Existenz (Religion als Ideologie, Marx)." (MÖRTH 1978a, 22)

Der zentrale Gedanke der wissenssoziologischen Bestimmung von Religion macht die Entstehungsbedingungen der Religion in der Alltagswelt fest.

> "Religion als gesellschaftlich konstituierte und tradierte 'Sinnprovinz' (Schütz) bestimmt sich in Form und Inhalt durch die alltägliche Wirklichkeit einer Kultur und steht zum Alltagswissen in einem engen Verhältnis der Ergänzung und Entsprechung. Religiöse Symbolisierungen bleiben an die Grundstruktur der Lebenswelt gebunden." (MÖRTH 1978a, 25)

Damit wird die enge Verwandtschaft des Ansatzes zum Deutungsmusteransatz deutlich. (37)

MÖRTH geht aber über den Deutungsmusteransatz (vgl. Kapitel 2.4. dieser Arbeit) hinaus, indem er die besonderen Konstitutionsbedingungen religiöser Deutungen präzisiert. Sie entstehen alle mehr oder weniger aus Unvollkommenheits-, Unsicherheits- oder Entbehrungssituationen, die Probleme der "Kontingenz (38) und der Konsistenz der Lebenswelt" hervorrufen. (39) MÖRTH unterscheidet die Situationen danach, ob sie für die Ebene der personalen, der interpersonalen oder der transpersonalen Handlungsstrukturen Bedeutung erlangen. (40)

Auf der personalen Ebene wird individuelles Handeln und Erleben bedroht:

a) durch nicht beeinflußbare störende Handlungsfaktoren. In dieser Situation konstituieren sich die magischen Elemente der Religion, die die bedrohlichen Aspekte der Wirklichkeit "entweder im Sinn der Beeinflußbarkeit (magische Rituale,

Opfer, Gebet) oder der Erkennbarkeit und Berechenbarkeit (z.B. Prophetie, Astrologie)" (MÖRTH 1978a, 27) in die personale Wirklichkeitskonstruktion integrieren;

b) durch Sinneseindrücke, die wahrnehmbar, aber nicht einzuordnen sind. In dieser Situation konstituieren sich die explikativen Elemente der Religion, die z.B. im Begriff des Wunders das Unerklärbare in die personale Wirklichkeit mit einbeziehen;

c) durch die Beschränkung potentieller Handlungschancen in räumlicher, zeitlicher und kräftemäßiger Hinsicht. In dieser Situation konstituieren sich die personal-kompensatorischen Elemente der Religion, die die Beschränkungen in einer transzendenten Wirklichkeit aufheben (göttliche Allmacht) oder begründen (Prädestination oder göttliche Fügung) (vgl. MÖRTH 1978a, 27f).

Auf der interpersonalen Ebene treten zwischen Individuum und Gesellschaft Probleme auf, die für Religion konstitutiv sind:
a) Individuelle Antriebe und Bedürfnisse, die sich in Sozialbeziehungen herausgebildet haben, können nicht alle voll befriedigt werden und führen zur Konstitution der sozial-kompensatorischen Elemente der Religion. Die Religion verlegt den Ausgleich sozialer Beschränkungen entweder in eine zukünftige Wirklichkeit (Paradies) und macht die Beschränkungen durch ihre zeitliche Begrenzung erträglich, oder sie erklärt die sozialen Beschränkungen als Ausfluß eines göttlichen Willens, der ein Sich-Einfügen in die soziale Ordnung fordere (göttliche Gebote). Belohnende oder bestrafende Elemente (wie Himmel und Hölle) konstituieren sich ebenfalls in dieser Situation.

b) Da Identität "nur vermittels stabilisierter Sozialbeziehungen möglich" ist (MÖRTH 1978a, 30), bedrohen typische wie zufällige Veränderungen in den Sozialbeziehungen sowohl die personale Identität als auch die Teilnahme an der Sozialwelt. In solchen Situationen konstituieren sich die personal-integrativen Elemente der Religion. Als "rites de passage" (Durkheim) - z.B. Taufe, Beschneidung, Konfirmation, Trauung - erklären sie biographische Brüche und bewältigen sie durch rituelle Formen, als generalisierte Konzepte (z.B. Gotteskindschaft)(41) sichern sie die Identität über alle Wandlungen der Sozialbeziehungen hinaus und bewahren die Kontinuität und Individualität der einzelnen Lebenslinie.

> "Stehen solche generalisierten Konzepte dem einzelnen nicht zur Verfügung, ist die personale Identität bei unvorhergesehener, tiefgreifender Änderung der sozialen Umwelt vom Zusammenbruch bedroht." (MÖRTH 1978a, 30) (42)

c) Sinnvolles soziales Handeln setzt das Fremdverstehen des anderen voraus, das aber prinzipiell unvollständig ist. An dieser Problematik konstituieren sich die korrelativen Elemente der Religion, die durch allgemeine Konzepte (wie die 'Einheit aller Menschen in Gott') oder durch Riten (wie die Kommunion) die Probleme thematisieren und tendenziell aufheben (MÖRTH 1978a, 30f).

d) Je komplexer die gesellschaftlichen Handlungszusammenhänge werden, umso weniger kann sich ein Individuum darauf verlassen, beim anderen die gleiche Handlungsorientierung vorzufinden und also in seinem Handeln verstanden zu werden. In dieser Situation der Verunsicherung konstituieren sich die normativen Elemente der Religion, die den Handlungsnormen eine die Handlungssituation übergreifende Gültigkeit verleihen, und den einzelnen der Notwendigkeit entheben, sich in jeder Handlungssituation neu zu orientieren. (43) Sie vermitteln damit Handlungssicherheit und ermöglichen Interaktion in verschiedenen Situationen. (MÖRTH 1978a, 31ff) (44)

Auf der transpersonalen Ebene entsteht das Problem der Stabilisierung der Handlungsstrukturen.

> "Ohne institutionalisierte, d.h. die individuelle Zeitlichkeit überdauernde Orientierung und Ordnung der Wirklichkeit, ohne vorgegebene Handlungsmuster kann der Mensch nicht überleben." (MÖRTH 1978a, 33)

Diese konstruierte "soziale Wirklichkeit", die "Kultur", reduziert die unendliche Komplexität der Welt und ermöglicht so erst dem Menschen Orientierung und Handeln. Die Kultur wandelt sich und variiert mit dem Wandel der "natürlichen Umwelt", z.B. mit der Entfaltung der Produktivkräfte. Dieser Wandel führt zur Konstitution weiterer religiöser Elemente:
a) Aus dem Problem, den transpersonalen Handlungsstrukturen den Charakter des Vorläufigen und des Beliebigen zu nehmen,

konstituieren sich die fundierenden Elemente der Religion, die durch ein Absolutsetzen dieser Strukturen im Stadium der Emergenz ihr überindividuelles Überdauern ermöglichen.

b) Die Anpassung dieser absolut gesetzten (aber nicht geschichtslosen) Strukturen an den gesellschaftlichen Wandel muß legitimiert werden. Indem die negierenden Elemente der Religion die transpersonalen Strukturen danach beurteilen, ob sie unwandelbare absolute Prinzipien (wie 'Nächstenliebe') verwirklichen, und sie widrigenfalls negieren, ermöglichen sie eine Anpassung dieser stabilen Strukturen an die jeweilige Situation unter Beibehaltung der absoluten Prinzipien.

c) Die legitimierenden Elemente der Religion sichern die transpersonalen Strukturen vor einer dauernden Infragestellung (z.B. durch die Konzeption eines Gottkönigs oder durch generalisiertere Konzepte).

d) Die sozial-integrativen Elemente der Religion bieten einen allgemeinen Rahmen zur Einordnung und Zuweisung der für verschiedene Situationen gültigen Handlungsstrukturen.

e) Die kontinuierenden Elemente der Religion sichern den Fortbestand der Handlungsstrukturen trotz stets wechselnder Individuen durch Konstruktion eines Ursprungs (Schöpfungsmythen, Ahnenkulte) und eines Ziels (Jüngstes Gericht) der Geschichte. (vgl. MÖRTH 1978a, 33ff)

Diese Elemente sind jedoch noch nicht als solche mit Religion identisch. "Erst die explizite, außeralltägliche Formulierung ... und eine kohärente Syntax für die konstitutiven Elemente ergeben Religion als ausformuliertes Sinnsystem." (MÖRTH 1978a,37)

MÖRTH hat mit seiner "Konstitutionsanalyse religiöser Phänomene" Ergebnisse verschiedener religionssoziologischer Ansätze in ein wissenssoziologisch orientiertes Konzept integriert. Sein Versuch, religiöse Deutungsmuster und Äußerungsformen auf ihre konstituierenden Bedingungen zurückzuführen und Religion aus ihren Funktionen der Deutung und Explikation, der Integration, Kompensation, Legitimation und Kontinuitätssicherung heraus zu erklären, stellt eine konsequente Weiterentwicklung bisheriger Ansätze dar und ermöglicht die Analyse religiöser Symbolsysteme und ihrer Besonderheiten, läßt jedoch Macht- und Herrschaftsaspekte wie auch das Problem der Institutionalisierung der Religion weithin unberücksichtigt. In seinem Versuch, eine "dialektische Feldtheorie" der Religion zu skizzieren (MÖRTH 1978b), werden solche Aspekte zwar genannt, jedoch nur unzureichend in den primär an einer Analyse von Religion als "Wissenssystem" interessierten Entwurf integriert. Das wird deutlich z.B. an seiner als ein "vorläufiges Fazit" seines Entwurfs formulierten Religionsdefinition:

> "Religion ist ein kognitiv-emotionales Deutungs-, Wert- und Handlungsfeld, in dem durch Konzipierung und transpersonale Verfestigung unüberprüfbarer Symbole und Handlungsanweisungen die individuellen und gesamtgesellschaftlichen Kontingenzen in der Konstitution der sozialen Wirklichkeit einer Kultur in personaler Verarbeitung und interpersonaler Vermittlung handlungsrelevant bewältigt werden." (MÖRTH 1978b, 161)

MÖRTHs Ansatz ist für unsere Fragestellung insofern von Interesse, als er eine Konstitutionsanalyse religiöser Deutungsmuster und ihrer Funktionen ermöglicht. Seine Schwäche liegt darin begründet, daß zwar die relevanten Faktoren von ihm benannt und systematisiert werden, daß aber keine konkreten Aussagen über die Art und Weise gemacht werden, in der sich diese Faktoren gegenseitig beeinflussen. Eine Ergänzung des Ansatzes durch weitere Theorieelemente und damit eine tendentielle Beseitigung bisheriger Mängel scheint uns jedoch möglich zu sein.

2.5.3. Zur Definition von Religion

Innerhalb der Religionssoziologie sind zahllose Definitionen von Religion entwickelt worden; wurden zahlreiche Versuche unternommen, diese Definitionen nach verschiedenen Kriterien zu ordnen (z.B. KAEFER 1977, 127ff; YINGER 1957, 6ff; VRIJHOF 1962, 10ff); sind Diskussionen geführt worden über die Möglichkeit oder Unmöglichkeit, eine allgemeine Definition von Religion zu formulieren (z.B. COHN 1962, 25ff; BARNHART 1975, 122ff; KIPPENBERG 1975, 90) und hat es Auseinandersetzungen gegeben über die Frage, ob das "Wesen" oder lediglich der Handlungsaspekt von Religion soziologisch definiert und empirisch erhoben werden könnte (z.B. LUHMANN 1972, 16ff; BOOS-NÜNNING 1972, 16ff; LUCKMANN 1972, 3ff).

Um unseren theoretischen Standpunkt wenigstens kurz darzulegen, wollen wir als knappes Fazit unseres Versuchs, relevante Theorieansätze für unsere Themenstellung zusammenzutragen, eine eigene Definition von Religion in Thesenform formulieren. Sie soll nicht der unendlichen Zahl von Religionsdefinitionen eine neue hinzufügen und ist deshalb nicht als ein Beitrag zur religionstheoretischen Diskussion gedacht. Vielmehr soll sie das Verständnis der folgenden empirischen Analyse erleichtern, indem sie das der Analyse zugrundeliegende "Religionsmodell" definiert. (45)

1. Religion wird definiert als ein System von Werten, Normen, Sinnvorstellungen, Erfahrungsdeutungen, Weltdefinitionen, Geschichtsentwürfen, die sich gesellschaftlich manifestieren in Institutionen, Riten, Bräuchen, Instanzen der Traditionsvermittlung und -aktualisierung, der Normsetzung und -sanktionierung.

2. Religion ist damit formal gleichzusetzen mit weltanschaulichen Systemen ähnlicher Gestalt und könnte mit diesen einem formal zu bestimmenden Oberbegriff (Vorschlag: Systeme individueller und gesellschaftlicher Weltaneignung) untergeordnet werden.

3. Religionen können von weltanschaulichen Systemen im wesentlichen nur aufgrund inhaltlicher und historischer Kriterien unterschieden werden.

4. Als allgemeine Funktion religiöser wie weltanschaulicher Systeme läßt sich die sinngebende Strukturierung erfahrener Wirklichkeit auf den Menschen hin (Weltaneignung) angeben. Die Transzendierung der erfahrenen Wirklichkeit stellt den Versuch dar, die der direkten Erfahrung nicht zugänglichen Bereiche dem eigenen Denken, Fühlen und Handeln zuzuordnen. (46)

5. Religiöse Vorstellungen wie auch deren gesellschaftliche Manifestationen stehen in einem interdependenten Beziehungsverhältnis mit der Gesellschaft und ihrer Entwicklung.

6. Es wird davon ausgegangen, daß gesellschaftlicher Wandel (induziert durch technischen, wirtschaftlichen und politischen Wandel) primär, religiöser Wandel dagegen sekundär ist, nicht im Sinne einer zeitlichen Reihenfolge, sondern in dem Sinne, daß die Wahrscheinlichkeit, daß gesellschaftlicher Wandel religiösen induziert, größer ist, als daß religiöser Wandel gesellschaftlichen induziert. Diese Relation ergibt sich aus der Definition von Religion als einem System zur Aneignung der (vorgegebenen) Welt.

7. Religion steht in gewisser Autonomie der Gesellschaft gegenüber, sowohl, was ihre Deutungsmuster, als auch, was ihre gesellschaftlichen Manifestationen betrifft. Religion und Gesellschaft beeinflussen sich gegenseitig, entwickeln sich aber nicht parallel. Religion kann gesellschaftlichen Wandel konservativ bremsen, ihn teilnehmend unterstützen oder modifizieren, oder aber auch selbst Wandel anregen.

8. Das Maß der Autonomie der Religion wie auch ihr konkretes Verhalten im gesellschaftlichen Wandlungsprozeß werden bestimmt durch die strukturelle, soziale und kulturelle Integration der Religion in das gesellschaftliche System und durch die Stabilität ihrer Institutionen und Traditionen, wobei angenommen wird, daß mit zunehmender Integration der

Konservativismus in Bezug auf das herrschende Gesellschaftssystem steigt.

9. Den inhaltlichen Aspekten von Religion wird gegenüber diesen strukturellen Momenten sekundäre Bedeutung und nur beschränkte Autonomie beigemessen, wobei eine Hierarchie der strategischen Wichtigkeit von religiösen Deutungen angenommen wird. Treten religiöse Deutungen in Konflikt zur gesellschaftlichen Realität, so erhalten sie nur in dem Maße eine Durchsetzungschance und Autonomie, wie sie zum symbolischen Ausdruck tatsächlicher Konflikte werden. Als solche können sie integrierende und mobilisierende Wirkung auf ihre Anhänger ausüben. (47)

10. Die Wirklichkeit von Religion läßt sich auf drei Ebenen analysieren:

a) Religion ist OBJEKTIVE WIRKLICHKEIT in dem Maße, wie sie adäquate Antworten auf das Bedürfnis nach sinngebender Strukturierung erfahrener Wirklichkeit auf den Menschen hin zu geben vermag. Die Befriedigung dieses Bedürfnisses (durch Religion oder andere Systeme der Weltaneignung) ist eine objektive Notwendigkeit, weil soziales Handeln ohne eine sinngebende Strukturierung der Wirklichkeit auf den Menschen hin nicht möglich ist.

b) Religion ist SOZIO-KULTURELLE WIRKLICHKEIT in dem Maße, in dem sie in Einstellungen und Verhalten der Gesellschaftsmitglieder repräsentiert ist, und zwar quantitativ im Maße ihrer Verbreitung und qualitativ in der Intensität ihrer Repräsentation.

c) Religion ist INSTITUTIONELL-POLITISCHE WIRKLICHKEIT in dem Maße, in dem sie in (stabilen) Institutionen organisiert und in das gesellschaftlich-politische System strukturell integriert ist.

Die gesellschaftliche Bedeutung und die gesellschaftliche Wirklichkeit von Religion bemißt sich dementsprechend danach, wieweit sie auf aktuelle Problemlagen adäquate Antworten zu geben vermag, wieweit sie in den stabilen Kulturbestand einer Gesellschaft eingegangen ist und wieweit sie aufgrund ihrer institutionellen Macht gesellschaftlichen Einfluß geltend machen kann. (48)

3. EMPIRISCHE ERGEBNISSE ZUR BEDEUTUNG DES ISLAM IM INTEGRATIONSPROZESS

In einer kurz vor Fertigstellung dieser Arbeit erschienenen Untersuchung über Erziehungsziele und Bildungsvorstellungen türkischer Arbeiterfamilien werden zum ersten Mal empirisch belegte Aussagen über die Bedeutung des Islam für die Einstellungen und das Verhalten von türkischen Arbeitsmigranten gemacht, die über den Charakter singulärer Beobachtungen oder spekulativer Annahmen hinausgehen (NEUMANN 1980, 180ff). Die Betonung des Islam korreliert danach mit einer "traditionalistischen Grundhaltung", die sich auch in anderen Einstellungsdimensionen ausdrückt - etwa in den Einstellungen zur Familienstruktur oder in den Erziehungsvorstellungen. Die Einstellung zum Islam wird ihrerseits nach NEUMANN vor allem durch die Herkunft und nicht durch die Lebensbedingungen in der Bundesrepublik beeinflußt:

> "Migranten aus Dörfern und Kleinstädten orientieren sich enger am Islam; Befragte aus Großstädten und Väter mit beruflicher Ausbildung sind weniger traditionell eingestellt. Die orthodoxe Haltung einer Gruppe der Befragten ist demnach heimatkulturell geprägt. Objektive Bedingungen des Aufenthalts in der Bundesrepublik sind ohne erkennbaren direkten Einfluß: Einkommen, Integration am Arbeitsplatz, Schicht und Art des Berufs korrelieren nicht mit der Einstellung zur Religion. Der Aufenthalt in Deutschland allein genügt nicht, Einstellungsänderungen bei erwachsenen Migranten auszulösen: auch die Aufenthaltsdauer ist ohne Einfluß auf die Einstellungen der befragten Väter." (NEUMANN 1980, 186f)

Eine solche weitgehende Reduzierung des Islam auf ein Relikt aus der weniger entwickelten Gesellschaft der Türkei birgt die Gefahr, daß die aktuelle Bedeutung des Islam im gesellschaftlichen Wandlungs- und Integrationsprozeß unterschlagen oder unterschätzt wird. In den folgenden Kapiteln soll der Integrationsprozeß und die Rolle des Islam in diesem Prozeß näher analysiert werden.

3.1. Faktoren, die den Integrationsprozeß der türkischen Arbeiterfamilien bestimmen

Die zentralen Probleme, die sich gegenwärtig aus dem Aufenthalt türkischer Arbeiterfamilien in der Bundesrepublik ergeben, liegen nach Ansicht der befragten Experten einerseits in den durch eine verfehlte Ausländerpolitik geschaffenen, konfliktträchtigen Lebensbedingungen der Türken, und andererseits in den im weitesten Sinne als 'Kulturkonflikt' zu bezeichnenden Spannungssituationen. Die Integration der Türken wird durch diese sowohl materiellen als auch immateriellen Momente behindert. Im einzelnen können aufgrund der Interviews drei untereinander sich gegenseitig beeinflussende Faktorenkombinationen unterschieden werden, die den Verlauf des Integrationsprozesses bestimmen. Gemäß der Themenstellung dieser Arbeit werden dabei die kulturellen Aspekte vorrangig behandelt. Damit soll jedoch nicht die generelle Priorität der kulturellen Dimension behauptet werden. Diese Schwerpunktsetzung ergibt sich vielmehr aus der bisherigen Integrationsdiskussion, die die Bedeutung der Kultur und Religion kaum thematisierte. Im theoretischen Teil ist darüberhinaus der allgemeine Problemzusammenhang für diese thematische Konzentrierung dargestellt worden. In den Interviews und dementsprechend bei der Auswertung werden nicht alle relevanten Aspekte des Themas angesprochen. Gelegentliche Ergänzungen aus anderen Materialien sollen deshalb die Darstellung vervollständigen und den Zusammenhang zur wissenschaftlichen Diskussion herstellen.

3.1.1. Die Distanz zwischen der Herkunfts- und der Aufnahmegesellschaft

Die Integration der türkischen Arbeiterfamilien in die Gesellschaft der Bundesrepublik verläuft konfliktreicher als bei anderen Ausländergruppen. Darüber besteht sowohl in der wissenschaftlichen Literatur als auch unter den befragten Experten Einigkeit. Als Grund wird in der Regel die große kulturelle und ethnische Distanz angegeben (z.B. SCHRADER u.a. 1976, 95).

Wenn eine solche Distanz grundsätzlich auch zu anderen Anwerbeländern besteht, in denen ähnliche Lebensbedingungen wie in der Türkei herrschen, so ist sie zwischen Deutschen und Türken doch besonders groß:

> "Bei Griechen und Sizilianern können vielleicht ähnliche Probleme entstehen. Aufgrund der religiösen und kulturellen Distanz, die bei den Türken größer ist, haben diese aber größere Konflikte zu bestehen." (M)

Die Distanz zwischen verschiedenen kulturellen Systemen scheint somit ein Maß für die zu erwartenden Konflikte zwischen den jeweiligen ethnischen Gruppen zu sein (vgl. Kapitel 2.3.2.). Diese allgemein als Kulturkonflikt bezeichnete Problematik bezeichnet nicht nur die Distanz zwischen den verschiedenen kulturellen Systemen, zwischen Wert- und Normvorstellungen, Einstellungen und Verhaltensweisen. Sie bezeichnet vielmehr gleichzeitig eine Distanz zwischen Zentral- und Peripherienation (49), zwischen unterschiedlichen gesellschaftlichen Entwicklungsstadien, Produktionsverhältnissen und Lebensweisen, die in der Kultur und Religion ihren symbolischen Ausdruck finden.

> "Der Wechsel vom Land in der Türkei in die Stadt in der BRD, das ist ein Sprung vom Mittelalter in die heutige Zeit. Die Türken sind in der Türkei eng eingebunden in Familie und Tradition. In Deutschland leben sie als Fremdkörper. Das größte Problem stellt der Kulturschock dar. Es bestehen große Niveauunterschiede in den Bereichen Bildung und Kultur." (M)

Das Verhältnis von Zentral- und Peripherienation spiegelt sich u.a. in den Heterostereotypen wider, die Türken bzw. Deutsche jeweils von einander haben:

> "Auch die Deutschen müßten zur Toleranz erzogen werden. Was die Sache schwierig macht, ist die Intoleranz in Glaubensdingen. Wenn man Integration ernst meint, müßte man anfangen mit einer Redigierung der Schulbücher (d.h. einer Überarbeitung des in den Schulbüchern vermittelten Türkenbildes). Das Bild von den Deutschen ist bei uns (in der Türkei) im umgekehrten Sinne belastet. Das ist eine ganz romantische Vorstellung von Deutschen und Türken aufgrund der Waffenbrüderschaft. Wenn dann die Türken in diese Gesellschaft kommen, ist das für die erstmal ein großer Schock." (M)

(Die Hochschätzung der Deutschen durch die Türken ist allerdings nicht nur auf die "Waffenbrüderschaft" zurückzuführen, sondern auch auf die Bewunderung für die wirtschaftliche und politische Macht der Bundesrepublik.)

Das Mißverhältnis der Heterostereotypen läßt sich auch an den Kontaktwünschen der Türken bzw. Deutschen ablesen:

> "Der Wunsch nach näheren Kontakten (zu Deutschen) ist bei den Türken von allen Ethnien am stärksten, trifft aber auf die stärkste Ablehnung durch die Deutschen." (NEUMANN 1980, 90)

Ein solcher Gegensatz in den Fremdbildern trifft auf andere Ausländergruppen nicht in gleichem Maße zu.

Der Kulturkonflikt wird nicht von allen Türken in gleicher Weise erlebt. Sein Ausmaß ist abhängig von ihrer geographischen Herkunft. Dabei spielt die Herkunft aus der Stadt oder vom Land nach Ansicht der Experten kaum eine Rolle. In der Türkei gebe es nur wenige städtische Zentren nach europäischem Muster. "Die Kulturmuster der Gastarbeiter sind im allgemeinen dörfliche." (NM) Entscheidend für die kulturelle und religiöse Prägung sei dagegen, aus welcher Gegend in der Türkei die Arbeiterfamilien kommen.

> "Es gibt in der Türkei mehrere Gegenden (z.B. Konya und Kayseri), die als besonders konservativ und fromm gelten. In anderen Gegenden kann es von Dorf zu Dorf unterschiedlich sein. Bei der Wanderung in die städtischen Slums hat sich der Konservativismus genauso hin verpflanzt. Allerdings löst er sich dort mit der Zeit auf." (M)

Türken, die aus einer besonders konservativen und frommen Gegend kommen, erfahren den Kulturkonflikt vermutlich in besonders starkem Maße.

Neben der geographischen Herkunft wurde auch noch die Schichtzugehörigkeit als eine relevante Variable genannt: "Man sagt: Die kleine Bourgeoisie ist religiös, egal, wo sie nun lebt." (M)

> "... das bedeutet, daß die Religion auf dem Lande, also bei den bäuerlichen Verhältnissen, bei den insbesondere unteren Einkommensschichten einen viel größeren Einfluß hat ... Die kleinen Ladenbesitzer, auch die kleinen Beamten, die sind, insbesondere in den ländlichen Gegenden, aber auch in den kleinen Städten, wesentlich religiöser als in den Großstädten, als bei beispielsweise gehobenen Einkommensschichten oder auch bei stark bürgerlichen oder aristokratischen Verhältnissen oder intellektuellen Verhältnissen. Es ist ganz klar: Diese Arbeiter kommen ja aus den Verhältnissen, wo der Einfluß der Religion ohnehin von vornherein ziemlich groß ist. Aber sobald sie ihre Umgebung, ihre Umwelt ändern und mit ganze Menge neue Menschen, neue Ideen konfrontiert werden, verliert

der Einfluß der Religion zunehmend an Bedeutung." (M)

Zur Differenzierung der Gruppe der türkischen Arbeitsmigranten scheint die Schichtvariable jedoch nur wenig geeignet zu sein, da unter den Arbeitsmigranten kaum Vertreter der "bürgerlichen, aristokratischen oder intellektuellen Verhältnisse" sein dürften. Der Kulturkonflikt scheint bei der Schicht, der die türkischen Arbeitsmigranten entstammen, größer zu sein als bei gehobenen Bevölkerungsschichten, wobei auch unter den türkischen Arbeitern noch große Unterschiede bestehen können.

Die Distanz zwischen der türkischen und der deutschen Gesellschaft als eine ökonomische, soziale und kulturelle Distanz ist ein Maß für die Anpassungsleistungen, die die türkischen Arbeiter erbringen müssen, um in die deutsche Gesellschaft integriert zu werden. Je größer diese Distanz ist, desto problemreicher wird der Integrationsprozeß verlaufen. Diese Distanz ist damit als ein Faktor im gesellschaftlichen Integrationsprozeß zu berücksichtigen.

3.1.2. Die Integrationsbereitschaft der deutschen Gesellschaft

Der Rahmen, in dem den Türken eine Integration in die deutsche Gesellschaft zugestanden wird, wird zu einem großen Teil durch die Ausländerpolitik festgelegt. Durch sie wird das überwiegend ökonomische Interesse der deutschen Gesellschaft bzw. der wirtschaftlichen Akteure an den türkischen Arbeitern formuliert und abgesichert. Die vor allem an kurzfristigen Zielen orientierte, auf schnelle Gewinnmaximierung ausgerichtete Ausländerpolitik hat die langfristigen sozialen Konsequenzen der Ausländerbeschäftigung nicht mit ins politische Kalkül gezogen. Auf die Gefahren einer solchen Politik haben seit Jahren Kirchen, Verbände und Ausländerorganisationen hingewiesen. Auch in den Interviews kam diese Kritik zum Ausdruck. Sie konzentrierte sich im wesentlichen auf zwei Punkte:

a) Der Ausländerpolitik wird Konzeptionslosigkeit vorgeworfen. Dadurch werde verhindert, daß wirkungsvolle Maßnahmen zur Integration der ausländischen Familien ergriffen werden können. Diese Kritik wurde von fast allen Befragten vorgetragen:

"Die wichtigsten Probleme: Eine klare Entscheidung beider Regierungen (der Türkei und der Bundesrepublik) darüber, was sie wollen: Integration oder Reintegration. Erst dann kann man weitere Schritte unternehmen." (NM) (50)

"Die Politik schwankt zwischen der unwahren Behauptung, kein Einwanderungsland zu sein (die Bundesrepublik sei kein Einwanderungsland) und halbherzigen Versuchen der Integration." (NM)

Ansätze für eine Änderung der Ausländerpolitik erreichen nicht das Stadium verbindlicher politischer Entscheidungen:

"Es gibt nur ein Bekenntnis zur Integration, es gibt kein Konzept. Auch das Bund-Länder-Papier ist nur eine Aufreihung von Notwendigkeiten. Aber immerhin wurde zum ersten Mal der Aspekt der Kultur gesehen." (NM)

Doch auch wenn die Vorschläge der Bund-Länder-Kommission (DER DEUTSCHE BUNDESRAT 1977) eine Integrationspolitik propagieren und das Problem des Kulturkonflikts zur Kenntnis nehmen, so haben sie doch weder zu einer umfassenden Konzeption der Ausländerpolitik geführt, noch haben sie die grundlegende, an arbeitsmarktpolitischen Gegebenheiten orientierte Strategie verlassen.

"Ebensowenig zeigt sich in den Vorschlägen ein Neuansatz der Ausländerpolitik, der geeignet wäre, den Interessengegensatz zwischen deutschen und ausländischen Arbeitnehmern über eine rechtliche und politische Gleichstellung zu beseitigen." (LANGENOHL-WEYER/WENNEKES 1979, 18)

Diese Konzeptionslosigkeit der Ausländerpolitik hat u.a. zur Folge, daß die Praxis der Ausländerbehörden bestimmt wird durch Verwaltungsvorschriften und interne Regelungen, die den ausländischen Antragstellern weitgehend unbekannt sind. "Die Politik wird delegiert an untergeordnete bürokratische Instanzen, die durch diese Aufgabe überfordert sind." (NM) Hierdurch entsteht ein rechtsfreier Raum, in dem es den Ausländern verwehrt wird, ihr Recht auf der Basis eindeutiger rechtlicher Bestimmungen einzuklagen. (50a)

b) Ein weiterer Vorwurf richtet sich dagegen, daß die Ausländerpolitik nicht den tatsächlichen Gegebenheiten einer faktischen Einwanderung eines großen Teils der ausländischen Arbeiter Rechnung trägt:

"Ich sehe als zentrales Problem die deutsche Einstellung: Deutschland sei kein Einwanderungsland. Daraus ergeben sich die Folgeprobleme. Man will sie (die ausländischen Arbeiter) nach Möglichkeit gar nicht wahrnehmen. Ein Deutschland im alten Sinne (als Staat einer Nationalität und Sprache) gibt es nicht mehr. Aber dieses Bewußtsein ist noch nicht durchgedrungen. Deutschland ist de facto zu einem pluralistischen Einwandererland geworden und kann wirtschaftlich und demoskopisch gar nicht anders (ohne Ausländer) existieren. Man versucht, die Anerkennung dieser Tatsache durch allerlei Beschränkungen zu umgehen. Aber man muß einmal grundsätzlich davon ausgehen, daß eine neue Gesellschaft ins Leben gerufen ist." (M)

Die gesellschaftspolitischen Realitäten werden jedoch nach wie vor offiziell nicht anerkannt. Halboffizielle Konzepte wie das Memorandum des Bundesbeauftragten für Ausländerfragen HEINZ KÜHN, die eine konsequente Integrationspolitik fordern, müssen durch ihre Aufmachung (51) und durch entsprechende Einschränkungen in der Einleitung deutlich machen, daß sie allenfalls "Anstoß und Arbeitsgrundlage für die weiteren Entscheidungen" (KÜHN 1979, 5) sein wollen und keinesfalls offiziellen Charakter haben (vgl. hierzu auch die Einleitung).
Als dringende Aufgaben einer an den sozialen Gegebenheiten orientierten Integrationspolitik nannte einer der Experten:

"Das Wichtigste wäre: Das Wahlrecht zu erteilen, mit einem gewissen Modus, vielleicht nach fünf Jahren Aufenthalt, zumindest für die Kommunen. Das deshalb, damit die Probleme von den Betroffenen selbst artikuliert und vertreten werden können, aber auch, weil dadurch der Durchbruch im deutschen Bewußtsein stärker erreicht werden könnte, daß die Türken ein integraler Bestandteil der deutschen Gesellschaft sind. Dann die Möglichkeit, z.B. Polizist zu werden: Einführung von gemischten Streifen nach Pariser Vorbild in typischen Ausländervierteln.
Förderung der türkischen Sprache auch für Deutsche. Repräsentation der Türken in den Medien. Anerkennung der türkischen Feiertage als Wahlfeiertage wie bei den Kirchen.
Vermittlung der türkischen Geschichte und Kultur auch für Deutsche. Von daher nicht so sehr auf türkische Lehrer zurückgreifen, sondern deutsche Lehrer zu einem solchen Unterricht befähigen. Die türkischen Kinder in die deutschen Klassen integrieren." (M)

Die Eingliederung der türkischen Kinder und Jugendlichen in das deutsche Bildungssystem wurde, mit Ausnahme zweier moslemischer Gemeindevertreter, von allen Befragten als besonders wichtige Integrationshilfe angesehen. (52)

Das Ausmaß, in dem die Türken einen gesellschaftlich anerkannten Status und gleiche berufliche Positionen wie die Deutschen erringen können, ist vielmehr ebenso abhängig von materiellen Bedingungen wie z.B. der Wohnsituation, als auch vom Verhalten und von den Einstellungen der Deutschen gegenüber den Türken. Die Kommunikations- und Interaktionsbeziehungen zwischen Türken und Deutschen werden entscheidend von den Deutschen geprägt, die damit auch den Rahmen bestimmen, innerhalb dessen eine Integration möglich ist (vgl. Kapitel 2.2.3. und 2.2.5.). Die Bedeutung der Kontakte zwischen Deutschen und Türken für den Integrationsprozeß wurde allgemein betont bis hin zu solchen optimistischen Einschätzungen wie "Das Dringlichste ist, daß Kontakte zu einer deutschen Familie geschaffen werden. Alles weitere löst sich dann von selbst." (NM) Immerhin wurde in verschiedenen Untersuchungen (z.B. NEUMANN 1980, 90ff; HOFFMANN-NOWOTNY 1973, 273ff) die integrative Funktion von Kontakten zwischen Einheimischen und ausländischen Arbeitern bestätigt. LANGENOHL-WEYER u.a. bezeichnen die "Kommunikations- und Sprachproblematik" sogar als "Hauptproblem der Integration" (1979, 1). Wenn eine Reduktion der Integrationsproblematik auf die Assimilation auch zurückgewiesen werden muß, so gilt es doch festzuhalten, daß die Integrationsbereitschaft eines Aufnahmelandes einen entscheidenden Faktor im Integrationsprozeß darstellt. Sie wird sowohl durch die politischen Rahmenbedingungen, als auch durch die kulturellen, sozialen und individuellen Zielvorstellungen der Gesellschaftsmitglieder bestimmt. Sie definieren gemeinsam die Integrations- und Assimilationsbedingungen der ausländischen Arbeitnehmer.

3.1.3. Das Verhalten der Türken im Integrationsprozeß

Das Verhalten der Türken im Integrationsprozeß kann als eine Faktorenkombination bezeichnet werden, die einerseits direkt den Integrationsprozeß beeinflußt und andererseits indirekt wirksam wird, indem sie zurückwirkt auf das Verhalten der Deutschen. Ihre indirekte Wirkung ist z.B. dort von Bedeutung, wo sozialpolitische Konzepte zur Integration die Zustimmung und Mitarbeit der deutschen Bevölkerung erfordern. Diese Bedeutung wurde im Memorandum des Ausländerbeauftragten der Bundesregierung, HEINZ KÜHN, hervorgehoben:

> "Es besteht kein Zweifel, daß die Einstellungen und Erwartungen der Öffentlichkeit für die Realisierungschancen und den Erfolg der hier vertretenen Integrationspolitik gegenüber dem integrationsbereiten Teil der ausländischen Bevölkerung von besonderer Bedeutung sind. ... Dem müssen allerdings auch entsprechende Verhaltensweisen auf seiten der ausländischen Bevölkerung hinzutreten, denn Integration kann kein einseitiges Angebot sein, sondern setzt ein Aufeinanderzugehen und eine gegenseitige Verständnisbereitschaft voraus." (1979, 52)

Als bedeutsamer Faktor im Integrationsprozeß ist das Verhalten der Türken bzw. der Einfluß des Islam auf ihr Verhalten ein wesentlicher Gegenstand dieser Arbeit.

Das Integrationsverhalten bzw. die Fähigkeit, notwendige Anpassungsleistungen wie das Erlernen der Sprache und der Interaktionsformen der deutschen Gesellschaft zu erbringen, ist abhängig u.a. vom Bildungs- und Ausbildungsniveau oder auch von der Zugehörigkeit zur ersten, zweiten oder dritten Einwandergeneration. (53)

> "Die Eltern sind unselbständiger als die Kinder. Sie werden es auch bleiben." (M)

> "Die Fähigkeit, mit dem Kulturschock fertig zu werden, hat viel mit Bildung zu tun, mit Reflexionsfähigkeit." (NM)

Ein weiterer Faktor, dessen Wirkung jedoch unterschiedlich beurteilt wird, ist die Aufenthaltsdauer. Einige der Befragten messen ihr keine einstellungs- oder verhaltensändernde Bedeutung zu.

> "Die Aufenthaltsdauer spielt keine Rolle. Die Türken schließen sich ja so von ihrer Umgebung ab, daß sie gar nichts sehen. Sie leben in ihrer eigenen Welt. Wichtiger

ist aber, mit welcher Einstellung sie bereits aus der Türkei hierher gekommen sind." (M)

Diese Einstellungen, seien sie nun fundamentalistisch-religiös oder "liberal-modern", würden durch den Aufenthalt in der Bundesrepublik allenfalls stärker ausgeprägt. Andere Experten vertraten dagegen die Meinung, daß eine längere Aufenthaltsdauer im Sinne einer Umorientierung und einer stärkeren Bewußtwerdung und neuen Hinwendung zur eigenen Kultur und Religion wirke, wobei die historische Entwicklung der Beschäftigung türkischer Arbeiter eine gewisse Rolle spiele.

> "Das aktive Bekennen des Islam nimmt mit der Dauer des Aufenthalts in der Bundesrepublik eher zu: Zuerst konnten die türkischen Arbeiter mit ihrer Religion in der Bundesrepublik nichts anfangen. Es gab noch keine Gemeinden. Sie waren allgemein desorientiert. Anfang der siebziger Jahre entstanden dann die ersten Gemeinden. Viele der in der Türkei dem Islam bereits gleichgültig Gegenüberstehenden begannen in der Bundesrepublik, sich wieder aktiv zum Islam zu bekennen. Der neue Glaube ist stark von der Diasporasituation geprägt: Die einzelnen Menschen und Gemeinden schließen sich enger zusammen, suchen bewußter ihre islamische Identität zu finden und zu leben, wobei sie auch überbetonen und auch Abwehrreaktionen gegen die deutsche Umwelt auftreten." (M)

Auch in der wissenschaftlichen Diskussion wird die Bedeutung der Aufenthaltsdauer unterschiedlich beurteilt. Auf der einen Seite wird angenommen, daß eine hohe Aufenthaltsdauer, vor allem aber die "klare, bewußte Entscheidung für das Bleiben in der Bundesrepublik und die damit verbundene Aufgabe der Rückkehrabsichten" die Bereitschaft zur Assimilation erhöhe (BFT 1979, 62). Auf der anderen Seite kam eine Schweizer Untersuchung zu dem Ergebnis:

> "Wie nachgewiesen wurde, haben weder die Aufenthaltsdauer noch der Entscheid, sich für die Dauer in der Schweiz niederzulassen, einen nennenswerten Einfluß auf Assimilation und Assimilationsbereitschaft, wenn das Maß an Integration gering ist. Alle auf eine Assimilation der Einwanderer zielenden Maßnahmen müssen deshalb wirkungslos bleiben, wenn nicht vorab oder gleichzeitig ihre Integration gefördert wird." (HOFFMANN-NOWOTNY 1973, 194)

Wie bereits aus den Interviewzitaten hervorging, kann die Aufenthaltsdauer nur im Zusammenhang mit anderen Variablen als verhaltens- und einstellungsprägender Faktor angesehen werden.

Entscheidend für das Verhalten der Türken im Integrationsprozeß ist vor allem die soziale Wirklichkeit, die sie vorfinden und mit der sie sich auseinanderzusetzen haben (vgl. Kapitel 3.1.2.), sowie ihre Wahrnehmung, Interpretation und Bewertung dieser sozialen Wirklichkeit. Die Wahrnehmung, Interpretation und Bewertung der sozialen Wirklichkeit wird gesteuert durch kulturelle und religiöse Deutungsmuster, die bei den Türken in entscheidendem Maße vom Islam geprägt sind. Das gilt mit unterschiedlichem Umfang auch für die Türken, die in relativer Distanz zum Islam stehen. Selbst die schärfsten Kritiker unter den befragten Experten bezeichneten sich eindeutig und ausdrücklich als Moslems, wobei sie z.T. für sich in Anspruch nahmen, die besseren Moslems zu sein. Ein Gesprächspartner, der im Interview eine fast feindselige Kritik an der Praxis des Islam übte, sagte über sich:

> "Ich bin Mohammedaner. Die heiligen Gesetze sind in mir. Ich bemühe mich, danach zu leben. Ich sehe den Islam als einen Weg für den heutigen Menschen, das Leben zu bewältigen. Der Islam ist eine moderne Glaubensrichtung. ... Grundsätzlich meint der Islam: Was ein guter Mensch sein soll. Da habe ich in der Bibel und auch im Koran nichts Schlechtes gefunden. Ich verrichte auch gerne Gebete, aber nicht mit diesen Menschen, die keine Toleranz haben für andere." (M)

Die hervorragende Bedeutung des Islam für das Selbstverständnis der Türken wurde allgemein betont.

> "Der Unterschied zwischen Deutschen und Türken ist, daß ein Deutscher sich nicht unbedingt als Christ zu verstehen hat, ein Türke aber unbedingt als Moslem. Das gilt sogar für Agnostiker und weit links stehende Leute. Dieser enge Zusammenhang ist sogar ansatzweise in der laizistischen Verfassung berücksichtigt. - Die jugoslawischen Moslems bezeichnen sich sogar - im Unterschied zu den christlichen Jugoslawen - als Türken: Ich gehöre zur türkischen Religion." (M)

Die religiösen Bindungen sind jedoch nicht bei allen Türken gleich stark ausgeprägt. Die Reformen KEMAL ATATÜRKS sowie der Kontakt mit der modernen Industriegesellschaft haben einen deutlich erkennbaren Säkularisierungsprozeß in Gang gesetzt. Es wäre zu erwarten, daß dieser Prozeß durch den Aufenthalt türkischer Moslems in der Bundesrepublik beschleunigt würde. Vereinzelt wurde die Vermutung geäußert, daß die Türken, die aus der Bundesrepublik in die Türkei zurückkehren, "weniger streng religiös und politisch weniger reaktionär als

die entsprechenden im Land Gebliebenen" (M) seien.
Dafür spreche auch, daß die rechtsgerichteten Parteien den

> "Gastarbeitern kein Wahlrecht für die Türkei zugestehen wollen, weil sie negative Auswirkungen auf ihr Wahlergebnis befürchten. ECEVIT will den türkischen Gastarbeitern aber das Wahlrecht zuerkennen." (M)

Nach Ansicht anderer Experten ist jedoch gleichzeitig eine gegenläufige Tendenz festzustellen. Der Islam der türkischen Arbeiterfamilien bzw. ihre dörfliche Volksfrömmigkeit, in der kulturelle und religiöse Elemente miteinander verwoben sind, gerät im Kontakt mit der modernen Industriegesellschaft in eine Krise, deren Verlauf sich danach unterscheidet, ob zusätzlich noch die Konfrontation mit einer fremden Kultur stattfindet:

> "Ein beträchtlicher Teil der türkischen Arbeiter, die in der Bundesrepublik und in Westberlin arbeiten, kommen aus den ländlichen Gegenden der Türkei, wo der Einfluß der Religion immer noch nicht unbedeutend ist, ja sogar ziemlich groß ist. Wenn diese Arbeiter aus diesen Verhältnissen in die Industriezentren der Türkei kommen, dann kann man es anhand der bisherigen Praxis beobachten, daß der Einfluß der Religion sich im Laufe der Zeit zunehmend verringert. Sowohl die Bedingungen eines Proletariats als auch die Umwelt, die man in einer Stadt findet, führen dazu oder helfen dabei, daß man immer mehr sich von dem Einfluß der Religion befreit - wenn man das Wort (befreien) sagen darf oder wenn das ein richtiges Wort ist. Aber wenn diese selben Arbeiter anstelle zu einem türkischen Industriezentrum nach Ausland, nach Europa gehen, dann, würde ich meinen, könnte der Einfluß der Religion nicht in diesem Maße abnehmen, wie es hier in der Türkei der Fall ist. Dies deshalb, weil die Religion dort im Ausland als eine Schutzmaßnahme, als eine Schutzinstitution für die eigene Identität und für die Identität der Familienangehörigen angesehen wird." (M)

Der Konflikt mit der fremden Gesellschaft und Kultur scheint also zumindest bei einem Teil der türkischen Arbeiterfamilien zu einer religiösen Rückbesinnung zu führen.

Daß die religiösen Einstellungen einen entscheidenden Einfluß auf das Verhalten der Türken im Integrationsprozeß ausüben, wurde in allen Interviews bestätigt. Häufig wurde dabei von einer assimilationshemmenden Wirkung des Islam gesprochen vor allem bei den Türken, die die religiösen Vorschriften streng beachten. Andererseits wurde auch die identitätsstabilisierende Funktion des Islam hervorgehoben.

"Der Islam in seiner konservativen Form ist für die Assimilation eher hinderlich. In seiner aufgeklärten Form hilft er den Türken bei der Bewältigung ihres Lebens in der Bundesrepublik." (M)

Schließlich seien nicht zuletzt die Lebensumstände der Türken zu berücksichtigen, die sich ebenfalls auf die Entwicklung der islamischen Frömmigkeit auswirkten.

Die Fragen, die sich aus solchen z.T. unterschiedliche Schwerpunkte setzenden, z.T. aber auch sich gegenseitig widersprechenden Einschätzungen ergeben, sollen im folgenden näher untersucht werden. Für eine exaktere Analyse der Frage, in welcher Weise der Islam das Verhalten der Türken und die Einstellungen der Deutschen zu den Türken beeinflußt, ist jedoch die allgemeine Rede von dem Islam und von der Identität der Türken nicht differenziert genug. Vielmehr erscheint es notwendig, die spezifische Form des türkischen Islam genauer zu bestimmen.

3.2. Die spezifische Form des türkischen Islam

Der türkische Islam unterscheidet sich vom arabischen Islam und vom Islam in den anderen "islamischen" Ländern (vgl. SMITH 1963). "Der türkische Islam ist im Unterschied zum arabischen deutlich europäisch geprägt." (M) Er ist jedoch nicht auf Europa hin orientiert. (54) Aufgrund seiner historischen Entwicklung hat der türkische Islam seine spezifische Ausprägung erfahren. Seine Besonderheiten gilt es zu berücksichtigen, wenn die Bedeutung des Islam für die Türken bestimmt werden soll.

Die Türkei ist ein Vielvölkerstaat, deren zahlreiche ethnische Minderheiten auf eine wechselvolle politische Vergangenheit hinweisen. (55) Auf dem Gebiet der heutigen Türkei existierten soviele Hochkulturen, wie kaum sonst in irgendeinem Land der Welt. Auch wenn diese Kulturen untergegangen sind, so sind doch Elemente von ihnen in die türkische Kultur eingeflossen und vom Islam übernommen worden. Was heute im türkischen Islam und vor allem in der Volksfrömmigkeit an Bräuchen und Vorstellungen religiös legitimiert und begründet wird, ist zu einem Teil ein Konglomerat aus verschiedenen Kulturen, das mit dem dogmatisch korrekten Islam nur wenig zu tun hat.

> "Im türkischen Islam gibt es Dinge, die völlig unislamisch sind. Sie konnten in den Islam eindringen, weil das Volk wegen des geringen Bildungsniveaus nicht wußte, was zum Islam (dem dogmatisch reinen Islam) gehört und was nicht. Sie konnten keine islamische Literatur lesen, weil sie überhaupt nicht lesen konnten." (M)

Die Übernahme vorgefundener kultureller Elemente durch eine neue Kultur oder Religion erfolgt zwar in der Regel bei jedem Prozeß der Ablösung einer Kultur durch eine andere. Entscheidend bei diesem Vorgang ist jedoch, ob die übernommenen Elemente in das dogmatische System integriert und dadurch auf ein höheres Entwicklungsniveau gehoben werden oder ob lediglich eine Umbenennung traditioneller Elemente erfolgt. Der Stand der gesellschaftlichen Entwicklung sowie vor allem das niedrige Bildungsniveau des überwiegenden Teils der türkischen Bevölkerung haben nach Ansicht der Experten eine dogmatische Systematisierung der islam-fremden Elemente behindert und die Entwicklung einer relativ unabhängig vom Hochislam existierenden Volksfrömmigkeit gefördert. Diese undogmatische und unsystematische Vielfalt der Glaubensinhalte, die eng mit dem Leben vor allem der ländlichen Bevölkerung verbunden sind und enge religiöse Bindungen erzeugen, machen die türkische Volksfrömmigkeit in starkem Maße abhängig von ihrer sozialen Umwelt und erschweren die Anpassung an veränderte Lebensbedingungen.

> "Eine Schwierigkeit in der Auseinandersetzung mit der Tradition besteht darin, daß kulturelle Entwicklungen vielfach mit islamischen Reformen verwechselt werden. Die Leute sind schwer davon zu überzeugen, daß etwas, was sie für zum Islam gehörig hielten, nicht wesentlich zum Islam gehört, weil sie keine genaue Kenntnis über den Islam haben. Sie reagieren dann oft mit der Diffamierung: "Du bist ein Modernist." (M)

Für eine Untersuchung der Religiosität der türkischen Arbeiterfamilien bedeutet das, daß deren Deutungsmuster nicht einfach durch eine Analyse theologischer und religionskundlicher Schriften über den Islam zu erheben sind, da sie einer anderen Logik als der islamischen Dogmatik folgen.

Der türkische Islam ist nach der Ansicht einiger Interviewpartner durch eine unmündige, unreflektierte und unselbständige Haltung gekennzeichnet. Diese Ausprägung sei u.a. historisch zu erklären:

"Der Islam in der Türkei, das ist ein schizophrenes Verhältnis insofern, als wir den Islam zwar übernommen haben, aber, selbst in den Zeiten, wo wir den Koran in arabischer Schrift und Sprache lesen konnten, war das meistens ein rezeptives Verhalten, d.h. bedingungslose Hingebung. Heutzutage, wo wir zwar türkische Übersetzungen des Koran haben, aber die Religion weiter in arabischer Sprache ausgeübt wird, ist das im höchsten Falle eine Weitergabe von Ge- und Verboten, die eben der Koran enthält, ohne darüber nachzudenken, ob und wie sie erstens für die Türkei und zweitens für diese Zeit annehmbar sind. D.h. die Religion, wie sie in der Türkei verstanden wird, hat eine mystische Funktion. Ein Beispiel: Wenn Sie zu einem Freitagsgebet gehen, sehen Sie lauter Gläubige, die Koranverse hören und - ohne daß sie sie verstehen - dabei weinen. Ich habe die Leute gefragt, ob sie das verstehen. Sie konnten es mir nicht sagen. Das setzt also die Leute in eine mystische Stimmung. Die Atmosphäre, der heilige Ort, es wird ein Gefühl vermittelt, wo der Mensch ohnmächtig ist. Alles kommt von Gott, wir sind seine Werkzeuge. Wenn nun der Imam in seiner Autorität etwas vorliest aus dem Koran, das erzeugt eine Art Reue, Hingebung.

Das ist in meinen Augen in Zusammenhang zu bringen mit der Gesellschaftsstruktur, die wir haben. Wir haben nie eine demokratische Gesellschaftsstruktur gehabt. Wir hatten über 600 Jahre lang Absolutismus, so daß die Erwartungshaltung, immer von oben etwas an Ge- oder Verboten vorgeschrieben zu bekommen, sich wunderbar einpaßt in dieses Schema. Wir brauchen nur nachzuvollziehen, was jemand uns befohlen hat. Man fühlt sich für seine eigenen Handlungen nicht mehr verantwortlich." (M) (56)

Eine solche Einschätzung wurde allerdings nicht von allen Experten geteilt. Istanbul habe vielmehr "die islamischen Staaten jahrelang mit religiösem Wissen betreut" (M). Die Türken hätten bedeutende Gelehrte und Künstler hervorgebracht, etwa den großen Philosophen AL-FARABI, den bedeutendsten Sufi-Dichter (Mystik) DSCHELAL-ED-DIN RUMI oder den berühmten Architekten SINAN. In den letzten 300 Jahren, seit dem Niedergang des Osmanischen Reiches, seien jedoch in der Tat die Beiträge türkischer Gelehrter zum Islam verhältnismäßig unbedeutend gewesen.

Wir können diese Fragen an dieser Stelle nicht weiterverfolgen. Dazu wäre eine gründliche historische Untersuchung notwendig. (57) Ein Teil der Gegensätze in den Einschätzungen ist jedoch daraus zu erklären, daß sich die jeweiligen Charakterisierungen des Islam auf verschiedene Bereiche beziehen: Zum einen auf die gelebte Volksfrömmigkeit und zum anderen auf die Werke einer intellektuellen, theologischen und künstlerischen Elite.

Die Volksfrömmigkeit spiegelt den hierarchischen Gesellschaftsaufbau wider. In einigen Gegenden Ostanatoliens herrschen noch heute feudale Strukturen vor. Diese Strukturen haben Auswirkungen bis in die Erziehung hinein, die von einer extremen Betonung von Disziplin und Gehorsam geprägt ist. Der gesellschaftliche Einfluß des Islam ist vor allem dort groß, wo der soziale Wandel gering und die traditionellen Orientierungen vorherrschend sind, d.h. in den ländlichen Gebieten der Türkei.

> "Der Türke wird stark zum Gehorsam erzogen, das muß weg. Es könnte zum Teil weggehen durch ein allmähliches Zerbröckeln der ökonomischen Abhängigkeit in der Familie. Die Entwicklung geht zwar dahin, daß man den Übergang zur Kleinfamilie formal vollzieht, aber die Großfamilie bleibt als Orientierungspunkt bestehen. Das erklärt auch die Vormachtstellung der Religion auf dem Land, weil dort die Autoritätsstrukturen noch besonders konstant sind." (M)

Die Religiosität der türkischen islamischen Gemeinden in der Bundesrepublik ist durch die an feudalen agrarischen Gesellschaftsstrukturen orientierte Frömmigkeit der anatolischen Moslems bestimmt. Der islamische Glaube ist für sie eine nicht hinterfragte Selbstverständlichkeit (zumindest bis zu ihrer Einreise in die Bundesrepublik). Er enthält starke mystische Elemente. Die Volksfrömmigkeit reflektiert aber auch die Probleme eines niedrigen Bildungs- und Ausbildungsniveaus bei einem Großteil der Bevölkerung. (58)

In den folgenden Kapiteln wird die sich aus diesen Andeutungen ergebende Frage intensiver untersucht werden, ob die Volksfrömmigkeit und damit auch die handlungsrelevanten religiösen Deutungsmuster der türkischen Arbeiterfamilien in entscheidendem Maße durch eine traditionalistische, autoritäre Form des Islam geprägt sind. Für die gegenwärtige Gestalt des türkischen Islam ist vor allem seine jüngste Geschichte seit der Gründung der türkischen Republik am 29. Oktober 1923 unter MUSTAFA KEMAL PASCHA (seit 1935 KEMAL ATATÜRK genannt) von Bedeutung. Sie soll im folgenden Kapitel kurz skizziert werden.

3.2.1. Exkurs: Zur Geschichte des Islam in der Türkei seit 1923

Nach dem endgültigen Zusammenbruch des ehemals mächtigen Osmanischen Reiches im Ersten Weltkrieg und nach dem anschliessenden nationalen Befreiungskampf des türkischen Volkes begann mit der Übernahme der Regierungsgewalt durch MUSTAFA KEMAL (ATATÜRK) eine Periode von Reformen, durch die die türkische Gesellschaft grundlegend verändert wurde. Die Türkei sollte sich zu einem unabhängigen, modernen, demokratischen Staat nach westlichem Vorbild entwickeln. Damit dieses Ziel erreicht werden konnte, war es nötig, alle diejenigen gesellschaftlichen und politischen Strukturen von grundauf zu reformieren, die den Zusammenbruch des Osmanischen Reiches verursacht hatten, und die einer zukunftsorientierten Entwicklung der Gesellschaft entgegenstanden. (59) Während jedoch in den Jahren 1923-30 die Bilanz der

> "Reformen und radikalen Umwälzungen an der Basis keine bedeutenden Erfolge aufweist, sind die für die Schaffung des neuen türkischen Staates wichtigsten Überbaureformen in dieser Phase verwirklicht worden." (KESKIN 1978, 79)

Voraussetzung für die Reformen war die Ausschaltung des Islam aus Verwaltung, Verfassung, Justiz und Erziehung.

Am 3. März 1924 wurde der letzte Kalif, ABDUL MEDSCHID, das religiöse Oberhaupt des Weltislam, auf Veranlassung der türkischen Regierung seines Amtes enthoben und das Kalifat abgeschafft. (60) Gleichzeitig wurden das Vermögen, der Grundbesitz und alle Einrichtungen des islamischen Klerus verstaatlicht. Die Medressen (geistliche Schulen) wurden geschlossen (61) und das gesamte Erziehungswesen dem staatlichen Unterrichtsministerium unterstellt (KESKIN 1978, 80). An die Stelle der Medressen traten eine neu eingerichtete theologische Fakultät an der Universität Istanbul sowie 29 Imam-Hatip-Schulen (Schulen für Geistliche und Prediger), von denen 1928 noch zwei existierten, die 1930 endgültig geschlossen wurden (vgl. KARAGÖZ 1976, 18). Am 08.04. 1924 wurden die religiösen Gerichte geschlossen. Im Herbst 1924 wurde der Religionsunterricht an den Gymnasien, 1932-34 an den Mittelschulen und 1939 an den staatlichen Grundschulen eingestellt und die religiöse Erziehung den Eltern übertragen, die mit dieser Aufgabe aufgrund ihrer geringen Kenntnisse in der Regel überfordert waren. Die Folge davon war nach KARAGÖZ:

> "Entweder wurden die Kinder durch die elterliche Autorität fest an die alten, als unveränderlich hingestellten Sitten gebunden und zu fanatischen Reaktionären, oder sie wuchsen ohne jeden Glaubensrückhalt auf." (1976, 19)

> "Als ein Ergebnis dieser Religionspolitik nahmen diejenigen Theologen zu, die auf illegale Weise ausgebildet wurden, die allerdings auch nur über unzureichende Kenntnisse verfügten. Da das Volk seinen religiösen Pflichten nachkommen wollte, folgte es diesen Theologen, die es im Hinblick auf die orthodoxe Theologie in die Irre führten." (1976, 21) (62)

Am 25.11.1925 wurden Fes, Turban und Schleier als Symbole der Fortschrittsfeindlichkeit verboten und nur noch Hüte oder Schirmmützen als Kopfbedeckung zugelassen. Die neue Kopfbedeckung erlaubte es nicht mehr, das Gebet nach den rituellen Vorschriften zu verrichten, d.h. bei bedecktem Kopf den Boden mit der Stirn zu berühren. Diese Verordnung traf deshalb bei den strengen Moslems auf heftigen Widerstand. (63) Wenige Tage später, am 30.11.1925, wurden die religiösen Orden und Klöster geschlossen, und am 26.12. 1925 wurde die islamische Zeitrechnung durch den Gregorianischen Kalender ersetzt. 1926, am 17. Februar, wurde ein neues Zivilrecht erlassen, das die rechtliche Gleichstellung der Frau sicherte und die vom Islam gebilligte Polygamie verbot. Grundlage für die neue Rechtsordnung, die das islamische Recht ablöste, wurden das Schweizer Zivil- und das italienische Strafrecht. Im Verlauf des Jahres 1928 erfolgte das Verbot der arabischen Schrift, in der der Koran geschrieben ist, und die Einführung des lateinischen Alphabets, sowie die Beseitigung aller religiösen Formeln aus der Verfassung. Die lateinische Schrift sollte, da sie einfacher als die arabische Schrift ist, den dringend notwendigen Alphabetisierungsprozeß erleichtern - 1927 konnten nur 11 % der Bevölkerung die arabische Schrift lesen und schreiben (vgl. Anmerkung 58). Sie sollte darüberhinaus den Anschluß an die westliche Wissenschaft, Technik und Kultur fördern. Durch die Türkisierung der Sprache, eine Reform, die bis heute Streitobjekt zwischen den politischen Parteien geblieben ist, sollte die osmanische "Kunst- und Staatssprache" von persischen und arabischen Einflüssen befreit und dadurch eine Rückkehr zur Sprache des Volkes eingeleitet werden. Die Benutzung bestimmter Sprachformen ist heute Ausdruck einer bestimmten politischen Haltung (vgl. KESKIN 1978, 81; NEUMANN 1980, 34f). Ab 1932 wurde der Ruf zum Gebet (ezan), der nach fundamentalistischer religiöser Vorstellung in der arabischen Sakralsprache erfolgen muß, auf Türkisch erteilt. Im Jahr darauf wurde die Istanbuler theologische Fakultät geschlossen, so daß es keine Ausbildungsstätten mehr für Theologen gab. 1934 erhielten die Frauen das aktive und passive Wahlrecht, und 1935 wurde der Sonntag zum wöchentlichen Feiertag erklärt, der den Freitag, den religiösen Feiertag der Moslems, ablöste. Im Februar 1937 schließlich wurde der Laizismus (64) in der Verfassung verankert.

All diese Reformen zielten darauf ab, die Türkei aus dem arabischen Kulturkreis herauszulösen und sie auf die westliche "Zivilisationswelt" hin auszurichten, sowie gleichzeitig die politische Religion zu einer privaten "Gesinnungsreligion" zu machen. Der Innenminister, SÜKRÜ KAYA, erklärte dazu am 05.02. 1937:

> "Pour la vie morale, il suffit de laisser s'épanouir la morale pure des Turcs. La religion ne doit pas sortir des mosquées et de la conscience, elle ne doit pas se mêler des affaires de la vie. Le seul chemin droit pour les Turcs, le seul ordre auquel ils piussent adhérer, c'est le nationalisme fondé sur les sciences positives." (zit. n. JAKOB 1978, 28)

Der totale Bruch mit allen mittelalterlichen, feudal-klerikalen Traditionen schien die Voraussetzung für jegliche gesellschaftliche Entwicklung zu sein. KESKIN urteilt über diese Politik:

> ATATÜRK "versuchte die Voraussetzungen der Reformen im Unterbau durch Sicherstellung der Reformen im Überbau zu erreichen. Gerade diese für die bürgerlich-revolutionäre Ideologie sehr typische Strategie verhinderte das Erreichen des angestrebten Zieles." (1978, 81; dazu ausführlicher: 122ff)

Da die Überbaureformen der gesellschaftlichen Entwicklung vorausliefen und nicht begleitet waren von entsprechenden Entwicklungen der materiellen Basis, hatten sie nur zum Teil Erfolg. Die Bevölkerung nahm die von der Regierung beschlossenen Reformen relativ passiv auf. Allenfalls in den städtischen Zentren konnten die Reformen teilweise durchgesetzt werden.

Die Landbevölkerung (ca. 80 % der Bevölkerung) stand ihnen dagegen überwiegend skeptisch gegenüber. Die versprochene Landreform zeigte nicht den erwarteten Erfolg, und die Lebensbedingungen der Landbevölkerung änderten sich nicht wesentlich. In dieser Situation wurden die Überbaureformen zum Teil als Zwangsmaßnahmen der Zentralregierung empfunden, die mit dem dörflichen Leben nur wenig zu tun hatten.

Die Beurteilung der Überbaureformen darnach, ob sie religionsfeindlich waren oder zu einer Erneuerung der wahren islamischen Religion führen sollten, unterscheidet sich sehr je nach der Anschauung der verschiedenen Autoren (vgl. KARAGÖZ 1976, 16). Soweit sich diese Politik jedoch aus den Äußerungen ihrer Vertreter beurteilen läßt, kann nicht von einer religionsfeindlichen Ausrichtung gesprochen werden. Vielmehr ging es den Reformern darum, negative Auswüchse religiöser Praxis zurückzudrängen (vgl. z.B. KHALID, 1974a und 1974b; KARAGÖZ 1976, 21ff). So sagte z.B. ATATÜRK:

> "Wir sind der Meinung, daß die Religion, die seit langem in der Politik als Werkzeug ausgenutzt wurde, von der Politik befreit und erhöht werden muß. Wir dürfen nicht unseren heiligen und hohen Glauben als ein Werkzeug der Politik mißbrauchen. Nur so wird unsere Nation in dieser und in jener Welt zum Glück gelangen." (zit. n. KARAGÖZ 1976, 21)

> "Die türkische Nation soll noch religiöser sein. Nämlich die türkische Nation soll nur aus echten frommen Menschen bestehen. ... In unserer Religion gibt es nichts, was dem Gedanken der Entwicklung widerspräche. Aber es ist eine Tatsache, daß es in der heutigen türkischen Nation eine auf falschen Überzeugungen beruhende Religion gibt. Aber ungebildete Menschen werden mit der Zeit aufgeklärt werden. Wenn sie sich dem Licht, d.h. der echten Religion und der Wissenschaft nicht nähern, werden sie sich vernichten. Wir werden sie aber aus dieser Lage retten."(zit. n. KARAGÖZ 1976, 16)

Die Politik der Säkularisierung der türkischen Gesellschaft wurde wesentlich mit konzipiert durch den türkischen Soziologen ZIYA GÖKALP, der DURKHEIMs Anschauung von der sozialintegrativen Funktion der Religion übernahm. Das Ziel dieser Politik war von daher nicht die Eliminierung des Islam. Vielmehr zielte sie darauf ab, dem Islam eine solche Form zu geben, die vereinbar war mit einer demokratischen Gesellschaftsstruktur, und ihn gleichzeitig zu einem Element der nationalen Kultur und der sozialen Integration zu machen (vgl. TURNER 1974, 164). Dieses Ziel war nach der Ansicht der Kemalisten nur dadurch zu verwirklichen, daß sich der Islam von einer öffentlichen, politischen Religion zu einer tiefen, individuellen Religiosität entwickelte. Diese doppelte Bestimmung des Islam als Religion individueller Frömmigkeit, die sich nur im privaten Bereich äußert, und als Religion der sozialen Integration, kennzeichnet das Dilemma der Religion in einem konsequent laizistischen Staat (vgl. TURNER 1974, 169).

Der Säkularisierungsprozeß der türkischen Gesellschaft unterscheidet sich nach TURNER in zwei wesentlichen Punkten von den entsprechenden Entwicklungen in der westlichen Welt:

> "Firstly, secularization was forced through as a political measure under the control of an autocratic and statist government; secularization did not spring solely and automatically from economic modernization, but was the consequence of a series of difficult political choices. Secondly, Turkish secularization was consciously mimetic in that it took Europe as its specific model of adaptation." (1974, 168)

Die immanenten Probleme der türkischen "Kulturrevolution" sowie externe Konflikte verhinderten, daß die Reformen in das gesellschaftliche Leben integriert werden konnten. Mit Ende der vierziger Jahre und vollends in den fünfziger Jahren setzte eine Restaurationsbewegung ein, in deren Verlauf der Islam wieder zu einem bedeutenden Faktor in Politik und Gesellschaft wurde. Der Religionsunterricht an den Schulen wurde wieder eingeführt, Ausbildungsstätten für Theologen eingerichtet; neue Moscheen wurden gebaut und alte restauriert; Korankurse wurden gestattet, sofern sie nach bestimmten Regeln durchgeführt wurden; die Zahl der Mekka-Pilger, die 1933 auf 52 gefallen war, stieg bis 1976 auf 150.000 an (JAKOB 1978, 29); der Schülerzuwachs an den Imam-Hatip-Schulen betrug zwischen 1963/64 und 1972/73 611 % gegenüber 127 % an allen anderen berufsbildenden Schulen; und 1977 erhielt die Behörde für religiöse Angelegenheiten einen Etat von 1,427 Milliarden TL gegenüber 0,047 Milliarden TL für das Ministerium für Soziales (NEUMANN 1980, 49). Auch die 1925 verbotenen religiösen Orden traten wieder an die Öffentlichkeit. Einige von ihnen kämpften offen gegen den Laizismus, wie die aus Nord-Afrika stammenden Tidschanis (Ticcanilik). Diese Gruppe hat jedoch in den fünfziger Jahren an Einfluß verloren, seitdem die wie eine Kaderpartei organisierte Nurdschuluk-Bewegung (Nurculuk) die religiösen Fanatiker organisiert. Die Nurdschuluk-Bewegung, die in der Bundesrepublik 23 Lehrhäuser unterhält (CIBEDO-Dokumentation 1, 1978), lehnt jeden Unterricht ab, der sich nicht ausschließlich auf den Koran beschränkt. Sie strebt die Errichtung einer theokratischen Staatsform an. Ihre Ziele versucht sie zu erreichen, indem sie ihre Mitglieder in Schlüsselpositionen von Wirtschaft, Politik und Verwaltung einzuschleusen versucht (JAKOB 1978, 30). Sie soll, wie weitere Gruppen dieser Art, finanziell vom Ausland, insbesondere von multinationalen Ölkonzernen wie SHELL und ARAMCO, unterstützt werden (vgl. AHMAD 1977, 381f). Die dritte bedeutsame anti-laizistische Bewegung sind die Süleymanisten (Süleymanlilik). Nach ihren eigenen Angaben stellen die von ihnen betriebenen "Islamischen Kulturzentren" die größte Ausländerorganisation in der Bundesrepublik dar (vgl. THOMÄ-VENSKE im DLF 26.03.80).

Auch andere gesellschaftliche und politische Gruppierungen benutzten in zunehmendem Maße den Islam zur Legitimierung ihrer politischen Ziele. Nach ATATÜRKs Tod 1938 wurde der Widerstand der Landbevölkerung gegen den Laizismus spürbarer.

> "...financial hardship contributed to a general feeling of discontent that for many changed their indifference to the non-religious attitude of the Republican People's Party to resentment against the party - which they began to consider as anti-religious." (LANDAU 1974, 172)

Lokale religiöse Führer und andere Gegner der Regierung griffen diese Unzufriedenheit auf und warfen der Regierung eine islam-feindliche Haltung vor. Auch die Intellektuellen, progressive wie bürgerliche, wurden einer islam-feindlichen Haltung verdächtigt. Ein tiefer Bruch des gegenseitigen Unverständnisses trennte die fromme Landbevölkerung von den Intellektuellen. Dieser Prozeß wurde beschleunigt, als 1945 das Parteienverbot aufgehoben und andere Parteien neben der bis dahin einzigen legalen Partei, der CHP, zugelassen wurden. Gleichzeitig wurde die Anwendung des laizistischen Prinzips liberalisiert. Von dieser Entwicklung profitierten überwiegend die konservativen und rechtsgerichteten Parteien. Aus ihrer Opposition

zur CHP und deren Politik der Laizisierung heraus, gelang es diesen Parteien (unter ihnen die Demokratische Partei DP, später die Gerechtigkeitspartei AP sowie andere Rechtsparteien), sich als Verteidiger des Islam darzustellen und dadurch zahlreiche Wähler unter den Moslems zu gewinnen. Schon aus den Wahlen im Jahre 1950 ging die erst 1946 gegründete, konservative Demokratische Partei als Sieger hervor.(65)
Von den 24 zugelassenen Parteien traten allein 7 für religiöse Ziele ein (vgl. DGB Februar 1980, 3). Der Islam entwickelte sich in den folgenden Jahren zu einem wichtigen Instrument des Machterwerbs und der Machterhaltung. KARAGÖZ schreibt in seinem Resümee über die Regierungszeit der MENDERES- Regierung:

> "Schließlich aber zeigt es sich, daß die Demokratische Partei bei Gefährdung ihrer Macht nicht davor zurückschreckte, die Religion sowie die religiösen Gefühle des türkischen Volkes als Instrument für die Aufrechterhaltung ihrer Macht zu mißbrauchen." (1976, 52) (66)

Die CHP konnte demgegenüber vor den Moslems ihre Politik der Laizisierung nicht ähnlich erfolgreich als eine Politik der Befreiung des Islam von fremden Elementen darstellen. Vielmehr mußte sie sich gegen den Vorwurf der Religionsfeindlichkeit und des Kommunismus verteidigen. In den Wahlkämpfen spielt der Islam bis in die Gegenwart hinein eine u.U. die Wahl entscheidende Rolle.

In den fünfziger und sechziger Jahren stieg das allgemeine Interesse an religiösen Themen. Eine große Anzahl religiöser Publikationen erschien sowohl in der Form von Büchern als auch als Zeitungen und Zeitschriften (vgl. LANDAU 1974, 176ff). Diese religiöse Literatur, die sich zunächst auf die Diskussion religiöser Themen konzentrierte, wandte sich in den späten sechziger und in den siebziger Jahren mehr und mehr gegen Kommunisten und linksorientierte sowie freidenkerische Gruppen. In seiner Analyse der religiösen Literatur in der Türkei stellt LANDAU die Form dieser Auseinandersetzung dar. Sein Resümee soll hier ausführlich zitiert werden, weil es mit gewissen Abstrichen auf die Publikationen fanatisch-islamischer Gruppen in der Bundesrepublik übertragen werden kann.

"In recent years, the spearhead of pro-Islamic literature in Turkey has been directed more against communists than against any other group. This seems to have been so both for inherent reasons (as the godlessness of communism was a constant challenge to faithful Muslims) and for tactical considerations (as denunciations of communism have always found a ready ear in Turkey). With arguments borrowed from Islamic writings and past history, communism was described as 'the deceitful enemy' and the persecutor of Muslims wherever it ruled. All types of leftism were lumped together as variations of communism. Much of the invective, naturally, was directed at communist activity in Turkey. Socialism and communism, past and present, were considered poison and both alien and unsuited to a Turkey peopled by faithful Muslims. Worldwide freemasonry, missionary activity, and 'an international Jewish plot' were denounced, also, because of their alleged ties with communism. Indeed all were considered a single dark plot." (LANDAU 1974, 179f)

Das Ziel dieser Gruppen war es, das Scheriat, die islamische Rechts- und Gesellschaftsordnung, wieder in der Türkei einzuführen. Die meisten dieser Gruppen arbeiteten im Untergrund oder halböffentlich und versuchten allenfalls über informelle Kontakte zu den Parteien politischen Einfluß zu gewinnen, weil es keine legalen Möglichkeiten gab, ihre Ziele politisch zu vertreten. Das Parteiengesetz von 1965 verbot Parteien, die nicht das Prinzip des Laizismus anerkannten.

Am 26.01. 1970 wurde dann jedoch mit der Partei der Nationalen Ordnung MNP (Milli Nizam Partisi) die erste islamische Partei unter NECMETTIN ERBAKAN gegründet, die allerdings schon am 20.05. 1971 durch das Militär wieder verboten wurde (zur MNP vgl. LANDAU 1974, 188ff). Sie hielt sich in ihrem Parteiprogramm formal an die Verfassung, strebte jedoch darnach, dem Islam einen größeren Einfluß in Gesellschaft und Politik einzuräumen. Das Parteiverbot wurde ausgesprochen wegen ihrer anti-laizistischen Politik. Die MNP unterschied sich zusammen mit der Nurdschuluk-Bewegung und einigen anderen religiös-politischen Vereinigungen in ihrer Ideologie in einem wichtigen Punkt von den religiösen Orden und fundamental-religiösen Organisationen: Sie versuchten, den türkischen Nationalismus mit dem Islam zu identifizieren, den Islam zu einem politischen Instrument umzufunktionalisieren, und die Türken als Vorkämpfer für den Islam darzustellen (vgl. LANDAU 1974, 192). Im Oktober 1972 tauchte die MNP unter dem neuen Namen "Nationale Heilspartei", MSP (Milli Selamet Partisi), wieder auf (vgl. Anmerkung 4). Ihr erster Parteiführer war SÜLEYMAN ARIF EMRE, der ehemalige Generalsekretär der MNP. Er wurde am 21.10. 1973 durch NECMETTIN ERBAKAN im Parteivorsitz abgelöst. Die MSP führte im wesentlichen die Politik der MNP fort. Als Koalitionspartner war sie zwischen 1974 und 1977 an verschiedenen Regierungen beteiligt. In der letzten Zeit hat die MSP starke Wählerverluste hinnehmen müssen. Gleichzeitig hat die Partei der Nationalistischen Bewegung MHP (vgl. Anmerkung 4) von ALPARSLAN TÜRKES , die zunächst keine religiösen Ziele verfolgt hatte, ihre Strategie geändert. Sie versucht nun, auch die Moslems als Wähler zu gewinnen. In der letzten Zeit trat sie erfolgreich mit religiösem Habitus auf (vgl. Einleitung) und konnte dadurch zur führenden politischen Organisation unter den moslemischen Rechtsextremisten avancieren.

In einer Zusammenfassung seiner umfangreichen Studie über religiöse Organisationen in der Türkei beschreibt AHMET YÜCEKÖK die Funktion dieser Organisationen und ihrer religiösen Ideologien wie folgt:

> "In short, the Turkish Islamic crusaders of the 1970's are a section of the petty bourgeoisie, who are trying to freeze a swiftly changing society with a static religious ideology and in this sense it can be claimed that they are in full realization of their economic interests as the 'frozen' society will only help to secure their benefits. As they are trying to change a society that has covered a lot of way in the capitalist frame of development, their political and economic aims in bringing back the Islamic order can only be labelled as to be 'Status-quo ante'." (zit.n. AHMAD 1977, 387)

Fünfzig Jahre mehr oder weniger überzeugend betriebener laizistischer Politik haben den Islam in der Türkei nicht aus dem öffentlichen Leben verdrängt. Er scheint im Gegenteil, vor allem nach der Revolution im Iran, mehr und mehr politische Bedeutung zu erlangen, nicht zuletzt als eine Ideologie der Abgrenzung gegenüber dem Westen. Das Ziel der Kemalisten, den Islam zu einer internalisierten Gesinnungsreligion zu entwikkeln (vgl. BELLAH 1958), ist dagegen noch weit von seiner Verwirklichung entfernt (vgl. JAKOB 1978, 34). Auch die seit dem Militärputsch am 12.09.1981 gegen die religiös-politischen Gruppen durchgeführten restriktiven Maßnahmen werden, wie die Erfahgen der Vergangenheit zeigen, nicht der Erreichung dieses Zeiles dienen.

3.2.2. Die ideologische Gestalt des türkischen Islam

Es ist bereits in den vorangegangenen Kapiteln aufgrund einer Auswertung schriftlicher Quellen auf ideologische Elemente des türkischen Islam hingewiesen worden. Auch in den Experten-Interviews wurde dieser Punkt von fast allen Gesprächspartnern ausführlich behandelt. Die meisten von ihnen, auch unter den Moslems, setzten sich kritisch mit den religiösen Ideologemen des Islam auseinander. In einem Interview mit dem Religionsbeauftragten eines türkischen Konsulats und dessen Dolmetscher wurden solche religiösen Ideologeme jedoch auch reproduziert. Sie sollen hier als typische Beispiele für eine mit dem Begriff des "Islamismus" (vgl. Anmerkung 4) zu kennzeichnende Richtung im türkischen Islam kurz dargestellt werden.

Zunächst versuchte der Religionsbeauftragte dem Interviewer die "Gefährlichkeit der Juden" deutlich zu machen, indem er davon berichtete, daß die angehenden Imame (Geistliche) in der Türkei während ihrer theologischen Ausbildung lernen, die "Zeugen Jehovas" seien eine von den Zionisten aufgestellte und finanzierte Sekte, die das Christentum unterwandern solle. Entsprechende Versuche unternähmen die Zionisten auch in Bezug auf den Islam. Dieser Punkt wurde mit Vehemenz immer wieder während des Gesprächs vorgetragen. Der Antisemitismus wurde geradezu zu einer Angelegenheit des islamischen Glaubens erklärt.

An einer anderen Stelle unterbrach der Dolmetscher plötzlich das Gespräch zwischen dem Religionsbeauftragten und dem Interviewer mit den Worten:

> "Wir erkennen nur ein Grundgesetz an, das ist der Koran, das islamische Gesetz. Was ist unsere Verfassung schon? Ein Gemisch aus Italien und der Schweiz. Das hat für uns keine Gültigkeit. Atatürk ist kein Vater der Türken. (ATATÜRK heißt auf türkisch: 'Vater der Türken'. Dieser Ehrenname wurde MUSTAFA KEMAL PASCHA 1935 verliehen.)
> Ich hasse ihn. Soll ein Jude kommen und mich regieren? (Damit war kein konkreter Jude gemeint, sondern der generelle Vorwurf, daß die Juden an allem schuld seien.)
> Sie (die Juden) haben aus einem großen Land ein kleines Land gemacht. - In der Türkei dürfte ich so etwas nicht

sagen. Da käme ich ins Gefängnis." (M)

Der Religionsbeauftragte fühlte sich bei diesen Worten seines Dolmetschers offensichtlich unwohl. Für ihn als Konsulatsbeamten konnten solche Äußerungen gefährlich werden (Das Gespräch wurde zur Zeit der ECEVIT-Regierung geführt.): "It´s forbidden for me to speak about such problems." Inhaltlich distanzierte sich der Religionsbeauftragte jedoch in keiner Weise von seinem Dolmetscher.

Ein weiterer in diesem Gespräch häufig hervorgehobener Punkt, der das Selbstverständnis dieser Moslems kennzeichnet, war die Anschauung, daß die Moslems in der Türkei keine Religionsfreiheit genießen und in ihrer Religionsausübung unterdrückt seien, während den Mitgliedern anderer Religionen,wie den Christen und Juden, volle Religionsfreiheit gewährt werde (zur Religionsfreiheit vgl. epd-Dokumentation 49/79).
Diese Ansicht ist unter rechtsgerichteten Moslems weit verbreitet und wird auch von einigen islamischen Gemeinden in der Bundesrepublik und Westberlin vertreten: Nach der Ermordung des türkischen Lehrers CELALETTIN KESIM am 05.01. 1980 in Berlin (vgl. Einleitung) gab die Mevlana Moschee, Skalitzer Str. 135, aus der die türkische Schlägertruppe hervorgestürmt war und in die sie sich nach dem Überfall auf KESIM und eine Gruppe anderer Türken wieder zurückgezogen hatte, ein Flugblatt heraus, in dem es u.a. hieß:

"WIR sind gläubige Muslime, die aus der religiösen Verfolgung in unserem Lande in ein Land gekommen sind, daß (sic!) in Grundgesetzt (sic!) die Religionsfreiheit verankert hat. WIR glauben, daß diese Freiheit auch für uns gilt."

Die Bundesrepublik wird von den Islamisten als ein Land angesehen, in dem sie hoffen, die in der Türkei verbotenen religiösen Aktivitäten ungehindert entwickeln zu können. Sie berufen sich damit auf eine "Liberalität", gegen die sie gleichzeitig in der Türkei (wie auch in der Bundesrepublik) polemisieren und ankämpfen.

In den oben zitierten Selbstaussagen werden wesentliche Momente der religiösen Ideologie des Islamismus angedeutet. Diese Ideologie wird mehr oder weniger explizit von fast allen politisch aktiven türkischen Moslemgruppen vertreten.

a) Die politisch auftretenden Moslems empfinden die Trennung von Staat und Religion in der Türkei als generell mit dem Islam nicht vereinbar (zum theologischen Aspekt der Reformen vgl. KHALID 1974a), der eine das gesamte gesellschaftliche Leben umfassende Religion sei. Aus diesem Grunde haben sie das Gefühl, in ihren religiösen Bedürfnissen und von ihnen als legitim empfundenen Rechten unterdrückt und verfolgt zu sein. Der Islam dieser politischen Moslemgruppen artikuliert weniger eine innergesellschaftliche Opposition als vielmehr ein auf Systemveränderung abzielendes gesellschaftliches Konfliktpotential.

b) Die türkischen Moslems, bei denen der Islam zur Motivation und Legitimation gesellschaftspolitischer Zielvorstellungen dient, streben die Wiedereinführung einer auf dem islamischen Recht basierenden Gesellschaftsverfassung (Scheriatismus) an.

c) Soziale Stereotypen (z.B. Antisemitismus, Antikommunismus etc.) und gesellschaftliche Vorstellungen der Eigengruppe werden durch den Islam legitimiert, indem sie mit dem Islam identifiziert werden. Der Islam wird für diese Gruppen zu einem indifferenten Legitimationsinstrument, das sich ihren jeweiligen Zielen anpaßt.

Die meisten der Experten äußerten sich kritisch gegenüber solchen Formen des Islam. Aus ihren Interviews lassen sich weitere charakteristische Elemente des türkischen Islam erheben.

Das Verhältnis von Islam und türkischem Nationalismus wurde von den Experten unterschiedlich beurteilt. Einige von ihnen sahen eine enge Verbindung von Nationalismus und Islam als gegeben an.

> "Politik und Islam - ich habe den Eindruck, daß die Türkei da eine Sonderrolle spielt, insofern sie ihren Nationalismus in besonderer Weise mit dem Islam verschmolzen hat. Der Begriff 'Nationalreligion' trifft sicher auf die Türkei zu." (NM)

Ein so enger Zusammenhang zwischen Islam und türkischem Nationalismus wurde jedoch von anderen Gesprächspartnern zurückgewiesen.

"Der türkische Nationalismus geht auf Atatürk zurück. Bei Atatürk hatte das pragmatische Gründe. Den ideologischen Hintergrund dafür hat Ziya Gökalp geliefert, übrigens ein Kurde. Mit dem Islam hat das nichts zu tun." (NM)

Die Propagierung des türkischen Nationalismus durch die Kemalisten sei vielmehr ein Versuch gewesen, die Stabilität des Vielvölkerstaates durch die integrierende nationale Ideologie des Einnationenvolkes der Türken nach innen und außen zu sichern. Diese Ansicht kennzeichnet historisch korrekt die Herkunft des türkischen Nationalismus. Der Nationalismus in der Türkei hat sich historisch zunächst unabhängig vom Islam entwickelt (vgl. KARAGÖZ 1976, 103ff). Er stellt eine säkulare Ideologie dar, die mehr oder weniger von allen politischen Gruppierungen vertreten wird.
Der Begriff von der "Nationalreligion" im Zitat oben scheint jedoch zur Kennzeichnung der Verbindung von Nation und Religion durchaus angemessen zu sein, denn für die nationale Identität wird ein enger Zusammenhang von Nationalbewußtsein und Islam angenommen.

"... diese Leute wollen ihre Identität, ihr Türkensein, das sehr oft mit dem Islam identifiziert wird, verkoppelt wird, (bewahren). Hier in der Türkei, da kannst du sogar mit den Leuten diskutieren, die sagen: 'Ich bin Türke, aber zugleich Moslem', oder 'ich bin Moslem und zugleich Türke.' Also das ist ein Identifizierungsfaktor, was man nicht preisgeben will." (M)

In seiner Analyse türkischer Schulbücher weist KARAGÖZ daraufhin, daß Nation und Religion in der Erziehung als Einheit gesehen werden, und zitiert als Beispiel aus einem Schulbuch:

"Der türkische Nationalismus wird nun mit islamischer Gläubigkeit verknüpft: 'Ich bin ein Türke, meine Religion (Islam) und mein Stamm sind groß. Ich werde niemals erlauben, daß jemand das Buch des Propheten Mohammed abschafft. Ein Gotteshaus darf nicht zur Ruine werden. Dafür gehe ich in den Kampf. Mein Gott ist mein Zeuge, ich halte mein Wort. Ich gehe, denn auf dieser Welt bleibt niemand ewig.'" (1976, 250)

Neben der gleichsam offiziellen Ideologie des Nationalismus gibt es eine "extreme Form nationalistischer Großmannssucht" (M), die politisch von der faschistischen MHP ALPARSLAN TÜRKES' (vgl. Anmerkung 4) vertreten wird. Sie hat in den letzten Jahren versucht, ihren ursprünglich säkularen, nationalistischen Chauvinismus, der sich auf die angebliche "Überlegenheit der türkischen Rasse" berief, durch chauvinistische Elemente des Islam zu ergänzen.

"Die Nationalisten stehen in Verbindung mit dem Islam, weil er Teil ihres Nationalcharakters ist und sie nicht hindert an ihren nationalistischen Träumen, sondern sich vielmehr mit ihnen verbinden läßt. Der Islam in der Türkei hatte noch keine Chance zu einer kritischen Auseinandersetzung mit der rechten Bewegung." (NM)

Es kann jedoch nicht von einer generellen Verwandtschaft des Islam zu nationalistischen Ideen gesprochen werden. Vielmehr beruht die Übernahme des Islam in die Propaganda der MHP auf einer eklektischen Auswahl der fremdenfeindlichsten Elemente des fundamentalistischen (67) "Gesetzesislam" (Scheria).

"Einmal der Komplex, daß die MHP seit einigen Jahren umgeschwenkt hat auf die religiöse Linie - eine Partei, die ursprünglich eher anti-islamisch war. Sie verbindet einen von Europa übernommenen - vom Pan-Slawismus auch übernommenen - rassistischen Dünkel mit den fremdenfeindlichsten Elementen des Gesetzesislam. Solche Elemente gibt es durchaus im Gesetzesislam. Darnach ist der Andersgläubige ein minderwertiger Mensch, vor allem schmutzig und unrein. Das ist eine theologische Tradition mehr aus der mittelalterlichen Epoche, die aus der Zeit des beginnenden Verfalls der islamischen Welt stammt (als daß sie mit dem ursprünglichen Islam zusammenhing). Da bestand eine unmittelbare Verknüpfung mit dieser historischen Situation, um fremde Einflüsse abzuschotten. Dahinter (hinter einer solchen Haltung heute) steht das Bedürfnis, das, was praktisch nicht erreicht werden konnte, jetzt konzeptuell zu versuchen: Die Vorrangstellung der Türken zu begründen.
Die MHP baut gerade wieder die enge Verbindung von Türkentum und Islam auf. Der Islam fordert dagegen eher den Internationalismus. Der Nationalismus ist auch etwas Türkei-Spezifisches: In anderen islamischen Ländern ist normalerweise ein starker Gegensatz zwischen Nationalisten und muslimischen Parteien, z.B. in Ägypten. Das ist gerade das Merkwürdige, daß sich MSP und MHP so zusammenfanden. Möglicherweise durch das Erstarken der Linken zwang der äußere Druck beide Parteien zusammen." (M)

Die Beziehungen zwischen der MSP und der MHP sind allerdings nicht frei von Spannungen. Zwar waren beide Parteien zusammen in der Koalitionsregierung der "Nationalen Front" vertreten (vgl. Kapitel 3.2.1.). Zwischen den Mitgliedern beider Parteien kam es jedoch verschiedene Male zu militanten Auseinandersetzungen.

Der Islam ist in der Türkei nicht nur die ideologische Stütze einer die Verfassung ablehnenden Opposition, die dem rechtsgerichteten politischen Spektrum zuzuordnen ist; er wird auch, wie oben (Kapitel 3.2.1.) bereits angedeutet wurde, gezielt als Herrschaftsideologie benutzt. In dieser Funktion wird der Islam umso erfolgreicher dort eingesetzt, wo der Islam eine nicht hinterfragte, nicht reflektierte Selbstverständlichkeit ist, d.h. bei der ungebildeten, frommen anatolischen Landbevölkerung.

> "Es gibt Ausnahmen, aber man kann das doch verallgemeinern und sagen, daß der Einfluß der Religion bei den gehobenen Schichten wesentlich geringer ist und zwar fast keinerlei Bedeutung hat. Aber die herrschende Klasse, die ist sich sehr bewußt, was für eine Bedeutung die Religion immer noch in der Türkei hat, um eben den Status quo als eine Sache des Glücks, des Schicksals, Gotteswillens hinzustellen. Also die herrschende Klasse ist sich der Bedeutung des Islam als ein Instrumentarium, die Leute immer ruhig zu halten, die Leute mit ihrer imgrunde katastrophalen wirtschaftlichen, sozialen, kulturellen Lage zufrieden zu stellen, (bewußt)." (M)

Die religiöse Ideologie der Erhaltung des gesellschaftlichen Status quo bezieht sich in der Türkei auf die ökonomischen und sozialen, nicht so sehr auf die politischen oder religiösen Verhältnisse. (Vor allem im Bereich der Religion wird vielmehr der Versuch unternommen, den gegenwärtigen Zustand zu überwinden und mehr gesellschaftlichen Einfluß zu gewinnen.) Die Status-quo-Ideologie wird inhaltlich vermittelt über eine nicht nur im Islam weit verbreitete ideologisch verzerrte Interpretation der Lehre vom Leben nach dem Tode. Im Widerspruch zu ihrer ursprünglichen Funktion (vgl. z.B. BLOCH 1968) wird diese Lehre gezielt zur sozialen Befriedung eingesetzt (68).

> "... ich kenne das aus meiner Kindheit, uns wurde gesagt, ... das wird immer noch, täglich gesagt: Ja also diese Welt ist lediglich für die Reichen. Der Gott hat das für die vorgesehen, daß sie hier gut, wohlhabend leben können. Die Armen, die haben eine Welt in dem Jenseits, eine ewige Welt, die werden dort ewig besser leben. ... Einmal diese Ideologie führt dazu, daß man sagt: Okay, die Reichen können so leben, wie sie wollen. Und das bedeutet, das impliziert zugleich, die können ausbeuten, aber im Jenseits werden wir wiederum besser als die Leute leben. Das ist eine sehr gefährliche Ideologie, die, leider Gottes, eine sehr große Rolle spielt. Und bei den Kindern wird auch diese Ideologie infiltriert und natürlich auch, wie sagte ich, Gehorsam, Respekt auch vor unlogischen, sagen wir, Lehren oder Verhaltensweisen." (M)

Das im obigen Zitat beschriebene religiöse Deutungsmuster ist auch nach der Meinung anderer Experten weit verbreitet und ist z.T. dafür verantwortlich, daß sich in einigen Gegenden der Türkei bis heute feudale Strukturen erhalten konnten. Der Islam in der Türkei übt gegenwärtig nach übereinstimmender Meinung der Experten, die sich zu diesem Themenbereich äußerten, eine eindeutig hemmende Funktion in Bezug auf eine Emanzipation benachteiligter gesellschaftlicher Gruppen aus.

"Ich würde meinen ... insbesondere für die Emanzipation der Frau ist die Religion ein Hemmschuh. Aber auch für die Emanzipation des Geistes, ich sage ganz offen des Denkens..., denn das Denken wird ja von der Religion, vom Islam, mehr oder weniger, konkret gesagt, verboten. Man darf nicht denken, ob, wie, weshalb, insbesondere in Fragen der Religion. Und dies überträgt sich auch in manchen Angelegenheiten, beispielsweise, wie man sich zu den Älteren verhalten soll. Wenn die älteren Personen, die Eltern beispielsweise, etwas gänzlich Falsches sagen, man sollte auch dann denen keine andere Meinung widersetzen." (M)

Als bedeutsame Sozialisationsinstanz übt der Islam diese entwicklungshemmende Funktion aus, indem er ein autoritäres Erziehungsideal propagiert und religiös legitimiert. Seinen Einfluß macht der Islam jedoch nicht nur im Erziehungsbereich geltend. Vielmehr richtet er sich auch direkt gegen solche gesellschaftliche Gruppen, die sich für eine "Veränderung des Bestehenden" einsetzen.

"... die Religion propagiert, das kann ich sagen, ich bin paarmal zur Moschee gegangen, um das Gebet mir anzuhören, propagiert permanent etwas gegen die Veränderung des Bestehenden, gegen den Fortschritt, und vor allem gegen den Sozialismus. Das sagen sie ganz offen, und zwar, die sagen, der Sozialismus ist ein Feind, der Marxismus ist ein Feind der Religion, des Islam. Und daher haben sie von vornherein eine anti-linke Position, nicht nur anti-linke, sondern antifortschrittlich. Es gibt also wenige Kräfte innerhalb der Moschee, für den Islam, die wirklich sich zeitgemäß verhalten." (M)

Die Frage, wie angesichts der extremen ökonomischen und sozialen Gegensätze in der Türkei eine gerechtere Gesellschaft geschaffen werden könne, und welche Rolle die Religion in einem solchen Prozeß zu spielen habe, wird im türkischen Islam mit Bezug auf die moderne Gesellschaft kaum diskutiert.

"Religiös motiviert setzen sich einzelne Intellektuelle, aber keine relevanten Gruppen oder Bewegungen kritisch mit den gesellschaftlichen Mißständen auseinander." (M)

Gesellschaftliche Zielvorstellungen des Islam, sofern sie entwickelt werden, orientieren sich an traditionellen Gesellschaftsordnungen. Sie zielen darauf ab, den als Ideal vorgestellten gesellschaftlichen "Urzustand" zur Zeit Mohammeds und der Blütezeit des Islam wiederherzustellen. Der Untergang des Osmanischen Reiches und der Verfall der politischen und wirtschaftlichen Macht der "islamischen" Staaten wird als die Folge des Abfalls dieser Staaten vom Islam und seiner idealen Gesellschaftsverfassung angesehen. Eine Rückkehr zu diesem Idealzustand müsse dem Islam auch seine frühere Macht wiederbringen (vgl. hierzu auch KHALID 1978). Die soziale Frage, die drängendste Frage in der heutigen Türkei, wird, soweit erkennbar, nicht innerhalb des Islam, sondern allenfalls innerhalb fortschrittlicher politischer Kreise thematisiert.

"In der Türkei ist die soziale Frage nicht in Verbindung mit dem Islam gestellt. Die türkische Linke ist aus dem Islam heraus, viel radikaler als die deutsche Linke aus der Kirche... Durch das Bündnis von Islam und Rechtsradikalismus tritt auch heute die soziale Frage nicht in den Islam ein. Die wollen doch die bestehende Gesellschaftsstruktur stabilisieren. Jede soziale Frage wird sofort als Kommunismus diffamiert. Das ist ja die schlimmste Krankheit der Türkei." (NM)

Türken, die die traditionellen Normen des türkischen Islam nicht mehr mit ihrem Leben in der modernen Industriegesellschaft verbinden können, finden keine (oder allenfalls vereinzelte) Hilfestellung von Seiten türkischer Theologen, wenn sie auch unter veränderten Lebensbedingungen ihren Glauben beibehalten wollen. Für sie bestehen praktisch nur zwei, sich gegenseitig ausschließende Alternativen: Entweder führen sie ein religiöses Leben gegen die moderne Gesellschaft, oder sie vollziehen einen Bruch mit ihrer religiösen Tradition (was in vielen Fällen gleichzeitig den Bruch mit der Familie und Verwandtschaft bedeutet), ohne in der Regel jedoch die Möglichkeit zu einer Auseinandersetzung und Bewältigung dieses Traditionsbruches zu haben.

"Die Frauen in der Türkei, die sich anders (als nach den traditionellen islamischen Normen) verhalten, vollziehen einen Bruch mit dem Islam und versuchen nicht, ihren neuen Lebensstil auch islamisch zu begründen.
Eine gesellschaftliche Entwicklung, Entwicklung der Sexualmoral etc., ist gegenwärtig in der Türkei nur gegen den Islam möglich, nicht mit ihm und nicht durch ihn legitimiert." (M)

Auch für die türkischen Arbeiterfamilien in der Bundesrepublik stellen sich in der Regel das Leben als gläubiger Moslem und die Integration in die Gesellschaft der Bundesrepublik als zwei sich gegenseitig ausschließende Alternativen dar (wobei die Gründe nicht nur in der Traditionsbefangenheit des türkischen Islam zu suchen sind). Diese Tatsache hat erhebliche Konsequenzen für die Identitätsbildung der Türken (auf die wir in den folgenden Kapiteln näher eingehen werden).

Daß es zu der beschriebenen Einengung und ideologischen Verzerrung der islamischen Theologie in der Türkei gekommen ist, hat, wie oben (Kapitel 3.2.1.) bereits erwähnt wurde, historische Ursachen. Einer dieser Gründe ist in der Art zu sehen, in der die Politik der Laizisierung durchgeführt wurde. Die Gründung einer theologischen Fakultät an der Universität in Istanbul und die Einrichtung von Imam-Hatip-Schulen war mit dem Ziel erfolgt, islamischen Theologen eine gründliche Ausbildung zu vermitteln, die es diesen ermöglichen sollte, die Aktualität des Islam für die neu entstehende Gesellschaft deutlich zu machen (vgl. z.B. KHALID 1974a). Dieses Ziel wurde jedoch nicht erreicht (vgl. KARAGÖZ 1976, 39ff). Die gesellschaftliche Entwicklung der Türkei in den letzten fünfzig Jahren ist in der islamischen Theologie kaum aufgearbeitet worden. Eine Ursache hierfür ist darin zu sehen, daß eine grundlegende, breit angelegte Diskussion über den Islam, die möglicherweise eine religiöse Reform hätte einleiten können, faktisch durch die Kemalisten verhindert wurde. So urteilte zumindest einer der Experten, der selbst ein Befürworter der kemalistischen Reformen ist:

"Also ich würde meinen, daß die Diskussion über die Funktion der Religion leider bis jetzt nicht auf einer wissenschaftlichen Basis gelaufen ist. Die Kemalisten hatten, obwohl die Religion in der Türkei eine nicht zu leugnende Funktion hatte, von vornherein gesagt: Wir sind ein laizistischer Staat und die Religion ist praktisch zu ignorieren - ich provoziere jetzt. Die Leute haben ihren Glauben mehr oder weniger nur für sich privat zu behalten, aber öffentlich nichts zu tun etc. etc., anstelle eine grundlegende Diskussion durchführen zu lassen, wo und wie, mit welchen Mitteln der Einfluß der Religion positiv oder negativ verwendet werden könnte, was man daraus machen könnte. Praktisch hat man eine wissenschaftliche Diskussion mehr oder weniger de facto verboten. Es wurden lediglich Artikel darüber geschrieben oder Analysen, noch nicht mal Analysen, so Zeitungsartikel: Ja also, wir sind ein laizistischer Staat nach dem Gesetz, und die Religion wird immer noch in der Moschee mißbraucht usw., und gegen diese Leute müßte man vorgehen. Und das hat immer mehr Provokation bei diesen Leuten hervorgerufen." (M)

Das Fehlen einer solchen religiösen Grundsatzdiskussion ist mit dafür verantwortlich zu machen, daß der türkische Islam - jedoch nicht unbedingt alle Moslems - bis heute ein unbewältigtes Verhältnis zur türkischen Republik hat. Die Verdrängung des Islam aus dem öffentlichen Leben, der Versuch, ihn auf den Privatbereich einzugrenzen, hat seine Politisierung nicht verhindern können, hat aber seine Vereinnahmung durch die politische Rechte begünstigt.

3.2.3. Die politische Praxis des türkischen Islam in der Bundesrepublik und in Westberlin (69)

Der türkische Islam tritt in seinen extremen Ausprägungen in der Bundesrepublik z.T. noch offener auf, als das in der Türkei möglich wäre (vgl. Einleitung). Das gilt vor allem in Bezug auf islamistische Gruppen wie die Nurdschuluk-Bewegung und die Süleymanli-Bewegung, die in der Türkei verboten sind oder in ihren Aktivitäten strengen Reglementierungen unterworfen werden. (70) Das gilt in eingeschränktem Maße aber auch für die politischen Parteien bzw. ihre Auslandsvereine, die den Islam in ihrer Ideologie und Propaganda verwenden. Die Organisationen der Nationalen Heilspartei und der Partei der Nationalistischen Bewegung konzentrieren sich in der Bundesrepublik in ihrer Arbeit stärker auf die religiösen und kulturellen Aspekte, weil sie in diesem Bereich geringeren Beschränkungen durch das Ausländergesetz unterworfen sind, als im politischen Bereich.

Religiöse Aktivitäten bzw. als religiös deklarierte Aktivitäten von türkischen Gruppen und Vereinen werden in der Regel Bereichen wie Kultur, Folklore oder Freizeit etc. zugeordnet, d.h. einem als politikfrei geltenden Bereich, in dem gewisse, im öffentlichen Leben sonst nicht tolerierte Verhaltensweisen als spezifische Eigenschaften einer bestimmten Volksgruppe akzeptiert werden. Diese liberalistische Toleranz erstreckt sich auch auf die Aktivitäten vor allem der rechtsextremistischen Türkenvereine, wenn sie als Kultur- oder Religionsveranstaltungen angekündigt sind. "Kulturelle" oder "religiöse" Veranstaltungen erhalten leichter als "politisch" ausgewiesene Aktivitäten die Genehmigung und Unterstützung von seiten deutscher Institutionen. Diesen Umstand machen sich vor allem die rechtsgerichteten türkischen Parteiorganisationen zunutze. (71) So konnte die MHP im Mai 1978 und im Oktober 1978 mehrere Großveranstaltungen mit ihrem Führer ALPARSLAN TÜRKES in verschiedenen Städten der Bundesrepublik und in Westberlin durchführen, davon eine Veranstaltung am 29.10.78 in der Dortmunder Westfalenhalle mit über 10.000 Teilnehmern. Alle diese Veranstaltungen waren als Kultur- oder Folkloreveranstaltungen angekündigt und von den zuständigen deutschen Stellen genehmigt worden (vgl. amnesty international 1979, 61ff). Während aber solche Großveranstaltungen noch die Aufmerksamkeit zumindest einer kritischen türkischen und deutschen Öffentlichkeit finden, verlaufen zahlreiche, nicht weniger kritisch zu beurteilende Veranstaltungen relativ unbemerkt auf lokaler Ebene. Im Februar 1980 berichteten so z.B. im "Rundbrief für den Kirchenkreis Berlin-Spandau" der Pfarrer der Spandauer Luthergemeinde, KLAUS WIESINGER, und MEHMET BEHRAM über den Verlauf religiöser Feste, die ein MSP-orientierter Moscheeverein in den Räumen des kirchlichen Gemeindehauses gefeiert hatte. Trotz mehrerer Ermahnungen, parteipolitische Propaganda in den kircheneigenen Räumen zu unterlassen, wurden die religiösen Feiern immer wieder zu politischen Aktivitäten benutzt. In dem Rundbrief heißt es dazu:

> "Da uns Kontakte zwischen diesen Graue-Wölfe Anhängern ('Graue Wölfe' nennen sich die militanten Kommandos der MHP - T.-V.) ... und der Moschee bekannt waren, sprachen wir den Moscheevorsitzenden vor dem letzten Fest auch daraufhin an. Es sei richtig, die Grauen Wölfe wollten die Moschee unterwandern, aber ohne Islam seien sie gar nichts, meinte er zuversichtlich - wohl in der Ansicht, daß die Moschee-Gruppe den Islam fest in den Händen habe. Und in seiner Feierrede sagte er am nächsten Tag: "Wir sind gefragt worden, ob wir mit den Grauen Wölfen zusammenarbeiten. Wir arbeiten mit allen Kräften zusammen, die die 'Nationale Sicht' stärken"!" (Seite 3)

Dem Verfasser sind mehrere Vorgänge ähnlicher Art aus verschiedenen Orten der Bundesrepublik bekannt, die hier jedoch nicht alle dokumentiert zu werden brauchen, weil sie im Prinzip das oben gesagte bestätigen.

Die Strategie vor allem der rechtsgerichteten Parteien, ihre politischen Organisationen unter dem Vorzeichen religiöser, kultureller oder auch sozialer Aktivitäten aufzubauen, wird u.a. auch an der Namensgebung ihrer Vereine deutlich: Die MHP-Vereine tragen z.B. Namen wie Kultur-, Idealisten-, Beistandsverein, Nationaler Ideen-Verein, Islamischer Verein (Stuttgart), Verein zum Aufbau und zur Förderung der ... Moschee (z.B. Frankfurt) u.a.m. (vgl. SZ 04.07. 1978). Ihre europäische Dachorganisation, zu der gegenwärtig allein in der Bundesrepublik etwa 110 Zweigorganisationen gehören, ist die "Föderation der demokratisch-idealistischen Türkenvereine in Europa" (Avrupa Demokratik-Ülkücü Türk Cemiyetleri Federasyonu). Über die religiösen Aktivitäten der MHP-Organisationen schrieb der DGB:

> "Gelegentlich versuchten diese MHP-orientierten Vereine Korankurse zu eröffnen. Ein dauerhafter Erfolg blieb bislang aus, auch wenn die Vereinslokale in der Ramadanzeit als Gebetsstätten benutzt werden. Die MHP-Anhänger suchen immer wieder die religiösen Ansichten der türkischen Bevölkerung für ihre politischen Ziele zu mißbrauchen. Es ist bekannt und wird auch von den Vorstandsmitgliedern der anderen islamischen Gruppen bestätigt, daß sie versuchen, in den religiösen Organisationen politische Propaganda zu machen, in den Vorstand dieser Organisationen zu gehen, um die Führung zu übernehmen und die Möglichkeiten dieser Organisationen für ihre Zwecke zu nutzen." (DGB Februar 1980, 9)

Diese Beurteilung der Aktivitäten der MHP wurde auch von den meisten der befragten Experten geteilt. Teilweise wurde sie auch durch persönliche Erfahrungen belegt:

> "Daß die MHP ein eigener Träger von Koranschulen und Moscheen ist, habe ich selbst als Augenzeuge erlebt in der Ackerstraße in Berlin. (In der Ackerstraße 104, Berlin 65, unterhält der "Große Idealistenverein", Büyük Ülkü Dernegi, der Mitglied in der "Föderation der demokratisch-idealistischen Türkenvereine in Europa" ist, neben einem Parteibüro die "Große Idealistenmoschee", Büyük Ülkü Camii. - T.-V.) Sonst habe ich natürlich genügend Gewährsleute, die das bestätigen." (M)

Seitdem die MHP in den letzten Jahren versuchte, sich das Profil einer islamistischen Partei zu geben, und mit dieser Strategie einen Teil der MSP-Wählerschaft abwerben konnte, tritt die Nationale Heilspartei in der Bundesrepublik immer weniger als politische Organisation in der Öffentlichkeit hervor. Sie organisiert sich im wesentlichen in politisch-religiösen Vereinen, die allerdings gelegentlich durch Demonstrationen und zunehmend auch durch terroristische Aktionen von sich reden machen.

So führte z.B. die MSP-nahe "Islamische Jugend der Nationalen Sicht in Europa - Sektion Berlin" am 17.03. 1979 in Berlin eine Demonstration durch, in der sie zum "Heiligen Krieg" (Dschihad) aufrief (vgl. IgtF 1979, 23). Am 01.07. 1979 überfielen Schlägertrupps der MSP während eines Gottesdienstes das "Islamische Kulturzentrum" in Düsseldorf. Bei den militanten Auseinandersetzungen wurde auch ein deutscher Polizeibeamter durch einen Messerstich verletzt (FR 22.08. 1979). Am 05. 01. 1980 wurde der türkische Lehrer CELALETTIN KESIM in Berlin von fanatischen Moslems ermordet, die aus der MSP-nahen Mevlana-Moschee hervorgestürmt waren und nach dem Überfall in diese Moschee wieder zurückkehrten (vgl. Einleitung). (72)

Die Organisationen der MSP wurden unter dem Namen "Organisation der Nationalen Sicht" (Milli Görüs Teskilati) gegründet. Die der MSP nahestehenden Vereine tragen aber auch Namen, die ihren religiösen Charakter stärker unterstreichen, wie "Islamisches Zentrum", "Islamische Union", "Islamischer Kulturverein" u.a.m.. 126 dieser Vereine sind z.Zt. zusammengeschlossen in der "Türkischen Union in Europa" (Avrupa Türk Birligi). Dieser Dachorganisation angeschlossen ist die "Union der islamischen Jugend in Europa" (Avrupa Islama Genclik Birligi) (vgl. DGB Februar 1980, 9; CIBEDO-Information 1, 3). Die MSP-Organisationen unterhalten in der Bundesrepublik zahlreiche Moscheen und veranstalten Korankurse. Politisch arbeiten sie z.T. mit der MHP zusammen.

Zur Zeit der Regierung der "Nationalen Front" (1974-1977), an der u.a. die beiden Rechtsparteien MSP und MHP beteiligt waren, wurde der Aufbau beider Parteien in der Bundesrepublik gezielt vorangetrieben. Türkische Konsulatsbeamte scheuten dabei auch vor kriminellen Handlungen nicht zurück (vgl. amnesty international 1979, 84ff, 117ff). Gleichzeitig wurde der Aufbau rechtsgerichteter islamischer Gemeinden gefördert. Nach der Ansicht eines der Experten wurden die aus der Türkei in die Bundesrepublik geschickten Hocas (Koranlehrer, unterster theologischer Rang; deutsch auch "Hodscha" geschrieben) von den Konsulaten gezielt für politische Zwecke eingesetzt. (Der befragte Experte war zeitweise Ausländerberater für Türken.)

"Ich war für die Integration der Türken, die anpassungsfähig waren. Das Konsulat hatte Interesse, daß die Türken radikal eingestellt sind. Deswegen haben sie Hocas und Imame (Geistliche) geschickt aus der Türkei. ... Die Hocas und Imame sind mit einem fertigen Programm hierher gekommen, das schriftlich ausgearbeitet war, wie sie sich verhalten sollten, wie sie die Türken ausspionieren sollten. Also an der Grenze wäre dann so ein Mensch weg (d.h. ein Türke, der in die Türkei zurückfuhr, wäre aufgrund der Meldung des Hocas gleich an der Grenze festgenommen worden). Die Hocas und Imame vertreten eine rechtsradikale politische Richtung." (M)

Die Unterstützung der rechtsextremen Parteien durch die Konsulate und die von den Konsulaten eingesetzten Hocas konnte, nach Aussage des Interviewpartners, sehr direkte Formen annehmen.

"Die türkischen Eltern werden unter Druck gesetzt, wenn nicht religiös, dann politisch. Wenn ein Hoca zur Familie geht und fordert, daß er (der Vater) 500,- DM spenden soll, um seine islamische Pflicht zu erfüllen, für die Grauen Wölfe... wenn sie nicht spenden, wird der Name aufgeschrieben. Es hat Fälle gegeben von Stichproben, wo die Leute zum Konsulat bestellt wurden, und man hat ihnen zum Schein gedroht, den Paß zu entziehen, wenn sie nicht bezahlen. Das (den Paß entziehen) können sie (die Konsulate) natürlich nicht, aber der arme Türke glaubt das und zahlt." (M)

Ähnlich lautende Aussagen wurden gegenüber dem Verfasser in mehreren informellen Gesprächen mit Türken geäußert. Sie erhalten angesichts des auch dokumentarisch belegten Verhaltens der türkischen Konsulate in der angegebenen Zeit einen zumindest hohen Wahrscheinlichkeitsgrad.

Im gleichen Zusammenhang wurden schwere Vorwürfe in Bezug auf das Verhalten deutscher Institutionen gegenüber den türkischen Konsulaten erhoben. Insbesondere wurde ihnen eine "naive Vertrauensseligkeit" gegenüber offiziellen Konsulatsvertretern vorgeworfen.

"Die deutschen Beamten sind zu wenig mißtrauisch, wenn ein Konsulatsbeamter kommt. Die geben ihm gleich alle Adressen und Informationen, die er haben will." (M)

"Wenn die Hocas in die Familien hineinwirken, sieht man deutlich, daß der Hoca alles unter Kontrolle hat, mit Unterstützung des Landesarbeitsamtes, der Arbeiterwohlfahrt und der Familienfürsorge. Ich kann mir keine deutsche Stelle vorstellen, die da nicht mitmacht. Für die ist das ein offizieller Vertreter." (M)

Der Verfasser ist diesen Vorwürfen nachgegangen und hat die in den Vorwürfen namentlich genannten Institutionen um eine Stellungnahme gebeten. In diesen Stellungnahmen wurde die Kritik erwartungsgemäß zum großen Teil zurückgewiesen. Unbeschadet der Angemessenheit oder Unangemessenheit dieser Vorwürfe in Bezug auf die genannten Institutionen, haben sie jedoch eine allgemeine Relevanz: Deutsche Institutionen haben mit türkischen Konsulaten unkritisch zusammengearbeitet und tun es z.T. bis heute (amnesty international 1979, 85f), selbst dann, wenn die Konsulate gegen die erklärten Ziele der beteiligten Institutionen arbeiten. (73) Zur Zeit der ECEVIT-Regierung (Januar 1978 - Oktober 1979) wurde ein Teil der rechtsextremen Konsulatsbeamten und Lehrer ausgewechselt. Seitdem jedoch SÜLEYMAN DEMIREL wieder Ministerpräsident ist (der mit seiner Regierung auf die Tolerierung bzw. Unterstützung von MSP und MHP angewiesen ist, d.h. politische Zugeständnisse machen muß), scheint diese Problematik erneut Relevanz zu bekommen. Die türkischen Staatsbeamten werden wieder einmal ausgewechselt. (73a)

Die Beurteilung der Aktivitäten religiöser und religiös-politischer türkischer Gruppen wird auf deutscher Seite erschwert durch eine weitgehende Unkenntnis der türkischen Sprache sowie durch unzureichende Kenntnisse über die politischen, sozialen und kulturellen Hintergründe der türkischen Arbeiterfamilien. Eine der religiösen Gruppen, die in den Islamischen Kulturzentren organisierte Süleymanli-Bewegung, nutzt offenbar diesen Tatbestand bewußt aus. In ihren türkischen Äußerungen bezieht sie islamistische und rechtsextremistische Positionen, während sie in den deutschen Verlautbarungen ihren Integrationswillen, die Bereitschaft zu einer "partnerschaftlichen Zusammenarbeit mit den staatlichen Instanzen" und die Anerkennung der Verfassung der Bundesrepublik betont (vgl. epd-information 13.12. 1978). In einem Hintergrundpapier äußert sich der Deutsche Gewerkschaftsbund zum Verhalten der Süleymanisten:

> "Mit ihrer nach außen dargestellt überparteiischen Haltung und Vermeidung von Gewaltakten sowie Demonstrationen konnten sie gutwillige Deutsche, offizielle Stellen und die Kirchen täuschen." (DGB Februar 1980, 13)

Aufgrund einer Dokumentation von Selbstaussagen der Vertreter von Islamischen Kulturzentren sieht der DGB die "betrügerische Haltung der Süleymanisten" vollends als bewiesen an (DGB Februar 1980, 14). Mit ihrer nach außen dargestellten überparteiischen Haltung konnten die Süleymanisten jedoch nicht nur deutsche Stellen täuschen; sie verdanken dieser Darstellung auch ihren Einfluß unter den türkischen Arbeiterfamilien.

> "Die Türken in der Bundesrepublik Deutschland, die religiös überhaupt nicht betreut werden, sind froh, eine Moschee gefunden zu haben, deren Träger nach außen hin immer wieder sagt, daß er mit keiner politischen Partei zu tun haben will. Sie sind allerdings nicht in der Lage, die wahren Ziele des Süleymanismus bzw. der Islamischen Kulturzentren zu durchschauen." (DGB Februar 1980, 13)

Im Gegensatz zu den Gruppierungen, die den Islam für nichtreligiöse Zwecke benutzen, scheint eine bedeutende Anzahl türkischer Moslems die Funktionalisierung des Islam für parteipolitische Zwecke jedoch durchaus abzulehnen. Diese schweigende Mehrheit (oder Minderheit?) hat bisher weder eine religiöse noch eine politische Vertretung in den türkischen Religionsvereinen gefunden.

Seit dem Frühjahr 1979 stellen die Islamischen Kulturzentren in der Bundesrepublik einen bedeutenden ausländerpolitischen Faktor dar. Am 01.03. 1979 stellte die Kölner Zentrale der Islamischen Kulturzentren beim Kultusministerium in Düsseldorf einen Antrag auf Anerkennung als Körperschaft öffentlichen Rechts (gemäß Artikel 140 GG und Artikel 137, Absatz 5 WRV, sowie der Empfehlung der Kultusministerkonferenz über die "Verleihung der öffentlichen Körperschaftsrechte an Religionsgemeinschaften und Weltanschauungsvereinigungen" vom 12.03. 1954). Einem solchen Antrag wird stattgegeben, wenn die Religionsgemeinschaft "durch ihre Verfassung und die Zahl ihrer Mitglieder die Gewähr der Dauer" bietet (Artikel 137, Absatz 5 WRV). Nach M.S. ABDULLAH, dem Pressesprecher der Islamischen Kulturzentren (epd 18.01. 1980), ist die vom "Islamischen Kulturzentrum Köln" geleitete Süleymanli-Bewegung der

> "weitaus größte islamische Gemeindeverband in der Bundesrepublik. ... Mit 134 Gemeinden und mehr als 160 Predigtstätten oder Moscheen organisiert sie nahezu 60 Prozent

aller religiösen moslemischen Vereinigungen im Bundesgebiet." (ABDULLAH 1980, 131)

Außerdem sind dem "Islamischen Kulturzentrum Köln" noch etwa 75 weitere Gemeinden föderativ angeschlossen. Nach der herrschenden Rechtssprechung erfüllen die Islamischen Kulturzentren damit das Kriterium einer ausreichenden Anzahl von Mitgliedern. Zweifelhaft ist allerdings, ob der kurze Zeitraum ihres Bestehens bereits die vom Gesetz geforderte Gewähr der Dauer bietet. Über den Ausgang des Anerkennungsverfahrens lassen sich deshalb zum gegenwärtigen Zeitpunkt noch keine Angaben machen. Der Vertreter des Düsseldorfer Kultusministeriums war auf der vom Kirchlichen Außenamt der EKD veranstalteten 35. Konferenz für Ausländerfragen (15.-16.01. 1980) auch zu keiner entsprechenden Stellungnahme bereit.

Eine Anerkennung als Körperschaft öffentlichen Rechts hätte für die Islamischen Kulturzentren direkt, aufgrund der gesicherten Rechtsstellung, und indirekt, aufgrund der mit der rechtlichen Anerkennung verbundenen öffentlichen Reputation, u.a. folgende Konsequenzen:
Die Islamischen Kulturzentren wären berechtigt, unter den Moslems "auf Grund der bürgerlichen Steuerlisten nach Maßgabe der landesrechtlichen Bestimmungen Steuern zu erheben" (Art. 137, Abs. 6 WRV); (74)
sie könnten öffentlich anerkannte Urkunden im familien- und privatrechtlichen Bereich ausstellen und
die Erteilung von islamischem Religionsunterricht an den öffentlichen Schulen fordern; (75)
sie könnten Vertreter in gesellschaftliche und politische Gremien entsenden, (76)
eine entsprechende Repräsentation in den Massenmedien verlangen, die Berücksichtigung ihrer Feiertage fordern und anderes mehr.

Bei der Genehmigung dieses Antrags würden die Islamischen Kulturzentren einen Rechtsstatus erhalten, wie ihn in ähnlicher Qualität keine politische Ausländergruppe erreichen könnte. Politische Ausländergruppen können sich lediglich als privatrechtliche Vereine organisieren. Diesem Tatbestand kommt eine hohe ausländerpolitische Bedeutung zu.

Gegenwärtig existieren kaum funktionsfähige Interessenvertretungsorgane für die türkischen Arbeiterfamilien (wie auch für die anderen Ausländergruppen nicht). Die Gewerkschaften, in denen ein hoher Anteil der türkischen Arbeiter Mitglied ist, sind nur bis zu einem gewissen Grade geeignet, diese Funktion zu übernehmen.

> "In einem demokratischen Staat, in dem politische Parteien das institutionell vorgesehene Medium der Artikulation politischer Interessen sind, mag die Beschränkung der Gewerkschaften auf die Funktion des 'Sozialpartners' angemessen sein, wenn auch die Funktionen von Parteien und Gewerkschaften kaum jemals säuberlich zu trennen sein werden. Die Tatsache, daß die Probleme der Einwanderer nur zum kleineren Teil im Bereich der Sozialpartner, zum größeren Teil aber im politischen Bereich gelöst werden müssen, macht die einheimischen Gewerkschaften ebenfalls nur zum partiell geeigneten Instrument der Interessenvertretung der Ausländer." (HOFFMANN-NOWOTNY 1973, 314)

Andere in das politische System der Bundesrepublik integrierte Interessenvertretungsorgane stehen den Türken aber nicht offen. Die politischen Ausländerorganisationen der Türken haben weder in der Bundesrepublik, noch in der Türkei institutionalisierte Partizipationschancen. Sie sind im wesentlichen auf den "guten Willen" der jeweiligen Kommunalpolitiker angewiesen. (77) Darüberhinaus sind sie, entsprechend der politischen und sozialen Polarisierung in der Türkei, untereinander zerstritten und können deshalb allenfalls eine informelle Interessenvertretung für eine mehr oder weniger große Gruppe von Türken organisieren. Ihre wesentlichen Arbeitsmöglichkeiten liegen jedoch im sozialen, kulturellen und im Freizeitbereich.

In dieser Situation scheint sich der Islam als ein die heterogenen Gruppen integrierendes Medium anzubieten. Er ist jedoch, wie oben (Kapitel 3.2.; 3.2.1.; 3.2.2.) bereits dargelegt wurde, als politische Religion eindeutig von den konservativen bis rechtsextremistischen Gruppen okkupiert. Diesem Eindruck der parteipolitischen Bindung des Islam versuchen die Islamischen Kulturzentren nach außen entgegenzutreten. In mehreren, vor allem an die deutsche Öffentlichkeit gerichteten Erklärungen stellen sie sich als politisch und religiös überparteiliche

Organisation dar (vgl. hierzu und zum folgenden: DGB Februar 1980; THOMÄ-VENSKE im DLF 26.03.80; ABDULLAH 1980). Ende 1978 verliehen sie allen Moslems in der Bundesrepublik die "außerordentliche Mitgliedschaft" (epd-information 13.12.78) in ihren Gemeinden. Damit meldeten die Islamischen Kulturzentren ihren Anspruch an, als Repräsentanten aller Moslems in der Bundesrepublik auftreten und die verschiedenen religiösen (und politischen) Fraktionen in ihre Gemeinden integrieren zu können. Ihre öffentlich rechtliche Anerkennung würde diesem Anspruch eine politische Legitimation und Basis verleihen.

Die Folge einer solchen Anerkennung wäre, daß eine einzelne islamische Sekte, die zwar einen hohen Organisationsgrad besitzt, zu der aber nur ein geringer Teil der türkischen Moslems gehört, zur Vertretung aller Moslems in der Bundesrepublik gemacht würde. (Nur 4% der 1,5 Millionen Moslems in der Bundesrepublik sind eingetragene Mitglieder in islamischen Gemeinden und Vereinen. - vgl. ABDULLAH 1980, 135) Diese Sekte der Süleymanisten ist zudem von verschiedenen Seiten scharf kritisiert worden, weil sie, im Widerspruch zu ihren für ein deutschsprachiges Publikum bestimmten Erklärungen, in den türkischen Äußerungen eindeutig islamistische und sowohl gegen die türkische als auch gegen die bundesrepublikanische Verfassung gerichtete Ziele erkennen läßt (vgl. dazu ausführlich DGB Februar 1980; THOMÄ-VENSKE im DLF 26.03.80).

Diese kritische und ablehende Haltung gegenüber der Süleymanli-Bewegung und ihren Islamischen Kulturzentren wird auch von den offiziellen Vertretern des Islam in der Türkei geteilt. In einem Gespräch, das noch während der Regierungszeit von Ministerpräsident ECEVIT in Ankara stattfand, nahm der damalige Stellvertreter des obersten Repräsentanten des Islam in der Türkei (Diyanet Isleri Baskani) gegenüber dem Verfasser Stellung zu den Islamischen Kulturzentren und ihrem Anerkennungsantrag. Auf die Frage, wie die Tätigkeit der Islamischen Kulturzentren von den offiziellen islamischen Vertretern beurteilt werde, antwortete mein Gesprächspartner:

"Wir kennen das Zentrum. Wir unterhalten keine Kontakte. Wir lehnen es ab und die Gemeinden, die zu dem Zentrum gehören."

Auf den Unterschied zwischen dem Islamischen Kulturzentrum Köln und dem Islamischen Zentrum in Köln (MSP-orientiert) angesprochen, sagte er:

"Es gibt Unterschiede zwischen beiden Zentren. Beide sind gegeneinander gerichtet. Sie bekämpfen sich gegenseitig. (78) ... Beide Gemeinden sind politisch orientiert und gehören politischen Parteien an. ... Die Gemeinden tun doch, was sie wollen. Auch wenn wir manchmal dem Islamischen Zentrum Hocas schicken, ist damit (für uns) kein Einfluß auf dessen Ausrichtung verbunden. Die Gemeinden sollten Koranunterricht geben, aber sie tun es nicht. Sie sind politisch orientiert."

Zum Anerkennungsantrag äußerte er:

"Wenn der Islam in der Bundesrepublik öffentlich anerkannte Religion wird, dann wird der Islam von offiziellen Vertretern aus der Türkei vertreten. ... Wenn die deutschen Behörden diesem Antrag stattgeben, werden dadurch große Probleme entstehen. Wir lehnen eine Anerkennung für dieses Zentrum ab."
Eine offizielle Vertretung des Islam müsse aber in der Bundesrepublik eingerichtet werden.
"Wir werden in Deutschland und in anderen europäischen Ländern religiöse Räte gründen. Über diese Räte können wir dann mit den deutschen Behörden Kontakt aufnehmen und z.B. über die Richtlinien für die Korankurse beraten. ... In Brüssel gibt es bereits einen solchen religiösen Rat", und in der Bundesrepublik sei die Gründung von drei religiösen Räten geplant.

Aus den oben gemachten Angaben geht bereits hervor, welche entscheidende Funktion der Islam als eine integrierende Ideologie bei der Organisierung der türkischen Arbeiterfamilien bekommen kann, und welche politischen Möglichkeiten er aufgrund der Rechtssituation in der Bundesrepublik dem Moslemorganisationen (im Unterschied zu den politischen Türkenvereinen) eröffnet. Die politische Praxis des Islam hat deshalb erhebliche Bedeutung für den Integrationsprozeß der türkischen Arbeiterfamilien.

3.3. Die Bedeutung des Islam für die Sozialisation der türkischen Arbeiterkinder

Die bisherige Diskussion über die Sozialisation ausländischer Kinder hat sich im wesentlichen auf den Bereich der Schule und der anderen Ausbildungsinstitutionen konzentriert. Diese thematische Konzentration lag deswegen nahe, weil im Bereich des gesellschaftlichen Bildungssystems die Probleme der zweiten Ausländergeneration besonders deutlich hervortraten, und weil von diesen Problemen die deutschen Schüler und Lehrer massiv mitbetroffen sind. Auch in den Experteninterviews wurde den Bildungsmaßnahmen eine hervorragende Funktion bei der Integration der zweiten Ausländergeneration beigemessen. Die meisten Gesprächspartner betonten jedoch, daß die Probleme im Bildungsbereich neben den objektiven Ursachen (die bereits Gegenstand mehrerer Analysen waren, vgl. KOCH 1970; PIEPHO 1972; HOHMANN 1976; LANGENOHL-WEYER u.a. 1979) auch "subjektive" Aspekte haben, die auf kulturspezifische Konstellationen von türkischen Familien zurückzuführen seien.

"Im Vordergrund stehen die Probleme der Schul- und Berufsausbildung, die wiederum zu einem Teil Probleme der Familie sind: Daß ein Neunzehnjähriger seinen eigenen Weg geht, kommt selten vor. Bei der Ausbildung der Mädchen wird Wert darauf gelegt, daß eine Ausbildung gemacht wird, wo sie nur mit Mädchen zusammenkommen. Wenn die Ausbildung zusammen mit Jungen gemacht werden muß, kann das ein wichtiger Hinderungsgrund sein. ... Ein weiterer Grund: Die Türken kennen diese strenge Berufsbezogenheit nicht, nach der es bei uns für jede Tätigkeit einen Beruf (mit entsprechender Ausbildung) gibt. ... Damit wollte ich nicht sagen, daß das Ausbildungsproblem nur bei der Familie liegt. Es hat auch objektive Ursachen." (NM)

Die kulturspezifischen Aspekte der Sozialisationsproblematik sind bisher verhältnismäßig wenig untersucht worden (vgl. unter den wenigen Arbeiten MERTENS/AKPINAR 1977; HOLTBRUEGGE 1975; und neuerdings NEUMANN 1980), weil die Konflikte in diesem Bereich zunächst auf die Familie und auf die "peer groups" der Ausländerkinder beschränkt blieben und daher keinen entsprechenden politischen Handlungsdruck erzeugten (vgl. auch LÖSCH/WAHL 1977). Neuerdings beginnen jedoch auch die politischen Instanzen der sozialpolitischen Relevanz dieser Aspekte verstärkt Rechnung zu tragen (vgl. KÜHN 1979; FR 20.03.80).

Untersuchungen, die den Einfluß der Migration auf die familiale Entwicklung mit berücksichtigen, liegen z.Zt. erst kaum vor (vgl. SCHRADER u.a. 1976; KUDAT 1975). Die kurz vor Abschluß dieser Arbeit erschienene Untersuchung von NEUMANN (1980) dürfte die derzeit umfassendste Analyse der Sozialisationsproblematik sein. Wir können deshalb für detaillierte Fragen auf diese Arbeit verweisen und uns hier auf eine kurze Darstellung der die Sozialisation türkischer Kinder kennzeichnenden Konflikte beschränken, soweit sie für die religiöse Erziehung Relevanz besitzen.

3.3.1. Exkurs: Zum Problem der Widersprüchlichkeit der Sozialisationserfahrungen türkischer Kinder in der Bundesrepublik

Die Persönlichkeitsentwicklung türkischer Arbeiterkinder verläuft in der Bundesrepublik in einem konfliktreichen Prozeß. Hervorstechendes Merkmal ihrer Sozialisation ist der Widerspruch zwischen familialem und gesellschaftlichem Sozialisationsfeld. Die Sozialisation innerhalb der Familie wird bestimmt durch Erziehungsvorstellungen und -methoden, die die Eltern in einem zur Situation in der Bundesrepublik völlig unterschiedlichen historisch-gesellschaftlichen Kontext erworben haben.

Der überwiegende Teil der türkischen Arbeitsmigranten kommt vom Land bzw. ist - wie oben bereits dargelegt wurde (Kapitel 3.1.1.) - durch eine dörfliche Sozialstruktur geprägt. Die türkischen Eltern sind in einer am Maßstab der westlichen Industriestaaten gemessenen unterentwickelten, bzw. unterentwickelt gehaltenen (vgl. KESKIN 1978) agrarischen Gesellschaft aufgewachsen, deren feudale Strukturen sich vor allem in Süd- und in Ostanatolien bis in die Gegenwart erhalten haben (vgl. z.B. KESKIN 1978, 226ff). (79) In dieser hierarchisch strukturierten, patriarchalischen Gesellschaft herrscht eine strenge Aufgabenteilung der Geschlechter und eine extreme Ausbeutung der Frau (vgl. BAUMGARTNER-KARABAK/LANDESBERGER 1978), die überlagert wird von einer "extremen Ausbeutung der unteren Einkommensschichten" (vgl. KESKIN 1978, 226ff). (80)

Unfähig, den Wechsel in eine moderne Industriegesellschaft bewußtseins- und empfindungsmäßig zu verarbeiten, versuchen viele türkische Eltern, ihre Kinder entsprechend den Regeln zu erziehen, nach denen sie selbst erzogen wurden. Da diese Regeln kaum Gegenstand bewußten Lernens waren, sondern nicht-"fragwürdige" Selbstverständlichkeiten darstellten, ist es den türkischen Eltern kaum möglich, die Bindung ihrer Erziehungsvorstellungen an die sozialen Bedingungen in der Türkei zu erkennen und eine Übertragung ihrer Erziehungsziele auf die Situation in der Bundesrepublik zu leisten.

Nach wie vor stellen Gehorsam, Disziplin und die Anerkennung der elterlichen Autorität die vorrangigen Erziehungsziele dar. Dies wurde von fast allen Experten betont und deckt sich mit den Ergebnissen verschiedener empirischer Untersuchungen (vgl. NEUMANN 1980, 122ff und die dort rezipierten Untersuchungen). Verschiedene Autoren nehmen sogar an, daß unter dem Druck der Existenzsicherung und infolge geringer Autonomie im beruflichen Bereich Erziehungsziele wie Gehorsam, Konformität mit äußeren Normen, Verhaltenseinschränkungen und Disziplinierung in der Bundesrepublik noch an Bedeutung gewinnen (vgl. bei NEUMANN 1980, 126f). NEUMANN geht davon aus,

> "daß die türkischen Arbeitnehmer durch die Bedingungen ihrer beruflichen Situation in Deutschland eher in ihren traditionellen Erziehungszielen verstärkt werden, als daß eine Umorientierung in Richtung auf eine flexiblere Ausrichtung an der Persönlichkeitsentwicklung des Kindes zu erwarten ist und Selbstverantwortung gegenüber Gehorsam als Erziehungsziel an Bedeutung gewinnt." (1980, 126f)

Die Erziehung zum Gehorsam gegenüber Autoritätspersonen zielt letztlich auf einen "blinden Gehorsam" ab, der die eigene Urteilsfähigkeit und Verantwortlichkeit ausschaltet bzw. gar nicht erst entwickelt und sich einseitig an Autoritäten bindet.

> "Wenn man an die Eltern ran will, muß man erst versuchen, die Hocas zu gewinnen, die Autorität haben. Wenn man an die Frauen ran will, muß man erst die Männer gewinnen." (M)

> "Aufklärung durch verbale Informationen werden auf die Autorität der Person angenommen, die die Informationen gibt.

Es wird weniger eine Beurteilung nach dem Inhalt vorgenommen." (NM)

Von den Mädchen wird Gehorsam und Demut in besonderer Weise verlangt. Sie werden zudem auf ihre traditionelle Rolle als Hausfrau und Mutter hin erzogen. Vieles, was den Jungen erlaubt ist, wird den Mädchen verboten. Das wird besonders deutlich im Bereich der Sexualität, in dem die Mädchen rigiden Beschränkungen unterworfen sind, die ihre Lebens- und Erfahrungswelt stark begrenzen. Mit Beginn der Pubertät unterliegen sie einer strengen Kontrolle ihrer Kontakte (vgl. BAUMGARTNER-KARABAK/ LANDESBERGER 1978). Diese Kontrolle ist in der Bundesrepublik stärker spürbar als in der Türkei.

> "Auf dem Land wird viel eher geheiratet als in der Stadt. Deswegen wird die Sittenstrenge auch in der Stadt sichtbarer als auf dem Land, weil die Familie bei Mädchen, die zur Schule gehen oder eine Ausbildung machen (d.h. Kontakt mit Jungen haben) natürlich besonders stark auf ihre Ehre achten muß. Das ist auf dem Land in diesem Ausmaß nicht nötig." (M) (vgl. auch NEUMANN 1980, 135)

> "Mein türkischer Kollege schließt seine Frau ein, wenn er zur Schule geht." (NM)

Durch den Wegfall der sozialen Kontrolle in der Bundesrepublik (sofern die Türken nicht in gettoähnlichen Wohnverhältnissen leben), sieht sich die türkische Familie gezwungen, diese Kontrollfunktion allein zu übernehmen, was sie nur unter rigiden Einschränkungen des Freiheitsspielraums der weiblichen Familienmitglieder leisten kann; oder sie muß es in Kauf nehmen, daß die weiblichen Mitglieder der Familie gegen die traditionellen Normen der Herkunftsgesellschaft verstoßen. In diesem Falle ist jedoch eine Rückkehr in die Türkei erschwert. Darüberhinaus setzt sich die türkische Familie damit der Gefahr einer Diskriminierung durch türkische Landsleute aus. Die Verhaltensnormen der türkischen Arbeiterfamilien sind für ihre Aufrechterhaltung auf die Kontrolle und Bestätigung durch die soziale Umwelt und durch die Familie angewiesen, weil diese Verhaltensnormen in der Erziehung nicht entsprechend internalisiert wurden und damit nicht durch eine in das "Gewissen" verlagerte "innere Kontrolle" abgestützt werden können. Sie können deshalb in der Regel nur in den sozialen "Enklaven" des Gettos oder der Familie aufrechterhalten werden. Die Untersuchung von NEUMANN bestätigt diesen Tatbestand (1980, 127).

Die Erziehungsziele in Bezug auf die Jungen stehen im Vergleich zu denen der Mädchen in einem nicht so deutlichen Gegensatz zu den Normen der deutschen Gesellschaft. Die Erziehung der Jungen ist im Vergleich zu der Erziehung der Mädchen weniger restriktiv auf den durch traditionelle Normen bestimmten Privatbereich eingegrenzt. Sie können wichtige, die Erziehung der Eltern korrigierende Erfahrungen in "peer groups" machen, die den Mädchen in der Regel verwehrt sind.
Die Jungen werden zu Leistungsbereitschaft und im Rahmen ihrer Männerrolle zur Übernahme von Verantwortung erzogen. Sie lernen, daß sie höherwertig seien als die Mädchen.

Die reglementierende und kontrollierende Erziehung in den türkischen Arbeiterfamilien zielt auf die Eingliederung der Kinder in die familiale Rollen- und Autoritätsstruktur ab. Ein von der Familie losgelöstes selbständiges Leben der erwachsenen Kinder ist nicht vorstellbar. Zwei der von mir befragten türkischen Experten, beides Intellektuelle, seit Jahren fest in der deutschen Gesellschaft etabliert, äußerten während des Interviews, daß sie bei einem Besuch ihrer Familie in der Türkei es bis heute nicht wagen würden, in Gegenwart ihres Vaters zu rauchen (was in der Türkei unabhängig vom Alter der Männer als sittenwidrig gilt). Innerhalb der Familie und im Einflußbereich der Eltern bleiben auch die erwachsenen Kinder den Geboten der Eltern unterworfen.

Neben diesen reglementierenden Momenten ist die Erziehung aber auch durch emotionale und affektive Zuwendung gekennzeichnet. Deren Wert wird jedoch unterschiedlich beurteilt. Während KÜCÜKÖZKAN der Ansicht ist, daß emotionale Zuwendung die negativen Auswirkungen der autoritären Erziehung neutralisieren könne (vgl. NEUMANN 1980, 118), überdeckt nach der durch persönliche Erfahrungen geprägten Meinung eines der Experten der autoritäre Erziehungsstil etwaige positive Erfahrungen.

"Was haben die Eltern schon für die Kinder getan? Die werden im Kindergarten doch besser behandelt. Die Eltern sind bei uns (in der Türkei) viel netter mit den Kindern, aber sie zwingen sie auch und verbieten. Dann hat das Kind schon

Aggressionen. Was hilft dann die ganze Mutterliebe und Elternliebe? Ich hasse diesen Zwang, wie ich ihn in meinem Elternhaus erlebt habe. Sie (die Eltern) haben mich beinahe indirekt zum Protest (gegen sie) gezwungen." (M)

Diese Kombination von autoritärem Druck und affektiven Bindungen verhindert, daß sich die Kinder aus familiären Abhängigkeiten lösen und Autonomie, Kritikvermögen und Handlungsfähigkeit außerhalb der vorgegebenen Strukturen entwickeln. Es ist zu vermuten, daß ein Komplex von Entmündigung und Geborgenheitsgefühl erzeugt wird mit einer Tendenz zu "autoritärer Unterwürfigkeit" (ADORNO 1976, 48ff).

"Der Druck in der Familie wird natürlich auch als Druck empfunden. Aber andererseits, wenn sie hier größere Freiheit erleben, erleben sie sie gleichzeitig als Verunsicherung. Das erklärt vielleicht auch die Anfälligkeit türkischer Jugendlicher für radikale Ideen, die ihnen totale Identifikationsmöglichkeiten als Vaterersatz bieten." (NM)

Die "autoritäre Unterwürfigkeit" geht nach zwei Hypothesen ADORNOs u.a. zurück auf "die mißlungene Ausbildung einer inneren Autorität, des Gewissens" bzw. sie stellt einen Ausweg dar, "ambivalente Gefühle gegenüber Machtpersonen zu steuern; unterschwellige, feindselige und rebellische Impulse, durch Furcht im Zaum gehalten, führen im Individuum zu einem Übermaß an Ehrfurcht, Gehorsam, Dankbarkeit und ähnlichem." (1976, 49f) (81)

Beide Hypothesen decken sich mit Äußerungen, die einzelne Experten zu diesem Punkt gemacht haben. Der Komplex aus Entmündigung und Geborgenheitsgefühl bzw. die "autoritäre Unterwürfigkeit" wird als solche erst zu einem Problem durch die Aufrechterhaltung feudaler, patriarchalischer Familienstrukturen in einer Industriegesellschaft, die die (begrenzte) Autonomie von Individuen fordert.

Die Erziehung der Kinder erfolgt in der türkischen Familie weniger durch eine bewußte und gezielte, am Kind, seinen Fähigkeiten und Wünschen und an den gesellschaftlichen Bedingungen orientierte Förderung. Vielmehr geschieht sie durch Vorleben und Einordnen in die an der türkischen Agrargesellschaft ausgerichteten Rollen- und Verhaltensmuster. Darüberhinaus richten sich die Entwicklungsmöglichkeiten der Familienmitglieder nach den globalen Zielen der Familie.

"Die Beschäftigung (der Eltern) mit den Kindern findet hier (in der Bundesrepublik) nicht statt. Die Eltern haben weder selbst diese Erfahrung gemacht, noch haben sie es gelernt, sich um ihre Kinder zu kümmern und sie zu fördern und anzuregen. Dazu kommt die Arbeit (die ihnen oft keine Zeit läßt). Dazu kommt noch die Unfähigkeit, die Kinder auf diese Gesellschaft vorzubereiten, weil sie die Regeln selbst nicht kennen. Die emotionale Bindung der Eltern mit ihren Kindern ist natürlich da. Aber eine zielgerichtete Förderung findet nicht statt." (M)

Das Erziehungsverhalten und die Erziehungsziele und -methoden der türkischen Eltern stehen damit im Gegensatz zu den gesellschaftlichen Erwartungen wie auch zu den in den deutschen Schulen und Kindergärten geforderten und prämierten Fähigkeiten und Verhaltensweisen. Die türkischen Kinder befinden sich in einem Konflikt zwischen verschiedenen Orientierungsmustern und Anforderungen von Gesellschaft und Bildungssystem einerseits und ihrer Familie auf der anderen Seite. Dieser Konflikt wird in seinen Auswirkungen nicht von allen Experten negativ beurteilt. Einige der Experten sehen in ihm auch die Möglichkeit, daß sich die türkischen Kinder von als negativ beurteilten Orientierungen befreien.

"Die Konflikte zwischen dieser näheren Umgebung, familiären Umgebung und zwischen der riesigen Gesellschaft, der Arbeitswelt etc. oder der Schulwelt sind da. Aber gerade diese andere Umwelt hilft ja dazu, daß das Kind was anderes ansieht und eine andere Orientierung (vorher war von autoritären Orientierungen und Status-quo-Ideologien die Rede) - vielleicht - erfährt. Und das führt nach meinen eigenen Beobachtungen bei vielen Familien und Kindern zu heftigen Konflikten, die ich nicht negativ nennen möchte. Sicherlich, in der Familie lösen sie eine gewisse Unruhe aus, aber die Unruhen in diesem Sinne sind für mich sehr positiv." (M)

Überwiegend wird in den Interviews jedoch (wie auch in der Literatur) der Aspekt der Belastung der Familien durch den Konflikt mit der deutschen Gesellschaft hervorgehoben.

Die türkischen Kinder erleben Konflikte aber nicht nur zwischen einer etwaig "heilen" Familie und der Gesellschaft. Vielmehr stellt die türkische Migrationsfamilie selbst ein "gebrochenes" Sozialisationsfeld dar. Die gesellschaftlichen Prozesse nehmen unmittelbar Einfluß auf die Entwicklung der familialen Rollen- und Autoritätsstrukturen. Die Eltern, und in besonderem Maße der Vater, werden in ihren traditionellen Rollen verunsichert. Die größere Anpassungsfähigkeit der Kinder an die Verhältnisse in der Bundesrepublik, ihre besseren Sprachkenntnisse und ihre bessere Schulbildung stellen die Autorität der Eltern in Frage. Die Rektorin einer Grundschule mit einem hohen Anteil türkischer Schüler meinte dazu:

> "Die Schulbildung der Kinder wird auch dadurch behindert, daß durch größere Schulbildung die elterliche Autorität untergraben wird, was den Widerstand der Eltern hervorruft." (NM) (82)

Die Väter sind in ihren traditionellen, ihre Autorität begründenden Funktionen, wie beispielsweise dem Verkehr mit der Öffentlichkeit, häufig auf die Übersetzungshilfe ihrer Kinder angewiesen. Die Eltern wie die Familie werden von den Kindern nicht mehr als eine für das Leben in der Bundesrepublik vorbildgebende Gemeinschaft erfahren. Zu diesen Autoritätskonflikten treten Rollenkonflikte hinzu, die etwa durch die Berufstätigkeit der Mütter ausgelöst werden können. Nicht wenige Eltern versuchen daher in hilfloser Gegenreaktion, durch repressive Erziehung und Abgrenzung der Familie gegenüber äußeren Einflüssen ihre Autorität zu beweisen und zu stabilisieren.

> "Die Erwachsenen verhalten sich eher restriktiv, versuchen die Außenwelt auszublenden. Die Struktur der Familie ist und bleibt patriarchalisch, selbst bei der Berufstätigkeit der Frauen. Der emanzipatorische Wert der Arbeit, die diese Frauen machen, ist gleich Null. ... In der Regel werden die Frauen nicht über das verdiente Geld verfügen können. Wenn Frauen vor den Männern einreisen, werden die Männer erst recht verunsichert und versuchen durch verstärkten Druck ihre verunsicherte Position zu stärken." (NM)

Diese Expertenmeinung wird durch die Untersuchung NEUMANNs und durch die von ihr rezipierten Untersuchungen bestätigt:

> "- Die berufstätige türkische Frau gewinnt durch ihre Tätigkeit einen größeren Erfahrungsbereich. ... (Das) erhöht ihr Selbstwertgefühl und kann zu einer kritischen Sicht der Frauenrolle führen.
>
> - Der türkische Mann verändert trotz objektiv veränderter Bedingungen seine Einstellung zur traditionellen Rollen- und Autoritätsstruktur der Familie nicht.
>
> - Die in der Literatur vertretene Meinung, daß Berufstätigkeit eine Emanzipation der Frau im Sinne einer partnerschaftlich orientierten Familienstruktur auslöse, stellt eine Idealisierung dar. ...
>
> - Berufstätigkeit bedeutet für die Frau in den meisten Fällen eher zusätzliche Belastung durch den Beruf ohne Entlastung im Haushalt und damit eine ständige ... Überlastung." (1980, 85f)

Die Sozialisation der türkischen Kinder wird in der Familie also bestimmt durch eine Diskrepanz zwischen dem Rollenhandeln und den Rollennormen der Familienmitglieder sowie durch eine Diskrepanz zwischen der tatsächlichen Autorität der Eltern und ihren ungedeckten Autoritätsansprüchen. Diese Konflikte veranlassen die Eltern häufig zu dem kompensatorischen Versuch einer Verstärkung des autoritären Verhaltens, was wiederum scharfe Generationskonflikte in den türkischen Familien auslöst. Zu diesen intra-familialen Konflikten treten (s.o.) als zusätzliches verunsicherndes Element die Widersprüche zwischen den gesellschaftlichen und den familialen Sozialisationserfahrungen der Kinder.

In einem solchen Sozialisationsmilieu haben die Kinder nicht die Möglichkeit, Rollendistanz und Ambiguitätstoleranz zu entwickeln (vgl. NEUMANN 1980, 80ff, 115ff, 192ff). Die Fähigkeit zu Rollendistanz und Ambiguitätstoleranz ist aber die Voraussetzung dafür, daß die türkischen Kinder in den verschiedenen Sozialsystemen Handlungsfähigkeit erwerben und daß sie den Konflikt zwischen Handlungssystemen produktiv bewältigen können, anstatt ihn dadurch auszuklammern, daß sie entweder ihre Herkunft verleugnen oder aber zum gesellschaftlichen Außenseiter werden (vgl. Kapitel 2.2.4.). Die Entwicklung von Ich-Identität, d.h. der Fähigkeit, zwischen der persönlichen Identität und der sozialen Identität ein Balanceverhältnis herzustellen, erfordert außerdem die Fähigkeit zu Empathie und zur Identitätsdarstellung (vgl. KRAPPMANN 1975, 132ff). Nur eine durch diese Fähigkeiten gekennzeichnete "balancierende Ich-Identität" ermöglicht es dem Individuum, trotz seiner Einzigartigkeit in Interaktion und Kommunikation mit anderen zu treten, ohne sich dabei deren sozialen Erwartungen total anzupassen (vgl. KRAPPMANN 1975, 70ff). Die Entwicklung dieser Fähigkeiten erscheint jedoch in dem Sozialisationsmilieu der türkischen Kinder kaum möglich. (83)

In dieser Konfliktsituation wird von moslemischer Seite aus auf die identitätsstabilisierende Funktion einer religiösen Erziehung hingewiesen.

> "Man hat auch seitens der deutschen Kultusbehörden zu spät erkannt, daß der Religionsunterricht für die islamische Minderheit, die hier in einer andersgläubigen, dazu noch säkularen Umwelt leben muß, gleichbedeutend mit Identitätsunterricht ist." (ABDULLAH 1979, 14)

Die Formel "Religionsunterricht ist Identitätsunterricht" wird mehr oder weniger ausdrücklich auch von den Kirchen akzeptiert, die - wie auch andere gesellschaftliche Gruppen - die Forderung nach der Erteilung von islamischem Religionsunterricht an den öffentlichen Schulen seit Jahren unterstützen (vgl. z.B. MICKSCH 1978, 71ff). Andererseits weisen Kritiker der Praxis des Islam darauf hin, daß die in der Bundesrepublik praktizierte Form der islamischen Erziehung die Ausbildung einer balancierenden Identität nicht nur nicht fördere, sondern zusätzlich noch erschwere, indem sie Ziele verfolge, die der Ausbildung einer balancierenden Identität entgegenarbeiteten, und indem sie die türkischen Kinder in eine gesellschaftliche Außenseiterposition hineintreibe (vgl. z.B. NRW-TÖB 20.03.78). Die Rolle des Islam in der Sozialisation der türkischen Kinder und seine Funktion bei der Lösung oder Verschärfung der oben angedeuteten Konflikte, soll deshalb in den folgenden Kapiteln näher untersucht werden.

3.3.2. Die Rolle des Islam in der familialen Erziehung

3.3.2.1. Die Religiosität der türkischen Arbeiterfamilien

Der Islam stellt für die Türken das entscheidende Medium dar, mit dem sie sich gegenüber der sie marginalisierenden deutschen Gesellschaft abgrenzen und ein Bewußtsein der (zumindest potentiellen) Überlegenheit entwickeln können.

> "Der Islam vermittelt den Türken Selbstbewußtsein gegenüber der deutschen Umwelt, daß er (der Türke) etwas Besseres hat, was die Deutschen nicht haben." (M)

Kaum ein anderes den Türken zur Verfügung stehendes Medium bietet diese Möglichkeit in entsprechender Weise. Im Bereich der in der deutschen Gesellschaft geltenden Wertvorstellungen können die Türken kaum mit den Deutschen konkurrieren. Der

Islam ermöglicht es ihnen jedoch, einen eigenen Bereich aufrechtzuerhalten, in dem die traditionellen, Sicherheit gewährenden Normen und nicht die herrschenden Normen der deutschen Gesellschaft gelten. Diese ein Selbstbewußtsein begründende Funktion des Islam wurde von fast allen Experten hervorgehoben. Der Islam ermöglicht es,

> "ein Stück Heimat zu bewahren. Das (der Islam) ist eine der wenigen Stützen, auf die man noch stolz ist." (M)

Der Stolz sei zum einen in der "im ganzen recht ruhmreichen Geschichte" (NM) begründet. Er berufe sich aber auch darauf, daß der Islam die vollkommene und endgültige Form der von den Juden und darnach von den Christen im Laufe der Geschichte "immer wieder pervertierten monotheistischen Religion" (NM) sei. Das Bewußtsein, als Moslem den Deutschen überlegen zu sein, gründet in der Betonung von religions- und kultureigenen Merkmalen, die von der deutschen Gesellschaft abgelehnt oder nicht in gleicher Weise vertreten werden.

> "Dazu (zu dem, was die türkischen Moslems nach eigenem Verständnis von den Deutschen unterscheidet) gehören körperliche Sauberkeit durch die häufigen, religiös gebotenen Reinigungen, Jungfräulichkeit, d.h. keine vor- und außerehelichen Beziehungen. Diese Vorstellungen bestehen, aber das Verhalten ist oft anders. Solidarität gegenüber Nachbarn, Bruderschaft, Verwandtschaft, insbesondere den Alten gegenüber. Stolz, daß man aus dem Koran aufsagen kann: 'Ihr könnt nicht aus der Bibel zitieren'." (M)

Die bewußte Betonung und Legitimierung dieser Merkmale ermöglicht die "Aufrechterhaltung der traditionellen Kulturvorstellungen" (NM), indem den herrschenden gesellschaftlichen Normen die beanspruchte Relevanz für das eigene Verhalten abgesprochen wird. Dadurch werden Desorientierungen, die durch bestehende Normendiskrepanz ausgelöst werden könnten, verhindert oder zumindest abgemildert. Der Islam stelle damit für die gläubigen Moslems unter den Türken ein stabilisierendes Element in den durch die Migration ausgelösten Identitätskrisen dar. Er könne jedoch die Probleme nur kurzfristig ausklammern, sie aber nicht lösen.

> "...wobei ich nicht unbedingt sagen möchte, daß der Islam jetzt eine Stütze für die Menschen darbietet, die wirklich eine Stütze ist, denn diese Probleme werden nicht gelöst, sondern manipuliert, verdrängt." (M)

Auf Dauer könne die Betonung des Islam die notwendige Auseinandersetzung mit der deutschen Gesellschaft nicht ersetzen.

Die Funktion, eine selbständige Identität zu begründen, erfüllt der Islam jedoch nicht für alle türkischen Arbeitsmigranten, wie die Entwicklung der Religiosität unter den türkischen Moslems in der Bundesrepublik zeigt. Diese Entwicklung wurde von den Experten als ein "Prozeß der Polarisierung" beschrieben, in dessen Verlauf die jeweiligen bereits in der Türkei erworbenen Einstellungen vor allem in den Extremen stärker ausgeprägt werden.

"Wer in der Türkei schon Distanz zur Religion hatte, wird sie hier noch vergrößern" (NM), weil in der Bundesrepublik der soziale Druck zur Religionsausübung durch Großfamilie und Nachbarschaft nachläßt, und weil andererseits ein starker Anpassungsdruck durch die deutsche Gesellschaft ausgeübt wird.

> "Bei den Türken geschieht das, was auch bei den Spaniern beobachtet wird, oder bei der Landjugend hier: Der soziale Druck zur Ausübung der Religion läßt nach. Das wird als Erleichterung empfunden. Die Reaktion ist dann häufig Abwendung. Ich glaube, daß mehr den Islam abschütteln, als daß sie bei ihm bleiben." (NM)

Demgegenüber werden - nach der Meinung der Experten - solche Moslems, die in der Türkei in engen religiösen Bindungen lebten, diese Bindungen in der Bundesrepublik noch zu intensivieren versuchen, weil sie durch die Konfrontation mit der deutschen Gesellschaft einer starken Kritik ihrer Einstellungen und Verhaltensweisen ausgesetzt sind und den Rückhalt einer Gruppe benötigen.

Die Verunsicherung durch die deutsche Kultur und Gesellschaft betrifft jedoch nicht nur die streng religiösen Moslems, sondern mehr oder weniger alle Arbeitsmigranten. Der Prozeß der Polarisierung der religiösen Bindungen wird deshalb überlagert durch eine dichotome Entwicklung der Religiosität der türkischen Moslems: Auf der einen Seite ist ein deutlicher Rückgang der religiösen Praxis festzustellen; auf der anderen Seite sind jedoch Anzeichen für eine religiöse Neubesinnung erkennbar.

"Die religiöse Praxis nimmt hier ab, Gebet, Moscheebesuch usw. Aber die Identifizierung mit dem Islam wird eher stärker: als eine Abgrenzung gegenüber der deutschen Gesellschaft." (M)

Die Beobachtung vom Rückgang der religiösen Praxis unter den türkischen Moslems wird bestätigt durch einige nicht näher nachgewiesene Untersuchungen, die M.S. ABDULLAH in einem Referat auf der 8. Islamischen Weltkonferenz (23.-27.03. 1980 in Famagusta/Zypern) zitierte. Darnach liegt

"die Zahl der regelmäßigen und unregelmäßigen Besucher des Freitagsgebets bei 58 Prozent ..., darunter 30 Prozent regelmäßige. Das Ramadhanfasten wird von etwa 45 Prozent der Gläubigen gehalten." (ABDULLAH 1980a, 2f)

Trotz dieser erstaunlich hohen Zahlen hätten bei einer Repräsentativumfrage 70% der befragten Moslems der These zugestimmt, daß unter ihnen eine "Abnahme der Religiosität" festzustellen sei.

"Gestützt auf diese, im Jahre 1979 durchgeführte Umfrage, sind etwa 45 Prozent der in Deutschland lebenden Moslems dem Kreis derjenigen zuzurechnen, die mit dem Islam in der modernen Arbeitswelt nicht mehr zurechtkommen und die aus diesem Grunde religiösen Fragen mehr oder weniger gleichgültig gegenüberstehen." (ABDULLAH 1980a, 3)

Neben dieser Tendenz zu einer Abwendung vom Islam und zum Rückgang der religiösen Praxis ist gleichzeitig eine bewußtere Identifizierung mit dem Islam festzustellen. Sie stellt einen Versuch zur Abgrenzung gegenüber der deutschen Gesellschaft dar und beruht nicht selten auf einer vergangenheitsbezogenen Idealisierung des Islam und der Türkei.

"Ich meine, daß die religiöse Identität bewußter wird. Zwar paßt sich das Verhalten an, aber sie sagen von sich: 'Wir sind Muslime aus der Türkei' - mit der Betonung auf Muslime. Das verstärkt sich noch und ist ein notwendiger Abwehrmechanismus. Das ist meines Erachtens eine verklärte Identität: Über die Türkei und über den Islam sind keine direkten Kenntnisse mehr vorhanden. Die islamische Begründung der Identität wird aber bewußter." (NM)

Das religiöse Verhalten der Türken unterscheidet sich stark nach alters- und geschlechtsspezifischen Kriterien. Entscheidend für die religiöse Einstellung der türkischen Eltern scheinen dabei die Arbeitsverhältnisse zu sein. Während die Männer die Religion schon einem privaten Bereich zuordnen, bestimmt der Islam das Leben der Frauen noch in einem umfassenden Sinn.

"Männer trennen den Vollzug der Religion vom sozialen (beruflichen) Leben. Fließbandarbeit und Moscheebesuch existieren relativ unverbunden nebeneinander her.
Bei Frauen besteht dagegen eine größere Übereinstimmung von sozialem und religiösem Leben. Sie haben nur den engen Bereich des Haushalts, haben mehr die Aufgabe zu umsorgen, zu pflegen und zu bewahren. Sie sind vor allen Dingen sehr abhängig. Deshalb sind sie konservativer und religiöser." (NM)

Andererseits sind die Väter stärkeren Verunsicherungen durch den Wandel der familialen Rollen- und Autoritätsstruktur ausgesetzt. Es ist daher zu erwarten, daß der Islam für die Väter stärker die Funktion der Abgrenzung gegenüber der deutschen Gesellschaft hat und daß bei ihnen eine bewußtere Identifizierung mit dem Islam erfolgt als bei den Frauen. Diese Frage konnte jedoch in den Interviews nicht geklärt werden. Immerhin lassen die Ergebnisse der Untersuchung von NEUMANN (vgl. 1980, 183, 186f) diese Annahme als begründet erscheinen.

Die türkischen Kinder orientieren sich, nach übereinstimmender Meinung der Experten, "natürlich an der deutschen Umgebung" (NM). "Die türkischen Kinder sind ganz und gar darauf aus, den Deutschen gleich zu sein." (M) Sie entwickeln die gleichen Wünsche wie ihre deutschen Altersgenossen und unterliegen starken anomischen Spannungen, weil sie nicht die gleichen Möglichkeiten zur Verwirklichung ihrer Wünsche haben (vgl. Kapitel 2.3.2.). Die aktuelle Bedeutung des Islam für die Kinder wurde nur sehr gering veranschlagt.

"Für die zweite Generation ist der Islam kaum ein identitätsbildender Faktor. Ganz ist er ja nie weg. Das Hauptbestreben ist es aber, sich möglichst zu integrieren und nicht durch differentes Verhalten aufzufallen." (M)

Einer der befragten Experten differenzierte jedoch zwischen der Generation der Kinder und Jugendlichen, die zu Beginn der Anwerbung türkischer Arbeitskräfte in die Bundesrepublik kamen, und der Generation, die ihre wesentlichen Sozialisationserfahrungen in der Bundesrepublik seit der Mitte der siebziger Jahre gemacht hat.

"Die achtzehn/neunzehnjährigen, die noch ohne islamische Gemeinden in den wichtigen Jahren ihrer Sozialisation aufgewachsen sind, orientieren sich stärker an der deutschen Gesellschaft. Die Jüngeren dagegen sind bereits stärker in die Gemeinden eingebunden. Islamische Gemeinden wurden ab 1973 in Deutschland gegründet." (M)

Die Angaben der Experten über die Religiosität der türkischen Eltern und Kinder decken sich z.T. mit den Ergebnissen der Untersuchung von HERBERG über die Bedeutung des Katholizismus für die polnischen Einwanderer in den USA (vgl. HERBERG 1960). HERBERG entwickelte in seiner Untersuchung die bekannt gewordene Drei-Generationen-Hypothese. (84) Sie ist unseres Erachtens nur mit Einschränkungen auf die türkischen Moslems übertragbar, weil sie in wesentlichen Punkten von anderen Voraussetzungen ausgeht. Immerhin läßt sich, ausgehend von dieser Drei-Generationen-Hypothese, die Erwartung formulieren, daß der Islam (unter der Voraussetzung der Integration der Türken!) nur dann zu einem identitätsbildenden Faktor für die zweite und dritte Generation der Türken werden kann, wenn er situationsadäquate Formen entwickelt, die es den Türken erlauben, Moslems zu sein, ohne zum gesellschaftlichen Außenseiter zu werden.

3.3.2.2. Die Voraussetzungen der religiösen Erziehung

In den türkischen Arbeiterfamilien konzentriert sich die religiöse Erziehung auf die Vermittlung eines relativ kleinen Kanons von religiösen Pflichten sowie auf die Einübung der täglichen Gebete und der beim Gebet ausgeführten rituellen Übungen. Das Spektrum dieser religiösen Erziehung ist nur gering und orientiert sich an traditionellen Formen. Die vermittelten Handlungs- und Deutungsmuster sind wenig differenziert und reichen als Orientierungsrichtlinien und Identitätsmuster für die Kinder nicht aus.

"Man kann von dieser Erziehung allerdings nicht viel erwarten, da Konflikte zwischen den Kindererfahrungen und der Elternmeinung auftreten und von den Eltern selten aufgegriffen werden können." (M)

Wegen der in den meisten Fällen nur oberflächlichen religiösen Kenntnisse der türkischen Eltern, vermengen sich Alltagstheorien mit religiösen Deutungsmustern zu einem unreflektierten religiös-kulturellen Deutungsmusterbestand, der Argumentationen und Auseinandersetzungen kaum zugänglich ist und vor allem Legitimationsfunktionen erfüllt. Reformorientierte Pädagogen und Theologen haben es schwer, solche stabilen Einstellungen zu korrigieren und müssen sich häufig gegen den Vorwurf verteidigen, ein "Modernist" zu sein (vgl. Kapitel 3.2.). Der religiös-kulturelle Deutungsmusterbestand steuert und filtert die Wahrnehmung und Bewertung der sozialen Wirklichkeit der türkischen Eltern nach traditionalistischen Kriterien und verhindert dadurch eine Auseinandersetzung mit den aktuellen Normendiskrepanzen (vgl. auch NEUMANN 1980, 187). Er erschwert deshalb eine situationsadäquate Erziehung der Kinder.

Ein weiteres Problem der religiösen Erziehung entsteht daraus, daß in der Bundesrepublik die religiösen Symbole und Riten des Islam nicht mehr durch die soziale Umwelt bestätigt werden und damit den Charakter der unbefragten Selbstverständlichkeit verlieren, der in der Heimatgesellschaft ihre Existenz rechtfertigte. Ihre Tradierung verlangt deshalb Interpretationen und Erklärungen, die auf die gegenwärtige gesellschaftliche Wirklichkeit der Kinder bezogen sein müssen. Einer der befragten türkischen Experten, der aus einer "gebildeten Familie" entstammte, schilderte den Verlauf seiner religiösen Erziehung:

> "Mein Vater war religiös. Er erzählte mir vom Koran, erklärte mir den Sinn religiöser Feste. Er war schon ein aufgeklärter Mensch, aber eben religiös. Nach dem Essen gab es ein Dankgebet. Er hat mir auch die Erfordernisse des Islam erklärt, was man wie machen muß. Die Kinder ab 12/13 Jahren (d.h. alle Moslems ab 12/13 Jahren) sollen z.B. fünf Mal am Tag beten, im Ramazan (Fastenmonat) fasten und regelmäßig die Moschee besuchen. Religionsunterricht gab es zwei Stunden pro Woche ab der Mittelschule (d.h. ab dem 6. Schuljahr). Er war mehr religionskundlich ausgerichtet als (daß er) ein Glaubensunterricht (gewesen wäre)." (M)

Die wenigsten der türkischen Arbeitsmigranten sind jedoch in der Lage, ihren Kindern die tradierten religiösen Bräuche und Symbole zu erklären und damit einer bewußten Verarbeitung zugänglich zu machen. Dieses Erklärungsdefizit wirkt sich auf die Tradierung des Islam umso hemmender aus, als der Islam nach eigenem Selbstverständnis eine Religion ist, die nicht auf einen Privatbereich eingegrenzt werden kann (in dem fremde und anachronistische kulturelle und religiöse Formen sonst noch am ehesten aufrechterhalten werden können).

Damit ist der dritte Problembereich angesprochen:
Der Islam ist eine Religion, die auf eine möglichst öffentliche und gemeinschaftliche Praktizierung angewiesen ist und die stärker im religiösen Verhalten der Gläubigen als in der religiösen Dogmatik lebt. Entscheidend ist die Orthopraxie, nicht die Orthodoxie. Während ein islamisches Denken und eine religiöse Praxis, die sich auf den privaten und auf den Freizeitbereich beschränkten, noch relativ problemlos mit dem Leben der Türken in der Bundesrepublik zu vereinbaren wären, führt jedoch, nach Ansicht einiger Experten, die Betonung der Orthopraxie durch den Islam zu Konflikten mit den Lebens- und Arbeitsbedingungen der Türken.

> "Ein radikaler Muslim müßte z.B. den Freitag als Feiertag einhalten. Integration als Einordnung in die industrielle Gesellschaft ist mit einem solchen Islam nicht möglich. Muslimisches Denken ist aber möglich." (NM)

Andere religiöse Vorschriften, bei denen praktizierende Moslems mit den Bedingungen, unter denen sie leben und arbeiten, in Konflikt geraten, sind z.B. die Einhaltung der täglichen Gebetszeiten während der Arbeit; die Teilnahme am Kantinenessen, das möglicherweise das verbotene Schweinefleisch enthält; das Fasten im Ramazan bei voller Arbeitsbelastung etc. (85)
Der "Handlungscharakter" und der "Öffentlichkeitscharakter" des Islam machen das religiöse Leben in starkem Maße abhängig von äußeren Bedingungen, die die Praktizierung der Religion erlauben. Diese äußeren Bedingungen sind in der Bundesrepublik nicht in einem für die Moslems befriedigenden Maße gegeben (vgl. ABDULLAH 1980). Deshalb bedürfen die islamischen Glaubensregeln einer Interpretation, die die gegenwärtigen Lebensbedingungen der Türken berücksichtigen müßte und die deutlich machen müßte, wie islamische Praxis unter diesen Bedingungen aussehen kann.

> "Die islamischen Moralvorstellungen sind an sich nicht hinderlich für eine Integration in die deutsche Gesellschaft. Sie müßten nur praktikabel gemacht werden. Es werden

hierüber aber keine Diskussionen geführt, weil man andere Probleme hat." (M)

Der Koran gilt bei den fundamentalistischen Moslems als das heilige Buch, dessen (historisch bedingten) Regelungen noch heute bleibender Wert beigemessen wird. Eine den historischen Kontext reflektierende, historisch-kritische Exegese der religiösen Quellen des Islam ist bis heute kaum entwickelt (vgl. ANTES/BIEMER o.J., 13). (86) Die nach wie vor kasuistische und ahistorische Auslegung islamischer Quellen durch die türkischen Theologen (87) macht es den türkischen Eltern de facto unmöglich, ihre Kinder so zu erziehen, daß sie als Moslems in der deutschen Gesellschaft leben können, ohne zu Aussenseitern bestimmt zu werden.

Schließlich wiesen mehrere Experten darauf hin, daß die "Diasporasituation" des Islam die Entwicklung "zeitgemäßer Glaubensformen" erschwere.

> "Die Türken müssen rational erkennen, daß buchstabengetreuer Glaube nicht notwendig Glaube ist. Das ist jedoch in einer Diasporasituation kaum zu leisten und müßte in den Heimatländern entwickelt werden. Dort ist aber genau eine gegengerichtete Entwicklung festzustellen." (NM)

Die Diasporasituation der Moslems ist u.a. dadurch gekennzeichnet, daß die "islamische Religionsausübung zu einem Akt der Defensive" (M) gegen gesellschaftliche Diskriminierung wird. Reformerische Uminterpretationen traditioneller religiöser Vorstellungen können in einer solchen Situation kaum entwickelt und durchgesetzt werden, weil sie bei den betroffenen Türken zusätzliche Verhaltensunsicherheiten hervorrufen. (88)

> "Wenn es in Deutschland eine wohlwollendere Haltung gegenüber dem Islam gäbe, könnten sich solche reformerischen Tendenzen eher entwickeln. Aber so werden die Leute in eine Abwehrhaltung getrieben." (M)

Es ist jedoch nicht allein eine Folge der Diasporasituation, wenn Versuche, "praktikable Formen religiösen Lebens" zu entwickeln, nicht unternommen werden. Es fehlt auch an entsprechenden Impulsen aus dem Islam heraus. Zumindest unter den Türken gibt es keine anerkannten Vertreter einer solchen Reformbewegung.

"Diasporagemeinden sind auch bei uns besonders konservativ. Die Schicht, die eine solche Reformbewegung führen könnte, gibt es hier nicht. Ich habe keinen türkischen Intellektuellen getroffen, der ein praktizierender Mohammedaner war. Wenn Intellektuelle in den Konsulaten oder als Lehrer die religiösen Vorschriften einhalten, dann oft aus Karriere- oder Opportunitätsgründen." (NM) (vgl. auch Kapitel 3.2.1.)

Unter diesen ungünstigen Voraussetzungen kann die religiöse Erziehung in den türkischen Familien kaum das postulierte Ziel der Identitätsbildung der Kinder (ABDULLAH 1979, 14) erreichen, sofern darunter die Entwicklung einer "balancierenden Identität" (KRAPPMANN 1975, 70ff) verstanden wird, die in der Lage ist, zwischen den divergierenden Erwartungen der verschiedenen Handlungssysteme (Gesellschaft, Familie, ethnische Gruppe etc.) einen Balancezustand herzustellen.

Die oben genannten Faktoren (geringes Bildungsniveau der Eltern, Interpretationsbedürftigkeit des Islam und Interpretationsunfähigkeit der Eltern, Orthopraxie des religiösen Lebens, Diasporasituation) wurden von den verschiedenen Experten unterschiedlich stark betont. So wurde nicht von allen Experten die Orthopraxie des Islam als ein relevanter Faktor erwähnt. In der Gesamttendenz der Beurteilung bestand jedoch Übereinstimmung.

Die verschiedenen Faktoren beeinflussen sich gegenseitig und stehen zudem mit weiteren nicht ausdrücklich erwähnten Faktoren in Beziehung. So verweist z.B. der mit "Diasporasituation" angedeutete Problembereich auf die Problematik des Kulturkonflikts (vgl. Kapitel 2.3.) und der sozialen Integration einer marginalisierten ethnischen Minderheit (vgl. Kapitel 2.2.). Das geringe Bildungsniveau der Eltern und ihre Unfähigkeit zu einer situationsadäquaten religiösen Erziehung ihrer Kinder verweist auf ähnliche Probleme im Bereich der sozialen Erziehung (vgl. Kapitel 3.3.1.). Die fundamentalistische Ausrichtung der türkischen Theologen verweist auf die historischen Hintergründe (vgl. Kapitel 3.2.1.) etc. Aus Gründen der Übersichtlichkeit der Darstellung müssen wir uns hier jedoch auf diese kurzen Hinweise beschränken, zumal die erwähnten Zusammenhänge bereits andernorts behandelt wurden.

3.3.2.3. Die Funktion der religiösen Erziehung in der Familie

Der Islam ist ein integraler Bestandteil der traditionellen Erziehung in der Türkei. Vor allem bei den unteren Einkommensschichten in den ländlichen Gebieten, d.h. dort, wo der Islam noch weitgehend das soziale Leben prägt, erfüllt die religiöse Erziehung die Funktion, das Kind in die islamisch geprägte Umwelt einzuführen, ihm die nötigen Kenntnisse und Fähigkeiten zu vermitteln, damit es am sozialen und religiösen Leben teilnehmen kann,und ihm die religiösen Symbole zu erklären, mit denen es konfrontiert wird.

In der Diasporasituation des Islam in der Bundesrepublik hat die religiöse Erziehung der türkischen Kinder nicht mehr die Funktion, die Voraussetzung zu Partizipation am gesellschaftlichen Leben zu entwickeln. Vielmehr vermittelt die islamische Erziehung religiöse Haltungen, die von der Gesamtgesellschaft zum großen Teil abgelehnt werden und nur im nicht-öffentlichen Bereich subkultureller Gruppen Bestätigung finden. Die islamische Erziehung gerät in dieser Situation unter Legitimationszwang, auf den sie kurzfristig mit dem Hinweis auf eine mögliche Rückkehr in die Türkei, langfristig jedoch nur durch den Nachweis ihrer sozialen Funktionalität antworten kann.

Die türkischen Eltern verbinden, nach Ansicht der Experten, mit der religiösen Erziehung ihrer Kinder das Ziel, die traditionelle Familienstruktur gegenüber den rapiden Wandlungen abzusichern. "Erstens hat der Islam die Funktion der Bewahrung der patriarchalischen Familienstruktur." (NM)
Diese Funktion wurde von den meisten Experten stark betont und in verschiedener Hinsicht ausgeführt, während die von religiösen Gruppen betonte Funktion der Identitätsbildung nur vereinzelt genannt wurde.

> "Ein Unterschied zur christlichen Erziehung besteht darin, daß nicht nur die Religion als solche, der religiöse Glaube, vermittelt wird, sondern es geht um die Erhaltung der türkisch nationalen, muslimischen Identität. Das ist vor allem bei der privaten Erziehung so, wenn auch nicht bewußt gesteuert. ... Die Angst der Eltern ist nicht so sehr, daß der Teufel die Kinder holt, sondern daß die Deutschen sie holen." (M)

Das eigentliche Motiv ist jedoch auch in diesem Falle die Abwehr von gesellschaftlichen Einflüssen auf die Entwicklung der Familienstruktur.

Die Veränderungen der Familienstruktur werden im Bereich der Geschlechtsrollen besonders deutlich und lösen entsprechende Gegenreaktionen der Eltern aus. Die religiöse Erziehung übernimmt in diesem Punkt eindeutig die Funktion, das traditionalistische Rollenverständnis abzusichern.

> "Traditionelles Geschlechterrollenverständnis und Islam scheinen zusammenzugehören. Die Familien, die ein anderes Rollenverständnis praktizieren, haben sich vom Islam gelöst. Ich habe kein anderes Beispiel kennengelernt." (NM)

Das traditionalistische Rollenverständnis wird durch Bezug auf den Koran legitimiert. Man beruft sich dabei auf Stellen wie die vierte Sure, Vers 35:

> "Die Männer stehen über den Frauen, weil Gott sie (von der Natur vor diesen) ausgezeichnet hat und wegen der Ausgaben, die sie von ihrem Vermögen (als Brautgabe) gemacht haben... Wenn ihr fürchtet, daß (irgendwelche) Frauen sich auflehnen, dann vermahnt sie, meidet sie im Ehebett und schlagt sie! Wenn sie euch (daraufhin wieder) gehorchen, dann unternehmt (weiter) nichts gegen sie!"

Die theologisch Gebildeten unter den Interviewpartnern waren sich allerdings uneinig darüber, ob eine Begründung für die patriarchalische Familienstruktur aus dem Koran abgeleitet werden könne. Einer der Experten befürwortete diese Möglichkeit.

> "Nach wie vor ist das Leben der Geschlechter völlig getrennt. Die Jungfrauenschaft spielt eine große Rolle, sonst sind die Mädchen nichts mehr wert. Diese Vorstellung ist auch im Koran enthalten." (M)

Dagegen vertrat ein anderer Gesprächspartner die Ansicht, daß die patriarchalischen Rollenstrukturen ursprünglich orientalische Normen waren, die erst später vom Islam übernommen worden seien.

> "Die Sexualnormen werden durch den Islam begründet. Sie lassen sich eigentlich nicht auf den Koran zurückführen, zum Teil jedoch auf die Prophetentradition. Das wesentliche ist aber eine im Laufe der Jahrhunderte entstandene Anhäufung orientalischer Normen. Man könnte den Vergleich ziehen zum Zölibat etc., das auch nicht von Anfang an im Christentum war. Aber heute wird nach allgemeiner Einschätzung diese Sexualmoral in enger Verbindung zum Islam gesehen." (M)

Selbst wenn der Koran und die anderen religiösen Quellenschriften in diesem Punkt einen gewissen Interpretationsspielraum enthalten, so gilt doch für die gegenwärtige Situation der türkischen Arbeitsmigranten, daß der Islam zur Legitimation des traditionalistischen Rollenverständnisses dient. (89) Eine Emanzipation der türkischen Frauen ist gegenwärtig nicht mit Billigung oder gar Unterstützung des Islam durchzuführen.

Die religiöse Erziehung zielt darüberhinaus auch auf die Absicherung der familialen Autoritätsstruktur ab. Dem Islam wurde von einigen Experten eine besonders rigide Funktion bei der Disziplinierung der türkischen Kinder zugeschrieben.

> "Diese Eltern (die auf eine strenge religiöse Erziehung Wert legen) wollen ihre Kinder so haben, ohne Widerstand, wie Schafe. Sie benutzen die islamische Religion auch als Druckmittel und Ordnungsfaktor. Manche Eltern ziehen einen Hoca (deutsch auch: Hodscha) hinzu, wenn sie mit dem Kind nicht fertig werden." (M)

Die disziplinierende Funktion der islamischen Erziehung tritt jedoch noch stärker in den Koranschulen hervor (vgl. Kapitel 3.3.3.). Sie wird vermittelt durch ähnliche Symbole wie in der traditionellen christlichen Erziehung: "Man kommt in die Hölle; Allah sieht alles. Das schlechte Gewissen ist auch da." (M) Streng religiöse Eltern schicken, nach den Aussagen einiger Experten, ihre Kinder auch in die Türkei zurück, "wenn sie den Eindruck haben, daß sie sich der eigenen Religion und den Eltern entfremden." (M) Es wird also ein direkter Zusammenhang zwischen der religiösen Erziehung und der Stabilisierung der Familie hergestellt. Die Eltern erwarten offenbar, daß sich ihr Kind ihnen weniger entfremdet, wenn es in der Türkei von Großeltern oder anderen Verwandten erzogen wird, als wenn sie es in der Bundesrepublik nicht in ausreichendem Maße von den gesellschaftlichen Einflüssen abschirmen können. Insofern die religiöse Erziehung die traditionellen Erziehungsvorstellungen abstützt, bietet sie den Eltern "die Möglichkeit, sich in ihren Kindern wiederzufinden." (M) Es erscheint deshalb verständlich, wenn die türkischen Eltern der religiösen Erziehung einen hohen Wert beimessen (vgl. NEUMANN 1980, 181ff).

Der Islam vermittelt den Eltern wie den Kindern feste Verhaltensregeln und Deutungsmuster, die in den für Arbeitsmigranten häufig wenig durchschaubaren Interaktions- und Kommunikationssituationen mit Deutschen eine gewisse Sicherheit erzeugen können, indem sie die nicht erklärbaren und in die eigene Erfahrung integrierbaren Momente negativ bewerten oder als irrelevant ausklammern. Da klare Normen gelten, werden Normendiskrepanzen verstärkt wahrgenommen. Berufen sich die Eltern bei der Erklärung dieser Normendiskrepanzen auf die Religion: "Wir sind Moslems und keine Christen", so verweigern sie ihren Kindern damit die notwendigen Interpretationshilfen für die als abweichend erlebten Normen. Die Kinder können dadurch nicht einen autonomen Umgang mit den verschiedenen Normen in Familie und Gesellschaft erlernen. Eltern, die fundamentalistische religiöse Auffassungen vertreten, sind weniger bereit, die Integrationsbestrebungen ihrer Kinder zu tolerieren (vgl. NEUMANN 1980, 184f). Ihre Erziehung ist auf eine geplante Rückkehr in die Türkei (die sich z.T. als Illusion erweist) oder auf eine deutliche Distanzierung von der deutschen Gesellschaft ausgerichtet.

Die Untersuchung von NEUMANN stützt die oben gemachten Aussagen (vgl. NEUMANN 1980, vor allem 180ff), soweit sie auf die dort angesprochenen Aspekte eingeht. NEUMANN kommt in ihrer Arbeit zu dem Ergebnis, daß die Einstellung zum Islam sich auf die meisten anderen Orientierungen der Befragten auswirkt (vgl. 1980, 183f, 186). Es dürfte deshalb von erheblicher gesellschaftspolitischer Bedeutung sein, daß "die religiöse Ausbildung ... jetzt ins graue Feld der außerschulischen Erziehung verdrängt (wird), von Leuten ausgeübt, die keine Ausbildung haben." (NM) Der Mangel an religiösen Erziehungsangeboten an den öffentlichen Schulen hat die Gründung zahlreicher Korankurse in der Bundesrepublik begünstigt, die z.Zt. weitgehend die religiöse Erziehung der türkischen Kinder bestimmen. Ihre Bedeutung soll im folgenden Kapitel näher untersucht werden.

3.3.3. Die Erziehung der türkischen Kinder in den Korankursen

Im Verlauf der siebziger Jahre wurden im ganzen Bundesgebiet und in Westberlin Korankurse (90) eingerichtet, die seit 1977 immer wieder in der Öffentlichkeit kritisiert wurden (vgl. Einleitung). Die Existenz dieser Korankurse und die Konflikte, die sich in ihrem Umfeld ergeben, machen gebündelt die Problematik der Integration der türkischen Moslems deutlich. Es hat in Presse, Rundfunk und Fernsehen zahlreiche Berichte über die Vorkommnisse in den Korankursen gegeben. Sie alle beruhen auf sehr lückenhaften empirischen Daten. Sie berufen sich überwiegend auf den bereits zitierten Bericht von RENATE IRSKENS vom 16.12. 1976 (vgl. Einleitung) und auf einen offenen Brief des "Verbandes türkischer Lehrer in NRW e.V." (NRW Türkiye Ögretmenler Birligi - NRW-TÖB) vom 20.03. 1978. Darüberhinaus hat es eine Reihe von parlamentarischen Anfragen gegeben (vgl. z.B. in epd-Dokumentation 35/77; ABDULLAH 1979), die jedoch kaum zu neuen Erkenntnissen führten. Nach Auskunft eines zuständigen Beamten im Düsseldorfer Ministerium für Arbeit, Gesundheit und Soziales wurde Ende 1977 bei allen Staatsanwaltschaften in Nordrhein-Westfalen eine Umfrage über Rechtsverstöße in Korankursen durchgeführt.

> "Kein Verfahren gegen Koranschulen lag an, keine Beweise lagen vor, keine Möglichkeiten der Nachforschung wurden gesehen, da sich sofort eine Mauer des Schweigens erhebt, wenn man genauere Angaben haben will." (NM)

Ähnliche Erfahrungen machten andere Behörden. Im Oktober 1979 führte die Hamburger Behörde für Schule, Jugend und Berufsbildung an den Hamburger Schulen eine Befragung durch, in der sie die Lehrer um Auskunft bat über eventuelle Beobachtungen von negativen Merkmalen und Auffälligkeiten bei türkischen Schulkindern, die einen Korankurs besuchen. Die Ergebnisse der Befragung wurden nicht veröffentlicht. Wie intern verlautete, hat die Befragung zu keinen <u>verwertbaren</u> Ergebnissen geführt. Sofern beweisbare Fälle gemeldet wurden, seien die Angaben nur unter dem Vorbehalt der Geheimhaltung erteilt worden, vermutlich aus Angst vor negativen Konsequenzen für die Kinder oder die türkischen Lehrer. (90a)

In seiner Antwort auf die kleine Anfrage 851 vom 03.06. 1977 bestätigte der Minister für Arbeit, Gesundheit und Soziales des Landes Nordrhein-Westfalen am 04.07. 1977 die sozialpolitische Relevanz der Korankurs-Problematik, indem er auf die Bildung einer interministeriellen Arbeitsgruppe zur Untersuchung dieser Problematik hinwies.

> "In der Sorge um das schulische Schicksal der türkischen Kinder und um der drohenden Behinderung ihrer sozialen Eingliederung sowie ihrer dadurch bedingten Isolation entgegenzuwirken, ist eine interministerielle Arbeitsgruppe gebildet worden mit dem Auftrag, das Problem 'Korankurse' zu untersuchen und Vorschläge zu seiner Lösung zu erarbeiten. Der Arbeitsgruppe gehören an: Mitarbeiter des Kultusministers, des Innenministers, des Justizministers, der Staatskanzlei und des Ministers für Arbeit, Gesundheit und Soziales, bei dem auch die Federführung liegt." (LANDTAG NORDRHEIN-WESTFALEN: Drucksache 8/2235, 2)

Auch diese interministerielle Arbeitsgruppe konnte keine wesentlich neuen Erkenntnisse und Daten über die Korankurse und ihren Einfluß auf die türkischen Kinder beibringen. Bis heute beruhen die Kenntnisse über die Korankurse überwiegend auf den oben bereits genannten Quellen oder aber auf einzelnen Berichten, wie sie z.B. die Arbeiterwohlfahrt Westliches Westfalen von ihren türkischen Sozialbetreuern erstellen ließ und für einen Brief an den Kultusminister von Nordrhein-Westfalen GIRGENSOHN zusammenstellte (Brief vom 08.02. 1977). Eine repräsentative empirische Untersuchung über Korankurse und deren Schüler existiert bisher nicht. Sie dürfte auch schwer durchzuführen sein, da die Korankurse zu einem Gegenstand der gesellschaftspolitischen Auseinandersetzung um die Integration der zweiten Generation der türkischen Arbeitsmigranten geworden sind. Lediglich die Islamischen Kulturzentren haben bisher öffentlich erklärt, daß sie für Besucher offenständen (vgl. ABDULLAH 1979, 18), während andere Veranstalter von Korankursen in der Regel auf strenge Geheimhaltung achten und den Kindern verbieten, über die Korankurse zu sprechen (vgl. die oben erwähnten, mißlungenen Versuche, genauere Informationen zu erhalten).

> "Außerhalb der Korankurse darf nicht erzählt werden, was dort gelehrt wird, wo er stattfindet und wie der Lehrer heißt, ansonsten erwartet die Kinder Prügelstrafe." (NRW-TÖB 20.03. 1978, 5)

Eine entsprechende Untersuchung müßte also neben anderen Schwierigkeiten auch diese Probleme berücksichtigen. Die einzigen relativ abgesicherten Daten über Korankurse, die gegenwärtig vorliegen, beruhen auf der Zusammenstellung von einigen Lehrerbeobachtungen (vgl. IRSKENS 16.12. 1976 in: epd-Dokumentation 35/77, 31ff; NRW-TÖB 20.03. 1978). Daneben existiert ein Bericht von M.S. ABDULLAH, Pressesprecher der Islamischen Kulturzentren (vgl. epd 18.01. 1980), in dem die Probleme im wesentlichen aus der Sicht der Islamischen Kulturzentren dargestellt werden (vgl. ABDULLAH 1979). Angesichts dieser ungünstigen Quellenlage stellen die Einschätzungen der befragten Experten Aussagen dar, von denen angenommen werden kann, daß sie der Realität tendentiell nahekommen. Zumindest kann ihnen, solange keine anderen Untersuchungen vorliegen, besondere Gewichtigkeit zugesprochen werden.

3.3.3.1. Die Organisation der Korankurse

Die Korankurse in der Bundesrepublik werden von verschiedenen Trägern durchgeführt. Die Inhalte und Methoden der Korankurse unterscheiden sich vermutlich innerhalb gewisser Grenzen entsprechend der Ausrichtung der Trägervereine. Ein solcher Unterschied wird zumindest von den Vertretern der Islamischen Kulturzentren in ihren deutschen Erklärungen behauptet (vgl. z.B. ABDULLAH 1979). Äußerungen, die diese Vertreter auf türkischen Veranstaltungen und in türkischen Zeitungen machten, sowie die Bündnispolitik, die die Islamischen Kulturzentren betreiben, legen jedoch den Schluß nahe, daß in der deutschen Öffentlichkeit ein Eindruck von Seriosität erweckt werden soll, der durch die Ziele und das Verhalten dieser Zentren nicht gedeckt wird (vgl. THOMÄ-VENSKE im DLF 26.03. 1980; DGB Februar 1980; Interview mit L. SENTÜRK im Anhang dieser Arbeit). Da z.Zt. keine verläßlichen Daten vorliegen, die eine Differenzierung der Korankurse nach den verschiedenen Trägern ermöglichen, beziehen sich die folgenden Angaben allgemein auf die Einrichtung der Korankurse in der Bundesrepublik und in Westberlin, wobei davon auszugehen ist, daß bei einzelnen Korankursen Abweichungen von der folgenden Darstellung auftreten können.

Die Korankurse in der Bundesrepublik und in Westberlin werden von verschiedenen Trägervereinen betrieben, die fast alle eine äußerst konservative bis reaktionär-rechtsradikale politische Richtung vertreten. Zu den größten dieser Trägervereine gehören:

a) die "Konföderation türkischer Kulturvereine" (MHP) mit etwa 110 Mitgliedsvereinen;

b) die "Organisation der Nationalen Sicht" (Milli Görüs Teskilati) (MSP) mit etwa 125 Mitgliedsvereinen;

c) die "Föderation Islamischer Gemeinschaften" (Islamisches Zentrum München), einem Zusammenschluß von etwa 50 autonomen Gemeinden, die der "Moslembruderschaft" nahestehen; (ABDULLAH 1980, 134);

d) die in den Islamischen Kulturzentren (Islam Kültür Merkezi) organisierte Süleymanli-Bewegung, zu der 135 direkt unterstellte Gemeinden mit etwa 160 Predigtstätten und etwa 75 assoziierte Gemeinden gehören.

Die Organisationen a), b) und c) setzen Terror als Mittel der Auseinandersetzung mit ihren politischen und religiösen Gegnern ein (vgl. Kapitel 3.2.; KHALID 1980). Von den Islamischen Kulturzentren sind bisher keine Gewaltakte bekannt geworden.

Die Korankurse und andere Aktivitäten der Vereine werden, abhängig von der Organisation, aus verschiedenen Quellen finanziert:

a) aus Teilnehmerbeiträgen der Eltern in unterschiedlicher Höhe, die etwa zwischen 20,- und 50,-DM pro Monat liegen;

b) aus freiwilligen und unfreiwilligen Spenden:

> "Die Hocas sammeln Geld für ihre Schulen und für sonstige Zwecke. Wer nicht spendet, gerät in Gefahr, zusammengeschlagen oder sogar umgebracht zu werden." (M)

Einer der Gesprächspartner, ein Kritiker der Korankurse, sagte, daß er es nicht wage, dem Hoca, der bei ihm sammele, kein Geld zu geben, aus Angst vor Gewaltakten.

Die Spenden der Moslems können oft die Summe von mehreren tausend Mark überschreiten: Im Tätigkeitsbericht der Hamburger

Zweigstelle des Islamischen Kulturzentrums Köln vom 18.06. 1978 sind z.B. mehrere solcher Spenden vermerkt. Der Verein, der zu diesem Zeitpunkt seit etwa drei Jahren bestand und 171 Mitglieder hatte, verfügte über einen erstaunlich hohen Jahresetat: Einnahmen 198.985,90DM, Ausgaben 216.502,17 DM, Schulden 413.200,-DM wegen des Ankaufs eines Moscheegebäudes für 500.000,-DM (Vereinsregister Nr. 69 VR 8622);

c) aus Beiträgen der Vereinsmitglieder;

d) aus finanziellen Zuwendungen durch "islamische" Staaten wie Saudi Arabien oder Libyen.

> "Obwohl ich vermute, überzeugt bin, daß in vielen Fällen die Saudis die Koranschulen unterstützen, habe ich Belege nur in wenigen Fällen. Z.B. die Moscheen in München und Aachen sind nachweisbar von den Saudis finanziert, weil in den Saudischen religiösen Veröffentlichungen die Budgets dieser Moscheen veröffentlicht werden. Da steht richtig: 'Das Königreich hat für die Moscheen in Aachen etc. soundsoviel überwiesen.'" (M)

e) aus Zuwendungen

> "durch die Konsulate: Es gibt - halboffiziell - öffentliche Mittel für die Koranschulen, daß also Mittel aus dem Bildungsetat genommen werden." (M)

Zu dieser Unterstützung durch offizielle türkische Institutionen muß auch die Bereitstellung von Hocas durch die türkische Regierung gezählt werden. Über den Umfang dieser Unterstützung erklärte der stellvertretende Leiter der Behörde für religiöse Angelegenheiten in Ankara:

> "Im Ramazan schicken wir insgesamt 150 Hocas für einen Monat nach Europa. Nach dem Ramazan bleiben von diesen etwa 30 Hocas für 6 Monate in der Bundesrepublik. Sie werden nach ihrer Rückkehr durch andere Hocas ersetzt, so daß ständig etwa 30 Hocas von uns in der Bundesrepublik sind. ... Bis jetzt haben uns etwa 80 religiös orientierte Gemeinden um religiöse Betreuung gebeten. Zu denen schicken wir dann unsere Hocas." (M)

f) aus vereinzelten Zuwendungen durch deutsche Institutionen; z.B. überwies der Kölner Erzbischof Kardinal HÖFFNER dem Islamischen Kulturzentrum Köln "eine beträchtliche Geldsumme" (vgl. CIBEDO-Information 1, 4), und der Berliner Senat unterstützte zeitweise einige der in Berlin durchgeführten Korankurse mit finanziellen Mitteln (mündliche Mitteilung durch einen zuständigen Beamten der Senatsverwaltung am 06.12. 1979).

3.3.3.2. Die Durchführung der Korankurse

Über die Anzahl der türkischen Kinder, die einen Korankursus besuchen, können keine exakten Angaben gemacht werden. Bei den meisten Zahlenangaben handelt es sich um mehr oder weniger genaue Schätzungen, die sehr durch die lokalen Bedingungen geprägt sind und gelegentlich in unzulässiger Weise verallgemeinert werden. Die bereits zitierte Duisburger Studie von IRSKENS spricht z.B. von 70-80 % der Grundschüler, die eine Koranschule besuchen (vgl. epd-Dokumentation 35/77, 33). Von der gleichen Schätzung geht der Brief des Verbandes türkischer Lehrer in NRW (20.03. 1978) aus. Nach der Schätzung eines der Experten, eines Religionsbeauftragten eines türkischen Konsulats, besuchen in der von ihm betreuten Region

> "etwa 50 % der türkischen Kinder die Koranschule. Bei den anderen Kindern ist es entweder so, daß die Eltern keinen Wert darauf legen, oder die Distanz zur nächsten Koranschule ist zu groß." (M)

Der Hauptimam der Islamischen Kulturzentren, HARUN RESIT TÜYLOGLU, machte folgende Angaben über die von den Islamischen Kulturzentren unterrichteten Schüler (in einer Antwort auf Vorwürfe, die Islamischen Kulturzentren unterstützten die Freimaurerei):

> "Bedeutet es, die Freimaurerei zu unterstützen, wenn man nahezu 1.500 Koran-Kurse eröffnet, etwa 50.000 Schülern den Koran beibringt..." (Anadolu 09.11. 1979, Übersetzung des DGB Düsseldorf)

Anderen Angaben zufolge, werden die Kurse der 133 Islamischen Kulturzentren "von 8.300 Koranschülern im jugendlichen Alter und von rund 1000 Erwachsenen" je Unterrichtseinheit besucht (ABDULLAH 1979, 16). Angaben des Vorsitzenden eines Zusammenschlusses von 13 der MSP nahestehenden Koranschulen in Berlin (am 06.12. 1979 in der Evangelischen Akademie Berlin) zufolge, werden in diesen 13 Koranschulen etwa 8000 Kinder unterrichtet. Über die anderen Berliner Koranschulen wurden keine Angaben gemacht. Aufgrund der wenigen Daten lassen sich keine Hochrechnungen für das gesamte Bundesgebiet rechtfertigen. Eine Übertragung der Duisburger Ergebnisse auf das gesamte Bundesgebiet, scheint nicht möglich. Andererseits deuten die erwähnten Schülerzahlen wie auch die beträchtliche Anzahl von Trägervereinen (vgl. Kapitel 3.3.3.1.) darauf hin, daß ein großer Teil der türkischen Kinder an den Korankursen teilnimmt.

Die Anzahl der Unterrichtsstunden variiert in den Koranschulen offensichtlich sehr stark, was zum Teil von den örtlichen Gegebenheiten abhängt. Unterschiede bestehen aber auch im Hinblick auf die Teilnahme von Jungen oder Mädchen.

> "Die Jungen gehen jeden Tag zur Koranschule, die Mädchen nicht so oft. Sie kommen ab etwa 14 Uhr, wenn die Schule aus ist. In der Koranschule an der B...straße (Islamisches Kulturzentrum) wird an sieben Tagen in der Woche Unterricht gegeben. Am Wochenende (Samstag und Sonntag) dauert der Unterricht länger als in der Woche. N.T. ist als hauptberuflicher Hoca fest angestellt. Ihm stehen zwei bis drei nebenamtliche Hocas zur Seite. ... Feste Unterrichtszeiten gibt es nicht. Die Kinder bekommen jeden Tag eine oder eine halbe Seite zu lernen auf. Wenn sie damit fertig sind, gehen sie nach Hause. Wenn sie nicht richtig gelernt haben, müssen sie das am nächsten Tag nachholen. Das können täglich zwei bis drei Stunden sein, am Wochenende mehr." (M)

Diese Angaben eines der Experten, eines Imams, der gelegentlich auch in der zugehörigen Moschee predigt, werden bestätigt durch eine unveröffentlichte Befragung, die BEATRIX WIETHOLD bei türkischen Mädchen in Hamburg (1979) durchgeführt hat. Darnach finden die Korankurse in der F...straße (Islamisches Kulturzentrum) montags bis freitags von 15.00-17.00 Uhr und am Wochenende von 10.00-13.00 statt. In einer anderen Koranschule am S...damm (MSP-nahe) findet der Unterricht samstags von 13.30-17.00 Uhr und sonntags von 9.00-13.30 statt, dazu noch einige Stunden an den anderen Werktagen. Einige der Mädchen besuchten die Koranschule an sieben Tagen in der Woche, andere gingen nur am Wochenende zum Unterricht. Im Widerspruch zu diesen Angaben schrieb jedoch das Islamische Kulturzentrum Köln in einem an den Bundestagsausschuß für Jugend, Familie und Gesundheit gerichteten Schreiben vom 13.02. 1979, daß in den Islamischen Kulturzentren "nur an Feiertagen und zwei Stunden täglich ... Unterweisung über praktische Religionsausübung" erfolge. Mit diesem Hinweis wollten die Islamischen Kulturzentren den oft erhobenen Vorwurf zurückweisen, daß die türkischen Kinder durch den Koranunterricht kräftemäßig überfordert werden (vgl. auch Kapitel 3.3.3.4. und 3.3.3.5.)
Da dieser Hinweis jedoch den eindeutigen Interviewaussagen

widerspricht, kann er kaum als Argument für die geringe Belastung der Kinder durch Korankurse gewertet werden.

Die türkischen Kinder werden in den Korankursen von sogenannten Hocas unterrichtet. In der Bundesrepublik sind das zumeist weder pädagogisch noch fachlich vorgebildete Arbeiter, deren "Qualifikation" darin besteht, einige Passagen aus dem Koran auf Arabisch auswendig aufsagen zu können. Auch die in der Türkei ausgebildeten Hocas verfügen über keinerlei pädagogische Ausbildung und lediglich über eine geringe theologische Grundbildung, die mit dem 18. Lebensjahr abgeschlossen wird.

In der Türkei dürfen Korankurse nur nach bestimmten Regeln durchgeführt werden, bei deren Verletzung schwere Haft- und Geldbußen drohen. Die Korankurse unterliegen der Aufsicht und Kontrolle durch die Behörde für religiöse Angelegenheiten, die für jedes Jahr ein verbindliches Programm für die Kurse festlegt (vgl. Interview im Anhang dieser Arbeit mit L. SENTÜRK). Die Hocas werden von der Behörde beauftragt und bezahlt und müssen im Besitz eines gültigen Diploms sein. Vorschulkinder, schulpflichtige Kinder und analphabetische Jugendliche dürfen nicht an den Korankursen teilnehmen. Die Kurse müssen überparteilich bleiben und dürfen keine Parteipropaganda betreiben (Erlaß für Korankurse von 1971, nach: NRW-TÖB 20.03. 1978). In der Bundesrepublik werden diese Regeln in jeder Beziehung nicht eingehalten.

Im Koranunterricht lernen die Kinder Koranverse und Gebete, die für die religiöse Praxis wichtig sind, indem ihnen der Hoca die entsprechenden Verse auf Arabisch vorspricht und indem sie sie phonetisch auswendig lernen. Nur in seltenen Fällen werden die Texte übersetzt und erklärt. In der Regel bleiben sie unverstanden und erhalten so eine rein mystische Funktion (zur Bedeutung der arabischen Sprache für den Islam vgl. z.B. Islamisches Zentrum Genf und Paris 1973, 357ff). Die Kinder hören darüberhinaus Erzählungen über die Propheten und die Heiligen, sie werden über die religiösen Riten und Pflichten unterrichtet, erhalten Kleidungs- und Verhaltensvorschriften und werden einer strengen Disziplin unterworfen.

> "Die Disziplin wird in der Koranschule durch körperliche Züchtigung aufrechterhalten. Der Lehrer hat in der Hand einen langen Stock, mit dem er mit mehr oder weniger Rohheit den Kopf des unaufmerksamen Schülers trifft. Um schwere Vergehen zu bestrafen, verurteilt er die Sünder zu einer bestimmten Anzahl von Stockhieben. ... Manche Eltern beauftragen sogar den Lehrer, die Kinder für Verfehlungen zu bestrafen, die außerhalb der Schule begangen werden" (Handwörterbuch des Islam. Leiden 1941, zit.n. ABDULLAH 1979, 10).

Diese Beschreibung aus dem Jahre 1941 trifft weitgehend auch noch auf die gegenwärtige Praxis in den Koranschulen zu. Der Verband türkischer Lehrer in NRW (NRW-TÖB) hat in seinem Brief vom 20.03. 1978 die in Korankursen vermittelten Verhaltensregeln und Orientierungen aufgelistet. Sie gelten in dieser Form womöglich nicht für jeden Korankurs, kennzeichnen jedoch die generelle Tendenz dieser Kurse, wie sie sich aus den derzeit verfügbaren Quellen erschließen läßt.

"1. Mädchen und Frauen müssen Kopftücher tragen.
2. Mädchen und Frauen müssen zusätzlich zum Rock lange Hosen tragen.
3. Mädchen und Jungen dürfen nicht nebeneinander auf einer Bank sitzen.
4. Für Mädchen ist der Schulbesuch sowie das Lernen der türkischen und deutschen Schrift (lateinische Schrift) nicht angebracht.
5. Schwimmen, Sport und Ballspiele sowie Tanzen sind für Mädchen absolut verboten.
6. Türkische Kinder dürfen nicht mit deutschen Freundschaft schließen, da diese Christen sind, Schweinefleisch essen, tanzen gehen und keine Kopftücher tragen.
7. Es darf kein Fleisch beim deutschen Metzger gekauft werden, da dort Rind- und Hammelfleisch mit dem gleichen (d.h. mit demselben) Messer wie das verbotene Schweinefleisch geschnitten wird.
8. Der Islam ist die schönste, ehrlichste und beste aller Religionen. Was die anderen Religionen sagen, ist nicht richtig, wie z.B. die christliche Religion das Essen von Schweinefleisch erlaubt.
9. Das türkische Volk ist ein heldenhaftes und alle anderen überragendes Volk.
10. Die Frauen müssen auf der Straße hinter dem Mann gehen, da sie ihm gegenüber minderwertig sind.
11. Frauen dürfen sich nicht am gleichen Ort wie Männer aufhalten.
12. Eine Frau darf ihrem Mann nicht widersprechen.
13. Was in den Schulen gelehrt wird, gleich ob von deutschen oder türkischen Lehrern, ist falsch;...
14. Außerhalb der Korankurse darf nicht erzählt werden, was dort gelehrt wird, wo er stattfindet und wie der Lehrer heißt, ansonsten erwartet die Kinder Prügelstrafe.
15. Lehrer, die gegen Korankurse sind, dürfen getötet werden.

16. Die Sozialdemokraten (CHP) werden als Kommunisten abgestempelt.
17. Der islamische Glaube wird die ganze Welt erobern.
18. Radiohören, Fernsehen sind verboten, da diese Apparate von Christen und nicht von Moslems erfunden wurden."

(NRW-TÖB 20.03. 1978, 4f; vgl. zur Kritik an dieser Darstellung ABDULLAH 1979, 25ff)

3.3.3.3. Faktoren, die den Korankursbesuch beeinflussen

Nach Ansicht der befragten Experten besteht ein direkter Zusammenhang zwischen dem Grad der gesellschaftlichen Integration der türkischen Moslems und dem Koranschulbesuch ihrer Kinder, und zwar in der Weise, daß bei einem hohen Koranschulbesuch auf eine geringe gesellschaftliche Integration der betroffenen Familien sowie auf enge Bindungen zur heimatlichen Kultur und Gesellschaft geschlossen werden kann. Die Lösung aus diesen Bindungen würde nach übereinstimmender Meinung der Experten bis zu einem gewissen Grade eine Befreiung aus Unmündigkeit und Abhängigkeit bedeuten.

Die Möglichkeiten zu einem solchen Emanzipationsprozeß hängen zu einem großen Teil von den den Türken gewährten Integrationschancen ab. Diese Integrationschancen manifestieren sich z.B. daran, wie deutsche Institutionen und ihre Vertreter auf die Interessen und Bedürfnisse der türkischen Familien eingehen.

"Wenn die Lehrer und die Beamten auf den Behörden den Türken gegenüber hilfreich sind, sind diese dem Einfluß der Hocas nicht so sehr ausgesetzt. Deswegen ist eine gute Betreuung so wichtig. Die Hocas machen nämlich auch Sozialberatung und nutzen ihre dadurch entstandene Machtstellung aus. Sie haben Einfluß vor allem bei den besonders schlecht integrierten Türken. In der Betreuung werden Türken oft bevormundet und nicht betreut." (M)

Türkische Familien, die nur unzureichend in die deutsche Gesellschaft integriert sind, unterliegen in starkem Maße dem Einfluß traditionalistischer sozialer und kultureller Bindungen. Diese Bindungen scheinen - wie die Experteninterviews ergaben - der entscheidende Faktor zu sein, der den Korankursbesuch der türkischen Kinder bestimmt.

Der Grad, in dem traditionalistische Bindungen in der Bundesrepublik aufrechterhalten werden, hängt ab u.a. von den Wohnverhältnissen der türkischen Familien. "Die Türken, die nicht in Gettos leben, die eher in die deutsche Umgebung integriert sind, sind für den Einfluß der Hocas verloren." (M) In Gettos werden dagegen traditionalistische Orientierungen länger aufrechterhalten. Ein typisches Merkmal dieser Orientierungen ist ihre soziale Abhängigkeit.

> "Die eigene Stellung zum Islam beruht nicht auf einer bewußten Entscheidung. Sie haben kein reflektiertes religiöses Bewußtsein, sondern werden mehr durch Tradition und Gewohnheit bestimmt. 'Das macht mein Nachbar auch so' ist durchaus ein hinreichendes Argument dafür, die Kinder zur Koranschule zu schicken." (NM)

Die traditionalistischen Orientierungen sind bei den verschiedenen islamischen "Konfessionen" unterschiedlich stark ausgeprägt. Der weitaus größte Teil der türkischen Moslems sind Sunniten. Daneben gibt es eine schiitische Minderheit, die Aleviten. Die Aleviten haben bei weitem nicht so strenge religiöse Vorschriften wie die Sunniten. Sie gehen z.B. nicht oder nur selten in die Moschee und halten nicht die fünf täglichen Gebetszeiten ein. Der Fastenmonat Ramazan dauert bei den Sunniten 30, bei den Aleviten nur 15 Tage. Die Aleviten gestehen ihren Frauen mehr Rechte zu, als es die Sunniten tun. Unterschiede bestehen zwischen beiden Konfessionen auch bezüglich des Korankursbesuchs: "Aleviten schicken kaum, Sunniten schikken häufig ihre Kinder in Koranschulen." (M)
Die Unterschiede im Verhalten von Sunniten und Aleviten sind z.T. auf theologische Differenzen, vor allem aber auf die Minderheitensituation der Aleviten zurückzuführen. Da die Aleviten von der sunnitischen Mehrheit in der Türkei diskriminiert und z.T. auch verfolgt wurden, ist ihre Tendenz zur Ansiedlung in den von sunnitischen Türken majorisierten Gettos geringer als bei den Sunniten. Entsprechend größer ist ihre Offenheit und Bereitschaft zur Integration.

Ein weiterer Faktor, der den Korankursbesuch türkischer Kinder bestimmt, ist die Intensität der familialen Bindungen und der Heimatorientierung der Eltern. Je mehr die türkischen Eltern eine Rückkehr in die Türkei beabsichtigen, und je intensivere Beziehungen sie zur Verwandtschaft in der Türkei unterhalten, umso eher sind sie bereit, ihre Kinder in einen Korankurs zu schicken.

> "Wenn die Eltern auf Heimaturlaub kommen, müssen sie sich gegen den Vorwurf wehren, daß sie keine frommen Moslems mehr seien. Das tun sie dann dadurch, daß sie auf die islamische Erziehung ihrer Kinder verweisen. Sie lassen dann die Kinder die im Korankurs gelernten Suren aufsagen, was ihnen die Anerkennung der Verwandtschaft einträgt. Religiöse Erziehung der Kinder erfüllt so für die Eltern eine Legitimationsfunktion." (NM)

Die Legitimation vor der Verwandtschaft stellt im Zusammenhang mit einer generellen Hochschätzung der Fähigkeit, religiöse Texte auswendig aufsagen zu können, für die türkischen Eltern ein von fast allen Experten besonders hervorgehobenes Motiv dar, ihre Kinder in eine Koranschule zu schicken.

> "Die Eltern gewinnen Ansehen bei den Großeltern, wenn die Kinder Koranverse aufsagen und lesen können. Das wird viel höher bewertet, als wenn sie gut Deutsch reden können oder wenn sie gute Kenntnisse in den Naturwissenschaften haben - ganz zu schweigen von anderen Erziehungsinhalten etwa im Bereich des sozialen Lernens." (M)

Hinzu kommt bei vielen türkischen Eltern eine Geringschätzung der deutschen Schulbildung, sofern diese nicht abfragbares Wissen produziert. (Zu den Bildungsvorstellungen türkischer Familien vgl. auch NEUMANN 1980, 145ff.)

> "Im türkischen Schulsystem steht das rezeptive Lernen, das lexikalische Wissen im Vordergrund. Es ist eine weitverbreitete Meinung: Die Kinder lernen in der deutschen Schule nichts, dann sollen sie wenigstens in der Koranschule etwas lernen." (M)

Die Bereitschaft der Eltern, ihre Kinder in einen Korankurs zu schicken, ist schließlich, nach Ansicht der Experten, abhängig von ihrem Bildungsniveau. Viele türkische Eltern sehen sich nicht mehr in der Lage, ihren Kindern eine gute religiöse Erziehung zu vermitteln. Da ihnen die Kriterien fehlen, um die Qualität eines Korankurses beurteilen zu können, vertrauen sie auf die Autorität des Hoca. Im Vordergrund ihrer Überlegungen stehen jedoch nicht die eigentlich religiösen Motive. Vielmehr versprechen sich die Eltern von dem Koranunterricht eine Erziehung ihrer Kinder im Sinne der traditionalistischen Normen. Den berufstätigen Eltern garantiert die Koranschule darüberhinaus, daß ihre Kinder während ihrer Abwesenheit beaufsichtigt werden; ein Argument, das von den Veranstaltern der Korankurse besonders betont wird. (Vgl. ABDULLAH 1979, 16ff.)

"Erstens: Man weiß, wo die Kinder sind, weg von der Straße. Zweitens: 'In dieser disziplinlosen Gesellschaft lernen sie wenigstens Disziplin, ein ordentlicher Mensch zu werden.' Sie lernen das im Korankursus durch die Art des Unterrichts: Vergehen werden bestraft, es wird auf Gehorsam geachtet. ... Die religiösen Motive würde ich ganz an den Schluß stellen." (M)

Die Erwartungen der türkischen Eltern an die Koranschule sind eng mit ihren Erziehungsvorstellungen verknüpft. Sofern die türkischen Eltern ihre Kinder aus eigenen Motiven und nicht lediglich infolge von sozialem Druck in eine Koranschule schikken, erwarten sie von der Koranschule eine Unterstützung ihrer traditionalistischen Erziehung. (Vgl. Kapitel 3. .2.)

3.3.3.4. Die Folgen des Korankursbesuchs für die Kinder

Die Folgen, die sich für die türkischen Kinder aus dem Besuch von Korankursen ergeben, wie sie z.Zt. in der Bundesrepublik durchgeführt werden, wurden von fast allen Experten negativ beurteilt. Einige der Gesprächspartner wiesen darauf hin, daß man zwischen verschiedenen Trägervereinen unterscheiden müsse.

"Es gibt da auch welche, die ganz redlich nur der religiösen Unterweisung dienen wollen. Es gibt solche, wo absolut nur Camouflage, Tarnung politischer Arbeit stattfindet." (M)

Die vorgenommene Differenzierung bezog sich jedoch vor allem auf die parteipolitische bzw. nicht-parteipolitische Ausrichtung der Korankurse. Die traditionalistische Ausrichtung dieser Kurse wurde von keinem der Gesprächspartner in Frage gestellt, jedoch, in Abhängigkeit vom eigenen Standpunkt, unterschiedlich bewertet.

Die Auswirkungen des Korankursbesuchs wurde vor allem in Bezug auf die Orientierungen und Verhaltensweisen der türkischen Kinder und in Bezug auf ihren schulischen Erfolg beschrieben.

Im einzelnen wurden folgende Punkte genannt:

- Die Betonung von religiösen Regeln, die genau eingehalten werden müssen (vgl. Anmerkung 87), führe zu einer "Veräußerlichung" der persönlichen Beziehungen und fördere die Entfremdung zwischen Eltern und Kindern.

"Bei einem ganzen Teil hat es schon recht negative Auswirkungen, Verlogenheit zum Beispiel: Wenn die Kinder die Gebetszeiten einhalten sollen und es nach den Umständen nicht möglich ist, betrügen sie die Eltern." (M)

- Die Ablehnung der in der deutschen Gesellschaft geltenden Werte und Normen und das Festhalten an traditionalistischen Erziehungszielen und -methoden verhindern die Entwicklung von Ambiguitätstoleranz und fördern die Entwicklung einer Außenseiteridentität. Die Kinder werden in die soziale Isolation gedrängt. In Bezug auf die deutsche Gesellschaft (und z.T. selbst in Bezug auf die türkische Gesellschaft) findet eine Desozialisation statt.

"Die Kinder werden von sozialen Kontakten völlig weggenommen, weshalb sie feindselig und ängstlich gegenüberstehen der sündhaften, verdorbenen, schlechten deutschen Gesellschaft. Eine sehr häufige Einstellung, die daraus resultiert, ist die, daß sie hier in einer Welt leben, wo alles grundverkehrt ist." (M)

- Uneinigkeit bestand bei den Experten darüber , wieweit das in der Koranschule gelernte und geforderte Verhalten auch auf andere Situationen übertragen werde. Die Rektorin einer Schule mit hohem Ausländeranteil beobachtete bei einigen türkischen Kindern, daß sie sich den verschiedenen Situationen entsprechend unterschiedlich verhielten.

"Ich mache die Beobachtung, daß die Türken morgens in der Schule kaum von den Deutschen zu unterscheiden sind. Nachmittags auf dem Weg zur Koranschule tragen sie andere Kleidung, vor allem die Mädchen, unterscheiden sich in Gang und Habitus, halten den Blick gesenkt und grüßen nicht." (NM)

Nach Ansicht der meisten Gesprächspartner wirkt sich die Erziehung in den Korankursen jedoch unmittelbar auf das Verhalten außerhalb des religiösen und familialen Bereichs aus und führt dort zu Konflikten mit der Umwelt.

- Die auffälligsten Folgen zeigen sich im schulischen Bereich. Die Mädchen beteiligen sich nicht am Sport- und Schwimmunterricht und dürfen nicht an Klassenfahrten teilnehmen. Der autoritäre Unterrichtsstil und das rezeptive Lernen im Korankursus erschweren die Entwicklung selbständiger Lerntechniken. Vor allem bei Grundschulkindern, die gerade schreiben und lesen lernen, wirkt sich das gleichzeitige Erlernen der arabischen Schrift, die von rechts nach links geschrieben wird, stark verunsichernd auf das ohnehin schwierige Erlernen der deutschen Grammatik und Rechtschreibung aus (vgl. auch IRSKENS in: epd-Dokumentation 35/77, 31). Die in einigen Korankursen betriebene aktive Propaganda gegen die deutsche Schule und die dort angestellten deutschen und türkischen Lehrer hat nach Angaben des Deutschen Gewerkschaftsbundes auch dazu geführt, daß Koranschüler dem Unterricht an deutschen Schulen fernbleiben.

> "Jedenfalls seit Beginn des Schuljahres 1979/80 mehren sich die Fälle, daß türkische Schüler dem Unterricht der staatlichen Schulen fernbleiben und die Eltern zur Entschuldigung vorbringen, der Schüler besuche am Vormittag einen Korankurs. Zur Bestätigung legen sie der Schule eine entsprechende Bescheinigung des Islamischen Kulturzentrums vor." (DGB Februar 1980, 11)

Es bestand von daher weitgehende Einigkeit unter den befragten Experten darüber, daß sich der Koranschulbesuch negativ auf die schulischen Leistungen der türkischen Kinder auswirke und damit ihre Integrationschancen mindere.

"Die Bedeutung der Koranschulen liegt praktisch in der Verhinderung des Schulerfolgs." (NM)

3.3.3.5. Die Kritik an den Korankursen und an der gegenwärtigen Praxis der religiösen Erziehung

Die Kritik an den Korankursen richtet sich gegen die oben bereits erwähnten Unterrichtsmethoden und -ziele sowie gegen die Folgen dieser Erziehung für die türkischen Kinder. Diese Kritik besagt zusammengefaßt:

a) Die Korankurse sind zu kritisieren auf der individuellen Ebene, insofern sie die Persönlichkeitsentwicklung der türkischen Kinder behindern und ihnen die Auseinandersetzung mit ihrer Umwelt erschweren.

b) Die Korankurse sind zu kritisieren auf der gesellschaftlichen Ebene, insofern sie die Integration der türkischen Kinder und Jugendlichen behindern und Gettoisierungstendenzen unterstützen.

c) Die Korankurse sind zu kritisieren auf der religiösen und auf der politischen Ebene, insofern sie antidemokratische Orientierungen vermitteln, die durch eine fundamentalistische Auslegung des Islam legitimiert werden.

Die befragten Experten hielten deshalb, bis auf eine Ausnahme, die öffentlich geäußerte Kritik an den Korankursen berechtigt.

> "Ich halte die Vorwürfe gegen die Koranschulen für voll berechtigt, das gilt allerdings möglicherweise nicht für jede einzelne Koranschule. Die in der Bundesrepublik existierenden Koranschulen entsprechen jedenfalls der in der Türkei verbotenen Form." (M)

Einer der Gesprächspartner wies die Kritik jedoch zurück, vor allem in Bezug auf die behauptete Überforderung der Kinder:

> "Über die Kampagne gegen die Koranschule waren wir sehr empört. Man kennt ja Springer (den Zeitungsverleger) und den Stern. Im islamischen Glauben gibt es kein 'Muß'. Niemand wird gezwungen, zur Koranschule zu gehen. Vor Schulbeginn besteht gar nicht die Möglichkeit zum Koranunterricht, weil das viel zu früh ist. (Vgl. zu diesem Vorwurf epd-Dokumentation 35/77, 31.) Wenn davon geschrieben wurde, dann bezog sich das auf das Frühgebet, das schon ab fünf Uhr gebetet wird. Das Ganze war eine Kampagne von Linken, Juden und Zeugen Jehovas. ... Wenn dann gesagt wird, die Kinder seien morgens müde, dann liegt das nicht an dem Koranunterricht, sondern daran, daß bei uns die Kinder üblicherweise länger aufbleiben." (M)

Zur gleichen Zeit wiesen die Experten daraufhin, daß die Kritik an den Korankursen nicht nur den türkischen Moslems anzulasten sei, sondern daß die kritisierten Zustände u.a. "durch eine konzeptionslose Bildungspolitik mit verursacht" (NM) worden seien.

Die gegenwärtige Praxis der religiösen Erziehung und Bildung, wie sie in den Familien, in den Moscheen und in den Korankursen durchgeführt wird, wurde von allen Gesprächspartnern kritisch beurteilt. Der türkische Islam sei "auf keinen Fall integrationsfördernd" (NM), er mache aber "die Isolation für die türkischen Familien erträglicher." (NM) Gleichzeitig fördere er jedoch auch die Isolation: "Das ist der Unterschied zwischen Getto und Gefängnis: Das Getto wird auch von innen gebaut." (NM) Keiner der befragten Experten konnte Vorschläge machen dafür, wie unter den gegenwärtigen Umständen eine die Entwicklung der türkischen Kinder fördernde islamische Erziehung verwirklicht werden könnte. Vielmehr sagten alle Gesprächspartner, die sich zu diesem Punkt äußerten, daß sie sich unter den gegebenen Bedingungen keine im Interesse der türkischen Kinder positive islamische Erziehung vorstellen könnten. Begründet wurde diese Skepsis mit dem Hinweis auf die historisch bedingte spezifische Gestalt des türkischen Islam und auf die augenblicklichen politischen und sozialen Konflikte. Eine "positive islamische Erziehung" scheitere aber auch allein schon an den "technischen" Problemen.

> "Unter den gegenwärtigen Bedingungen scheint mir eine positive religiöse Erziehung nicht möglich, weil das entsprechende Personal nicht vorhanden ist, das eine solche Erziehung durchführen könnte. Es wird gegenwärtig auch nichts unternommen, um geeignete Lehrer heranzubilden.
> Eine solche Erziehung wäre aber sehr notwendig, weil sonst in jedem Fall Problemkinder erzeugt werden, in der einen oder anderen Richtung. Das gilt deshalb, weil sie (die türkischen Kinder) in die deutsche Gesellschaft nicht voll integriert werden, gerade wenn sie nichts Eigenes mitzubringen haben. Die Integration ist leichter, wenn sie etwas beizusteuern haben. Ansonsten werden sie in dem Vakuum nach anderen Formen suchen und das wird mit Sicherheit eine ganz obskure Form des Islam sein, den sie aus eigenen Stücken suchen - möglicherweise auch der Faschismus.
> Das ist mir von Türken aus meiner eigenen Generation immer wieder bestätigt worden, daß sie dieses Vakuum empfunden haben." (M)

Die Einschätzung, nach der die türkischen Kinder in einem "Vakuum der Orientierungslosigkeit" aufwachsen und gerade in dieser Situation die Möglichkeit zur Auseinandersetzung mit ihrer religiösen und kulturellen Tradition benötigen, wurde, mit verschiedenen Differenzierungen, von allen Experten geteilt. Die Frage, wie eine solche Auseinandersetzung unter den gegenwärtigen, allenfalls langfristig veränderbaren Bedingungen geführt werden könne, blieb jedoch ohne eine konkrete Antwort.

4. AUSBLICK

Wir haben die Probleme der Integration der türkischen Migrantenfamilien und die Frage nach der Bedeutung des Islam für den Integrationsprozeß auf verschiedenen Ebenen untersucht. Dabei ist deutlich geworden, daß der Islam als Faktor im Integrationsprozeß bisher nicht hinreichend berücksichtigt worden ist. Öffentliches Interesse fand der Islam erst zu dem Zeitpunkt, als er begann, gesellschaftliches Konfliktpotential zu entwickeln. Die wissenschaftliche Analyse dieses Konfliktpotentials hat sowohl im Bereich der Theorie als auch im Bereich der Empirie kaum erst begonnen.

Es hat sich gezeigt, daß die Frage nach der Bedeutung des Islam für die Integration der Türken eine äußerst komplexe Problematik umfaßt, die sowohl historische als auch politische, soziologische, psychologische und theologische Analysen erfordert. Die Darstellung verschiedener theoretischer Ansätze wies erhebliche Theoriedefizite nach, konnte gleichzeitig jedoch auf verschiedenen Ebenen mögliche Richtungen für die theoretische Analyse aufweisen. Sie benannte und strukturierte außerdem relevante Zusammenhänge, die im empirischen Teil nicht in dem Maße berücksichtigt werden konnten, so z.B. das Problem der internationalen Schichtung, das im Prozeß der Re-Islamisierung seine religiös-politische Thematisierung findet. Theoretische und empirische Analyse ergänzen sich auf diese Weise.

Im empirischen Teil wurde die spezifische Gestalt des türkischen Islam durch eine historische und politisch-soziologische Analyse skizziert. Diese Analyse konnte verschiedene Phänomene erklären, die durch eine lediglich phänomenologisch orientierte Untersuchung nicht erfaßt worden wären, z.B. die Tatsache der einseitigen politischen Orientierung des türkischen Islam.
Die Analyse der religiösen Sozialisation der türkischen Kinder wies auf die Kumulation politischer, struktureller, sozialer, kultureller, individuell-biographischer etc. Probleme in diesem Bereich hin, die besonders deutlich bei den Korankursen hervortraten. Doch auch im Bereich der Familie und ihrer Entwicklung zeigten sich vielschichtige Probleme, die sich in der

religiöse Erziehung reflektieren.

Die sozialpolitischen Konsequenzen, die aus den Ergebnissen dieser Arbeit abzuleiten wären, erstrecken sich nicht nur auf den Bereich der Ausländerpolitik, sondern ebenso auf den Bereich der Bildungspolitik, der Wirtschafts- und Entwicklungspolitik, der Gesellschaftspolitik etc. So ist z.B. die Frage, in welchem Maße rechtsradikale und fanatisch-religiöse türkische Gruppierungen Einfluß unter ihren Landsleuten gewinnen können, nicht zuletzt danach zu beantworten, wieweit diese Gruppen Unterstützung durch deutsche Kreise erhalten. (So arbeitet z.B. die CDU in der Organisation "Hür Türkler" - freie Türken - mit den Islamischen Kulturzentren zusammen. Vorstandsmitglieder sind u.a. der in der CDU für Ausländerfragen zuständige ALBRECHT HASINGER, MdB, sowie der Herausgeber der oben bereits mehrfach erwähnten Wochenzeitung "Anadolu", ERDOGAN OLCAYTO, der ehemals Bonner Korrespondent der MHP-nahen Tageszeitung "Tercüman" war.) Es ist jedoch ebenso von Bedeutung, wieweit solche Gruppen Unterstützung finden, die sich um die Entwicklung "aufgeklärter Formen des Islam" oder demokratischer Alternativen bemühen und die in der Regel nicht über ähnlich umfangreiche finanzielle Mittel verfügen, wie die politische und religiöse Rechte.

> "Wirkungsvoller ist es natürlich, eine aufgeklärte Form des Islam zu fördern, als sich gegen ihn zu wenden oder ihn zu ignorieren. Ein aufgeklärter Islam, wie es ihn in der ganzen Welt gibt. Da gibt es führende Gelehrte und Schriftsteller während der letzten 50 Jahre, oder auch Atatürks Vorstellungen vom Islam. Es wären ohne Mühe auch aus der Tradition Elemente verfügbar." (M)

Solche Versuche, die kulturelle und religiöse Tradition der Türken für ihr Leben in der Bundesrepublik fruchtbar zu machen, können nur von den Betroffenen selbst unternommen werden. Gegenwärtig sind dafür kaum Ansätze erkennbar. Sie können jedoch auch nur dann mit einiger Aussicht auf Erfolg entwickelt werden, wenn den türkischen Familien die Integration in die deutsche Gesellschaft ermöglicht wird. Eine wichtige Voraussetzung dafür ist die Schaffung der rechtlichen Möglichkeiten, die es ihnen ermöglichen, ihre Interessen wirkungsvoll auf legalem Wege zu vertreten. Solange jedoch politische Gruppen, die unter kulturellem oder religiösem Habit auftreten, relativ ungestört - trotz teilweise krimineller Vergehen - arbeiten können, während offen politisch auftretende, demokratische Gruppen kaum über effektive Arbeitsmöglichkeiten verfügen, kann nicht erwartet werden, daß sich der türkische Islam aus seiner Bindung an die politische Rechte herauslöst.

Unter den befragten Experten bestand die einhellige Meinung, daß alternative Angebote für die türkischen Familien den Einfluß rechtsradikaler und fanatisch-religiöser Gruppen eher einschränken werden als lediglich administrative Maßnahmen, wobei von einigen Gesprächspartnern jedoch durchaus ein Verbot solcher Gruppen in Erwägung gezogen wurde. Unter anderem wurde vorgeschlagen, den Türken einen Minderheitenstatus einzuräumen. "Sie sollen die deutsche Staatsbürgerschaft erwerben können, aber gleichzeitig die Anerkennung ihrer türkischen Nationalität erhalten." (M) Die Einrichtung eines solchen Minderheitenstatus würde jedoch erhebliche juristische Probleme aufwerfen, so daß z.Zt. eine Verwirklichung dieses Vorschlags kaum möglich erscheint. Mehr Aussicht auf Erfolg versprechen dagegen Vorschläge für Maßnahmen im Bildungsbereich, wie z.B. die Einrichtung eines "alternativen Förderunterrichts, so daß die Kinder nicht in die Koranschule zu gehen brauchen"(M), die Behandlung der Probleme türkischer Moslems etwa im Sozialkundeunterricht oder die Einrichtung eines "vergleichenden Religionsunterrichts, der sich um eine gegenseitige Verständigung bemüht." (M) Dringend erforderlich sind auch Maßnahmen im Bereich der Erwachsenenbildung, wenn nicht die Integration der türkischen Kinder in das gesellschaftliche Bildungssystem zu einer Entfremdung zwischen Eltern und Kindern führen soll.

Dagegen sind Formen der Zusammenarbeit zwischen deutschen Institutionen und den Trägern von Korankursen, die auf deutscher Seite mit der Hoffnung auf eine Art "Domestikation" der Korankurse verbunden werden, mit äußerster Skepsis zu betrachten. Solche Formen der Problem-"Lösung" werden z.B. gegenwärtig in der Hamburger"Behörde für Schule und Berufsbildung" erwogen - trotz eines öffentlichen Dementis der Staatlichen Pressestelle (W 28.01.1981). Dort hält man zwar auch die Koranschulen für schädlich und einen islamischen Religionsunterricht an den deutschen Schulen für wünschenswerter. Da jedoch die für einen solchen Unterricht notwendigen finanziellen Mittel gegenwärtig nicht aufzubringen seien, suchte man nach einer "Lösung", die möglichst keine Kosten verursacht. Man möchte eine Vereinbarung mit den beiden größten Trägern von Koranschulen, einer MSP-nahen Organisation und dem Islamischen Kulturzentrum, treffen, in der sich diese zur Einhaltung bestimmter Regeln bei der Durchführung ihrer Kurse verpflichten sollen, wofür sie - wenn auch inoffiziell - die Reputation einer Art"staatlich geprüfter" Koranschule erhielten. Die Behörde könnte ihrerseits - ohne zusätzliche finanzielle Mittel aufwenden zu müssen - nach außen dokumentieren, daß sie die kulturellen und religiösen Bestrebungen der Türken respektiert, jedoch darüber wacht, daß sich diese im verfassungsmäßigen Rahmen bewegen. Von Zeit zu Zeit soll ein Beamter der Behörde die Einhaltung des Abkommens überprüfen. Wie eine solche Überprüfung effektiv durchgeführt werden soll angesichts der Tatsache, daß sich dieselbe Behörde mangels sprachkundiger Kräfte nicht einmal in der Lage sieht, in ausreichendem Maße die Schulaufsicht über den muttersprachlichen Unterricht durchzuführen, diese Frage wird in dem genannten Plan nicht gestellt und nicht beantwortet. Für die Koranschulen würde dagegen eine solche "staatliche Legitimation" einen bedeutenden Statuszuwachs erbringen, der in der politischen Diskussion ihre Kritiker entwaffnen müßte. Alternative Konzepte für eine kulturelle und religiöse Erziehung der türkischen Kinder, die allerdings nicht ohne finanzielle Aufwendungen durchzuführen sind, wären nach einer Verwirklichung solcher Überlegungen kaum noch politisch durchzusetzen.

Erfolgversprechender als solche politisch naiven, wenn auch kostengünstigen Minimalmaßnahmen dürften Programme sein, die sich um ein echtes Alternativangebot an die türkischen Familien bemühen. So werden etwa erste Modelle für einen islamischen Religionsunterricht an deutschen Schulen gegenwärtig in Nordrhein-Westfalen erprobt. Lehrkräfte für einen solchen Unterricht könnten aus dem Kreis der türkischen Lehrer im deutschen Schuldienst gewonnen werden. (Nach türkischem Recht kann jeder ausgebildete Lehrer, der dazu bereit ist, Religionsunterricht erteilen.) Diese Lehrer brauchen jedoch geeignete Unterrichtshilfen (vgl. für einen ersten Ansatz z.B. LÄHNEMANN 1977) und ein Angebot an Fortbildungsmaßnahmen, die in Zusammenarbeit zwischen deutschen und türkischen Pädagogen und Religionswissenschaftlern entwickelt werden müssen. Solche Maßnahmen, die sich direkt an die türkischen Familien richten, können jedoch nur dann Erfolg haben, wenn sie ergänzt werden durch,z.T. bereits entwickelte, pädagogische Konzepte, die der Tatsache Rechnung tragen, daß sich in der Bundesrepublik eine multikulturelle Gesellschaft entwickelt hat. D.h. es sind gemeinsame Erziehungsformen für deutsche und ausländische Kinder zu entwickeln, die das in der multikulturellen Situation enthaltene Potential an Gemeinsamkeiten und Konflikten bewußt thematisieren und in die Gestaltung des Unterrichts integrieren.

Eine solche Erziehungsform würde durchaus dem moslemischen Verständnis vom Zusammenleben verschiedener Nationalitäten und Religionsgemeinschaften entsprechen. Bereits im Koran ist ein pragmatisches Toleranzverständnis entwickelt:

"Gott verbietet euch nicht, gegen diejenigen pietätvoll und gerecht zu sein, die nicht der Religion wegen gegen euch gekämpft, und die euch nicht aus euren Wohnungen vertrieben haben. Gott liebt die, die gerecht handeln. Er verbietet euch nur, euch denen anzuschließen, die der Religion wegen gegen euch gekämpft, und die euch aus euren Wohnungen vertrieben oder (w. und) bei eurer Vertreibung mitgeholfen haben. Diejenigen, die sich ihnen anschließen, sind die(wahren)Frevler." (Sure 60, Vers 8f) Vielleicht wird Gott bewirken, daß sich zwischen euch und denjenigen von ihnen (d.h. von euren noch nicht zum Islam übergetretenen Landsleuten), mit denen ihr (bisher) verfeindet waret, (gegenseitige) Zuneigung einstellt. Gott kann (alles). Er ist barmherzig und bereit zu vergeben." (Sure 60, Vers 7)

ANMERKUNGEN

(1) Vgl. zu dieser Darstellung auch THOMÄ-VENSKE im DLF 26.03. 1980.

(2) Zum wachsenden Einfluß des Islam auf gesellschaftspolitische Entwicklungen, häufig unter dem Stichwort "Re-Islamisierung" diskutiert, vgl. z.B. KHALID 1978.

(3) Für Beispiele vgl. die Hinweise im folgenden Text und die Angaben im Literaturverzeichnis.

(4) Die Charakterisierung der Nationalen Heilspartei MSP als "islamistisch" (analog zu ähnlichen Wortbildungen wie soziologistisch, psychologistisch etc.) bezieht sich auf die Parteiideologie und auf die politische Praxis dieser Partei: Die MSP verabsolutiert einzelne Aspekte des Islam und macht sie zur Leitlinie ihrer politischen Ideologie und Praxis. Sie strebt eine Staatsverfassung an, die in Übereinstimmung mit den Prinzipien des Islam (Scheriatismus) steht, wobei sich diese Prinzipien aus einem äußerst reduzierten, fundamentalistisch interpretierten, ahistorischen Verständnis des Islam ableiten.
"Die MSP wird von puritanischen Muslimen, Provinznotabeln und -geschäftsleuten getragen. ... Die Parteipropaganda ist in den unterentwickelten Gebieten des Landes mehr auf das religiöse Moment als auf Fragen des Wirtschaftswachstums abgestimmt. ... Moralische Entwicklung ist für sie wichtiger als materieller Fortschritt.
Sie will das Bewußtsein für die historischen und religiösen Traditionen wieder erwecken...Die religiös-islamischen Momente der Parteiideologie spielen auch in den wirtschaftspolitischen Überlegungen eine Rolle. So ist die Partei u.a. gegen Pfandleihen, und sie steht den Bankinteressen bei Darlehen kritisch gegenüber." (FRANZ 1977, 6f) Vgl. auch LANDAU 1974.

D. KHALID bezeichnet antiparlamentarische und antidemokratische Positionen in der politischen Philosophie des Islam mit dem Begriff "Islamismus" (KHALID 1980, 34ff). Er führt den Islamismus zurück auf ABUL ALA MAUDUDI. Islamismus sei die "Umformung des Glaubens in eine politische Ideologie" (1980, 34). Der Islamismus komme unter allen modernen Ideologien dem Faschismus am nächsten und könne auch als "Islamo-Faschismus" bezeichnet werden. Nach Auskunft von KHALID wird der Begriff "Islamismus" inzwischen auch von dessen Vertretern als Bezeichnung für ihre Richtung verwendet.
Eine Bewegung, die KHALID dem Islamismus zurechnet, ist die Moslem-Bruderschaft. Ein epd-Bericht in der Frankfurter Rundschau vom 22.08. 1979 brachte die Moslem-Bruderschaft in Zusammenhang mit der türkischen Nationalen Heilspartei MSP. Sie berichtete über ein Massaker in Syrien, dem 52 Menschen zum Opfer gefallen waren.
"...die Regierung in Damaskus behauptet, der blutige Anschlag sei in der Bundesrepublik geplant und vorbereitet worden. In diesem Zusammenhang wurde auch der Name von Issam el-Attar, Führer der Moslem-Bruderschaft in Syrien, genannt... Issam el-Attar ist jetzt Leiter des 'Islamischen Zentrums' in Aachen und steht besonders bei den konservativen islamischen Diaspora-

organisationen in hohem Ansehen, die auch in der Bundesrepublik einen strikt fundamentalistischen Kurs steuern wie etwa die Organisationen der türkischen 'Nationalen Heilspartei' (MSP)."

Da Methoden und Ziele der MSP denen des Islamismus gleichen, scheint es auch aus diesem Grunde angebracht, die MSP als islamistisch zu charakterisieren.

Die Partei der Nationalistischen Bewegung MHP wird faschistisch genannt, weil sie sich in Ideologie und politischer Praxis ausdrücklich am Vorbild der NSDAP orientiert. Sie ist nach dem Führerprinzip aufgebaut; sie strebt eine expansionistische Politik der Einverleibung aller Gebiete, in denen Türken leben, in ein Großtürkisches Reich an; sie ist rassistisch, juden-, christen-, freimaurer- und kommunistenfeindlich; sie strebt die Zerstörung der parlamentarischen, demokratischen Verfassung und den Aufbau eines Ständestaates an; sie unterhält Terrorkommandos zur Bekämpfung politischer Gegner usw. Vgl. zur näheren Charakterisierung u.a.: amnesty international 1979; TBÖK 1976; GEW-Berlin 1977; vor allem die in diesen Schriften aufgeführten Zitate aus Veröffentlichungen der MHP.

Wir werden im weiteren Verlauf der Arbeit noch näher auf die MSP und auf die MHP eingehen.

(5) Vgl. z.B. die Antwort von Kultusminister GIRGENSOHN im NRW-Landtag auf eine Anfrage zum Thema Koranschulen am 15.06.77 in: epd-Dokumentation 35/77, 23f; Antwort des Ministers für Arbeit, Gesundheit und Soziales von NRW zum gleichen Thema am 04.07. 1977 in Landtagsdrucksache 8/2235; Antwort des Berliner Senats zur kleinen Anfrage Nr. 2891 am 09.06. 1978; Briefe der AWO Westliches Westfalen an das Kultusministerium NRW vom 08.02. 1977 und an den DGB Bundesvorstand vom 22.04. 1977; Brief des NRW-TÖB und Dokumentation vom 20.03. 1978.

(6) Islamischer Religionsunterricht ist in NRW bereits in den Stundentafeln der Schulen ausgewiesen (vgl. Richtlinien für den Unterricht der Kinder ausländischer Arbeitnehmer ... 1977, 51f). Er wird jedoch, nach Ansicht islamischer Gemeinden, nicht bedarfsdeckend durchgeführt. Das entscheidende Problem bei der Erteilung islamischen Religionsunterrichts an deutschen Schulen scheint aber weniger die rechtliche Genehmigung zu sein, als vielmehr der Mangel an ausreichend gebildeten türkischen Religionslehrern (vgl. ABDULLAH in: epd-Dokumentation 35/77, 14f).

(7) Die negative Beurteilung des Islam ist natürlich nicht nur in seiner engen Verbindung zu rechtsgerichteter Politik begründet. Vielmehr dienen Berichte über die Tätigkeit extremer Moslemgruppen auch zur Legitimierung ausländerfeindlicher Attitüden der deutschen Bevölkerung gegenüber Türken und dazu, die Marginalisierung der ganzen Gruppe der Moslems zu rechtfertigen (vgl. auch HELLER im BR 20.11. 1978).

(8) Dieses Argument wird ausführlich thematisiert in der polit-ökonomischen Diskussion über die Ursachen der internationalen Arbeitsmigration. Der Arbeitskräfte-Ex- bzw. -import wird zurückgeführt auf die sozioökonomischen Strukturen in den Entsendeländern und deren Stellung im Weltwirtschaftssystem. Dabei bestimmen die jeweiligen Kapitalinteressen die Richtung

des Wanderungsstromes (vgl. NIKOLINAKOS 1973, 129). Die Funktion der Arbeitsmigranten als variable Arbeitskraftreserve beschreibt NIKOLINAKOS wie folgt:
"Im Rahmen der Internationalisierung des Kapitals und der Intensivierung der internationalen Wirtschaftsbeziehungen hat das schnelle und kräftige Wachstum hochentwickelter Volkswirtschaften, wie die der Bundesrepublik, dazu geführt, daß diese Reservearmee-Funktion von der einheimischen Arbeiterklasse auf die Arbeitslosen benachbarter, wenig entwickelter Staaten überging. Das von Marx entdeckte Gesetz der kapitalistischen Akkumulation, wonach die Anhäufung des Kapitals eine relative Überbevölkerung voraussetzt, gilt nun unter den gegebenen Umständen immer noch... Die Internationalisierung des Kapitals hat auch die Internationalisierung der Arbeitsmärkte hervorgebracht. Ohne die Arbeitsreserven der weniger entwickelten Länder Südeuropas, der Türkei und Nordafrikas ist die Kapitalakkumulation in den Industrieländern Europas, m.a.W. ihr Wachstum im bisherigen Umfang zumindest unmöglich. Daß dabei dem Kapital eine Teilung der Arbeitsmärkte und damit der Arbeiterklasse gelingt, ist ein Vorgang, der die Reservearmee-Funktion der Gastarbeiter in bezug auf die klassische Auffassung von Marx modifiziert. Die Pufferfunktion als Ausdruck der Rolle der Gastarbeiter als industrielle Reservearmee wird zur vorgetäuschten Absicherung der einheimischen Arbeiterklasse benutzt, um sie zum potentiellen Alliierten des Kapitals gegen die Gastarbeiter zu gewinnen. Diese Allianz ist ein Grundstein der Politik der Gewerkschaften." (NIKOLINAKOS 1973, 65ff, zit.n. HARBACH 1976, 96)

In seiner Diskussion marxistischer Imperialismustheorien kommt HARBACH zu dem die Anschauungen HOFFMANN-NOWOTNYs stützenden Ergebnis,
"daß weniger die Organisationsform der Wirtschaft als vielmehr ihr Entwicklungsstand, und das heißt vor allem auch die Stellung des betreffenden Landes im internationalen Schichtungssystem, für Umfang und Richtung der Wanderungen von Arbeitskräften von Bedeutung ist." (HARBACH 1976, 102) Vgl. hierzu auch HARBACH 1976, 94ff.

(9) Nach wie vor gilt die Bundesrepublik in der offiziellen Ausländerpolitik nicht als "Einwanderungsland". Obwohl alle Anzeichen dafür sprechen, daß ein großer Teil der jetzt in der Bundesrepublik lebenden ausländischen Familien nicht in ihr Heimatland zurückkehren werden, geht die Ausländerpolitik nach wie vor davon aus, daß die ausländischen Arbeiter sich nur vorübergehend in der Bundesrepublik aufhalten und daher nicht als (zu integrierende) Einwanderer zu behandeln sind. Jedoch kündigt sich seit einigen Monaten in mehreren Stellungnahmen von Politikern ein Wandel in der Einstellung zur Einwandererfrage an, der andeutet, daß die Bereitschaft zur Kenntnisnahme der Realität (Daueraufenthalt eines Großteils der Ausländer in der Bundesrepublik) auch unter den Politikern wächst. Diese Ankündigung einer 'Tendenzwende' findet sich z.B. im Memorandum des Bundesbeauftragten für Ausländerfragen HEINZ KÜHN (KÜHN 1979), dessen Vorschläge allerdings keinen verbindlichen Charakter haben, sondern "in erster Linie Anstoß und Arbeitsgrundlage für die weiteren Entscheidungen sein " sollen (KÜHN 1979, 5). In diesem Memorandum tritt KÜHN u.a. für eine "Anerkennung der faktischen Einwanderung (bei fortdauerndem Ausschluß weiterer Anwerbung)" ein (KÜHN 1979, 3). Der Rahmen, in dem das viel-

beachtete Memorandum publiziert wurde - jeder Anschein, daß es sich um mehr als um die persönlichen Ansichten eines (zuständigen) Beamten handeln könne, wurde sorgfältig vermieden - läßt jedoch erwarten, daß eine Verwirklichung der Vorstellungen KÜHNs noch einige Zeit wird auf sich warten lassen müssen.

(10) Die Tatsache, daß Arbeitsmigranten in der Regel einer in ihrem Herkunftsland marginalen Schicht entstammen, steht nicht in Widerspruch dazu, daß sie häufig über eine, gemessen am Maßstab ihres Landes relativ gute Qualifikation verfügen. In den Auswahlverfahren, denen sich die meisten Arbeitsmigranten unterziehen müssen, wird eine Mindestqualifikation vorausgesetzt für die Gewährung einer Aufenthalts- und Arbeitserlaubnis im Aufnahmeland. Die Auswanderung dieser Arbeiter bedeutet für das Entsendeland einen Verlust an qualifizierten Arbeitskräften. Die Auswanderer konnten allerdings in ihrem Herkunftsland keine oder keine ihren Aspirationen entsprechenden Arbeitsplätze finden. Insofern stellten sie auch in der Gesellschaft ihres Herkunftslandes eine marginale Gruppe dar, die allerdings aufgrund ihrer Qualifikation größere Mobilitätschancen hatte als niedrig Qualifizierte, die eine noch marginalere Position einnehmen.

(11) Das Problem der Organisierung von Interessen wurde im Rahmen der Kritik der Pluralismustheorien durch herrschaftskritische Ansätze thematisiert. Dabei wurde unter der "Politikfähigkeit" von Interessen, die sich untergliedert in "Organisations- und Konfliktfähigkeit", die Chance verstanden, im politisch-administrativen Raum durchgesetzt zu werden. Die Organisationsfähigkeit ist danach abhängig:
a) Vom Grad der Allgemeinheit des Interesses. Spezifische Interessen, wie die Interessen des einzelnen an der Sicherung seines individuellen ökonomischen, beruflichen und sozialen Status, sind danach eher organisationsfähig als allgemeine, soziale, immaterielle Interessen.
b) Von Art und Umfang der betroffenen Gruppe. Die Organisationsfähigkeit ist umso größer, je kleiner und abgrenzbarer die Gruppe ist, je höher Ausbildungsniveau, Status und Einkommen der Mitglieder sind. Die Organisationsfähigkeit steigt in dem Maße, in dem die individuellen Interessen von den andern geteilt werden. Das ist etwa der Fall, wenn gemeinsame ideelle Ziele, ähnliche Schicksale, die Erfahrung von Mangelsituationen, existentielle Betroffenheit geteilt werden.
Die Konfliktfähigkeit von Interessen steigt in dem Maße, wie systemrelevante Konflikte erzeugt werden können, d.h. sie ist abhängig von der Möglichkeit, systemrelevante Leistungen wie Massenloyalität oder ökonomische Leistungen den staatlichen Instanzen vorzuenthalten. Diese Möglichkeiten hängen u.a. ab vom ökonomischen und gesellschaftlichen Status. Marginale Gruppen wie die Einwanderer besitzen daher nur geringe Konfliktfähigkeit. (Vgl. hierzu OFFE 1969, 155ff; NARR/OFFE 1975, 33,40; SCHARPF 1970).

(12) "Vgl. Habermas in Luhmann/Habermas S.151, 163ff, 273ff. Der Begriff Deutesysteme, den Habermas hier braucht, meint einen Zusammenhang von kulturellen Universalien, die er im Anschluß an Marx' Kategorien Produktion, Verkehrsform, Sprache

und Ideologie entwickelt. Vgl. Habermas, Zur Logik S.79ff, besonders S.91ff. Vgl. auch Naschold, Die systemtheoretische Analyse S.28ff." (KAEFER 1977, 289, Anm. 129) Vgl. auch KAEFERs Kritik der Systemtheorie LUHMANNs in KAEFER 1977, 33ff.

(13) Weil Handlungen nicht nur im Lebenslauf eines Individuums, sondern darüberhinaus in einem sozialen System oder einer sozialen Struktur zu verorten seien, ist - nach BARATHs Auffassung - für die Analyse dieser Handlungen ein soziales Systemmodell erforderlich.
"Das soziale Systemmodell eröffnet die Chance, konträres Verhalten ein- und derselben Person zu verschiedenen Zeiten und unterschiedliches Agieren verschiedener Individuen zu erklären, indem es die Wechselwirkungen zwischen Umwelt und Psyche transparent macht." (BARATH 1978, 40) Vgl. auch BARATH 1978, 135ff, wo BARATH auf den struktural-funktionalen Ansatz zurückgreift, zugleich aber auch dessen Unfähigkeit kritisiert, "die Genese von in der konkreten Situation relevanten Regeln in die Analyse gesellschaftlicher Funktionszusammenhänge" einzubeziehen. (BARATH 1978, 136)

(14) Für unser Interesse - die möglichst umfassende theoretische Reflexion eines empirischen Phänomens - ist eine Diskussion auf der Ebene theoretischer Prämissen von geringer Relevanz, da wir mit unserer Arbeit nicht beabsichtigen, bereits eine konsistente Theorie zur Erfassung unserer Fragestellung vorzulegen. Eine Auseinandersetzung mit der Systemtheorie, die die in einer solchen Diskussion zu stellenden Fragen aufgreift, ist geführt worden u.a. von HABERMAS in HABERMAS/LUHMANN 1971; NARR 1971; NASCHOLD 1968, 1970 und 1971. Vgl. aber auch Versuche einer Anwendung von LUHMANNs Theorie wie der von KAEFER 1977.

(15) Die These, daß Erwachsene im Falle eines Kulturwandels größere Konflikte erleben als Kinder, ist in dieser allgemeinen Fassung empirisch vermutlich nicht zu verifizieren. Vielmehr scheinen empirische Forschungen zu bestätigen, daß die sogenannte 'Zweite Generation', die zwischen verschiedenen Kulturen aufgewachsen ist, schwerere Konflikte auszutragen hat als die Elterngeneration, die in einem relativ konsistenten Kulturbereich aufwuchs und deshalb eine relativ stabile Identität entwickeln konnte.(Vgl. hierzu auch BARATH selbst (1978, 163ff, 267),der an diesen Stellen von der besonderen Gefährdung der Jugendlichen spricht.) Für die Elterngeneration besteht immerhin die Möglichkeit, sich partiell aus dem Kulturkonflikt auf die traditionellen Werte und Normen zurückzuziehen und damit einen Teil des Kulturkonflikts auszublenden. Ihre Kinder haben nicht in diesem Maße die Möglichkeit, das vorhandene Konfliktpotential zu reduzieren. Die von HOFFMANN-NOWOTNY genannten Reaktionsformen der eingewanderten Minderheit (vgl. Kapitel 2.2.4. dieser Arbeit) stehen den Kindern nur in eingeschränktem Maße zur Verfügung. So ist für sie z.B. die Rückwanderung keine akzeptable Form der Konfliktbewältigung. Andererseits können sich Kinder sicher leichter an die fremde Kultur des Aufnahmelandes anpassen, vor allem, wenn sie dessen Bildungssystem durchlaufen. Das Ausmaß, in dem sie Konflikte erfahren, hängt dann jedoch eher ab vom Grad der Integration und von der Offenheit der eigenkulturellen Werte als von dem Grad ihrer Inter-

nalisierung (vgl. auch HOFFMANN-NOWOTNY 1973, 175). Wir werden im weiteren Verlauf dieser Arbeit noch auf dieses Problem zurückkommen.

(16) Zur Problematik dieser Annahme vgl. A.R. LINDESMITH/ A. STRAUSS 1972, 435ff, die die "Kultur- und Persönlichkeitsstruktur"-Forschung kritisieren, auf deren Autoren BENEDICT, ERIKSON und KARDINER sich auch BARATH bezieht. LINDESMITH/ STRAUSS weisen u.a. auf die methodischen und theoretischen Unzulänglichkeiten dieser Forschungsrichtung hin. Die Kritik richtet sich u.a. darauf, daß der "Persönlichkeitsgrundstruktur" eines Volkes, "die mit Begriffen wie 'vorherrschende Persönlichkeitsstruktur' (modal personality), 'Persönlichkeits-Grundstruktur' (basic personality), 'Charakterstruktur' (character structure) usw. gekennzeichnet" wird (LINDESMITH/STRAUSS 1972, 436), eine ontologische Qualität zugemessen wird.
"Dem 'Wesen' (Konfiguration, Persönlichkeits-Grundstruktur) räumt man einen hohen Rang im Reich des'Seienden' ein, während man den Verhaltensweisen, durch die dieses Wesen sich 'ausdrückt' , einen minderen Rang zuschreibt." (1972, 439) Von daher kann vorschnell "der unberechtigte Schritt getan werden, ein bestimmtes Verhalten als eine Manifestation oder Wirkung eines bestimmten Charakterzuges zu betrachten. ... Niemand würde vermutlich ernstlich Beschreibungen eines Volkes kritisieren, wenn diese in objektiven Begriffen der Verhaltenstheorie abgefaßt wären... Aber wenn Ethnologen die 'Bedeutung' eines Verhaltens in psychologischen Begriffen wiedergeben, so wird es überaus schwierig für den Leser, die Tatsachen von den Interpretationen zu unterscheiden." (1972, 441f)
Zum andern wird kritisiert, daß der Versuch unternommen wird, den Charakter einer ganzen Kultur vollständig zu erfassen, was wegen der Komplexität der gestellten Aufgabe unmöglich sei. Sinnvoller sei es, enger umrissene und spezifischere Fragestellungen zu untersuchen. Die Existenz von Unterschieden zwischen Kulturen wird nicht in Frage gestellt. Das Hauptproblem sei aber "die wissenschaftliche Präzision bestimmter Beschreibungen von Kulturen und die Methoden, mit denen man zu diesen gelangt." (1972, 437)
Wir verstehen den kulturtypischen Charakter von daher als eine analytische Kategorie, als eine begriffliche Abstraktion, die Ähnlichkeiten in Verhalten und Einstellungen einer ethnischen Gruppe beschreibt, die sich aufgrund ähnlicher Sozialisationsbedingungen dieser Gruppe herausgebildet haben. Dem kulturtypischen Charakter kommt als solchem keine ontologische Qualität zu. Gemeinsamkeiten einer ethnischen Gruppe in Verhalten und Einstellungen müssen vielmehr immer wieder auf die grundlegenden Ursachen zurückgeführt werden, die wir unter dem Begriff 'kulturtypischer Charakter' zusammenfassen. Auch BARATH teilt weitgehend dieses Verständnis (vgl. BARATH 1978, 257), wenn auch seine Rezeption psychologischer Ansätze eine Tendenz zur Ontologisierung des 'kulturtypischen Charakters' erkennen läßt.
Zu nationen-spezifischen Einstellungen und Verhaltensweisen vgl. auch SCHRADER u.a. 1976.

(17) Der Begriff der Entfremdung wird mit jeweils unterschiedlicher Deutung von höchst unterschiedlich orientierten soziologischen und sozialphilosophischen Theoretikern verwendet. ISRAEL

(1972) kritisiert deshalb die Vieldeutigkeit und mangelnde Präzision des Entfremdungsbegriffs, der daher für einen wissenschaftlichen Kontext ungeeignet sei. Auch BARATH definiert nicht eindeutig und verwendet beispielsweise die Begriffe "Entfremdung" und "Anomie" fast synonym (vgl. BARATH 1978, 61f mit 138ff). Wir schließen uns deshalb teilweise der Argumentation ISRAELs an, halten jedoch fest, daß der von BARATH mit den Begriffen "Entfremdung" und "Verdinglichung" bezeichnete soziale Sachverhalt für unsere Fragestellung von Bedeutung ist, daß der Begriff "Entfremdung" aus pragmatischen Gründen in dieser Arbeit nicht generell vermieden werden kann, daß er aber, soweit sinnvoll, durch weniger vieldeutige Begriffe ersetzt werden soll.
Nach ISRAEL hat SEEMANN den Begriff "Entfremdung" in fünf Dimensionen zerlegt, deren Begriffe man z.B. anstelle des Entfremdungsbegriffs verwenden könne:
a) Machtlosigkeit, die Empfindung einer Person, die merkt, daß die Wahrscheinlichkeit, durch eigenes Handeln die Befriedigung ihrer Bedürfnisse sichern zu können, gering ist;
b) Sinnlosigkeit, die Empfindung einer Person, das Funktionieren der gesellschaftlichen Ordnung, der sie angehört, nicht mehr zu verstehen;
c) Normenlosigkeit, die Empfindung einer Person, daß es ihr unmöglich sei, gesellschaftlich akzeptierte Ziele über gesellschaftlich gebilligte Mittel zu erreichen;
d) Isoliertheit, die Konsequenz daraus, daß eine Person die Ziele der Gesellschaft oder der sozialen Organisation, der sie angehört, nicht akzeptiert;
e) Selbstentfremdung, die Situation, in der eine Person Tätigkeiten nur unter Zwang ausführt oder nur als Mittel ansieht, um verfügbare Arten der Bedürfnisbefriedigung zu erreichen.
Zur Diskussion des Entfremdungsbegriffs vgl. ISRAEL 1972; zur Kritik des Entfremdungsbegriffs vor allem die Seiten 312ff.

(18) Vgl. hierzu Anm. 4, BARATH S.21. Wir werden im empirischen Teil versuchen, Elemente eines 'volkstypischen Charakters' der Türken aufzuzeigen. Eine solche Konstruktion stellt die Zusammenfassung gemeinsamer Merkmale dar. Es ist jedoch nicht möglich, individuelle Merkmale mit dem Hinweis auf den 'volkstypischen Charakter' zu begründen. Ein solcher Hinweis kann nach unserer Meinung nur bedeuten, daß nicht in jedem Einzelfall eine Rückführung auf den allgemeinen Verursachungszusammenhang geleistet werden muß, für den die Abstraktion 'volkstypischer Charakter' steht.
Problematisch ist die Konstruktion eines 'volkstypischen Charakters' auch dann, wenn sie von einem kulturfremden Beobachter vorgenommen wird, der durch seinen eigenen 'kulturtypischen Charakter' geprägt ist. Im Ideal müßte eine solche Arbeit zusammen mit einem Angehörigen der untersuchten Kultur geschrieben werden, wie es etwa ZNANIECKI/THOMAS 1918-20 getan haben mit ihrer Arbeit "The Polish Peasant in Europe and America". Vgl. zu dieser Arbeit auch die Kritik von BLUMER 1939. Ich habe diese Schwierigkeit in dieser Arbeit ansatzweise dadurch auszugleichen versucht, daß ich Intensivinterviews mit Türken zu meiner Thematik gemacht habe.

(19) Diese Betonung der Bedeutung des Kulturkonflikts scheint im Gegensatz zu HOFFMANN-NOWOTNYs These zu stehen, daß die Integration eher die Assimilation fördere als umgekehrt. Ich sehe in dieser unterschiedlichen Akzentsetzung jedoch keinen ausschließenden Widerspruch, der es nicht ermöglichte, beide Erklärungsmuster nebeneinander für die Analyse einer empirischen Fragestellung zu verwenden, denn sie beziehen sich jeweils auf unterschiedliche Probleme. Beide Autoren gehen im Grunde von verschiedenen Fragestellungen aus: HOFFMANN-NOWOTNY versucht den Integrationsprozeß global zu erfassen, BARATH will ein bestimmtes, nämlich abweichendes Verhalten einer Gruppe in diesem Prozeß erklären. Als sich gegenseitig auf verschiedenen Ebenen ergänzende Erklärungsmuster können beide Ansätze in diese Arbeit integriert werden.

(20) In der klassischen Einstellungsforschung ist man von der Annahme ausgegangen, daß die durch Befragungen erhobenen Einstellungen der Individuen ihr beobachtetes Verhalten direkt determinieren. Diese Annahme einer Kongruenz von Einstellungen und Verhalten hat sich als unhaltbar erwiesen. Vgl. zur Kritik des Einstellungskonzepts BENNINGHAUS 1973; MEINEFELD 1977; OEVERMANN 1973, 23f. MEINEFELD kritisiert vor allem die Begrenztheit der methodischen und theoretischen Ansätze und empfiehlt eine 'naturalistische Forschungsstrategie', durch die der Erkenntnisbereich der Untersuchungen nicht schon von vornherein dadurch eingeengt werden soll, daß das Erhebungsinstrumentarium vorstrukturiert wird, ohne daß das aktuelle Wissen über den Forschungsgegenstand diese Vorstrukturierung abdecken könnte. OEVERMANN kritisiert die Annahme einer Determination des Verhaltens durch die Einstellungen. Für ihn ist die wichtige Unterscheidung "nicht die zwischen Einstellung und Verhalten - beides ist in Begriffe einer Konzeption des regelgeleiteten Handelns ein und dasselbe - sondern die zwischen kollektivem generativem Deutungsmuster und deren (sic!) individuellen Konkretionen in Einstellungen einerseits und zwischen regelhafter, systematischer Umweltinterpretation des Handlungssubjekts und davon unabhängigen Determinationen (beispielsweise unbewußten Motiven) andererseits." (OEVERMANN 1973, 23f)

(21) NEUENDORFF/SABEL verwenden den Begriff 'Alltagstheorien' synonym zum Begriff des 'Deutungsmusters' (1976, 1ff). Der Begriff der Alltagstheorien bzw. des Alltagswissens stellt eine zentrale Kategorie der Theorie des'symbolischen Interaktionismus' dar. Er ist ähnlich konstruiert wie der Deutungsmusterbegriff, insofern er ein System von unmittelbar handlungsleitenden Orientierungen bezeichnet. (Vgl. hierzu ausführlich ARBEITSGRUPPE BIELEFELDER SOZIOLOGEN 1973, 2 Bde., und 1976.) Der Deutungsmusteransatz geht aber tendentiell über den Reduktionismus des symbolischen Interaktionismus - Gesellschaft als Interaktionssystem - hinaus. In ihren wissenssoziologischen Arbeiten verwenden BERGER/LUCKMANN, die eine phäno-

menologisch orientierte Soziologie vertreten, den Begriff der 'Realitätskonstruktion', der in etwa dem Deutungsmusterbegriff sinngemäß entspricht (vgl. BERGER/LUCKMANN 1969).

(22) Ein Beispiel für die Analyse verselbständigter familialer Deutungsmuster und Rollenvorstellungen, das möglicherweise auch auf die vorliegende Analyse türkischer Arbeiterfamilien übertragen werden kann, gibt OEVERMANN 1973, 16:
"Empirische Untersuchungen zur innerfamilialen Rollenorganisation haben beispielsweise für die gegenwärtige Unterschichtfamilie eine nach wie vor weite Verbreitung einer an traditionalistischen Geschlechtsrollendefinitionen orientierte rigide Kompetenzverteilung zwischen den Ehepartnern nachgewiesen. Dabei ist immer wieder ohne Erfolg versucht worden, dieses Rollenmuster aus den objektiven Lebensbedingungen der gegenwärtigen typischen Unterschichtsfamilie zu erklären. Wahrscheinlich würde man bei der Suche nach einer Erklärung besser so vorgehen, daß man zunächst historisch den strukturellen Ursprungskontext dieses Rollenmusters aufzuhellen versucht, von dem es sich dann möglicherweise gelöst hat und dann die gegenwärtigen Lebensbedingungen daraufhin befragen, inwieweit sie deutungsbedürftige Probleme stellen, die eine entscheidende Veränderung der traditionalistischen Geschlechtsrollendefinition erzwingen. Stellt man fest, daß diese Probleme mit den traditionellen Deutungsmustern hinsichtlich der innerfamilialen Kompetenzverteilung nicht unvereinbar interpretiert werden können, reicht das im Verein mit der historisch-genetischen Rekonstruktion als Erklärung."
Wir werden auf diesen Punkt im empirischen Teil der Arbeit zurückkommen.

(23) Ein Beispiel für die relative Autonomie von Deutungsmustern liefert MAX WEBER in seinen Arbeiten zur protestantischen Ethik, in denen er die Beziehungen von religiösen Wertideen und gesellschaftlichen Ordnungssystemen analysiert. Allem sozialen Handeln ist nach WEBER ein vom Individuum subjektiv gemeinter Sinn unterlegt, den die empirischen Sozialwissenschaften deutend verstehen sollen, um dadurch das Handeln in seinem Ablauf und seinen Wirkungen ursächlich erklären zu können (vgl. WEBER 1975 (1920-21)). In jüngerer Zeit hat MAXIME RODINSON eine an WEBER orientierte religionssoziologische Studie über die im Islam herrschenden Traditionen und Einstellungen und ihren Einfluß auf ökonomische Praxis und gesellschaftliche Strukturen vorgelegt (RODINSON 1971 (1966)). Er kommt darin zu dem Ergebnis, daß der Kapitalismus wenig Chancen habe, in islamischen Gesellschaften Fuß zu fassen, weil er den islamischen Grundorientierungen widerspreche. Der Sozialismus sei demgegenüber eher ein angemessenes System.

(24) EICKELPASCH orientiert sich stark an BERGER/LUCKMANN und greift zurück auf E. HUSSERL und A. SCHÜTZ.

(25) Zur Bedeutung der religiösen Dogmatik vgl. LUHMANN 1972 und 1977. Nach LUHMANN werden religiöse Themen auslegungsbedürftig,
"sobald sie situationsfrei fungieren - das heißt eine Bedeutung gewinnen, die über die jeweilige Steuerung der unmittelbaren Interaktion hinausreicht." (LUHMANN 1972, 25)
Diese Interpretationsfunktion erfüllt die Dogmatik. Sie arbeitet

mit Abstraktionen, die sie nicht mehr nach ihrer Funktion hin analysiert, sondern als Voraussetzung ihres Denkens akzeptiert.
"Sie beruht auf der kontextfreien Verwendbarkeit ihres Materials, also auf Distanz zu den Bindungen (dogmatischer Symbole an die Erfahrungswelt), die sie interpretiert." (LUHMANN 1972, 26)
LUHMANN weist die 'übliche wissenschaftstheoretische Kritik' an der Dogmatik - Dogmatik erkenne willkürliche Sätze als unkritisierbar an und gebe das Postulat unabhängiger Forschung auf - zurück, weil der Vergleichspunkt Wissenschaft falsch gewählt sei. Dogmatiken seien nicht auf Forschung spezialisierte Einrichtungen, sondern brächten vielmehr "die Interpretation des Erlebens und Handelns, das Unbestimmbares berührt, auf ein Generalisierungsniveau, das den gesellschaftlichen Anforderungen an strukturelle Kompatibilität genügt." (LUHMANN 1972, 27)
Diese strukturelle Kompatibilität religiöser Symbolik und ihre kontextfreie Verwendbarkeit begründen wesentlich ihre Autonomie gegenüber gesellschaftlichem Wandel.

(26) MAX WEBER geht auf einige Aspekte dieser Problematik in seiner Analyse der prophetischen Religiosität ein. Unter dem Stichwort 'Veralltäglichung' beschreibt DREHSEN WEBERs Analyse des Prozesses der Institutionalisierung der ursprünglich an das Charisma ihres Trägers gebundenen Prophetie: Die Lehren des Propheten "erfahren ihren Zuschnitt auf die Erfordernisse des Alltagslebens, über das sich der Charismatiker noch hinwegsetzen konnte. Priester beginnen nun, den 'Gehalt der Prophetie ... im Sinne kasuistisch-rationaler Gliederung und Adaptierung an die Denk- und Lebensgewohnheiten ihrer eigenen Schicht und der von ihr beherrschten Laien' zu systematisieren und kanonisch festzulegen. ... Statt ihrerseits revolutionierende Kraft in gesellschaftlicher Umgebung zu sein - wie sie es stets im charismatischen Stadium ist - wird Religion nun als Mittel der Domestikation der Massen im Interesse der herrschenden Priesterhierarchie und ihrer politischen Schirmherren angewandt." (DREHSEN 1975b, 121) Vgl. auch O'DEA 1970, 231-237.

(27) Zur Bedeutung der Transzendenz für die Konstitution religiöser Systeme vgl. LUCKMANN 1972, 3ff. Transzendieren als Überschreiten der unmittelbaren Erfahrung (nach Vergangenheit, Zukunft, Nicht-Ich) ist - nach LUCKMANN - ein wesentliches Merkmal aller menschlichen Erfahrung. Erst wenn das Ziel des Transzendierens reflektiert und bewußt gemacht wird, spricht man vom eigentlichen Transzendieren, das nicht subjektiv, sondern von vornherein intersubjektiv und gesellschaftlich geschieht. Diese intersubjektiven Erfahrungen der Transzendenz, aus denen Religion im engeren Sinne des Wortes entspringt, konstruieren Wirklichkeit, die je nach dem als Bestandteil der alltäglichen Realität oder auch als zweite Wirklichkeit aufgefaßt werden kann. Aufgabe der Religion ist es, jene Bewußtseinsstrukturen zu stabilisieren, in denen der Mensch denkend und handelnd Stellung nimmt zum Nicht-Ich, zum Transzendenten. Religionen können mehr oder minder gesellschaftlich verfestigt sein; Gesellschaften können mehr oder minder religiös sein, "je nachdem wie gut ihre Wirklichkeitskonstruktionen in der Lage sind, Menschen so zu sozialisieren, daß deren Transzendenzerfahrungen Struktur gewinnen und stabilisiert werden." (LUCKMANN 1972, 8)

(28) Eine gute Sammlung der Aussagen von MARX zum Thema Religion bietet der Band von BRAKELMANN/PETERS 1975. Vgl. auch POST 1969, KADENBACH 1970 und FROSTIN 1978. Zur Religionskritik BLOCHs vgl. vor allem BLOCH 1959, 1968 und 1970. Zur Weiterentwicklung der religionskritischen Perspektiven von MARX vgl. GARAUDY 1965.

(29) Zur marxschen Ideologiekritik und zu ihrer Weiterentwicklung vgl. in LENK 1976: MARX, 84ff; LUKACS, 99ff; BLOCH, 104ff; GOLDMANN, 113ff; HAHN, 117ff und MILIC, 130ff. Ebenso MARX in BRAKELMANN/PETERS 1975: Ideologie und Religion, 173ff.

(30) Zum Verhältnis von Religion und Ideologie schreibt TOKAREW:
"Die Religion ist eine Form des gesellschaftlichen Bewußtseins, eine Form der Ideologie. Jede Ideologie aber ist letztlich eine Widerspiegelung des materiellen Seins der Menschen, der ökonomischen Struktur der Gesellschaft, und insofern kann man die Religion unter dem gleichen Gesichtspunkt betrachten wie etwa die Philosophie, die Moral, das Recht oder die Kunst.
Aber die Religion nimmt unter diesen Formen der Ideologie eine Sonderstellung ein. ... Die Religion ist ein verzerrtes Bewußtsein, eine verzerrte Widerspiegelung der wirklichen Welt. Das ist ihr erstes charakteristisches Merkmal. Als 'Widerschein der wirklichen Welt' (Marx) reproduziert die Religion jedoch in verzerrter Form die irdische Grundlage. Daher muß man, um eine bestimmte Form der Religion zu verstehen, von der irdischen Grundlage ausgehen, deren verkehrte Widerspiegelung die betreffende Religion ist." (1978, 17)
Religionswissenschaftliche Forschung, die von der Annahme ausgeht, daß Religion per definitionem "verzerrtes Bewußtsein" sei, gerät in die Gefahr, in ihrem empirischen Material nur die Bestätigung ihrer These zu suchen und auch nur finden zu können. Die mögliche Sinnhaftigkeit, Rationalität und handlungsrelevante Logik religiöser Symbolsysteme kann unter einer solchen Perspektive kaum erfaßt werden. Es besteht die Gefahr einer ahistorischen Betrachtung historischer Phänomene und einer 'kulturimperialistischen Betrachtung' kultureller Phänomene. (Zum Begriff des kulturellen Imperialismus vgl. GALTUNG 1972, 55ff)
Ein Beispiel für die "verzerrte" Sicht religiöser Phänomene ist TOKAREWs Erklärung früher Kultformen:
"Religiöse Bräuche und Vorstellungen erwachsen aus materiellen Bedürfnissen der Menschen. ... Befriedigt sie (die Religion) diese Bedürfnisse aber wirklich? Natürlich nicht. Nur dann, wenn zu den religiös-magischen Vorstellungen die ursprünglichen Fertigkeiten des Jägers, des Landmanns, des Handwerkers hinzutreten, kann der falsche Eindruck entstehen, daß diese Vorstellungen das tatsächliche Ziel leichter erreichen helfen, während dies Ziel doch in Wirklichkeit durch das Können, das Wissen und die Kraft des Menschen erreicht wird und die religiöse Beimischung ihn nur vom richtigen Wege ablenkt." (1978, 712)
Daß ein solches Erklärungsmodell fremde Kulturen und Religionen nur zur Bestätigung der eigenen Kultur (und Religion) funktionalisiert und nicht zu einem wirklichen "Fremdverstehen" gelangen kann, ist offensichtlich. Es wird nicht in Erwägung gezogen, daß die religiösen Bräuche des Jägers eine dem gesellschaftlichen Entwicklungsstand angemessene (zur Rationalität

des Mythos vgl. z.B. HORKHEIMER/ADORNO 1971) Form der Auseinandersetzung mit der Natur gewesen sein könnten, daß sie ihm tatsächlich halfen, sein Ziel leichter zu erreichen und ihn nicht vom richtigen Wege ablenkten; vielmehr werden eigene Denkmuster ahistorisch auf fremde Gesellschaften übertragen. MARX hat sich in diesem Punkt differenzierter geäußert. Er sprach vom "notwendig (d.h. aber dem gesellschaftlichen Entwicklungsstand angemessenen) falschen Bewußtsein". Unwahr wird für ihn Ideologie/Religion erst dann, wenn sie sich aus ihrem historisch bedingten Entstehungszusammenhang herauslöst und in Widerspruch zu den gesellschaftlichen Bedingungen tritt. Doch ist auch dieses Moment der Ideologie/Religion noch zu unterscheiden von Utopien (wie sie z.B. Religionen entwickeln), die zwar auch den historischen Kontext mißachten, die aber die Antizipation künftiger Wahrheiten darstellen können.

MARX formuliert - vulgär-marxistischen Fehlinterpretationen zum Trotz - keinen Basis-Überbau-Determinismus. Ihm geht es primär nicht um Wahrheit oder Falschheit von Ideologie/Religion, sondern darum, ihre interdependente Verflechtung in den gesellschaftlichen Entwicklungsprozeß deutlich zu machen. Die Bezeichnung eines Bewußtseins als "falsch" legt allerdings Mißdeutungen, wie sie beschrieben wurden, nahe.

(31) Ein Beispiel für solche durch Voreingenommenheit gehemmte Forschung ist ALEKSEVs Untersuchung 'Ursachen der Bewahrung der Religiosität des Kolchose-Bauern' (1973). Religion wird darin als Relikt früherer Gesellschaften angesehen. Ein Wandel religiöser Äußerungen wird mit dem Verschwinden der Religion gleichgesetzt. Das nach wie vor beobachtete Interesse der Bauern an religiösen Festen wird auf ein Bedürfnis nach "sociality and communality" (1973, 162) reduziert, das ebenso durch 'weltliche' Feste identisch befriedigt werden könne. Solche Erklärungen, die Religion auf einzelne ihrer Funktionen reduzieren, können keine befriedigenden Antworten auf Fragen nach der Bedeutung der Religion in Industriegesellschaften geben.

Auch in der DDR ist die Religionssoziologie erst wenig entwickelt. 1965 fand in Jena das "1. Internationale Colloquium über Soziologie der Religion in sozialistischen Ländern" statt. Die im wesentlichen auf die Säkularisierungsdiskussion beschränkten Arbeiten dieses Colloquiums wurden in einer Schrift veröffentlicht, die "die erste umfangreichere Publikation in der DDR über Religionssoziologie" darstellte. "Forschungen auf dem Gebiet der Soziologie der Religion werden für den Bereich des Marxismus und für die sozialistischen Länder erst seit wenigen Jahren durchgeführt." (KLOHR 1966, 7)

(32) Zur umfangreichen kirchensoziologischen Literatur vgl. etwa bei MATTHES 1969; INTERNATIONALES JAHRBUCH FÜR RELIGIONSSOZIOLOGIE. Hg.v. J. MATTHES 1965ff; MARHOLD 1971.

(33) Zur Säkularisierungsthese in ihren verschiedenen Schattierungen gab es eine umfangreiche internationale Diskussion. Vgl. hierzu z.B. SCHATZ 1971; MATTHES 1967,74ff; DREHSEN 1975e, 291ff.

(34) Vgl. zum Begriff der "Denomination" NIEBUHR 1959 (1929) und die auf ihn gründende Diskussion. NIEBUHR betonte in seiner Arbeit die Bedeutung von Klassenauseinandersetzungen für die Sektenbildung. Er bezeichnete die Sekten als "churches of the desinherited". Der Zusammenhang zwischen ökonomischer Ausbeutung und Sektenbildung wurde in den dreißiger Jahren durch zahlreiche Untersuchungen zur Genüge belegt. Sie kamen zu dem Ergebnis, daß Sekten sich zum einen unverhältnismäßig stark aus niedrigen sozialen Schichten rekrutieren (GOLDSCHMIDT 1944) und daß zum anderen innerhalb etablierter Kirchen die Tendenzen zur Sektenbildung bei der Arbeiter- und Mittelklasse stärker vertreten sind als bei den anderen Klassen. (DYNES 1955) Die ökonomische Ausbeutung ist jedoch nicht die primäre Ursache für Sektenbildungen. Vielmehr ist die damit einhergehende soziale Desorganisation und die Ablösung der Individuen und Familien von traditionellen Gemeinschaftsstrukturen für die Suche nach neuen Gemeinschaften verantwortlich. (O'DEA/POBLETE 1960. Vgl. auch LENSKI in GOLDSCHMIDT/MATTHES 1962, 123ff; MÖRTH 1978b, 83)

(35) Wir können die zahlreichen Forschungen zur sozialen Differenzierung der Gesellschaft und der Funktion der Religion in diesem Prozeß nicht annähernd an dieser Stelle aufführen, geschweige denn berücksichtigen. Für eine erste Orientierung vgl. die Darstellungen der Ansätze von YINGER; BELLAH; O'DEA; HERBERG; LENSKI; GLOCK; BERGER/LUCKMANN in: DAHM u.a. 1975; dort auch Hinweise auf weitere Literatur.

(36) Zur Organisierung von Minderheiten in religiösen Sekten vgl. z.B. die Arbeiten von O'DEA 1960, 1970a, 1970b; HERBERG 1960; LEE 1967; YINGER 1960.

(37) Eine enge Verwandtschaft der wissenssoziologisch orientierten Religionssoziologie besteht vor allem zu der interaktionistischen Form des Deutungsmusteransatzes. So schreiben z.B. FISCHER/MARHOLD in ihrer Einführung zu neueren religionssoziologischen Arbeiten:
"Wir sind der Ansicht, daß in den genannten Forschungstraditionen des symbolischen Interaktionismus, der Ethnomethodologie, der Ethnotheorie und der Ethnographie des Sprechens Theoreme und sprachverstehende Erhebungsmethoden bereitstehen, die bei entsprechender Weiterentwicklung gerade religionssoziologischer Forschung sowohl in der Analyse formaler Strukturen von Religion als auch bei der Erklärung gegenwärtiger Inhalte konkreter Religionen fruchtbar gemacht werden können." (1978, 18) Vgl. zu dieser Forschungsrichtung vor allem ABS 1973a, 1973b, 1976.

(38) Als 'kontingent' definiert MÖRTH - im Anschluß an LUHMANN - eine Erfahrung oder Handlung dann, wenn sie eine Möglichkeit aus mehreren alternativen Möglichkeiten seligiert und aufgrund dessen von Frustrationen und Verunsicherungen bedroht ist. MÖRTH übernimmt auch sonst zentrale Vorstellungen wie auch die Terminologie von LUHMANN.

(39) Verschiedene Autoren machen Religion an verschiedenen Grundproblemen fest, je nach eigenem Interessenschwerpunkt und theoretischem Standort. (Zur Problematik einer solchen funktionalen Bestimmung von Religion vgl. KAEFER 1977, vor allem 137ff.)

O'DEA 1966 definiert z.B. Machtlosigkeit und Knappheit (neben Unsicherheit und Kontingenz) als Grundprobleme der Religion. (Das Problem der Machtlosigkeit könnte für die Analyse der Religion von Minderheiten, wie z.B. der türkischen Arbeiterfamilien in der Bundesrepublik, von besonderer Bedeutung sein.) GLOCK sieht ganz ähnlich die Ursache für die Zuwendung der Menschen zur Religion in Entbehrungssituationen, die das Individuum durch Religion kompensatorisch löst. Dabei spielt - nach GLOCK - die Organisationsform der Religion eine bedeutende Rolle; ein wichtiger Aspekt, auf den MÖRTH (1978b, 146f) nur am Rande eingeht. Religion wirkt nach GLOCK u.a. auf folgende Weise:
a) Ökonomische Unterlegenheitsgefühle werden durch eine alternative Wertordnung kompensiert z.B. dadurch, daß religiöse Privilegien höher rangieren als materielle.
b) Soziale Unterlegenheitsgefühle werden dadurch kompensiert, daß entweder die Statushierarchie der Gesellschaft als religiös irrelevant bezeichnet wird und/oder eine alternative Prestigeskala in der Gemeinde die gesellschaftlichen Zuweisungen relativiert.
Diese Thesen werden durch die Beobachtung gestützt, daß solche Menschen, die gesellschaftlich abweichende Normen vertreten, häufig Unterstützung finden bei den Kirchen. Psychisch, körperlich oder geistig Behinderte suchen häufiger als Nicht-Behinderte Rückhalt in Sekten. (Vgl. die Darstellung von GLOCK bei DREHSEN 1975c, 225ff. Umfangreiche Literaturangaben zu GLOCKs zahlreichen religionssoziologischen Arbeiten macht DREHSEN auf den Seiten 225f) Das Protestpotential von Sekten äußert sich nicht in Aktionen, sondern im Rückzug, und wird durch die "illusionäre Kompensation", die die gesellschaftliche Provinz der Sekte gewährt, neutralisiert.

(40) MÖRTH verwendet die analytischen Kategorien personal, interpersonal und transpersonal im Sinne einer feldtheoretischen Mehrebenenanalyse. Ausführlicher hierzu: MÖRTH 1978b. Die Feldtheorie versucht soziale Beziehungen als durch Faktoren verursacht zu interpretieren, die sich auf bestimmte abgrenzbare Wirkungsfelder zurückführen lassen. Dadurch soll zum einen die Fülle der relevanten Faktoren berücksichtigt werden, zum anderen aber durch die Ausgrenzung eines Wirkungsfeldes die komplexe Analyse noch handhabbar bleiben.

(41) Nach dem Konzept der Gotteskindschaft ist jeder Mensch ein Kind Gottes, d.h. jeder Mensch ist - unabhängig von seiner Stellung in der Welt - von Gott akzeptiert so wie er ist. Dadurch werden die sozialen Beziehungen in ihrer Bedeutung soweit relativiert, daß selbst schwere Konflikte den Kern des Selbstbewußtseins, der sich auf die Beziehung des einzelnen Menschen zu Gott stützt, nicht erschüttern können.

(42) Die Bedeutung generalisierter Konzepte, mit denen sich die Individuen ihrer Identität versichern können, dürfte für die Türken in der Bundesrepublik besonders groß sein. Es wäre zu prüfen, welche generalisierten Konzepte für die Türken Relevanz besitzen.
Es müßte allerdings auch gefragt werden, ob generalisierte Konzepte nicht an die historische Situation wenig differenzierter Gesellschaften gebunden sind, ob ihre Funktionen also in differenzierteren Gesellschaften durch andere Mechanismen übernom-

men werden müssen (vgl. hierzu HAHN 1974, bes. 107ff; DREHSEN 1975e, 316ff).

(43) DREHSEN beschreibt die Konstitution und Funktion der Religion bei zunehmender Differenzierung der sozialen Welt mit anderer Betonung: Voraussetzung für Kommunikation sind - nach DREHSEN - gleichartige Erfahrungen. Diese schrumpfen aber zunehmend in modernen Industriegesellschaften auf die private Sphäre zusammen. Die Religion bietet nun "Kommunikationsraster" an, die weiterhin Kommunikation ermöglichen. Sie entstehen dadurch, daß Momente der Betroffenheit, die zwar in unterschiedlichen Bereichen angesiedelt sind, jedoch strukturell in gleicher Weise auftreten, aus ihren konkreten Zusammenhängen gelöst und zu einem Verbund allgemein-menschlicher Probleme zusammengefaßt werden. Diese künstlich auf Gemeinsamkeit subjektiver Erfahrungen abgestellten Raster verbinden mangelnde Differenzierung mit hoher Plausibilität, da sie gleichsam von jedem erfahrbar und nachprüfbar sind. So wird Kommunikation über unterschiedliche Erfahrungen möglich. Darüberhinaus sind religiöse Kommunikationsmuster identitätsrelevant, insofern als sie die "Sorge um den Menschen" artikulieren und den Menschen Kommunikation ermöglichen, deren Identitätssuche von der Gesellschaft bedroht ist. (Vgl. DREHSEN 1975e, 313ff)
Die Bedeutung der Religion als Kommunikationsraster dürfte für die Türken in der Bundesrepublik in ihrer Situation einer eingeschränkten Kommunikation besonders groß sein, es sei denn, andere Kommunikationsraster wären in der Lage, diese Funktion zu übernehmen.

(44) In diesem Punkt verwechselt MÖRTH m.E. Ursache und Wirkung miteinander oder setzt zumindest unangemessene Akzente. Verhaltenssicherheit gewähren Handlungsmuster primär in dem Maße, wie sie allgemeine Anerkennung genießen. Religion vermag sie durch transzendente Legitimierung nur soweit abzustützen, als die Religion selbst allgemeine Anerkennung genießt, als also auch die transzendente Legitimierung allgemein anerkannt wird.
Man könnte MÖRTH allerdings insoweit Recht geben, daß ein Individuum aus der gesellschaftstranszendenten Abstützung seiner Handlungsmuster Verhaltenssicherheit gegenüber gesellschaftlichen Definitionen gewinnen kann, indem es gesellschaftlichen Definitionen keine oder geringere Relevanz für sein Verhalten einräumt. Ob man in diesem Falle allerdings noch davon reden kann, daß die "normativen Elemente" der Religion Interaktion ermöglichen, erscheint fraglich, denn ihre Verhaltenssicherheit gewährende Funktion beruht ja gerade darauf, daß sie Interaktionen über die Verhaltensregeln ausschließen.

(45) Die dieser Arbeit zugrundeliegende Religionsdefinition ist u.a. auch aus der Auseinandersetzung mit anderen Religionsdefinitionen heraus entstanden. Eine Dokumentation dieser Auseinandersetzung würde jedoch den Rahmen dieser Arbeit sprengen.

(46) Mit den Thesen 1 bis 4 soll das Dilemma der Religionsdefinitionen umgangen werden, das folgendermaßen gekennzeichnet werden kann:
a) Allgemeine (formale) Definitionen, die alle Religionen und religiösen Phänomene erfassen, haben in der Regel den Nachteil, daß sie Religion nicht eindeutig von nicht-religiösen Symbol-

systemen unterscheiden können. Als allgemeine Definitionen nehmen sie ein dem historischen Wandel nicht unterliegendes charakteristisches Definitionskriterium von Religion an. Die Anwendung solcher ahistorischer Definitionen auf historisch-konkrete Formen von Religion - oder, wie DÖBERT in seiner Kritik an der Systemtheorie formuliert: "objektbereichsunspezifischer Theorien" auf "spezifische Objektbereiche" (1973, 155) - ist problematisch, weil die entscheidenden Konstitutionsbedingungen der Religion in der Alltagswelt unberücksichtigt bleiben.
b) Spezifische (inhaltliche) Definitionen von Religion, die auf eine konkrete Form von Religion abzielen, verhindern die Erkenntnis von allgemeinen Bedingungszusammenhängen und erschweren den Vergleich mit anderen Religionen und Symbolsystemen.

Unsere Definition versucht dieses Dilemma zu umgehen, indem sie zum einen Religion und nicht-religiöse Symbolsysteme auf ein "anthropologisches Minimum" (vgl. FLEISCHER 1975, 54f, zur marxistischen Begründung einer "allgemeinen Bedürfnisnatur"), auf die objektive Notwendigkeit und auf das Bedürfnis der Menschen nach Weltaneignung zurückführt (These 2 und 4) und indem sie zum andern Raum läßt für die spezifische Definition von Religion (These 3 und teilweise These 1), die immer nur in Bezug auf eine konkrete Religion in ihrem jeweiligen historischen Kontext erstellt werden kann.

Religion als Deutungssystem, als Alltagstheorie - nicht als dogmatisches System, das sich aus seiner Bindung an die Erfahrungswelt gelöst hat und einer "logischen" Strukturierung unterworfen wurde - unterliegt einer eigenen "Traumlogik" (vgl. Kapitel 2.4.4.), die durch eine der wissenschaftlichen Logik folgende Religionsdefinition nicht erfaßt werden kann. Die Thesen 1 bis 4 tragen diesem Tatbestand Rechnung.

(47) Die Thesen 5 bis 9 sind in Analogie zum Ansatz von HOFFMANN-NOWOTNY (Kapitel 2.2.), zum Deutungsmusteransatz (2.4.) und zum feldtheoretischen Ansatz (Kapitel 2.5.2.) entwickelt worden und versuchen die Bedingungen der Autonomie von Religion zu bestimmen.
Die These 9 reflektiert die Beobachtung, daß z.B. aus dem Bekenntnis eines Christen zum christlichen Gebot der Nächstenliebe keine Rückschlüsse auf sein konkretes Verhalten gezogen werden können. Das Bekenntnis zur Nächstenliebe kann zur Interpretation und Legitimation sehr verschiedener oder gar gegensätzlicher Handlungen benutzt werden. Das heißt nicht, daß solche inhaltlichen Aspekte keinen Einfluß auf das Verhalten ausüben. Im interkulturellen Vergleich lassen sich durchaus Verhaltensunterschiede feststellen (Kapitel 2.3.). Wir nehmen aber an, daß die inhaltlichen Aspekte von Religion gleichsam eine oberflächliche Strukturierung des Verhaltens und der Einstellungen bewirken im Sinne sehr allgemeiner Orientierungen, daß aber das konkrete Verhalten durch andere Mechanismen bestimmt wird (Kapitel 2.4.). Wir sprechen deshalb von der "relativen" Autonomie der inhaltlichen Aspekte von Religion.
Historisch läßt sich diese These z.B. dadurch veranschaulichen, daß der Islam, dessen Ethik in Weiterentwicklung der Stammesethik Solidarität vor allem und zunächst an die Eigengruppe bindet und durchaus machtpolitische Elemente enthält, in seinem Verhalten gegenüber Andersgläubigen nicht im entfernten jene Grausamkeit aufgebracht hat, die die Geschichte des Christen-

tums kennzeichnet, dessen gesamte Ethik im Gebot der Nächstenliebe kulminiert, die sich unterschiedlos allen Menschen gegenüber zu bewähren hat.
Es muß einer eigenen Untersuchung vorbehalten bleiben, die Frage zu klären, ob möglicherweise gerade der Mangel an aggressiven Elementen in der christlichen Ethik - die in der islamischen Ethik durchaus vorhanden sind - und damit ein Mangel an Deutungsmustern, um vorhandene Aggressionen zu legitimieren und in gesetzten Grenzen auszuleben, verantwortlich ist für die Exzesse "christlicher Grausamkeiten" und Aggression. Das hieße aber, daß eine Analyse von Symbolsystemen auch die Lücken dieser Systeme mit berücksichtigen müßte.

(48) These 10 faßt drei für unsere Analyse relevante Dimensionen von Religion zusammen:
These 10a weist vulgär-marxistische Theorien und vulgäre Säkularisationstheorien zurück, indem sie deutlich macht, daß Religion auf "objektive Bedürfnislagen" antwortet, die befriedigt werden müssen, sei es durch Religion oder durch funktionale Äquivalente, wobei zu berücksichtigen ist, daß Religionen möglicherweise andere "Bedürfniskonstellationen" befriedigen als nicht-religiöse Symbolsysteme.
These 10b macht deutlich, daß Religion unabhängig von der subjektiven Überzeugung eines Individuums dessen Handeln mitbestimmt im Maße ihrer sozio-kulturellen Wirklichkeit.
These 10c betont, daß Religion - relativ unabhängig von ihrer jeweiligen Überzeugungskraft und Plausibilität - eine institutionell-politische Wirklichkeit und Macht darstellen kann allein aufgrund ihrer strukturellen Integration in das gesellschaftliche System.

(49) Mit der Einteilung des internationalen Systems in Zentral- und Peripherienationen wird von neueren Theorien der Entwicklungsländerforschung das ökonomische, politische, soziale, kulturelle etc. Gefälle zwischen Industrie- und Entwicklungsländern bezeichnet. Nach den Dependenztheorien ist die Armut der Peripherienationen der Dritten Welt das Ergebnis des relativen Reichtums der industrialisierten Zentralnationen. (Vgl. SENGHAAS 1972; HARBACH 1976, 34ff)

(50) Bei den Interviewzitaten wird jeweils angegeben, ob sie von einem Moslem (M) oder von einem Nicht-Moslem (NM) stammen. Falls weitere Angaben zum Verständnis und zur Einordnung der Zitate notwendig sind, werden diese im Text oder in zusätzlichen Anmerkungen gemacht. Die Unterscheidung Moslem/Nicht-Moslem ist nicht identisch mit einer Unterscheidung Deutsche/Türken, d.h. nicht jeder befragte Moslem ist ein Türke, aber alle befragten Türken sind Moslems (nach ihren eigenen Aussagen), die allerdings unterschiedliche Richtungen vertreten.

(50a) Ein erster Versuch, diesen rechtsfreien Ermessensspielraum der Behörden einzugrenzen, wurde Ende 1980 in Berlin unternommen. Am 01.11.1980 trat ein neuer Erlaß in Kraft, durch den "der Ermessensspielraum der Ausländerbehörde durch einen detaillierten Katalog von Vorschriften über Aufenthalts-, Arbeits- und Abschiebungsmöglichkeiten erstmals verbindlich eingeschränkt" wurde. Die in Berlin lebenden Ausländer sollen damit "besser über ihre Rechte aufgeklärt und die Entscheidungen der Behörden für die Betroffenen vorausschaubar und transparent gemacht werden." (FR 09.10.1980)

(51) Das Memorandum des Bundesbeauftragten für Ausländerfragen HEINZ KÜHN ist unter seinem Namen, HEINZ KÜHN, Ministerpräsident a.D., erschienen als vervielfältigtes Manuskript. Angesichts der Tatsache, daß die staatlichen Pressestellen durchaus nicht nur bedeutsame Schriften im offiziellen Druck erscheinen lassen, wird man diese Form der Publikation, die zugleich ihre geringe Verbreitung garantiert, als deutlichen Hinweis darauf werten müssen, daß die politisch entscheidenden Instanzen nach wie vor nicht an einer breiten Diskussion über die Ausländerpolitik, geschweige denn an einer Kursänderung, interessiert sind.
Das lange erwartete Memorandum hat trotz dieser Einschränkungen sowohl in der Presse als auch in den Fachverbänden große Beachtung gefunden. Beim zuständigen Bundesministerium für Arbeit und Sozialordnung wird seine Behandlung jedoch offensichtlich auf die lange Bank geschoben. Am 29.02. 1980 kam es deshalb bei einer Sitzung des Koordinierungskreises "Ausländische Arbeitnehmer" beim Bundesminister für Arbeit und Sozialordnung zum Eklat. Die Vertreter der beiden Kirchen und ihrer Wohlfahrtsverbände verließen die Sitzung, nachdem erneut eine vorrangige Beratung des seit einem halben Jahr vorliegenden Memorandums abgelehnt worden war (vgl. FR 01.03. 1980).

Am 19.03.80 wurde dann allerdings ein "Integrationsprogramm" der Bundesregierung im Kabinett verabschiedet, das nach Aussagen von HEINZ KÜHN "wesentliche Anregungen" aus seinem Memorandum aufgreift. Die wichtigsten der insgesamt zwanzig Beschlüsse der Bundesregierung sind:
a) Die Einbürgerung der zweiten und dritten Ausländergeneration soll erleichtert werden.
b) Diese Gruppe soll einen Rechtsanspruch auf Arbeitserlaubnis erhalten.
c) Die Berufsvorbereitungsmaßnahmen für ausländische Jugendliche ohne Schulabschluß werden ausgebaut.
d) Überbetriebliche Ausbildungsplätze sollen verstärkt gefördert werden.
e) Die Sozialdienste für Ausländer sollen ausgebaut und stärker auf die Integration der Jugendlichen ausgerichtet werden.
f) Die erste Ausländergeneration soll bereits nach sechs Jahren (bisher erst nach zehn Jahren) Aufenthalt in der Bundesrepublik die deutsche Staatsbürgerschaft erwerben können.
g) Die Bundesregierung unterstützt eine Gesetzesinitiative von Nordrhein-Westfalen, nach der ein Ausländer nach Vollendung des 18. Lebensjahres eine Anspruch auf Einbürgerung hat, wenn er sich seit Vollendung des 12. Lebensjahres dauernd in der Bundesrepublik aufhält. (vgl. hierzu FR 20.03.80)

Ebenfalls am 19.03.80 wurden vom Berliner Senat neue "Leitlinien" und "Maßnahmen zur Ausländerintegration in Berlin" beschlossen (vgl. FR 20.03.80), die mit den Maßnahmen der Bundesregierung abgestimmt waren.

Beide Konzepte deuten einen Wandel in der Ausländerpolitik in Richtung auf eine stärkere Berücksichtigung der sozialen Integration an. Eine generelle Beurteilung dieser Konzepte kann allerdings zum gegenwärtigen Zeitpunkt (April 1980) noch nicht gegeben werden.

(52) Zur Integration der Ausländer im Bildungsbereich vgl. die ausführlichen und jüngsten Darstellungen in LANGENOHL-WEYER u.a. 1979.

(53) Die Generationszugehörigkeit ist ein Begriff, der für typische Sozialisations- und Lebensbedingungen einer bestimmten Altersgruppe steht, die die für diese Generation typischen Einstellungen und Verhaltensweisen hervorrufen.

(54) Die europäische Prägung des Islam hat sich historisch während der Zeit des Osmanischen Reiches entwickelt. Konvertiten aus den Gebieten des heutigen Jugoslawien, Rumänien oder Griechenland, die damals zum Osmanischen Reich gehörten, haben christliche Elemente in den türkischen Islam mit eingebracht. Nach Ansicht eines der befragten Experten gehört zu diesen Elementen eine Form des religiösen Fanatismus und der Intoleranz, die im arabischen Islam in diesem Maße nicht bekannt seien. Das bedeutet jedoch nicht, daß der türkische Islam auf Europa hin orientiert ist. Vielmehr propagiert er heute eher die Abgrenzung gegenüber den "dekadenten" europäischen Industrienationen.

(55) Die Existenz ethnischer Minderheiten oder gar eines Minderheitenproblems wird von der offiziellen türkischen Politik geleugnet. Das Eingeständnis dieses Problems würde als Gefährdung der nationalen Einheit der Türkei angesehen. Bei einem Gespräch im Erziehungsministeriums in Ankara im Oktober 1979 war keiner der Vertreter des Ministeriums bereit, die Existenz von Kurden in der Türkei zuzugeben. In der Türkei leben zwischen 1,5 und 10 Millionen Kurden - die Zahlenangaben differieren sehr stark je nach Quelle. Man spricht allenfalls von sogenannten "Bergtürken". Immer wieder tauchen jedoch Berichte über Benachteiligungen und Verfolgungen von Minderheiten auf. Vgl. z.B. die epd-Dokumentation 49/79, in der außer über christliche Minderheiten auch über den Völkermord an den Armeniern zu Ende des 19. und zu Beginn des 20. Jahrhunderts sowie auch über die Kurden berichtet wird. Die wichtigsten ethnischen Minderheiten in der Türkei sind Kurden, Syro-Araber, Syro-Chaldäer, Griechen, Armenier, Tscherkessen, Tartaren und Larsen.

(56) Vgl. SWANSON 1973. SWANSON sieht in der Struktur des gesellschaftlichen Herrschaftssystems den ausschlaggebenden Faktor für die Übernahme einer bestimmten Form der Religion durch die Bevölkerung. Die Vorstellung von einem immanenten Gott und einer durch ihn legitimierten Herrschaft vertrage sich nur mit solchen Herrschaftssystemen, die auf die Einheit und das Wohl der ganzen Gesellschaft gerichtet sind und keine durch partikulare Zwecke bestimmten Interessen verfolgen. Treffen SWANSONs Thesen zu, dann müßte sich, wie es das Interviewzitat nahelegt, aus der Geschichte der politischen Herrschaftsformen des Osmanischen Reiches eine Begründung für die heutige Form des Gottesglaubens in der Türkei ableiten lassen.

(57) Für eine erste Orientierung kann auf geschichtswissenschaftliche und islamkundliche Werke verwiesen werden, z.B. auf die Arbeiten von M.W. WATT (z.B. 1961; 1962; 1968) oder von GRUNEBAUM 1971; 1969; 1962.

(58) Nach STEINHAUS betrug die Analphabetenquote in der Türkei

1927	89,3 %	1955	59,4 %
1940	77,6 %	1960	59,7 %
1950	65,9 %	(STEINHAUS 1969, 163).	

Nach Angaben des Statistischen Bundesamtes von 1972 betrug die Quote der Analphabeten in der Türkei 47,7 %, davon waren 30,2 % Männer und 65,2 % Frauen. (StBa. 1972, 110) Der Anteil der Analphabeten ist in den älteren Altersgruppen höher und beträgt bis zu 92,4 % bei den über 65-jährigen Frauen. Auf dem Land ist die durchschnittliche Analphabetenquote höher als in der Stadt.

(59) Eine äußerst gründliche und differenzierte Analyse über die Ursachen der Rückständigkeit des Osmanischen Reiches und über die wirtschaftliche und politische Entwicklung der türkischen Republik stellt KESKIN (1978) dar. Vgl. ebenfalls seinen Aufsatz, der die neueste Entwicklung berücksichtigt: KESKIN 1979. Zur Wirtschaftsgeschichte der Türkei vgl. auch SEN 1979.

(60) Die folgende Darstellung orientiert sich streckenweise an dem Aufsatz von XAVIER JAKOB: Le réveil de l'Islam turc. (1978). Vgl. aber auch: KHALID 1974a und 1974b; KESKIN 1978; AHMAD 1977; BELLAH 1958; LANDAU 1974; MARDIN 1969; TURNER 1974; KARAGÖZ 1976; ABADAN-UNAT/YÜCEKÖK 1969/1970.

(61) Zur Geschichte der Medressen vgl. KARAGÖZ 1976, 24ff.

(62) Am 19.08. 1962 gab der Staatsminister H.O. BEKATA folgende Erklärung über das Bildungsniveau der Theologen ab:
Von den 60.000 Theologen der Türkei waren

Analphabeten	55.000,	hatten eine
Grundschulbildung	3.106	(5 Jahre),
Mittelschulbildung	1.298	(3 Jahre),
Gymnasialbildung	417,	
Hochschulabschluß	370.	

Die religiöse Erziehung befand sich überwiegend in der Hand von Analphabeten (vgl. KARAGÖZ 1976, 20).

(63) Einer der Interviewpartner nahm das Verhalten der Türken anläßlich des Fes-Verbotes zum Anlaß, um zu dem Vorurteil, Türken bzw. Moslems seien fatalistisch, Stellung zu nehmen:

"Fatalismus ist nicht ein Problem, das mit dem Islam zusammenhängt. Der Türke geht zwar den Weg des geringsten Widerstandes; was für uns aber fatalistisch aussieht, ist für ihn pragmatisch. Ein Beispiel: Als Atatürk den Fes verbot, waren nur Mützen mit Schirm erlaubt. Wenn nun die Türken in die Moscheen gehen, drehen sie den Schirm einfach nach hinten, so daß sie sich beim Gebet ungestört nach vorne neigen können. Auf diese Weise genügen sie beiden Seiten." (NM)

(64) Der Laizismus war bereits Anfang der dreißiger Jahre mit folgender Formulierung in das Parteiprogramm der Republikanischen Volkspartei (CHP) aufgenommen worden:

"Die Partei bekennt sich zu dem Prinzip, daß die Entstehung und Anwendung aller Gesetze, Verordnungen und Methoden auf der Grundlage des neuesten Standes von Wissenschaft und Technik und entsprechend den Bedürfnissen des Jahrhunderts zu erfolgen habe. Die Religion ist eine Gewissenssache. Daher sieht die Partei die Trennung der Religion von weltlichen und staatlichen Problemen und von der Politik als eine der entscheidenden

Voraussetzungen für den Fortschritt unserer Nation auf dem Wege zu einer zeitgenössischen Zivilisation an." (zit.n. KESKIN 1978, 84) Neben dem Prinzip des Laizismus wurden auf dem ersten großen Parteikongress der CHP vom 15.-20.10. 1927 die Prinzipien "Republikanismus" und "Nationalismus" als Grundsätze für den kemalistischen Staat beschlossen. Der zweite große Parteikongreß verabschiedete dazu die Prinzipien "Volkstum", "Etatismus" und das "revolutionäre Prinzip". Diese Prinzipien gelten bis heute und sind in der Fahne der Partei, sechs weiße Pfeile auf rotem Grund, symbolisch dargestellt. (Vgl. KESKIN 1978, 83)

(65) Der Einfluß des religiösen Faktors auf die Wahlen wird nicht von allen Autoren so hoch eingeschätzt. Vgl. AHMAD 1977, 378.

(66) Zur zunächst liberalen, dann restaurativen Religionspolitik in der Zeit der MENDERES-Regierung von 1950 bis 1960 vgl. ausführlich: KARAGÖZ 1976, 45ff.

(67) Der Begriff "fundamentalistisch" bzw. "Fundamentalismus" bezeichnet an dieser Stelle eine theologische Richtung (die gegenwärtig im Islam, aber auch z.B. im Christentum, zunehmend an Einfluß gewinnt), die die "Wahrheit" durch buchstabengetreues Festhalten an den jeweils heiligen Symbolen zu finden glaubt. Historisch-kritische Textexegese sowie grundsätzlich jeder Versuch, religiöse Symbole situationsadäquat zu vermitteln, werden abgelehnt. Die soziale Realität hat sich den statischen "Wahrheiten" anzupassen. Der Fundamentalismus versucht, den gesellschaftlichen Wandel zu negieren und Gegenwart wie Zukunft nach den Vorstellungen eines nostalgischen Traditionalismus zu gestalten. Er offenbart ein ahistorisches Denken. (Zum islamischen Fundamentalismus vgl. auch KHALID 1978.)

(68) Die Lehre vom Ausgleich sozialer Ungerechtigkeiten in einem Leben nach dem Tode kann durchaus einen revolutionären Impetus entwickeln, wie im Bereich der christlichen Theologie z.B. die lateinamerikanische "Theologie der Revolution" zeigt. (Vgl. dazu z.B. RENDTORFF/TÖDT 1968) Die Vorstellung vom Leben nach dem Tode wird nach dieser theologischen Tradition so interpretiert, daß der Anspruch auf soziale Gerechtigkeit auch für solche Bevölkerungsgruppen angemeldet wird, für die die Verwirklichung dieses Anspruchs aufgrund ihrer ungünstigen Lebensumstände u.U. erst nach ihrem Tod möglich erscheint. Damit richtet sich die so interpretierte Lehre gegen ein Akzeptieren des gesellschaftlichen Status quo auch in den scheinbar oder tatsächlich aussichtslosen Situationen und damit auch gegen die Entwicklung eines "Sklavenbewußtseins".

Historisch sind religiöse und soziale Utopien (als die man auch die Vorstellung vom Leben nach dem Tode bezeichnen kann) in Krisensituationen entstanden, in denen sie den Protest gegen den gesellschaftlichen Status quo formulierten. Vgl. dazu z.B. die Prophetentraditionen im Alten Testament oder soziale Utopien wie MORUS' "Utopia", CAMPANELLAs "Sonnenstaat" oder BACONs "Neu-Atlantis" (in: HEINISCH 1960). Auch der islamische Glaube vom Leben nach dem Tode hatte ursprünglich nicht die Funktion, die Moslems vom Protest gegen ihr Elend abzuhalten. Vielmehr stärkte dieser Glaube die Kampfbereitschaft, indem er selbst

oder gerade dem die Erfüllung dieser Utopie versprach, der in diesem Kampf umkam. Allerdings haben die herrschenden Gesellschaftsgruppen auch immer versucht, diesen Glauben zur Befriedung der Unterdrückten zu benutzen.
MOHAMMED AL-NOWAIHI wendet sich mit theologischen Argumenten gegen eine islamische Jenseitsideologie:
"Der Islam vertröste die Menschen nicht auf Gerechtigkeit des Jenseits: er gibt ihnen den Auftrag, Gerechtigkeit und Gleichheit auf dieser Erde zu suchen und herzustellen. Er gibt ihnen sogar das Recht, sich gegen ungerechte Herrscher aufzulehnen nach dem Spruch: 'la ta'ata li makhlugin fi ma'siyati'l-khaliq': kein Gehorsam für ein Geschöpf in irgendetwas, was Ungehorsam gegen den Schöpfer bedeutet. Das ist nicht einfach ein Recht, es ist eine Pflicht; andernfalls werden sie die Schuld der ungerechten Herrscher teilen und wie sie die gebührende Strafe auf sich laden..." (AL-NOWAIHI 1979 (1976), 7)

(69) Da die Interviewaussagen zu diesem Punkt nur ein lückenhaftes Bild ergeben, werden sie durch Informationen aus anderen Quellen ergänzt. Die Struktur des Kapitels folgt jedoch der Darstellung der Experten.

(70) Der Deutsche Gewerkschaftsbund schreibt über Prozesse gegen den Gründer der Nurdschuluk-Bewegung SAIDI NURSI vor dem Revisionsgericht:
"In der Rechtsprechung des Revisionsgerichtes über die Bücher des Saidi Nursi, die Anlaß für verschiedene Anklagen boten, heißt es, daß die Grundidee in diesen Büchern die Errichtung einer Einheit islamischer Staaten sei, die die Türkei einschließt, nach den Scheriatsgesetzen regiert wird und ihren Sitz in dem Ehrenreich Mekka haben soll. In den Abhandlungen, die behaupten, daß das von Atatürk und seinen Reformen aufgebaute System Ungläubigkeit und kommunistische Aktivitäten verursache, wird der Nationalismus abgelehnt und stattdessen der islamische Internationalismus propagiert. Weiterhin wird die Rückkehr zum Kalifensystem gefordert (Urteil des Revisionsgerichts vom 20.09. 1965 Nr. 243-D1 und 313). Dieses Revisionsgericht hat mit diesem Urteil eindeutig entschieden, daß die Anhängerschaft zur Nurdschu-Sekte unter Strafe steht."
(DGB Februar 1980, 6f)

In einem Brief vom 22.10. 1979 an den Ministerpräsidenten von Nordrhein-Westfalen, JOHANNES RAU, nimmt der DGB Stellung zum Antrag des Islamischen Kulturzentrums Köln auf Anerkennung als Körperschaft öffentlichen Rechts. Darin schreibt er über die in den Islamischen Kulturzentren organisierten Süleymanisten:
"Dabei ist noch wichtig, daß islamische Geistliche in der Türkei, bei denen festgestellt wurde, daß sie süleymanistische Ideen verbreiten, sofort ihrer Ämter enthoben werden, sie werden dann auch sofort vom Kulturzentrum in die Bundesrepublik Deutschland als Prediger geholt und bezahlt."

(71) Linksextremistische türkische Gruppierungen berufen sich nicht auf den Islam, unterhalten keine religiösen Einrichtungen und tarnen ihre Arbeit im allgemeinen nicht als "Pflege kultureller und religiöser Traditionen". Vielmehr treten sie in der Regel offen mit politischem Anspruch auf. Ihre politische Zersplitterung sowie die bei den meisten Gruppen amateurhaft aufgebaute Organisationsstruktur und nicht zuletzt die

gegenüber linksextremistischen Aktivitäten empfindlich reagierende deutsche und türkische Öffentlichkeit schränken die Wirkungsmöglichkeiten dieser Gruppen zusätzlich ein.

(72) Eine verläßliche Dokumentation über die Tätigkeiten der MSP in der Bundesrepublik liegt z.Zt. noch nicht vor. Die genannten Fälle sind Beispiele, die durch ähnlich gelagerte Fälle aus dem Material des Verfassers noch weiter ergänzt werden könnten. Die Beispiele sollen an dieser Stelle jedoch weniger dokumentieren als vielmehr der Veranschaulichung dienen. Dokumentationen, die teilweise auf die MSP eingehen, sind z.B. amnesty international 1979; IgtF 1979; DGB Februar 1980.

(73) Die unkritische Zusammenarbeit deutscher Institutionen mit offiziellen türkischen Stellen wird z.B. bei der Besetzung der Lehrerstellen für den muttersprachlichen Unterricht deutlich. Die Stellen werden in der Regel auf Vorschlag des türkischen Konsulats ohne eine Überprüfung der Lehrer durch die deutsche Schulbehörde besetzt. Die deutsche Schulbehörde hat jedoch offiziell die Aufsichtspflicht für diesen Unterricht. Diese Aufsichtspflicht wird allerdings kaum wahrgenommen. Begründet wird dieses Versäumnis seit langem damit, daß keine sprachkundigen Kräfte zur Ausübung der Aufsichtspflicht zur Verfügung ständen. Dieses Argument ist bis zu einem gewissen Grade verständlich, mit der Zeit verliert es jedoch an Überzeugungskraft, denn sprachkundige Kräfte können ausgebildet werden. Die Folge dieses Stellenbesetzungsverfahrens ist, daß die türkischen Lehrer für den muttersprachlichen Unterricht überwiegend die politische Anschauung der jeweiligen Regierung vertreten und bei einem Regierungswechsel baldmöglichst durch Lehrer der neuen Regierung ausgewechselt werden. Zur Zeit der Regierung der "Nationalen Front" sind daher zahlreiche rechtsextremistische türkische Lehrer in die Bundesrepublik gekommen (vgl. amnesty international 1979, 86ff), die während der Regierung ECEVIT teilweise ausgewechselt wurden.

Bevor türkische Lehrer vom Erziehungsministerium in die Bundesrepublik geschickt werden, müssen sie einen Test durchlaufen. Während eines Gesprächs im türkischen Erziehungsministerium in Ankara Anfang Oktober 1979, an dem der Verfasser teilnahm, wurden von den Vertretern des Ministeriums folgende Angaben zu dem Testverfahren gemacht: Von 12.000 Bewerbern bestanden im Jahr 1978 310 den fachlichen Test. Von diesen wurden aufgrund eines Interviews 250 Lehrer für die Bundesrepublik ausgewählt. Auf die Frage, ob es sich bei diesen Tests um politische Auswahlverfahren handelte, wurde eine Antwort verweigert. Nach mehrmaligem Rückfragen und nachdem die Frage auf die Zeit der Regierung der "Nationalen Front" eingeschränkt worden war, kam die Antwort: "Es kann sein.", was in diesem Zusammenhang eindeutig als Bestätigung aufgefaßt werden mußte. (Zur politischen Überprüfung türkischer Lehrer vgl. auch amnesty international 1979, 87ff.)
Öffentliche Proteste löste der Fall des ALI RIZA ÖZGÜC, Erziehungsrat der türkischen Botschaft in Bonn zur Zeit der "Nationalen Front"-Regierung aus. ÖZGÜC, der von der ECEVIT-Regierung aufgrund seiner engen Verbindungen zu rechtsextremistischen Kreisen entlassen worden war, wurde trotz des massiven Protests zahlreicher türkischer und deutscher Organisationen, u.a. von der Gewerkschaft Erziehung und Wissenschaft, am nord-

rhein-westfälischen Landesinstitut für Lehrerfortbildung als Abteilungsleiter eingestellt. (Zu rechtsextremistischen türkischen Lehrern im deutschen Schuldienst vgl. z.B. Die NEUE 07.08. 1979; zu A.R. ÖZGÜC auch FR 21.03. 1980; zur Unterstützung der MHP durch CDU-Politiker vgl. amnesty international 1979, 65f; FR 02.04.1980.)
Zum Thema 'rechtsextremistische Türken in deutschen Institutionen' sagte einer der Experten: "Bei der Deutschen Welle in Köln - das habe ich aus zweiter Hand: mein Chef hat dort gearbeitet - soll eine größere Gruppe "Grauer Wölfe" beschäftigt sein. Die sind auch unter Intellektuellen verbreitet." (NM)

(73a) Nach Abschluß dieser Arbeit fand im Sommer 1980, also noch in der Zeit der DEMIREL-Regierung, ein Revirement unter den in der Bundesrepublik tätigen türkischen Lehrern statt. Zunächst hatte die Tageszeitung "Cumhürriyet" gemeldet, 3200 türkische Lehrer sollten zurückgerufen werden und durch "garantiert regimetreue Lehrer" ersetzt werden. Gegen diese Austauschaktion hatte u.a. die Gewerkschaft Erziehung und Wissenschaft protestiert. Schließlich wurden die Zahlen erheblich nach unten korrigiert: Von den 625 im türkischen Staatsdienst in der Bundesrepublik tätigen Lehrern sollten "nur" noch 85 ausgewechselt werden (vgl. Berichte u.a. in FR 04.06.80, 06.06.80, 11.06.80).
Die Kritik an diesen Austauschverfahren konzentriert sich auf zwei Hauptpunkte: a) Türkische Lehrer, die wegen ihres kurzen Aufenthaltes die Verhältnisse in der Bundesrepublik nicht aus eigener Anschauung kennen, sind nicht geeignet, die türkischen Kinder hinreichend zu fördern. Die regelmäßig im Gefolge der häufigen Regierungswechsel stattfindenden Austauschaktionen verhindern, daß die dadurch betroffenen Lehrer ausreichende Kenntnisse über die Situation der türkischen Arbeiterfamilien erwerben können. b) Die nach einem Regierungswechsel ausgetauschten Lehrer wurden häufig nach dem Kriterium der Zugehörigkeit zur jeweils herrschenden politischen Richtung ausgewählt. Dadurch konnten auch rechtsextremistische Lehrer an deutschen Schulen unterrichten.
Es wäre deshalb zu fordern, daß die an deutschen Schulen tätigen türkischen Lehrer von den deutschen Schulbehörden eingestellt werden. Zur Zeit sind etwa 1850 türkische Lehrer von deutschen Behörden eingestellt (FR 11.06.80).
Auch der Militärputsch am 12.09.1980 führte wieder zu einer umfangreichen Aktion zur Auswechslung nicht-regimetreuer Staatsbeamter. U.a. wurden in der Türkei tausende von Lehrern entlassen, strafversetzt oder verhaftet (vgl. z.B. FR 03.03.81). Nach Aussagen des Vorsitzenden der von den Militärbehörden verbotenen Lehrer-Vereinigung TÖB-DER wurden bis Ende Februar 1981 gegen 3786 in TÖB-DER organisierte Lehrer Strafverfahren eingeleitet. Die Militärbehörden versuchen sogar, gegen im Ausland lebende Türken vorzugehen: In den türkischen Tageszeitungen werden lange Listen mit Namen von Türken veröffentlicht - darunter international renomierte Künstler wie MELIKE DEMIRAG, CEM KARACA oder SELDA und SANAR YURDATAPAN - die sich den Militärbehörden bis zu einem bestimmten Datum stellen sollen. Andernfalls droht ihnen die Ausbürgerung sowie der Einzug ihres gesamten Vermögens in der Türkei. Von diesen Maßnahmen sind erneut u.a. auch die türkischen Lehrer an den

deutschen Schulen bedroht, so daß die Forderung nach einer generellen Anstellung der türkischen Lehrer durch deutsche Behörden dringende Aktualität gewinnt, wenn nicht die Erziehung der türkischen Kinder in der Bundesrepublik den Wechselfällen der türkischen Politik unterworfen sein soll.

(74) In einem Fernsehinterview äußerte der Hauptimam der Islamischen Kulturzentren, H.R. TÜYLOGLU, allerdings, daß nicht die Absicht bestünde, dieses Recht in Anspruch zu nehmen. (ZDF 26.03. 1980) (Vgl. auch Anmerkung 78.)

(75) Die Erteilung von islamischem Religionsunterricht an deutschen Schulen ist zwar nicht notwendig an die Anerkennung des Islam als Körperschaft öffentlichen Rechts gebunden. In Nordrhein-Westfalen ist z.B. auch ohne eine rechtliche Anerkennung des Islam der islamische Religionsunterricht für die "Vorbereitungsklassen in Normalform" und für die Klassen 5 und 6 der Hauptschule vorgesehen. (Vgl. Richtlinien für den Unterricht...1977, 51f.)
Am 09.12. 1977 erklärte jedoch der damalige Kultusminister von Baden Württemberg, WILHELM HAHN, im Stuttgarter Landtag, der Antrag der "Islamischen Gemeinde Deutschlands" auf die Erteilung von islamischem Religionsunterricht an deutschen Schulen müsse abgelehnt werden, weil Religionsunterricht als ordentliches Lehrfach nur für solche Religionsgemeinschaften eingerichtet werden könne, die den Status einer Körperschaft des Öffentlichen Rechts besitzen. (Vgl. ABDULLAH 1978, 8)

(76) Die Islamischen Kulturzentren sind bereits heute aufgrund ihrer nach außen dargestellten Seriosität in verschiedenen wichtigen gesellschaftlichen Gremien als Repräsentanten der Moslems oder der Türken vertreten. (Vgl. THOMÄ-VENSKE 1980, 19; und ausführlicher THOMÄ-VENSKE im DLF 26.03. 1980.)

(77) In einigen deutschen Städten gibt es Partizipationsmodelle für Ausländer, die die verfassungsrechtlichen Bedenken für ein kommunales Wahlrecht für Ausländer (vgl. z.B. FR 09.06.79) umgehen. Für Berlin wird gegenwärtig ein solches Modell geplant, bei dem Ausländervertreter als "Bürgerdeputierte" gleichberechtigt mit Deutschen in Ausschüssen der Bezirksverordnetenversammlung zusammenarbeiten. (Vgl. FR 20.03. 1980.)
Ein ähnliches Konzept stellt der "Ausländerbeirat" in Gelsenkirchen dar. Im Ausländerbeirat sind sieben Mitglieder des Stadtrates, zwei Türken, ein Grieche, ein Spanier, ein Italiener, ein Jugoslawe und ein Vertreter für die übrigen Nationalitäten vertreten. Der Ausländerbeirat und jedes seiner Mitglieder soll jeweils die Interessen aller Ausländer in Gelsenkirchen und nicht die einer bestimmten Nationalität vertreten. Die Benennung der ausländischen Vertreter erfolgt durch Wahlleute aus den bestehenden Ausländervereinen. Der Beirat arbeitet nach der Geschäftsordnung der Stadt. Seine Sitzungen sind öffentlich.

Die Wirksamkeit solcher Partizipationsmodelle ist begrenzt auf den Bereich der durch "partnerschaftliche Zusammenarbeit" regelbaren Fragen, d.h. Ausländerbeiräte können zur Verbesserung der Kommunikation zwischen Ausländern und deutschen Behörden beitragen und sie können im Bereich informeller Regelungen die Interessen der Ausländer ansatzweise artikulieren. Sofern die deutschen Behörden kooperationsbereit sind, könne solche Beiräte eine politische Partizipation der Ausländer vorbereiten. Sie können jedoch nicht Ersatz sein für legale Möglichkeiten der politischen Interessenvertretung für Ausländer.

(78) In einem Flugblatt des "Islamischen Zentrums Köln" (MSP), (ohne Datum), übersetzt von ABDULLAH COSCUN, Mitglied der "Islamischen Kulturzentren", heißt es u.a.:

"Macht endgültig Schluß! Lernen Sie die Verräter und die maskierten religiösen Feinde kennen!
Seit sie sich in Deutschland befinden, haben die verräterischen Süleymanli (Islamisches Kulturzentrum Köln) versucht, ihre Landsleute finanziell auszubeuten und geistig zu spalten. ... Obwohl dies anhand von Dokumenten nachgewiesen werden kann, haben die Verräter bis heute ihre Tätigkeit in Zusammenarbeit mit der Kirche ungehindert fortgesetzt. Jetzt schließen sie sich zudem noch den von Juden gegründeten Freimaurerlogen an. Die Verräter wollen in Zusammenarbeit mit der deutschen Regierung von jedem Moslem mit Gewalt Steuern kassieren. ... Sie möchten mit Unterstützung der von den christlichen und jüdischen Gemeinden gegründeten Freimaurerlogen in Deutschland jetzt anerkannt werden. ... Wir als "organisierte nationale Ansichtsbewegung" (Milli Görüs Teskilati) machen sie im Namen Allahs darauf aufmerksam. Fallen sie auf keinen Fall auf das Spiel der Juden- und Freimaurerzöglinge herein. Darauf möchten wir unsere naiven Landsleute ausdrücklich aufmerksam machen. Während zwischen den gerechten Moslems und dem Westen der Krieg begonnen hat, arbeiten diese Verräter immer noch mit dem Westen zusammen. Diejenigen, die die Verräter unterstützen, werden danach auf der Erde und im Jenseits befragt."

Die Islamischen Kulturzentren werden von der MSP auch militant bekämpft (vgl. FR 22.08. 1979). Diese Feindschaft der MSP weisen die Islamischen Kulturzentren gerne als Beweis für ihre demokratische Haltung in der Öffentlichkeit vor. Nach ihren Selbstaussagen zu urteilen, unterscheiden sie sich jedoch in ihren Zielen kaum von denen der MSP. In einer Antwort auf die Vorwürfe der MSP schrieb z.B. der oberste Theologe der Islamischen Kulturzentren in der Zeitung Anadolu:

"Von welcher Dienerschaft ist eigentlich hier die Rede? Der von uns beschrittene Weg ist mittlerweile auch den Blinden ersichtlich geworden. ... Nicht wir, die Beschuldigten, haben den Juden gedient, sondern wir haben schon vor Jahren dafür Sorge getragen, daß die dreckigen Antlitze der Judendiener dem islamischen Volk präsentiert wurden. Wo waren denn damals diese Herren, welchem Juden haben sie die von Moslems aufgebaute Motor-Fabrik verkauft, nachdem die für den Konkurs dieser Fabrik gesorgt haben?" (09.11. 1979, zit.n. DGB Februar 1980, 16; vgl. dort auch weitere Zitate von offiziellen Vertretern der Islamischen Kulturzentren.)

(79) Die Vermittlung türkischer Arbeitskräfte erfolgte zunächst überwiegend aus den entwickelten Gebieten der Türkei, später auch aus den weniger entwickelten Gebieten. Ein bedeutender Teil der aus den entwickelten Regionen vermittelten Arbeiter ist lediglich zum Zweck der Auswanderung in diese Gebiete übergesiedelt oder hat sich nur verhältnismäßig kurz dort aufgehalten. Die Herkunft der in die Bundesrepublik vermittelten türkischen Arbeiter (zum Zeitpunkt ihrer Ausreise) gibt ABADAN-UNAT wie folgt an: (in %)

	1967	1971	1973
Marmara	43,6	22,4	18,0
Zentralanatolien	16,0	23,2	26,5
Schwarzmeer	10,8	13,8	14,4
Westanatolien	11,0	25,0	23,6
Ostanatolien	10,0	7,8	8,0
Südanatolien	8,6	7,8	9,5

(ABADAN-UNAT 1976, 388, Tab. 4)

(80) Die gesellschaftliche Oberschicht ist in der Türkei überwiegend westlich orientiert. Die Geschlechtsrollen tendieren in dieser Schicht auf eine Gleichrangigkeit hin, wenn auch nach wie vor patriarchalische Strukturen überwiegen. Aber es ist durchaus möglich, daß Frauen Spitzenpositionen im wirtschaftlichen, wissenschaftlichen oder im Verwaltungsbereich innehaben.

(81) Ohne eine solche Untersuchung mit der nötigen Gründlichkeit hier durchführen zu können, scheint mir der Versuch einer Anwendung der im Zusammenhang mit den Studien zum "autoritären Charakter" entwickelten Faschismus (F) - Skala bzw. einige ihrer Variablen auf bestimmte Erziehungsformen in türkischen Familien und auf die entsprechenden Persönlichkeitsstrukturen zumindest aus heuristischen Interessen sinnvoll. Die neun Variablen der F-Skala (Konventionalismus, autoritäre Unterwürfigkeit, autoritäre Aggression, Anti-Intrazeption, Aberglauben und Stereotypie, Machtdenken und Kraftmeierei, Destruktivität und Zynismus, Projektivität, Sexualität - ADORNO 1976, 45ff) können mehr oder weniger direkt zur Erklärung antidemokratischer Züge in der Charakterstruktur rechtsgerichteter Türken herangezogen werden.

Dabei bin ich mir der Probleme einer direkten Anwendung der F-Skala auf türkische Arbeitsmigranten bewußt. Die dabei zu berücksichtigenden theoretischen und methodologischen Fragen können hier nicht aufgenommen werden. Der Versuch einer ersten "oberflächlichen" Anwendung der F-Skala setzt daher auf der Ebene der Plausibilität an und versteht sich als Vorschlag für eine mögliche Untersuchung antidemokratischer Potentiale unter türkischen Migrantenfamilien.

(82) Diese die Autorität der Eltern mindernde Wirkung einer gründlichen Ausbildung erstreckt sich nach der Ansicht eines Experten selbst auf den religiösen Unterricht in den Korankursen.
"Der Kölner Mufti (oberster geistlicher Beamter in einer bestimmten Region) wünscht, daß an den (deutschen) Schulen (islamischer) Religionsunterricht eingeführt würde: 'Dann könnten

wir uns um das eigentliche Problem kümmern, die Erwachsenenbildung', sagte er einmal. So passiert es nämlich oft, daß Kinder in der Koranschule Dinge über den Islam lernen, die nicht übereinstimmen mit dem, was ihnen die Eltern gesagt haben. Daraus erwachsen nicht selten Autoritätskonflikte." (M)

Die durch Korankurse ausgelösten Autoritätskonflikte dürften jedoch relativ gering sein, da die Erziehung in den Korankursen gerade darauf abzielt, die Autorität der Eltern abzustützen. (Vgl. Kapitel 3.3.3.)

(83) Dieser Sachverhalt wird in zahlreichen theoretischen und empirischen Arbeiten belegt und soll deshalb hier nicht weiter ausgeführt werden. Stellvertretend für die Literatur zu diesem Thema sei auf die Arbeit von NEUMANN 1980 verwiesen; dort finden sich auch Hinweise auf weitere Literatur.

(84) Die Drei-Generationen-Hypothese besagt zusammengefaßt etwa folgendes:
Für die <u>erste Einwanderergeneration</u> verbessert sich mit der Einwanderung die ökonomische Lage. Andererseits sind die Einwanderer als Ausländer stigmatisiert. Deshalb suchen sie nach einem Rückhalt in der eigenen ethnischen Gemeinschaft und pflegen intensiv Sprache, Lebensstil und Religion.
Die <u>zweite Generation</u> orientiert sich nicht mehr an den früheren Verhältnissen im Herkunftsland und ist nicht mehr mit der relativen ökonomischen Verbesserung zufrieden. Sie sieht vielmehr die gesellschaftlichen Möglichkeiten, von denen sie jedoch ausgeschlossen ist (Anomie). Daraus entsteht der Wunsch, 'ganze' Amerikaner zu werden, um an den Chancen der Gesellschaft partizipieren zu können. Die ethnische Herkunft wird hierbei als hinderlich erfahren und angesehen. Deshalb wird die eigene Tradition (und Religion) verleugnet und als Ballast abgeworfen. (Dazu einer der befragten Experten: "Bei den Jugendlichen hat das Leben in der Bundesrepublik die Folge, daß sie ihren Hintergrund verleugnen. Ich erwarte aber, daß eine Rückwendung zur Tradition noch bevorsteht." (M))
Die Konsequenz dieser Haltung war: Eine instabile Existenz am Rande der Gesellschaft; weder eine polnische noch eine amerikanische Identität.
Die <u>dritte Generation</u> wurde durch ihre Teilnahme am Zweiten Weltkrieg zu 'echten' Amerikanern. Integration und Diskriminierung sind für sie keine echten Probleme mehr. In dieser Situation wird das Bedürfnis nach einer eigenen Identität wieder stärker, um nicht in der amorphen Kultur des Amerikanertums aufzugehen, d.h. das Bedürfnis danach, ein Amerikaner mit eigenem Profil zu sein. Die Betonung eines eigenständigen Charakters war - ohne erneut zum Außenseiter gemacht zu werden - nur durch eine 'nostalgische Rückbesinnung' auf die Religion der Großeltern möglich, da die katholische Religion in den USA bereits etabliert war. Eine Betonung des Polentums hätte die Betonung eines gesellschaftsfremden Elements bedeutet. Pole und Amerikaner konnten sie nicht sein, wohl aber Katholik und Amerikaner.

Daß der Islam die gleiche Funktion für die Türken übernehmen könnte wie der Katholizismus für die Polen in den USA, muß zumindest für die nahe Zukunft bezweifelt werden. Weder hat sich bisher in der Bundesrepublik ein "Pluralismus der Religionen" (vgl. LENSKI 1965) entwickelt, wie er in den USA existiert, noch ist der Islam in der deutschen Gesellschaft in ähnlicher Weise etabliert, wie der Katholizismus in den USA. Schließlich hat sich der Islam in den letzten Jahren in den "islamischen Ländern" zu einer Ideologie der Abgrenzung gegenüber dem früheren und gegenwärtigen Imperialismus der westlichen Industrienationen (wie auch gegenüber den Staaten des sogenannten "realen Sozialismus") entwickelt, und er beginnt, ein eigenes politisches Selbstbewußtsein der Moslems zu begründen, dessen eines Merkmal eine gewisse Distanz zu den existierenden politischen Machtblöcken ist. (Vgl. KHALID 1978) Diese allgemein mit dem Begriff "Re-Islamisierung" bezeichnete Entwicklung wird vermutlich nicht ohne Einfluß auf die Entwicklung des Islam in der Bundesrepublik bleiben, zumal Staaten wie Libyen und Saudi Arabien Vertreter dieser Richtung (wie das Islamische Zentrum in Aachen) finanziell unterstützen.

(85) Die religiöse Praxis der Moslems beruht auf fünf als "Säulen des Islam" bezeichneten Pflichten:
Die wichtigste Pflicht ist das Glaubensbekenntnis, die "Schahada": "Es gibt keinen Gott außer Gott, und Mohammed ist der Gesandte Gottes. Mit diesen Worten bekennt der Moslem seine Ergebung unter den Willen Gottes (Islam) und ordnet sich ein in die weltweite Religionsgemeinschaft des Islam (Umma).
Die zweite Pflicht ist das fünfmal am Tage in immer gleicher Form und gleichem Ritus zu verrichtende Gebet (salat). Das Gebet soll möglichst in der Gemeinschaft mit anderen Gläubigen verrichtet werden. Das individuelle Gebet wurde im Islam erst durch die Mystik (Sufismus) betont.
Zu den weiteren Pflichten zählen die Armensteuer (sakat) zugunsten der Armen der Gemeinde, zu der jeder Moslem verpflichtet ist,
die Wallfahrt nach Mekka (Haddsch), die möglichst einmal im Leben durchgeführt werden soll,
und das Einhalten des Fastenmonats Ramadan (türkisch: Ramazan), ein Monat, in dem es verboten ist, zwischen Sonnenaufgang und -untergang zu essen, zu trinken, zu rauchen oder Geschlechtsverkehr zu haben. Im Unterschied zu den christlichen Fastenzeiten ist der Ramadan jedoch kein trauriger Monat. Nach Sonnenuntergang und vor allem am Ende der Fastenzeit werden gemeinsame Feste veranstaltet.
All diese Pflichten haben einen starken Gemeinschaftscharakter, der sich von der individualistischen Frömmigkeit der christlichen Religion in den westlichen Industrienationen unterscheidet.

(86) Die Möglichkeit einer historischen Interpretation des Koran wird von vielen Moslems abgelehnt. "Kein muslimischer Theologe wird es wagen, an dem Koran als der Kopie einer himmlischen Urschrift etwas zu kritisieren. Es kann für ihn nur eine verschiedene Auslegung geben, aber nie ein Abschwächen der strengen Wortoffenbarung (Verbalinspiration), die für dieses Buch gefordert wird. Darum hat der Koran nur in der arabischen Sprache Gültigkeit. Übersetzungen koranischer Texte werden als Erklärungen aufgefaßt." (HÖPFNER 1977, 28f)
Islamische Reformtheologen treten jedoch für eine historische Interpretation des Koran und der Aussprüche Mohammeds (Hadith), sowie der Sunnah (Tradition als Rechtsquelle) ein. Einer meiner Gesprächspartner wies auf ein frühes Beispiel solcher Inter-

pretationen hin: Die schweren Strafen des islamischen Rechts, wonach z.B. Dieben die Hand abgeschlagen werden soll, seien zwar nach dem Koran geboten, sie hätten jedoch für eine Gesellschaft gegolten, in der es kein Privateigentum gegeben habe und in der keiner aufgrund seines Besitzes Gewalt über einen anderen besessen habe. Diese Gesetze seien jedoch bereits durch den Kalifen OMAR abgeschafft worden, weil sich die gesellschaftlichen Verhältnisse zur Ungleichheit hin verändert hätten. Heute werde deshalb von Reformtheologen die Ansicht vertreten, erst wenn die Gleichheit aller wiederhergestellt sei, könnten und sollten die im Koran genannten Strafen wieder gelten.
Am 13.01. 1979 wies M.S. ABDULLAH in einer Sendung des NDR auf die aktuelle Bedeutung der wenig entwickelten Exgese islamischer Religionsquellen hin:
"Bei der Debatte um die Wiedereinführung des Scharia-Rechts muß man sich freilich klar machen, daß es im Islam kaum eine historisch-kritische Methode für die Exgese der Religionsquellen, des Koran und der Sunnah, gibt. Die islamische Exegese hat sich, von einigen Ausnahmen abgesehen, seit dem Mittelalter nicht mehr fortentwickelt. Daher wird auch heute, nach 1.400 Jahren, noch vielen zeitlich bedingten Empfehlungen des Propheten Mohammed ein bleibender Verbindlichkeitswert zugesprochen. Daher hält eine seit langem vorhandene Versteifung der Lebensformen ganzer moslemischer Gemeinschaften und Nationen an. Deshalb werden kulturelle, zivilisatorische, rechtliche, wirtschaftliche und politische Entwicklungen völlig ignoriert, während man sich auf der anderen Seite bedenkenlos der modernen Technologie bedient.

Viele tiefgründige und ernstzunehmende Theologen gehen längst davon aus, daß es sich bei der in den Jahren 622 bis 632 n.Chr. in Medina erlassenen Gesetzgebung ohnehin um situationsbedingte Anweisungen an die frühislamische Gemeinde gehandelt hat, die von ihren Feinden hart bedrängt und verfolgt wurde. Hinzu kommt, daß viele Gesetze augenscheinlich exemplarischer Natur sind. In einem Lande, in dem Überfälle auf Karawanen und Blutfehde an der Tagesordnung waren, in dem Frauen keinerlei Rechte besaßen, in dem also auf nahezu allen Gebieten menschlichen Zusammenlebens Rechtsunsicherheit herrschte, waren derartige Strafandrohungen sicherlich notwendig, wenn man eine neue Gesellschaftsordnung formen wollte..." (ABDULLAH 1979a, 16)

(87) Ein Beispiel für diese Form der theologischen Interpretation stellt der Beitrag von NIHAT TARHAN, Imam am Islamischen Kulturzentrum Hamburg und Umgebung, in der türkischen Zeitung Anadolu vom 19.10. 1979 dar. Anadolu veröffentlicht regelmäßig Beiträge türkischer Theologen aus den Islamischen Kulturzentren (vgl. Einleitung und K. 3.2.3.).

"Die Krankheiten, die in unserer Welt in Erscheinung treten, sind eine Folge dessen, daß wir nicht den Worten unseres Propheten Beachtung schenken. Allah hat im Organismus der Menschen 384 funktionell arbeitende Engel eingesetzt. Meine Herrschaften beachtet: nicht 385, nein - nicht 385, sondern genau 384. Zwei hiervon sind für die Funktionen des Stuhlgangs - mit anderen Worten, sie haben sich bereiterklärt, vor der Toilettentür Wache zu stehen - zuständig. Sie stehen in der Rangordnung höher und erhabener, weil sie von den anderen 382 Aufgaben gerade diese übernommen haben.

Die menschlichen Wesen sollten, nachdem sie den Stuhlgang erfolgreich beendet haben, folgendes sagen:

"ELHAMDÜ LILLAHILLEZI EZHEBE ENNIL EZA VE AFANI MIN ZA LIK" (Gepriesen sei Gott, der Böses von mir fortgenommen hat und mir die Versuchung abgenommen hat - T.-V.)

Wer dies befolgt, wird nicht an Prostata erkranken. ...

Meine Freunde: Tut diese Anempfehlungen nicht als Banalitäten ab. Die Freunde Gottes haben auf diese Weisen ihre Würden erreicht. Beispiel: Seine Heiligkeiten, die Imams, belieben zu sagen: 'Ich bin gezwungen, den Anordnungen seiner Heiligkeit auf die Minute genau nachzukommen. Falls ihr etwas an mir wahrnehmt, kommt es daher, daß ich den Anordnungen des Herren Ehrerbietung entgegenbringe. Wie auch immer, trat bei mir eines Tages eine Verstopfung ein. Ich habe über das, was mit mir geschah, nachgedacht. Endlich wurde mir der Grund dieses Zustandes verständlich. Ich bin nicht, wie den Anordnungen seiner Heiligkeit Folge leistend, zuerst mit dem linken, sondern mit dem rechten Fuß in die Toilette hineingegangen. Das war der Grund, warum ich mit diesem Zustand konfrontiert wurde. Nach einer sofortigen Gnade Gottes flehend, trat eine Besserung ein. Ich habe versucht, nicht noch einmal diesen Fehler zu begehen." (zit.n. DGB Februar 1980, 20)

Diese theologische Auslegung beruft sich auf den Gründer der Süleymanli-Bewegung (vgl. Kapitel 3.2.3.), SÜLEYMAN HILMI TUNAHAN, und hat mit seriöser islamischer Theologie nicht viel zu tun. Sie ist jedoch ein Beispiel für von türkischen Theologen in der Bundesrepublik vertretene Ansichten. Man muß annehmen, daß die mündlichen Äußerungen, die diese Theologen in Moscheen und Korankursen machen, nicht von größerer Qualität sind. Es erscheint deshalb zweifelhaft, ob türkische Eltern und Kinder durch Ratschläge dieser Art Hilfen für ihr Leben in der Bundesrepublik gewinnen. Solche Ratschläge scheinen vielmehr die Illusion zu wecken, man könne durch peinliche Befolgung irgendwelcher Vorschriften die Zufälle des Lebens beherrschen. Damit befriedigen diese Theologen möglicherweise ein Bedürfnis nach Sicherheit, das für die Türken im sozialen und beruflichen Bereich gegenwärtig nicht einlösbar erscheint.

(88) Die Beobachtung, daß die Diasporasituation der Moslems eher traditionalistische als reformistische Orientierungen begünstigt, wird z.B. durch Untersuchungen über religiöse Sekten (vgl. Anmerkung 36) bestätigt.
"Rejecting both cultural pluralism and group assimilation, they (die Minderheiten) seek a stage of religious self-determination and group purity. Fundamentalists seek adherence to the absolute interpretation of religion most often identified with the past. Seeking to remain free of liberal religious groups, they will often express antagonism to the established culture." (LEE 1967, 358f)

(89) Diese Form der Argumentation wird gegenwärtig auch in den christlichen Kirchen durch zunehmend an Einfluß gewinnende fundamentalistische Gruppen vertreten, deren Entwicklung parallel zu politischen Restaurationsprozessen verläuft.
So bestehen z.B. Ähnlichkeiten in den Zielvorstellungen und in der Art der Verwendung religiöser Quellen zwischen fundamentalistischen Moslems und den fundamentalistischen "Bekenntnisbewegungen" innerhalb der protestantischen Kirchen: Auf der Tagung der Bekennenden Gemeinschaften in den evangelischen

Kirchen Deutschlands am 20. und 21.10. 1979 wurde ein sogenannter "Wächterruf" der Presse übergeben, in dem u.a. versucht wird, traditionalistische Sexualnormen durch eklektizistisches Zitieren von Bibelstellen als christlich geboten darzustellen. (Vgl. den Abdruck des "Wächterrufs" in FR 06.11. 1979)
In ähnlicher Weise werden gegenwärtig innerhalb der katholischen Kirche die restaurativen Bestrebungen durch Papst JOHANNES PAUL II stark gefördert. (Vgl. z.B. das Einlenken des Papstes gegenüber dem fundamentalistischen französischen Erzbischof MARCEL LEFEBVRE, FR. 19.03. 1980, und gleichzeitig die Verfahren gegen reformorientierte Theologen wie HANS KÜNG)

Der wachsende Einfluß fundamentalistischer und traditionalistischer Gruppen spricht dafür, daß der rapide soziale Wandel auch von Deutschen bzw. Westeuropäern zunehmend als verunsichernd erfahren wird.
Ähnliche Probleme wurden von der Religionssoziologie vor allem im Zusammenhang mit Forschungen über religiöse Sekten analysiert (vgl. Anm. 36). O'DEA (1970a) untersuchte z.B. eine Gruppe katholischer Studenten, deren Verhalten durch eine totale Ablehnung der modernen Kultur und durch aggressive, militant-religiöse Reaktionen bestimmt war.

(90) In den verschiedenen Berichten werden die Begriffe "Koranschule", "Korankurs" und "Koranunterricht" synonym verwendet. Sowohl die Islamischen Kulturzentren als Veranstalter von Korankursen als auch staatliche Instanzen haben die Bezeichnung "Koranschule" als mißverständlich zurückgewiesen.
"Bei den'Koranschulen' handelt es sich nicht um Schulen im Sinne der Landesverfassung und Schulgesetze, sondern um eine unterrichtsähnliche Maßnahme zur Vermittlung der für die aktive Glaubenspraxis des Islam notwendigen Suren (Kapitel des Koran) in arabischer Sprache. Die Bezeichnung 'Koranschulen' ist mißverständlich." (LANDTAG NORDRHEIN-WESTFALEN: Drucksache 8/2235, 2) In dieser Arbeit wird deshalb im allgemeinen die Bezeichnung Korankurs verwendet.

(90a) Am 15.04.1980, am selben Tag, als diese Arbeit abgeschlossen wurde, wurde die große Anfrage der SPD-Fraktion bezüglich der Koranschulen vom Hamburger Senat beantwortet. In einer Anlage zu dieser Antwort wurden Ergebnisse aus der erwähnten Befragung an den Hamburger Schulen veröffentlicht, jedoch nicht in Form einer Auswertung der Befragung (Bürgerschaft der Freien und Hansestadt Hamburg: Drucksache 9/2050). Es wurden lediglich eine Auswahl von Anworten den jeweiligen Fragen zugeordnet, ohne daß deutlich gemacht wurde, welchen Stellenwert die ausgewählten Zitate innerhalb des Spektrums der Antworten haben. Außerdem wurden sämtliche Namen und Adressen unkenntlich gemacht, so daß - wie oben im Text bereits gesagt - die Befragung keine justiziablen Ergebnisse erbrachte.

(91) Trifft die Interpretation dieses Satzes zu, daß die Kinder nur an Feiertagen für zwei Stunden unterrichtet werden, dann müßte man von bewußter Irreführung der Ausschußmitglieder sprechen, wie die Interviews mit den Koranschülerinnen und dem türkischen Theologen beweisen.
Wenn diese Aussage jedoch nur ungeschickt formuliert wurde - der Sprachstil des Briefes spricht dafür, daß der Brief nicht von einem Deutschen verfaßt wurde - und wenn sie bedeutet, daß täglich zwei Stunden und am Wochenende mehr als zwei Stunden lang Koranunterricht erteilt wird, dann kann die Bemerkung nicht als Argument gegen den Vorwurf der Überlastung der Kinder durch den Koranunterricht gewertet werden.

ANHANG

I. Erster Fragebogen zur Durchführung der Interviews 1 - 3

1. Welche Verbände vertreten Sie? Bei welchen sind Sie Mitglied? Welche Funktionen üben Sie aus? Welche Arbeiten führen Sie durch? Welchen Beruf haben Sie?

2. Welcher Partei gehören Sie an? Welcher politischen Richtung rechnen Sie sich zu? Welche religiösen Überzeugungen haben Sie?

3. Welche Verbindungen bestehen zwischen politischen Kräften in der Türkei und religiösen Gruppen in der Bundesrepublik?

4. Werden/wurden durch die türkische Regierung bestimmte religiöse Gruppen gefördert? Warum?

5. Welchen politischen Einfluß üben Rückkehrer aus? Dient die Islamisierung (gewollt oder nicht gewollt) einer Befriedung 'politisch unruhiger' Gruppen?

6. Legen Eltern Wert auf die religiöse Erziehung der Kinder?

7. Wie sieht diese Erziehung aus? Erziehungsinhalte? Erziehungsmethoden?

8. Welche Möglichkeiten bestehen zur öffentlichen Ausübung der Religion?

9. Wie wird der Konflikt empfunden, daß eine die gesamte Gesellschaft prägende Religion (ihrem Anspruch nach) in der Bundesrepublik zu einer Privatsache eingeschränkt wird?

10. Welchen Einfluß hat der in der Türkei in Gang gesetzte Prozeß der Laizisierung für die religiöse Einstellung der Türken in der Bundesrepublik?

11. Welche Bedeutung hat es für die Türken in der Bundesrepublik, daß die Laizisierung in der Türkei schichtspezifisch unterschiedliche Erfolge hatte?

12. Ist der laizistische Staat im Bewußtsein der türkischen Arbeiter verankert, stehen sie zu ihm? Bestand in der Türkei unter der Gruppe, aus der die Auswanderer stammen, besondere Ablehnung oder Zustimmung zu dem laizistischen Staat?

13. Bekommt der Islam unter der Erfahrung von Diskriminierung, Entwurzelung, Zerstörung der Familien eine neue Bedeutung? Gewinnt er an Bedeutung? Fördert er weitere Separation? Ermöglicht er erst eine Auseinandersetzung mit der Umwelt auf der Basis eines nationalgruppenspezifischen Selbstbewußtseins?

14. Gibt es Koranschulen in Ihrem Wohnort? Wieviel türkische Jungen/Mädchen besuchen sie? Wie sieht der Unterricht aus? Wieviel Stunden, welche Tageszeit, welches Alter? Erziehungs-

ziele, -methoden, -inhalte?

15. Welche Einstellung haben die Eltern zu den Koranschulen? Unterstützen sie sie inhaltlich? Betrachten sie sie als Kulturwahrer? oder als Aufbewahrung ihrer Kinder?

16. Wer bezahlt/kontrolliert türkische Lehrer/Imame?

17. Welchen Einfluß übt der Islam aus auf das Verhalten, Einstellungen, Formen des Lernens?

18. Welche politische Bedeutung hat der Islam in der Türkei/ Bundesrepublik?

19. Welche religiösen (politischen) Gruppen gibt es auf Seite der Türken in der Bundesrepublik?

20. Mit wem identifizieren sich die türkischen Kinder? (Die deutsche Umwelt lehnt sie ab, ihre Normen können sie nicht erfüllen. Welche Identifikationsmöglichkeiten bietet die Eigengruppe? Welche Rolle spielt in diesem Zusammenhang die Religion?)

21. Welche politisch-ideologischen Funktionen üben die Koranschulen aus?

22. Haben die türkischen Gemeinden in der Bundesrepublik eine Funktion als konservierendes, stabilisierendes soziales Element?

23. Kann der Islam verknüpft werden mit den Erfahrungen der Türken in der Bundesrepublik? Gibt es hierzu Ansätze? Welchen Einfluß haben Reformtheologen?

24. Haben die grundlegenden Konflikte der Türken mit der deutschen Gesellschaft religiöse, kulturelle, nationale, schichtspezifische oder andere Ursachen?

25. Ist eine Tendenzwende in den türkischen Gemeinden in Richtung auf eine stärkere Distanzierung von der deutschen Gesellschaft festzustellen?

26. Welche Bedeutung haben anti-islamische Ressentiments in der deutschen Gesellschaft?

27. Welche besonderen Ausprägungen hat der Islam bei nichtarabischen Völkern?

28. Welche Konsequenzen ergeben sich aus dem Mangel einer allgemeinen Lehrautorität und einer institutionalisierten Kirche im Islam?

29. Welche Bedeutung hat der Islam für die Bewältigung von Lebenskrisen?

II. Interviewer - Leitfaden zur Durchführung der Interviews 4 - 15

1. Was sehen Sie gegenwärtig als die zentralen Probleme an, die sich aus dem Aufenthalt türkischer Familien in der Bundesrepublik ergeben?

- Auf Seiten der Türken oder auf Seiten der deutschen Gesellschaft?
- Handelt es sich um spezielle Probleme der Türken oder um allgemeine Ausländerprobleme?
- Können Sie eine Gewichtung vornehmen?
- Warum diese Probleme, warum diese Gewichtung?

2. Was sehen Sie gegenwärtig als die dringlichsten Aufgaben an, die kurzfristig und langfristig gelöst werden müßten, wenn die Probleme der türkischen Wohnbevölkerung gelöst werden sollen?

3. Was sind Ihre Aufgaben, welche Tätigkeit üben Sie (in diesem Verband) aus?

4. Haben Sie in Ihrer Arbeit mit dem Islam bzw. mit der durch ihn geprägten Kultur der Türken zu tun? In welcher Weise?

5. Wie würden Sie ihre eigene Einstellung zum Islam kennzeichnen? Was für ein Bild haben Sie vom Islam?

- Wurde Ihre Einstellung durch die jüngsten Ereignisse in der Türkei und im Iran beeinflußt? In welcher Weise?

6. Welche Bedeutung hat nach Ihrer Meinung der Islam für die Türken in der Bundesrepublik?

- In persönlicher, gesellschaftlicher, politischer Hinsicht?
- Aus welchen Beobachtungen schließen Sie das?

7. Welche Bedeutung hat die Herkunft aus der Türkei, welche hat das Leben in der Bundesrepublik auf die Einstellung der Türken zum Islam? Welche Gründe haben Sie für Ihre Einstellung?

8. In welcher Weise prägt Ihrer Meinung nach der Islam Einstellungen und Verhalten der Türken in der Bundesrepublik?

- Bestehen Unterschiede zwischen fundamentalistischen Muslimen und Atheisten? (Im persönlichen Verhalten, in der politischen Haltung?)
- Welche Bedeutumg hat der Islam für Integration bzw. Desintegration der Türken in die Gesellschaft der Bundesrepublik? (Problemlösungsverhalten?) Woraus schließen Sie das?
- Radikaler Nationalismus und undemokratische Vorstellungen werden nicht nur bei den Türken vertreten (z.B. griechische Schulbücher). Wie unterscheiden sich Türken in dieser Beziehung von anderen Ausländergruppen? Sehen Sie einen Zusammenhang mit der islamischen Religion?

9. Welche Rolle spielt der Islam in der Erziehung der Kinder?

- Was bedeutet islamische Erziehung in der Bundesrepublik für die Eltern (Mann/Frau), was für die Kinder (Junge/Mädchen)?
- Wie geschieht islamische Erziehung in der Bundesrepublik? Wer erzieht? Was wird vermittelt?
- Welche Bedeutung hat der Islam für die Persönlichkeitsentwicklung der Kinder?
- An welchen Werten und Normen orientieren sich die türkischen Kinder? Im Unterschied zu ihren Eltern?
- An welchen religiösen, kulturellen und gesellschaftlichen Wertvorstellungen soll sich die Erziehung türkischer Kinder in der Bundesrepublik orientieren?

10. Welche Bedeutung haben Ihrer Meinung nach die Koranschulen in der Erziehung der Kinder?

- Welche Kinder und wieviele besuchen sie? Warum?
- Wer sind die Träger? (Nachweise)
- Welche Ziele werden Ihrer Meinung nach mit den Koranschulen verfolgt?
- Wie wirkt sich der Besuch einer Koranschule auf das Verhalten und die Einstellungen der Kinder aus?
- Halten Sie die Vorwürfe, die den Koranschulen gemacht werden, für berechtigt? Warum?
- Erscheint Ihnen eine positive islamische Erziehung unter den gegenwärtigen Bedingungen möglich? Wie? Halten Sie eine solche Erziehung für notwendig?

11. Mit welchen Verbänden, Organisationen und Gruppen arbeiten Sie bei der Lösung der Probleme türkischer Familien in der Bundesrepublik zusammen?

12. Welche Probleme und Erfahrungen halten Sie noch für wichtig, die bisher nicht im Interview angesprochen worden sind?

III. Interview mit LÜTFÜ SENTÜRK

Das folgende Interview wird hier vollständig wiedergegeben, weil es die Stellungnahme eines der höchsten Repräsentanten des Islam in der Türkei zu den Fragen dieser Arbeit enthält, die besonders im Hinblick auf den Anerkennungsantrag der Islamischen Kulturzentren von Interesse sind.

LÜTFÜ SENTÜRK war der Stellvertreter des Vorsitzenden der Behörde für religiöse Angelegenheiten (Diyanet Isleri Baskani) in Ankara und ist seit Januar 1980 Religionsbeauftragter der türkischen Botschaft in Bonn. Das Gespräch wurde am 11.10. 1979 in Ankara mit Hilfe eines Dolmetschers geführt. Aus technischen Gründen war es nicht möglich, eine Tonbandaufnahme zu machen. Das Gesprächsprotokoll wurde während des Interviews angefertigt.

T-V: Welche Aufgaben erfüllen die Koranschulen in der Türkei?

S: In den Koranschulen der Türkei lernt man, den Koran zu lesen und alle die Dinge, die die Muslime wissen sollen. Sie sollen ihren Glauben bezeugen, sie müssen fünfmal am Tag beten, sie sollen Almosen geben, fasten im Ramazan und einmal im Leben nach Mekka pilgern, wenn sie es sich leisten können.

T-V: Lernen die Kinder in den Korankursen auch, wie sie sich verhalten sollen?

S: Die Kinder sollen den Koran lernen und die Bewegungen, die man beim Beten machen muß.

T-V: Werden Jungen und Mädchen in den Koranschulen der Türkei unterschiedlich erzogen?

S: Es gibt keinen Unterschied zwischen den Jungen und den Mädchen.

T-V: Gibt es in der Türkei Korankurse, die nicht von der Regierung genehmigt wurden?

S: Es gibt keine freien (nicht genehmigten) Korankurse. Die Schüler in der Türkei gehen freiwillig in die Kurse. Es wird keiner gezwungen.

T-V: Gibt es allgemeine Bestimmungen über die Durchführung der Korankurse?

S: Für jedes Jahr wird vom Staat ein Programm für die Kurse festgelegt. Es ist verbindlich für die Durchführung der Kurse.

T-V: Kann ein Muslim jede in der Türkei existierende Partei wählen?

S: Die Muslime sind frei, alles zu wählen.

T-V: Auch eine kommunistische Partei?

S: In der Türkei sind kommunistische Parteien nicht zugelassen.

T-V: Kann ein Muslim eine Partei wählen, die dem Islam kritisch gegenübersteht, wenn er der Überzeugung ist, daß sie die gesellschaftspolitischen Ziele des Islam besser als die islamischen Parteien vertritt?

S: Das ist eine sehr politische Frage. Ich will aber trotzdem etwas darauf antworten. Es kann dazu nichts gesagt werden, ohne daß wir das Programm einer solchen Partei vorliegen haben. Wenn das Programm nicht anti-religiös ist, kann jeder Muslim frei wählen. Wenn es aber gegen den Islam ist, dann nicht. Wenn er eine solche Partei trotzdem wählt, gehört er nicht zum Islam.

T-V: Wie kann ein Muslim, dessen Religion den Anspruch stellt, das gesamte gesellschaftliche Leben zu prägen, in einem laizistischen Staat leben, der die Religion zur Privatsache machen will?

S: Ein Muslim kann im Laizismus leben. Er kann beten. Aber es ist schwierig. Trotzdem kann er in der Türkei frei leben.

T-V: Ich möchte nun auf die Situation in der Bundesrepublik Deutschland eingehen. Sind Ihnen die Korankurse in der Bundesrepublik bekannt?

S: Natürlich. Wir kennen sie. In manchen dieser Korankurse lehren von der Türkei beauftragte Hocas die Kinder. Wir wissen, daß manche Leute außeröffentliche Korankurse eingerichtet haben, die nicht von uns genehmigt worden sind.
Die Korankurse in Deutschland unterscheiden sich von denen in der Türkei. Es gibt in der Türkei ein bestimmtes Programm für die Korankurse, aber in Deutschland gibt es keine Bestimmungen. Die Kurse richten sich nach den Vorstellungen der Arbeiter, die sie einrichten.
Es gibt für uns keine Möglichkeit, die Korankurse in der Bundesrepublik zu kontrollieren. Deswegen wird dort auch manchmal außerhalb des Programmes gelehrt. Es ist aber falsch, die Korankurse in der Bundesrepublik mit denen in der Türkei zu vergleichen.

T-V: Wieviele Hocas werden von Ihnen in die Bundesrepublik geschickt?

S: Im Ramazan schicken wir insgesamt 150 Hocas für einen Monat nach Europa. Nach dem Ramazan bleiben von diesen etwa 30 Hocas für 6 Monate in der Bundesrepublik. Sie werden nach ihrer Rückkehr durch andere Hocas ersetzt, so daß ständig etwa 30 Hocas von uns in der Bundesrepublik sind.

T-V: Wieviele Gemeinden werden durch diese Hocas betreut?

S: Es gibt in der Bundesrepublik verschiedene politisch, religiös oder ideologisch orientierte Gemeinden. Bis jetzt haben uns etwa 80 religiös orientierte Gemeinden um religiöse Betreuung gebeten. Zu denen schicken wir dann unsere Hocas.

T-V: Was für eine Ausbildung haben die Hocas, die Sie in die Bundesrepublik schicken?

S: Es gibt verschiedene religiöse Schulen in der Türkei. Hocas werden an religiösen Gymnasien ausgebildet. Wenn sie eine bessere religiöse Ausbildung haben wollen, studieren sie an den islamischen Fakultäten der Universität. Die Fähigsten von ihnen gehen dann nach Deutschland.

T-V: Unterhalten Sie auch Kontakte zu solchen islamischen Gemeinden, die nicht direkt von Ihnen betreut werden?

S: Es gibt solche Kontakte zu anderen Gemeinden. Manche Gemeinden stehen sich finanziell besonders gut. Wenn eine Gemeinde aber nicht viel Geld hat, können wir im Ramazan für 30 Tage und zum Opferfest für 10 bis 15 Tage einen Hoca nach Europa schicken.

T-V: Gibt es Richtlinien für die Tätigkeit der von Ihnen geschickten Hocas?

S: Ja, aber die Möglichkeiten zu ihrer Durchführung hängen von den Gegebenheiten in der Bundesrepublik ab.

T-V: Wie beurteilen Sie die Korankurse, die nicht von den von Ihnen geschickten Hocas durchgeführt werden?

S: Wir haben nicht genügend Hocas für alle Gemeinden. Die Gemeinden suchen sich eigene Hocas, die nicht ausgebildet sind.

T-V: Bemühen Sie sich darum, solchen nicht ausgebildeten Hocas eine nachträgliche Ausbildung zu ermöglichen?

S: Nein, es gibt keine Möglichkeiten für eine nachträgliche Ausbildung. Sie sind zu alt. Sie können nur den Koran lesen.

T-V: In den Zeitungen der Bundesrepublik Deutschland ist viel geschrieben worden über die negativen Auswirkungen der Korankurse auf die Kinder. Treffen diese Vorwürfe auch auf die von Ihnen betreuten Korankurse zu?

S: Wir glauben nicht, daß ein Korankurs, der unter unserer Kontrolle ist, diese Auswirkungen hat. Man kann dort nicht so etwas lehren.
Was aber außerhalb dessen liegt, wissen wir nicht.

T-V: Viele Leute in der Bundesrepublik sind beunruhigt über die zunehmend politische Ausrichtung der islamischen Gemeinden. Haben Sie etwas von dieser Entwicklung gehört?

S: Gehört ja, aber wir können aus der Türkei diese Gemeinden nicht schließen.

T-V: Wie stehen Sie dazu, wenn islamische Gemeinden die Religion für politische Zwecke einsetzen, wie es in der Bundesrepublik geschieht?

S: Wir interessieren uns nicht für politische Gemeinden, sondern nur für religiöse.

T-V: Was kann man gegen die negativen Einflüsse der Korankurse auf die Kinder tun - von deutscher oder von türkischer Seite aus?

S: Wenn eine Gemeinde nur für Korankurse gegründet wurde, sind wir nicht dagegen. Aber wenn diese Kurse ihrem Zweck entfremdet werden, dann sind wir dagegen. Von der Türkei aus können wir allerdings nichts unternehmen. Die Statuten dieser Gemeinden entsprechen den deutschen Gesetzen. Deshalb müssen die deutschen Behörden etwas tun, wenn die Gemeinden gegen die Gesetze verstoßen.

T-V: Kann in der Bundesrepublik vorbeugend etwas gegen die negativen Auswirkungen der Korankurse getan werden?

S: Wir werden in der Bundesrepublik und in anderen europäischen Ländern religiöse Räte gründen. Über diese Räte können wir dann mit den deutschen Behörden Kontakt aufnehmen und über die Richtlinien für die Korankurse beraten.

T-V: Wann werden diese religiösen Räte gegründet?

S: In Brüssel gibt es bereits einen religiösen Rat.
Bis Ende 1979 sollen in der Bundesrepublik mindestens drei religiöse Räte gegründet werden. Einer wird mit Sicherheit den Sitz in Bonn haben, die beiden anderen vermutlich in Hamburg und Stuttgart.
Insgesamt sind zehn religiöse Räte geplant, u.a. in der Schweiz, in Österreich, in Holland usw. In der Bundesrepublik sollen später Unterabteilungen zu den drei religiösen Räten gebildet werden.

T-V: Wann werden Sie die Verhandlungen mit den deutschen Behörden über die Koranschulen aufnehmen?

S: Sobald wie möglich.

T-V: Kennen Sie das Islamische Kulturzentrum in Köln und unterhalten Sie Kontakte zu diesem Zentrum?

S: Wir kennen das Zentrum. Wir unterhalten keine Kontakte. Wir lehnen es ab und die Gemeinden, die zu dem Zentrum gehören.

T-V: Kennen Sie das Islamische Zentrum in Köln und unterhalten Sie Kontakte zu diesem Zentrum?

S: Wir kennen dieses Zentrum. Sie wollen manchmal von uns Hocas haben. Dann schicken wir welche. Wir stehen in Kontakt miteinander.
Es gibt Unterschiede zwischen beiden Zentren in Köln. Beide sind gegeneinander gerichtet. Sie bekämpfen sich gegenseitig.

T-V: Worin bestehen die Unterschiede zwischen beiden Zentren? Warum lehnen sie sich gegenseitig ab?

S: Beide Gemeinden sind politisch orientiert und gehören politischen Parteien an.

T-V: Welchen Parteien?

S: Wir wissen nicht genau, welchen.
(Bei dieser Frage nannte Herr SENTÜRK zunächst die jeweiligen Parteien, befahl dann aber seinem Dolmetscher, dies nicht zu übersetzen, wie mir meine Dolmetscherin nach dem Gespräch mitteilte.)

T-V: Ist Ihnen bekannt, daß das Islamische Kulturzentrum Köln am 1. März 1979 beim Kultusministerium in Düsseldorf die Anerkennung als Körperschaft öffentlichen Rechts für das Land Nordrhein-Westfalen beantragt hat? Wie stehen Sie zu diesem Antrag?

S: Nein, davon wissen wir nichts.
Wenn der Islam in der Bundesrepublik öffentlich anerkannte Religion wird, dann wird der Islam von offiziellen Vertretern aus der Türkei vertreten. Wenn wir die religiösen Räte gegründet haben, vertreten sie den Islam in der Bundesrepublik.

T-V: Wie würden Sie es beurteilen, wenn die deutschen Behörden dem Antrag des Islamischen Kulturzentrums stattgeben würden?

S: Wenn die deutschen Behörden diesem Antrag stattgeben, werden dadurch große Probleme entstehen. Wir lehnen eine Anerkennung für dieses Zentrum ab.

T-V: Wie kann gesichert werden, daß Vertreter, die für den ganzen Islam sprechen können, die Anerkennung der deutschen Behörden erhalten? Unterhalten Sie Kontakte mit deutschen Behörden, um die rechtliche Anerkennung zu erwirken?

S: Die beiden Gemeinden (das Islamische Kulturzentrum und das Islamische Zentrum in Köln) tun doch, was sie wollen. Auch wenn wir manchmal dem Islamischen Zentrum Hocas schicken, ist damit kein Einfluß auf dessen Ausrichtung verbunden. Die Gemeinden sollten Koranunterricht geben, aber sie tun es nicht. Sie sind politisch orientiert. Wir können von uns aus Kontakte zu deutschen Behörden aufnehmen, um die rechtliche Anerkennung zu erwirken.

T-V: Bestehen bisher solche Kontakte?

S: Nein, wir haben noch keine Kontakte aufgenommen, werden es aber tun. Ich danke Ihnen, daß Sie uns auf dieses Problem aufmerksam gemacht haben.

T-V: Welche Rolle kann der Islam in der Bundesrepublik für die türkischen Familien spielen? Hilft er ihnen, ihr Leben in der Bundesrepublik besser zu bewältigen?

S: Diese Kinder sind Muslime. Der Islam ist die wahre Religion. Überall sollen diese Kinder deshalb den Islam lernen, in der Türkei und auch in Deutschland. Der Islam ist nicht Tradition, sondern wirkliche wahre Religion.

Wir sollen als Regierung und Behörde und Familie diese Religion weitergeben. Wir haben gesehen:
Wer fromm ist, kann mit seinen Nachbarn guten Kontakt haben, auch wenn sie etwas anderes glauben, und er kann gut sein Leben bewältigen. Die frommen Muslime fördern in der Bundesrepublik die Industrie. Wenn wir diese Kinder unsere Religion nicht lehren, schaden sie der Gesellschaft. Manche von ihnen kommen zurück in die Türkei. Wenn wir die Religion nicht lehren, schaden sie der Gesellschaft und haben keinen guten Kontakt zur Verwandtschaft. Wir verlieren sonst diese Kinder.

T-V: Führt eine islamische Erziehung nach Ihrem Verständnis zu Konflikten mit der deutschen Gesellschaft oder fördert sie gar gegenseitige Verständigung?

S: In allen Ländern gibt es Gläubige und Ungläubige. Wenn ein guter Muslim zwischen nicht-islamischen Leuten lebt, kommt er nicht in Streit mit ihnen.

T-V: Türkische Familien in der Bundesrepublik müssen viel lernen. Kann eine islamische Erziehung helfen, ihre Probleme zu lösen oder verschärft sie die Konflikte?

S: Wenn man die Kinder islamisch erzieht, können sie sich besser mit den deutschen Vorstellungen auseinandersetzen.

T-V: Befürworten Sie die Einrichtung eines islamischen Religionsunterrichts für türkische Kinder an deutschen Schulen?

S: Wir wollen islamischen Religionsunterricht an den deutschen Schulen, wie es ihn z.B. in Belgien gibt. Dorthin schicken wir genügend Religionslehrer.

T-V: Können Sie genügend Lehrer, die islamischen Religionsunterricht erteilen, auch in die Bundesrepublik Deutschland schicken?

S: Wenn man an den deutschen Schulen den türkischen Kindern islamischen Religionsunterricht gibt, können wir Lehrer schicken.
Das ist dann besser, als wenn die Kinder in Koranschulen gehen. Denn in der Schule lernen sie nach den Gesetzen.

T-V: Für den Schulerfolg der türkischen Kinder ist es außerordentlich wichtig, daß sie einen deutschen Kindergarten besuchen. Wie stehen Sie dazu, wenn islamische Kinder einen christlich kirchlichen Kindergarten besuchen?

S: Wir nehmen diese Situation auf und akzeptieren es.
Aber bei der religiösen Erziehung sollen die Kinder getrennt werden. In der gegenwärtigen Lage können wir nicht sagen: Das ist gut. Aber es ist in der Türkei ähnlich: Die Kinder, die keinen Religionsunterricht bekommen, verlassen für diese Zeit die Klasse.

T-V: Was halten Sie von einer dialogorientierten Erziehung mit einer gegenseitigen Information über die eigene Religion.

S: Besonders empfehlen wir, die Unterschiede zwischen den Religionen zu vergleichen.

T-V: Herr Sentürk, ich danke Ihnen für das Gespräch.

ABKÜRZUNGSVERZEICHNIS

ACIB	siehe Literaturverzeichnis
AP	Adalet Partisi (Gerechtigkeitspartei)
ATL	Arbeitsgemeinschaft türkischer Lehrer in Nordrhein-Westfalen
AWO	Arbeiterwohlfahrt
BFT	siehe Literaturverzeichnis
CHP	Cumhuriyet Halk Partisi (Republikanische Volkspartei)
DGB	Deutscher Gewerkschaftsbund
EKD	Evangelische Kirche in Deutschland
EZW	Evangelische Zentralstelle für Weltanschauungsfragen
FIDEF	Föderation der Türkischen Arbeitervereine in der BRD e.V.
GEW	Gewerkschaft Erziehung und Wissenschaft
GG	Grundgesetz der Bundesrepublik Deutschland
IgtF	siehe Literaturverzeichnis
IKZ	Islamisches Kulturzentrum
KA	Kirchliches Außenamt der EKD
MHP	Milliyetci Hareket Partisi (Partei der nationalistischen Bewegung)
MSP	Milli Selamet Partisi (Nationale Heilspartei)
NRW	Nordrhein-Westfalen
NRW-TÖB	NRW-Türkiye Ögretmenler Birligi (Verband türkischer Lehrer in NRW e.V.)
WRV	Weimarer Reichsverfassung

LISTE der Presse- und Dokumentationsdienste, Zeitungen und Zeitschriften, Rundfunk- und Fernsehsender, deren Artikel bzw. Sendungen ausgewertet, aber nur in Sonderfällen (vgl. Literaturverzeichnis) im Literaturverzeichnis aufgeführt werden.

-	Anadolu (türkische Wochenzeitung)
-	Berliner Allgemeine. Unabhängige jüdische Wochenzeitung. (Der Weg)
b:e	betrifft erziehung
BED	Berliner Extra Dienst
BR	Bayerischer Rundfunk

CIBEDO	Christlich-Islamische-Begegnung. Dokumentationsleitstelle (siehe auch Literaturverzeichnis)
DAS	Deutsches Allgemeines Sonntagsblatt
DE	Darmstädter Echo
DLF	Deutschlandfunk
DN	Düsseldorfer Nachrichten
DW	Deutsche Welle
epd	Evangelischer Pressedienst (siehe auch Literaturverzeichnis)
FAZ	Frankfurter Allgemeine Zeitung
FR	Frankfurter Rundschau
HA	Hamburger Abendblatt
HR	Hessischer Rundfunk
JK	Junge Kirche. Eine Zeitschrift europäischer Christen.
NDR	Norddeutscher Rundfunk
-	Die NEUE (Berliner Tageszeitung)
NRZ	Neue Rhein Zeitung
NZZ	Neue Zürcher Zeitung
RN	Ruhr Nachrichten
RP	Rheinische Post
-	Rundbrief für den Kirchkreis Berlin-Spandau
-	Der SPIEGEL
-	Der STERN
SZ	Süddeutsche Zeitung
W	Die WELT
WAZ	Westdeutsche Allgemeine Zeitung
WDR	Westdeutscher Rundfunk
WfG	Wochenblatt für Göppingen
WR	Westfälische Rundschau
ZDF	Zweites Deutsches Fernsehen
-	Die ZEIT

LITERATURVERZEICHNIS

Um das Literaturverzeichnis bei der Vielzahl der ausgewerteten "grauen Literatur" (Zeitungs- und Zeitschriftenartikel, MS von Rundfunk- und Fernsehsendungen, Parlamentsdrucksachen, Briefe etc.) in einem vertretbaren Umfang zu halten, werden diese Quellen nicht einzeln im Literaturverzeichnis aufgeführt, sondern durch eine entsprechende Literaturangabe im Text nachgewiesen. Die Autorennamen und die Überschriften werden nur dann erwähnt, wenn es sich um eigenständige größere Beiträge und nicht lediglich um Nachrichten, Umformulierungen der den Redaktionen vorliegenden Berichte der Nachrichtendienste bzw. um Archivberichte handelt. Zum besseren Auffinden dieser Quellen sei auf das Abkürzungsverzeichnis hingewiesen, das auch eine Liste der ausgewerteten Presse- und Dokumentationsdienste, Zeitungen und Zeitschriften, Rundfunk- und Fernsehsender enthält.

ABADAN, NERMIN:
Studie über die Lage und Probleme der türkischen Gastarbeiter in der Bundesrepublik Deutschland. In: W.R. Schlösser u.a.: Arbeitsplatz Europa. Köln 1966.

ABADAN-UNAT, NERMIN (Hg.):
Turkish Workers in Europe 1960-1975. Leiden 1976.

Dies.:
Die politischen Auswirkungen der türkischen Migration im In- und Ausland. In: Der ORIENT. Mai 1979.

Dies./. YÜCEKÖK, AHMET N.:
Religious Pluralism in Turkey. In: Turkish Yearbook of International Relations. Ankara 1969/70, 24ff.

ABDULLAH, MOHAMMED S.:
Die Präsenz des Islam in der Bundesrepublik Deutschland. In: CIBEDO-Dokumentation 1. Köln, Oktober 1978, 1ff.

Ders.:
Weshalb Koranschule? CIBEDO-Dokumentation 3. Köln, Juni 1979.

Ders.:
Re-islamisierung - Religiöse Reform oder politisches Instrument? NDR 13.01. 1979. MS in: M. Mildenberger (Hg.): Islam heute. Arbeitstexte Nr. 18, IV/79 der EZW. Stuttgart (1979a), 15ff.

Ders.:
Religion im Hinterhof. Der Islam in der Bundesrepublik. In: BUCHHOLZ/GEILING 1980, 129ff.

Ders.:
Bericht über die Situation des Islam in der Bundesrepublik Deutschland. Referat auf der 8. Islamischen Weltkonferenz vom 23. bis 27.März 1980 in Famagusta (Zypern). MS 1980a.

ABERLE, David F.:
Shared Values in Complex Societies. In: American Sociological Review. XV (1950), 495ff.

ACHAM, Karl (Hg):
Methodologische Probleme der Sozialwissenschaften. Darmstatt 1978.

ACIB: STÄNDIGE ARBEITSGRUPPE FÜR CHRISTLICH-ISLAMISCHE BEZIEHUNGEN UND FÜR KONTAKTE ZU ANDEREN WELTRELIGIONEN:
Christen und Moslems in Deutschland. Essen 1977.

ADORNO, THEODOR WIESENGRUND:
Studien zum autoritären Charakter. Frankfurt 1976. (Ausgewählte Kapitel aus: Th.W. ADORNO/E. FRENKEL-BRUNSWIK/D.J. LEVINSON/R.N. SANFORD: The Authoritarian Personality. New York 1950.

AHMAD, FEROZ:
The Turkish Experiment in Democracy 1950-1975. London 1977.

AKPINAR, Ünal:
Strukturen und Bedingungen von Sozialisationsprozessen bei Kindern und Jugendlichen türkischer Migranten in ihrer Heimat. MS Berlin 1974.

Ders./LOPEZ-BLASCO, ANDRES/VINK, JAN:
Pädagogische Arbeit mit ausländischen Kindern und Jugendlichen. Bestandsaufnahme und Praxishilfen. München 1977.

ALBRECHT, G.:
Soziologie der geographischen Mobilität. Stuttgart 1972.

ALEKSEV, N.P.:
Ursache der Bewahrung der Religiosität des Kolchose-Bauern. In: Internationales Jahrbuch für Religionssoziologie. Bd. 8. Opladen 1973, 145ff.

ALLEN, HENRY ELISHA:
The Turkish Transformation. A study in social and religious development. New York 1968.

AL-NOWAIHI, MOHAMMED:
Was ist Islam? In: M. Mildenberger (Hg.): Islam heute. Arbeitstexte Nr. 18, IV/79 der EZW. Stuttgart (1979),4ff.

AMNESTY INTERNATIONAL:
Türkische Rechtsextremisten in der Türkei und in Europa. ai-intern. März 1979.

ANSAY, TUGRUL/GESSMER, VOLKMAR (Hg.):
Gastarbeiter in Gesellschaft und Recht. München 1974.

ANTES, PETER/BIEMER, GÜNTER (Hg.):
Weltreligionen im Religionsunterricht. Einführung, Texte, Unterrichtsmodelle, Dokumente. München o.J.

ABS: ARBEITSGRUPPE BIELEFELDER SOZIOLOGEN (Hg.):
Alltagswissen, Interaktion und gesellschaftliche Wirklichkeit. Bd. 1: Symbolischer Interaktionismus und Ethnomethodologie. Reinbek bei Hamburg 1978 (1973a).

Dies. (Hg.):
Alltagswissen, Interaktion und Wirklichkeit. Bd. 2. Ethnotheorie und Ethnographie des Sprechens. Reinbek bei Hamburg 1976 (1973b).

Dies.:
Kommunikative Sozialforschung. Alltagswissen und Alltagshandeln, Gemeindemachtforschung, Polizei, Politische Erwachsenenbildung. München 1976.

ARNDT, MANFRED (Hg.):
Religiöse Sozialisation. Stuttgart/Berlin/Köln/Mainz 1975.

BAEYER, WALTER von/BAEYER-KATTE, WANDA von:
Angst. Frankfurt/M 1973.

BALTZELL, E. DIGBY:
Immigrants and the Establishment. In: Peter I. Rose 1967.

BARATH, FERENC:
Kulturkonflikt und Kriminalität. Frankfurt/New York 1978.

BARNHART, J.E.:
Is One's Definition of Religion always Circular? In: Internationales Jahrbuch für Wissens- und Religionssoziologie. Bd. 9. Opladen 1975, 122ff.

BARTELT, M.:
Distanz - Integration - Partnerschaft. Grundkonzeptionen gesellschaftlichen Verhaltens gegenüber Gastarbeitern. In: Leudesdorff/Zillessen 1971.

BAUMGARTNER-KARABAK, ANDREA/LANDESBERGER, GISELA:
Die verkauften Bräute. Türkische Frauen zwischen Kreuzberg und Anatolien. Reinbek bei Hamburg 1978.

BELLAH, R.N.:
Religious Aspects of Modernization in Turkey and Japan. In: The American Journal of Sociology. 64/1958, 1ff.

Ders.:
Islamic Tradition and the Problem of Modernization. In: Internationales Jahrbuch für Religionssoziologie. Bd. 6. Opladen 1970, 65ff.

BENNINGHAUS, HANS:
Soziale Einstellungen und soziales Verhalten. Zur Kritik des Attitüdenkonzepts. In: G.Albrecht/H.J. Daheim/F.Sack (Hg.): Soziologie - Sprache, Bezug zur Praxis, Verhältnis zu anderen Wissenschaften. René König zum 65. Geburtstag. Opladen 1973, 671-707.

BERGER, HARTWIG:
Untersuchungsmethode und soziale Wirklichkeit. Eine Kritik an Interview und Einstellungsmessung in der Sozialforschung. Frankfurt/M 1974.

BERGER, PETER LUDWIG:
Zur Dialektik von Religion und Gesellschaft. Elemente einer soziologischen Theorie. (Orig. T.: The sacred canopy.) Frankfurt/M 1973.

Ders./LUCKMANN, THOMAS:
Social Mobility and Personal Identity. In: Archives Européenes de Sociologie, 5/1964, 331-344.

Dies.:
Die gesellschaftliche Konstruktion der Wirklichkeit. Eine Theorie der Wissenssoziologie. Frankfurt/M 1969.

BFT: BUNDESMINISTER FÜR FORSCHUNG UND TECHNOLOGIE (Hg.):
Gastarbeiter in der Bundesrepublik Deutschland. Ergebnisse des Forschungsverbundes "Probleme der Ausländerbeschäftigung". Kurzfassung des Forschungsberichts (Juli 1979). Zusammengestellt von Beate Didzolat im Auftrage der Koordinierungsstelle. Oktober 1979.

BINGEMER, KARL/MEISTERMANN-SEEGER, E./NEUBERT, E. (Hg.):
Leben als Gastarbeiter. Geglückte und mißglückte Integration. 2. Auflage, Opladen 1972.

BLOCH, ERNST:
Das Prinzip Hoffnung. Frankfurt/M 1959.

Ders.:
Atheismus im Christentum. Zur Religion des Exodus und des Reichs. Frankfurt/M 1968.

Ders.:
Tübinger Einleitung in die Philosophie. Frankfurt 1970.

BLUMER, HERBERT:
An Appraisal of Thomas'and Znaniecki's The Polish Peasant in Europe and America. New York: Social Science Research Council 1939.

BOOS-NÜNNING, URSULA:
Dimensionen der Religiosität. Zur Operationalisierung und Messung religiöser Einstellungen. München/Mainz 1972.

Dies./HOHMANN, MANFRED/REICH, HANS H.:
Integration ausländischer Arbeitnehmer. Schulbildung ausländischer Kinder. Studien zur Kommunalpolitik. Bd. 14. Schriftenreihe des Instituts für Kommunalwissenschaften. Hg.v.d. Konrad-Adenauer-Stiftung. Bonn 1976.

BOZBAG, ALI F.:
Das kemalistische Entwicklungsmodell und seine Bedeutung für die politische, wirtschaftliche und soziokulturelle Entwicklung der Türkei. Frankfurt/M 1970.

BRAKELMANN, GÜNTER/PETERS, KLAUS:
Karl Marx über Religion und Emanzipation. Stationen auf dem Wege zur Emanzipation. Bd. 1. Gütersloh 1975.

BRAUN, RUDOLF:
Sozio-kulturelle Probleme der Eingliederung italienischer Arbeitskräfte in die Schweiz. Erlenbach/Zürich 1970.

BRÜCKNER, PETER:
Zur Pathologie des Gehorsams. In: Politische Psychologie. Bd. 4: Politische Erziehung als psychologisches Problem. Frankfurt/M 1966.

BUCHHOLZ, AXEL/GEILING, MARTIN (Hg.):
Im Namen Allahs. Der Islam - eine Religion im Aufbruch? Frankfurt/M/Berlin/Wien 1980.

BURGER, ANNEMARIE:
Religionszugehörigkeit und soziales Verhalten. Untersuchungen und Statistiken der neueren Zeit in Deutschland. Göttingen 1964.

COHN, WERNER:
Is Religion Universal? Problems of Definition. In: Journal for the Scientific Study of Religion 3 (1962), 25-33.

COLPE, CARSTEN u.a.:
Die Wahrung religiöser und kultureller Identität im Prozeß der Integration von türkischen und deutschen Bewohnern Berlins. Projektantrag im Rahmen des Förderungsprogramms der Freien Universität für Junge Wissenschaftler im Bereich Berlindienlicher Forschung. MS Berlin 1979.

CREMER, GÜNTER:
Sozialisationsbedingungen ausländischer Kinder und Jugendlicher in der BRD. Eine Literatur - und Forschungsdokumentation. München 1977.

DAHM, KARL-WILHELM/DREHSEN, VOLKER/KEHRER, GÜNTER:
Das Jenseits der Gesellschaft. Religion im Prozeß sozialwissenschaftlicher Kritik. München 1975.

DAHM, KARL-WILHELM/LUHMANN, NIKLAS/STOODT, DIETER:
Religion - System und Sozialisation. Darmstatt und Neuwied 1972.

DAMANAKIS, MICHAEL:
Sozialisationsprobleme der griechischen Gastarbeiterkinder in den Grund- und Hauptschulen des Bundeslandes Nordrhein-Westfalen. Kölner Arbeitern zur Pädagogik. Kastellaun/Hunsrück 1978.

DELGADO, MANUEL J.:
Die Gastarbeiter in der Presse. Eine inhaltsanalytische Studie. Opladen 1972.

DENFFER, AHMAD A.D. von:
Islam für Kinder. Hg.v. Islamisches Zentrum Aachen (Bilal-Moschee). 1977.

DER DEUTSCHE BUNDESRAT:
Empfehlungen der Bund-Länder-Kommission zur Fortentwicklung einer umfassenden Konzeption der Ausländerbeschäftigung. Bonn 1977.

DGB: DEUTSCHER GEWERKSCHAFTSBUND (Bundesvorstand - Abt. Ausländische Arbeitnehmer):
Hintergründe türkischer extremistischer Aktivitäten in der Bundesrepublik Deutschland (Sekten und Organisationen). Vervielfältigtes MS. Düsseldorf, Februar 1980. (Mit Ausnahme einer Zitatensammlung auch abgedruckt in FR 11.04. 1980.)

DIEMEL, PETER:
Kirche und Sekte I. Einblick in eine empirische Untersuchung in Form begrifflicher Erwägungen. In: Goldschmidt/Matthes (Hg.) 1962, 233ff.

DIRKS, SABINE:
Islam et Jeunesse en Turquie d'aujourd'hui. Thèse présentée devant l'Université de Paris V. le 21 Mai 1975. Paris 1977.

DÖBERT, RAINER:
Systemtheorie und die Entwicklung religiöser Deutungssysteme. Zur Logik des sozialwissenschaftlichen Funktionalismus. Frankfurt/M 1973.

DREHSEN, VOLKER:
Religion - der verborgene Zusammenhalt der Gesellschaft: Emile Durkheim und Georg Simmel. (1975a). In: Dahm u.a. 1975, 57ff.

Ders.:
Religion und die Rationalisierung der modernen Welt: Max Weber. (1975b). In: Dahm u.a. 1975, 89ff.

Ders.:
Ethisierung der Religion im gesellschaftlichen Pluralismus, am Beispiel Amerikas: Will Herberg, Gerhard Lenski, Charles Y. Glock. (1975c). In: Dahm u.a. 1975, 200ff.

Ders.:
Die Reprivatisierung des heiligen Kosmos: Peter L. Berger und Thomas Luckmann. (1975d). In: Dahm u.a. 1975, 235ff.

Ders.:
Zum Interesse der sozialwissenschaftlichen Kritik an der Religion. (1975e). In: Dahm u.a. 1975, 281ff.

Ders./KEHRER, GÜNTER:
Religion - die logische Notwendigkeit der Gesellschaft: Bronislaw Malinowski und Talcott Parsons. (1975a). In: Dahm u.a. 1975, 155ff.

Dies.:
Religion - ein gesellschaftlicher Agent für Stabilität oder Wandel? J. Milton Yinger, Robert N. Bellah, Thomas F. O'Dea. (1975b). In: Dahm u.a. 1975, 175ff.

DURKHEIM, EMILE:
Les formes élémentaires de la vie religieuse. Le système totémique en Australie. Paris 1912. 4. Aufl. Paris 1960.

DYNES, RUSSEL:
Church-Sect Typologie and Socio-Economic Status. In: Am. Soc. Rev. 20/1955, Nr. 5, 555-560.

EICKELPASCH, ROLF:
Mythos und Sozialstruktur. Düsseldorf 1973.

EISENSTADT, S.N.:
The Absorption of Immigrants. London 1954.

THE ENCYCLOPEDIA OF ISLAM.
Prepared by a number of leading Orientalists. New ed. Vol 1-3. Leiden/London 1960-1971.

EPD-DOKUMENTATION 40/76:
Neu auf der Polit-Bühne: Türkische Extremisten mit religiösem Anstrich. Frankfurt/M 06.09. 1976.

EPD-DOKUMENTATION 35/77:
In der Koranschule Hiebe vom Hodscha. Unter Zwang pauken Türkenkinder unverstandene Texte. Frankfurt/M 22.08. 1977

EPD-DOKUMENTATION 49/79:
Christliche Minderheiten in der Türkei. Ein Bericht eines Ausschusses von Kirchen. Frankfurt/M 12.11. 1979.

ERLINGHAGEN, KARL:
Religiöse Werte und Bildungsverhalten. In: Wössner (Hg.) 1972, 150ff.

FASSNACHT, DIETER:
Islam. Reihe: Weltreligionen. Geschichte - Quellen - Materialien. Frankfurt/M/Berlin/München 1976.

FEND, H.:
Sozialisierung und Erziehung. Eine Einführung in die Sozialisationsforschung. Weinheim/Berlin/Basel 1969.

FILSTEAD, WILLIAM J. (ed.):
Qualitative Methodology: Firsthand Involvement with the Social World. Chicago 1971.

FISCHER, WOLFRAM/MARHOLD, WOLFGANG (Hg.):
Religionssoziologie als Wissenssoziologie. Stuttgart/Berlin/Köln/Mainz 1978.

FLEISCHER, HELMUT:
Marxismus und Geschichte. Frankfurt/M 1975 (1969).

FRANZ, ERHARD:
Die an den Wahlen 1977 beteiligten Parteien und Parteivorsitzenden. In: Mitteilungen der Deutsch-Türkischen Gesellschaft e.V. Heft 99, Bonn Dezember 1977, 1ff.

FREEMAN, GARY P.:
Immigrant labor and racial conflict in industrial societies. The French and British experience, 1945-1975. Princeton, NJ, 1979.

FREUND, WOLFGANG S.:
Religionssoziologische und sprachstrukturelle Aspekte des Entwicklungsproblems in der islamischen Welt. In: Religion und Sozialer Wandel. Internationales Jahrbuch für Religionssoziologie. Bd. 7. Opladen 1971, 105ff.

FROSTIN, P.:
Materialismus, Ideologie, Religion. Die materialistische Religionskritik bei K. Marx. München 1978.

FÜRSTENBERG, FRIEDRICH (Hg.):
Religionssoziologie. Neuwied /Berlin 1964.

GALTUNG, JOHAN:
Eine strukturelle Theorie des Imperialismus. In: Dieter Senghaas (Hg.): Imperialismus und strukturelle Gewalt. Analysen über abhängige Reproduktion. Frankfurt/M 1972.

GARAUDY, ROGER:
Dieu est mort. Paris 1962. (Deutsch: Gott ist tot. Stuttgart 1965.)

GEHMACHER, ERNST/KUBAT, DANIEL/MEHRLÄNDER, URSULA (Hg.):
Ausländerpolitik im Konflikt. Arbeitskräfte oder Einwanderer? Konzepte der Aufnahme- und Entsendeländer. Schriftenreihe des Forschungsinstituts der Friedrich-Ebert-Stiftung. Bd. 139. Bonn 1978.

GERSTENMEIER, J./HAMBURGER, F.:
Bildungswünsche ausländischer Arbeiterkinder. Ergebnisse einer Befragung von Eltern und Kindern. In: Soziale Welt. 25 (3/1974), 278-293.

GEW - BERLIN:
Gesellschaft und Erziehungssystem am Beispiel der Türkei. Dokumente und Analysen. MS, Berlin, Mai 1977.

GG: GRUNDGESETZ FÜR DIE BUNDESREPUBLIK DEUTSCHLAND.

GLASNECK, JOHANNES:
Kemal Atatürk und die moderne Türkei. Berlin 1971.

GLOCK, CHARLES YINGER/STARK, RODNEY:
Religion and Society in Tension. Chicago/New York/ San Francisco/London 1965.

GODDIJN, WALTHER:
Kirche und Sekte II. Soziologische Betrachtungen über Gruppendifferenzierungen innerhalb des Christentums. In: Goldschmidt/Matthes (Hg.) 1962, 243ff.

GOLDSCHMIDT, W.R.:
Class Denominationalism in Rural California Churches. In: The Am. Journ. Soc., Bd. 49 (Januar 1944), 345-355.

GOLDSCHMIDT, D./MATTHES J. (Hg.):
Probleme der Religionssoziologie. Kölner Zeitschrift für Soziologie und Sozialpsychologie. Sonderheft 6. Köln/Opladen 1962.

GORDON, MILTON M.:
Assimilation in America: Theory and Reality. In: Peter I. Rose 1967.

GROSS, PETER:
Produktion und Konstitution. Zum Verhältnis von politischer Ökonomie und phänomenologischer Soziologie. In: Beiträge zur Wissenssoziologie. Internationales Jahrbuch für Wissens- und Religionssoziologie. Bd. 9. Opladen 1975, 8ff.

GRUNEBAUM, G.E. von:
Modern Islam. The Search for Cultural Identity. Univ. of California Pr. 1962.

Ders.:
Studien zu Kulturbild und Selbstverständnis des Islam. Zürich/Stuttgart 1969.

Ders. (Hg.):
Der Islam II. Die islamischen Reiche nach dem Fall von Konstantinopel. Fischer Weltgeschichte Bd. 15, Frankfurt/M 1971.

Ders.:
Muhammadan Festivals. London 1976.

HABERMAS, JÜRGEN/LUHMANN, NIKLAS:
Theorie der Gesellschaft oder Sozialtechnologie. Was leistet die Systemforschung? Frankfurt/M 1971.

HABERMAS, JÜRGEN:
Zur Logik der Sozialwissenschaften. Tübingen 1967.

HAHN, ALOIS:
Religion und der Verlust der Sinngebung. Identitätsprobleme in der modernen Gesellschaft. Frankfurt/M 1974.

HARBACH, HEINZ:
Internationale Schichtung und Arbeitsmigration. Reinbek bei Hamburg 1976.

HEINISCH, KLAUS J. (Hg.):
Der utopische Staat. Morus: Utopia; Campanella: Sonnenstaat; Bacon: Neu-Atlantis. Reinbek bei Hamburg 1960.

HERBERG, WILL:
Protestand - Catholic - Jew. An Essay in American Religious Sociology. Garden City, N.Y. 1960.

Ders.:
Religion in a Secularized Society. Some Aspects of America´s Three-Religion Pluralism. In: Review of Religious Research 3/1962, 145-158; 4/1962, 33-45.

HEYD, URIEL:
Revival of Islam in modern Turkey. Jerusalem 1968.

HOFFMANN-NOWOTNY, H.-J.:
Soziologie des Fremdarbeiterproblems. Eine theoretische und empirische Analyse am Beispiel der Schweiz. Stuttgart 1973.

Ders.:
Gastarbeiterwanderungen und soziale Spannungen. In: Helga und Horst Reimann (Hg.): Gastarbeiter. München 1976.

HOHMANN, MANFRED (Hg.):
Unterricht mit ausländischen Kindern. Düsseldorf 1976.

HOLL, ADOLF:
Prognosen für den sozialen Stellenwert religiöser Phänomene in Industriegesellschaften. In: Wössner (Hg.) 1972, 47ff.

HOLTBRUEGGE, HEINER:
Türkische Familien in der Bundesrepublik: Erziehungsvorstellungen und familiale Rollen- und Autoritätsstruktur. Duisburg 1975.

HORKHEIMER, MAX/ADORNO, THEODOR W.:
Dialektik der Aufklärung. Philosophische Fragmente. Frankfurt/M 1971.

HURRELMANN, KLAUS (Hg.):
Sozialisation und Lebenslauf. Empirie und Methodik sozialwissenschaftlicher Persönlichkeitsforschung. Reinbek bei Hamburg 1976.

IGTF: INITIATIVKOMITEE GEGEN TÜRKISCHE FASCHISTEN (Hg.):
Stoppt die 'Grauen Wölfe'. Deutsche und Ausländer gemeinsam gegen Faschismus. Dokumentation des Terrors der 'Grauen Wölfe' in Westberlin. 2. erw. Aufl., Berlin 1979. (Berlin 62, Langenscheidstr. 3).

INTEGRATION ausländischer Arbeitnehmer. Eingliederung, Einstellungen, Weiterbildung. Studien zur Kommunalpolitik, Bd. 13. Schriftenreihe des Instituts für Kommunalwissenschaften. Hg.v.d. Konrad-Adenauer-Stiftung. Bonn.

ISLAMISCHES ZENTRUM PARIS UND GENF (Hg.):
Der Islam. Geschichte, Religion, Kultur. Genf 1973.

ISRAEL, JOACHIM:
Der Begriff der "Entfremdung". Reinbek bei Hamburg 1972.

JAEGER, GERTRUDE/SELZNICK, PHILIP:
A Normative Theory of Culture. In: Peter I. Rose 1967.

JÄSCHKE, GOTTHARD:
Vom Islam in der heutigen Türkei. In: Die Welt des Islam. Leiden 1971, 145-161.

JASPER, GERHARD (Hg.):
Muslime - unsere Nachbarn. Beiträge zum Gespräch über den Glauben. Frankfurt/M 1977.

JAKOB, XAVIER:
Le réveil de l'Islam turc. In: Informations catholic international. August 1978, 27-34.

JOHNSTONE, RONALD L.:
Religion and Society in Interaction. The Sociology of Religion. Englewood Cliffs, N.Y. 1975.

KADENBACH, J.:
Das Religionsverständnis bei K. Marx. München/Paderborn/Wien 1970.

KAEFER, HERBERT:
Religion und Kirche als soziale Systeme. N. Luhmanns soziologische Theorien und die Pastoraltheologie. Freiburg/Basel/Wien 1977.

KARAGÖZ, OGUZ:
Der Islam im Widerstreit. Religionspolitik und Nationalismus in der Schulerziehung der türkischen Republik, 1923-1960. Diss. Freiburg 1976.

KARDINER, A.:
The Psychological Frontiers of Society. New York/London 1963.

KATSARAKIS, NICOLAS:
Probleme kultureller und gesellschaftlicher Integration griechischer Arbeitnehmer in der BRD. Exemplarische Untersuchung im Bereich des Freizeitverhaltens. Diss. phil. Aachen 1974.

KAZAMIAS, ANDREAS MICHAEL:
Education and the Quest for Modernity in Turkey. London 1966.

KEHRER, GÜNTER:
Das religiöse Bewußtsein des Industriearbeiters. Eine empirische Studie. München 1967.

KELLERHALS, E.:
Der Islam. Seine Geschichte, seine Lehre, sein Wesen. Basel 1945.

KESKIN, HAKKI:
Die Türkei. Vom Osmanischen Reich zum Nationalstaat - Werdegang einer Unterentwicklung. Berlin o.J. (1978).

Ders.:
Das gescheiterte kapitalistische Entwicklungsmodell in der Türkei. In: Kritik. Zeitschrift für sozialistische Diskussion. Berlin 7/1979, Heft 22, 166-185.

KHALID, DETLEV:
A Study of Ataturk´s Laicism in the Light of Muslim History. In: Islam and the Modern Age. A Quarterly Journal. Vol.5, No.3, 43ff. Jamia Nagar, New Delhi, August 1974. (1974a).

Ders.:
Ataturk's Concepts of Islamic Reformism and Muslim Unity. In: Journal of the Regional Cultural Institute, Vol. VII, No. 1, 39ff. Tehran Winter 1974. (1974b).

Ders.:
Die politische Rolle des Islam im Vorderen Orient: Einführung und Dokumentation. Aktueller Informationsdienst Moderner Orient: Sondernummer 4. Dokumentationsleitstelle Moderner Orient. Hamburg 1978.

Ders.:
Antiparlamentarische und antidemokratische Positionen in der politischen Philosophie des Islam. In: Buchholz/Geiling 1980, 34ff.

Das KINDERBUCH über den Islam. Teil 1, Text- und Arbeitsbuch. Hg.v. The Islamic Foundation, 223 London Road, Leicester LE2 1ZE, England 1977.

KIPPENBERG, HANS G.:
Zu einem sozialwissenschaftlichen Verständnis religiöser Weltbilder. In: Religionsgespräche. Zur gesellschaftlichen Rolle der Religion. Darmstadt/Neuwied 1975, 65ff.

Ders./LUCHESI, BRIGITTE (Hg.):
Magie. Die sozialwissenschaftliche Kontroverse über das Verstehen fremden Denkens. Frankfurt/M 1978.

KIRCHLICHES AUSSENAMT DER EVANGELISCHEN KIRCHE IN DEUTSCHLAND (Hg.):
Moslems in der Bundesrepublik. Frankfurt/M 1974.

KLEINER ISLAMISCHER KATECHISMUS.
Zusammengestellt von Mehmet Soymen. Veröffentlichungen der Behörde für religiöse Angelegenheiten Nr. 79. Ankara 1975.

KLOHR, OLOF (Hg.):
Religion und Atheismus heute. Ergebnisse und Aufgaben marxistischer Religionssoziologie. Berlin 1966.

KNUDTEN, RICHARD D.(ed.):
The Sociology of Religion. An Anthology. New York 1967.

KOCH, HERBERT R.:
Gastarbeiterkinder in deutschen Schulen. Königswinter 1970.

KÖPPING, KLAUS-PETER:
Bewußtseinszustände und Stufen der Wirklichkeit. Eine kritische Bestandsaufnahme zur neueren Literatur auf dem Gebiete der Religionssoziologie. In: KölnZSoz 24. 1972, 821-835.

KRAPPMANN, LOTHAR:
Soziologische Dimensionen der Identität. Strukturelle Bedingungen für die Teilnahme an Interaktionsprozessen. Stuttgart 1975 (1969).

KUDAT, AYSE:
Stability and Change in the Turkish Family at Home and Abroad. (Veröffentlichung des Internationalen Instituts für vergleichende Gesellschaftsforschung. Berlin. P/75-6) April 1975.

KÜHN, HEINZ:
Stand und Weiterentwicklung der Integration der ausländischen Arbeitnehmer und ihrer Familien in der Bundesrepublik Deutschland. Memorandum des Beauftragten der Bundesregierung. Bonn, September 1979.

LÄHNEMANN, JOHANNES:
Nichtchristliche Religionen im Unterricht. Beiträge zu einer theologischen Didaktik der Weltreligionen. Schwerpunkt: Islam. Gütersloh 1977.

LANDAU, JACOB M.:
Radical politics in modern Turkey. Leiden 1974.

LANGENOHL-WEYER, ANGELIKA/TIEDT, FRIEDEMANN/WENNEKES, RENATE:
Situation der Familien ausländischer Arbeitnehmer in Nordrhein-Westfalen am Beispiel Duisburgs. Maßnahmenkatalog. Strategien - Leitlinien - Vorschläge. Im Auftrage des Ministers für Arbeit, Gesundheit und Soziales/Nordrhein-Westfalen. Düsseldorf (1976).

LANGENOHL-WEYER, ANGELIKA/WENNEKES, RENATE:
Ausländische Familien in der Bundesrepublik: Die politischen und sozialen Rahmenbedingungen. In: LANGENOHL-WEYER u.a. 1979, 9-27.

LANGENOHL-WEYER, ANGELIKA/WENNEKES, RENATE/BENDIT, RENE/LOPEZ-BLASCO, ANDRES/AKPINAR, ÜNAL/VINK, JAN:
Zur Integration der Ausländer im Bildungsbereich. Probleme und Lösungsversuche. München 1979.

LEE, Y. OSCAR:
Religion among Ethnic and Racial Minorities. In: KNUDTEN 1967, 357-367.

LEITHÄUSER, THOMAS/VOLMERG, BIRGIT/SALJE, GUNTHER/VOLMERG, UTE/WUTKA, BERNHARD:
Entwurf zu einer Empirie des Alltagsbewußtseins. Frankfurt 1977.

LEMPERT, WOLFGANG/HOFF, ERNST/LAPPE, LOTHAR:
Konzeptionen zur Analyse der Sozialisation durch Arbeit. Theoretische Vorstudien für eine empirische Untersuchung. Materialien aus der Bildungsforschung Nr. 14. Max-Planck-Institut für Bildungsforschung, Berlin 1979.

LENK, KURT (Hg.):
Ideologie. Ideologiekritik und Wissenssoziologie. Darmstatt /Neuwied, 7. überarb. Aufl., 1976 (1961).

LENSKI, GERHARD:
The Religious Factor. A Sociological Study of Religion´s Impact on Politics, Economics and Family Life. Garden City, N.Y. 1961.

Ders.:
Religious Pluralism in Theoretical Perspective. In: J. Matthes (Hg.): Internationales Jahrbuch für Religionssoziologie. Bd. 1. Köln/Opladen 1965.

LEUDESDORFF, RENE/ZILLESSEN, HORST (Hg.):
Gastarbeiter = Mitbürger. Bilder, Fakten, Gründe, Chancen, Modelle, Dokumente. Gelnhausen 1971.

LEVY, REUBEN:
The Social Structure of Islam. Cambridge 1957.

LEWIS, BERNARD:
The Impact of the French Revolution on Turkey. In: Journal of World History. 1953, Vol. 1.

LINDESMITH, ALFRED R./STRAUSS, ANSELM:
Zur Kritik der "Kultur-und-Persönlichkeitsstruktur"-Forschung (1950). In: Ernst Topitsch (Hg.): Logik der Sozialwissenschaften. Köln 1972, 435-453.

LÖSCH, HANS/WAHL, KLAUS:
Familie und Sozialisation bei Ausländern und Obdachlosen. Materialien zum Zweiten Familienbericht der Bundesregierung. DJI München 1977.

LUCKMANN, THOMAS:
Das Problem der Religion in der modernen Gesellschaft. Institution, Person und Weltanschauung. Freiburg 1963.

Ders.:
Religion in der modernen Gesellschaft. In: Wössner (Hg.) 1972, 3ff.

LUHMANN, NIKLAS:
Religiöse Dogmatik und gesellschaftliche Evolution. In: Dahm u.a. 1972, 15ff.

Ders.:
Funktion der Religion. Frankfurt/M 1977.

MALIK, MUHAMMAD USMAN:
Mensch und Gesellschaft im Islam. Eine Analyse unter besonderer Berücksichtigung der Religionskritik bei Karl Marx und der religionssoziologischen Untersuchungen Max Webers. Diss. Köln 1969.

MARDIN, SERIF:
Religion as Ideology. Hacettepe University Publications No. 9, April 1969.

MARHOLD, WOLFGANG:
Fragende Kirche. Über Methode und Funktion kirchlicher Meinungsumfragen. Mainz/München 1971.

MEW: KARL MARX/FRIEDRICH ENGELS, Werke.
39 Bde. Berlin 1957-68.

MATTHES, JOACHIM:
Bemerkungen zur Säkularisierungsthese in der neueren Religionssoziologie. In: Goldschmidt/Matthes (Hg.) 1962, 65ff.

MATTHES, JOACHIM:
Religion und Gesellschaft. Einführung in die Religionssoziologie I. Reinbek bei Hamburg 1967.

Ders.:
Kirche und Gesellschaft. Einführung in die Religionssoziologie II. Reinbek bei Hamburg 1969.

McCLELLAND, DAVID C.:
National Character and Economic Growth In Turkey and Iran. In: Lucian W. Pye (ed.): Communications and Political Development. Princeton, N.Y. 1963, 152-182.

MEINEFELD, WERNER:
Einstellung und soziales Handeln. Reinbek bei Hamburg 1977.

MENSCHING, GUSTAV:
Soziologie des Islam. In: ders.: Soziologie der großen Religionen. Bonn 1966, 288ff.

MERTENS, GABRIELE/ AKPINAR, ÜNAL:
Türkische Emigrantenfamilien. Familienstrukturen in der Türkei und in der Bundesrepublik. Angleichungsprobleme türkischer Arbeiterfamilien: Beispiel Westberlin. Materialien zum Projektbereich "Ausländische Arbeiter" der Arbeitsgemeinschaft katholischer Studenten- und Hochschulgemeinden. Sonderheft Nr. 2, Bonn 1977.

MICKSCH, JÜRGEN (Hg.):
Gastarbeiter werden Bürger. Handbuch zur evangelischen Ausländerarbeit. Frankfurt/M 1978.

Ders. (Hg.):
Zusammenleben mit Muslimen. Eine Handreichung. Frankfurt/M 1980.

MÖRTH, INGO
Zur Konstitutionsanalyse religiöser Phänomene. Kontingenz und Konsistenz der Lebenswelt. In: Fischer/ Marhold 1978, 21-37. (1978a).

Ders.:
Die gesellschaftliche Wirklichkeit von Religion. Grundlegung einer allgemeinen Religionstheorie. Stuttgart 1978. (1978b).

MÜLLER, GERNOT/RÖDEL, ULRICH/SABEL, CHARLES/STILLE, FRANK/ VOGT, WINFRIED:
Ökonomische Krisentendenzen im gegenwärtigen Kapitalismus. Frankfurt/M/New York 1978.

NARR, WOLF DIETER:
Theoriebegriffe und Systemtheorie. Einführung in die moderne politische Theorie I. Stuttgart 1971.

NARR, W.D./OFFE, CLAUS (Hg.):
Wohlfahrtsstaat und Massenloyalität. Köln 1975.

NASCHOLD, FRIEDER:
Demokratie wegen Komplexität. Zu Niklas Luhmann, "Komplexität und Demokratie". In: Politische Vierteljahresschrift 9 (1968), 494ff.

Ders.:
Die systemtheoretische Analyse demokratischer politischer Prozesse. Vorbemerkungen zu einer systemanalytischen Demokratietheorie als politischer Wachstumstheorie mittlerer Reichweite. In: Politische Vierteljahreszeitschrift 11, Sonderheft 2 (1970), 3-39.

Ders.:
Systemsteuerung. Einführung in die moderne politische Theorie II. Stuttgart 1971.

NEUENDORFF, H./SABEL, CH.:
Zur relativen Autonomie der Deutungsmuster. Arbeitspapier zum 18. Deutschen Soziologentag. Bielefeld. Hektographiertes MS. 1976.

NEULOH, OTTO u.a.:
Integration oder Rückkehr, das ist die Frage. Türkische Gastarbeiter zwischen gestern und morgen. Forschungsgutachten des Bundesministers für Arbeit und Sozialordnung. Als MS vervielfältigt. Bonn 1974.

NEUMANN, URSULA/REICH, HANS H.:
Türkische Kinder - deutsche Lehrer. Probleme im Unterricht: Erklärungen und Hilfen. Publikation ALFA. Düsseldorf 1977.

NEUMANN, URSULA:
Erziehung ausländischer Kinder. Erziehungsziele und Bildungsvorstellungen in türkischen Arbeiterfamilien. Düsseldorf 1980.

NIEBUHR, H.R.:
The Social Sources of Denominationalism. New York 1929. 3. Auflage Hamden, Conn. 1959.

NIKOLINAKOS, M.:
Politische Ökonomie der Gastarbeiterfrage. Reinbek bei Hamburg 1973.

O'DEA, THOMAS F.:
The Sociology of Religion. Englewood Cliffs N.Y. 1966.

Ders.:
Die fünf Dilemmas der Institutionalisierung der Religion. In: F. Fürstenberg (Hg.): Religionssoziologie. Darmstatt/Neuwied 1970, 231-237.

Ders.:
Catholic Sectarianism: A Sociological Analysis of the So-called Boston Heresy Case. In: Ders.: 1970. (1970a).

Ders.:
Mormonism and the Avoidance of Sectarian Stagnation: A Study of Church, Sect, and Incipient Nationality. In: Ders. 1970. (1970b).

Ders.:
Sociology and the Study of Religion. Theory, Research, Interpretation. New York/London 1970.

Ders./POBLETE, R.:
Anomie and the 'Quest for Community'. The Formation of Sects among the Puerto Ricans of New York. In: The Am. Cath. Soc. Rev. 21/1960, Nr.1, 18ff.

OEVERMANN, ULRICH:
Zur Analyse der Struktur von sozialen Deutungsmustern. Hektographiertes MS. Frankfurt/M 1973.

ÖZKAN, YILMAZ:
Auswirkungen der Arbeitskräftewanderung auf den politischen Sozialisations- und Bewußtseinsprozeß der türkischen Gastarbeiter. Diss. FU Berlin 1975.

OFFE, KLAUS:
Politische Herrschaft und Klassenstruktur. In: G. Kress/ D. Senghaas (Hg.): Politikwissenschaft. Eine Einführung in ihre Probleme. Frankfurt/M 1969, 155ff.

OTTOMEYER, K.:
Soziales Verhalten und Ökonomie im Kapitalismus. Vorüberlegungen zur systematischen Vermittlung von Interaktionstheorie und Kritik der politischen Ökonomie. Gießen 1976.

PAPADOPOULOS, NIKOLAOS G.:
Zur Akkulturationsproblematik griechischer Industriearbeiter in Westdeutschland: Soziale Situation, Religiosität. Eine empirische psychologische Untersuchung. Diss. phil. Bonn 1975.

PARET, RUDI (Hg.):
Die Welt des Islam und die Gegenwart. Stuttgart 1961.

PARSONS, TALCOTT:
Sozialstruktur und Persönlichkeit. Frankfurt/M 1968.

PFRIEM, RUTH/VINK, JAN:
Ausländische Arbeiter und ihre Familien - Bibliographie - Januar 1975 bis Oktober 1976. ISS-Materialien 1. Bonn 1976.

Dies.:
- Oktober 1976 bis Dezember 1977. ISS-Materialien 2. Bonn 1978.

PIEPHO, H.E.:
Förderung und Integration von Kindern ausländischer Arbeitnehmer. Dornburg 1972.

PLANCK, ULRICH:
Die ländliche Türkei. Soziologie und Entwicklungstendenzen. In: Zeitschrift für ausländische Landwirtschaft. 1972, Heft 19.

POPE, LISTON:
The Negro and Religion in America. In: KNUDTEN 1967, 17-25.

POST, W.:
Kritik der Religion bei K. Marx. München 1969.

RENDTORFF, TRUTZ/TÖDT, HEINZ EDUARD:
Theologie der Revolution. Analysen und Materialien. Frankfurt/M 1968.

RICHTLINIEN für den Unterricht der Kinder ausländischer Arbeitnehmer und für Vorbereitungsklassen. Die Schule in Nordrhein-Westfalen. Eine Schriftenreihe des Kultusministers. Köln 1977. (In Kraft getreten 01.02. 1978.)

ROBBE, MARTIN:
Marxismus und Religionsforschung. In: Theoretische Aspekte der Religionssoziologie I. Internationales Jahrbuch für Religionssoziologie. Bd. 2. Opladen 1966, 157ff.

ROBERTSON, ROLAND:
Einführung in die Religionssoziologie. München/Mainz 1973.

RODEL, GERD:
Untersuchung zur Kriminalität der ausländischen Arbeitnehmer. Diss. Hamburg 1976.

RODINSON, MAXIME:
Islam et capitalisme. Paris 1966. (Deutsch: Islam und Kapitalismus. Frankfurt/M 1971.)

ROGERS, WALTER B.:
The role of religion in social and economic development. (Agricultural economics: Special Report 4) Edmonton Univ. of Alberta 1967.

RONNEBERGER, FRANZ (Hg.):
Türkische Kinder in Deutschland. Referate und Ergebnisse des Seminars Südosteuropa-Gesellschaft über Bildungsprobleme und Zukunftserwartungen der Kinder türkischer Gastarbeiter. 15.-17. November 1976. Südosteuropa-Studien Heft 16, Nürnberger Forschungsberichte Bd. 9. Nürnberg 1977.

ROSE, PETER I. (ed.):
The Study of Society. An Integrated Anthology. New York 1967.

ROSENTHAL, ERWIN I. J.:
Islam in the modern national state. Cambridge Univ. Press 1965.

SAVRAMIS, DEMOSTHENES:
Religionssoziologie. München 1968.

SCHARPF, F.W.:
Demokratietheorie zwischen Utopie und Anpassung. Konstanz 1970.

SCHATZ, OSKAR (Hg.):
Hat die Religion Zukunft? Graz/Wien/Köln 1971.

SCHRADER, A./NIKLES, B.W./GRIESE H.M.:
Die zweite Generation. Sozialisation und Akkulturation ausländischer Kinder in der Bundesrepublik. Kronberg 1976.

SCHREUDER, OSMUND:
Die strukturell-funktionale Theorie und die Religionssoziologie. In: Theoretische Aspekte der Religionssoziologie I. Internationales Jahrbuch für Religionssoziologie. Bd. 2. Opladen 1966, 99ff.

SCHWARTZ, GARY:
Sect ideologies and social status. Chicago 1970.

SCOTT, RICHARD B.:
Qur'ân courses in Turkey. In: The Muslim World. Hartford, Conn. 61 (Oktober 1971), No. 4, 239-255.

SEN, FARUK:
Volkssektor Türkei. Eine neue Wirtschaftsform in der Türkei, geplant von der Republikanischen Volkspartei unter Führung von B. Ecevit. Materialien zum "Projektbereich ausländische Arbeiter" der AGG. Sonderheft 5. Bonn, Januar 1979.

SENGHAAS, DIETER (Hg.):
Imperialismus und strukturelle Gewalt. Analysen über abhängige Reproduktion. Frankfurt/M 1972.

SEVE, LUCIEN:
Marxismus und Theorie der Persönlichkeit. Frankurt/M 1973.

SEYFARTH, CONSTANS/SPRONDEL, WALTER M. (Hg.):
Seminar: Religion und gesellschaftliche Entwicklung. Studien zur Protestantismus-Kapitalismus-These Max Webers. Frankfurt/M 1973.

SINGER, GERWULF:
Sozio-kulturelle Determinanten religiöser Orientierungen. In: Wössner (Hg.) 1972, 171ff.

SMITH, WILFRED C.:
Die Welt des Islam in der Gegenwart. Frankfurt/M 1963.

STBA: STATISTISCHES BUNDESAMT:
Allgemeine Statistik des Auslandes. Länderkurzberichte: Türkei. Stuttgart 1972.

STEINHAUS, KURT:
Soziologie der türkischen Revolution. Frankfurt/M 1969.

SWANSON, G.E.:
The Birth of the Gods: The Origins of Primitive Beliefs. Ann Arbor, Mich. 1960.

Ders.:
Protestantismus und Herrschaftssystem. In: Seyfarth/Sprondel 1973, 146ff.

TBÖK: TÜRKIYE BARIS VE ÖZGÜRLÜK KOMITESI. Türkisches Europakomitee für Frieden und Freiheit: Türkei heute. Die nationalistische Bewegungspartei (MHP). Informationen, Dokumentationen, Analysen. Teil I. Frankfurt/M, Oktober 1976. (Rossdorfer Str. 33/a).

THOMÄ-VENSKE, HANNS:
Die Islamische Glaubensgemeinschaft in der Bundesrepublik. Zum Antrag der Islamischen Kulturzentren auf rechtliche Gleichstellung mit den Kirchen. In: Junge Kirche. Eine Zeitschrift europäischer Christen. 41/1980, Heft 1, 18ff.

TILMANN, RABAN:
Sozialer und religiöser Wandel. Düsseldorf 1972.

TOKAREW, S.A.:
Die Religion in der Geschichte der Völker. Köln 1978. (Übersetzung der 1965 in Moskau erschienenen Originalausgabe.)

TORNAUW, NIKOLAUS von:
Das Moslemische Recht aus den Quellen dargestellt. Amsterdam 1970. (Nachdruck der Ausgabe Leipzig 1855.)

TURNER, BRYAN S.:
Weber and Islam. A critical Study. London/Boston 1974.

ULE, WOLFGANG:
Der arabische Sozialismus und der zeitgenössische Islam. Dargestellt am Beispiel Ägyptens und des Iraks. (Schriften des Deutschen Orient Instituts. Materialien und Dokumente) Opladen 1969.

VASKOVICS, L.A.:
Religionssoziologische Aspekte der Sozialisation wertorientierter Verhaltensnormen. In: Internationales Jahrbuch für Religionssoziologie. Bd. 3. Köln/Opladen 1967, 115ff.

VRIJHOF, PIETER HENDRIK:
Was ist Religionssoziologie. In: Goldschmidt/Matthes (Hg.) 1962, 10ff.

WATT, MONTGOMERY W.:
Islamic Philosophy and Theology. Islamic Surveys 1. Edinburgh Univ. Pr. 1962

Ders.:
Islam and the Integration of Society. London 1966 (1961)

Ders.:
Islamic Political Thought. The Basic Concepts. Islamic Surveys 6. Edinburgh Univ. Pr. 1968.

WEBER, MAX:
Die protestantische Ethik I. Eine Aufsatzsammlung. Hg.v. Johannes Winckelmann. 4. gegenüber der 3. unveränderte Aufl., Hamburg 1975.

Ders.:
Gesammelte Aufsätze zur Religionssoziologie. 5. Aufl., Tübingen 1963.

Ders.:
Wirtschaft und Gesellschaft. In: Grundriß der Sozialökonomik, Teil II, 3. Abteilung. Insbesondere Kapitel IV: Religionssoziologie (Typen religiöser Vergemeinschaftung). Tübingen 1921. 4. Auflage hg.v. J. Winckelmann, Tübingen 1956.

WIETHOLD, BEATRIX:
Befragung einer Gruppe türkischer Mädchen über ihre Koranschulerfahrungen. Unveröffentlichtes MS. Hamburg 1979.

WILPERT, CZARINA:
Zukunftserwartungen der Kinder türkischer Arbeitnehmer. In: Ronneberger 1977, 262ff.

WÖSSNER, JAKOBUS (Hg.):
Religion im Umbruch. Soziologische Beiträge zur Situation von Religion und Kirche in der gegenwärtigen Gesellschaft. Stuttgart 1972.

YINGER, J. MILTON:
Contraculture and Subculture. In: Am. Soc. Rev. XXV (1960), 625-635.

Ders.:
Religion, Society and the Individual. An Introduction to the Sociology of Religion. New York 1957.

ZNANIECKI, FLORIAN/THOMAS, WILLIAM ISAAC:
The Polish Peasant in Europe and America. 5 Bde. Chicago 1918-20.

vergriffen

10.–

218

Perspektiven in der Schwerhörigenpädagogik

Perspektiven in der Schwerhörigenpädagogik

Festschrift
zum
65. Geburtstag von W. Hartwig Claußen

Herausgegeben von

Hajo H. Frerichs
Klaus-B. Günther
Joachim M. H. Neppert

Mit Beiträgen von

Bodo Bertram, Olaf Biermann/Ulrich Hase & Paul Heeg,
Herbert Ding, Hajo H. Frerichs, Ursula Gegner,
Klaus-B. Günther, Hannelore Hartmann, Agnes Hildmann,
Ursula Horsch, Dirk Jacobs, Thomas Kaul, Klaus Mangold,
Irene von Mende-Bauer & Manfred Hintermair,
Birgit Milenk-Hell, René J. Müller, Joachim M. H. Neppert,
Volker Schmeling, Karl Dieter Schuck, Karl Heinz Wisotzki

1804
NULLA DIES SINE LINEA
JULIUS GROOS VERLAG HEIDELBERG

Die Deutsche Bibliothek – CIP-Einheitsaufnahme

Perspektiven in der Schwerhörigenpädagogik:
Festschrift zum 65. Geburtstag von W. Hartwig Claußen /
hrsg. von Hajo H. Frerichs. . . Mit Beitr. von Bodo
Bertram. . . – Heidelberg : Groos, 1997
(Hörgeschädigtenpädagogik: Beiheft; 41)
ISBN 3-87276-803-4

ISBN 3-87276-803-4

Druck und buchbinderische Verarbeitung:
Difo-Druck GmbH, D-96052 Bamberg

W. Hartwig Claußen - Ein Wissenschaftler im Dienste schwerhöriger und ertaubter Menschen

CLAUßEN vollendete im Juni 1996 sein 65. Lebensjahr. Aus diesem Anlaß und ihm zu Ehren haben sich die drei Herausgeber und alle Beiträger an die Erstellung dieser Festschrift begeben. Als derjenige von den Herausgebern, der seit dem gemeinsamen Besuch des Matthias-Claudius-Gymnasiums zu Hamburg-Wandsbek mit HARTWIG CLAUßEN persönlich bekannt ist, wurde ich gebeten, einen Abriß seines wissenschaftlichen Werdeganges zu geben und sein Werk zu würdigen.

Nach Ablegung der Abiturprüfung im Jahre 1951 begann CLAUßEN eine kaufmännische Lehre. Den Kaufmannsberuf übte er nach der 1953 bestandenen Kaufmannsgehilfenprüfung auch noch etwa ein Jahr lang aus. 1954 begann er mit einem Studium der Erziehungswissenschaft und Zoologie an der Universität Hamburg, so daß wir uns, weil auch ich gerade das Studium der Erziehungswissenschaft angefangen hatte, im Sommersemester dieses Jahres in einem Einführungspraktikum an einer Hamburger Schule wiedertrafen. Nach absolviertem Studium für das in Hamburg kombinierte Lehramt an Volks- und Mittelschulen bestand CLAUßEN 1957 die erste Lehrerprüfung und ging in den Hamburger Schuldienst. 1963 legte er die zweite Lehrerprüfung ab. 1964 ließ er sich in den Bereich des Sonderschulwesens versetzen und war im Rahmen eines Probejahres an der Sprachheilschule tätig. Am 1. April 1965 trat er in das Aufbaustudium der Sonderpädagogik mit den Fachrichtungen Gehörlosen-, Schwerhörigen- und Sprachheilpädagogik ein. Auch dort - so wollte es der Zufall - trafen wir uns wieder, als ich in seinem letzten Semester mit demselben Studium begann. Seine Lehrer waren KRÖHNERT u.a. in Sprachheilpädagogik, MAEßE u.a. in Gehörlosenpädagogik, WITTHÖFT, HINZMANN, KRUG u.a. in Schwerhörigenpädagogik, SCHLOßHAUER in HNO-Kunde und VON ESSEN in Phonetik. Zu dieser Zeit galt in Hamburg die Regelung, daß während des Aufbaustudiums das volle Gehalt weitergezahlt wurde, daß aber die Tätigkeit als Lehrer neben dem Studium mit halber Stundenzahl weiterlief. Unter dieser Regelung unterrichtete CLAUßEN zunächst ein halbes Jahr an der Samuel-Heinicke-Schule, Schule für Gehörlose in Hamburg, und danach etwa ein Dreivierteljahr an der Schwerhörigenschule. 1967 bestand er die Prüfung für das Lehramt an Sonderschulen, um anschließend eine volle Lehrertätigkeit an der Schwerhörigenschule in Hamburg aufzunehmen. 1970 holte KRÖHNERT, der inzwischen Professor für Gehörlosenpädagogik geworden war, ihn an die Universität Hamburg, und CLAUßEN wurde Wissenschaftlicher Assistent. Seit dieser Zeit war es seine Aufgabe, das Fach Schwerhörigenpädagogik in Forschung und Lehre zu vertreten. 1972 erfolgte die Ernennung zum Wissenschaftlichen Rat, 1973 zum Wissenschaftlichen Oberrat. Damit befand er sich in der Funktion eines Universitätsdozenten. 1982 wurde CLAUßEN Professor für Schwerhörigenpädagogik. Entgegen seinem Vorhaben, bis zur Vollendung des 65. Lebensjahres im Dienst zu bleiben und nach dem Sommersemester 1996 in die Pension zu gehen, mußte er wegen einer Erkrankung schon im Sommer

1995 in den Ruhestand eintreten. Daß er nun wieder voller Tatendrang erscheint, läßt noch einiges an fachlichem Engagement erwarten.

Etwa 90 veröffentlichte Schriften, Artikel in Zeitschriften und Sammelwerken - bei Sammelwerken auch in der Funktion des Herausgebers oder Mitherausgebers - viele Bücher und Broschüren in eigener Autorenschaft oder als Mitautor sowie viele unveröffentlichte Entwürfe, Arbeits- und Positionspapiere sind das bisherige Ergebnis des Schaffens des Wissenschaftlers W. HARTWIG CLAUßEN. Das gesamte Werk zeigt dabei eine ungeheure thematische Breite. Im Zentrum stehen natürlich immer der schwerhörige Mensch, die Schwerhörigenschule und andere Einrichtungen für Schwerhörige und Ertaubte sowie das Fach Schwerhörigenpädagogik. Weitere Teil- oder Spezialthemen sind darunter: soziale und psychische Situation bzw. Befindlichkeit und Entwicklungsmöglichkeit hörgeschädigter Menschen, Kommunikations- und Sprachentwicklung, Sprachdidaktik, schulische und außerschulische Integration, Früherziehung, Hörerziehung, Hörtaktik, Förderung nach Versorgung mit Hörgeräten und Cochlea-Implantaten, berufsbezogene Förderung sowie Bildung und Weiterbildung, Rehabilitation erwachsener Schwerhöriger und Ertaubter (Andragogik), Einbezug und Weiterbildung von mithelfenden und miterziehenden Personen und Berufsgruppen sowie Berichte über weitgehend selbst initiierte und geleitetete Arbeitsgruppen, Gremien und Langzeit-Arbeitskreise.

Die wissenschaftliche Bearbeitung der genannten Themen entstand oft in Kooperation mit Praktikern und im Zusammenhang mit praktischem Wirken pädagogischer, erziehungsorganisatorischer oder politischer Art. Lange bestand eine ständige Arbeitsgruppe mit Mitgliedern des Kollegiums der Hamburger Schwerhörigenschule. Der von CLAUßEN gegründete „Bad Nenndorfer Kreis" faßte Schwerhörigenpädagogen des nördlichen Deutschlands zusammen. Stets gab es Kontakte zu Vereinen bzw. Selbsthilfeorganisationen der Schwerhörigen und Ertaubten, und besonders hervorzuheben ist sein Einsatz für die Planung, den Aufbau und die weitere Begleitung der Rehabilitationseinrichtung für Schwerhörige und Ertaubte in Rendsburg.

Wesentlicher Antrieb für CLAUßENS gesamtes Wirken war seine Sorge um die betroffenen und um die erziehenden und lehrenden Menschen sowie um die Institutionen, in denen erzogen und gelehrt wird. So war alles - auch seine in jüngster Zeit häufiger geworden philosophischen Exkurse - letzten Endes anwendungsorientiert, in Orientierung auf den Menschen gedacht und getan. Aus allem Tun und Lassen dieses Wissenschaftlerlebens spricht eine tiefe Menschenliebe, auch gerade dann, wenn im persönlichen Gespräch eine gewisse Portion norddeutschen leicht ironischen und selbstironisierenden Humors von ihm ausgeht. Alle, die sich mit HARTWIG CLAUßEN verbunden fühlen, haben sein Sosein - nach der Überwindung seiner Krankheit im vergangenen Jahr auch sein Wieder-Sosein - mit Dankbarkeit und Anerkennung erfahren.

Joachim Neppert

Inhaltsverzeichnis

Vorwort der Herausgeber

Der fünfundsechzigste Geburtstag von Professor W. Hartwig Claußen war Anlaß für die Planung dieser Festschrift unter der Themenstellung "Perspektiven der Schwerhörigenpädagogik". Das dem Leser hiermit vorliegende Ergebnis unserer Initiative hat uns freudig überrascht; nicht nur, daß fast alle angesprochenen Kolleginnen und Kollegen spontan zugesagt und trotz der Kürze der Zeit den Redaktionstermin eingehalten hatten, sondern daß sie in individuell ganz unterschiedlicher Weise und in ganz verschiedenen Feldern - von der Früherziehung, über den Ort und die Formen der schulischen Bildung und Erziehung bis hin zur rehabilitativen Betreuung von erwachsenen und alten hörgeschädigten Menschen - eine zukunftsweisende Positionsbestimmung der Schwerhörigenpädagogik vorzunehmen versuchten und dies weitgehend unter Bezug auf Hartwig Claußens fünfundzwanzigjähriges Wirken für schwerhörige Menschen und dessen pädagogisch-wissenschaftliche Begründung. Damit ist - so meinen wir - hundert Jahre nach dem Beginn der allmählichen Ausgliederung der Schwerhörigen- aus der alten Taubstummenpädagogik eine gute Grundlage für die Diskussion über die Zukunft der Schwerhörigenpädagogik und ihre allgemein- wie hörgeschädigtenpädagogische, aber auch interdisziplinäre Einbindung geschaffen.

Das Selbstverständnis der Schwerhörigenpädagogik hat sich in den letzten Jahren stark verändert. Theoretische und methodische Erkenntnisse in den Nachbarwissenschaften - Medizin, Phonetik, Linguistik und Psychologie - sowie eine veränderte Auffassung über Ziele und Handlungsstrategien haben teilweise zur Revision traditioneller Ansätze und zu einer dynamischen Entwicklung der Schwerhörigenpädagogik geführt. Eine zentrale Aufgabe der wissenschaftlich-pädagogischen Tätigkeit liegt darin, auf der Basis empirisch-konzeptioneller Entwürfe realisierbare und sachlich wie personal angemessene Förder- und Bildungsmodelle zu entwickeln sowie Anwendungsfelder zu bestimmen. Hartwig Claußen hat vor einiger Zeit die Schwerhörigenpädagogen aufgefordert, Modelle der weiteren Entwicklung des Bildungswesens für Schwerhörige zu konzipieren, bevor Politiker Entscheidungen fällen, die uns dann vielleicht nicht gefallen. Auch heute gilt noch das berühmte und von Hartwig Claußen gern unter Augenzwinkern zitierte Motto von MAGER: "*Wer nicht weiß, wohin er will, braucht sich nicht zu wundern, wenn er ganz woanders ankommt*".

Diese Veröffentlichung kann und will natürlich kein in sich geschlossener Zukunftsentwurf sein, sondern ein Versuch, Aspekte aufzuzeigen, die bei der Diskussion um die zukünftige Schwerhörigenpädagogik, ihre theoretisch-konzeptionelle Begründung und ihre praxisbezogene Umsetzung in Erziehung, Bildung und rehabilitativer Betreuung schwerhöriger und ertaubter Menschen Bedeutung haben könnten.

Hamburg, im Herbst 1996

Hajo H. Frerichs, Klaus-B. Günther und Joachim M.H. Neppert

Bodo Bertram

Cochlear Implant - neue Möglichkeiten für die audio-verbale Erziehung hochgradig hörgeschädigter Kinder?

Einleitung

Trotz einer immer effektiveren Diagnostik von frühkindlichen Hörschädigungen, trotz sofortiger apparativer Versorgung der betroffenen Kinder mit modernen Hörgeräten und trotz der sich anschließenden intensiven Hör-Spracherziehung bereits in jungem Alter, gilt es festzuhalten, daß nicht alle von ihnen mittels elektroakustischer Hörhilfen Lautsprache in erhofftem Maße erlernen können.

Als Ursache dafür könnte u.a. das individuelle „Hörschädigungsmuster" (Breider, 1990) in Betracht kommen, das „keine zur Lautsprachaufnahme ausreichende Hörentwicklung" zuläßt. Anders ausgedrückt: Diese Kinder sind „trotz ausreichender akustischer Stimulierung nicht in der Lage, zentrale Hörfunktionen in ausreichendem Umfang auszubauen", auf deren Grundlage sie entsprechende „Sprechleistungen" herausbilden können (Axmann, 1992 b).

Zu überprüfen wären auch andere Gründe, wie bspw. zentrale Wahrnehmungsbeeinträchtigungen (Axmann, 1992 a) oder gar das Vorliegen einer „professiogene(n)" Gehörlosigkeit (Kruse, 1990).

Mit dem Cochlear Implant verfügen wir derzeit über eine Technik, die gleichsam „die Funktion des Mittelohrs und des Corti-Organs ersetzt, indem entsprechend konfigurierte elektrische Biopotentiale direkt dem Hörnerv zugeleitet werden" (Lehnhardt, 1993). Somit könnte die oben erwähnte Kinderpopulation Nutzen daraus ziehen. Gleichwohl ist zu betonen, daß aufgrund der vielfältigen individuellen Parameter unterschiedliche Ergebnisse zu erwarten sind. Hören und Verstehen mit dem Cochlear Implant bildet die Basis für die, wenn auch verspätete, Reifung der Hörbahnen. Die elektrische Stimulierung des Hörnerven durch das CI ermöglicht die Verbindung zum Sprachzentrum und zu neuronalen Systemen, die an den Lern- und Gedächtnisfunktionen beteiligt sind. Dieses ist auch die Absicht der Hörgeräteversorgung (Heinemann, 1994).

Das Cochlear Implant eröffnet den damit versorgten Kindern die Chance, durch ein ihrem Alter entsprechendes Sprachangebot informationsverarbeitende Strategien zu entwickeln und somit Lautsprache zu erlernen. Doch darüber hinaus muß klar sein, daß Hören mehr bedeutet - auditive Orientierung, Verstehen von Umweltgeräuschen, Erkennen von Gefahren und damit adäquates Reagieren darauf, Vermitteln von Emotionen u.a. mehr.

Cochlear Implant für Kinder meint aber nicht nur die Konfrontation mit neuer Technik, sondern auch das Auseinandersetzen mit den damit verbundenen Motiven, Hoffnungen und Wünschen betroffener Eltern und ihrer Angehörigen, aber auch mit Skepsis, manchmal sogar mit totaler Ablehnung. Die neuen Möglichkeiten des pädagogisch-therapeutischen Einwirkens durch das CI bleiben nicht ohne Auswirkungen auf die Hörgeschädigtenpädagogik, auf die Bewertung von Hörschäden, auf die Beratung von Eltern, auf die methodisch-didaktische Ausgestaltung der Früherziehung, auf neue Integrationsmöglichkeiten sowie auf Erziehung, Bildung und Ausbildung der damit versorgten Kinder.

Technik allein ist nicht alles. Wir dürfen nicht dem Glauben verfallen, Behinderung wegtherapieren zu können. Vielmehr ist sie als eine der vielfältigen Formen unseres menschlichen Daseins zu begreifen. Auch Kinder mit einem Cochlear Implant bleiben hörbehindert. Dennoch sollten mit aller Konsequenz die realen Chancen einer nun möglichen hörgestützten Bildung und Erziehung sowohl im familiären als auch im pädagogischen Umfeld genutzt werden. Die individuelle Leistungsfähigkeit des Kindes muß dabei die Zugehensweise bestimmen, um seine starken Seiten zu mobilisieren, seine bestmögliche körperliche, geistige, psychische sowie soziale Entwicklung zu ermöglichen.

1. Jedes CI-versorgte Kind ist ein einzigartiges Individuum

Die CI Versorgung von Kindern birgt durchaus die Gefahr in sich, daß der Erfolgszwang, der ohne Zweifel mit ihr verbunden ist, vergessen macht, daß jedes Kind eine einmalige Persönlichkeit mit Schwächen und Stärken ist. Mißverstandene Habilitation bzw. Rehabilitation könnte dazu verführen, für alle Kinder einen gleichen Erfolg zu erwarten resp. anzustreben. Dieses würde aber bedeuten, ihre individuellen Lernvoraussetzungen sowie die sehr unterschiedlichen Lernbedingungen im Elternhaus bzw. im pädagogischen Bereich zu negieren.

Das Kind als Persönlichkeit zu begreifen, das Anspruch auf Wertschätzung, Liebe und Geborgenheit hat, dem mit Achtung vor seinen Gefühlen und Empfindungen zu begegnen ist, ist die originäre Aufgabe vor allem der Eltern, aber auch die von Pädagogen und Therapeuten. Diese Maxime hat über jeglichem Therapieanspruch zu stehen.

2. Grundlegende Bedingungen für die CI-Versorgung von Kindern

Sowohl die Auswahl der Kinder für die Cochlear Implant Operation als auch deren Habilitation bzw. Rehabilitation erfordern eine Vielzahl von Voraussetzungen. Diese sind einer ständigen und kritischen Überprüfung hinsichtlich ihrer Gültigkeit unterworfen. Dies betrifft zum einen die HNO-medizinische Diagnostik und deren Auswahlkriterien. Zum anderen betrifft es psychologische sowie hörgeschädigtenpädagogische Aspekte, wie der aktuelle Entwicklungsstand des Kindes bezüglich seiner Kognition, seiner physischen und psychischen Verfassung. Auch muß der bisherige Nutzen der Hörgeräteversorgung bezogen auf die Lautsprachkompetenz evaluiert werden, ebenso wie die Bedingungen des soziokulturellen Umfeldes des Kindes und seines Elternhauses. Von entscheidender Bedeutung sind insbesondere für Eltern aber auch für Pädagogen die Erfolgskriterien, die mit einer CI-Versorgung in Verbindung gebracht werden. Damit sind sowohl objektiv meßbare als auch subjektive Kriterien gemeint. Dennoch wird es kaum gelingen, den Erfolg in befriedigender Weise zu definieren. Zu weit gefächert sind die Erwartungen, die sowohl Eltern als auch Pädagogen mit dem Cochlear Implant in Verbindung bringen. Letztendlich aber wird das Maß des subjektiven Zufriedenseins, die uneingeschränkte Akzeptanz des Gerätes und die damit verbundene Identifizierung sowie die durch das Hören und Verstehen erreichte Autonomie des CI-Trägers eine entscheidende Größe für die Bewertung sein.

Eine verantwortliche CI-Versorgung von Kindern mit einer Taubheit peripherer Genese erfordert somit die unmittelbare Zusammenarbeit zwischen der zuständigen HNO-Klinik und des für die nachfolgende Rehabilitation verantwortlichen Zentrums sowie dessen enge Kooperation mit den Eltern, mit den Pädagogen und Therapeuten an den Heimatorten.

Nur so ist ein vielfältiger Informationsaustausch über den aktuellen Entwicklungsstand des jeweiligen Kindes aus der Sicht mehrerer Fachdisziplinen und der der Eltern möglich. Eine differentialdiagnostische Beurteilung ist durch die Kooperation mit Neuropädiatern und Psychologen zu gewährleisten.

Den Eltern sind in der Entscheidungsphase für oder gegen ein Implantat alle Möglichkeiten zur Information zu gewähren. Es muß abgeklärt werden, inwieweit sie in der Lage sind, die mit der Operation und Habilitation verbundenen Belastungen sowohl für die Familie als auch für das Kind über viele Jahre mitzutragen. Dies bezieht sich insbesondere auf die physisch-psychische Belastbarkeit des Kindes aber auch auf die Fähigkeiten der Eltern, nicht eingetroffene Erwartungen zu ertragen. Eingehende Gespräche darüber legen die Grundlage für eine vertrauensvolle Zusammenarbeit und vermitteln ihnen das Gefühl, ernstgenommen zu werden.

So sollte die Beratung u.a. folgende Punkte zum Inhalt haben:

Anamnese

- psychosoziale Situation der Familie
  - Umgang mit der Hörschädigung des Kindes
  - psychische Verarbeitung durch die Eltern
  - Eigen-, Fremderleben
- Kommunikation zwischen Eltern und Kind
- Motivation der Eltern
- Erwartungshaltung der Eltern
- Bereitschaft zur Unterstützung der postoperativen Maßnahmen
- Effektivität der bisherigen Hörgeräteversorgung sowie der Hör-Sprach-Erziehung aus der Sicht der Eltern
- Aussichten/Integrationsmöglichkeiten, -absichten

Informationen

- über pädagogische und medizinische Auswahlkriterien
- über Verlauf der Operation (mögliche Risiken)
- über Funktionsweise und Pflege des Sprachprozessors; Fehlersuche
- über Absicht und Inhalt des Vortrainings für die Erstanpassung des Sprachprozessors
- über die Habilitations- und Rehabilitationsmaßnahmen nach erfolgter Operation
- über den organisatorischen Ablauf
- über die Zusammenarbeit mit den Frühförderern, Kindergärten, Schulen und Therapeuten am Heimatort
- über die Stellung des Gehörlosenverbandes zur CI-Versorgung taubgeborener Kinder

Weitere Informationsmöglichkeiten für die Eltern durch:

- Videos
- schriftliches Material (Broschüren, Merkblätter)
- Hospitation bei der praktischen Arbeit im CIC
- Gespräche mit Eltern bereits operierter Kinder
- Adressen und Telefonnummern von Eltern-Selbsthilfegruppen

Hinweise

- Es besteht jederzeit die Möglichkeit zu weiteren Gesprächen
- Die Voruntersuchung verpflichtet die Eltern zu keiner Entscheidung

Das die CI-Operation durchführende Ärzte-Team sollte über einschlägige Erfahrungen verfügen. Die für die Voruntersuchung als auch die für den Eingriff notwendigen organisatorischen und apparativen Voraussetzungen müssen vorhanden sein.

Die der Operation nachfolgende intensive therapeutisch-sonderpädagogische Betreuung im Rehabilitationszentrum bezieht die Eltern des Kindes sowie die Pädagogen und Therapeuten des Heimatortes auch während der Nachsorge mit ein. Damit ist eine kind- und familienzentrierte pädagogische Arbeit gewährleistet. Ein Vortraining bezüglich der Erstanpassung des Sprachprozessors wenige Tage nach erfolgter Operation im Rehabilitationszentrum trägt wesentlich dazu bei, die verständliche Erwartungsangst und die emotionale Anspannung des Kindes als auch die seiner Eltern zu mildern. Der halbtägige Aufenthalt im Zentrum bildet die Grundlage für eine vertrauensvolle Zusammenarbeit von Eltern, Kind und Therapeuten, da er einen Einblick in den Tagesablauf erlaubt. Die Habilitation beschränkt sich nicht allein auf hörgeschädigtenpädagogische Maßnahmen, sondern hat vielmehr auch persönlichkeitsfördernde Aspekte zu berücksichtigen. Der partnerschaftlichen Zusammenarbeit mit den Eltern ist größte Aufmerksamkeit zu schenken. Sind sie doch die entscheidenden Träger der weiteren Entwicklung ihrer Kinder. Die Möglichkeit zum täglichen Austausch mit den Pädagogen und Therapeuten des Zentrums schafft ein Klima des Vertrauens. Die Eltern fühlen sich dadurch angenommen. Der Aufenthalt im CIC führt Menschen zusammen, die sich durch ähnliche Sorgen und Hoffnungen miteinander verbunden fühlen und die wissen, wovon sie sprechen.

Die ständige Verlaufsdiagnostik bezüglich der Gesamtentwicklung des Kindes einerseits und der Hör-Sprachentwicklung andererseits ist die Grundlage für seine Integration und somit für das zur Verfügungstellen adäquater Lernmöglichkeiten. Gleichzeitig können zusätzlich notwendig werdende Fördermaßnahmen langfristig geplant werden. Die Hospitationen von Fachkollegen im Zentrum, der kontinuierliche mündliche und schriftliche Austausch von Erfahrungen mit den Mitarbeitern des CIC dienen der Verlaufskontrolle der postoperativen Habilitation.

Fördermaßnahmen und Integration sind grundsätzlich als Einzelfallentscheidung zu betrachten. Dabei sind

- die Lernfähigkeit des einzelnen Kindes,
- seine Lernvoraussetzungen und
- seine Lernbereitschaft zu berücksichtigen.

Somit ist weitgehend eine unverantwortliche psychische Belastung vermeidbar.

Um den Erfolg der Habilitation resp. Rehabilitation langfristig abzusichern, müssen dem einzelnen Kind angemessene Bildungsmöglichkeiten erschlossen werden, die ihm eine bestmögliche Entfaltung seiner Fähigkeiten sowohl für die schulische Bildung als auch für die berufliche und soziale Integration ermöglichen.

Nach Abschluß der Initialphase der hörgestützten Habilitation im Zentrum (nach ca. 2 ½ Jahren), muß eine Langzeitbetreuung der Kinder (Wiedervorstellung in zeitlichen Intervallen sowohl in der HNO-Klinik als auch im Zentrum) sichergestellt sein. Dabei stehen ärztliche Kontrollen und die Überprüfung des Implantates, die Sicherstellung der Funktionstüchtigkeit des Sprachprozessors, die Aktualisierung des SP-Programms und die Überprüfung der sprachperzeptiven sowie der sprachexpressiven Leistungen der Kinder im Mittelpunkt des Interesses. Ebenso wichtig ist die Beurteilung ihrer psycho-sozialen Befindlichkeit.

Für die Beurteilung des Habilitationserfolges ist die Beachtung des Zeitfaktors nicht unerheblich. Allzuoft begegnet man Ungeduld und hofft auf eine unrealistisch schnelle Sprachentwicklung des Kindes. Dabei wird vergessen, daß die von Geburt an sprachtauben Kinder relativ spät die Möglichkeit des Hörenlernens nutzen konnten. Gleichaltrige hörende Kinder verfügen zu diesem Zeitpunkt bereits über fundamentale Sprech- und Sprachfertigkeiten. In der Hör-Spracherziehung CI-versorgter Kinder sollte man in großen Zeiträumen denken. Nur so wird unnötiger Leistungsdruck auf Kinder und Eltern vermieden.

Die Erstanpassung des Sprachprozessors und die Aufnahme der Rehabilitationsarbeit beginnt in der Regel 6 Wochen nach der Entlassung aus der Klinik. Die im Cochlear Implant Centrum Hannover begonnene initiale Habilitationsarbeit findet ihre Weiterführung in den unterschiedlichsten pädagogischen Einrichtungen, in denen die Kinder integriert sind (Frühförderung, Kindergärten für Hörgeschädigte, integrative Gruppen, Regeleinrichtungen etc.). Nur so ist ein langfristiger Erfolg unter Berücksichtigung individueller Bedingungen zu gewährleisten.

3. Ganzheitliche Habilitation unter Berücksichtigung individueller Bedürftigkeit

Ganzheitliche Förderung hat die individuelle Förderbedürftigkeit eines jeden Kindes zu bedenken. Grundlage dafür ist einerseits ein Paradigmawechsel auch in der Hörgeschädigtenpädagogik - diese Behinderung nicht ausschließlich als Merkmal des Individuums zu betrachten, sondern vielmehr als Merkmal der Interaktion/Kommunikation zu sehen d.h. sich verstärkt dem Prozeß der Interaktion zuzuwenden (Ding, 1991). Andererseits kann der Förderbedarf durch den täglichen Kontakt der Eltern, der Pädagogen und Therapeuten mit den Kindern evaluiert werden. Hinzu kommen die durch eine umfangreiche Diagnostik erhobenen Daten. Somit muß die Bildung und Erziehung sowie die Förderung CI-versorgter Kinder alle sich bietenden Möglichkeiten nutzen, soziale Erfahrungen zu vermitteln und sprachliche Interaktion zu nutzen.

Die mit dem Implantat nun mögliche auditive Wahrnehmungsförderung ist unmittelbar auch verbunden mit der Entwicklung kognitiver, sozialer, emotionaler und anderer Persönlichkeitsbereiche.

Die pädagogische Arbeit mit hörgeschädigten Kindern macht es daher unabdingbar notwendig, über den Tellerrand hinauszuschauen und neue Erkenntnisse der Neurophysiologie, der Psycholinguistik, der Psychologie sowie die Erfahrungen anderer sonderpädagogischer Bereiche wie die der Motopädie oder die der psychomotorischen Sprachentwicklungsförderung zu nutzen. Das erfordert, die Wirksamkeit von Fördermaßnahmen anderer sonderpädagogischer Bereiche dahingehend zu überprüfen, inwieweit diese für das jeweilige CI-versorgte Kind in Anspruch genommen bzw. modifiziert werden könnte, um defizitäre Entwicklungen zu kompensieren oder gar zu überwinden (Axmann et al. 1992 b; Olbrich, 1989; Horsch/Ding, 1994).

Diese Forderung scheint insofern an Bedeutung zu gewinnen, als manche hörgeschädigte Kinder Entwicklungsdefizite bzw. Zusatzbehinderungen unterschiedlicher Art und Ausprägungsgrade aufweisen.

4. Die psychische Situation der Eltern

Für die meisten Eltern stellt der Entscheidungsprozeß bis zur Operation eine äußerst große Belastung dar. Oftmals ist er geprägt vom Zweikampf, von Zweifeln und Hoffnungen, aber auch von der Befürchtung, eine wichtige Entscheidung womöglich zu verpassen und damit dem Kind neue Lebenschancen vorzuenthalten. Dieser Prozeß ist auch gekennzeichnet von Skrupeln, über den Kopf des Kindes hinweg über dessen zukünftige Entwicklung zu entscheiden, ohne es fragen zu können (zumindest bei sehr jungen Kindern). Erschwert wird dieser Umstand durch die Tatsache, daß niemand sicher voraussagen kann, wie der Erfolg tatsächlich aussieht und ob es dem Kind später recht ist, ein Cochlear Implant zu tragen. Dabei stellen der operative Eingriff und die damit verbundenen Risiken eine nicht zu unterschätzende Komponente dar.

Eltern sehr junger Kinder, die vor einer Entscheidung stehen, befinden sich oftmals noch in der Auseinandersetzung mit der Behinderung ihres Kindes, sind auf der Suche nach neuen Wegen, da Lebensträume nicht im gewünschten Ausmaß realisiert werden konnten. Dies betrifft auch ihre Erwartungen bezüglich der zukünftigen Entwicklung ihres Kindes, seiner schulischen, beruflichen sowie seiner sozialen Integration.

Viele Eltern tragen sich auch mit Schuldgefühlen hinsichtlich der Hörschädigung ihrs Kindes - und u. U. könnte die CI-Versorgung für sie eine Wiedergutmachung darstellen. Der Einfluß des sozialen Umfelds ist in diesem Entscheidungsprozeß nicht unerheblich. In manchen Fällen werden die Eltern regelrecht von Angehörigen bzw. Freunden mit Meldungen über das Cochlear Implant überschüttet. Oftmals sind diese nicht seriös, sondern eher aufreißerisch und erwecken unrealistische Hoffnungen dahingehend, daß allein die Operation alle Probleme der Hörschädigung gleichsam lösen könnte.

Daher ist es wichtig, in der Vorbereitung auf eine mögliche CI-Versorgung und in der Phase der Entscheidung, Eltern eingehend zu beraten und ihnen vielfältige Kontakte zu Eltern bereits versorgter Kinder zu ermöglichen, Hospitationen im Zentrum anzubieten und Gespräche mit erfahrenen Pädagogen und Therapeuten einzuräumen. So erhalten sie einen vielseitigen Einblick hinsichtlich der Möglichkeiten und der Grenzen der Habilitation CI-versorgter Kinder. Eine psychotherapeutische Begleitung wäre hilfreich.

5. Die Verantwortung der Eltern für den Spracherwerbsprozeß

Für den Spracherwerbsprozeß ihrer hörgeschädigten Kinder sind die Eltern von größter Bedeutung, denn sprachtherapeutische Maßnahmen allein führen zu keinem befriedigenden Ergebnis. Nur durch konsequentes und geduldiges Nutzen der vielfältigen lautsprachlichen Kommunikationsmöglichkeiten im familiären Alltag und des Kommunikationsbedürfnisses des Kindes wird es handlungsorientiert Sprechfreude und Lautsprachkompetenz entwickeln. Allerdings dürfen Eltern mit dieser Problematik nicht allein gelassen werden, sondern bedürfen der fachlichen Beratung und Unterstützung, um sie zu befähigen, „ihren lernenden Kindern die Strukturen und die Muster interaktionalen Sprachhandelns vorzugeben" (Jussen, 1994).

Dies wiederum erfordert allerdings Frühförderer, Therapeuten und Pädagogen, die „interaktionales Sprachhandeln" beherrschen und fähig sind, es Eltern durch gutes Vorbild vorzuleben.

Diese Hilfestellung schließt mit ein, der Therapie nicht die unbeschadete Mutter/Vater-Kind Beziehung zu opfern, sowie Eigeninitiative, Kreativität und Intuition von Eltern durch allzu eifrige und manchmal verletzende pädagogische Fremdbestimmung zu ersticken.

Der Beginn des Spracherwerbs hörgeschädigter Kinder erfordert ein Sprachregister, das entwicklungsangemessen, syntaktisch-semantisch vereinfacht aber dennoch variabel und zunehmend reichhaltiger zu gestalten ist und sich an der Sprachentwicklung hörender Kinder orientieren sollte (Löwe, 1991; Diller, 1992). Die Erkenntnisse der modernen Spracherwerbsforschung (Papousek, 1994; Szagun, 1996) müssen dabei in verstärktem Maße in die therapeutische Arbeit, insbesondere in die der Frühförderung integriert und den Eltern vermittelt werden. Somit erhalten sie eine fundamentale Hilfe zur Selbsthilfe.

Diese Erkenntnisse beziehen sich vor allem auf die Entwicklung der Kommunikation, im besonderen auf die „präverbale Kommunikation“, auf die Bedeutung von“ Emotionen und Sprache als Ausdrucksmittel“, auf die „Entwicklung des Gesprächs“ und auf die „Rolle der Inputsprache“ (Szagun, 1996).

Sowohl die Mitarbeiter der für die initiale Habilitation verantwortlichen Zentren als auch die Pädagogen und Therapeuten müssen den Eltern Wege aufzeigen, die dem Kind mit einem CI die auditive Wahrnehmung und die Sinnentnahme des Sprachangebots erleichtern (wie z. B. handlungsbezogene Lautsprache, klare Segmentierung, verlangsamte Zusprache sowie gut betonte Sprachmelodie und klare Artikulation).

Nur die ständige Präsentation und Produktion von Sprachlauten, Lautverbindungen und Satzstrukturen gewährleistet, daß die durch den Sprachprozessor vermittelte Lautsprache zentralnervös verarbeitet wird und sich entsprechende sprachverarbeitende Strukturen herausbilden. Daraus ist abzuleiten, „daß an dem Prozeß, den wir Hören nennen, kognitive Funktionen beteiligt sind, die zu beeinflussen und zu gestalten eine pädagogische Aufgabe ist.“ (Claußen, 1994).

Höchste Priorität in der Frühförderung CI-versorgter Kinder muß der „Sicherung der Sprachwahrnehmung“ durch Eltern und Pädagogen zukommen.

Das sinnentnehmende Verstehen sprachlicher oder auch nonverbaler Botschaften, die zwischen Eltern und Kind oder Kind und Eltern ausgetauscht werden, ist die Basis für eine stabile und emotional ausgewogene Eltern-Kind-Beziehung sowie die Voraussetzung für den Mutterspracherwerb.

Das nun Hören- und Verstehen-Können ihres Kindes befreit viele Eltern von der ständigen Anspannung und Angst, es in bedrohlichen Situationen nicht erreichen zu können. Das Cochlear Implant ermöglicht es bisher gehörlosen Kindern, die Fähigkeit zur auditiven Wahrnehmung zu entwickeln und auf dieser Grundlage Muttersprache zu erlernen.

Das zu begreifen und zu verinnerlichen, erfordert angemessene Zeit; ebenso alte gewachsene Kommunikationsstrukturen zugunsten neuer abzulegen. Diese Zeit sollten wir Kindern und Eltern zugestehen und sie vor Zeit- und Therapiedruck bewahren.

6. CI als Aufgabe für Hörgeschädigtenpädagogen und Therapeuten

Eine entscheidende hörgeschädigtenpädagogische Aufgabe besteht darin, „auch nur geringste Teilfunktionen oder „Reste" der Gehörfunktion" hörgeschädigter Kinder zu nutzen. Wer diese „ungenutzt läßt oder nur nebenher nutzbar macht, anstatt sie zu stimulieren, systematisch zu fördern, regelrecht zu bilden" verstößt „gegen elementare entwicklungspsychologische, organismus-theoretische, persönlichkeitstheoretische und psychosoziale Grundsätze..." (Schusser, 1993).

Hörenlernen bedarf einer angemessenen Zeit und ist als ein aktiver Prozeß der Auseinandersetzung zwischen Individuum und Umwelt anzusehen.

Lernen wird unterstützt, indem die „individuellen Lernbedürfnisse" des Kindes berücksichtigt werden und „an bereits vorhandene Lernerfahrungen" angeknüpft wird. Dabei „muß ein erfolgversprechendes Lernangebot aber auch der Reife des Lernenden inhaltlich und methodisch entsprechen." (Claußen, 1995). Damit stehen die nachsorgenden pädagogischen Einrichtungen an den Heimatorten in der Pflicht, alles erdenkliche zu tun, um ein Optimum in der Schulung der Hörwahrnehmung und des hörgestützten Spracherwerbs der CI-versorgten Kinder zu gewährleisten. Allein das Tragen des Implantates und des Sprachprozessors ist keine Garantie für den Erfolg. Hier ist enormes aktives Handeln geboten.

Nach den Stärken des Kindes zu fahnden, ist gleichsam wie das Tauchen nach einer Perle. In jedem Kind schlummert eine solche. Nur muß man manchmal sehr, sehr lange danach suchen. So braucht die Hörgeschädigtenpädagogik Pädagogen, die bereit sind, sich auf einen solchen langen und unter Umständen beschwerlichen Weg zu machen.

Cochlear Implant bedeutet aber auch die Auseinandersetzung mit technischen Fragen bezüglich der grundlegenden Funktionsweise des Sprachprozessors und des Implantats. Die Pädagogen müssen befähigt sein, einfache Fehlerquellen zu erkennen und diese abzustellen. Nur so besteht die Garantie für den nutzbringenden Einsatz dieses neuartigen Gerätes. Halbherzigkeit oder gar Gleichgültigkeit wären den Kindern gegenüber eine unverantwortliche und fatale Verhaltensweise.

7. Zusammenfassung

Die Cochlear Implant Versorgung bei Kindern hat sich in den vergangenen Jahren als eine bewährte Therapieform bei Taubheit peripherer Genese herausgestellt. Grundlage dafür bildeten die Erkenntnisse, die mit vielen erwachsenen Patienten Jahre zuvor gesammelt wurden sowohl hinsichtlich chirurgischer als auch therapeutischer Fragestellungen.

Sie bietet all den Kindern die Chance des hörgestützten Spracherwerbs, denen diese Möglichkeit trotz modernster konventioneller Hörhilfen verschlossen blieb.

Nur ein enger und intensiver Meinungsaustausch von Eltern, Pädagogen und Therapeuten sowie die ständige Verlaufskontrolle des Habilitationsprozesses ermöglichen eine kindzentrierte pädagogische Arbeit. Die aktive Einbindung des Kindes in lautsprachliche Kommunikation durch Hören und Sprechen bildet die Basis für den Erwerb einer den individuellen Möglichkeiten des Kindes entsprechenden Lautsprachkompetenz. Dabei ist bei allen sich bietenden Gelegenheiten das Bedürfnis des Kindes zur Kommunikation zu nutzen.

Pädagogen und Therapeuten erwächst die Pflicht, sich dieser neuen Herausforderung zu stellen, sich ständig weiterzubilden, um so den Kindern und Eltern verantwortungsvolle Begleiter sein zu können.

Gegenwärtig wird zunehmend die CI-Versorgung auch mehrfachbehinderter Kinder diskutiert und schon vollzogen. Die ersten Erfolge lassen hoffen, daß auch diesen Kindern ein neuer Zugang zu ihrer Umwelt ermöglicht und damit ihr Wissen über ihre Vielfältigkeit erweitert wird.

Literatur

Axmann, D., et al. (1992 a): Rehabilitation neurogener Lernstörungen beim Spracherwerb Hörgeschädigter. Bundesministerium für Familie Arbeit und Sozialordnung: Forschungsbericht 223

Axmann, D. (1992 b): Diskussionsbeitrag. In P. Plath (Hrsg.):Materialsammlung vom 6. Multidisziplinären Kolloquium der GEERS-Stiftung (S.87-88). Schriftenreihe der GEERS-Stiftung, Band 9

Bertram, B. (1996): Medizinisch-pädagogisches Konzept der Cochlear-Implant-Versorgung bei ertaubten und taubgeborenen Kindern in Hannover, Dissertation, HNO-Klinik der Medizinischen Hochschule Hannover, Hannover (Veröffentlichung in Vorbereitung)

Breider, H. (1990): Vom Gehör aus. In Hörgeschädigtenpädagogik (S. 267), 44

Claußen, H.-W. (1994): Pädagogische Förderung von CI-Kindern in den Schwerhörigenschulen. In Th. Lenarz, E. Lehnhardt, B.Bertram (Hrsg.), Cochlear Implant bei Kindern (S.110), Thieme, Stuttgart - New York

Claußen, H.-W. (1995): Pädagogische Förderung bei hörgeschädigten Kindern mit Cochlear Implant. In Stiftung zur Förderung körperbehinderter Hochbegabter, Vaduz (Hrsg.). Das Cochlear Implant eine (neue) Möglichkeit der Begabungsentfaltung bei Hörgeschädigten (S.32), Vaduz

Diller, G. (1992): Frühkindliche Hör-Spracherziehung in der stationären Wechselgruppe der Johannes-Vatter-Schule in Friedberg/Hessen. In P. Plath (Hrsg.): Frühkindliche Hör-Spracherziehung (S.121-125). Schriftenreihe der GEERS-STIFTUNG, Band 9

Ding, H. (1991): Spracherwerb bei Schwerhörigen. In Hörgeschädigtenpädagogik 45, 285

Heinemann, M. (1994): Das Projekt Datteln, 5. In GEERS-Hörgeräte

Horsch, U.; Ding, H. (1994): Senso-motorisches Vorschulprogramm für behinderte Kinder. 3. Aufl., Julius Groos

Jussen, H. (1994): Zur zweisprachigen Erziehung Gehörloser. In Hörgeschädigtenpädagogik 48, Heidelberg, (S. 37)

Kruse, E. (1990): Aufgaben und Probleme interdisziplinärer Frühförderung aus der Sicht der Phoniatrie und Pädaudiologie. In Stiftung zur Förderung körperbehinderter Hochbegabter, Vaduz (Hrsg.), Symposiumsbericht (S. 236 - 249), Vaduz

Lehnhardt, E. (1993): Cochlear Implantate bei Kindern. HNO aktuell, 1,1, 17-21

Löwe, A. (1991): Hörerziehung für hörgeschädigte Kinder. HVA/Edition Schindele, Heidelberg

Olbrich, I. (1989): Auditive Wahrnehmung und Sprache, verlag modernes lernen, Band 6, Dortmund, S. 109

Papoušek, M. (1994): Vom ersten Schrei zum ersten Wort, Verlag Hans Huber, Bern, Göttingen, Toronto, Seattle

Schusser, G. (1993): Stellungnahme zur Kontroverse um die ausschließliche Nutzung der Gebärden-„Sprache" und die relative Vernachlässigung der „Hörreste" in der Schule für Hörgeschädigte. In Europäischer Arbeitskreis für Prä- und Postnatale Entwicklungsforschung Mayer - Schusser - Siennik (Hrsg.): Impulse zur Psychologie und Pädagogik der Frühesten Kindheit und Lehrerausbildung (S. 101), Band 1

Szagun, G. (1996): Sprachentwicklung beim Kind. Beltz, Weinheim, 6. vollständig überarb. Auflage, (S. 175-261)

Olaf Biermann, Ulrich Hase und Paul Heeg

Erfahrungen aus der Rendsburger Rehabilitation für Hörgeschädigte - aktuelle Situation und Perspektiven -

1. Zur aktuellen Situation in der Rendsburger Rehabilitation für Hörgeschädigte

Mit dem Ziel, ein pädaudiologisches Seminar für erwachsene Ertaubte und Schwerhörige einzurichten, wurden im April und August 1982 erstmals zwei Pilotkurse mit jeweils 12 TeilnehmerInnen durchgeführt. Nachdem diese beiden Pilotkurse erfolgreich verlaufen waren, werden seit dem 01. August 1983 unter der Trägerschaft des Diakonischen Werkes Schleswig-Holstein regelmäßig die Rehabilitationen für erwachsene Hörgeschädigte durchgeführt.

Das Bundesministerium für Arbeit- und Sozialordnung finanzierte gleichzeitig zum Start der Rehabilitationsmaßnahmen ein zweijähriges Forschungsprojekt, das den Auftrag hatte, eine wissenschaftliche Aufarbeitung der anstehenden pädagogischen Aufgaben durchzuführen. Die wissenschaftliche Begleitung bestand im wesentlichen aus Mitgliedern des Instituts für Behindertenpädagogik der Universität Hamburg und wurde unter der Leitung von Prof. Claußen und Prof. Schuck durchgeführt. Die Ergebnisse dieser wissenschaftlichen Begleitung wurden 1989 in einem Forschungsbericht über pädagogische Hilfen für schwerhörige und ertaubte Erwachsene veröffentlicht.

Gleichfalls 1989 konnte ein eigens für den Bedarf Hörgeschädigter konzipiertes Rehabilitationszentrum bezogen werden. Der Personenkreis der Rehabilitanden erweiterte sich um die Gruppe der Gehörlosen. Das im deutschsprachigen Europa einzigartige Rehabilitationsangebot richtet sich heute an schwerhörige, ertaubte und gehörlose Erwachsene. Bis zum August 1996 konnten 123 Rehabilitationen mit insgesamt ca. 1.800 TeilnehmerInnen durchgeführt werden. Darunter waren ca. 20 % gehörlose, 10 % ertaubte und 60 % hochgradig schwerhörige Rehabilitanden.

Immer wieder ist es problematisch für die Rehabilitanden, einen zuständigen Kostenträger für die vierwöchigen Maßnahmen zu finden. Schon zu Beginn der Rehabilitation gab es grundsätzlich keine Verpflichtung, z.B. für Krankenversicherer, eine stationäre Maßnahme für die damaligen Seminare für Schwerhörige und Ertaubte zu finanzieren.

Zwischenzeitlich konnte ein Versorgungsvertrag mit den Verbänden der Krankenversicherer abgeschlossen werden, aber immer noch wird die Frage der Zuständigkeit zum Problem für die hörgeschädigten Antragsteller. Hintergrund dafür ist, daß die Rehabilitation sowohl als medizinische als auch als berufliche Maßnahme finanziert werden kann. Eine eindeutige Regelung wird jedoch oftmals erst auf Drängen der Betroffenen möglich, wobei viele dieses Durchsetzungsvermögen, nicht zuletzt aufgrund ihrer Kommunikationsbehinderung, nicht aufbringen.

Allzuviel hat sich im Selbstverständnis zur Notwendigkeit von rehabilitativen Maßnahmen in 13 Jahren nicht verändert. Dieses zeigen nicht nur die Komplikationen mit den zuständigen Kostenträgern oder die Tatsache, daß kein „Bedarf“ für eine zweite rehabilitative Einrichtung in der Bundesrepublik Deutschland angemeldet wurde, sondern steht auch hinter den jüngsten Statistiken des Deutschen Grünen Kreuzes. Die unterschiedlichen Hörschädigungen, von subjektiv kaum wahrgenommener leichter Hörbehinderung bis hin zur völligen Ertaubung, haben im gesamten Bundesgebiet eine Vorkommensrate von 15 bis 20 %. Dies ergibt eine Zahl von rund 16 Millionen Hörgeschädigten, wobei Hörstörungen aller Art eingeschlossen sind. Darunter sind ca. 2 Millionen Hörgeschädigte, die aufgrund ihres Hörverlustes mindestens einen Grad der Behinderung von 50 zuerkannt bekommen, also vom Versorgungsamt einen Schwerbehindertenausweis erhalten haben. Hierbei ist anzumerken, daß sich hochgradig Schwerhörige dabei im Grenzbereich der Zuerkennung eines Schwerbehindertenausweises überhaupt befinden. Folglich bleibt eine statistische Zahl von ca. 2 Millionen Personen, die aufgrund ihrer Hörschädigung den Bedarf einer Rehabilitation anmelden könnten.

Das Verhältnis von 1.800 Rehabilitanden zu 2 Millionen Anspruchsberechtigten spiegelt nicht nur die Problematik wieder, einen Kostenträger für die Rehabilitationsmaßnahme zu finden, sondern zeigt auch indirekt die geringe Akzeptanz der Hörschädigung als Behinderung seitens der Gesellschaft wie auch seitens der Betroffenen.

Aus der Erfahrung in der Rehabilitationsarbeit wissen wir, daß Hörgeschädigte ihre Leidensbetroffenheit weniger im Bereich der Primärfolgen ihrer Hörschädigung, also auf der Ebene der Lebenserschwerung wie Fernsehen, Radio hören usw. erfahren. Als noch gravierender wird die durch die Hörschädigung entstehende Behinderung in der Beziehung zu anderen Menschen erlebt. Die Erkenntnis, daß sich die Hörschädigung im wesentlichen als Beziehungsstörung auswirkt und diese Kommunikationsbehinderung nicht allein durch pädagogische Maßnahmen verändert werden kann, sondern, daß das psychische Moment einen entscheidenden Anteil am Rehabilitationsprozeß hat, führte im Laufe der 13 Jahre zu entscheidenden konzeptionellen Veränderungen in der Maßnahme.

So sprach man bei Gründung von einem „pädaudiologischen Seminar“. Schwerpunkt war hier ein pädagogisches Arbeiten und Trainieren von Kommunikationstechniken. Zu dieser Zeit wurde ein regelrechter Unterricht mit den Inhalten

- Hörtraining
- Absehtraining
- Mund-Hand-System
- Hörtaktik
- technische Hilfen
- soziale Rechtsfragen

abgehalten.

Zunehmend konnte während der Seminare erkannt werden, daß neben dem Trainieren der verschiedenen Kommunikationstechniken auch die psychische Komponente einen entscheidenden Anteil am Gelingen von Kommunikation hat. Folglich ist die Problematik der Akzeptanz der Behinderung und des Erkennens der Folgen im psychosomatischen Bereich in den Vordergrund der Maßnahme gerückt.

Die inhaltlichen Angebote in der Rehabilitation veränderten sich. Das pädagogische Mitarbeiterteam wurde um die Stelle eines Psychologen erweitert, so daß gezielte Angebote im psychosozialen Bereich in Form von Selbsterfahrungsgruppen, Gesprächskreisen und therapeutischen Einzelgesprächen gemacht werden konnten. Aus den „Seminaren für Ertaubte und Schwerhörige“ wurde die „Rehabilitation für Hörgeschädigte“.

Das Unterrichtsfach Hörtaktik wurde zum Verhaltenstraining entwickelt, wo unter Einbeziehung der verschiedenen Kommunikationstechniken daran gearbeitet wird, Gesprächssituationen durch eigenes aktives Verhalten zu gestalten. Dabei stehen Themen wie eigene Akzeptanz der Hörschädigung, Hinweise auf die Hörschädigung geben, räumliche/organisatorische Voraussetzung für eine optimale Verständigung schaffen und berufliche Problematik im Mittelpunkt des Verhaltenstrainings.

Insbesondere im Verhaltenstraining zeigte es sich als besonders hilfreich, daß das Mitarbeiterteam der Rehabilitation sowohl aus normalhörenden als auch aus hörgeschädigten MitarbeiternInnen besteht. Dies ermöglicht eine Identifikation der Betroffenen mit den TherapeutInnen und unterstützt erheblich den Rehabilitationserfolg. Heute setzt sich die Rehabilitationsmaßnahme aus drei wesentlichen Bestandteilen zusammen:

1. Kennenlernen/Trainieren von Kommunikationstechniken
    - Absehtraining
    - Fingeralphabet
    - Hörtraining,
    - lautsprachbegleitende Gebärden
    - Artikulation/Sprachpflege
2. Psychosozialer Bereich
    - Verhaltenstraining
    - Selbsterfahrungsgruppe
    - therapeutische Einzelgespräche/Beratungsgespräche
    - Gesprächskreise
    - Entspannungstraining
    - Krankengymnastik
    - Gleichgewichtstraining
3. Informativer Bereich
    - technische Hilfen
    - Sozialrecht
    - Beratung/Beantragung von Hilfsmitteln
    - Audiologie

Dieser ganzheitliche, therapeutische Rehabilitationsansatz - Trainieren verschiedener Kommunikationstechniken sowie Verarbeitung der Hörschädigung bei den Betroffenen - wird ergänzt durch einen intensiven Erfahrungsaustausch, den die Rehabilitanden während der vier Wochen erleben und der es ihnen ermöglicht, ihre persönliche Situation zu relativieren.

Eine weitere Erkenntnis der Rehabilitationsarbeit zeigt eine Differenzierung innerhalb der unterschiedlichen Hörschädigungen und deren Ursachen. So wurden spezielle Konzepte nach den Bedürfnissen in Zusammenarbeit mit bestimmten Hörgeschädigtengruppen entwickelt. Heute können spezielle Rehabilitationsangebote für Gehörlose, Frühschwerhörige, Cochleaimplantierte und Neurofibromatoseerkrankte durchgeführt werden.

Bei all diesen Rehabilitationsangeboten stehen die Bereiche berufliche Rehabilitation und psychosoziale Rehabilitation für viele Betroffene im Vordergrund. Folglich beabsichtigen die Verfasser, zu diesen Bereichen die aktuelle Situation darzustellen und Perspektiven aufzuzeigen.

2. Förderung Hörgeschädigter im beruflichen Bereich

2.1 Problemlage

Immer knapper werdende Mittel im Sozialwesen sowie die zunehmende Arbeitslosigkeit betreffen in besonderem Maße Menschen mit Behinderungen und damit auch Hörgeschädigte. Immer deutlicher wird, daß auch Hörgeschädigte mit guter beruflicher Qualifikation von Arbeitslosigkeit betroffen sind. In den Rehabilitationen rücken deshalb Themen, die sich mit Bemühungen um den Erwerb oder Erhalt eines Arbeitsplatzes befassen, in den Vordergrund. So sind die Rendsburger Rehabilitationsmaßnahmen auch als berufliche Rehabilitationen anerkannt, soweit Indikationen vorliegen, die den Arbeitsplatz Hörgeschädigter als gefährdet erscheinen lassen. In diesen Fällen sind die Rentenversicherungsträger (LVA, BfA) zuständige Kostenträger. Arbeitsämter finanzieren die Rehabilitationen als vorgeschaltete Maßnahme zu einer Umschulung. Hauptfürsorgestellen sind zuständig, wenn es schon zu einer konkreten Gefährdung gekommen ist und eine Kündigung droht.

Folgende Problemfelder im Bereich der beruflichen Situation Hörgeschädigter waren in den Rehabilitationen evident:

<u>Erwerb eines Arbeitsplatzes</u>

- Es hat sich weniger die jeweilige berufliche Qualifikation als zentrale Barriere gezeigt. Das immer wieder auftauchende Problem stellt die Kommunikationskompetenz der Betroffenen dar. Arbeitgeber haben Bedenken, Hörgeschädigte einzustellen, da sie ihnen die Bewältigung der zunehmenden kommunikativen Anforderungen nicht zutrauen. Die Bedenken beziehen sich im wesentlichen auf: Einschränkungen im Hinblick auf das Telefonieren, Gruppengespräche, Publikumsverkehr und mögliche Gefährdung am Arbeitsplatz durch die Hörschädigung. Hinzu kommen Überlegungen, die für die Situation aller Schwerbehinderten zutreffen. In einer Zeit wachsender Arbeitslosigkeit besteht ein deutliches Angebot an nichtbehinderten BewerberInnen. Dieses mindert den Anreiz, Schwerbehinderte anzustellen oder sich flexibel auf die speziellen Bedürfnisse Betroffener hinsichtlich der Arbeitsplatzgestaltung einzustellen. Die Möglichkeit, Personalkostenzuschüssse oder Mittel nach dem Schwerbehindertengesetz zur Ausstattung des Arbeitsplatzes in Anspruch zu nehmen, ist den meisten Arbeitgebern zudem nicht bekannt. Auch zeigt sich die Tendenz, eher die Zahlung der (relativ geringen) Ausgleichsabgabe zu leisten, als einen Schwerbehinderten anzustellen. Die Sorge, sich aufgrund des besonderen Kündigungsschutzes nicht mehr von einem schwerbehinderten Arbeitnehmer trennen zu können, verstärkt die Zurückhaltung.

- Unter 3.2 werden negative Gesprächserfahrungen als Folge von Hörschädigung dargestellt. Dort beschriebene Kommunikationsunsicherheiten wirken sich auch in der Weise aus, daß Hörgeschädigte in Bewerbungsgesprächen nicht gezielt auf ihre Behinderung und mögliche Hilfen eingehen. Dieses geschieht aus der durchaus verständlichen Sorge, dann ohnehin keine Chance auf den gewünschten Arbeitsplatz zu haben. In der Regel führt dieses Verhalten zum Gegenteil: Mißverständnisse entstehen, Unsicherheiten in der Kommunikation werden seitens der Arbeitgeber nicht im richtigen Ursachenzusammenhang erkannt und falsch interpretiert. So entstandene Erklärungsmodelle wirken sich wiederum nachteilig auf den Gesamteindruck des Bewerbers aus.

Erhalt des Arbeitsplatzes

- Zwangsläufig erschwert eine Hörschädigung Kommunikationsprozesse im beruflichen Bereich. Die Folgen sind Mißverständnisse, das Abgeschnittensein von den innerbetrieblichen Informationsflüssen und auch von sozialen Kontakten zu Kollegen. Besonders negativ wirkt sich Hörschädigung aus, wenn Arbeitsanweisungen nicht oder falsch verstanden werden, Zeitdruck besteht oder verschiedene Verständigung erschwerende Faktoren (Neben- bzw. Störgeräusche, Durcheinandersprechen, hallige Räume) zusammentreffen. Das Ausmaß der Beeinträchtigung durch Hörschädigung ist abhängig von der jeweiligen Arbeitsplatzsituation, dem Hörstatus der Betroffenen und der hörbehinderungsspezifischen technischen Versorgung. Ein wesentlicher Faktor ist darüber hinaus, inwieweit sich Hörgeschädigte in ihrer Kommunikationskompetenz weitergebildet haben: Im Absehen von den Lippen, Artikulation, Gebärden u. a.. Bei vielen Rehabilitanden stellen wir fest, daß sowohl die technische Ausstattung am Arbeitsplatz unzureichend ist als auch Kommunikationshilfen weitgehend unbekannt sind.
- Über die hier beschriebenen aus Hörschädigungen erwachsenen unmittelbaren Auswirkungen hinaus erschweren Ängste, offen mit der eigenen Behinderung umzugehen, die Arbeitsplatzsituation. Wie bei Bewerbungsgesprächen öffnet der Verzicht auf den eindeutigen Hinweis auf die Hörschädigung und notwendige Unterstützungsmöglichkeiten Hintertüren für Fehleinschätzungen, wenn nicht oder falsch verstanden wurde. Diese bewirken, daß sich Kommunikationsbarrieren verhärten und gleichzeitig auch, daß Mißtrauen seitens der Arbeitgeber und KollegInnen in die berufliche Kompentenz der Betroffenen entsteht.
- Hörgeschädigte erleben häufig, daß ihnen spezielle berufliche Fortbildungsmaßnahmen aufgrund ihrer Kommunikationbehinderung verschlossen bleiben. Spezielle Maßnahmen, die für den Hörgeschädigtenbereich konzipiert sind, fehlen in vielen Fällen. Soweit vorhanden, können sie aus

organisatorischen Gründen oft nicht wahrgenommen werden. Auf diese Weise geraten Hörgeschädigte in die Gefahr, den Modernisierungsprozessen im Arbeitsleben nicht standhalten zu können. Dadurch können sie über die dargestellten Kommunikationsprobleme hinaus ins berufliche Abseits geraten. Dieses kann sich z.B. in der Weise auswirken, daß der Grad verantwortlicher Arbeit abnimmt, daß Hörgeschädigte bei Beförderungen nicht mehr berücksichtigt werden, letztendlich Tätigkeiten ausführen müssen, die ihnen die anderen Kollegen im wahrsten Sinne des Wortes übrig gelassen haben.

- Einer besonderen Problematik unterliegen Hörgeschädigte im privaten Kommunikationsgeschehen an ihren Arbeitsplätzen. Die Kommunikationsbedingungen sind gerade in solchen Situationen (Pausen, Feiern, Betriebsausflügen, halbprivaten Gesprächen am Rande von Arbeitsbesprechungen) besonders nachteilig. Typisch ist für diese Situationen, daß sich Unwichtiges und Wichtiges, Berufliches und Privates vermengen, jedoch Ergebnisse, z.B. von Pausengesprächen, später auch vom Hörgeschädigten als bekannt vorausgesetzt werden. Von Hörgeschädigten können solche Situationen in der Regel kaum bewältigt werden. Viele Betroffene betonen immer wieder ihren Streß bei solchen Gegebenheiten, den sie als erheblich größer bewerten als bei der unmittelbaren Ausübung beruflicher Tätigkeiten.
- Der Stellenwert von Arbeit für das Selbstbewußtsein ist für alle Menschen von besonderer Bedeutung. Das trifft gerade auch für Menschen mit Behinderungen zu. Hörgeschädigte, die sich im beschriebenen Sinne am Arbeitsplatz benachteiligt und gleichzeitig wehrlos bzw. hilflos erleben, sind nicht nur demotiviert, sondern auch in außergewöhnlicher Weise dem Risiko von psychosomatischen Erkrankungen ausgesetzt. Der Eintritt solcher Krankheiten führt wiederum zu Fehlzeiten am Arbeitsplatz und neuen Schwierigkeiten mit Kollegen und Vorgesetzten.

Der Prozeß der Isolation am Arbeitplatz und dessen Gefährdung geschieht in der Regel nicht offensichtlich und schnell. Vielmehr verläuft er schleichend, in einer Weise, die zunächst gezielte Interventionen subjektiv wie objektiv unnötig erscheinen läßt. Wird endlich deren Notwendigkeit erkannt, sind Maßnahmen oft kaum noch erfolgversprechend, da sich Vorurteile, Fronten verhärtet haben und nur noch schwer aufgeweicht werden können.

Die bisher beschriebenen Erkenntnisse aus der Arbeit mit hörgeschädigten Erwachsenen treffen in unterschiedlichem Maße auf alle Hörgeschädigten zu, also auf Ertaubte, Schwerhörige und Gehörlose. Es sind jedoch auch einige Besonderheiten bedeutsam.

- Menschen, bei denen die Hörschädigung bis hin zu einer Ertaubung im späteren Alter eingetreten ist, erleben in einschneidender Weise die deutliche Veränderung ihrer Möglichkeiten im privaten und mehr noch im beruflichen Bereich und damit auch ihre Hilflosigkeit. Das Maß psychischer Belastungen ist außerordentlich hoch. Andererseits sind sie sich des Verständnisses und der Fürsorge ihrer Kollegen und Vorgesetzten, zumindest in der ersten Phase nach dem Eintritt der Hörschädigung, relativ sicher. Diese kennen ihren nun schwerbehinderten Kollegen aus der Zeit vor Eintritt der Behinderung, können daher hieraus entstehende Folgeauswirkungen eindeutig ableiten. Die in solcher Weise Betroffenen werden in der Regel aufgefangen durch ein Netz schützender und rehabilitativer Maßnahmen, deren Voraussetzungen sie sich durch das Leisten von Sozialabgaben erworben haben. Hinzu kommt, daß sie aufgrund ihrer bisherigen Sozialisation über umfassende Kenntnisse im Verhaltensrepertoire Guthörender verfügen. Darüber hinaus haben sie ein gleichwertiges berufliches know how erlangt. Hörgeschädigte, die bisher selbständig gearbeitet hatten oder deren Arbeitsbedingungen relativ leicht z. B. durch Umverteilen von Arbeit verändert werden können, erleben sich noch am wenigsten beeinträchtigt. Gerade Vorgesetzte bzw. MitarbeiterInnen in leitenden Funktionen mit ihrer Priorität auf der Senderseite von Kommunikation sind gegenüber Hörgeschädigten in zuarbeitenden Berufen im Vorteil.
- Von Kindheit an Schwerhörigen und Gehörlosen bereitet der Umgang mit den unmittelbaren Folgen von Hörschädigung im Verhältnis zur vorgenannten Gruppe erheblich geringere Schwierigkeiten. Auch ist der Grad psychischer Belastung geringer. Allerdings erschweren ihnen Erfahrungsdefizite die Möglichkeit, sich auf die Bedürfnisse Guthörender einzustellen und deren Verhalten angemessen zu deuten. Auffällig ist in diesem Zusammenhang, daß Hörgeschädigte aufgrund fehlender Hintergrundinformationen sich aus ihrer Sicht 'richtig' verhalten, während Guthörende dieses Verhalten als ungewöhnlich oder gar als abweichend von Normen des beruflichen Geschehens empfinden und mitunter auch mit Sanktionen reagieren.

  Ein Beispiel:

  Von Kindheit an Hörgeschädigte beobachten häufig, daß Guthörende während ihrer Arbeit längere Gespräche miteinander führen. Sie halten diese Gespräche für Privatgespräche. Denn sie hören bzw. verstehen nicht, daß solche Gespräche großteils berufsbezogen sein können und sie selbst nicht einbezogen sind. Versuchen Hörgeschädigte, ihre Arbeit zu unterbrechen und sich Kollegen - nun mit privaten Themen -

zuzuwenden, werden sie zurückgewiesen, gar als an ihrer Arbeit uninteressiert stigmatisiert.

Mißverständnisse solcher Art können sich in einer Weise häufen, daß sie Gründe für Abmahnungen und letztendlich Kündigungen werden. Gefördert wird eine solche negative Entwicklung auch dadurch, daß es Guthörenden überaus schwer fällt, Beweggründe Hörgeschädigter richtig einzuordnen.

- Besonders betroffen vom zuvor genannten Problembereich ist der Personenkreis der von Geburt an Gehörlosen. Jedoch haben Gehörlose den Vorteil, von Anfang an Berufe erlernt zu haben, die keine unangemessenen Anforderungen an ihre Kommunikationskompetenz stellen. Darüber hinaus führt die Eindeutigkeit ihrer Behinderung im Gegensatz zur Situation der Schwerhörigen dazu, daß sich Guthörende leichter auf ihre Behinderung einstellen und Verständnis für Belastungen aufbringen können. Zwar haben Gehörlose in der Regel weitaus größere Probleme als Schwerhörige, Kollegen und Vorgesetzte in Gesprächen zu verstehen, sie sind jedoch in der Lage, mittels GebärdensprachdolmetscherInnen an entsprechenden Situationen (Betriebsversammlungen, Gruppengesprächen etc.) vollständig teilhaben zu können und sind hier wiederum gegenüber manchem Schwerhörigen im Vorteil. Gehörlose erleben in der Regel ein erhebliches Entlastungsmoment darin, daß sie in ihrem eigenen Sozialbereich (in Familie, Freundeskreisen und Vereinen) mittels Gebärdensprache kommunizieren. Dadurch erscheinen sie resistenter gegenüber dem besonderen Maß an psychischen Belastungen infolge ihrer Isolation im Arbeitsleben. Dieses steht im Gegensatz zur Situation Ertaubter und Schwerhöriger, deren Kommunikationsbelastungen sich nach dem Arbeitstag häufig im privaten Bereich fortsetzen.

2.2 Förderung in Rehabilitationen

Förderung von Hörgeschädigten in den Rendsburger Rehabilitationen geht von der Leiterfahrung aus, daß eine wirksame Unterstützung nur dann geleistet werden kann, wenn sie sich auf folgende, sich gegenseitig ergänzende und nicht deutlich abgrenzbare Rehabilitationsbereiche erstreckt:

- Originäre Kommunikationsförderung (Absehen, Hörtraining, Artikulation, Gebärden),
- Erweiterung der Handlungsfähigkeit auf der Basis eines Behinderung akzeptierenden Selbstbewußtseins (Verhaltenstraining, Selbsterfahrungsgruppe, Einzeltherapie),

- Erweiterung des Kenntnisstandes im Hörgeschädigtenwesen (Technik, Sozialrecht, Schwerbehindertenrecht, Verbands-/Selbsthilfegruppenarbeit).

Grundsätzlich werden sich solche Rehabilitationsbereiche sowohl im privaten als auch im beruflichen Bereich positiv auswirken. Hier eine Trennung in berufliche und private Kompetenzen vorzunehmen, stellt eine Fiktion dar und entspricht nicht der von Hörgeschädigten erlebten Realität. Es hat sich während der letzten Jahre in den Rendsburger Rehabilitationen eine deutliche Zunahme an Rehabilitanden gezeigt, deren Motivation zur Teilnahme an der Rehabilitation beruflich bedingt ist. Aus diesem Grunde werden verstärkt Schwerpunkte auf den beruflichen Bereich bezogen. Dieses geschieht durch ein Kommunikationstraining, das sich vor dem Hintergrund der jeweils zuvor im Gruppengespräch und/oder in Einzelgesprächen erfaßten Problemlage auf Interaktionssituationen des beruflichen Lebens zentriert. Im Verhaltenstraining sind wesentliche Schwerpunkte das Bewußtmachen von Informationsflüssen im beruflichen Alltag und Strategien, wie Informationsdefiziten vorgebeugt werden kann. Immer wieder entsteht in diesem Zusammenhang seitens der Rehabilitanden das Bedürfnis, sich über eigene Wünsche und Forderungen an die guthörenden Kollegen und deren Durchsetzung auszutauschen. Das Finden einer Balance zwischen den Möglichkeiten und der Bereitschaft der Kollegen stellt hier die zentrale Schwierigkeit dar. Die Tatsache, daß sich diese Balance immer wieder zu Lasten der Hörgeschädigten verschiebt, verstärkt Streß aufgrund von Frustrationserlebnissen, die wiederum in therapeutischen Einzelgesprächen und in Selbsterfahrungsgruppen thematisiert werden. In diesem Zusammenhang wird auch auf die Schwierigkeiten Gehörloser und von Kindheit an Schwerhöriger eingegangen, Verhaltensweisen Guthörender angemessen einzuschätzen, um zukünftig Überreaktionen bzw. Nichtbeachten von wider Erwarten wichtigen Signalen vorzubeugen.

Die individuelle Arbeitsplatzsituation wird in Hinblick auf mögliche Verbesserungen und Hilfen sowie deren rechtliche und finanzielle Rahmenbedingungen besprochen. Unter den konkreten, vielen Hörgeschädigten bisher unbekannten Möglichkeiten rücken nachstehend genannte immer wieder in den Vordergrund:

- Umstellung des Arbeitsplatzes, damit der Hörgeschädigte das Licht (i.d.R. das Fenster) im Rücken hat, seine Kollegen sehen kann und der Blick auf mögliche Gefahren- bzw. Störquellen (z. B. Maschinen, bewegliche Transportmittel oder Türen) nicht beeinträchtigt wird,
- schallisolierende Maßnahmen,

- bei Gruppengesprächen Konferenzanlagen, FM-Anlagen oder Hörgeräte mit Audioeingang und Richtmikrophon,
- Telefonverstärker,
- Einsatz von Gebärdensprachdolmetschern,
- der besondere Betreuungsaufwand nach dem Schwerbehindertengesetz.

Fragen nach dem Schwerbehindertengesetz, den Aufgaben der Schwerbehindertenvertretung und insbesondere dem besonderen Kündigungsschutz werden ebenfalls geklärt.

Es zeigt sich in den letzten Jahren eine zunehmende Tendenz, daß seitens des jeweiligen Kostenträgers nach der Rehabilitationsmaßnahme konkrete Aussagen gewünscht werden:

- Zur Frage eventueller Hilfen am konkreten Arbeitsplatz,
- zur Klärung, ob ein Rentenverfahren eingeleitet werden muß,
- ob eine Umschulungsmaßnahme angezeigt ist,
- in welchen Berufsbereichen eine solche Umschulungsmaßnahme in Frage kommt
- oder zur Findung sonstiger berufsfördernder Maßnahmen.

Hier hat es sich als besonders hilfreich erwiesen, daß regelmäßig ein Rehabilitationsberater der BfA zu Sprechtagen in die Rehabilitationsmaßnahmen kommt, um die Teilnehmer zu beraten. Zwischen diesem Fachmann und Mitarbeitern der Rehabilitation finden ebenfalls Gespräche statt, die zur Klärung o. g. Fragen und Erarbeitung von Vorschlägen, die in die Abschlußrehabilitationsberichte einfließen, beitragen.

Mit zunehmender Tendenz zeigte sich die Notwendigkeit, daß Mitarbeiter des Rehabiliationszentrums den Kontakt zu Rehabilitanden nach der Maßnahme halten, um sie in wesentlichen Fragen zu unterstützen. Hier kommt es vor, daß diese Mitarbeiter Hörgeschädigte am Arbeitsplatz besuchen, um vor Ort Überlegungen zu kommunikationsverbessernden Veränderungen anstellen zu können. Manches Mal erweist es sich auch als wichtig, Informationsveranstaltungen für Kollegen und Vorgesetzte von Hörgeschädigten durchzuführen. Im Laufe der Zeit ist ein Netzwerk entstanden, das diese Förderung von Hörgeschädigten unterstützt. Hierzu gehört die Zusammenarbeit mit Hörgeschädigtenberatungsstellen, psychosozialen Diensten (PSD), Hauptfürsorgestellen, deren Fachdiensten für Hörgeschädigte und den Verbänden, die sich mit Hörgeschädigtenarbeit befassen. Ein dringliches Anliegen der Rehabilitationsmitarbeiter ist es, zwischen diesen Stellen und Rehabilitanden Kontakte herzustellen, die eine nachgehende Hilfe verwirklichen helfen können.

Wie bereits beschrieben, bilden Verhaltensunsicherheiten seitens der Hörgeschädigten und auch der guthörenden Kollegen/Vorgesetzten sowie fehlende Anpassungsmaßnahmen, die häufig ohne großen Aufwand erfolgen könnten, die zentrale Belastung der jeweiligen Arbeitsplatzsituation. Rechtzeitige gezielte Maßnahmen können einer Arbeitsplatzgefährdung oder kostenintensiven Folgen wie Arbeitslosigkeit, Umschulungen, vorzeitiger Verrentung, vorbeugen. In der beruflichen Rehabilitation Hörgeschädigter zentrieren sich bundesweit Maßnahmen auf den berufsqualifizierenden Bereich. In der sonderpädagogischen Förderung steht die Beschulung in Lautsprache, also Hörtraining und Artikulation, im Vordergrund. Insgesamt beobachten wir, daß man sich nicht ausreichend mit der zentralen Fragestellung befaßt, mit welchen gezielten Hilfen bzw. Strategien Hörgeschädigte trotz ihrer verbleibenden Defizite ihren Arbeitsalltag gestalten könnnen. Die Notwendigkeit, ein entsprechendes Verhaltensrepertoire zu fördern, betrifft grundsätzlich alle Hörgeschädigten, insbesondere den Personenkreis, der von Kindheit an betroffen ist.

Aus dem zuvor Beschriebenen wird deutlich, daß die jeweilige Kommunikationskompetenz einen überaus hohen Stellenwert im Hinblick auf die Bewältigung der unterschiedlichen Anforderungen in den verschiedenen Berufsbereichen hat. Bisherige Praxis ist es, in der Förderung berufsqualifizierende und kommunikationsfördernde Maßnahmen zu trennen. Zur Zeit wird an Konzepten gearbeitet, die die beschriebenen Förderungsmaßnahmen integrieren. Dieses könnte im Wege von gezielten Berufsförderungen, Arbeitserprobungen oder sonstiger berufsfördernder Maßnahmen geschehen, die im Trainingsfeld des jeweiligen Arbeitsbereiches ein gezieltes Kommunikationstraining einbeziehen. Auf diese Weise könnten auch diagnostische Aussagen deutlich präziser ausfallen.

2.3. Förderung durch Arbeitskollegenseminare

Kommunikationserfolge und Mißerfolge am Arbeitsplatz werden nicht allein durch Hörgeschädigte beeinflußt, sondern stehen in Abhängigkeit zu Bereitschaft und Fähigkeit Guthörender. Daraus resuliert die Notwendigkeit spezieller Seminare für hörgeschädigte und guthörende Arbeitskollegen.

Im Jahre 1989 erstellten wir im Auftrage der Senatskommission für das Personalwesen in der Hauptfürsorgestelle der Freien und Hansestadt Bremen ein erstes entsprechendes Konzept, das in der Folgezeit fortentwickelt wurde und hier vorgestellt werden soll.

Die Grundlage unseres Konzeptes ist in erster Linie, an Situationen anzusetzen, die für das Entstehen von Mißverständnissen verantwortlich sind. Hörende und Gehörlose sollen hier gemeinsam sensibilisiert werden. Dieses geschieht vor allem im Verhaltenstraining, bei dem insbesondere mit Hilfe von Rollenspielen zunächst erarbeitet wird, welche Faktoren Kommunikation am Arbeitsplatz positiv oder negativ beeinflussen. Auf der Basis dieser erarbeiteten Erkenntnisse werden zu spezifischen Themen Informationen in zwei Gruppen vermittelt.

Diese sind in der Gruppe für Hörende:

- Grundkenntnisse zur Kommunikationssituation Gehörloser und zu deren Kommunikationstechniken (lautsprachbegleitende Gebärden, Deutsche Gebärdensprache, Fingeralphabet),
- Absehen, Voraussetzungen, Grenzen und Möglichkeiten,
- Technische Hilfen, Einsatzmöglichkeiten und Grenzen im Hinblick auf den Arbeitsplatz.

In der Gruppe für Gehörlose:

- Kommunikation, Lautsprache, Gebärdensprache
- Dolmetschertraining.

Die Gehörlosen erhalten hier Antworten auf Fragen, wann sie DolmetscherInnen brauchen, wie sie mit ihnen umgehen, wie diese finanziert werden und vor allem, welche Aufgaben GebärdensprachdolmetscherInnen in Abgrenzung von dem Tätigkeitsbereich des/der Sozialarbeiters/in haben. In der Gesamtgruppe wird darauf geachtet, daß ein Austausch zwischen den Arbeitsgruppen der Gehörlosen und Hörenden stattfindet. Gemeinsam werden in den Gruppen entstandene Fragestellungen erörtert und Ängste abgebaut. Hierzu gehört vor allem die Sorge Hörender, am Arbeitsplatz nach der Teilnahme an einem Seminar in eine Dolmetscher- und Helferrolle gegenüber den gehörlosen KollegenInnen gedrängt zu werden. Gehörlose ihrerseits haben es immer wieder als wichtig empfunden, einen besseren Einblick in die Situation Hörender in der Beziehung zu den gehörlosen KollegenInnen bekommen zu haben. Dieses führte dazu, daß auch Gehörlose gegenüber den Hörenden Verständnis entwickeln konnten.

In einem weiteren Bereich des Seminars werden aufbauend auf die ausgewerteten Rollenspiele konkrete Hilfen am Arbeitsplatz, die das Schwerbehindertengesetz ermöglicht, vorgestellt. Unter Einbeziehung von VertreterInnen der Hauptfürsorgestellen wird eine Kündigungsverhandlung von den Teilnehmer/Innen realistisch nachempfunden und erarbeitet.

Abgerundet werden die Seminare durch ein Abendprogramm mit gemütlichem Beisammensein und einem Vortrag zum Thema der Soziologie Gehörloser.

Grundsätzliche Prinzipien der Arbeitskollegenseminare sind, daß allen TeilnehmerInnen in ihren Kommunikationsbedürfnissen entsprochen wird (d.h.: Einsatz von GebärdensprachdolmetschernInnen zur Übersetzung in die Gebärdensprache und aus der Gebärdensprache in Lautsprache), die Zusammenarbeit in einem Klima der Akzeptanz und der Gleichberechtigung zwischen hörenden und gehörlosen MitarbeiterInnen und TeilnehmerInnen geschieht, Flexibilität der MitarbeiterInnen besteht, sich hinsichtlich der Gestaltung und Gewichtung der Inhalte immer wieder auf die Wünsche der TeilnehmerInnen einzustellen.

Rückmeldungen aus den Seminaren, die wir auch aus der Auswertung von Fragebögen erhielten, zeigen auf, daß folgendes als positiv empfunden wurde:

- Das gemeinsame Lernen mit hörenden und gehörlosen Kollegen,
- das Lernen in angenehmer Atmosphäre,
- daß eine Verständigung über DolmetscherInnen jederzeit gegeben war,
- der Abbau von Ängsten, Hemmungen und Vorurteilen,
- praxisorientierte Vermittlungen der Informationen zum Thema Dolmetschen.

Als negativ empfunden wurde:

- Die Nichtanwesenheit der hörenden Arbeitskollegen (soweit dies der Fall war),
- das Fehlen von Schwerbehindertenvertrauenspersonen und Vertretern von Hauptfürsorgestellen während der gesamten Seminarzeit, was schon aus organisatorischen Gründen nicht möglich war,
- die nahezu fehlende Öffentlichkeitsarbeit in Firmen und Behörden bzgl. der Hörgeschädigtenproblematik.

Zwischenzeitlich wurden seit 1989 insgesamt 9 5-tägige Arbeitskollegenseminare durchgeführt. Teilgenommen haben 254 Personen, 125 hörende und 129 gehörlose KollegenInnen. Nachdem das erste Seminar in Bremen nach dortigen Gesprächen zur Situation gehörloser ArbeitnehmerInnen mit der Schwerbehindertenvertretung des öffentlichen Dienstes zustandegekommen war, haben uns überaus positve Erfahrungen ermutigt, weitere Maßnahmen durchzuführen. So entwickelte sich in der Folgezeit auch eine Zusammenarbeit mit Institutionen in Hamburg und in Schleswig-Holstein.

Unsere Partner sind zur Zeit die Senatskommission für das Personalwesen Bremen, die Hauptfürsorgestellen Bremen, Hamburg und Kiel, die Volkshochschule Bremen, das Innenministerium Schleswig-Holstein, die Verwaltungsakademie Schleswig-Holstein sowie die jeweiligen Landesverbände der Gehörlosen. Diese Institutionen zeichnen in Kooperation mit dem Rehabilitationszentrum Rendsburg für die Zusammenarbeit der Teilnehmergruppen verantwortlich. Gleichzeitig gewährleisten sie auch die Finanzierung der Seminare, in der Regel aus Mitteln der Ausgleichsabgabe. Den TeilnehmerInnen wird Bildungs-/bzw. Sonderurlaub oder auch Freistellung vom Dienst gewährt, so daß keine persönlichen Nachteile entstehen.

Die Gruppen werden von den jeweiligen Institutionen angemeldet und zusammengestellt. Dieses hat erhebliche Vorteile. Die Seminare scheitern nicht daran, daß sich vereinzelte Interessenten zu so verschiedenen Zeiten melden, daß keine Maßnahme zustande kommen kann. Die Anmeldungen zu den Seminaren erfolgen über Ausschreibungen oder auch persönliche Ansprache durch Schwerbehindertenvertrauenspersonen, Beamte der Hauptfürsorgestellen, Verbandsvertreter u.a. Auf diese Weise können Erwägungen zur Problemlage am Arbeitsplatz in die Zulassungen einfließen, insbesondere aber können Gehörlose, die sich noch nicht so richtig entschließen konnten, motiviert werden. Innerhalb der Seminare ist durch dieses Verfahren die Möglichkeit gegeben, firmen-, arbeitsplatz- oder regionalbedingte Besonderheiten mit zu berücksichtigen. Dieses ist idealtypisch dann der Fall, wenn Beamte der zuständigen Hauptfürsorgestellen, Schwerbehindertenvertrauenspersonen oder Vertreter der Gehörlosenverbände ebenfalls teilnehmen. Sie bieten überdies die Gewähr für die Einleitung von Hilfen am Arbeitsplatz, deren Notwendigkeit während der Seminare erkannt wurde.

Die Tatsache, daß die Arbeitskollegenseminare nicht vor Ort, sondern in Rendsburg stattfinden, bedeutet keinen Nachteil. Die Mehrzahl empfindet dieses als Möglichkeit zur Distanzgewinnung und damit auch dazu, sich verstärkt auf die Kommunikation mit Gehörlosen einzulassen.

In der Zwischenzeit erfahren wir eine immer stärker werdende Nachfrage nach Arbeitskollegenseminiaren. An diesen Seminaren sind mittlerweile auch Hörgeschädigte interessiert, die in Bundesländern leben, auf die wir uns bisher nicht zentriert hatten.

Wir beabsichtigen deshalb, zukünftig Arbeitskollegenseminare bundesweit anzubieten. Da gleichzeitig ein zunehmender Bedarf seitens Ertaubter und Schwerhöriger deutlich wird, werden wir unsere Maßnahmen auf diesen Personenkreis ausweiten.

3. Die psychosomatische Situation hörgeschädigter Erwachsener

3.1 Einführung

Im psychosomatischen Teil der Rehabilitation in Rendsburg geht es um die Verarbeitung von Hörschädigung durch die Betroffenen. Hörschädigung beeinflußt die menschliche Psyche. Art und Ausmaß der psychischen Belastung sind individuell sehr unterschiedlich und hängen vom Alter des Eintritts, Stärke und Art der Hörschädigung, der eigenen Person mit ihren Charaktereigenschaften, Stärken und Schwächen zusammen. Dabei hat es sich herausgestellt, daß Gehörlose, Frühschwerhörige, Spätschwerhörige und Ertaubte spezifische typische Lebenserfahrungen gemacht haben, von denen sie geprägt sind. So hat ein Mensch, der von Geburt an hörgeschädigt ist, die Welt der Guthörenden niemals voll mitbekommen. Wer erst später schwerhörig wurde, erlebt die Hörschädigung meist als gravierenden Verlust, der nur mit großen Anstrengungen bewältigt werden kann.

Nicht alle Probleme, die ein schwerhöriger Mensch hat, hängen mit seiner Hörschädigung zusammen. In der Reha gibt es in Einzelgesprächen Raum für Sorgen und Probleme aller Art; in der Gruppe aber steht die Hörbehinderung als Gemeinsamkeit aller TeilnehmerInnen im Mittelpunkt.

Die meisten TeilnehmerInnen der Rehabilitationen leben in einem hörenden Umfeld. Sie erleben viele Situationen, in denen sie sich unverstanden, abgeschnitten, benachteiligt oder entrechtet fühlen. Sie wissen nicht, wie sie mit solchen Verletzungen umgehen können. In Rendsburg erfahren sie, daß sie nicht allein stehen, daß es in Grenzen Möglichkeiten gibt, die eigene Situation zu verbessern und das Umfeld zu einer Veränderung seines Verhaltens zu bewegen.

Viele RehateilnehmerInnen hatten vor Rendsburg keinen Kontakt mit anderen Hörgeschädigten, sie haben immer wieder die Erfahrung gemacht, daß mit ihrer Behinderung Kommunikation nicht funktioniert. In Rendsburg werden sie mit alternativen Bewältigungsmöglichkeiten konfrontiert, es gibt Raum, sich vier Wochen lang intensiv mit der eigenen Problematik auseinanderzusetzen. Ehemalige RehateilnehmerInnen berichten davon, daß sie während der Reha Anstöße erfahren haben, die ihr Leben und ihre Einstellung zu ihrer Behinderung nachhaltig beeinflußten.

Orte der psychosomatischen Arbeit sind die Selbsterfahrungsgruppe, die Einzelgespräche, das Verhaltenstraining mit seinen Rollenspielen und praxisnahen Übungen, Entspannungstraining und Krankengymnastik. Weil Psyche und Kommunikation eng zusammenhängen, besteht eine Verzahnung mit den Rehainhalten, die unmittelbar auf eine Verbesserung der Kommunikationsfähigkeit zielen, wie z.B. Absehen, Hörgerätetechnik, Gebärden oder Artikulation.

3.2. Negative Gesprächserfahrung als Folge der Hörschädigung

Der Mensch ist ein Wesen, das auf Gemeinschaft und Kommunikation angewiesen ist. Deshalb steht im Mittelpunkt unserer psychosomatischen Arbeit die Verbesserung der Kommunikation mit allen zur Verfügung stehenden Mitteln.

Es gehört zu den Grundlagen des nicht zuletzt von Claußen ausgearbeiteten pädagogischen Bildes, daß Hörschädigung vor allem als eine Kommunikationsbehinderung betrachtet werden muß. Dieses Bild steht in Kontrast und in Ergänzung zur medizinischen Vorstellung von Hörschädigung als Krankheit oder zur Vorstellung von Hörschädigung als Herausforderung an die Hörgerätetechnik. Technische und medizinische Sichtweisen haben unter dem Gesichtspunkt des Cochlea-Implantates neue Impulse erfahren und Hoffnungen geweckt. Technisch-medizinische Behandlungen der Hörbehinderung haben aber ihre Grenzen, die deutlich werden, wenn die Betroffenen in ihrem kommunikativen Alltag stehen.

Die nicht ´normal funktionierende´ akustische Wahrnehmung wird als Belastung und Defizit erlebt. Die Bedingungen, unter denen Schwerhörige Gespräche führen, unterscheiden sich von denen der Guthörenden. Schwerhörigkeit beeinträchtigt die Kommunikation zwischen einem Schwerhörigen und seinem guthörenden sozialen Umfeld:

1) Kommunikationsunsicherheit.

   Unsicherheit stellt ein wesentliches Merkmal der Kommunikation Schwerhöriger dar: Die bruchstückhafte akustische Wahrnehmung wird ergänzt durch Informationen von Mundbild, Körpersprache, Wissen über den Gesprächsgegenstand etc. Verstehen ist ein Produkt des Kombinierens und dabei sind Mißverständnisse nicht vermeidbar.

2) Wegfall der sozial-kommunikativen Funktion

   Claußen betont, daß Kommunikation mehr ist als nur der Austausch von relevanten Informationen. Jenseits informationstheoretischer Sichtweisen des Gesprächsprozesses geht es um Beziehungspflege durch gemeinsame Gespräche. Auf der inhaltlichen Ebene scheint ein solches beiläufiges Gespräch - etwa über das Wetter - belanglos zu sein, es enthält aber verschlüsselt Botschaften zum Aushandeln sozialer Beziehungen. Schwerhörige, die in solchen Situationen nachfragen, erhalten oft die Antwort: „Das war nicht wichtig“ und fühlen sich bevormundet und isoliert.

3) Probleme bei der Identifikation von Sprachfeinheiten

   Aus ihrer Sicht als Betroffene schildert Barbara Lehmann (1996), wie die Mehrschichtigkeit einer sprachlichen Äußerung von Schwerhörigen nicht erfaßt werden kann. Wichtige Informationen werden oft versteckt mitgeteilt. Man sagt bestimmte Dinge nicht so deutlich, sondern verwendet Ironie oder einen bestimmten Tonfall. Schwerhörige sind zumeist nicht in der Lage, feine Unterschiede in den Intonationskurven zu differenzieren. Sie können lediglich auf der Ebene der Sprachoberfläche reagieren und wirken deshalb leicht plump und naiv.

3.3 Folgen negativer Gesprächserfahrung

3.3.1 Kommunikation als Streß

Die genannten Probleme führen dazu, daß Kommunikation als Streß erlebt wird. Dieser Streß äußert sich in schneller Ermüdung, Konzentrationsverlust und einer Vielzahl psychosomatischer Reaktionen wie z.B. Schlafstörungen, Tinnitus oder Magenbeschwerden.

Es setzt ein natürlicher Schutzmechanismus ein, um diesen Streß zu vermeiden. Schwerhörige ziehen sich mehr und mehr von Gesprächen zurück. Dadurch entstehen Einsamkeit und Isolation.

Wenn sie an gemeinschaftlichen Aktivitäten teilnehmen, führen einige endlose Monologe, um nicht zuhören zu müssen. Es gibt viele Möglichkeiten, um ein Gespräch zu ´spielen´, wie z.B. die Rolle des Clowns übernehmen oder die eines ´Mauerblümchens´, das alles tut, um nicht aufzufallen oder angesprochen zu werden.

Ohne Gemeinschaft fehlen Unterstützung und Bestärkung. Anstrengungen werden nicht mehr positiv als Herausforderung wahrgenommen, sondern es bildet sich die Überzeugung, daß „es sowieso keinen Zweck hat“.

3.3.2 Fehlende Entlastung bei Alltagsproblemen

Bei vielen Problemen des täglichen Lebens hilft es oft schon, wenn man einen Menschen hat, dem man seine Sorgen erzählen kann. Wenn solche Gespräche fehlen, können sich Probleme anhäufen und sich zu einem nicht durchdringbaren Dschungel von Schwierigkeiten entwickeln.

Die Gespräche verlaufen nicht mehr zufriedenstellend, sondern verstärken noch das negative Gefühl, nicht verstanden zu werden, nicht ernst genommen zu werden u.s.w.

Der Mangel an befriedigenden Gesprächen ist keineswegs auf Hörgeschädigte begrenzt. Aber, weil es Schwerhörigen schwerer fällt, Gespräche zu führen, besteht eine besondere Tendenz zu diesem Phänomen.

3.3.3 Negatives Denken

Negative Kommunikationserfahrung ist eine wesentliche Ursache für negatives Denken. Der Mensch ist auf Bestätigung und Anerkennung durch andere Menschen angewiesen. Wenn Aktivitäten und Kontakte weniger werden, verliert vieles seine positive Bewertung: „Was soll ich zu dem Fest gehen, wo ich mich doch mit niemandem richtig unterhalten kann." Dinge, die etwa vor der Hörschädigung das Leben schön gemacht haben, werden nun als Horror erlebt.

Jede Tätigkeit kommunikativer Art birgt das Risiko der Enttäuschung. Für den Rückzug vieler Schwerhöriger von Gesprächssituationen gibt es eine gut nachvollziehbare lernpsychologische Erklärung. Der Schwerhörige sieht nur eine Möglichkeit, Enttäuschungen vollständig zu vermeiden. Er lernt sozusagen, Kommunikation zu vermeiden, um nicht wieder Enttäuschungen zu erleben. Dieses Verhalten kann zu einer Grundeinstellung werden. Aussage einer Schwerhörigen: „Ich erwarte immer das Negative, weil ich dann nicht enttäuscht werden kann. Ich habe schon zu viele Enttäuschungen erlebt." Dieser Satz drückt ein Prinzip des negativen Denkens aus. Die Person verhält sich in sozialen Kontakten zunehmend abwartend, ergreift nicht die Initiative. Es entsteht ein Teufelskreis: Um Entäuschungen zu vermeiden werden Gespräche vermieden. Dadurch wird die grundlegende Enttäuschung - nämlich die Unfähigkeit zur Kommunikation - immer wieder bestätigt. Zudem geht durch Kommunikationsvermeidung das Training im Kommunizieren verloren und die verbliebenen Gesprächsmöglichkeiten können immer weniger genutzt werden.

Eine natürliche Reaktion der guthörenden Umwelt auf dieses Verhalten ist das 'Schönreden'. Z.B. sagt man: „Die Feier war doch toll und wir haben so viel gelacht." Schwerhörige empfinden solche Aussagen als alltägliche Diskriminierung. Wenn man aber die negative Erfahrung abstreitet, dann erreicht man das Gegenteil des Gewünschten. Man drängt sie in die Enge und nimmt sie nicht ernst.

Rückzug und negatives Denken sind Symptome, die ohne Beachtung ihrer Ursachen nicht angegangen werden können. Die Erfahrungen mißlingender Kommunikation werden oft genug lange verdrängt und verleugnet.

In Rendsburg besteht ein Rahmen, in dem solche Enttäuschungen und Verbitterungen zur Sprache gebracht werden können. Es ist dann für alle Beteiligten oft ein schwieriger Prozeß zu erfahren, wie viel negative Energie, wie viele Enttäuschungen und wie viel Scheitern in der Kommunikation erlebt wurden. In Rendsburg wird deutlich, daß die Betroffenen mit ihren Enttäuschungen nicht alleine stehen, und es werden Möglichkeiten aufgezeigt, wie Schwerhörige erfolgreich kommunizieren können. Die Erfahrung guter ehrlicher Gespräche ist das wohl dauerhafteste Mittel gegen negatives Denken und auch die beste Prävention gegen das Entstehen von Depressionen.

3.3.4 Flucht vor der Lebenswirklichkeit

Es fällt vielen Menschen schwer, ihre Hörbehinderung zu akzeptieren. Die negativen Erfahrungen sind oft nicht auszuhalten. Spätschwerhörige äußern den sehnlichen Wunsch, endlich wieder hören zu können. Sie verstehen ihre ´Krankheit´ nicht und hoffen auf Heilung. Hoffnung darauf, später wieder besser hören können, kann berechtigt sein, wie z.B bei Spätertaubten vor einer CI-Operation; sie kann eine wichtige Phase darstellen, sich schrittweise mit den Folgen der Hörbehinderung auseinanderzusetzen. Es kann aber auch sein, daß in Rendsburg der Gedanke wächst, daß die betreffende Person ihre Hörbehinderung als etwas unabänderliches akzeptieren kann und auf diese Weise zu einer positiveren Lebenseinstellung gelangt.

Eine andere Fluchtreaktion hängt unmittelbar mit einem Mangel an bedürfnisgerechten sozialen Kontakten zusammen. Die menschliche Psyche schaltet bei fehlenden Außenreizen in einen anderen Modus. Statt von außen kommende Impulse zu verarbeiten, werden diese autonom durch Gedanken erzeugt. Mit anderen Worten: Der Mensch fängt an zu grübeln und ist nicht in der Lage, durch Austausch die eigenen festgefahrenen Gedanken aufzulockern. Es besteht die Gefahr, daß sich ein Gedanke festfrißt. Die zunehmend eingefahrenen Denkformen behindern wie in einem Teufelskreis die eigene geistige Flexibilität und Offenheit.

In ihrem guthörenden sozialen Umfeld erfahren diese Personen oftmals Ablehnung, wenn sie das Gespräch über ihre Probleme beginnen. Das Umfeld ist total genervt, es fühlt sich bedroht und überfordert, wenn es etwa mit ständigen Selbstzweifeln, Mißtrauen oder auch Haß konfrontiert wird und zieht sich von dem Schwerhörigen zurück.

In Rendsburg gibt es eine Vielzahl von Angeboten und Anstößen, sich aus den eingefahrenen Denkmustern zu lösen. Wir hüten uns davor, Beschwichtigungen zu geben. Wenn z.B. ein Schwerhöriger meint, andere würden negativ über ihn sprechen, so streiten wir dies nicht ab. Wir ermuntern vielmehr, diese Vermutung zu prüfen, um sie zu bestätigen oder zu widerlegen. Auf diese Weise soll vermittelt werden, wie man die eigenen Gedanken wieder an die Lebenswirklichkeit ankoppeln kann. Solche Verhaltensweisen lassen sich im Schonraum einer Rehabilitation schrittweise einüben.

3.4. Verbesserung der Kommunikationsfähigkeit als umfassender Vorgang

3.4.1 Bausteine des Verstehens

Die meisten Schwerhörigen kommen nach Rendsburg, um ihre Kommunikation auf 'technischem' Wege zu verbessern. Sie suchen nach Tips und Übungen, um trotz Schwerhörigkeit Lautsprache so normal als möglich wahrnehmen zu können. Das Problem der Schwerhörigkeit wird als technisches Problem betrachtet: Das Hörgerät ist schlecht eingestellt, Abseh- und Nachfragetechniken sind zu verbessern. All diese Dinge sind Bausteine, für die während einer Reha viele Anregungen gegeben werden können. Trotzdem bleiben aber Grenzen bestehen. Eine typische Reaktion ist dann Enttäuschung: Schwerhörige haben von Personen gehört, die vollständig von den Lippen 'ablesen' können und möchten nun in Rendsburg diese 'Kunst' erlernen. Diese Enttäuschung, daß trotz aller Fortschritte das Absehen von den Lippen alleine keine 100 % sichere Kommunikation ermöglicht, ist bei vielen ein heilsamer erster Schritt zur ernsthaften Auseinandersetzung mit der eigenen Hörbehinderung.

Das Nebeneinander der verschiedenen Rehabilitationsinhalte soll vermitteln, daß Kommunikation nur bei Kombination vieler Bausteine gelingen kann. Deshalb ist Rendsburg mehr als nur ein Absehkurs, sondern betrachtet psychische Verarbeitung und Verbesserung der Kommunikationstechnik als untrennbar aufeinander bezogene Vorgänge.

3.4.2 Selbstbewußtsein und Kommunikationsfähigkeit

Schwerhörige wissen oft, welche Kommunikationsbedingungen für sie individuell günstig sind und in welchen sie Probleme haben. Sie können aber dieses Wissen zur Gestaltung der Kommunikationssituationen nicht umsetzen. Die Techniken eines solchen Auftretens werden im Verhaltenstraining in Rollenspielen geübt. Hier wird vermittelt, wie die Moderation von Gesprächssituationen erfolgreich durchgeführt werden kann. Die Anwendung dieser Techniken im Alltag setzt aber eine bewußte Einstellung zur eigenen Behinderung voraus. Der Aufbau einer Identität als Hörgeschädigter stellt einen Prozeß dar, der nicht während einer vierwöchigen Reha vollzogen werden kann.

Hier spielen die Selbsthilfegruppen eine wesentliche Funktion. Gegründet als Rendsburger Nachsorgegruppen haben sie sich inzwischen zu einer eigenständigen Größe in vielen Städten entwickelt. Zunehmend beobachten wir, daß RehabilitationsteilnehmerInnen Vorerfahrungen aus den Selbsthilfegruppen mitbringen und nach der Rehabilitation in ihnen das Gelernte vertiefen und weiter vermitteln. Die Rehabilitation soll zur Selbsthilfe befähigen und den Betroffenen auch ermöglichen, sich für die eigenen Interessen verbandspolitisch einzusetzen.

3.4.3 Die Gruppe als Medium

Für viele Hörgeschädigte sind Einzelgespräche mit mehr oder weniger großen Einschränkungen zu bewältigen. In Gruppensituationen ist dies meist nicht mehr möglich. In Gruppen wird fast immer durcheinander geredet. Gesprächspartner fangen an zu sprechen; der Hörgeschädigte muß erst einmal suchen, wer gerade spricht, um dann absehen zu können. Der wichtige Äußerungsanfang kann dann nicht wahrgenommen werden. Der Hörgeschädigte verliert den Faden und ist isoliert.

Die Erfahrung von Gruppenkommunikation ist aber wichtig, weil nur in der Gruppe Gemeinschaft erlebt werden kann, weil man nur in der Gruppe mitbekommt, wie andere Personen sich austauschen. Im Einzelgespräch ist man ja selbst immer beteiligt. Erst in der Gruppe gibt es die Möglichkeit zur Neutralität. Hier kann man auch erfahren, welche unterschiedlichen Auffassungen und Meinungen zu einem Thema existieren. Insbesondere von Kindheit an Schwerhörigen fehlt oft die Erfahrung erfolgreicher Gruppenkommunikation (vgl. Heeg 1995). Durch diese mangelnde Übung können auch Probleme im Sozialverhalten entstehen.

Viele Schwerhörige haben besondere Schwierigkeiten beim Verstehen anderer Schwerhöriger. Das liegt zum Teil daran, daß einige Schwerhörige eine schlechte Aussprache haben und ihre Stimme nicht richtig kontrollieren können. Einige sind es auch nicht gewohnt, auf Schwerhörige Rücksicht zu nehmen und versuchen, so schnell als möglich zu sprechen, weil sie sich an einem Idealbild des Normalhörenden orientieren. Eine weitere Ursache liegt wohl in der Vielfalt der Hörschädigungen. Es gibt leicht-, mittel-, hochgradig Schwerhörige und Ertaubte; einige sind von Geburt an hörgeschädigt, andere blicken auf ein langes Leben als Guthörende zurück. Die Altersschwerhörigen haben wenig Verständnis für die jungen und umgekehrt. Wenn die Kommunikation nicht klappt, entsteht auch kein Wir-Gefühl und gegenseitige Rücksichtnahme wird als Belastung empfunden.

Die Rehabilitationsarbeit in Rendsburg geschieht überwiegend in Gruppen. Gemeinsame Unternehmungen, auch außerhalb der Maßnahmen, werden unterstützt. Die vielleicht wichtigsten Anregungen zur Bewältigung von Schwerhörigkeit können sich die TeilnehmerInnen einer Rehabilitation untereinander geben. In beiläufigen Gesprächen unter Betroffenen während der Pausen und in der

Freizeit stellt sich heraus, daß viele TeilnehmerInnen gleiche Erfahrungen und Probleme haben.

Die Selbsterfahrungsgruppe stellt eine Situation dar, in der die Gruppe sich mit ihren Themen in einem geschützen Raum auseinandersetzen kann. Viola Mehl (1989) schildert Arbeitsweise und einige thematische Schwerpunkte der Selbsterfahrungsgruppe mit Schwerhörigen. Der Gruppe kommt dabei die Aufgabe zu, ein gemeinsames Thema zu finden und an ihm zu arbeiten. Dieses offene Vorgehen erlaubt einen großen Spielraum, um die während der Rehamaßnahme auftretenden psychologischen Prozesse aufzugreifen und zu besprechen. Durch gemeinsame Erfahrung bildet sich oftmals eine Gemeinschaft. Die Hörgeschädigten erfahren, daß ihnen die Gemeinschaft mit anderen Betroffenen gut tut, daß hier Gespräche möglich sind, die sich lohnen.

Deshalb ist ein Gedanke der Selbsterfahrungsgruppe der der Selbsthilfe. Auch weil ambulante Betreuungsangebote für Hörgeschädigte außerhalb der großen Städte immer noch kaum verhanden sind, ist die Befähigung zur Selbsthilfe notwendig, um ein soziales Stützsystem unter Betroffenen aufzubauen.

Literatur

Hase, U. & von Scheven, S. (1983): Kollegenseminare für gehörlose und hörende ArbeitskollegenInnen. Ein Beitrag zur Integration Gehörloser am Arbeitsplatz. In: Richtberg, W./ Verch, K. (Hg.): Hilfen für Hörgeschädigte. Sankt Augustin, S. 88 - 92.

Hase, U. u. a. (1983): Die berufliche Situation der Hörbehinderten, Ergebnisse einer Befragungsaktion in Westfalen-Lippe in den Jahren 1981/82. Landschaftsverband Westfalen-Lippe Hauptfürsorgestellen - (Hg.). Münster, S. 1-59.

Claußen, W.H. & Schuck, K.D. (Hg - 1989): Pädagogische Hilfen für schwerhörige und ertaubte Erwachsene. Ein Forschungsbericht. Band 1 und 2, Bonn.

Heeg, P. (1995): Gruppenkommunikation in der Schwerhörigenschule. In: dgfs forum 3, 20-24.

Lehmann, B. (1996): Schwerhörige und ertaubte LBG-Benutzer - Minderheiten in der Minderheit. In: Das Zeichen 36, 186 - 190.

Mehl, V. (1989): Die Bedeutung der Selbsterfahrungsgruppen in der Rendsburger Rehabilitaton. In: Verch, K. (Hg.): Rehabilitation Schwerhöriger und Erbaubter. Internationale Tagung vom 20. April bis 24. April 1989 in Bad Berleburg.

Herbert Ding

Mythen, Fakten und Visionen in der Schwerhörigenpädagogik[1]

Jubiläen sind Augenblicke des Lebens, die zum Verweilen einladen, um sich zu besinnen, um zu feiern. Dazu möchte ich auch mit meinem Vortrag beitragen, möchte nachsinnen und betrachten. Diese Absicht versteckt sich auch in den drei Begriffen, mit denen ich das Thema meines Vortrages anzeigen möchte: Ich möchte von Mythen sprechen, Fakten darstellen und in einem letzten Teil Visionen nachgehen.

Auf den Begriff 'Mythos' bin ich vor nicht allzu langer Zeit in einer älteren Veröffentlichung gestoßen, die John F. Kennedy zitiert. Er soll gesagt haben: „Der größte Feind der Wahrheit ist nicht die Lüge, sondern der Mythos." Dieses Zitat hat mich fasziniert, und ich denke, es steckt da etwas drin an Wahrheit, daß eben die Lüge nicht der Feind der Wahrheit sei, sondern der Mythos.

Also, Mythen in der Schwerhörigenpädagogik? Wohlgemerkt: Mythos nicht verstanden als der Schatz tiefer Wahrheiten, so meinte es John F. Kennedy nicht, sondern Mythen hier verstanden als eine Ansammlung von Halbwahrheiten und Unwahrheiten, die sich im Verlauf der Geschichte angesammelt haben und fortgeschrieben werden. Einer hört's vom anderen, einer liest's vom anderen und schreibt es auch wieder auf in seinem Aufsatz. Eine Fortschreibung also von solchen Un- und Halbwahrheiten. So soll Mythos heute von mir verstanden werden. Also noch einmal, Mythen in der Schwerhörigenpädagogik? Ich denke ja. Ich werde zwei solcher Mythen nachher herausgreifen.

In gleicher Weise kann man fragen: 'Visionen' in der Schwerhörigenpädagogik? Visionen in einer Zeit, die sich so schwer tut mit Visionen? Visionen also, Bilder von einer guten Zukunft? Heute, wo wir doch die Zukunft machen! Noch einmal gefragt: Visionen in der Schwerhörigenpädagogik? Ich denke ja. Ich denke, zumindest drei entdecken zu können, vielleicht noch ein wenig verborgen.

Lassen Sie mich beginnen mit einem ersten Mythos.

Ein erster Mythos in der Schwerhörigenpädagogik sagt: 'Schwerhörige Menschen sind Menschen, die am Visuellen hängen'. Der schwerhörige Mensch, ein am Visuellen haftender, fixierter Mensch, ein Augenmensch. Dieser Mythos ist gewiß genährt von der allgemeinen Vorstellung, daß Menschen ihre Schwächen kompensieren, daß sie also dann in den Bereichen, die nicht geschädigt sind, um

---

[1] als Vortrag gehalten zum 25-jährigen Jubiläum der Schwerhörigenschule Püttlingen

so stärker sind, um so Besseres leisten. Hier beim Hörgeschädigten würde es heißen: Weil das Gehör geschwächt ist, geschädigt ist, werden andere Sinne, eben der Sehsinn, um so mehr geschärft. Man nimmt an, daß Schwerhörige über bessere visuelle Leistungen verfügen als Hörende, und - darin liegt nun die Gefahr dieses Mythos' - daß dieser intakte Sinn für die Erziehung genutzt werden soll, weit besser genutzt werden könnte als der geschädigte, nicht funktionstüchtige Gehörsinn.

Dieser erste Mythos hängt eng zusammen mit der Geschichte der Schwerhörigenpädagogik, mit ihrer Herkunft aus der Taubstummenpädagogik. Es waren in der Geschichte zunächst taube Kinder, die als besonders erziehungsbedürftig erkannt wurden, und es waren darum auch die ersten methodischen Ansätze daran ausgerichtet, diese Kinder, von denen man damals annahm, sie würden nichts hören können, auf dem eher visuellen Wege zu unterrichten; sie galten als auditiv nicht erreichbar. Damals, heute wäre dies mit den Möglichkeiten leistungsstarker Hörgeräte gewiß anders. Es war in der Taubstummenpädagogik lange Zeit allgemeines Verständnis, man müsse die Erziehung hörgeschädigter Kinder auf dem visuellen Sinn aufbauen, also nicht auf dem geschädigten Hörsinn, sondern man müsse auf den noch funktionsfähigen Sehsinn zurückgreifen.

Es waren zunächst nur einzelne, die erkannten, daß es unter den tauben Kindern auch Kinder gibt, die über das Gehör noch etwas wahrnehmen können. 'Harthörig' nannte sie Ortgieß, der in Bremen schon in der Mitte des letzten Jahrhunderts besondere Klassen für solche Kinder einrichtete; in einer Zeit, in der auch in Hamburg die ersten Versuche unternommen wurden, Kinder, bei denen man merkte, sie hören noch etwas, in besondere Klassen aufzunehmen. 'Schwerhörend' nannte sie Guggenmus, der noch vor Ortgieß im Jahre 1816 schon, in Österreich die erste private Schule für solche Kinder gründete.

Bemerkenswert ist, daß diese frühen Versuche einer gesonderten Erziehung solcher Kinder, also die ersten Ansätze einer Schwerhörigenpädagogik, keine weitere Verbreitung fanden. Sie gingen nach kurzer Zeit zu Ende, verebbten. Es war - so könnte man sagen - der Mythos stärker als die Realität. Der Mythos versperrte die mögliche Einsicht, daß es da eine Gruppe von Kindern geben könnte, die eine besondere, eben das Gehör nutzende, Erziehung brauchten. Eine Einsicht, die natürlich auch deswegen verborgen blieb, weil es damals die technischen Möglichkeiten der Verstärkung noch nicht gab, die wir heute haben. So wurden diese Kinder, was bisweilen auch heute noch geschieht - und da zeigt sich die Macht dieses Mythos' - eben wie gehörlose Kinder behandelt, mit der Unterscheidung, daß man von diesen Kindern aufgrund des erfahrenen, besseren, noch vorhandenen Gehörs bessere Sprachleistungen erwartete.

Wer heute noch diesem Mythos folgt, mißachtet die Möglichkeiten auditiver Wahrnehmung, die auch bei schwerer Hörschädigung noch entwickelt werden können, verkennt die Chancen einer systematischen Hörerziehung, die Gewinne einer erfolgreichen Hörerziehung für den Spracherwerb und die Kommunikation und zwingt dem schwerhörigen Kind einen Weg auf, einen Weg eben des Augenmenschen, den Weg des Absehens, einen Weg, der das Kind in eine weit stärkere Behinderung führt, als dies von der Schädigung her zwingend ist. Natürlich wird dieser Mythos seine Kraft besonders in solchen Fällen entfalten, bei denen es um eine hochgradige Schwerhörigkeit geht, wohl weniger bei mittelgradiger Schwerhörigkeit. Aber es sind ja gerade die hochgradig schwerhörigen Kinder, von denen wir wissen, daß sie den auralen Weg gehen können, einen Weg, der dem Hören Priorität einräumt vor dem Absehen. Ein Weg, der natürlich ein Weg der Mühen ist für beide, das Kind und den Pädagogen/die Pädagogin. Ein Weg aber, der zu einer hohen lautsprachlichen Kompetenz und zu großer kommunikativer Flexibilität führt und damit günstige Bedingungen für die soziale und gesellschaftliche Integration dieser Kinder darstellt.

Ein zweiter Mythos. Dieser zweite Mythos hängt eng mit dem ersten Mythos zusammen. Er handelt von der Behinderung, handelt davon, was die Persönlichkeit des schwerhörigen Menschen ausmacht. Es geht hierbei um die Frage: Ist der Schwerhörige ein Mensch wie jeder andere? (Wir haben hier zumindest einen schwerhörigen Menschen unter uns, und ich weiß, was ich sage.) Oder: Ist der schwerhörige Mensch ein anderer? Der Mythos, den ich hier ansprechen möchte, sagt: Er ist ein ganz anderer. Der zweite Mythos also: Der schwerhörige Mensch ist ein ganz anderer.

Zweierlei sagt dieser Mythos. Er sagt zum einen, der Schwerhörige ist anders, anders als die Majorität der Guthörenden. Er ist anders in seinem Wesen, so liest man. Und das zweite, was dieser Mythos sagt, er ist ein abgelehnt anderer. Er ist einer, den ich wegen seines Anders-Seins ablehne. Ich lehne ihn ab, weil er mich durch sein Anders-Sein in eine unerwünschte Situation bringt. (Ich werde dies noch ausführen.) Dieser Mythos hat weitreichende Wirkung, sowohl für meinen persönlichen Umgang mit schwerhörigen Menschen, wie ich mit ihnen umgehe, was ich von ihnen erwarte, was ich nicht von ihnen erwarte, als auch Wirkung auf das, was in der Erziehung und im Unterricht schwerhöriger Kinder verwirklicht wird, auf die Inhalte des Unterrichts, auf die Zielsetzung der Erziehung ganz allgemein.

Was sagt nun dieser Mythos? Worin unterscheiden sich nach diesem Mythos schwerhörige Menschen von guthörenden? Folgt man den Aussagen der Fachliteratur, dann haben wir es bei einem schwerhörigen Menschen mit einem Menschen zu tun, der sich durch eine Reihe von Merkmalen und Eigenschaften von der Allgemeinheit unterscheidet. Da werden folgende Eigenschaften - in der Fachliteratur wohlgemerkt! - aufgezählt (ich begnüge mich mit wenigen): Oberflächlichkeit, Suggestibilität, soziale Unreife, Selbstüberschätzung, Phantasiearmut, Rigidität des Denkens und anderes mehr. Alles Eigenschaften, die die Persönlichkeit des Schwerhörigen abwerten und die, das möchte ich besonders betonen, keineswegs aufgrund wissenschaftlicher Forschung entdeckt wurden, sondern Alltagsurteile über Schwerhörige darstellen, Halbwahrheiten, Zuschreibungen.

Fragt man sich, wie es zu diesem Mythos kommt, dann entdeckt man als Ursache das Verhalten Schwerhöriger, das zunächst, ohne tiefgreifende Reflexion, unverständlich ist. Es ist das Verhalten schwerhöriger Menschen zunächst nicht erklärbar, verstehbar, eben so lange nicht, als man es nicht im Kontext eingeschränkter Hörmöglichkeiten sieht. Wird es nicht im Kontext eingeschränkter Hörmöglichkeiten gesehen, kommt man, weil man falsche Kriterien anlegt, zu diesen Urteilen. Es handelt sich also bei den genannten Einschätzungen um Fehldeutungen des Verhaltens Schwerhöriger aufgrund des Anlegens unzureichender Kriterien. Das Verheerende dieses Mythos' besteht nun darin, daß der, der diesem Mythos in der Erziehung folgt, nach den Gesetzen der Self-fulfilling-Prophecy solche Eigenschaften schließlich auch wird beobachten können. Er erwartet, daß Schwerhörige diese Eigenschaften haben und sie werden sich eben nach diesen Gesetzen der sich selbst erfüllenden Prophezeiung denn auch einstellen. Ein Kind, von dem ich ausgehe, daß es phantasiearm ist, werde ich als phantasiearm behandeln und es wird schließlich auch phantasiearm sein.

Den Mythos vom Schwerhörigen als einem ganz anderen zu überwinden verlangt, sich in die Situation eines Menschen, der nur über ein eingeschränktes Gehör verfügt, in allen Details hineinzuversetzen, sich die Alltagssituation eines solchen Menschen einmal bewußt zu machen. Dabei wird entdeckt, wieviel an informellen Informationen dem Schwerhörigen nicht zugänglich sind (weil sie ihm nicht ausdrücklich zugesprochen werden). Sie werden en passant in der Kommunikation behandelt. Wer versucht, sich einmal unter solchen Umständen auf den Alltag in allen Details einzulassen, wird entdecken, wieviel ein Schwerhöriger aus der Kommunikation nur erraten kann, überhaupt, wie stark soziale Beziehungen auf intaktem Gehör basieren. Er wird entdecken, wie schwer es ist, sich selbst als jemanden zu akzeptieren, der dauerhaft in seiner Handlungskompetenz und seinen Initiativen eingeschränkt ist, der regelhaft auf die Rücksichtnahme anderer und deren Hilfen angewiesen ist. Reflektiert man erst einmal darüber, was es bedeutet, in seinen Hörmöglichkeiten eingeschränkt zu sein, dann entdeckt man, daß vieles von dem Verhalten, was zunächst nicht verständlich war, nun selbstverständlich wird.

Der zweite Teil dieses zweiten Mythos', so sagte ich, erklärt nun den Schwerhörigen nicht nur als einen anderen, er erklärt ihn als einen abgelehnt anderen. Was ist gemeint? Gemeint ist die Situation der persönlichen Begegnung mit einem schwerhörigen Menschen, in der ich spüre, daß da jemand ist, der mich nicht so läßt, wie ich bin. Ich muß mich verändern. Ich muß mein Kommunikationsverhalten ändern. Ich kann nicht einfach so weiter kommunizieren, wie ich das mit Guthörenden gewohnt bin. Ich muß mehr Verantwortung dafür übernahmen, daß die Kommunikation gelingt und muß zum Teil auch auf die Befriedigung meiner Bedürfnisse in dieser Kommunikation zu verzichten bereit sein, wie auch der Schwerhörige auf eine volle Befriedigung seiner Bedürfnisse verzichten muß.

Diese Situation macht mir - so der Mythos - den Schwerhörigen zu einem unerwünscht anderen. Aber nicht nur dies, es ist auch die Erfahrung meiner eigenen Hilflosigkeit und meine Angst. Die Erfahrung, daß ich das nicht zu geben vermag, was der andere braucht. Die Angst, der andere könnte mehr von mir wollen, als ich zu geben imstande bin. Auch dies macht mir den Schwerhörigen zu einem unerwünscht anderen; er bringt mich in eine unerwünschte Situation. Auch begegnet mir im schwerhörigen Menschen meine eigene Unzulänglichkeit, meine eigene Schwachheit und Begrenztheit. Er spiegelt mir in unerwünschter Weise meine eigene Enge und Bedürftigkeit. Eine Überwindung dieses Aspektes, des zweiten Mythos', bedeutet, daß ich mich selbst ändern muß; so ändern, daß ich in rechter Weise umzugehen vermag mit den Ansprüchen anderer, so daß ich mich nicht den Ansprüchen anderer selbst aufopfere, noch den anderen opfere, daß ich lerne, mich selbst zu akzeptieren mit all meinen Schwächen und Unfähigkeiten.

Ich komme zum 2. Teil meiner Ausführungen, in dem ich diesen Mythen einige Fakten gegenüberstellen möchte, die ein Wahrnehmungsexperiment erbrachte, das ich mit hörgeschädigten Jugendlichen durchgeführt habe. (Wer sich im Detail für dieses Experiment, die experimentelle Anordnung, die einzelnen Ergebnisse und ihre statistische Absicherung interessiert, kann dies in den beiden Veröffentlichungen in HÖRPÄD und SPRACHE - STIMME - GEHÖR, beide 1993, sowie in meinem Buch AURALE REHABILITATION HÖRGESCHÄDIGTER (1995) nachlesen.)

Wir gingen bei diesem Experiment von folgenden Annahmen aus:

1. Sprache stellt ein akustisches Phänomen dar, das sich (wie jeder Schall) anhand der Parameter Frequenz, Intensität und Dauer beschreiben läßt. Sprachlaute stellen Sprachschälle dar, die eine spezifische, unverwechselbare Struktur aufweisen. Wichtige Merkmale dieser Struktur sind die Formanten, das sind Energiekonzentrationen unterschiedlicher Stärke und Lage im Frequenzspektrum. Zur Lautidentifikation genügt bei den Vokalen die Erkennung der beiden ersten Formanten (F1 und F2). Konsonanten besitzen eine komplexere Struktur als die Vokale. Zu ihrer Erkennung sind 3 oder mehr Formanten erforderlich bzw. müssen Energiebewegungen, die sog. Transitionen, beachtet werden.

2. Die für die Sprachwahrnehmung relevanten Formanten und Formantbewegungen liegen in unterschiedlichen Bereichen des Frequenzspektrums. Es können sog. Einschnittfrequenzen bestimmt werden, die Frequenzbereiche voneinander trennen, innerhalb derer Verdichtungen relevanter Sprachinformationen liegen. Dies legt es nahe, Hörkurven danach zu klassifizieren, bis zu welcher Einschnittfrequenz sie reichen. Das heißt, es können Hörgruppen unterschieden werden, die jeweils über ganz spezifische auditive Wahrnehmungsmöglichkeiten verfügen.

3. Wir unterscheiden 4 Hörgruppen: Die Hörgruppe 1 mit einem Frequenzbereich bis 1000 Hz, die Gruppe 2, deren Frequenzbereich bis 3000 Hz (bzw. bis 2000 Hz) reicht, die Gruppe 3 mit einem Frequenzbereich bis 4000 Hz und die Gruppe 4, die über das gesamte, für die Sprachwahrnehmung relevante Frequenzspektrum verfügt. Bei Hörgruppe 1 ist zu erwarten, daß lediglich noch Basisinformationen zu den Vokalen und Merkmale der Prosodie perzipiert werden können. Hörgruppe 2 vermag die Vokale und die Bildungsart der Konsonanten mit gewisser Sicherheit zu erkennen. Hörgruppe 3 ist in der Lage, sicher die Bildungsart der Konsonanten zu erkennen und in Ansätzen deren Bildungsort zu beachten. Bei den Vokalen ist Lauterkennung möglich. Hörgruppe 4 schließlich kann alle Sprachlaute relativ sicher identifizieren.

4. Um die auditiven Möglichkeiten Hörgeschädigter voll auszuschöpfen, ist es erforderlich, für ausreichende Verstärkung zu sorgen. Dies geschieht zum einen durch die Versorgung des hörgeschädigten Kindes mit individuell angepaßten Hörgeräten; zum anderen muß aber auch durch die Wahl der geeigneten Sprecher-Mikrophon-Distanz dafür gesorgt werden, daß der Sprachschall laut genug beim Mikrophon ankommt. So kann gesichert werden, daß die Verstärkung der Hörgeräte ausreicht, um die Sprache in den Dynamikbereich des Gehörs zu bringen.

Was hat nun das Experiment an Ergebnissen erbracht? Ich möchte die wichtigsten Befunde in 4 Punkten zusammenfassen.

1. Es zeigt sich, daß auch Hörgeschädigte in der Lage sind, innerhalb des ihnen verfügbaren Frequenzbereiches differenzierte Verteilungen von Schallenergie zu erkennen. In der sprachlichen Förderung kann darum grundsätzlich davon ausgegangen werden, daß es einem hörgeschädigten Kind möglich ist, die in seinem Hörbereich auftretenden Formanten und Transitionen für die Sprachwahrnehmung zu nutzen.
2. Das Experiment zeigt des weiteren, daß die auditive Wahrnehmung der Konsonanten auf der Grundlage spezifischer Wahrnehmungsklassen, der sogenannten Aureme , erfolgt. Aureme stellen Kategorien dar, in denen Sprachlaute zusammengefaßt sind, die aufgrund ihrer auditiven Ähnlichkeit nicht voneinander unterschieden werden können. Die Zahl der Aureme korrespondiert mit dem verfügbaren Frequenzbereich.
3. Hörgruppe 1 verfügt über 2 Aureme. Diese erlauben es, Sprachlaute nach ihrer Dauer zu klassifizieren. Hörgruppe 2 stehen 4 (im Sonderfall 3) Aureme zur Verfügung. Diese sind das Aurem der Verschlußlaute, das der Reibelaute, das der Sonorlaute und das der Nasale. Bei Hörgruppe 3 differenziert sich das Aurem der Verschlußlaute in das Aurem der stimmlosen und das der stimmhaften Plosive; das Aurem der Sonorlaute teilt sich in das der stimmhaften Frikative und das der Liquide. Hörgruppe 3 stehen somit 6 Aureme zur Verfügung.
4. Die Vokale können von Hörgruppe 3 auf phonematischer Ebene perzipiert werden. Dies ist auch Hörgruppe 2 möglich, wenn der Hörbereich bis 3000 Hz reicht. Im Sonderfall dieser Gruppe, d.h. bei einem Frequenzbereich bis nur 2000 Hz, können nicht alle Vokale identifiziert werden. Hörgruppe 1 sind im wesentlichen lediglich die F1 der Vokale zugänglich. Im Sonderfall, daß der Hörbereich bis 1500 Hz reicht, können einige Vokale erkannt werden.

Für einen auralen Weg der Rehabilitation Hörgeschädigter, d.h. einen Weg, der sich - soweit dies die vorliegende Hörschädigung erlaubt - auf das Hören stützt, bedeuten diese Ergebnisse, daß das Absehen als ein Perzeptionssystem einzubeziehen ist, das das auditive System ergänzt. Als eigenständiges Wahrnehmungssystem stellt das Absehen eine äußerst leistungsschwache Form der Sprachwahrnehmung dar, Sprechbewegungen sind vieldeutig, laufen häufig zu schnell oder im Mundinnern ab, um visuell perzipiert werden zu können. Als ein das auditive System ergänzendes Perzeptionssystem stellt das Absehen jedoch Informationen bereit, die die auf auditivem Wege zugänglichen in optimaler Weise zu komplettieren vermögen. Eine Verbindung des visuellen mit dem auditiven Perzeptionssystem, eine audio-visuelle Sprachwahrnehmung also, erbringt für Hörgeschädigte ein Höchstmaß an Informationen der gesprochenen Sprache.

Ich möchte nun in einem letzten Teil meiner Ausführungen von den Visionen sprechen, die ich meine, in der Schwerhörigenpädagogik entdecken zu können.

Eine erste Vision stellt die Vision einer präventiven Pädagogik dar, einer Erziehungspraxis, die hilft, Behinderung zu überwinden, oder sie doch in Grenzen zu halten. Eine solche Erziehungspraxis folgt einer Erziehungstheorie, die Behinderung als einen dynamischen Sachverhalt versteht, die Behinderung als die Folge einer Schädigung erkennt, die bei geeigneter Erziehung ausbleibt oder doch begrenzt werden kann. Eine Theorie, die nicht davon ausgeht, daß, wie eine Studentin mir vor ein paar Tagen erklärte, jeder Hörgeschädigte auch behindert sei.

Die Behinderung Schwerhörigkeit ist mehr als eine 'Behinderung' im Hören. Behinderung meint einen komplexen, die ganze Persönlichkeit umfassenden Sachverhalt und ist nicht identisch mit der Schädigung des Gehörs. Die Hörschädigung wird als das auslösende Moment gesehen, das zu einer Behinderung führen kann, aber nicht führen muß. Darum spricht der Deutsche Bildungsrat auch von 'behinderten Kindern und von Behinderung bedrohten Kindern' und sagt von letzteren, daß diese Behinderung ausbleiben kann, wird ihr mit Erziehung begegnet. Die Vision einer vorbeugenden Schwerhörigenpädagogik schätzt diese Möglichkeiten sehr hoch ein, die Möglichkeiten einer Entstehung von Behinderung durch eine gute Erziehung entgegenzuwirken.

Eine zentrale Bedeutung mißt diese präventive Schwerhörigenpädagogik der Früherziehung bei. Soll die Entstehung bzw. Ausweitung von Behinderung eingeschränkt werden, so kann dies am allerersten und am ehesten in der frühen und frühesten Kindheit geschehen. Wir wissen heute, welche große Bedeutung frühe Lernprozesse haben, nicht nur aus pädagogischer oder psychologischer Sicht, so daß wir beispielsweise wissen, daß spätere Lernprozesse auf der Grundlage früherer Erfahrungen aufbauen. Nicht nur aus dieser Sicht, sondern auch aus neuropsychologischer Sicht, daß nämlich die Ausreifung des Hörorganes von einer frühzeitigen und adäquaten Stimulierung des Hörorgans, auch des in seiner Funktion eingeschränkten Hörorgans, abhängig ist. Es lassen sich die Prozesse der Dendritensprossung und der Markscheidenbildung, also organische Prozesse am Hörorgan, durch pädagogische Maßnahmen der Hörerziehung beeinflussen. Diese Prozesse werden durch frühzeitig einsetzende Maßnahmen der Hörerziehung gefördert oder gar erst ermöglicht, und sie unterbleiben oder verlaufen nur unvollkommen, wird das Gehör nicht stimuliert. Zwar können wir nach dem heutigen Erkenntnisstand davon ausgehen, daß diese Prozesse der Ausreifung des Gehörs bis in das vierte Lebensjahr hineinreichen. Wir wissen aber auch, daß die entscheidende Zeit dieser Reifungsprozesse im ersten Lebensjahr, in den ersten Lebensmonaten liegt.

Es gilt, was schon immer Forderung in der Hörgeschädigtenpädagogik war, jetzt aber durch die Erkenntnisse der Neurophysiologie und Neuropsychologie eine weitere Begründung erfährt, es gilt, schwerhörige Kinder möglichst früh mit Hörgeräten zu versorgen und eine systematische Hörerziehung einzuleiten. Dies setzt eine funktionierende Früherkennung voraus. Leider sind wir da in Deutschland noch Entwicklungsland. Wie wiederholte Erhebungen zeigen, werden hörgeschädigte Kinder und gerade schwerhörige immer noch nicht frühzeitig genug erfaßt und darum auch erst verspätet mit Hörgeräten versorgt. Ziel muß es darum sein, so die Vision einer präventiven Pädagogik, Schwerhörigkeiten schon im ersten Lebensjahr und wenn möglich gleich nach der Geburt zu erkennen.

Es gilt darum, die Möglichkeiten einer Frühdiagnose zu verbessern, es gilt aber auch, die vorliegenden Möglichkeiten konsequent anzuwenden. Vor allem gilt es, diese Zeitspanne zwischen Erstdiagnose und Hörgeräteversorgung, die heute noch Monate umfaßt, zu verkürzen, 'auf Null' zu reduzieren! Es gibt keinen, aber auch gar keinen vernünftigen Grund, nach Erstdiagnose, wohlgemerkt Erstdiagnose, nach den ersten einigermaßen verläßlichen, audiometrischen Ergebnissen, nicht nach dem ersten Verdacht, sondern nach Erstdiagnose sofort Hörgeräte anzupassen, um einen Prozeß einzuleiten, am Ende dessen die Überzeugung steht, daß diese Hörgeräte nun die richtigen sind, und damit auch zugleich einen Prozeß des Hörenlernens einzuleiten und zugleich auch die vorhin genannten organischen Wachstumsprozesse zu unterstützen. So könnte auch heute schon die Vision einer vorbeugenden Schwerhörigenpädagogik Wirklichkeit werden.

Eine zweite Vision, die ich in der Schwerhörigenpädagogik erkenne, ist die 'Vision einer Pädagogik als einem offenen System'; eine Schwerhörigenpädagogik, die in ihren Zielsetzungen offen ist, in ihrer Methodik offen ist und die institutionell offen ist.

In ihrer Geschichte wurde die Schwerhörigenpädagogik eher in eine Situation, in eine Haltung der Abgrenzung und Aussonderung gezwungen. Es war zunächst die Taubstummenpädagogik, die ihr Kind, eben die Schwerhörigenpädagogik, nur ungern freigeben wollte. Sie beanspruchte, daß die bei Gehörlosen erprobten Inhalte, Verfahren und Methoden auch auf schwerhörige Kinder anzuwenden seien. Ein Verständnis der Gehörlosenpädagogik, das auch heute hin und wieder einmal aufblitzt. So ist die Geschichte der Schwerhörigenpädagogik geprägt vom Ringen um Eigenständigkeit, einem Ringen, sich aus der Bevormundung der Gehörlosenpädagogik zu befreien und von einer eigenen Dignität zu überzeugen. Von einem Ringen also, das zunächst eine zu große Offenheit verbat und eher die Abgrenzung nahelegte.

Es war als erster Reinfelder in Berlin, der 1902 die erste Klasse an einer öffentlichen Schule einrichtete und bald darauf, im Jahre 1907, die erste öffentliche Schwerhörigenschule gründete, der sich mit dieser institutionellen Aussonderung Schwerhöriger gegen die damalige Taubstummenpädagogik abgrenzte. Er grenzte sich aber nicht nur institutionell ab, sondern auch pädagogisch, d.h. durch die von ihm gegründete und erprobte Methode, die er 'Hör-Sprechmethode' nannte, also eine Methode, die auf dem noch funktionsfähigen Gehör aufbaute. Reinfelder mußte damals noch - und auch andere nach ihm - den Unterschied zwischen Gehörlosen und Schwerhörigen besonders betonen, mußte im Ringen um Eigenständigkeit, was ja heißt, im Ringen um eine den Schwerhörigen angemessene Erziehung, den schwerhörigen Menschen immer wieder gegen den gehörlosen abgrenzen. Er sprach vom großen Wesensunterschied zwischen Schwerhörigen und Taubstummen. In gleicher Weise, wie er sich nun gegen die Gehörlosenschule damals glaubte abgrenzen zu müssen, hat er sich auch gegen die Volksschule der damaligen Zeit abgegrenzt. Er sprach zwar davon, daß die Schwerhörigenschule näher der Volksschule stünde als der Taubstummenanstalt, betonte zugleich aber auch, daß die Schwerhörigenschule nicht Teil der Volksschule sein dürfe.

Heute, denke ich, ist eine solche Abgrenzung nicht vonnöten, weder gegenüber der Gehörlosenschule, noch gegenüber der Regelschule. Die Grundzüge einer eigenständigen Theorie der Erziehung Schwerhöriger sind formuliert, eine Erziehung, die sich in der Tat, wie Claußen dies formuliert, in einem Zwischenfeld zwischen Allgemeinpädagogik und Gehörlosenpädagogik bewegt. Wir haben eigene Einrichtungen für Schwerhörige und sollten sie auch weiterhin haben. Haben eigene Lehrpläne, haben eigene Studiengänge für Lehrer und Lehrerinnen an Schwerhörigenschulen. Es ist heute nicht Abgrenzung angezeigt, sondern Öffnung nach beiden Seiten hin, soll es nicht zu einer Stagnation in der Fortentwicklung der Schwerhörigenpädagogik kommen.

Viele spüren dies und hoffen auf eine größere Öffnung der Schwerhörigenpädagogik. Da ist einerseits - so die Vision vom offenen System - mehr Offenheit zur Gehörlosenpädagogik möglich. Es hat sich gezeigt, daß eine eindeutige Abgrenzung der beiden Behinderungsformen Schwerhörigkeit und Gehörlosigkeit nur schwer möglich ist - wohlgemerkt, ich spreche von Behinderung, nicht von audiometrischen Befunden, da haben wir Kriterien, bei der Behinderung ist dies kaum möglich -, so daß in beiden Schulen am jeweiligen Ende des Spektrums Fälle zu finden sind, die auch in der anderen Schule sein könnten. Für die Schwerhörigenpädagogik folgt daraus, daß sie immer auch die Entwicklungen in der Gehörlosenpädagogik im Auge behalten muß, verfolgen muß, welche neuen Erkenntnisse dort gewonnen werden, um zu prüfen, ob sie pädagogische Relevanz für die Erziehung Schwerhöriger haben, wie beispielsweise in jüngerer Zeit die Entdeckungen der Neurophysiologie, die zuerst in der Gehörlosenpädagogik gemacht wurden und dort Anwendung gefunden haben. Mehr Offenheit ist andererseits aber auch hin zur Regelschule, zur Allgemeinen Pädagogik angezeigt. Sie wird bei den Kindern schon realisiert, bei denen ein Besuch der Schwerhörigenschule nicht angezeigt ist und die in Regelschulen eingeschult werden, oder auch dort, wo, wie in Frankenthal, die Schwerhörigenschule sich öffnet für hörende Kinder.

Die Vision von der Schwerhörigenpädagogik als einem offenen System meint aber mehr. Es geht auch darum, daß sich die Schwerhörigenpädagogik durch diese Öffnung weiterentwickelt, daß die dabei gemachten Erfahrungen Eingang finden in die Schwerhörigenpädagogik, wie beispielsweise die hier im Saarland gemachten Erfahrungen eines Lernens nach unterschiedlichen Zielvorgaben, Eingang finden müßten in die Schwerhörigenschule, daß also solche Erfahrungen der Öffnung allen schwerhörigen Kindern zugute kommen.

Ich komme zu einer dritten und letzten Vision, der 'Vision von der interdisziplinären Kompetenz' des Schwerhörigenpädagogen, der Schwerhörigenpädagogin, die ich nur mit wenigen Worten skizzieren möchte.

Es zeigt sich im Bereich der Schwerhörigenpädagogik, daß heute schon kompetent nur der zu handeln vermag, der über Wissen und Fähigkeiten verfügt, die die sonderpädagogische Disziplin Schwerhörigenpädagogik überschreiten. Es werden zunehmend Erkenntnisse bedeutsam, die in anderen Wissenschaftsdisziplinen gewonnen werden, wie beispielsweise in der nun schon mehrfach erwähnten Neurophysiologie, aber auch in der Wahrnehmungspsychologie, Entwicklungspsychologie oder in der Nachrichtentechnik.

Es stellt eine Herausforderung für uns an der Hochschule dar, aber auch für alle Fortbildungsstätten, diese Entwicklungen zu ermöglichen. Es wird der Schwerhörigenpädagoge und die Schwerhörigenpädagogin, was sich heute schon in den Kollegien anzeigt, mehr und mehr zu einer Instanz, dessen/deren Kompetenz weit gestreut ist. Sie werden zu Fachleuten, die immer besser in den Kategorien dieser neuen Disziplinen zu denken imstande sind, die immer kompetenter werden, die dort gewonnenen Erkenntnisse auf ihre pädagogische Relevanz zu befragen und sie auch anzuwenden. Und sie werden sich auch mit neuen Fragestellungen an die Wissenschaften wenden, die schon immer befragt wurden, was sie beitragen könnten zur Erziehung schwerhöriger Kinder, wie an die Phonetik, an die Sprachwissenschaft, aber auch an die Psychologie, von der heute präzisere Aussagen über die Entwicklung der Wahrnehmung, insbesondere des Hörens, erwartet werden können. Die Fachkompetenz wird sich aber auch darin erweisen, daß die Pädagogen, die heute im Bereich der Schwerhörigenpädagogik tätig sind, ihre Erfahrungen, ihre Theorie und ihre Praxis zu kommunizieren verstehen. Ich denke, das Arkanum der Erziehung Schwerhöriger sollte endgültig gelüftet werden. Es gibt keine Geheimmittel mehr, sondern nur noch kommunizierbare Erfahrungen, mitteilbar den Eltern, mitteilbar den Kollegen an der eigenen Schule, mitteilbar den Kollegen an der Gehörlosenschule, mitteilbar den Kollegen an der Regelschule.

Ich komme zum Schluß und möchte gerne mit einer persönlichen Vision enden, vielleicht sollte ich sagen mit einem persönlichen Wunsch. Ich wünschte mir eine Zukunft, die den Menschen nicht auf seine Leistungen reduziert, eine Zukunft, in der dem Menschen, ungeachtet dessen, was er zu leisten vermag, Würde zuerkannt wird. Behinderung würde dann, wenn in dieser Zukunft dieser Begriff überhaupt noch gebraucht wird, in einem tieferen Verständnis als Gefährdung eines erfüllten Lebens verstanden werden können. Und Behindertenpädagogik würde sich dann verstehen können als Hilfe zu einem lebenswerten Leben.

Hajo H. Frerichs

Von der 'Schwerhörigenpädagogik' zur 'Audiopädagogik' ?

Jede praxisorientierte Wissenschaft unterliegt einem kontinuierlichen extra-, intra- und interwissenschaftlich motivierten Wandlungsprozeß. Die primären Veränderungsimpulse für die Schwerhörigenpädagogik gehen vor allem von folgenden Fakten aus:

- Zunahme wissenschaftlicher Erkenntnisse,
- Erweiterung medizinischer Möglichkeiten,
- Entwicklung neuer pädagogischer Konzeptionen,
- Neu-/Weiterentwicklung technischer Hörhilfen,
- Entwicklung elektronischer Kommunikationstechniken und
- gesellschaftliche Wertediskussion.

Die Zunahme wissenschaftlicher Erkenntnisse stammt in erster Linie aus den Disziplinen Neurologie, Pädagogik, Linguistik, Psychologie, Soziologie und Phonetik. Die Erweiterung medizinischer Möglichkeiten hat vor allem durch eine verbesserte Frühdiagnostik, durch eine Präzisierung pädaudiologischer Verfahren und durch eine Erweiterung operativer Rehabilitationstechniken Einfluß auf die Schwerhörigenpädagogik. Die Neu- und Weiterentwicklung im Bereich der Hörprothetik orientiert sich an den Faktoren Miniaturisierung, Digitalisierung und Implantierbarkeit und eröffnet nie dagewesene Möglichkeiten des Hörenlernens, der Sprachwahrnehmung und des Hörkomforts in akustischen Problemsituationen. Die Sonderpädagogik für Kinder mit Hörstörungen hat in den letzten Jahren Konzeptionen entwickelt, die sich besser als bisher an den Entwicklungsmöglichkeiten und an den Kommunikationsbedürfnissen orientieren (Hör-Sprach-Pädagogik; Gebärden-Sprach-Pädagogik). Durch die Entwicklung neuer elektronischer Kommunikationsgeräte (Fax, Email, Bildtelefon, elektronische Spracherkennung) steht die Schwerhörigenpädagogik vor einer ständigen Erweiterung der rehabilitativen und kompensatorischen Möglichkeiten. Die Veränderungen hörrehabilitativer Rahmenbedingungen machen eine permanente adaptive Reflexion in der Schwerhörigenpädagogik notwendig. Sie erfordern eine ständige Effektivitätskontrolle der Präventions- und Kompensationsmaßnahmen. Die Schwerhörigenpädagogik steht bei einer Nichtberücksichtigung wissenschaftlicher, medizinischer, hörprothetischer oder kommunikationstechnischer Weiterentwicklungen in der Gefahr des Realitäts- und Bezugsverlustes für ihre didaktisch-methodischen Konzepte.

Parallel zu den wissenschaftlichen medizinischen, pädagogischen und technischen Entwicklungen hat in den letzten Jahren eine gesellschaftliche Wertediskussion stattgefunden, die zu einer Neuorientierung des ethisch-moralischen Verständnisses von Behinderung geführt hat. Es erfolgte eine Abkehr vom Bild des 'therapiewürdigen Mängelwesen' zu einem Bild einer 'sozial eingebetteten Person mit individuellen Entwicklungs- und Kommunikationskompetenzen'. Die Konsequenz dieses Perspektivwandels ist die Umorientierung der Sichtweise vom Behinderten als 'passives Objekt staatlicher Fürsorgemaßnahmen' zu einer Sicht des Behinderten als 'aktives Subjekt mit einem Anspruch auf staatliche Unterstützungsangebote'. Bezogen auf Menschen mit Hörstörungen erfolgt eine Abkehr vom Bild des 'therapiewürdigen Mängelwesens' zum Bild eines 'vollwertigen Menschen mit individuellen schwerhörigenpädagogischen Förderbedürfnissen'. Es geht in der schwerhörigenpädagogischen Praxis nicht mehr um die 'Durchführung schädigungsadäquater Maßnahmen (Therapie)', sondern es geht um die 'Identifizierung, Schaffung und Stabilisierung entwicklungsunterstützender Rahmenbedingungen'. Zur Prüfung, ob einer Theorie ein defizitär-schädigungsorientiertes oder ein kompetenzorientiertes Menschenbild zugrundeliegt, lassen sich die definitorischen Beschreibung der jeweiligen Klienten heranziehen. Wird der Mensch als Mängelwesen gesehen, so finden sich Formulierungen wie „...ist nicht in der Lage...“. Liegt andererseits eine Sichtweise der Klienten als Menschen mit Förderbedürfnissen vor, so finden sich in den Definitionen Beschreibungen wie „ ... besitzt die Voraussetzungen...“. Das heißt: In der heutigen Pädagogik für Menschen mit Hörstörungen geht es um die ganzheitliche Erfassung der individuellen Fördersituation, um daraus pädagogische Förder- und Bildungsmaßnahmen ableiten zu können. Vor diesem Hintergrund stellt sich die Frage:

> **Kann die traditionelle Schwerhörigenpädagogik, die sich terminologisch durch ein defizitär-schädigungsorientiertes Menschenbild ihrer Klientel begründet, durch ein pädagogisches Konzept verändert oder ersetzt werden, das auf einem kompetenzorientiert-pragmatischen Orientierungsgerüst basiert?**

Jede Theorie basiert bewußt oder unbewußt auf Setzungen, Interpretationen und Terminologien auf der Grundlage individueller Erfahrungen. Statistische Basis ist die interpolierte Summe der eigenen Wahrnehmungen erweitert um die hermeneutisch erworbenen, literarisierten Erlebnisse und Erfahrungen anderer Menschen. Bei Theorien, die den Aspekt der Entwicklung des Menschen berücksichtigen, kann diese personalisierte Theoriebasis durch die benutzten Termini unter Umständen zu einer ungewollten Stigmatisierung mit der Konsequenz der 'self-fullfilling-prophecy' führen.

Zu den Bezugsbegriffen der Schwerhörigenpädagogik gehören neben dem Leitbegriff der 'Schwerhörigkeit' vor allem die Begriffe 'Hörbehinderung', 'Hörschädigung' und 'Hörstörung'. In Diskussionen und Veröffentlichungen werden diese Termini jedoch nicht differenzierend verwendet, sondern sie zeigen semantische Verschmelzungstendenz. Aus diesem Grund wird heutzutage bei theoretischen Begründungen immer häufiger anstelle des Begriffes der Schwerhörigenpädagogik in einem konglomerierenden Sinn der Begriff der Hörgeschädigtenpädagogik verwendet. Dieser Begriff bezieht sich auf die gesamte Klientel, die in irgendeiner Weise aufgrund einer Schädigung im auditiven Sinnessystem eines besonderen Bildungs- und Fürsorgewesens bedarf. Es erscheint daher notwendig, die Fachterminologie zu präzisieren, um den wissenschaftlichen Erkenntnisgegenstand der Schwerhörigenpädagogik zu differenzieren und eine praxisorientierte Handlungstheorie für die Förderung, Erziehung und Bildung von Menschen mit einer besonderen Lern- und Entwicklungserschwernis aufgrund auditiver Störungen ableiten zu können.

Der Begriff 'Schwerhörigkeit' läßt sich auf der Grundlage einer sprachlichen Analyse aus dem allgemeinen Sprachgebrauch heraus als 'erschwertes Hören'[2] begreifen. Als komparativer Begriff (schwer im Gegensatz zu leicht) beinhaltet er semantisch eine Defizitkomponente. Zwischen der 'Normalhörigkeit' und der 'Schwerhörigkeit' besteht eine Differenz, die sich sprachlogisch und realiter durch einen größeren Energieaufwand beim Hören[3] dokumentiert. Dieser Bedeutungsrahmen des Begriffs 'Schwerhörigkeit' ist aus den Erfahrungen Erwachsener abgeleitet, bei denen in der Regel eine geriatrische Beeinträchtigung der Schalleitung vorliegt, die durch einen erhöhten Energieaufwand (sofern keine zusätzliche Innenohrschädigung hinzukommt) ausgeglichen werden kann. Ein Grund für die (unbewußte) Bezugnahme auf die Lebenssituation erwachsener Schwerhöriger liegt in dem Versuch, sich in die Lebenssituation eines Betroffenen hineinversetzen zu wollen. Die Vorstellung bezieht sich auf die Fragestellung: „Was wäre, wenn ich...?“. Diese Perspektive trifft zwar annäherungsweise die Auswirkungen einer Hörschädigung in Lebenssituationen von Menschen, die als Erwachsene im vollen Hör- und Sprachbesitz eine Hörschädigung

---

[2] Eine semantische Verknüpfung des Begriffes durch eine Rückführung auf die Sprachinhalte 'schwer' und 'Hörigkeit' im Sinne von Erschwerung bei einer personellen Abhängigmachung ist als sophistisch abzulehnen.

[3] bzw. beim Erreichen der Hörschwelle

erworben haben. Sie trifft aber niemals die Lebenssituation eines Kindes, das unter nicht vergleichbaren neurophysiologischen und neurolinguistischen Voraussetzungen sich in einer nicht nachempfindbaren Situation der individuellen Hör- und Sprachentwicklung befindet. Mögliche Kommunikationsbeeinträchtigungen, potentielle soziale Auswirkungen und eventuelle psychische Auswirkungen einer Hörstörung unterscheiden sich zwischen ‘Spätgeschädigten’ und ‘Frühgeschädigten’. Das heißt, Vorstellungen von der Hör-, Sprach- und Lebenssituation erwachsener Hörgeschädigter und hiervon abgeleitete pädagogische Konsequenzen dürfen nicht unkritisch auf die Entwicklungs- und Lebenssituation hörgestörter Kinder übertragen werden.

Aus diesem Verständnis heraus erweisen sich die Begriffe ‘Schwerhörigkeit’ und ‘Schwerhörigenpädagogik’ als ungeeignet für eine wissenschaftliche Terminologie, weil sie die Situation der Hauptklientel, nämlich die der Säuglinge, Kinder und Jugendlichen nicht hinreichend berücksichtigt. In der Mehrzahl liegen bei ihnen Störungen im Bereich des Schallempfindungs- bzw. des Schallwahrnehmungssystems vor. Eine definitorische Bestimmung, die davon ausgeht, daß Menschen als schwerhörig gelten, „die durch eine periphere und/oder zentrale Schädigung ihres Gehörs erheblich in der Wahrnehmung akustischer Reize und insbesondere normal lauter Umgangssprache beeinträchtigt sind, bei denen aber prinzipiell die Auffassung von zusammenhängender Sprache einschließlich der Kontrolle des eigenen Sprechens auf auditivem Wege noch möglich ist“ (Krüger 1982, 20) beschreibt in korrekter Weise den Störungshintergrund und die pädagogische Perspektive. Die Nutzung des Begriffes ‘Schwerhörigkeit’ als theoretischer Leitbegriff, erschwert jedoch durch die sprachliche Verquickung von Alltagsverständnis und Fachterminus eine begriffliche Schärfe, die sowohl für theoretische Begründungen als auch für die Beschreibung praktischer Handlungskonzepte notwendig ist. Durch die Verwendung des Begriffes ‘schwerhörig’ werden z.B. dem Laien notwendige Verhaltensweisen gegenüber dem betroffenen Kind suggeriert (z.B. lautes Ansprechen), die den tatsächlichen Bedürfnissen des Kindes (z.B. deutliches Ansprechen in ruhiger, störungsfreier Umgebung) konträr gegenüberstehen.

Auch eine qualitative Kategorisierung des ‘Schwerhörigen’ auf der Basis audiometrischer Daten im Bereich des durchschnittlichen Hörverlustes von wenigstens 30 dB und höchstens 90 dB in den sprachwichtigen Frequenzen (Vgl. Krüger 1982, 20), erweist sich als zu ungenau. Aus dem mittleren Hörverlust ist kein direkter Rückschluß auf die Wahrnehmungsfähigkeit für spezifische Schälle, Sprachlaute oder Umweltschälle abzuleiten. Menschen mit einer Hörstörung können sich jedoch in Abhängigkeit von der individuellen Ausnutzung des ihnen verbliebenen Resthörvermögens (Hörkapazität) und der zentralen Schallverarbeitung als sog. ‘Schwerhörige’ oder als ‘Gehörlose’[4] verhalten.

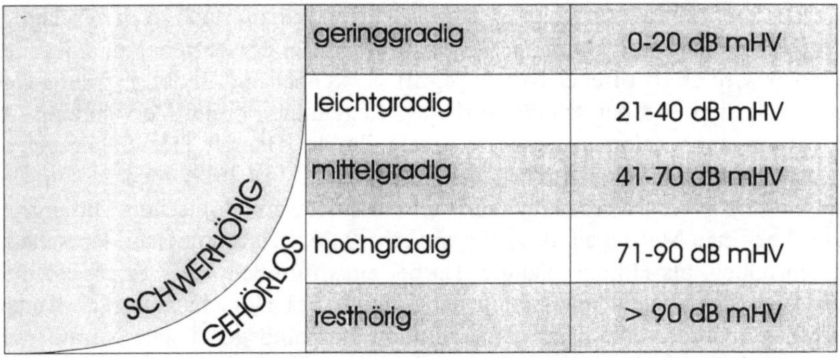

Abbildung 1: Schädigungsgrad und Zuordnungsproblematik[5] (Werte in Anlehnung an Biesalski/Frank 1994)

Vor diesem Hintergrund kann ein wesentlicher Unterschied zwischen der Schwerhörigenpädagogik und der Audiopädagogik herausgearbeitet werden.

Schwerhörigenpädagogik	Audiopädagogik
Der hörgeschädigte Mensch ist schwerhörig. Aufgrund seiner Schwerhörigkeit kann er nicht ..., hierdurch entstehen Probleme; er braucht daher Kompensationsmöglichkeiten um das Hördefizit auszugleichen.	Der hörgeschädigte Mensch hat eine Hörstörung, aufgrund der er Schwierigkeiten bei ... hat, es kann jedoch gelingen, seinen Aktionsradius zu erweitern wenn die technischen und situativen Voraussetzungen für einen Hörlernprozeß geschaffen werden.

---

4 Der traditionelle Begriff ‘gehörlos’ bezieht sich auf solche Personen, die Schwierigkeiten haben, auch mit Hörhilfen angemessene Informationen über das Restgehör aufzunehmen. Wegen dieser auditiven Einschränkung nehmen sie Sprache überwiegend auf visuellem Wege wahr. Als gehörlos sind diejenigen zu bezeichnen, die unabhängig von ihrem Hörverlust nach Abschluß der neuronalen Reifung nicht in der Lage sind, akustische Umweltreize wahrzunehmen und aus ihnen Nutzen für den Erwerb des Sprechens, des Sprachhörens und einer aktiven und passiven Lautsprachkompetenz zu ziehen.

5 In der medizinischen Terminologie ebenso wie im pädagogischen Fachschrifttum werden anhand dieses Kategorien-Schemas verschiedene Grade der Schwerhörigkeit von der geringfügigen Schwerhörigkeit bis zur gravierendsten Form der Schwerhörigkeit, der Gehörlosigkeit (praktische Taubheit) beschrieben und bei der Diagnose zur Klassifikation (z.B. Hörverlust > 90dB = ‘gehörlos’) herangezogen.

Der Begriff 'Hörschädigung' erweist sich als Basisbegriff für ein theoretisches Konzept ebenfalls als ungeeignet. Weder in der Medizin noch in der Pädagogik oder in einer sonstigen Humanwissenschaft ist er klar umschrieben und definiert, dennoch wird er als offener Arbeitsbegriff verwendet und findet in fachpädagogischen Texten und bei schulgesetzlichen Regelungen breite Verwendung. Als Verbalsubstantiv (Nomen actionis) beschreibt der Begriff Hörschädigung ein Geschehen, das zu einem Hörschaden geführt hat. Ein Hörschaden ist somit die Konsequenz einer Hörschädigung. Vor diesem terminologischen Hintergrund bezeichnet man Menschen, die aufgrund einer Hörschädigung einen Hörschaden erlitten haben, als Hörgeschädigte. Da bei einem großen Teil der sogenannten Hörgeschädigten eine Schädigung als Ursache des Hörschadens nicht (mehr) festgestellt werden kann und da darüber hinaus eine genetische Veranlagung nicht als 'Schaden' bezeichnet werden kann, soll im folgenden der Begriff der 'Störung' als Bezugsbegriff für die Begründung theoretischer und praxisorientierter Konzepte diskutiert werden.

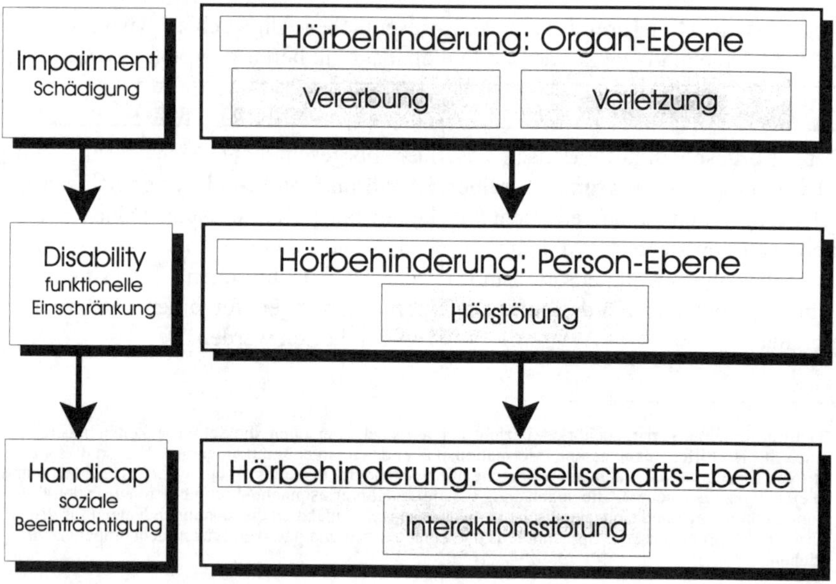

Abbildung 2: Ebenen der Hörbehinderung

1980 veröffentlichte die Weltgesundheitsorganisation die 'International Classification of Impairments, Disabilities, and Handicaps (ICIDH)' sowie die entsprechende Resolution der Weltgesundheitsversammlung (WHA 29.35). Die internationale Klassifizierung geht bei der Beschreibung von Behinderungen von drei Ebenen aus: Impairment (Schädigung), Disability (funktionelle Beeinträchtigung) und Handicap (soziale Benachteiligung).

Als Impairment[6] ist jeder Verlust oder jede Abnormität bei psychischen oder anatomischen Strukturen oder bei deren Funktionen zu verstehen. Der Behinderungsbegriff auf der Ebene der Schädigung bezieht sich auf die Schädigung einzelner Organe oder Organsysteme des Menschen Beim Hörsystems lassen sich die Störungen auf genetische Veranlagung oder auf von außen zugeführte Verletzungen zurückführen.

Als Disability[7] wird jede Einschränkung oder Unfähigkeit bei Aktivitäten bezeichnet, die für Menschen in der Regel normal oder möglich sind. Dieses Behinderungsverständnis beschreibt eine funktionelle Beeinträchtigung bzw. eine Aktivitätsbeschränkung als Folge der Schädigung. Der Behinderungsbegriff bezieht sich auf funktionelle Beeinträchtigung der betroffenen Person.

Als Handicap[8] wird die soziale Beeinträchtigung bezeichnet, die sich als Folge von Schädigungen oder funktionellen Einschränkungen ergibt und die das Individuum bei der Ausfüllung, der in der Lebenswirklichkeit bedeutsamen sozialen Rollen beeinträchtigt, begrenzt oder ausschließt. Der Behinderungsbegriff auf der Ebene sozialer Benachteiligung bezieht sich auf unterschiedliche Möglichkeiten der Rollengestaltung unter normorientierten persönlichen, kulturellen und gesellschaftlichen Rahmenbedingungen.

Ausgangspunkt pädagogischer Überlegungen muß die Tatsache sein, daß als Folge einer Hörschädigung oder als Auswirkung einer genetischen Veranlagung die Möglichkeiten zur Wahrnehmung akustischer Reize eingeschränkt sind und somit eine Hörstörung vorliegt, die die Person in der Entwicklung und Nutzung möglicher Sinnesfunktionen beeinträchtigt. Eine Hörschädigung als physiologisch-organisches Ausgangsproblem führt zur Hörstörung mit Wahrnehmungs-

---

[6] Impairment: "any loss or abnormality of a psychological, or anatomical structure or function".

[7] Disability: "any restriction or inability (resulting from an impairment) to perform an activity in the manner or within the range considered normal for a human being".

[8] Handicap: "any disadvantage for a given individual, resulting from an impairment or a disability, that limits or prevents the fulfillment of a role that is normal ... for that individual".

erschwernissen und kann zu einem persönlichen Problem werden. Erschwerte Wahrnehmung kann zu Mißverständnissen führen und wird zu einer Störung im Interaktionsprozeß. Gestörte oder fehlende Kommunikation kann unsicher machen. Bei einer persistierenden Hörstörung besteht somit die Gefahr, daß sie Ursache dauerhafter Kommunikations- und Interaktionsstörungen wird. Neben negativen Auswirkungen auf die Sprachentwicklung, auf die Erziehungs- und Bildung kann die Hörstörung zur Ursache emotionaler Problem mit der Konsequenz der Vereinsamung bis hin zur Suizidgefährdung werden. Eine Hörstörung, die ins persönliche, familiäre und gesellschaftliche Abseits führt, wird zu einem Problem, auf das auf allen Ebenen reagiert werden muß.

Auf die Organ-Ebene der Hörbehinderung beziehen sich medizinische und hörgerätetechnische Maßnahmen (Rehabilitation). Aus diesem Grund sollte die Terminologie einer Spezialpädagogik für Menschen mit vererbten oder erworbenen Hörschädigungen Begriffe vermeiden, die ihren semantischen Schwerpunkt im Schädigungsgeschehen haben. Zum Beispiel ist beim sogenannten Hörgerichteten Spracherwerb die Erweckung des Anscheins zu vermeiden, daß er die Ursachen des Hörschadens beseitigen könne. Es muß immer wieder darauf hingewiesen werden, daß fachpädagogische Maßnahmen zu einer Stabilisierung und Verbesserung des funktionalen Hören führen können. Eine verbesserte Hörwahrnehmung kann die Störungen als Folge des Hörschadens verringern helfen.

Auf die Person-Ebene und auf die Gesellschaftsebene der Hörbehinderung beziehen sich pädagogisch-habilitative Maßnahmen. Während sich in der Medizin für den theoretischen Aspekt ihres Aufgabenfeldes der Begriff 'Rehabilitation' und für den pragmatischen Aspekt der Begriff 'Therapie' eingebürgert hat, läßt sich in der Sonderpädagogik das Theorie-Praxis-Begriffspaar 'Habilitation' und 'Förderung' zuordnen. Habilitation wird hier in einem ursprünglichen Sinn verwendet, um die Gesamtheit der Maßnahmen zum Erwerb und zur Stabilisierung von Fähigkeiten zu beschreiben. Bei Kindern mit einer Hörstörung geht es in der Regel nicht um eine Rehabilitation, d.h. es geht nicht um ein Wiedererlangen von Fähigkeiten. Habilitation im hörgeschädigtenpädagogischen Sinne bedeutet zunächst, die Lernvoraussetzungen zum Erwerb und zur Stabilisierung einer Kommunikations- und Interaktionsfähigkeit zu schaffen. Basales Ziel ist die Sicherstellung der Rahmenbedingungen für einen Hörlernprozeß. Vor diesem Hintergrund gehören zur audiopädagogischen Förderung alle individualisierten Maßnahmen, um das hörgestörte Kind in die Lage zu versetzen, sich chancengerecht in der akustischen und lautsprachlichen Welt zu entwickeln und sich dort zurechtzufinden zu können.

Vor diesem Hintergrund erweist es sich für wissenschaftliche Differenzierungen als ungünstig von einer Hörgeschädigtenpädagogik bzw. personalisiert von Hörgeschädigtenpädagogen zu sprechen. Alternativ empfiehlt es sich, ein Begriffsinventar zu entwickeln, das zum einen die Störungs- bzw. Behinderungsebenen berücksichtigt und das zum anderen semantische Verknüpfungen zum konkreten Handlungsfeld zuläßt. Diese Forderung nach einer Präzisierung der Begrifflichkeiten hat Konsequenzen für die traditionelle Differenzierung der Wissenschaften in die 'Schwerhörigenpädagogik' und die 'Gehörlosenpädagogik'. Im Mittelpunkt der 'Schwerhörigenpädagogik' stehen Maßnahmen zur Entwicklung und Stabilisierung der Lautsprachkompetenz auf der Basis von Hörlernprozessen, um eine möglichst störungsfreie Personalisation und Enkulturation zu ermöglichen. Der Hörlernprozeß wird unterstützt durch den Einbezug der Informationen anderer Sinnessysteme wie z.B. durch die Einbeziehung von Visem- bzw. Kineminformationen beim Absehen Hierfür bieten sich Begriffe an, wie 'Audiopädagogik', 'Hörsprachpädagogik' oder 'Hörpädagogik'. Im Mittelpunkt der Gehörlosenpädagogik stehen dagegen primär Maßnahmen zur Entwicklung einer Lautsprache auf der Basis von manuellen Zeichen- und Gebärdensystemen. Begriffe, die sich hier anbieten könnten sind 'Manualpädagogik', 'Gebärdenpädagogik' 'Gebärdensprachpädagogik'. Für Menschen mit Hörstörungen sind somit verschiedene Pädagogiken bereitzuhalten, deren Anliegen es ist, in Abhängigkeit von notwendigen primären Kommunikationsformen individuelle Lern- und Entwicklungsbedingungen zu schaffen. Diese Bedingungen müssen sowohl auf der individuellen Ebene als auch auf der bildungsorganisatorischen Ebene dem Prinzip der Realisierung einer am wenigsten einschränkenden Lern- und Entwicklungssituation gerecht werden.

Auf der individuellen Ebene sind Hörenkönnen und auditiv kontrolliertes Sprechenkönnen für den größten Teil aller hörgestörten Kinder und Jugendlichen realisierbare Chance. Die heutigen technischen, medizinischen und förderpraktischen Möglichkeiten haben zur Folge, daß der Anteil der Kinder mit der Chance, Hören erlernen zu können, gegenüber den Kindern mit der Fördernotwendigkeit visueller Sprachzeichensysteme zunimmt. Die Zahl der Kinder, für die ernsthaft eine Alternative zwischen 'primärer Hörsprache' oder 'primärer Gebärdensprache' zu diskutieren ist, nimmt somit ab. Hartwig Claußen weist in diesem Zusammenhang auf folgendes hin: „*Schwerhörige Kinder sind hörende Kinder, die aus eigenem Antrieb zu der Sprache drängen, die sie in ihrer Umwelt als gebräuchlich und somit als wichtig erleben, also - von seltenen Ausnahmen abgesehen - zur Lautsprache. Diese Kinder erst in die Gebärdensprache führen zu wollen, um ihnen dann auf diesem Umweg die Lautsprache zu er-*

schließen, kann wohl nicht ernsthaft als pädagogisch sinnvolles Verfahren diskutiert werden." (Claußen 1994, 127)

Eine Audiopädagogik ist ausgehend vom dreistufigen Behinderungsmodell theoretisch ebenfalls in mindestens drei didaktisch-methodischen Entscheidungsebenen anzusiedeln.

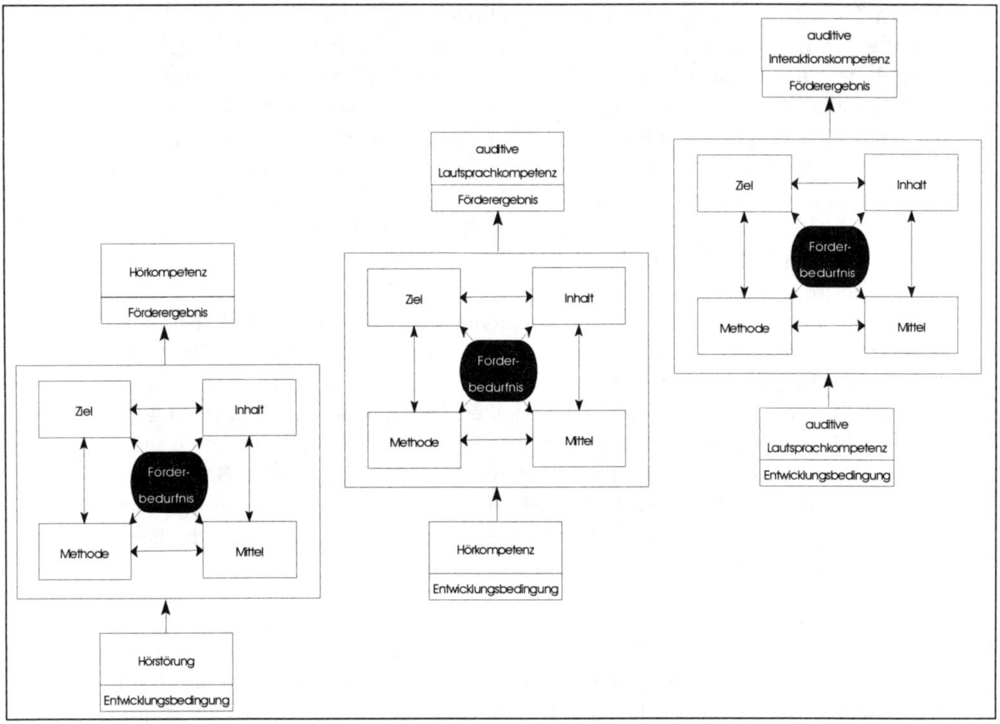

Abbildung 3: Handlungsebenen der 'Audiopädagogik'

Zunächst besteht die pädagogische Aufgabe in der Anbahnung und Stabilisierung eines funktionalen Hörens. Hier geht es ebenso wie auf den anderen Ebenen um die Bestimmung von individuellen zielorientierten Lerninhalten, Lernmaterialien und Lehr- bzw. Fördermethoden. Das funktionale Hören ist Voraussetzung für die Erfüllung der pädagogischen Aufgabe, eine Lautsprachentwicklung auf natürliche Weise in Gang zu setzen. Eine entwickelte Lautsprachkompetenz wiederum ist Voraussetzung für die pädagogische Aufgabe, ein Kind mit einer Hörstörung in die Lage versetzen zu können, mit Personen seiner sozialen Umwelt lautsprachlich kommunikativ zu interagieren. Auf diese drei Ebenen bezogen, bestehen die Aufgaben der Pädagogik darin:

1. Kindern mit Hörstörungen ein funktionales Hören durch konsequente Nutzung technischer Hörhilfesysteme zu verschaffen (Hörhilfenutzung; Hörgerätekontrolle),
2. Kindern mit Hörstörungen den Raum zur Anwendung ihrer funktionalen Hörfähigkeit zu verschaffen (Hörgerichtete Erziehung; Hörtaktik; Sprech- und Spracherziehung) und
3. Kindern mit Hörstörungen Raum und Möglichkeit zu geben, um mit Eltern, Geschwistern und anderen Personen ihres sozialen Netzwerkes lautsprachlich zu interagieren und als höchste Stufe sich allein oder mit anderen Personen gemeinsam gegenüber Personen oder Institutionen „Gehör verschaffen" zu können.

Auf der bildungsorganisatorischen Ebene muß die Audiopädagogik für den Frühförderbereich, für den schulischen und für den nachschulischen Bereich Konzepte bereithalten. Die heutige Schwerhörigenschule ist ein dynamisches System, in dem Eltern, Schüler, Schulleitung und Lehrkräfte auf die Quantität und die Qualität der Maßnahmen Einfluß haben. In diesem System besteht die ständige Situation variierender Innen- und Außenbedingungen.

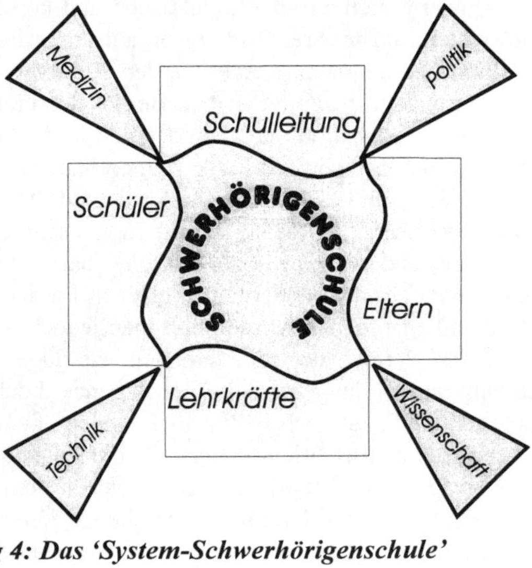

Abbildung 4: Das 'System-Schwerhörigenschule'

Inhomogene Schülergruppen mit unterschiedlichen Hör- und Lautsprachfähigkeiten, Lehrkräfte mit differierenden pädagogischen Konzeptionen, Eltern mit verschiedenen Leistungserwartungen und Schulleitungen mit unterschiedlichen Abhängigkeitsstrukturen gehören zu den Innenbedingungen. Zu den Außenbedingungen gehören neben den volkswirtschaftlichen Rahmenbedingungen u.a. sich verändernde politische Rahmenbedingungen, die Neuentwicklung im Bereich der medizinischen Maßnahmen, die Zunahme wissenschaftlicher Erkenntnisse und die Neu-/Weiterentwicklung technischer Hörhilfen. Diese variierenden Innen- und Außenbedingungen stellen die Schwerhörigenpädagogik wie auch die Schwerhörigenschule vor die Aufgabe, ihre Konzepte kontinuierlich zu überprüfen und sie permanent aktualisieren zu müssen. Bei einer Nichtberücksichtigung der sich verändernden Rahmenbedingungen besteht für die Schwerhörigenschule die Gefahr des Realitäts- und Bezugsverlustes. Will die Schwerhörigenschule ihrem Anspruch gerecht werden, eine spezielle Bildungs- und Fördereinrichtung für hörgestörte Kinder mit dem Ziel der Erweiterung der Hör- und Lautsprachkompetenz zu sein, so darf sie sich nicht auf eine inhaltliche Reduzierung der Aufgaben der Allgemeinen Schulen oder auf eine Reduzierung des kommunikativen Niveaus beschränken. Sie muß statt dessen bei der Vermittlung von Bildungsinhalten und in der Erziehung ihrer Schüler der Kommunikationsstabilisierung und der Persönlichkeitsentwicklung einen ebenso großen Raum zuerkennen. Ausgehend von den individuellen sensorischen, motorischen, kognitiven und kommunikativen Entwicklungsvorausetzungen muß die Schwerhörigenschule differenzierte methodische, didaktische und kommunikationsmediale Konzepte anwenden, um in ihrer Bildungsorganisation den individuellen Lern- und Entwicklungsbedingungen gerecht werden zu können. In Anlehnung an die angloamerikanischen Konzeptionen der Berücksichtigung der „special needs“ und der „individual education plans“ findet sich in den letzten Jahren in Fachveröffentlichungen der Sonderpädagogik immer häufiger als sonderpädagogischer Leitbegriff der „Sonderpädagogische Förderbedarf“. Obwohl im Anschluß an die KMK-Empfehlungen dieser Begriff in die schulgesetzlichen Regelungen der Bundesländer Einzug gehalten hat und von einer „kopernikanischen Wende“ in der sonderpädagogischen Förderung in der Bundesrepublik Deutschland gesprochen wurde, muß man jedoch nüchtern feststellen, daß sowohl für den Bereich der separierenden wie auch der integrativen schulischen Förderung und Bildung zur Zeit überzeugende didaktische und methodische Konzepte fehlen. Es ist noch völlig offen, welche fachlichen Perspektiven sich aus dieser „Leitbegriffsorientierung“ für die konzeptionelle Neugestaltung der Schwerhörigenschule ergeben werden. Neben dem nichtvorhandenen Inventar für eine realisierbare lernprozeßbegleitende Diagnostik wird das Problem der Integration unterschiedlich lernender und sich unterschiedlich entwickelnder Kinder in heterogenen Lerngruppen innerhalb der Schwerhörigenschule eine theoretische wie auch eine Aufgabe der Praxisreflektion sein.

Die Schwerhörigenschule als Förderzentrum mit einer Abteilung für die stationäre Förderung von hörgestörten Kindern in Sonderklassen und einer Abteilung für die mobile Förderung von hörgestörten Kindern in Klasssen der Allgemeinen Schulen als lautsprachlich orientierte Bildungs- und Erziehungseinrichtung hat als spezielle Aufgabe die Qualifizierung in der lautsprachlichen Kommunikation und der Persönlichkeitsentwicklung ihrer Schüler sicherzustellen.

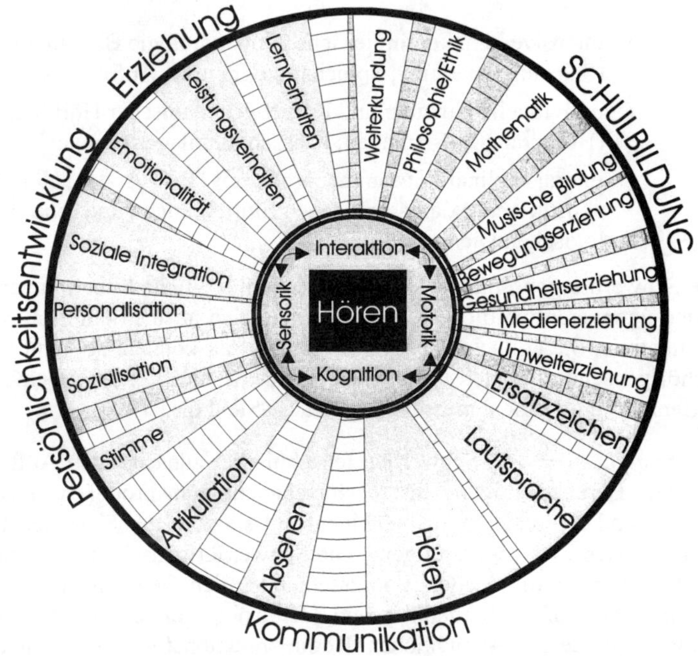

Abbildung 5: Aufgabenbereiche der Schwerhörigenschule

Als Bildungs- und Beratungszentrum für Kinder und Jugendliche mit entwicklungs- und bildungsbeeinträchtigenden Hörstörungen sind somit neben der primären Aufgabe der Hörentwicklung im Bereich der Kommunikationsstabilisierung alle Maßnahmen zur Entwicklung, Weiterentwicklung und Stabilisierung der Stimme, der Artikulation und der lautsprachlichen Ersatzzeichenkompetenz zu erfüllen. Im Aufgabenbereich der Persönlichkeitsbildung geht es darüber hinaus um die Personalisation, die Sozialisation und als zentrale Aufgabe der Schwerhörigenschule um die soziale Integration.

Für die Bereiche Kommunikation und Persönlichkeitsbildung müssen in den Schwerhörigenschulen daher sowohl diagnostische Möglichkeiten wie auch unterrichtsmethodische Verfahren überprüft, neuentwickelt und vor allem intensiv genutzt werden. Um dem Anspruch der Berücksichtigung der individuellen Förderbedürfnisse gerecht werden zu können, müssen u.a. folgende Aktivitäten der Schwerhörigenschule daher neu oder wieder in den Blickpunkt genommen werden:

- intensive, d.h. kontinuierliche pädoaudiologie Beratung (Schwellenmessung, Sprachaudiogramme, Aufblähkurven),
- individuelle Nutzung und Kontrolle technischer Hörhilfen (Hörgeräte; FM-Anlagen; Klassenhöranlagen) sowie
- interdisziplinäre Zusammenarbeit mit HNO-Ärzten, Hörgeräteakustikern, sozialpädiatrischen Einrichtungen und schulpsychologischen Diensten.

Will die Schwerhörigenschule tatsächlich ihre Schüler in die Situation versetzen, neben der eigenverantwortlichen Lebensführung sich auch in unterschiedlichen kommunikativen Situationen „Gehör verschaffen" zu können, so kann man die Schwerhörigenschule an den Prüfsteinen 'Gemeinsames Lernen', Demokratie', 'Weltoffenheit' und 'Ethos' messen. (Vgl. Faust-Siehl u.a., 1996),

Gemeinsames Lernen: Die Schwerhörigenschule hat zunächst den Auftrag, die Kinder ohne Berücksichtigung ihres Hörschadens zum produktiven Umgang miteinander und mit anderen zu befähigen und sie zum gemeinsamen Lernen, Handeln und Gestalten zu ermutigen. Die Schwerhörigenschule soll unter Berücksichtigung der individuellen Voraussetzungen den Gemeinsinn der Kinder entwickeln. Sie soll Geborgenheit und Herausforderungen bieten, das Heimischwerden in der lautsprachlichen Kommunikationsform unterstützen und Offenheit für andere Kommunikationsformen, andere Menschen, andere Erfahrungen und andere Kulturen fördern und ausbilden.

Demokratie: Als pädagogische Einrichtung in einer demokratisch verfaßten Gesellschaft hat die Schwerhörigenschule den Auftrag, ihre Schüler zur Mitgestaltung der gemeinsamen Angelegenheiten zu befähigen und zu ermutigen. Dies ist der staatsbürgerliche Auftrag jeder schulischen Einrichtung. Er kann nur erfüllt werden, wenn alles pädagogische Geschehen in der Schule in demokratischen Formen realisiert wird. Die Schwerhörigenschule ist daher gehalten, die

Mitwirkungsmöglichkeiten der Kinder an der Gestaltung des Unterrichts, des Schullebens und der in der Schule gepflegten Umgangsformen ohne einschränkende Berücksichtigung des Hörschadens vom ersten Tag an aufzugreifen, auszuschöpfen und durch angemessene Beteiligungsformen weiterzuentwickeln.

Weltoffenheit: Die Schwerhörigenschule hat den Auftrag, die vorhandenen Kenntnisse und Erfahrungen der Kinder aufzugreifen, zu differenzieren und zu erweitern. Sie soll die für unsere Kultur grundlegenden Formen des Dialogs, der Interpretation und Gestaltung der Welt erschließen und die dazu erforderlichen kognitiven und sprachlichen Kompetenzen ausbilden. Die Schwerhörigenschule muß bei all ihren Bemühungen von der Erkenntnis ausgehen, daß sich neues Wissen, neue Einsichten, neue Fähigkeiten und Bereitschaften nicht einfach von einem Menschen auf einen anderen übertragen lassen, sondern Prozesse der Selbstaneignung voraussetzen, die sich im Rahmen von Schule überwiegend im kommunikativen Austausch mit anderen ereignen. Für die Gestaltung der Kommunikationssituationen heißt das, den Schüler in seinem sprachlichen So-Sein ernst zu nehmen und ihm in der Kommunikation die volle Aufmerksamkeit zuzuwenden. Die Schwerhörigenschule muß hierbei die konkreten Erfahrungen der Kinder ernst nehmen und bei allen unterrichtlichen Bemühungen an die Fragen der Kinder anschließen.

Ethos: Ethos bedeutet, ein Akzeptieren der eigenen Lehrerrolle mit einer positiven Einstellung gegenüber den Anforderungen des Lehrerberufes. Besonders für den Schwerhörigenlehrer erweist sich die Bereitschaft zur Gestaltung offener didaktischer Modelle und die methodische Differenzierung als unabdingbar. Eine heterogene Klientel mit unterschiedlichen Förderbedürfnissen und Kommunikationsvoraussetzungen verlangt differenzierende Förder-, Bildungs- und Kommunikationsangebote. Die Zeiten, in denen der Klassenlehrer als alleiniger Fachmann für die Bewältigung kommunikativer Probleme seiner Schüler galt, sind endgültig vorbei. Obgleich Team-Teaching allgemein als positiv beurteilt wird, gibt es oft Schwierigkeiten in dessen Anwendung. Rivalität, starre Anschauungen, fachliche Abkapselung und methodische Festlegungen erschweren gemeinsame und interdisziplinäre Bildungsmodelle. Häufig haben Lehrer Probleme mit der eigenen Kommunikation untereinander. Wie soll jedoch die Fähigkeit ‘sich Gehör verschaffen’ von hörgestörten Schülern erworben werden, wenn ihnen die konkreten Modelle im schulischen Alltag nicht geboten werden.

Kritiker behaupten, die Schwerhörigenschule sei methodisch und didaktisch erstarrt und genüge nicht mehr den Erfordernissen unserer Zeit. Auf der einen Seite führen medizinischer Fortschritt und hörgerätetechnische Innovationen dazu, daß die hörgestörten Kinder dieses Schonraumes nicht mehr bedürften.

Auf der anderen Seite führen sozialpolitische Überlegungen dazu, daß es für Hörgestörte eine Kommunikations- und Solidargemeinschaft - nämlich die der Gehörlosengemeinschaft mit der Deutschen Gebärdensprache - gäbe, in die sie eingebunden werden und ihre Bildung hier erhalten sollten. Wie und wohin sich die Schwerhörigenpädagogik und die Schwerhörigenschule entwickeln werden, ist völlig offen. Man darf jedoch davon ausgehen, daß das Schulsystem für Menschen mit Hörstörungen nicht neu erfunden werden muß, sondern es sich wie alle anderen gesellschaftlichen Systeme auf der Basis des Bestehenden weiterentwickelt.

Abbildung 6: Der Weg der Schwerhörigenschule

Vor diesem Hintergrund werden in der nächsten Zeit von der Schwerhörigenpädagogik Antworten erwartet. Antworten auf die Frage der Hörgerichteten Erziehung, des Sprachaufbaus und des Sprachausbaus, der integrativen Förderung in Regelschulen, der Vermittlung hörstörungsspezifischer Arbeitsweisen, der Einbindung von Ersatzzeichensystemen, der Nutzung von Gebärden und die Einführung in aktuelle Kommunikationstechniken. Entwickelt die Schwerhörigenpädagogik kein Konzept, so gehört einer uniformen Schule für Hörgeschädigte die Zukunft. Einer Schule, die nicht mehr in der Lage ist, den individuellen Bedürfnissen ihrer Schüler gerecht zu werden. Für die zukünftige Schwerhörigenschule besteht im Bilde gesprochen nur die Chance, berechtigt fortzubestehen, wenn sie sich auf die Hauptspur der Hör- und Lautspracherziehung begibt. Sie muß weg von einer ausschließlichen 'Schwerhörigenschule als Sprechschule', sie muß weg von der 'Schwerhörigenschule als Absehschule' sie muß hin zu einer 'Schwerhörigenschule als Hörschule', die es auf der Grundlage einer auditiv begründeten Lautsprachkompetenz ihren Schülern mit differenzierten und individualisierten Modellen ermöglicht, und diese durch unterschiedliche Kommunikations- und Informationstechniken in die Lage versetzt, in unterschiedlichen sozialen Bezügen an der Kommunikation gleichberechtigt teilnehmen zu können.

Voraussetzung für ein solches Konzept ist eine langfristig konstruktive Förderung. Sie muß neben einer schädigungsadäquaten Versorgung mit Hörhilfen vor allem das Wissen und das Verstehen der individuellen Lebenssituation, die Identifizierung der individuellen Lernvoraussetzungen und eine über Jahre hinweg erfolgende diagnosegeleitete Förderung in den Mittelpunkt stellen. Die Schwerhörigenpädagogik ist somit aufgerufen, Modelle zur Identifizierung, Schaffung und Stabilisierung förderbedarfsgerechter Lernbedingungen zu entwerfen. Ein möglicher Ansatz ist das Modell einer 'Präventiven Fördersystemdiagnostik'.

In dem Modell wird davon ausgegangen, daß Lernen ein individuell-prozessuales Geschehen ist, das sich in einem System interdependenter Entwicklungsfaktoren realisiert. Eine pädagogisierte Diagnostik muß daher das Interdependenzsystem erfassen sowie unterrichtsbegleitend konzipiert sein. Ziel der Präventiven Fördersystemdiagnostik ist es, durch individualisierte Diagnose- und Interventionsmaßnahmen einschränkende Lern- und Entwicklungsbedingungen zu vermeiden und durch lernbegleitende Maßnahmen Entwicklungsrisikofaktoren weitestgehend auszuschalten.

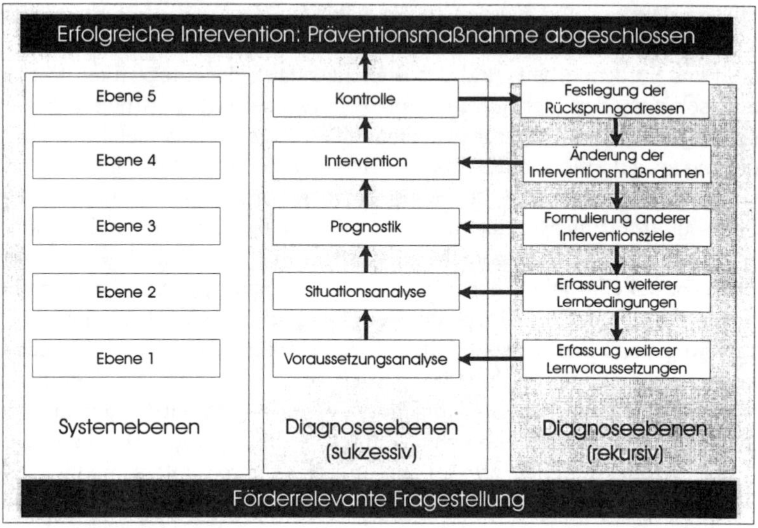

Abbildung 7: Ebenen der Präventiven Fördersystemdiagnostik

Das Modell der Präventiven Fördersystemdiagnostik geht von 5 Systemebenen aus, die unter der Prämisse der Entwicklung individuell-optimaler Lernangebote zur Vermeidung von Lernerschwernissen sukzessiv und rekursiv miteinander vernetzt sind. Ausgangspunkt ist eine förderrelevante Fragestellung. In den Diagnosevorgang sind möglichst alle Personen einzubinden, die direkt oder indirekt mit dem hörgestörten Kind in familiärem oder professionellem Kontakt stehen. Als prozessuales Diagnosemodell unterliegt es der Zielvorstellung einer Reduzierung von Lernprozeßwiederholungen (Ökonomie).

Systemebene 1: Feststellung der aktuellen Merkmale (Eigenschaftsdiagnostik)

Es werden die intra-, extra- und die interindividuellen Voraussetzungen des Lernprozesses analysiert. Zu den Erfassungsbereichen gehören in erster Linie die Schädigungsanamnese, die Hörsituation, die familiäre Lebenssituation sowie die individuellen Lern- und Entwicklungsdispositionen.

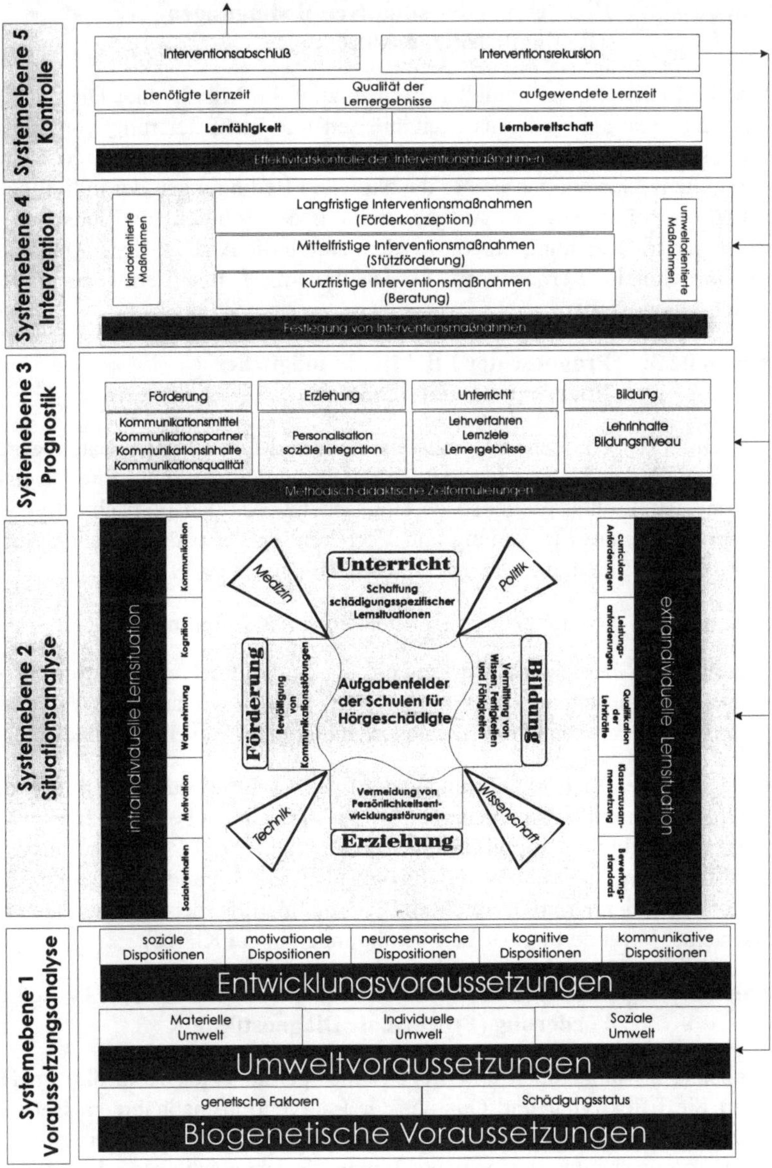

Abbildung 8: Inhalte der Präventiven Fördersystemdiagnostik

Systemebene 2: Feststellung der situativen Bedingungen (Bedingungsdiagnostik)

Es steht die Erfassung der aktuellen Lernsituation im Mittelpunkt. Die qualitativen und die quantitativen Aussagen müssen zur Identifizierung von Lernerschwernissen und zum Erkennen von Entwicklungsstörungen beitragen können. Die gewonnenen Erkenntnisse über die aktuellen Bedingungen der individuellen Lernsituation müssen zu den Aufgabenfeldern der Schulen für Menschen mit Hörstörungen in Beziehung gesetzt werden. Durch die Analyse der Lernsituation können individuelle Lernchancen, Lernerschwernisse und Lernwege entdeckt und beschrieben werden.

Systemebene 3: Prognose der Effektivität möglicher Interventionsmaßnahmen

Auf der Basis der erhobenen Voraussetzungs- und Lernsituationsdaten werden Förder-, Erziehungs, Unterrichts- und Bildungsziele in Bezug auf ihre Realisierbarkeit und Effektivität prognostisch eingeschätzt. Als pädagogisch-reflektierte Prognosen dienen sie zur Planung und Vorbereitung der pädagogischen Aufgaben: Förderung, Erziehung, Unterrichten und Bilden.

Systemebene 4: Realisierung der Interventionsmaßnahmen

Die Maßnahmen berücksichtigen sowohl die individuelle Strukturierung der Lern- und Leistungssituation des hörgestörten Kindes wie auch die verändernden Eingriffsmaßnahmen in die soziale und materielle Umwelt des Kindes.

Die pädagogischen Zielformulierungen der Ebene 3 führen zu kurz-, mittel- oder langfristigen Interventionsmaßnahmen. Diese Maßnahmen beziehen sich sowohl auf die Intervention im individuellen Lerngeschehen (z.B. Informationsverarbeitungsstrategien, Kausalattribuierung) als auch auf Veränderungsmaßnahmen im lernumweltorientierten Bereich (z.B.: Veränderung der Bedingungen des Schulsystems, Veränderung der Lernbedingungen in der Klasse).

Systemebene 5: Feststellung der Lernstandsveränderungen im Prozeß der Förderung (Prozessuale Diagnostik)

Die realisierten Maßnahmen unterliegen einer permanenten Kontrolle im Hinblick auf die Effektivität und Qualität der Interventionsmaßnahmen. Bei nicht oder nur teilweise erfolgreicher Intervention werden Rücksprungadressen definiert, um zu entscheiden, auf welcher Ebene die Diagnostik als rekursive Diagnostik erneut durchlaufen werden muß, um in einem angemesseneren Maße leistungs- und entwicklungsgerechte Lernangebote entwickeln zu können. Das Modell der präventiven Fördersystemdiagnostik kann für eine Audiopädagogik einen Orientierungsrahmen bieten. Auch bei diesem Modell bleiben jedoch (zunächst?) grundsätzliche Fragen unbeantwortet, wie z.B.:

- Ist es möglich, aus einer situativ und systemisch determinierten Momentandiagnostik eine verläßliche Prognose über die zukünftige Verhaltenskompetenz eines Individuums für andere Lebenswirklichkeiten abzuleiten? (Statusdiagnostik-Dilemma)
- Ist es möglich, Sozial-, Kultur- und Bildungssysteme diagnostisch zu erfassen, um prospektiv Ergebnisse von Fördermaßnahmen zu beschreiben, wenn die Relevanz dieser Maßnahmen sich in Bezug auf die Nutzbarkeit, die Qualität und die Effektivität in einem permanenten sozialen und kulturellen Neubewertungsprozeß befindet? (Prozeßdiagnostik-Dilemma)
- Mit welchen diagnostischen Möglichkeiten kann es gelingen, möglichst früh eine verläßliche Aussage über die Hör- und Lautsprachlernfähigkeit eines Kleinkindes zu gewinnen, um bei einer individuell notwendigen Veränderung des pädagogischen Ansatzes von der Audiopädagogik zu einer Manualpädagogik ebenfalls die neurosensorischen Phasen der Sensitivität und der Plastizität ausnützen zu können (Konzept-Dilemma).

Literatur:

Biesalski, Peter / Frank, Friedrich (1994): Pädaudiologie. Phoniatrie - Pädaudiologie in 2 Bänden. Stuttgart / New York 1994

Claußen, W. Hartwig (1993): Schwerhörigenpädagogik im Wandel. HÖRPÄD 47 (7/1993) 288-293

Claußen, W. Hartwig (1994): Unsere Zeit - eine Zeit des Wandels. HÖRPÄD 48 (7) 124-131

Frerichs, Hajo H.(1996-1): Gehör verschaffen in der Schwerhörigenschule. Bundesgemeinschaft der Eltern und Freunde hörgeschädigter Kinder e.V: Bericht der Arbeitstagung vom 24.-27.Mai 1996 in Bad Neuenahr-Ahrweiler

Frerichs, Hajo H. (1996-2): Präventive Fördersystemdiagnostik. HEARING 96 - 5th International Congreß of Hard of Hearing People, 3.-10. August 1996, Graz

Faust-Siehl, G./Garlichs, A./Ramseger, J./Schwarz, H. Warm, U. (1996): Empfehlungen zur Neugestaltung der Primarstufe. Reinbek

Krüger, Michael (1982): Der Personenkreis. Jussen, H./Kröhnert, O.: Handbuch der Sonderpädagogik. Band 3: Pädagogik der Gehörlosen und Schwerhörigen. Berlin 1982, 3-26

Schiffler/Winkeler (1991): Bilderwelten der Erziehung - Die Schule im Bild des 19. Jahrhunderts. 1991

Ursula Gegner

Handlungsorientierter Unterricht als eine Form des erweiterten Lehrens und Lernens in der Schule für Schwerhörige und Gehörlose

Wir behalten

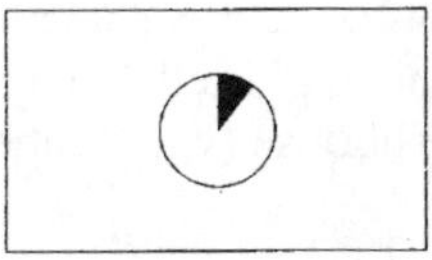

10% von dem, was wir gelesen haben,

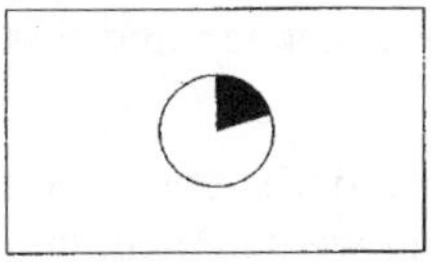

20% von dem, was wir gehört haben,

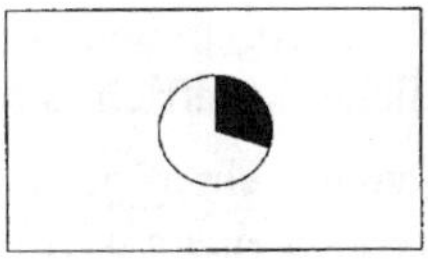

30% von dem, was wir gesehen haben,

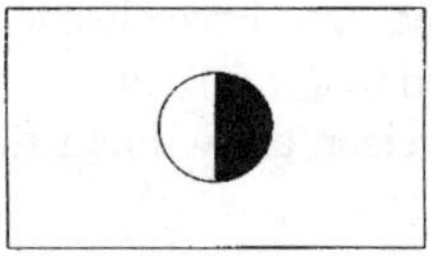

50% von dem, was wir gehört und gesehen haben,

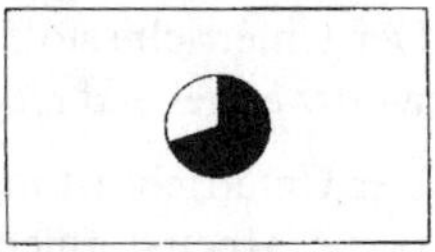

70% von dem, worüber wir gesprochen haben,

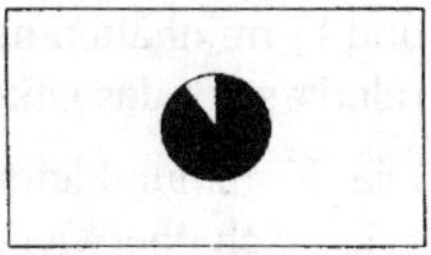

90% von dem, was wir selbst getan haben.

Abbildung 1: Lernen mit allen Sinnen (vgl. Bäuml-Rossnagel, 1994)

Die soziale, politische, technische und ökonomische Entwicklung und Veränderung der Gesellschaft stellt auch an die Schulen für Schwerhörige und Gehörlose neue Anforderungen. Wegen der wachsenden Komplexität und Vernetzung der Bildungsinhalte und der wachsenden unterschiedlichen Voraussetzungen der Schüler und Schülerinnen (mehrfach behinderte Kinder, CI-Kinder, Aussiedlerkinder, Kinder gehörloser und hörender Eltern) ist die Annahme, es könnte ein für alle geltender Wissenskanon definiert werden, der für alle auf demselben Wege erreichbar wird, nicht mehr zu halten. Diesem Gedanken werden die aktuellen Lehrpläne für Schwerhörige und Gehörlose nur ansatzweise gerecht. Um informierte, lernbereite und leistungswillige Menschen zu erziehen, die bereit und fähig sind, sich den gegenwärtigen und zukünftigen Anforderungen zu stellen, müssen die Schulen für Schwerhörige und Gehörlose durch entsprechende Unterrichtsmethoden die Entwicklung von autonomem Lernen und Handeln in einem strukturierten sozialen Umfeld fördern.

1. Kritikansätze an den vorstrukturierten, lehrerzentrierten Unterrichtsformen

Hörgeschädigte Erwachsene, Verbände, Wissenschaftler und engagierte Lehrer kritisieren in der Öffentlichkeit immer wieder bestimmte Einstellungen und Verfahrensweisen an Schulen für Schwerhörige und Gehörlose (vgl. Teuber; Johnson/Liddel):

1. Die Erwartungshaltung der Erziehenden in bezug auf die Leistungskraft und die Fähigkeiten der hörgeschädigten Schüler sind zu gering.
2. Der Unterrichtsstoff im Bereich von Wissen, Können und Fertigkeiten wird weitgehend reduziert.
3. Der Unterricht ist meist frontal. Gruppenspezifische und andere kooperative Arbeitsformen kommen wenig vor und werden nicht immer sinnvoll eingesetzt.
4. Vor allem der Sprachaufbau, der -ausbau und die Sicherung von Wort- und Forminhalten nehmen einen hohen Stellenwert ein und dominieren relativ stark das Unterrichtsgeschehen sämtlicher Unterrichtsstunden.
5. Die Kommunikation wird hauptsächlich vom Lehrer gesteuert. Sie spielt sich überwiegend zwischen dem Lehrer und einem oder mehreren Schülern ab. Gespräche verlaufen meist fragendentwickelt, d.h. sie werden durch Fragen vom Lehrer und seine Reaktion auf die jeweiligen Schülerantworten gelenkt.
6. Der sprachliche Anteil des Unterrichts wird überwiegend vom Lehrer vorgegeben und bestritten, wie folgende Grafik verdeutlicht:

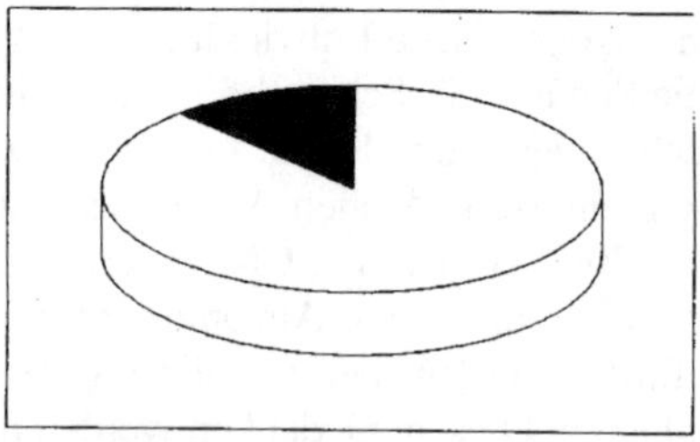

88% des Sprachumsatzes eines Schultages werden vom Lehrer geleistet, 12% von allen Schülern zusammen, davon sind nur 10% nicht durch Lehrerfragen oder Impulse gelenkt (vgl. Jussen). Nach neueren Untersuchungen in wissenschaftlichen

Hausarbeiten gilt diese Aussage auch für Schwerhörigenschulen. Dadurch bleibt die Anzahl natürlicher kommunikativer und sozialer Beziehungen während des Unterrichts zwischen den Schülern äußerst gering.

7. Die didaktische Aufbereitung von fertigem, d. h. vom Lehrer vorstrukturiertem und für Hörgeschädigte reduziertem Wissensstoff steht im Mittelpunkt.
8. Die Handlungsspielräume und Handlungsmuster der Schüler sind stark eingeschränkt. Erwünschte Verhaltens- und Vorgehensweisen bei der Erarbeitung und Bearbeitung von Aufgaben (Arbeitsmittel, Ort, Zeitpunkt, Sozialform) werden vom Lehrer vorgegeben. Den Schülern wird also eine Reihe von Überlegungen und Entscheidungen abgenommen.
9. Die Methodenerfahrung der Schüler, also das Gehen verschiedener Wege bleibt dadurch eng begrenzt und kann sich kaum entwickeln.
10. Die Gleichheit der Anforderungen wird angestrebt. Wenn möglich, werden die gleichen Aufgaben in der gleichen Zeit zur gleichen Bearbeitung gestellt. Differenzierende Maßnahmen erfolgen meist erst bei zu großen Unterschieden in den Voraussetzungen der Schüler. Innere Differenzierung erschöpft sich in der Verwendung von vervielfältigtem Material mit Aufgaben in zwei Schwierigkeitsstufen oder in Hausaufgaben mit unterschiedlichen quantitativen Anforderungen.
11. Die Schüler haben kaum die Möglichkeit zur Einsicht in die Unterrichtsplanung oder gar zur aktiven Mitgestaltung. Von der Planung über die Durchführung bis hin zur Auswertung der Unterrichtsstunden werden sämtliche der dazu erforderlichen Überlegungen vom Lehrer alleine ohne Beisein der Schüler angestellt. Sie erfahren meist erst zu Beginn der Unterrichtstunde, worum es geht.
12. Die Schüler erhalten kaum Gelegenheit, erworbene Erfahrungen und Kenntnisse anzuwenden.
13. Alle Impulse gehen während des Unterrichts vom Lehrer aus: er stellt Fragen, er formuliert Aufgaben, er beurteilt im Anschluß ihre Richtigkeit. Dadurch kommt es zu einem Handlungsübergewicht des Lehrers gegenüber der Aktivität der Schüler.
14. Die Schüler, sehen den Lehrer als Hauptorganisator und damit „als den Hauptverantwortlichen für den Unterrichtsablauf und die eigenen Lernprozesse. Sie lernen damit eher das Abgeben von Verantwortung und nicht das Übernehmen der Verantwortung für sich und ihr Lernen.

Zusammengefaßt läßt sich hier sagen:

Unter Zeitdruck und Erfolgszwang ist die Verführung groß, Lernergebnisse in Form abfragbarer Fakten zu servieren und den Schülern nur noch das Speichern und Reduzieren dieser aus dem Zusammenhang gerissenen Wissensfragmente zuzuweisen, Lehrplanvorschriften unhinterfragt zu Übernehmen bzw. die Freiräume, die der Lehrplan bietet, gar nicht zu sehen und zu nutzen (vgl. Hintermair/Voit).

Dem Lehrer fehlt häufig das nötige Vertrauen in die Kompetenz der Schüler, in ihre Lernbereitschaft, in ihre Fähigkeit, sich über längere Strecken hinweg ohne äußere Gängelung und Beeinflussung selbst entwickeln und korrigieren zu können.

2. Die Zielvorstellung eines offenen handlungsorientierten

Unterrichts für schwerhörige und gehörlose Schüler

Ein disziplinierter, gut organisierter und didaktisch gekonnt aufbereiteter lernzielorientierter Unterricht hat sehr viele positive Seiten, die es zu bewahren gilt. Deshalb wird diese Unterrichtsform auch weiterhin einen großen inhaltlichen und zeitlichen Raum in den Schwerhörigen- und Gehörlosenschulen einnehmen.

Handlungsorientierter Unterricht als erweiterte Lernform ist einerseits als Ergänzung anzusehen, andererseits sollen typische Sicht- und Verfahrensweisen in bezug auf den Schüler, auf die Lehrerrolle und auf methodische Variationen in den lernzielorientierten Unterricht mit hineingenommen werden.

Ziel 1: Vergrößerung der Handlungsspielräume

Nach Aebli ist nicht der Stoff, sondern die Tätigkeit für den Lernenden attraktiv. Die Didaktik an Gehörlosenschulen ist im Widerspruch zu neueren Lerntheorien immer noch eine Fehler vermeidende Didaktik. Fehler als positiven Entwicklungsschritt zu sehen, ist durchgängige Praxis in der Frühförderung und in der Vorschulerziehung hörgeschädigter Kinder.

Sobald aber die Kinder in die Schule eintreten, werden Fehler mehr und mehr negativ bewertet und damit wird der Handlungsspielraum des Kindes immens eingeengt. Denn jeder, der handelt, macht Fehler. Mit Hilfe der Mitschüler, mit Hilfe des Lehrers und oft auch allein, weil eben eine Handlung so nicht funktioniert, entdeckt der Schüler Fehler, lernt sie zu verstehen und lernt neue Wege zu gehen.

Zur Eröffnung von Handlungsmöglichkeiten und -spielräumen für die Schüler, im Unterricht gehört demnach das Anbieten von Gelegenheiten, selbst handeln zu können. Das heißt,

- sie müssen sich selbst Ziele setzen,
- mit Hilfe des Lehrers diese Ziele auf ihre Umsetzbarkeit hinterfragen,
- Methoden zu deren Realisierung finden.

Auch hier ist die Hilfe des Lehrers immer wieder notwendig, und sie müssen über ihr Tun reflektieren.

In der Anfangsphase werden Gehörlose und Schwerhörige zugestandene Handlungsspielräume noch gar nicht nutzen können und wollen (vgl. Hintermair). Das heißt also für den Lehrer-, daß er sehr viel Geduld aufbringen muß, langsam aber stetig vorgeht, lobt, bestätigt, Feedback gibt und unterstützt.

Ziel 2: Förderung der Selbständigkeit

Anerzogene Hilflosigkeit und Unselbständigkeit bei schwerhörigen und gehörlosen Kindern und Jugendlichen sind häufige Themen von Referaten und Aufsätzen.

In einem handlungsorientierten Modell soll der Schüler dazu befähigt werden, sich mehr und mehr unabhängig von der Steuerung, Unterweisung und Aufsicht des Lehrers die Arbeit selbst einzuteilen. 3 Bereiche sind dazu wichtig und müssen kognitiv durchdrungen und eingeschätzt werden:

- Die Objektwelt,
- die anderen und
- das eigene Selbst.

Das heißt:

- Probleme müssen erkannt und Lösestrategien entwickelt werden.
- Zeitliche Abläufe müssen geplant, strukturiert, durchgeführt und darüber reflektiert werden.
- Realitätsbezogenes Handeln, das auch flexibel zu verändern ist, muß erworben werden.
- Interaktion und Kommunikationsformen müssen geübt werden. Distanz und Nähe zum anderen müssen selbständig ausgependelt werden.

- Leistung soll angestrebt, aber nicht als Auf,- oder Abwertung des anderen und der eigenen Person gesehen werden.
- Es muß gelernt werden, eigene Entscheidungen zu treffen, für die der Schüler auch die Konsequenzen kennenlernen muß.
- Der Schüler muß erkennen dürfen, daß man Fehler macht, um aus ihnen zu lernen.
- Der Schüler muß sich als einen hörgeschädigten Menschen kennenlernen, Möglichkeiten und Grenzen ausloten und akzeptieren.

Ziel 3: Förderung der Verantwortung

Verantwortung übernehmen heißt, über das eigene Tun und Unterlassen Rede und Antwort stehen. Es heißt, verschiedene Möglichkeiten zu sehen und Chancen zu ergreifen. Die Pädagogik im allgemeinen und die Hörgeschädigtenpädagogik im besonderen sind beeinflußt von Richtungen, die Verantwortung eher abnehmen und nach außen delegieren. Unter anderem ist eine ganz wesentliche Strömung, die dazu beigetragen hat, Verantwortung abzugeben, die Tiefenpsychologie. Sie sucht und findet Fehler bei Eltern, Erziehern, Lehrern, Institutionen und übersieht den Spielraum an freien Entscheidungen, den zumindest das ältere hörgeschädigte Kind, der Jugendliche und der Erwachsene haben. Hier ist ein Paradigmenwechsel notwendig, damit der Hörgeschädigtenpädagoge Verantwortung bei seinen Schülern zulassen, aufbauen und verlangen lernt. Schwerhörige und Gehörlose neigen sehr stark dazu, Verantwortung abzugeben.

In einem nicht bis ins Detail vorstrukturierten, offenen, handlungsorientierten Unterrichtskonzept ergeben sich gehäuft Situationen für die Schüler, Rede und Antwort für das eigene Handeln zu geben

- für Sachen und Vorgänge (Materialien, Klassenraum, Handlungsabläufe) durch die Möglichkeiten der Mitgestaltung, durch die Notwendigkeit des behutsamen Umgangs und der Wertschätzung
- für Mitschüler durch die Notwendigkeit der Rücksichtnahme auf deren Interessen und Bedürfnisse, durch das Geben effektiver Hilfe, durch das Beachten der das Miteinander regelnden Absprachen, durch zuverlässige und effektive Zusammenarbeit
- für sich selbst für den eigenen Lernprozeß, das eigene Lerntempo, das eigene Verhalten.

Ziel 4: Förderung der kognitiven Entwicklung

Zur kognitiven Fähigkeit gehören unter anderem:

- Die Fähigkeit, sich Wissen auch selbständig anzueignen, und es sinnvoll mit vorhandenen Strukturen zu verknüpfen,
- theoretisches Wissen in praktisches Können umzusetzen,
- Probleme zu erkennen, gedanklich verschiedene Wege zu gehen und die sinnvollste Methode zur Lösung auszuwählen,
- eigenes Tun sinnvoll zu versprachlichen und es damit kommunizierbar zu machen,
- Arbeitstechniken zu kennen, neue zu erwerben und sie in der Situation richtig zu nutzen
- Metafähigkeiten, d.h. Wissen über das eigene Wissen und die eigenen Fähigkeiten, zu erwerben und auszubauen.

Die Wissensvermittlung und die praktische Anwendung von Wissen werden in Schulen für Schwerhörige und Gehörlose häufig reduziert. Das ist fast zwingend so in einem didaktischen Ansatz, der sich hauptsächlich des Mediums der gesprochenen und der geschriebenen Sprache bedient.

Handlungorientierter Unterricht bietet eine Möglichkeit für hörgeschädigte Schüler, sich nicht nur über sprachliche Vermittlung quantitativ und qualitativ ihrem Alter entsprechend Wissen anzueignen und dieses anzuwenden.

Ziel 5: Förderung der sprachlichen Fähigkeiten

Sprache wird in einem handlungsorientierten Ansatz konsequent unter zwei Aspekten gesehen, nämlich als Medium der Verinnerlichung der Objektwelt und als Medium der zwischenmenschlichen Kommunikation. Sprache dient dem Wahrnehmen, dem Speichern von Erfahrung und Wissen, dem Erinnern von Gelerntem, dem Herstellen von logischen Beziehungen, dem Klären von Gedanken, dem Entwickeln von Handlungsplänen, dem Lösen von Problemen. Sie ist als Kommunikationsmittel Medium des Transportes von Gedanken, Erfahrung, Wissen und Emotionen, und sie ist Medium der Steuerung, der Handlungsveränderung beim anderen und bei sich selbst (vgl. Ungeheuer).

In einem offenen, handlungsorientierten Unterrichtskonzept

- werden Wort- und Forminhalte aus der Sache heraus benötigt. Es entsteht eine intrinsische Motivation.
- Die Schüler werden häufig mit einem schriftlichen Plan konfrontiert, der gelesen und verstanden werden muß.
- Viele Arbeitsergebnisse oder Vorhaben müssen mündlich (oder durch Gebärden) artikuliert und schriftlich fixiert werden.
- Freies Schreiben unter Hilfestellung des Lehrers, aber ohne Gängelung ist in diesem Konzept notwendig.
- Beim Erfragen von Hilfe zur Bearbeitung muß sich der Schüler sinnvoll und verständlich ausdrücken (in dem sprachlichen Medium, das situations- und adressatengemäß ist). Gibt er selbst jemandem Hilfe, wird ebenfalls Verständlichkeit von ihm gefordert.
- Während der Bearbeitung werden Absprachen nötig, z. B. bei Zusammenarbeit zweier oder mehrerer Schüler oder beim Wunsch, gleichzeitiger Nutzung bestimmter Materialien.
- Werden die Arbeitsergebnisse vorgestellt, muß das möglichst sachgerecht geschehen. Es können sich anknüpfende Fragen und Gespräche ergeben.
- Die Reflexionsphase bietet Raum für Informationsfragen und Gespräche.

3. Zentrale Phasen von handlungsorientiertem Unterricht

Themenfindung und -formulierung

Aus dem im Lehrplan vorgegeben Rahmen oder aus den dort niedergelegten Vorschlägen müssen Themen konkretisiert bzw. ausgewählt werden. Wichtig ist hier, daß die Bedeutung des Themas, die zur Verfügung stehende Zeit, die sachlichen Möglichkeiten und das Interesse der Schüler und des Lehrers bedacht werden. Hier wird vom Lehrer die Fähigkeit, zu führen und loszulassen, verlangt.

Zielartikulierung und Planung

In dieser Phase muß exakt festgelegt werden, was in welcher Zeit erreicht werden soll. Die vorhandenen Rahmenbedingungen und die zur Verfügung stehenden Mittel müssen exakt analysiert werden. Tätigkeiten, die zum Gelingen des Ganzen notwendig sind, müssen besprochen und an Einzelne oder an Gruppen verteilt werden. Der Hörgeschädigtenpädagoge hilft, Vorhaben zu artikulieren, gibt einen zeitlichen Rahmen vor und macht auf Fähigkeiten und auch Schwächen einzelner aufmerksam.

Vorbereitungszeit

Diese Zeit dient der umfassenden Informationsbeschaffung, der Besorgung notwendiger Arbeitsmaterialien, der Planung von Exkursionen und Diskussionen mit Fachleuten, der Planung und Beschaffung von Medien.

Hier werden verschiedene Methoden angedacht und aus ihnen wird ausgewählt. Aufgabe des Lehrers ist es hier, Hilfestellung bei der Beschaffung von Materialien und Medien zu geben und verschiedene Methoden vorzustellen.

Durchführung

In diesem Abschnitt wird die inhaltliche Hauptarbeit geleistet. Die geplanten Vorhaben werden von den Schülern in unterschiedlichen Sozialformen möglichst selbständig und in eigner Verantwortung durchgeführt. Wichtig ist hier, daß zwar alle auf dasselbe Ziel hin arbeiten, aber nicht jeder dieselbe Tätigkeit durchführt. Der Lehrer steht in dieser Phase als koordinierender Berater und Experte zur Verfügung. Sollten subjektive oder objektive Konflikte auftreten, werden sie, wenn notwendig thematisiert, Lösungswege werden gemeinsam gesucht.

Setzen von Fixpunkten

Nicht nur am Ende, auch während der Durchführung eines handlungsorientierten Unterrichts ist immer wieder das Festhalten von Ergebnissen nötig. Das kann in schriftlicher oder in mündlicher Form geschehen.

Dokumentation

Handlungsorientierter Unterricht ist durch einen klar erkennbaren Abschluß gekennzeichnet. Dabei haben alle Beteiligten die Gelegenheit, ihre Arbeitsergebnisse einander vorzustellen. Hier müssen Informationen über alle wichtigen Stadien des Arbeitsprozesses und persönliche Erfahrungen der Mitarbeiter mit einfließen.

Präsentation

Die Arbeitsergebnisse sollen, wenn möglich, einer breiteren Öffentlichkeit zugänglich gemacht werden. Das können andere Schulklassen, die Eltern, die Lehrer der Schule oder eine Öffentlichkeit außerhalb des Schulhauses sein.

Entscheidend ist, daß die Schüler durch die Präsentation Anerkennung und konstruktive Kritik für ihre Arbeit nicht nur durch den eigenen Klassenlehrer erfahren.

Reflexion

Die Reflexion ist in zwei Dimensionen ausgerichtet, nämlich nach rückwärts und nach vorwärts. Sie macht Handlungsabläufe, soziale Bezüge, eigene Fähigkeiten und Mängel bewußt, indem sie versprachlicht werden. Damit ist eine Grundlage und ein Ausgangspunkt für neue Vorhaben gegeben, die sich dann wieder auf einer höheren Ebene abspielen (vgl. Grundsatzerlaß zum Projektunterricht).

4. Leistungsbeurteilung

In einem handlungsorientierten Ansatz ist eine gewisse Problematik in der Notengebung zu sehen. Die übliche Methode, nach richtig oder falsch zu beurteilen und danach die Note festzusetzen, greift hier nicht mehr. Hier sind neue Wege zu gehen.

Zu bewerten sind hier

- die Kooperation in der Gruppe,
- das Engagement für die Sache und für die anderen,
- die inhaltliche und formale Qualität des gemeinsamen Ergebnisses,
- die praktische Umsetzung von theoretisch erworbenem Wissen,
- die sprachliche Darstellung von geplanten und durchgeführten Handlungsabläufen,
- die Aufnahmebereitschaft für neue Information,
- die Kreativität und der Ideenreichtum,
- die Motivation und die Freude am Arbeiten,
- die Ausdauer und das Pflichtbewußtsein.

5. Schluß

Die handlungsorientierte Unterrichtsform an Schulen für Schwerhörige und Gehörlose ist als Erweiterung zu einem lernzielorientierten, hauptsächlich durch sprachliche Vermittlung sich vollziehenden Unterricht zu sehen. Ausschließlichkeit kann nicht die Absicht dieses Modells sein.

Hartmut von Hentig warnt in dem Artikel „Die Schule zwischen Pflicht und Kür“ der ZEIT vom 2. August 1996: „Der Gegensatz, die Ausschließlichkeit mit der die eine Schule meint, das notwendige Wissen und Können, die Welt der Kulturgüter vermitteln zu sollen und die andere Schule entschlossen ist, die Person zu stärken, sich entfalten und erproben zu lassen, ist unbegründet, sachwidrig und verführerisch einfach“. Eine sinnvolle Synthese ist zu entwikkeln, so daß nach dem Programm Wilhelm von Humboldts die „Stärkung der Person durch die Klärung und Aneignung von Welt erfolgt“.

Literatur

Bäuml-Roßnagel., A.: Lernen mit allen Sinnen, München 1994

Gegner, U.: Bedeutungserfassung als sprachliche Tätigkeit, Frankfurt a. M., Bern, New York, Paris, 1987

v. Hentig, H..: Die Schule zwischen Pflicht und Kür, in DIE ZEIT, 2,. August 1996

Hintermair, M.: Erziehung zur Selbstverantwortlichkeit, Heidelberg 1986

Hintermair, M. / H. Voit: Bedeutung, Identität und Gehörlosigkeit, Heidelberg 1990

Johnson, E., S. Liddell: Zweisprachigkeit und die Öffnung des Lehrplans, Hamburg 1990

Jussen, H.: Sprache. in. Jussen, H., 0. Kröhnert (Hrsg.). Handbuch der Sonderpädagogik, Bd. III, Berlin 1982

Schulamt Wien: Grundsatzerlaß zum Projektunterricht, Wien, 1993

Teuber, H.: Grundsätze zur Durchführung einer zweisprachigen bikulturellen Erziehung tauber Kinder. Das Zeichen, Dezember 1993

Ungeheuer, G.: Die kybernetische Grundlage der Sprachtheorie von Karl Bühler, in: Ungeheuer, G.(Hrsg.): Sprache und Kommunikation, Hamburg 1972

Klaus-B. Günther

Früherziehung hochgradig hörgeschädigter Kinder - Neue Brücke oder alte Grenze zwischen Schwerhörigen- und Gehörlosenpädagogik?

Vorbemerkung: Seit Jahren prallen in Hamburg in objektiv für alle Beteiligten nachteiliger Weise die gegenwärtigen Hauptpositionen der hörgeschädigtenpädagogischen Methodendiskussion -hörgerichtet vs. Gebärdeneinbeziehend- aufeinander. Auf dem Hintergrund einer seit etwa zwei Jahren laufenden Diskussion um eine Verbesserung der Früherziehung in Hamburg entstand durch die Professoren Claußen (Schwerhörigenpädagogik) und Günther (Gehörlosenpädagogik) sowie die beiden Schulleiter Thümler (Schwerhörigenschule) und Eitner (Gehörlosenschule) eine Initiative, für die Früherziehung eine für alle Beteiligten tragbare gemeinsame Position zu finden, die die unterschiedlichen Auffassungen keineswegs verwischen, wohl aber grundlegende konzeptionelle Gemeinsamkeiten herausarbeiten sollte, und zwar mit dem intentionalen Ziel, dies in eine von Schwerhörigen- und Gehörlosenschule gemeinsam getragene Eingangsphase der Früherziehung und Elternberatung hochgradig hörgeschädigter Kinder institutionell umzusetzen. Tatsächlich wurde in der Initiativgruppe ein diesbezügliches Konsenzpapier entwickelt, das jedoch in der anschließenden öffentlichen Diskussion so zerredet wurde, daß zum Schluß weder die Intentionen noch die Begründungen zu erkennen waren. Ausschlaggebend dafür waren u.E. nicht primär sachliche Gründen als vielmehr der Tatbestand, daß sich - zumindest zum gegenwärtigen Zeitpunkt - die aus dem langjährigen Streit entstandenen personal-sachlich vermischten Gräben als unüberwindlich tief und unentflechtbar erwiesen. Daß von der Sache her durchaus eine Basis für ein gemeinsames hörgeschädigtenpädagogisches Handeln in der Früherziehung hochgradig hörgeschädigter Kinder besteht, ist Gegenstand dieses Beitrages.

1. Zur Ausgangslage der Hamburger Diskussion

Mit der Anfang 1995 durch eine Gruppe hörgerichtet orientierter Eltern initiierten Anfrage der STATT-Partei zur 'Frühförderung hörgeschädigter Kinder in Hamburg' wurde eine notwendige Diskussion in Gang gesetzt, denn die Beratungs- und Früherziehungssituation in Hamburg war/ist in der Tat verbesserungsbedürftig. Allerdings, so richtig die Elterninitiative im Prinzip war, so falsch ist ihre radikale Forderung nach Durchsetzung der von ihr favorisierten hörgerichteten Methode als alleinigem Angebot. Würde sie sich durchsetzen, wären Dauerkonflikte unvermeidlich mit dem mutmaßlich letztendlichen Ergebnis einer tatsächlichen Verschlechterung der Früherziehungssituation. Gerade unter den Bedingungen wachsender Finanzprobleme der öffentlichen Hand muß es darum gehen, in optimierender Absicht ein gemeinsames Dach für die Elternberatung und Früherziehung zu schaffen, unter dem sich die alternativen Ansätze als echte Wahl-, Probe- und Wechselmöglichkeiten für die Eltern gehörloser und hochgradig schwerhöriger Kinder anbieten. Das ist keineswegs nur eine Frage der Früherziehung, sondern betrifft das gesamte weitere vorschulische und schulische hörgeschädigtenpädagogische Förderangebot von den Kindertagesheimen und Schulen für schwerhörige und gehörlose Kinder bis hin zu den integrativen Regeleinrichtungen. Wenn wir ein unseren heutigen Erkenntnissen und Möglichkeiten entsprechendes, differenziertes und individualisierendes Bildungs- und Erziehungsangebot für alle hochgradig hörgeschädigten Kinder schaffen wollen, dann muß dies bereits in der Elternberatung und Früherziehung angelegt sein.

Für die weitere Diskussion ist es zunächst einmal wichtig, auf Nachfrage und Bedarf bezüglich Elternberatung und Frühförderung hochgradig hörgeschädigter Kinder in Hamburger einzugehen. Nach Mitteilung des Hamburger Senats an die Bürgerschaft (Drucksache 15/439 vom 14.11.95) wurden in den vergangenen 5 Jahren von durchschnittlich 43 gemeldeten jährlich etwa 30 hörgeschädigte Kinder in die gemeinsame hörgerichtete Frühförderung der beiden Hamburger Hörgeschädigtenschulen aufgenommen. Dabei handelt es sich entsprechend der Umfrage 'Zum Stand der Früherkennung und Frühförderung hörgeschädigter Kinder 1992' (Hartmann 1993, 8/9), überwiegend um stark schwerhörige bis gehörlose Kinder, denn das durchschnittliche Erfassungsalter leicht bis mittelgradig hörgeschädigter Kinder liegt bereits an der Grenze der bzw. außerhalb der Kleinkindphase.

Von diesen etwa 30 Kindern, so haben wir an anderer Stelle (Günther 1996, 4) gesagt, kann bei mindestens 50% schon von Beginn der Frühförderung an von einer schwerhörigenspezifischen Entwicklung ausgegangen werden. D.h., bei Ihnen gibt es überhaupt keine Diskussion über den einzuschlagenden früherzieherischen Weg, und dies ist an sich schon ein wesentliches Argument für die Notwendigkeit eines hörgerichteten Früherziehungsangebotes, um so mehr als sich der Anteil der so erreichbaren Kinder in den folgenden Monaten der Früherziehungsarbeit noch deutlich erhöht. Kritische Äußerungen zu diesen Ausführungen von hörgerichteter Seite (Mallet 1996, 12) ignorieren nicht nur die Zeitpunktangabe, sondern werten nur die Fälle, die an eine Gehörloseneinrichtung abgegeben oder mit einem CI versorgt wurden bzw. werden sollen - obwohl selbst diese Zahl für 1994 mit 12 Kindern erstaunlich hoch erscheint. Maßgebend sind vielmehr die Erfolgsangaben zur hörgerichteten Frühförderung, wie wir sie in unserer Stellungnahme zum Beratungs- und Frühförderzentrum im vergangenen Jahr nach gleichartigen Mitteilungen aus Hamburg und Friedberg genannt haben (Günther 1995a, ½). In einem Schreiben an die STATT-Partei-Fraktion vom 14.06.95 hat der Leiter der Friedberger Pädoaudiologischen Frühberatungsstelle, Herr Drach, zwar heftig gegen diese Ausführungen Stellung genommen, aber paradoxerweise unsere Angaben weitestgehend bestätigt. So heißt es an dem hier speziell interessierenden Punkt: „Bei einem Drittel der Kinder ergab sich zwar im größten Teil der Fälle eine Hörentwicklung, diese reiche aber alleine nicht aus, um kommunikationstragend zu sein. Vielmehr sei bei diesen Kindern an das verstärkte Hinzuziehen visuellen Zeichenmaterials (PMS, GMS, Schrift, LBG) zu denken." Dem ist aus unserer Sicht nun wirklich nichts mehr hinzuzufügen, und es ist dies der zentrale Punkt, weshalb ein allein hörgerichtet orientiertes Frühförderangebot hörgeschädigtenpädagogisch nicht rechtfertigbar erscheint.

2. Hörgerichtetes versus bilinguales Konzept im Vergleich

An dieser Stelle scheint eine exkursartige Gegenüberstellung der beiden Hauptpositionen hörgerichtete versus bilingualorientierte Erziehung sinnvoll, um Gemeinsamkeiten und Differenzen in Hinblick auf Konsenzfähigkeit in der Elternberatung und Früherziehung hochgradig hörgeschädigter Kleinkinder zu eruieren. Wir sprechen hier bewußt von hörgerichtet vs. bilingualorientiert im Sinne einer grundlegenden Orientierung, die dennoch nicht allein den Sozialisationsprozeß eines hörgeschädigten Kleinkindes bestimmen kann. Bilingualorientiert setzt sich von der unsinnigerweise immer wieder behaupteten Existenz einer rein manualen Methode, die es weltweit nicht gab und nicht gibt, begrifflich ab und beinhaltet eine offene kommunikationsfördernde Einbeziehung von Gebärden, aber - von gehörlosen Familienkonstellationen abgesehen - nicht den Einsatz von Gebärdensprache in der Früherziehung. Es soll im folgenden versucht werden, Gemeinsamkeiten und Differenzen in der Elternberatung und Früherziehung hochgradig hörgeschädigter Kleinkinder zu bestimmen und von daher einen Konsens zu finden, der die Basis für ein gemeinsames, aber in sich - d.h. wo es im pädagogisch-wissenschaftlichen Diskurs nicht aufhebbare unterschiedliche methodische Positionen gibt - differenziertes und von den Eltern für ihre Sozialisationsentscheidungen nachvollziehbares Beratungs- und Früherziehungsangebot bilden könnte.

Die diagnostische Bestätigung einer schweren Hörschädigung löst bei vielen hörenden Eltern einen Diagnoseschock aus, in dessen Folge ihre selbstverständlich ablaufende alltägliche lautsprachliche Kommunikation zum Problem wird, weil sie jetzt die fachärztlich bestätigte Gewißheit haben, daß ihr lautsprachliches Kommunikationsangebot vom hörgeschädigten Kind nicht oder nur rudimentär-bruchstückhaft auditiv wahrnehmbar ist. Wenn Eltern mit der Diagnosebestätigung einer schweren Hörschädigung in einer Beratungsstelle erscheinen, muß es deshalb in allererster Linie um eine Wiederherstellung des Vertrauens der Eltern in eine dennoch mögliche natürliche und emotional eingebettete Kommunikation mit ihrem hörgeschädigten Kleinkind gehen, wie dies Frau Dr. Bölling-Bechinger - eine unserer erfahrensten Frühberaterinnen - wiederholt hervorgehoben hat. Diese Kommunikationsmaxime ist an sich unabhängig von den beiden methodischen Positionen, wenn sie sich nicht an den unisensorischen Extrempolen orientieren. Unterschiedliche Auffassungen bestehen bezüglich der die bei hörenden Eltern natürlicherweise lautsprachliche Kommunikation unterstützenden visuellen Mittel:

hörgerichtet	***bilingualorientiert***
Betont auditives Kommunikationsverhalten	Antlitzgerichtetes, natürlich absehanzeigendes Kommunikationsverhalten
Nonverbale Kommunikationsmittel: Deiktik, Mimik, Gestik, natürliche Gebärden	Nonverbale Kommunikationsmittel: Deiktik, Mimik, Gestik;
-	Gebärden

Wie man sieht, unterscheiden sich die beiden Beratungsempfehlungen zur visuellen Kommunikationsunterstützung primär bezüglich der Art und des Umfanges des Gebärdeneinsatzes. Während der hörgerichtete Ansatz nur sogenannte natürliche Gebärden als Bestandteil der nonverbalen Kommunikationsmittel zuläßt, werden bei der bilingualen Orientierung Gebärden als gesondertes kommunikationsförderndes Mittel eingesetzt. Von außen betrachtet erscheinen die Unterschiede gering, zumal darauf hinzuweisen ist, daß die nonverbalen Kommunikationsmittel, auf die sich der hörgerichtete Ansatz beschränkt, keine besonderen Kommunikationshilfen für hörgeschädigte Kinder darstellen, da sie - wie die frühkindliche Kommunikationsforschung insbesondere von Bruner und Mitarbeitern aufgezeigt hat - die Mutter-Kind-Interaktion im Kleinkindalter generell - d.h. auch bei hörenden Kindern - dominieren. Andererseits muß auch klargestellt werden, daß es sich bei dem anfänglichen Gebärdengebrauch in der bilingualen Orientierung nicht um eine Erwartung an die Eltern handelt, schnell in eine LBG-artige Kommunikation einzusteigen, sondern in Anknüpfung an ihr dominant nonverbales Kommunikationsverhalten gegenüber Kleinkindern um spezifische, die Chancen zu gelingender Kommunikation mit ihrem hörgeschädigten

Kind verbessernde Möglichkeiten, die die Eltern unmittelbar nachvollziehen können.

In pädaudiologischen Fragen - Diagnostik, Hörgeräteversorgung, -anpassung und -kontrolle - bestehen zwischen der hörgerichteten und der bilingualorientierten Erziehung, wie sie hier vertreten wird, ebenso keine unterschiedlichen Bewertungen bezüglich ihrer Bedeutung für die Früherziehung hörgeschädigter Kinder und die Beratung ihrer Eltern wie bezüglich der Notwendigkeit einer so früh wie möglichen und kontinuierlichen Anregung potentiell nutzbarer Hörreste durch lautsprachliche Kommunikationserfahrungssituationen. Der für die Früherziehung hochgradig hörgeschädigter Kinder entscheidende traditionell konträr diskutierte Punkt betrifft jedoch den Umfang solcher lautsprachlichen Erfahrungen und den Einbezug oder die Vermeidungen von gleichzeitiger immanenter Gebärdenverwendung bzw. paralleler gebärdensprachlicher Kommunikationserfahrung:

hörgerichtet	***bilingualorientiert***
I. reine Hör-Sprach-Erziehung mit eingeschränktem Absehangebot, mit bedingtem Einsatz nonverbaler Kommunikationsmittel, ohne Begleitgebärden	I. Hör-Sprach-Erziehung mit natürlich betontem Absehangebot, mit betontem Einsatz nonverbaler Kommunikationsmittel, mit Begleitgebärden
und	und optional
II. ohne gebärdensprachliche Kommunikationserfahrungen	II. parallele gebärdensprachliche Kommunikationserfahrungsmöglichkeiten

Die Unterschiede sind ebenso klar wie bekannt. Dennoch lohnt es sich, die Begründungen für beziehungsweise gegen den Gebärdeneinsatz in der Früherziehung hochgradig hörgeschädigter Kinder noch einmal kontrastiv aufzuführen (s. Gegenüberstellung auf der nächsten Seite).

Aus neutraler Sicht erscheinen die in den letzten Jahren in Hamburg kulminierenden methodischen Auseinandersetzungen als Tradierung des taubstummenpädagogischen Methodenstreits aus dem 19. Jahrhundert. Moderne Erkenntnisse über die Nutzung und Entwicklung von Hörresten einerseits sowie über die Systemhaftigkeit der Gebärdensprachen andererseits werden eingepreßt in das Dogma, daß sich konsequent aural-orale und Gebärden bzw. Gebärdensprache einbeziehende methodische Wege gegenseitig ausschließen müssen. Wir halten dagegen die Entdeckung des Hörens und die Entdeckung der Gebärdensprache für viel zu bedeutungsvoll für bessere Sozialisationschancen hochgradig hörgeschädigter Kinder, als daß ein modernes ganzheitliches Frühberatungs- und Erziehungskonzept auf eine der beiden Entdeckungen in ihrem Angebotsspektrum verzichten könnte.

hörgerichtet	***bilingualorientiert***
I. Wegen der angenommenen zeitbegrenzten sensiblen Phase für die Entwicklung der zentralen auditiv-sprachlichen Wahrnehmungsverarbeitung muß speziell in der Früherziehung das Spracherfahrungsangebot absolut und permanent lautsprachlich sein. Natürliche visuelle Begleitmerkmale des Sprechens - Mundbilder und nonverbale Kommunikationsmittel - sind einzuschränken und Begleitgebärden ganz zu vermeiden, weil der intakte visuelle Kanal eine Entfaltung des rudimentär schwachen auditiven unterdrücken würde.	I. Auch hier wird ein möglichst frühes und kontinuierliches lautsprachliches Erfahrungsangebot für notwendig erachtet, um potentiell nutzbare Hörreste zu evozieren. Die Absolutheits- und Permanenzforderung wird als empirisch nicht belegt angesehen. Gerade bei therapeutisch nutzbarer Resthörigkeit impliziert die Ganzheitlichkeit der Sinne (Braun) den kompensatorischen betonten Einsatz von Begleitmerkmalen des Sprechens, aber auch von Begleitgebärden, und das um so mehr, als sie das Niveau des kommunikativen Austausches anheben.
Erst wenn nach einem längeren therapeutisch-diagnostischen Beobachtungsprozeß sich ein hörgeschädigtes Kind als auditiv nicht ansprechbar erweist, wird auf ein gebärdenbegleitetes orales Vorgehen umgeschaltet (oder ein CI empfohlen).	Das sensorisch-ganzheitliche lautsprachliche Wahrnehmungsangebot wird nicht nur den auditiv nicht erreichbaren Kindern gerecht, sondern auch den auditiv erfolgreichen, bei denen sich die Begleitgebärden allmählich abbauen lassen.
II. Aus den unter I. genannten Gründen werden parallele gebärdensprachliche Kommunikationserfahrungen grundlegend abgelehnt.	II. Optional parallele gebärdensprachliche Kommunikationserfahrungen sichern für alle Kinder eine allgemeine sprachliche und kommunikative Basiskompetenz.

2.1 Erfolgreiche Sozialisationswege hochgradig Hörgeschädigter in verschiedenen hörgeschädigtenpädagogischen Konzepten

Unsere zuvor ausgeführte Argumentation möchten wir im folgenden an vier exemplarisch ausgewählten Steckbriefen erfolgreicher Sozialisations- und Lebenswege hochgradig hörgeschädigter Menschen belegen, die zugleich zeigen, wie wenig die Behauptung des alleinigen richtigen hörgeschädigtenpädagogischen Bildungs- und Erziehungsweges berechtigt ist:

Victor Senn (Küssnacht): „Seit Geburt im Jahre 1970 auf beiden Ohren ein Hörverlust von 125 dB. Nach der ersten Hörgeräteanpassung 1972 lautsprachliche Förderung durch die Mutter und Susanna Schmid-Giovannini. Normalschulbesuch mit gleichaltrigen Schülern. Matura 1990 am Gymnasium Bethlehem in Immensee (CH) erworben. Seit 1991 Psychologie-Studium an der Universität Basel." Seit Januar 1994 nach eigenen Angaben erfolgreich mit einem CI versorgt (vgl. a. Schmid-Giovannini 1996, 263ff).

Christian Vogler (Hamburg): Von Geburt 1973 an gehörlos (Hörkurve bis 2000 Hz). Streng orale Erziehung bis in die Sekundarstufe, dann bilinguale Neuorientierung. Nach Besuch eines Integrationskindergartens bis zur dritten Klasse in der Hamburger Schwerhörigenschule, Abschluß der Primarstufe in einer Regelgrundschule. Ab 1983 Besuch als einziger Gehörloser eines „ganz normalen" Hamburger Gymnasiums, ab der 9. Klasse mit Gebärdensprachdolmetschereinsatz. Nach dem Abitur als Zweitbester seines Jahrgangs 1992 Studium der Informatik an der Universität Hamburg. Derzeit durch ein Fulbright-Stipendium gefördertes Auslandsstudium in den Vereinigten Staaten, wo er nicht nur in diesem Jahr seine Master-Prüfung, sondern möglicherweise auch den Beginn einer Promotion anvisiert.

Emmanuelle Laborit (Paris): Von Geburt 1972 an gehörlos. Ihre hörenden Eltern ermöglichten ihr nach wenig befriedigender oraler Früh- und Vorschulerziehung auf privater Initiative und Basis ab dem achten Lebensjahr bilinguale Sozialisationserfahrungen. 1992 Abitur an einem privaten, rein oral ausgerichteten Gymnasium für Hörgeschädigte. 1993 erhält sie als erste gehörlose Schauspielerin für ihre Rolle als Sarah in „Kinder des Schweigen" den renommierten Prix Molière für die Darstellerentdeckung der Theatersaison auf französischen Bühnen und schreibt ein Jahr später als Dreiundzwanzigjährige (!) ihre inzwischen auch ins Deutsch übersetzte faszinierende Autobiographie.

Sabine Fries (Bergholz-Rehbrücke): Geboren 1965 und mit drei Jahren ertaubte Tochter gehörloser Eltern wuchs von Anfang an bilingual auf, indem sie zuhause gebärdensprachliche, in der Regelschule, die sie bis zum Abitur ohne Dolmetscher durchlief, lautsprachliche Sozialisation erfuhr. Nach einem Ausflug in die Gehörlosenpädagogik studierte sie evangelische Theologie in Berlin und schloß 1994 ihr Studium erfolgreich ab. Gegenwärtig absolviert sie ihr Vikariat, z.Z. in einer hörenden Gemeinde in Potsdam, und bereitet sich auf eine Tätigkeit als Gehörlosenseelsorgerin vor.

Vier Fallbeispiele gehörloser Kinder und vier ganz unterschiedliche Wege zur erfolgreichen Sozialisation und Lebensperspektive: Victor Senn, der den oral-auralen Weg, auf den ihn seine Eltern geschickt hatten, heute ebenso selbstbewußt als Erwachsener geht, wie der bilinguale Weg aufgrund wiederum ganz unterschiedlicher Zugänge dorthin von Sabine Fries, Emmanuelle Laborit und Christian Vogler vertreten wird. Alle vier Sozialisationswege waren nicht einfach, sondern geprägt auch von Zweifeln, Ängsten und Erschütterungen. Dennoch wäre es offensichtlich absurd, an ihnen den Methodenstreit auszufechten. Vielmehr sprechen sie für eine generalisierte Offenheit in den möglichen Sozialisationswegen und -methoden von hochgradig hörgeschädigten Kindern von der Früherziehung bis zum Erwachsenenalter, die sich nicht mehr wissenschaftlich als richtig oder falsch klassifizieren lassen, sondern auf hinter diesen stehende Menschenbilder und dementsprechende individuelle Entwicklungen verweisen.

2.2 Hörgerichtete versus bilingualorientierte Philosophie

Die gegenwärtig wieder hochschäumenden Kontroversen zwischen beiden methodischen Positionen verstellen Insidern den Blick dafür, daß sie - wie auch die vorstehende Fallbeispiele zeigen - eine Reihe von grundlegenden Gemeinsamkeiten aufweisen:

- Beide Konzepte beanspruchen, die unbefriedigenden Ergebnisse des traditionellen oralen Vorgehens zu überwinden, und zwar durch eine natürlichere Sozialisation und weniger pädagogisch gesteuerte Entwicklungsprozesse. Sie orientieren sich dabei weitgehend auf die gleichen beziehungsweise auf vergleichbare sprach- und entwicklungspsychologische sowie neurophysiologische Erkenntnisse.
- Für beide Konzepte liegen Beobachtungen und empirische Belege für im Sinne der jeweiligen Methode optimale Entwicklungsverläufe vor, wie wir sie zuvor exemplarisch geschildert haben. Solche Überflieger können die persönliche Entscheidung für einen methodischen Weg erklären, empirische Belege für oder gegen ein methodisches Konzept sind sie mitnichten. Im Gegenteil, sie lenken ab von den spezifischen Problemen des jeweiligen methodischen Weges:
- Das Hauptproblem bei der bilingualen Methode liegt bei den in der Regel hörenden Elternhäuser darin, daß sie in der Früherziehung überhaupt kein natürliches gebärdensprachliches Kommunikationsangebot machen kön-

nen und dies häufig ein Problem während der gesamten Sozialisation bleibt.

- Bei der hörgerichteten Methode sind die Probleme
  a) häufig mit den Vorstellungen sensibler Phasen - die ja nicht nur für das Hören, sondern vor allem auch für Sprache und Kommunikation gelten - unverträgliche lange Zeiten kommunikativ-sprachlicher Restriktionen in der Interaktion mit dem hörgeschädigten Kind, ganz besonders nach CI-Versorgung,
  b) das Faktum, daß bei etwa einem Drittel der Ansatz so unbefriedigend verläuft, daß nach einer längeren erfolglosen Phase die Methode grundlegend in Richtung oral-manual gewechselt werden muß und
  c) die psychophysische Belastung der lebenslangen lautsprachlichen Kommunikationsstörung.
- Die beiden Methodenalternativen unterscheiden sich hingegen grundlegend in ihrer "Philosophie", wozu auch Umgang und Einstellungen zu den zuvor genannten methodischen Problemen gehört:
  a) Die hörgerichtete Philosophie hält auf der Basis heutiger frühdiagnostischer, apparativer und darauf bezogener pädagogisch-therapeutischer Maßnahmen funktionelle Gehörlosigkeit weitgehend für vermeidbar und damit auch die Einbeziehung manualer Kommunikationsmittel in die Früherziehung und weiter in die schulische Sozialisation nicht nur methodisch für unzulässig, sondern auch praktisch für unnötig. Die zuvor skizzierten Probleme werden als hörgeschädigtenpädagogisch nicht relevant erachtet.
  b) Die bilinguale Philosophie stellt eine natürliche frühzeitige Kommunikation und Abmilderung der defizitären Sozialisations- und Lebenserfahrung in den Mittelpunkt. Die Problematik des fehlenden gebärdensprachlichen Kommunikationsangebotes in den Familien läßt sich nach einem Vorschlag von Günther (1995) durch regelmäßige, von gehörlosen ErzieherInnen geleitete Spielkreise lösen. Parallel und gleichgewichtig werden die auditiven Entwicklungspotentiale -inklusive der medizinisch-pädaudiologischen Diagnostik, Hörgeräteanpassung und -kontrolle- in Hör-Sprech-Beschäftigungen durch hörende FrüherzieherInnen aufgenommen. Den Eltern wird weder ein ungewohntes lautsprachliches noch ein unrealisierbares gebärdensprachliches Kommunikationsverhalten abverlangt, sondern, gestützt auf sprachentwicklungspschologische Erkenntnisse bei nichtbehinderten Kleinkindern, ein total kommunikatives Verhalten empfohlen, d.h. eine natürliche Si-

cherung der Kommunikation mit allen diesem Ziel dienlich erscheinenden Mitteln (vgl. a. Voit 1995a).

Wir sprechen von einer bilingualen Philosophie, ebenso wie Frerichs (1995) als einer ihrer führenden Vertreter von einer hörgerichteten Philosophie ausgeht. Dies impliziert wichtige wissenschaftsmethodische Konsequenzen, denn eine Philosophie ist keine naturwissenschaftlich oder logisch unumstößliche Erkenntnis, sondern enthält einen empirisch nicht beweisbaren Kern von Überzeugungen. D.h. nicht, daß eine hörgeschädigtenpädagogische Methode sich nicht um empirische Belege für ihren Ansatz bemühen sollte. Im Gegenteil, dies ist unabdingbare Voraussetzung, wenn sie langfristig Erfolg haben will, und hier besteht für beide Ansätze durchaus noch Klärungsbedarf. Darüber hinaus aber kann eine hörgeschädigtenpädagogische Philosophie in ihren spezifischen Grundüberzeugungen - und hier kommen wir wieder unmittelbar an die Beratung von Eltern hörgeschädigter Kleinkinder heran - nur von ihren Vertretern selbst verläßlich vermittelt werden. Deshalb ist für die Eltern hörgeschädigter Kleinkinder die institutionell abgesicherte reale Wahl-, Probe- und Wechselmöglichkeit in der Beratung und Früherziehung so wichtig. Da es die unwiderlegbar richtige Methode nicht gibt und bei zwei für sich so überzeugungsstarken hörgeschädigtenpädagogischen Philosophien wohl auch nicht geben kann, kann die vernünftige und optimale Perspektive nicht hörgerichtet oder bilingual heißen, sondern muß ein freies Angebot beider Konzepte beinhalten, deren Philosophien sich die Eltern hörgeschädigter Kinder selbst nachvollziehend erschließen und für ihre Erziehungsentscheidungen nutzen können.

3. Überlegungen zur künftigen Organisation der Hamburger Frühförderung hörgeschädigter Kleinkinder

Seit dem Spätherbst des vergangenen Jahres gab es eine gemeinsame Arbeitsgruppe mit den beiden Schulleitern der Schwerhörigen- und der Gehörlosenschule, den Herren Thümler (, der auf der letzten Sitzung krankheitshalber nicht anwesend war,) und Eitner, sowie den Professoren für Schwerhörigen- und Gehörlosenpädagogik, Claußen und Günther. In den letzten beiden Sitzungen war auch die Leiterin der Frühförderung Frau Mallet mitvertreten. Dezidiertes Ziel dieser Arbeitsgruppe war es, Lösungsvorschläge für die künftige Organisation der Frühförderung zu entwickeln und den lähmenden Dauerkonflikt zu überwinden. Nun, dieser Versuch ist zunächst einmal grundsätzlich gescheitert. Dies ist in diversen Papieren und Aktionen dokumentiert worden (Günther, Mallet, Eltern-AG 1996), die bekannt sind und für sich sprechen, so daß wir hier nicht mehr darauf eingehen müssen. Allerdings halte ich die grundsätzlichen Intentionen nach wie vor für richtig, um so mehr als sie sich mit anderweitig zu beobachtenden nationalen und internationalen Tendenzen decken. Deshalb möchte ich hier noch einmal in schematisierter Form den Organisationsvorschlag vorstellen und auf einige Kritikpunkte sowie auf Bezüge zu vergleichbaren Formen im In- und Ausland eingehen. Die folgende Darstellung (s. nächste Seite) folgt im wesentlichen der Gesprächsmitschrift vom 2.2.96 (vgl. Günther 1996, 3), bringt aber einige Erweiterungen und Modifikationen ein.

Wenn es - wie aus der Praxis der Frühberatung von Eltern mit hochgradig hörgeschädigten Kindern immer wieder berichtet wird - richtig ist, daß der Diagnoseschock und seine gravierenden Folgen für die Eltern-Kind-Kommunikation das zentrale Problem vieler hörender Eltern darstellt, dann muß die Eingangsberatung zu allererst um dessen Bewältigung bemüht sein und die Informationen über Hörschädigung und Fördermöglichkeiten in diese sozusagen einbetten. Dies ist primär eine psychologische Aufgabe und dementsprechend sollte die Eingangsberatung auch bei einem psychologisch geschulten Hörgeschädigtenpädagogen oder hörpädagogisch geschulten Psychologen liegen. Als Beispiel für eine solche Praxis sei hier auf die Sonderpädagogische Beratungsstelle in Heidelberg verwiesen (vgl. Bölling-Bechinger 1990; s.a. Günther u.M. 1994, 27).

Kernstück des Organisationsvorschlages ist die Eingangsphase, die den Eltern Erfahrungsmöglichkeiten und Zeit für Entscheidungen über den weiteren Bildungs- und Erziehungsweg ihres Kindes geben soll. Der Schwerpunkt der früherzieherischen Arbeit in der Eingangsphase liegt in der Entwicklung und Förderung der Kommunikation zwischen Eltern und Kind, denn die Störung der normalen Alltagskommunikation ist das unmittelbar die familiäre Interaktion massiv beeinträchtigende Problem nach Entdeckung der schweren Hörschädigung. Daß gelingende Kommunikation im Kleinkind bei allen, also auch bei hörenden Kindern einen hohen Anteil nonverbaler Kommunikationsmittel - Deiktik, Gestik, Mimik und auch Gebärden - impliziert, ist eine der gesicherten Erkenntnisse der Sprachentwicklungsforschung der letzten Jahrzehnte (vgl. bes. die Forschungsarbeiten von Jerome Bruner), und es liegt auf der Hand, dies bei Kindern, bei denen in der Anfangssituation der auditive Kanal eben tatsächlich völlig oder weitgehend ausfällt, verstärkt zu nutzen.

Gelingende Kommunikation trotz schwerer Hörschädigung ist nicht nur für die psycho-soziale Entwicklung wesentlich, sondern auch für den eigentlichen pädagogisch-therapeutischen Förderschwerpunkt: die Evozierung und Entwicklung potentieller Hörmöglichkeiten. In Verbindung damit sind die regelmäßigen interdisziplinären Fördersitzungen mit Früherziehern, Medizinern, Hörgeräteakustikern, Psychologen und Eltern eine conditio sine qua non.

HNO-Klinik - Hörgeräteakustiker
Diagnose - Pädaudiologie - Hörgeräteversorgung

⇕

Beratungs- und Früherziehungsangebot der
Hamburger Schulen für Schwerhörige und für Gehörlose

↓

Eingangsberatung:
Information, Orientierung und Diagnoseschockbewältigung

↕

Eingangsphase

Zielsetzung: Die Eingangphase soll es den Eltern ermöglichen, Erfahrungen mit den unterschiedlichen Förderangeboten zu machen und Entscheidungen über den weiteren Bildungs- und Förderweg zu treffen.

Schwerpunkt: Entwicklung und Förderung der Kommunikationsfähigkeit unter besonderer Beachtung des Hörenlernens und Einbeziehung lautsprachergänzender nonverbaler Kommunikationsmittel (Deiktik, Gestik, Mimik, Gebärden). Ziel ist die Aufrechterhaltung und Vertiefung der Kommunikationsfähigkeit.

Förderdiagnostische Organisation: Regelmäßig stattfindende interdisziplinäre - Früherzieher, Mediziner, Hörgeräte-Akustiker, Psychologen, Eltern - Fördersitzungen zur Feststellung des bisherigen Förderprozesses und Empfehlungen für das weitere Vorgehen

↓ ↓ ↓

Informationen über Früherziehungskonzepte und Schulperspektiven
Paralleles Angebot einer von der Gehörlosenschule organisierten bilingualen Frühförderung

Gehörlosen-Kita/Schule ↔ Schwerhörigen-Kita/Schule

Regel-Kitas und -Schulen

↓ ⇕ ↓

Früherziehung unter Einbeziehung von Gebärden/-Sprache ↔ Hörgerichtete Früherziehung

Die förderdiagnostische Organisation der Eingangsphase entspricht voll der Praxis der Hamburger hörgerichteten Frühförderung. Der wesentliche Unterschied liegt in einer stärkeren Betonung der kommunikativen Aspekte. Davon jedoch eine „Einschleusung von Gebärden in die Frühförderung" abzuleiten, ist unzutreffend, um so mehr, als die Eingangsphase definitionsgemäß über das Instrument der interdisziplinären Fördersitzungen möglichst schnell durch eine zumindest vorläufige Entscheidung über den einzuschlagenden früherzieherischen Weg abgelöst werden soll. Bei mindestens der Hälfte der Fälle bedarf es - wie schon erwähnt - ohnehin keiner förderdiagnostischen Diskussion.

Auch wenn die Eingangsphase in der konzipierten Form realisiert wäre, würde sich die große Mehrheit der hörenden Eltern plausiblerweise zunächst für den hörgerichteten Weg entscheiden und zwar auch dann, wenn die Angebote der Frühförderung an der Gehörlosenschule sich neu etabliert haben. Warum - so kann man zurecht fragen - wird dennoch eine Eingangsphase und des weiteren eine offene Wahl- und Wechselmöglichkeit in den verschiedenen Förderwegen für notwendig gehalten?

1. Nach Aussagen des Leiters der als vorbildhaft geltenden Friedberger Pädoaudiologischen Beratungsstelle Drach (im Schreiben an die STATT-Partei vom 14.06.1995, s.a.w.o.) reicht bei einem Drittel (!) der Kinder die Hörentwicklung nicht aus, um kommunikationstragend zu sein, und erfordert einen verstärkten Einsatz visueller Zeichensysteme und damit eine definitiv nicht hörgerichtete Vorgehensweise, und das heißt natürlich auch ein entsprechendes früherzieherisches Angebot.
2. Es wird immer wieder behauptet, daß nur der hörgerichtete Weg zu einer erfolgreichen Integration und insbesondere zu höheren Bildungs- und Berufsabschlüssen führe. Daß dies nicht zutrifft, zeigen vier exemplarisch ausgewählte Steckbriefe erfolgreicher Sozialisations- und Lebenswege hochbegabter gehörloser Menschen und die hinzugefügten Erläuterungen (s.w.o.).
3. Auf diesem Hintergrund wird verständlich, daß sich ein Teil der Eltern gehörloser und an Taubheit grenzend schwerhöriger Kinder bewußt für den bilingualen Weg entschieden hat. In Übereinstimmung mit internationalen Tendenzen hat sich in Deutschland der Elternverband der Gehörlosenschulen wiederholt und nachdrücklich zu einer solchen Zielsetzung bekannt. Diese Eltern haben in einem staatlich garantierten Bildungs- und Erziehungsangebot ein ebensolches Recht auf Realisierung ihrer diesbezüglichen Erwartungen, wie es die von dem hörgerichteten Ansatz Überzeugten auch tun.

Auf dem Hintergrund der jüngsten Auseinandersetzungen in der Hamburger Hörgeschädigtenszene erscheint der Vorschlag einer gemeinsamen Beratungs- und Früherziehungsarbeit hoffnungslos utopisch. In anderen Ländern scheint man mit der Akzeptanz verschiedener methodischer Wege unter einem Dach, zum Teil innerhalb von Klassenverbänden, weniger Probleme zu haben. Exemplarisch verweisen wir auf das Förderzentrum für Hörgeschädigte in Christchurch (Neuseeland - s. Bregenhorn 1995), das insofern als unverdächtiger Beleg angeführt werden kann, als dort die Integration von Hörgeschädigten bis in die Stammschule hinein in Umfang, Differenziertheit und Intensität verwirklicht ist, von der wir hierzulande nur träumen können. Methodisch bietet das Zentrum das ganze Spektrum der heute zur Verfügung stehenden Fördermöglichkeiten und -hilfsmittel an - neben selbstverständlichen pädoaudiologischen Maßnahmen aurale Therapie, gebärdenunterstütztes orales Vorgehen, aber auch Neuseeländische Gebärdensprache durch einen gehörlosen Sprachlehrer. Maßgebend für einen Einsatz sind weder der Ort der Beschulung - Hörgeschädigtenschule, Unit oder Regeleinrichtung - noch methodische Grundsatzentscheidungen, sondern die je individuellen Voraussetzungen und perspektivischen Möglichkeiten des hochgradig hörgeschädigten Kindes und vor allem der Wunsch der Eltern (!). In eine ähnliche Richtung weist der Entwurf eines diagnostischen Förder- und Zuordnungskonzeptes bezüglich hochgradig hörgeschädigter Kinder, die auditiv nur unzureichend oder gar nicht erreichbar erscheinen durch die Westberliner Gehörlosen- und Schwerhörigenschule, die Beratungsstelle für Hörbehinderte und den Britzer Integrationskindergarten (s. Abb. auf der übernächsten Seite).

Die Hamburger Ausbildung für Gehörlosen- und Schwerhörigenpädagogik hat daraus die Konsequenz gezogen, daß die zukünftigen Hörgeschädigtenlehrer sowohl die pädoaudiologischen, hörsprecherzieherischen wie gebärdensprachlichen Fördermöglichkeiten beherrschen und reflexiv variabel einsetzen können sollen. Aus diesem Grund wurde im Rahmen von strukturellen Reformüberlegungen am Institut für Behindertenpädagogik der Universität Hamburg unter meiner Federführung die Stellenwidmung der Professur für Schwerhörigenpädagogik neu definiert mit dem Schwerpunkt „Hör-Spracherziehung und pädagogisch-audiologische Grundlagen" und damit klar abgesetzt von der Professur für Gehörlosenpädagogik.

Sicher fällt es, gerade in Hamburg, schwer, von dem traditionellen Methodenstreit Abstand zu nehmen, die Entdeckungen des Hörens und der Gebärdensprache - so sagten wir bereits w.o. - bieten jedoch viel zu bedeutungsvolle Chancen für eine Verbesserung des Sozialisationsprozesses hochgradig hörgeschädigter

Kinder, als daß sie in einem ganzheitlichen Früherziehungskonzept, bei dem es nicht mehr um alternative Methodenentscheidungen, sondern um optimale individuelle Anpassung, Differenzierung und Offenheit für angezeigt erscheinende Änderungen in der Vorgehensweise geht, wechselseitig ignoriert werden könnten. Die Zeit scheint auch in Deutschland reif für einen Abschied vom Methodenkampf zugunsten einer allseitigen Nutzung der zur Verfügung stehenden Fördermittel und Wege mit dem Ziel einer bestmöglichen Förderung aller hörgeschädigten Kinder.

Ich möchte mit einer persönlichen Anmerkung schließen. Ich bin von Geburt an schwerhörig und zu einer Zeit geboren und aufgewachsen, als die Segnungen der heutigen Hörgeräte noch nicht zur Verfügung standen. Bei einer fünfzigprozentigen Schwerbehinderung war mein Lebensweg letztendlich erfolgreich, aber sehr, sehr schwer. Ohne die Hörgeräte hätte ich dies wohl kaum erreichen können. Deswegen ist es völlig selbstverständlich für mich, daß die Förderung des Hörens und seiner darauf aufbauenden lautsprachlichen Entwicklungsmöglichkeiten den Frühförderschwerpunkt auch bei hochgradiger Hörschädigung bilden muß, weil es den betreffenden Kindern erweiterte Lebenserfahrungschancen bietet. Aber vielleicht sind es die selbst erfahrenen psycho-sozialen Folgeprobleme, die mich sensibler für alternative Förderwege machen, um so mehr, als sie für einen Teil der hochgradig hörgeschädigten Kinder unumgänglich erscheinen.

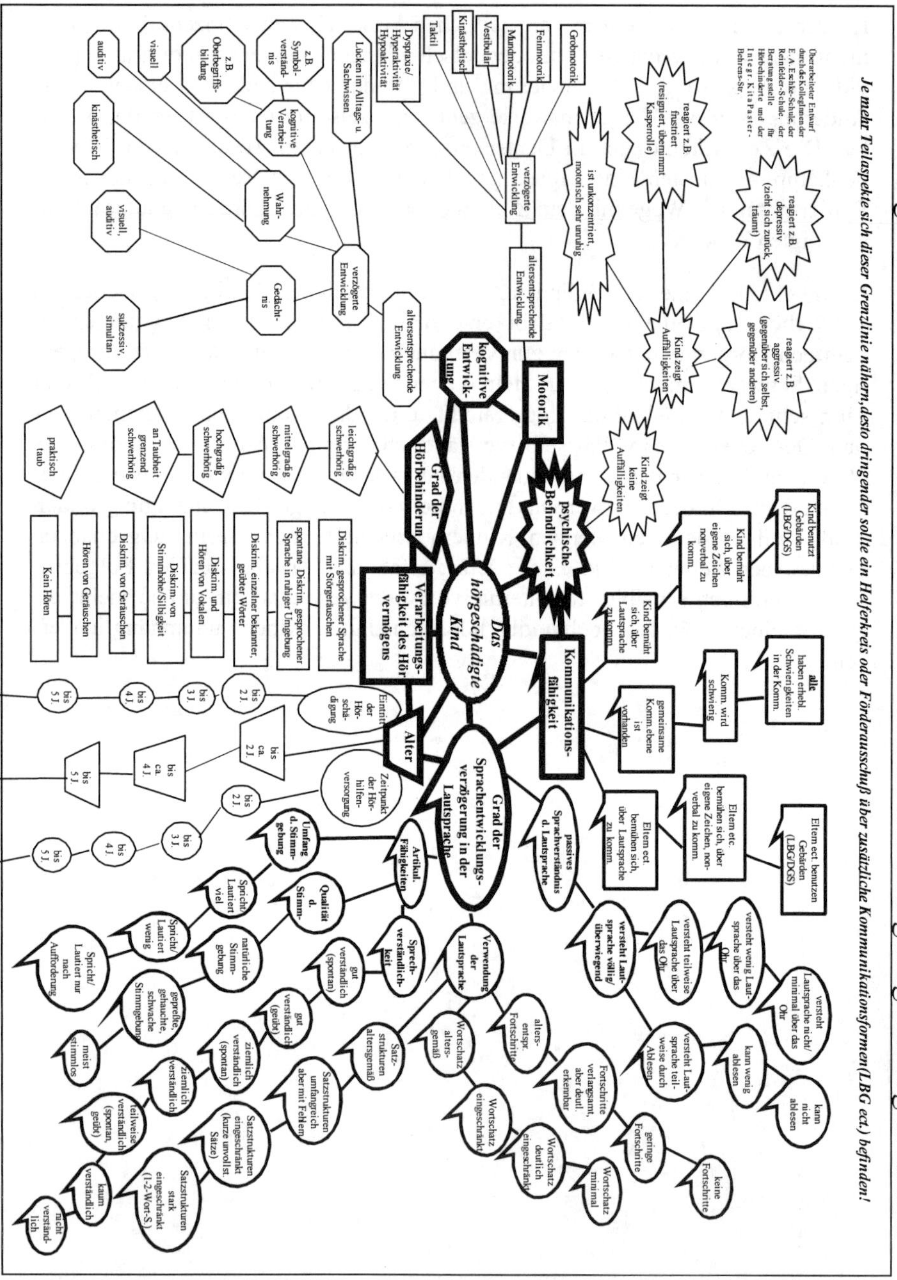

Entscheidungskriterien für die vorschulische und schulische Betreuung hörgeschädigter Kinder

Literatur:

Bölling-Bechinger, H. (1990): Frühförderung gehörloser und schwerhöriger Kinder aus psychologischer Sicht. In: Kröhnert, O. (Hg.), 151-166.

Braun, A. (1969): Hören als Lernproblem für resthörige Kinder im Vorschulalter und im Schulalter. Kettwig: Hörgeschädigte Kinder.

Bregenhorn, U. (1995): Konzeption und Praxis des Van Asch Colleges, Förderzentrum für Hörgeschädigte in Christchurch, Neuseeland, unter besonderer Berücksichtigung des Mainstreaming. Institut für Behindertenpädagogik der Universität Hamburg: Examensarbeit.

Bruner, J. (1979): Von der Kommunikation zur Sprache. In: Martens, K. (Hg.): Kindliche Kommunikation. Theoretische Perspektiven - empirische Analysen - methodologische Grundlagen. Frankfurt: stw, 9-60.

Bruner, J. (1979): Wie das Kind sprechen lernt. Bern u.a.w.: Huber.

Diller, G. (1990): Das Frühförderkonzept der Johannes-Vatter-Schule. In: Kröhnert, O. (Hg.), 228-257

Eltern AG Hörgerichtete Frühförderung in Hamburg (1996): Stellungnahme zu dem Papier der Universität Hamburg, FB 6, Prof. Dr. Günther. Ms., Hamburg

Frerichs, H.H. (1995): Die "Philosophie" der hörgerichteten Erziehung. In: Frerichs, H.H. & Neppert, J.M.H. (Hg.): Grundlagen und Modelle für den Hörgerichteten Spracherwerb. Neckar: Villingen-Schwenningen, 7-24.

Fries, S. (1993): Anmerkungen. In: forum 1, 11-12

Dies. (1995): Meine Vision von Gehörlosengemeinde: Sieben vorläufige Antworten auf sieben häufig gestellte Fragen. In: hörgeschädigte kinder 32, 149-150.

Günther, K.-B./George, E./Kammerer, E.-M. (1994): Stellungnahme zum Konzept "Frühförderung in Hamburg". In: dfgs forum 2, 20-33.

Günther, K.-B. (1995): Konzeption einer ganzheitlich-kommunikationsorientierten Frühförderung von Kindern mit schwerer Hörschädigung. In: Sprache - Stimme Gehör 19, 76-83.

Günther, K.-B. (1996): Ansätze für eine künftige Organisation der Hamburger Frühförderung hörgeschädigter Kinder: Erläuterungen zu Entstehungsgeschichte, Begründung und weiteren Diskussion des sogenannten Konsens-Papiers vom 2. Februar 1996. Ms. für die Fachkonferenz der Hamburger Schulbehörde am 26.2.96 (Universität Hamburg)

Kröhnert, O. (Hg. - 1990): Aufgaben und Probleme der Frühförderung gehörloser und schwerhöriger Kinder unter dem Aspekt der Begabungsentfaltung. Vaduz: Stiftung zur Förderung körperbehinderter Hochbegabter.

Laborit, E. (1995): Der Schrei der Möwe. Bergisch Gladbach: Lübbe-Bastei.

Mallet, H. (1996): Entgegnungsschreiben zu dem Papier von Prof. Dr. Günther (1996). Ms., Hamburg.

Schmid-Giovannini, S. (1996): Hören und Sprechen. Anleitung zur auditiv-verbalen Erziehung hörgeschädigter Kinder. Meggen: Internationales Beratungszentrum.

Senn,Victor A. (1995): Kurzbiographie und Cochli-Tagebuch. In: Stiftung zur Förderung körperbehinderter Hochbegabter (Hg.): Das Cochlear Implant, eine (neue) Möglichkeit der Begabungsentfaltung bei Hörgeschädigten? Vaduz: Stiftung..., 283-314.

Vogler, Ch. (1995): Mainstreaming - der bessere Weg? In: hörgeschädigte kinder 32, 89-94.

Vogler, Ch.. (1996): Eindrücke aus einem Studienjahr an der University of Pennsylvania in Philadelphia, USA. In: Das Zeichen 10, 12-17.

Vogler, Ch. (1996a): News from Philadelphia. In: hörgeschädigte kinder 33, 65-66.

Voit, H. (1995): Gehörlosigkeit - Produkt falscher Methoden. In: Das Zeichen 9, 44-46.

Voit, H. (1995a): Wo bleibt die freie Wahl für gehörlose Kleinkinder. In: Das Zeichen 9, 302-306.

Hannelore Hartmann

Die Elternrolle in der Frühförderung und in der Schule

1. Rollen

Von Kindheit an spielen wir immer wieder „Rollen"; einige von diesen suchen wir bewußt aus, andere werden uns zugedacht oder zugeschoben. Wenn wir eine bestimmte Rolle bekleiden, dann sind wir gleichzeitig gehalten, bestimmte Erwartungen zu erfüllen, die an diese Rolle geknüpft sind. Einige dieser eingeforderten Verhaltensmuster sind auch das Ergebnis der Sozialisation; sie werden einerseits von der Gesellschaft festgelegt und andererseits vom Rollenträger internalisiert.

Da wir in unserem Leben nicht nur eine „Rolle" spielen, kann es geschehen, daß unterschiedliche Rollen zu unterschiedlichen Rollenerwartungen führen, aus denen sich ein Rollenkonflikt ergeben kann.

Grenzen wir diese Überlegungen ein auf „Eltern hörgeschädigter Kinder", deren „Rolle" ich thematisieren soll. Zunächst einmal muß zumindest gestreift werden, daß die „Elternrolle" die bestenfalls zweite Rollenzuschreibung ist, welche Erwachsene auf sich nehmen, wenn sie ihr Single-Dasein gegen eine Partnerschaft eintauschen und dann zu Eltern werden. Eheliche Partnerschaft und Elternschaft sind aber gerade in unserer auf Erlebnis fixierten Zeit nicht mehr regelhaft ein Pendant. Hieraus kann sich eine ungleiche Verteilung der „Elternrolle" ergeben, so daß man eigentlich eine Trennung zwischen „Mutter-" und „Vaterrolle" vornehmen sollte.

Ich beschränke mich im folgenden auf den idealtypischen Fall der ehelichen Gemeinschaft, die durch ein Kind erweitert wird.

An die Rolle der „Ehe-Partner" werden Erwartungen der Anpassung und der Abstimmung gestellt; kommt ein Kind in diesen Verbund dazu, werden die Positionen, die Rollen - nunmehr als „Eltern" -, neu bestimmt. Die Aufmerksamkeiten müssen neu festgelegt und variiert werden; der Tag muß anders eingeteilt werden. Wenn die Mutter nicht berufstätig ist, so teilt sie ihren gesamten Tag neu ein; für den berufstätigen Vater ergibt sich die Notwendigkeit zur Umorientierung nach dem Arbeitstag.

Lesley Jones hat auf einer unserer Arbeitstagungen zur Beschreibung von familiären Beziehungsgeflechten Spektogramme vorgestellt, die sehr anschaulich machen können, wie die Positionen innerhalb der Beziehung im Wandel sein können.

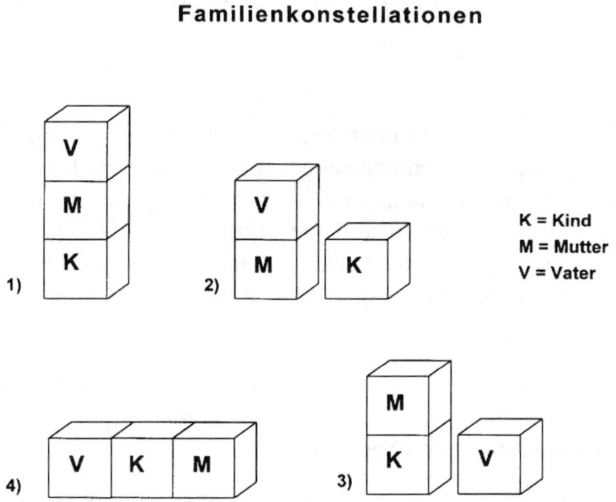

Spektogramme: Familienkonstellationen

Zunächst einmal ist die Elternschaft zu Anfang mit erheblichen Umorientierungen verbunden, denn nicht allen (Ehe-)Partnern fällt es leicht, sofort in die Elternrolle zu schlüpfen (siehe dazu die Spektogramme 1) und 2)). Insbesondere derjenige Ehepartner, der viel Zeit mit dem Kind verbringt, könnte dahin tendieren, sich phasenweise in größerer Nähe zu diesem Kind als zum Ehegatten zu befinden (vgl. Spektogramm 3)). Wenn der andere Partner diese zeitweilige Ferne des Partners nicht akzeptieren kann, so ist die Folge ein Rollenkonflikt für denjenigen Partner, der in der kindlichen Betreuung steht. Ein anders gearteter Konflikt ist denkbar, wenn der betreuende Partner vorher berufstätig war und diese Tätigkeit notgedrungen aufgegeben hat, seinem ehemaligen Status aber nachtrauert. Der Idealfall wäre der, daß beide Partner das kleine Familienmitglied gleichberechtigt in ihre Obhut nehmen (Spektogramm 4)).

So läßt sich die Triade Vater-Mutter-Kind in verschiedenen Konstellationen sehen (wobei ich durch horizontale Anordnung eine prinzipielle Gleichstellung der Personen, durch vertikale eine hierarchische Beziehung zwischen den Personen andeuten möchte):

Ein hörgeschädigtes Kind in der Familie zu haben, bedeutet eine weitere Umorientierung und Rollenmodifikation. Ein nichtbehindertes Kind bewirkt bereits enorme Veränderungen in dem Zweiergeflecht der Ehegatten; ein behindertes

Kind verlangt ein noch größeres Maß an Veränderung von den Erwachsenen, Partnern, Eltern. Ebenso verändern Geschwisterkinder das System „Familie" von neuem.

Ich möchte am Beispiel zweier Zeitabschnitte einige Beobachtungen zur Rolle der Eltern hörgeschädigter Kinder anführen, und zwar die Frühförderung und die Schulzeit. Meine These ist, daß die Eltern in der Zeit der Frühförderung einen Zugang zu ihrem hörgeschädigten Kind suchen und in der Schulzeit ihrem Kind den Weg aus dem Familienkreis hinaus zeigen.

2. Frühförderung

In der Interaktion mit ihrem Kleinkind stehen Eltern hörgeschädigter Kinder vor ganz besonderen Herausforderungen. Sie sehen sich mit der Frage konfrontiert, wie die Kommunikation mit ihrem hörgeschädigten Kind verlaufen kann, wenn es sie doch nur bruchstückhaft hört. Damit sind sie in einem elementaren Bereich des menschlichen Miteinander verunsichert und hilfsbedürftig. Sie brauchen Fachleute.

Betrachten wir wieder die Familie als Rollengeflecht. In die Triade Mutter-Vater-Kind, die in sich labil ist und dauernd in unterschiedliche Dyaden zerfällt, tritt von außen der Frühförderer ein. Von grundlegender Bedeutung ist zunächst einmal, ob der Frühförderer sich als Autorität oder als primus inter pares versteht.

Wenn wir Jones' Spektogramme zu Hilfe nehmen, so lassen sich einige Möglichkeiten der Konstellation zeigen:

In jedem Fall bedeutet die Gegenwart des Frühförderers (ob daheim oder in der Frühförderstelle) eine Störung des Systems Familie. Auf diese Störung können insbesondere die Eltern sehr unterschiedlich reagieren. Zum einen können sie sich gegen den Frühförderer verbünden und sich gemeinsam gegen ihn verteidigen (Spektogramm 1)). Zum anderen kann die Mutter sich mit dem Frühförderer solidarisieren; dies könnte insbesondere dann geschehen, wenn sie sich vom Partner in der Betreuung des Kindes allein gelassen fühlt (Spektogramm 2)). Denkbar ist auch, daß der Vater sich mit dem Frühförderer gemein macht, zum Beispiel, weil dieser sagt (oder sagen soll), „wo es langgeht" (Spektogramm 4)). Der Frühförderer könnte sich und die Eltern zur „Arbeit" an dem Kind anhalten, wobei das Kind zum Objekt der Aktivitäten wird (Spektogramm 3)). Der Idealfall wäre wiederum, daß Frühförderer, Eltern und Kind eine Kommunikations- und Beziehungsgemeinschaft bilden, in welcher die Bedürfnisse und Wünsche aller Mitglieder ernst genommen werden (Spektogramm 5)).

Der Frühförderer in der Familie

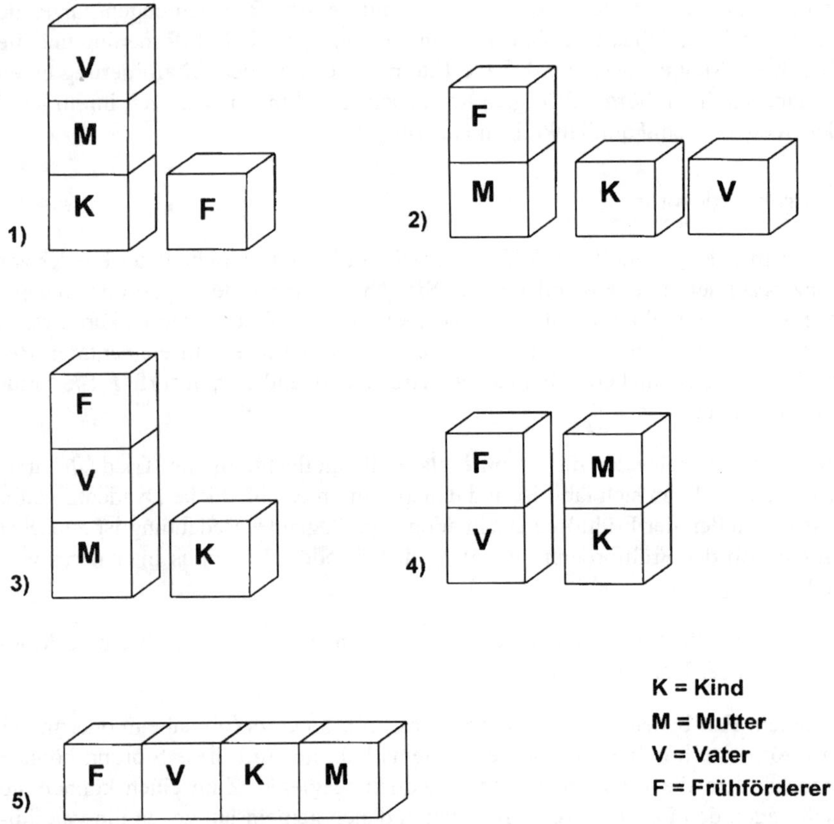

Spektogramme: Der Frühförderer in der Familie

Der professionelle Frühförderer, der die möglichen Rollenkonstellationen nicht erkennt, kann in der Tat mehr Schaden als Nutzen anrichten, wenn er unreflektiert das Kind „fördert“ und die Eltern „anleitet“, ohne zu beachten, was die Eltern wirklich brauchen, nämlich Hilfestellung dabei, ihre Rollen als „Eltern eines behinderten Kindes“ auszugestalten.

In der Vergangenheit ist die Beziehung zwischen den Fachleuten und den Eltern in der vorschulischen Phase der hörgeschädigten Kinder unter diesem Gesichtspunkt nicht hinreichend thematisiert und reflektiert worden (von Frühförderung mag man angesichts des desolaten Zustandes der Früherkennung hörgeschädigter Kinder zu Beginn der siebziger Jahre, als nach Erhebungen von Hartmann (15) die durchschnittliche Erkennung der Hörschädigung um das vierte Lebensjahr des Kindes erfolgte, gar nicht sprechen). In den siebziger Jahren wurde den Eltern noch allzu oft vorgeschrieben, was sie an Übungen mit dem Kind zu erledigen hätten. Genauer gesagt: Der Mutter wurde angegeben, wie sie mit dem Kind zu üben hätte; der Vater spielte keine nennenswerte Rolle. Er existiert eher am Rande. Weder wurde er in die Besprechungen eingeplant, noch wurden die Besprechungstermine zeitlich so gelegt, daß er Anteil haben und nehmen konnte.

Im Laufe der siebziger Jahre wurde diese Art Dirigismus abgelöst durch die Idee des „Ko-Therapeuten". Nunmehr sollte die Mutter nicht mit dem Kind „üben"; sie sollte sich in der „Arbeit" mit und an dem Kind dem Therapeuten gleichsetzen.

Diese Rollenzuschreibung hatte fatale Auswirkungen. Nicht nur war der Ehepartner nach wie vor nicht so recht im Blickwinkel. Die Mutter, welche die Hauptfürsorge für das hörgeschädigte Kind aufbrachte, wurde umfunktioniert. Statt ihrer Fürsorge und Umhegung war nun ein Hilfslehrerstatus die Rolle, die von ihr erwartet wurde. Dieser Druck wirkte sich auf die gesamte Familie in allen Bereichen des Alltags aus.

Das Modell des „Ko-Therapeuten" gilt mittlerweile als überholt. Es wurde abgelöst von einer Betrachtung der inneren Auseinandersetzung der Eltern mit der Behinderung ihres Kindes. Die Ankunft eines behinderten Kindes in die Familie wurde mit dem Gefühlszustand beim drohenden Verlust oder Verlust eines nahen Angehörigen oder des eigenen Wohlbefindens - bis hin zum Tod - verglichen, und man schlug ein Fünf-Stufen-Modell dieser Auseinandersetzung vor, welches von der Ablehnung und Trauer bis schließlich zur Akzeptanz des behinderten Kindes reichte.

Dieses Fünf-Stufen-Modell ist insofern problematisch, als es sozusagen eine Gesetzmäßigkeit in der Auseinandersetzung mit dem behinderten Kind annimmt, die jeweils von der Ablehnung und Auflehnung gegen die Behinderung des Kindes ausgeht und in eine Akzeptanz mündet. Nach meinen Beobachtungen auf vielen Veranstaltungen mit Eltern gehen Eltern durchaus unterschiedlich mit der Belastung durch ein behindertes Kind um. Leichter fällt ihnen die Einstellung auf das Kind, wenn sie mit Behinderung in der näheren oder weiteren Umgebung vertraut sind, wenn der Partner oder die Partnerin über ähnliche Vorerfahrungen verfügt, wenn beide Partner sich gegenseitig stützen und auch die Verwandtschaft sich der Familie zuwendet. Ein hoher Bildungsstand und Mittelschichtzugehörigkeit können einerseits erleichternd für die Bewältigung der Behinderung wirken, da größere Einsicht und Umsicht und finanzielle Ressourcen vorhanden sind; andererseits sehen sich gerade Mittelschicht-Familien hohen Leistungsnormen gegenüber, die gerade das behinderte Kind nicht erfüllen kann (Horstmann, 14).

Sarimski geht davon aus, daß die Behinderung des Kindes in der Tat zu Belastungen führt, die bei den Eltern auch zu Zukunftsängsten und zu Zweifeln an der eigenen Kompetenz führen können. Nach seiner vergleichenden Untersuchung ist die interaktionsbezogene Belastung in Familien mit unterschiedlich alten behinderten Kindern in allen Altersgruppen signifikant größer als die Belastung in Familien mit nichtbehinderten Kindern (159).

Eltern hörgeschädigter Kinder kennen diese dargestellten Belastungen in ihrem eigenen Alltag recht gut. Wenn die Interaktion mit ihrem Kind nicht gelingt, dann führt dies bei Eltern und Kind (und Geschwistern) zur Frustration. Sehr schnell wird deutlich, daß das hörgeschädigte Kind nicht einfach aufwächst und irgendwann zur Sprache und zum Sprechen kommt. Es braucht gezielte Hilfe, und diese Hilfe gibt der professionelle Frühförderer zunächst einmal den Eltern.

Allerdings erfahren die Eltern nun eine mehr oder weniger prononcierte Rollenzuschreibung als „Eltern hörgeschädigter Kinder“ von den Fachleuten, die in das Rehabilitationsgeschehen mit ihrem Kind eingreifen. Einige Fachleute vertreten immer noch - und einige schon wieder! - den Standpunkt, daß die elterliche Kommunikation mit dem hörgeschädigten Kind erst nach der Intervention durch den Fachmann oder aber nach Erlernen eines gänzlich neuen Kommunikationssystems (zum Beispiel Gebärden) möglich werden könne. Diese Rollenzuschreibung sorgt nicht zuletzt dafür, daß die Eltern ihrem Kind sprachlich-kommunikativ, aber auch emotional entfremdet werden. Dieser Rollenzuschreibung können Eltern sich heute glücklicherweise entgegensetzen, und sie tun es mit einigem Erfolg, indem sie sich mit anderen Eltern austauschen. Eltern und ihre Verbände können in jüngster Zeit in die Diskussion um Rollenerwartungen und Rollenzuschreibungen für Eltern hörgeschädigter Kinder mit Gewinn eingreifen und, ausgehend von ihrem Erfahrungs- und Dialogpotential mit anderen Eltern, angemessenere Rollenkonstellationen vorschlagen.

Für Eltern hörgeschädigter Kinder erscheint mir die Abkehr von der direktiven Rollenausübung, wie sie noch in den siebziger Jahren üblich war, besonders günstig. Nach Speck (122) ist an die Stelle der direktiven Entwicklungstherapie die Alltagspraxis getreten, an der sich erweist, was in der Familie im täglichen Leben realisiert werden kann. Fachleute, die sich mit kindlichen Hörschäden und ihren Auswirkungen auf den täglichen Umgang in der Familie auskennen, können die Aufmerksamkeit der Eltern darauf lenken, wie auch nichtbehinderte Kleinkinder sich im Wechselspiel mit den Erwachsenen verhalten, und in der Folge können die Eltern hörgeschädigter Kinder sich bewußt machen, wie sie in der Interaktion mit ihrem Kind dieses kommunikative Wechselspiel in Gang bringen und steuern können (vgl. Vater/Bondzio, 15-21).

Die Eltern werden - ich skizziere wieder den Idealfall - ermuntert und instand gesetzt, sich in die kommunikative Entwicklung ihres Kindes hineinzuversetzen. Sie betrachten die Welt zusammen mit dem Kind, aber nicht zuletzt mit den Augen des Kindes, und greifen sie handelnd auf. Über dieses gemeinsame Tun entwickelt sich die Interaktion, die Kommunikation (nach Bruner), und aus dieser Interaktion / Kommunikation entwickelt sich die Sprache.

In einer Untersuchung von Horsch / Weber, in welcher Ergebnisse aus Befragungen von Eltern gehörloser Kinder mit Ergebnissen von Eltern cochlea-implantierter Kinder verglichen wurden, wurde die interaktive Beziehung der Eltern gehörloser Kinder als „erhöhte Belastung" deutlich; Eltern von CI-Kindern fühlen sich dagegen „nicht belastet im Bereich der interaktiven Beziehung zu ihrem Kind" (50). Die Fähigkeit des Kindes, über das Ohr akustische Signale aufzunehmen, wird anscheinend von den Eltern als Erleichterung empfunden und erleichtert ihnen die Interaktion mit ihnen.

Für das hörgeschädigte Kind scheint es sinnvoll zu sein, wenn seine Eltern sich der Bedeutung des Hörens für die Erfassung und Orientierung in der Welt wieder bewußt werden. Wenn sie selbst eine (neue) Lauschhaltung entwickeln, so können sie ihrem hörgeschädigten Kind die Welt der Töne und Stimmen leichter nahebringen, als wenn sie sich selbst unreflektiert der Dauerbombardierung durch Lärm aussetzen und nicht wissen, was sie nervt. Sie können (nach Bruner) leichter stellvertretend für das Kind kommunizieren, wenn sie um die Bedeutung des Hörens innerhalb der Kommunikation wissen. So übernehmen sie im Gespräch vorerst nicht nur den Part des Kindes und sprechen für das Kind, was es sagen würde, wenn es sprechen könnte, oder ergänzen die Laute zu einer sprachlichen Mitteilung; sie übernehmen es auch, ihrem Kind die Welt akustisch präsent zu machen und zu sehen, wie das Kind mit diesem Erlebnis umgeht.

Diese Art Frühförderung hat nichts mit Dirigismus, aber viel mit Empathie und Perspektivenwechsel zu tun. Sie hat auch nichts mit Sprachtherapie zu tun. Diese Art Frühförderung bringt die Erwachsenen dazu, immer wieder darauf zu achten, wo das Kind jetzt in seiner Entwicklung steht und wie die kleine Persönlichkeit in ihrer Gesamtentwicklung vorankommt.

3. Schule

Alle wesentlichen Aktivitäten der Eltern in der Frühförderung ihres hörgeschädigten Kindes sind nach meinen Beobachtungen darauf gerichtet, den Zugang zum Kind zu sichern. In der Schulzeit wandelt sich die Elternrolle insofern, als das Kind einerseits zu einem Selbstkonzept erzogen werden soll, welches das Kind akzeptabel findet, andererseits aber auch den Weg aus der Familie heraus in eine neue Gruppe hinein beschreiten soll.

Dieses Bestreben, dem Kind einerseits ein größtmögliches Maß an Integration zu gewähren und andererseits die Entfaltung seines ureigenen Selbst in die Erziehung einzuplanen, kommt einem erzieherischen Spagat der Eltern gleich. Nicht zählen kann ich die sorgenvollen Überlegungen von Eltern, die mir auf Wochenendseminaren vorgetragen werden. Immer wieder stellen Eltern die Frage, wie sie in einer bestimmten Situation für ihr Kind entscheiden sollten, wie sie Weichen stellen sollten, obwohl sie im Prinzip sehr wohl wissen, daß sie gar nicht anders können, als in einer bestimmten Situation unter Abwägung des derzeitigen Pro und Kontra eine Entscheidung zu treffen. Sie fürchten sich vor Fehlentscheidungen und möchten Risiken abwägen und Fehler möglichst ausschließen.

Besonders belastend finden Eltern diese Verantwortung, wenn sie entscheiden müssen, ob ihr Kind eine Regelschule oder eine Schwerhörigenschule besuchen soll. Sie können nicht abschätzen, ob ihr Kind auch in zwei, drei Jahren noch gleichermaßen kommunikativ und belastbar sein wird, ob es in der Zukunft den Lernanforderungen gewachsen sein wird, ob es die Pubertät ohne große Seelenqualen durchlaufen wird. Am meisten Angst haben sie vor den Vorwürfen der Fachleute, die ihnen rückblickend vorhalten können, sie hätten „falsch" entschieden, ihre Elternrolle also nicht gut genug gespielt.

Die Schulzeit ist für die Eltern eine Zeit der Vorausschau. Sie blicken einerseits weit über den Schulalltag hinaus und avisieren das Erwachsenenalter. Am Ende der Grundschulzeit wissen fast alle Eltern hörgeschädigter Kinder bereits, daß die Schulzeit nur die Vorbereitung auf den „Ernstfall" ist, nämlich das Leben als Erwachsener mit einem Hörschaden in einer durchweg guthörenden Umgebung, zusammen mit guthörenden Arbeitskollegen und Freunden.

Vor diesem Hintergrund ist es nicht hilfreich, den Gedanken der „Integration" als Gegensatz zwischen der Schulzeit in der Regelschule oder in der Schule für Schwerhörige zu sehen. Integration kann sowohl in der Regelschule mißlingen als auch in der Schwerhörigenschule gelingen. Beide Schultypen sollten sich den folgenden Aufgaben widmen:

- der allgemeinen und der fachgebundenen Bildung;
- Entwicklung der sozialen Kompetenz (einschließlich der Fähigkeit zur Einordnung in die Gruppe);
- der Erhaltung der psychischen Gesundheit (dem Selbstbild des Betroffenen mitsamt seiner Hörbehinderung).

In jüngster Zeit ist es Mode geworden, von der Identität des Hörgeschädigten zu sprechen. Ich kann mich dieser Vorstellung nicht anschließen und möchte sie sogar zurückweisen. Eine Rollenzuschreibung, die von einer „Identität als Hörgeschädigter" ausgeht, nimmt eine Einengung der Persönlichkeit auf dieses Behinderungssyndrom vor. Dies mag in einzelnen Situationen, in welchen es um Rehabilitationsfragen (z.B. Hörgeräteversorgung) geht, praktikabel sein; zur Beschreibung einer Lebenssituation ist die Zuschreibung einer kollektiven „Identität als Hörgeschädigter" unangemessen.

Dies wird auch von einer zunehmenden Zahl von Betroffenen gesehen. Auf der Mitgliederversammlung der IFHOH im Jahr 1988 wurde der Vereinsname geändert von „International Federation of the Hard of Hearing" in „International Federation of Hard of Hearing People". Zur Begründung führten die Antragsteller aus, daß sie es ablehnten, sich als „Schwerhörige" zu definieren; sie seien „Personen mit einer Schwerhörigkeit". Der Antrag wurde einstimmig angenommen, und der Verband wurde umbenannt. Im Sommer 1996 nahm Dr. Mark Ross, ein amerikanischer Audiologe, selbst hochgradig schwerhörig, auf dem Internationalen Kongreß der Schwerhörigen zu der Frage einer „persönlichen und sozialen Identität von Schwerhörigen" Stellung. Sein Fazit war: „We have to acknowledge a condition and not an identity" und: „we are not an identity group, but an interest group" (nach Löwe, Spektrum Hören 5/96).

Erwachsene hörgeschädigte Arbeitnehmer sind in aller Regel von guthörenden Menschen umgeben. Sie auf dieses Leben in der Gemeinschaft vorzubereiten, ohne ihnen die Aufgabe ihrer individuellen Persönlichkeit inklusive ihrer Hörbehinderung abzuverlangen, ist die Aufgabe sowohl der Eltern als auch der Fachleute, die das Kind auf dem Weg in die Welt der Erwachsenen begleiten. Wird diese Vorbereitung nicht engagiert und mit Feingefühl für das einzelne Kind betrieben, so hat der junge Mensch später ein schweres Leben vor sich: Einsamkeit im Erwachsenenalter schneidet den Lebensmut ab. Der Pädagoge entläßt den schwerhörigen Schüler am Ende der Schulzeit aus seiner direkten Obhut. Vielleicht sieht er ihn nie wieder; dann wird er nie ein Feedback über seine erzieherischen und bildungsmäßigen Erfolge erhalten. Eltern dagegen begleiten ihr erwachsenes Kind in aller Regel auch durch das Erwachsenenleben. Sie erhalten folglich eher ein Feedback über das, was sie an Vorbereitung auf den Erwachsenen-Alltag ihres hörgeschädigten Kindes in die Wege geleitet haben.

Literatur

Hartmann, K. (1993): Zum Stand der Früherkennung und Frühförderung hörgeschädigter Kinder 1992. In: „Früh"erkennung? Memorandum zur Früherkennung und Frühförderung hörgeschädigter Kinder, 5-16

Horsch, U. / Weber, C. (1996): Untersuchungen zur Belastung von Eltern mit einem Kind mit Cochlear-Implant. Gedanken zu einer Elternarbeit im Wandel. In: Hörgeschädigtenpädagogik 3/1996, 36-53

Horstmann, T. (1990): Das chronisch kranke und behinderte Kind und seine Familie. In: Frühförderung interdisziplinär, 1/90, 12-18

Jones, L.G. (1988): Beziehungen und Behinderung: Wie Beziehungen sich ändern, wenn jemand eine Hörstörung hat. In: Bundesgemeinschaft der Eltern und Freunde schwerhöriger Kinder e.V. (Hrsg.): Der Schwerhörige und die Öffentlichkeit. Arbeitstagung 13. bis 15. Mai 1988 in Oberwesel. 24-32

Löwe, A. (1996): Fragen zur Erziehung und Bildung hörgeschädigter Kinder auf dem 5. Internationalen Kongreß der Schwerhörigen. In: Spektrum Hören 5/1996 (in Vorbereitung)

Sarimski, K. (1993): Belastung von Müttern behinderter Kleinkinder. In: Frühförderung interdisziplinär. 4/1993, 156-164

Speck, O. (1995): Wandel der Konzepte in der Frühförderung. In: Frühförderung interdisziplinär. 3/1995, 116-130

Vater, W. und Bondzio, M. (1983): Vom ersten Laut zum ersten Wort. Bonn

Agnes Hildmann

Ohrprobleme - Hörprobleme - Sprachprobleme bei Gaumenspaltkindern

Seit genau 20 Jahren bin ich im Fachgebiet Phoniatrie und Pädaudiologie tätig. Ich habe dieses Thema gewählt, weil es meiner Ansicht nach die Notwendigkeit der interdisziplinären Zusammenarbeit unterstreicht. Gerade bei diesen Kindern müssen die unterschiedlichen medizinischen Fachgebiete mit nichtmedizinischen Fachbereichen eng kooperieren. Die Kindergruppe mit Lippen-, Kiefer-Gaumenspalten, hat mich immer besonders berührt, beschäftigt und beunruhigt.

Berührt: Weil bei einem Kind mit Lippen-, Kiefer- Gaumenspalte stets viele Fragen gleichzeitig auftauchen.

1. Wie sieht mein Kind später aus?
2. Wie ernähre ich mein Kind?
3. Wie lernt es zu saugen, zu schlucken und zu sprechen?
4. Wie hört mein Kind?
5. Kann mein Kind später eine Regelschule besuchen?

Beschäftigt: Weil viele dieser Kinder vor 20 Jahren - auch mit isolierter Gaumenspalte - die Schwerhörigenschule besuchen mußten. Sie wurden fast alle mit Hörgeräten versorgt, für mich schon damals nicht einsehbar.

Beunruhigt: Weil auch heute noch viel zu wenig Wert, besonders von seiten der Ärzte und Therapeuten, aber auch der Eltern, auf regelmäßige Kontrollen der Hörfähigkeit gelegt wird. Dabei sind Erfahrungen wie:

Hörst du den Wind? - Hörst du den Regen? - Wo brummt die Fliege? - Hat Mama gerufen? - Klingt Mama böse?

so wichtig. Das Ohr ist das Tor zu unserer lauten und leisen Welt, zur Sprache, zur Entwicklung von Gedanken und der Entfaltung von Selbständigkeit und Wissen.

Ein Wort zur Hörentwicklung

Eine normale Schwangerschaft dauert 40 Wochen. Schon nach 12 Wochen ist ein Teil des äußeren Gehörganges angelegt. Voll entwickelt sind zu diesem Zeitpunkt das Mittelohr und die Hörschnecke. Die Hörschnecke (Cochlea) stellt den 1. Teil des nervalen Hörsystems dar. Ab der 26. Schwangerschaftswoche

„arbeitet“ das Ohr. Es nimmt Geräusche auf und leitet sie weiter. Der Reifungsprozeß des Hörsystems beginnt! (Nachprüfbar mit Bewegungsreaktionen auf akustische Reize im Ultraschall.) Die Hörreifung geht weiter über den Zeitpunkt der Geburt hinaus - besonders intensiv im 1.-2. Lebensjahr - bis etwa zur Mitte des 4. Lebensjahrs. Wie intensiv und harmonisch die Hörentwicklung verläuft, ist abhängig von akustischen Reizen, die aus der Umwelt kommen und störungsfrei weitergeleitet werden.

Zum Beispiel: Knarren des Bettchens, Spieluhr, Stimme von Mutter und Vater, Vaters Auto in der Einfahrt, Kühlschranktür oder die Frage: „Möchtest du ein Eis?“

Ein neugeborener Säugling kann aus seiner Hörerfahrung im Mutterleib die Stimme der Mutter von fremden Stimmen unterscheiden. Direkt nach der Geburt beobachten wir: es beruhigt sich die Atmung und der Herzschlag - der Säugling hört auf zu weinen.

Mit 2 Wochen	zeigt der Säugling mimische Veränderungen und Körperbewegungen.
Mit 12 Wochen	sehen wir bei Ansprache von einer Seite Augenbewegungen zu dieser Seite hin.
Mit 4-5 Monaten	dreht der Säugling den Kopf zur Schallquelle seitlich (rechts/links).
Mit 3 Jahren	findet das Kind problemlos die Geräuschquelle unter dem Tisch oder das Flugzeug am Himmel.

Diese Entwicklung beruht auf Lernprozessen, die im Gehirn stattfinden: „Lernen als Reaktion auf Dinge, die sich ereignen“! Dies gilt für alle 5 Sinne:

Reizaufnahme

Reizweiterleitung

Reizspeicherung

Reizwiedererkennung

Adäquates Handeln

Dazu Beispiele:

Für das Fühlen:	Mit den Beinchen an die Seitenwand des Bettchens stoßen, vertraut werden mit dem Bettchen, Grenzen entdecken.
Für das Sehen:	Sich bewegende Gegenstände sehen und verfolgen, zuwenden.

Für das Hören:	Geräusche (Stimmen) aufnehmen, lauschen und erkennen, wiedererkennen.
Für das Schmecken:	Ein Müsli dem anderen vorziehen (süß oder salzig).
Für das Riechen:	Genußvoll am Hals der Mutter liegen.

Jedes gesund geborene Kind besitzt zum Zeitpunkt seiner Geburt Grundfähigkeiten zu allen Sinnesfunktionen. Eine harmonische sensorische und sensomotorische Entwicklung, bei der alle Sinneswahrnehmungen geordnet, übergreifend miteinander genutzt werden können, ist abhängig vom ungestörten Zeitablauf dieser Entwicklung besonders phasenspezifisch.

Beispiel: Ein Säugling von 8-10 Monaten hört eine Rassel,
sucht und sieht sie,
möchte sie haben, streckt sich,
bewegt sich darauf zu, greift danach, zuerst mit einer,
dann mit 2 Händen,
schaut sie an, bewegt sie, um Geräusche zu erzeugen und
steckt sie in den Mund, brabbelt dabei.

D.h., dieses Kind, hört, sieht, greift, begreift ein Stück seiner Welt.

Was hat das nun mit dem Ohr des Gaumenspaltkindes zu tun?

Verfolgen wir den Verlauf des Schalls im Ohr:

Äußeres Ohr - Mittelohr - Innenohr - Hörbahn - Hörzentren.

Wir konzentrieren uns zunächst auf das äußere Ohr und das Mittelohr.

Gutes Hören setzt gleiche Druckverhältnisse im äußeren Gehörgang und im Mittelohr voraus (atmosphärischer Druck ist erforderlich um den Schalleitungsapparat auch bei kleiner Druckveränderung in Bewegung zu setzen). Nur so kann der Schalleitungsapparat seiner Verstärkungsfunktion (20-fache Verstärkung, großes Trommelfell - kleine Steigbügelfußplatte) nachkommen. Verantwortlich für den Druckausgleich im Mittelohr ist die Tube (Ohrtrompete - Eustachische Röhre). Öffnet sich die Tube beim Schlucken und Kauen, gelangt neue Luft ins Mittelohr. Beim Kind mit einer durchgehenden Gaumenspalte (auch des Gaumensegels) kann sich die Tube nicht öffnen. Der knorpelige, weichere Anteil der Tube wird nicht angehoben, weil die zuständigen beiden Muskeln, der Gaumenheber und Gaumenspanner (Musculus levator und der Musculus tensor veli palatini) keinen festen Halt haben. Sie ziehen sich beim Schlukken zusammen, bilden einen Wulst, der sich vor die Öffnung der Tube zum Nasen-/Rachenraum legt und den Eingang verlegt. Die Tube ist verschlossen, Luft kann beim Schluckakt nicht hinein gelangen . Es entsteht ein Unterdruck im Mittelohr, weil die Luft resorbiert wird. Die Schleimhaut bildet sich um, es entleert sich Flüssigkeit in die Mittelohrhöhle, die Gehörknöchelchen sind in der Beweglichkeit behindert.

Jetzt haben wir die Situation einer Schalleitungsstörung mit einer Schwerhörigkeit unterschiedlichen Ausmaßes (20-40 dBHL). Wie Sie alle wissen, wenn Sie jemanden rufen wollen der unter Wasser schwimmt, das gelingt nicht. Der Schall wird abgelenkt, nur wenig dringt durch. Für unser Kinderohr bedeutet das: es hört leiser. Das Kind muß sich deutlich mehr anstrengen, um alles mitzubekommen.

Wie sieht ein Hörverlust aus und was geschieht, wenn er länger als 3-4 Monate während der sensiblen Phase der Hörreifung und Sprachentwicklung andauert? Eine Vorstellung, wie leise sich die Umwelt bei einem Hörverlust von 20-30 dB anhört, erfahren Sie, wenn Sie sich z.B. bei den Nachrichten die Ohren fest zuhalten. Ein Kind mit diesem Störungsbild ist in seiner Kommunikationsfähigkeit behindert. Ein schwerhöriges Kind ist:

> früher hörmüde, weil Horchen und Lauschen anstrengend sind,
>
> es wird verhaltensauffällig, weil es nicht alles versteht und häufig nicht verstanden wird und
>
> es spricht nicht, später oder schlechter (weniger - undeutlicher) als andere Kinder, weil

Sprache auf allen Ebenen nur entwickelt werden kann, wenn der Säugling gut hört! Schlechter hören ist ebenso anstrengend wie schlechter sehen. Ein Kind, das keine Lust hat ein Bilderbuch anzuschauen oder beim Greifen von Spielsachen daneben faßt, fällt eher auf, als ein Kind das unaufmerksam ist beim Hören. Dies trifft besonders für das Kind mit Spaltbildung zu. Stammelfehler, Auslassen von Endsilben, Vernuscheln von Wörtern oder Wortteilen werden als Hörfehlleistung beim Spaltkind nicht bedacht, weil die Palatolalie, d.h. Störungen in der Artikulation - durch die veränderte Anatomie bedingt ist und vom Hörproblem ablenkt.

Es ist daher sehr schwer einzuordnen, ob sich sprechtechnische Probleme allein entwickeln, z.B. das offene Näseln von i und u, oder ob die schlecht oder gar nicht bildungsfähigen Gaumenlaute, wie g - k - ch - h, auch hörbedingt sind. Ein Kind, das schlechter hört, ist nicht motiviert zu reden. Es hat keine Freude am Lautieren oder Nachsprechen, es hat ja auch wenig Erfolge.

Sprachentwicklung ist abhängig von Hören und Sprechen.

Ein Kind spricht so wie es hört.

Kinder mit Gaumenspalten bedürfen unserer besonderen Aufmerksamkeit. 1 von 650 neugeborenen Kindern wird mit einer Spalte geboren. Davon leiden nach Münker:

60% der Spaltpatienten an einem Sero-Mukotympanon,

im Verhältnis zu 5% der Normalbevölkerung,

45% benötigen Paukenröhrchen

im Verhältnis zu 1,5 % der Normalbevölkerung und

6% Entwickeln ein Cholesteatom

im Verhältnis zu 0,2% der Normalbevölkerung.

Wir behandeln diese Kinder mit Paukenröhrchen, um die Belüftung von außen sicherzustellen. Wir gehen davon aus, daß diese Paukenröhrchen mindestens 1 Jahr lang verweilen, um den gestörten Tubenöffnungsmechanismus zu entlasten (zum Schwimmen gibt es Ohrschutzstöpsel). Unter Umständen müssen Röhrchen mehrfach eingelegt werden. Nach einem Schädelwachstumsschub, im Alter von 7-10 Jahren, verbessert sich die Tubenfunktion meist.

Trommelfellnarben und Verkalkungen sind unerheblich.

In 2% der Fälle werden persistierende Perforationen beschrieben.

Cholesteatome gehen mit Zerstörung des Knochens einher.

Hierdurch kann das Gleichgewichtsorgan, das Hörorgan und der Gesichtsnerv angegriffen werden.

In extremen Fällen kann es zu Hirnhautentzündungen kommen.

D.h. diese Patienten müssen frühzeitig operiert werden.

Wiederherstellungsoperationen sollen erst nach dem Wachstumsschub des Gesichtsschädels durchgeführt werden, etwa im Alter von 10-12 Jahren, dann ist auch mit chirurgischem Erfolg zu rechnen. Bei einigen Kindern wird trotz aller vorgeschlagenen Maßnahmen keine Hörverbesserung erzielt. In diesen Fällen ist eine frühzeitige häufig vorübergehende Hörgeräteversorgung notwendig. Als Beispiel möchte ich von einem kleinen Mädchen berichten, das wir im Alter von 4 ½ Jahren zuerst gesehen haben.

Das Kind hatte bis dahin 17x Paukenröhrchen erhalten.

Komplikationen mit Ohrenlaufen verhinderten eine Hörverbesserung.

Wir haben daher Hörgeräte angepaßt. Damit ging es aufwärts.

Heute besucht das Kind die Grundstufe einer Regelschule.

Der fachspezifische Spiegelbefund zeigt unauffällige Trommelfelle.

Das Audiogramm weist normale Hörschwellenkurven auf.

Dennoch kann es Hörprobleme geben.

Im Störschall (Lärm der Klasse - Scharren der Stuhlbeine - schlechte Stimmlage des Lehrers) hat das Kind Schwierigkeiten im Verstehen und in der Aufmerksamkeitshaltung. Durch eine anhaltend erschwerte akustische Aufnahme kann Hören als auditive Perzeptionsleistung in der Entwicklung gestört werden. Eine länger andauernde Deprivation kann zu zentralen Hörverarbeitungsstörung führen, die wir z.T. als auditive Teilleistungsstörungen definieren. Dies wiederum bringt Kinder in eine Außenseiterposition. Sie entwickeln einen Leidensdruck. Man muß Wege finden zur Verbesserung - oder wenn dies nicht möglich ist - zur Akzeptanz dieser Störungsbilder. Bei dem oben benannten Kind haben wir zur Verbesserung der Situation eine drahtlose Verstärkeranlage (FM-Anlage) angeboten. Der Lehrer trägt den Sender und das Kind den Empfänger über Kopfhörer wie beim Walkman. Wenn der Lehrer spricht, wird automatisch beim Schüler die Geräuschaufnahme aus der Umgebung reduziert wahrgenommen. Die Stimme des Lehrers klingt als sei sie am Ohr des Kindes.

„Zu diesen Maßnahmen muß nur der Lehrer bereit sein!"

Aus 20-jähriger Erfahrung und in fast 10-jähriger Zusammenarbeit mit Kieferchirurgen und Kieferorthopäden möchte ich dringend auf die Notwendigkeit einer begleitenden Hörbeobachtung hinweisen. In einer gemeinsamen Studie hat sich gezeigt, daß ein sehr früher Gaumensegelverschluß (6.-9. Lebensmonat) günstig ist für die Mittelohrsituation. Hierdurch kann die Belüftung des Ohres auf natürlichem Wege verbessert werden. Dies beugt den oben erwähnten Erkrankungen, den Paukenergüssen und Cholesteatombildungen vor. Dennoch bleibt eine Schwäche unterschiedlichen Ausmaßes bestehen. Es ist daher eine wichtige Aufgabe, diese Kinder engmaschig, d.h., im Zeitraum von 3-6 Monaten in den ersten 3 Lebensjahren zu untersuchen. Einmal um anhaltende Paukenergüsse zu beobachten, das Hörvermögen zu überprüfen und zum anderen die Sprachentwicklung zu verfolgen und nach Bedarf zu beeinflussen. Die Untersuchungen werden bei beratender Begleitung der Eltern durchgeführt.

Die Eltern sind ein Teil des Untersuchungssystems.

Wir beziehen die Eltern aktiv und passiv in unsere Maßnahmen ein.

Wir müssen uns auf die Angaben der Eltern verlassen und sie zu Beobachtungen anleiten.

Ein 1½-jähriges Kind ist schwerlich während eines Untersuchungsvorganges auf seine sprachliche Kompetenz festzulegen, wenn gleichzeitig Untersuchungstechniken im Raum stehen.

Hörprobleme beim Spaltkind gehören zu seiner „normalen" Entwicklung. Diese Hörprobleme sind gut zu beherrschen, wenn sie erkannt werden.

Ursula Horsch

Cochlear-implantierte Kinder entdecken die Welt des Hörens

Dem Stammbuch eines Pädagogen hinzugefügt.

Der Titel thematisiert - auf den ersten Blick, möchte ich einmal sagen - eine Binsenwahrheit: Hören kommt vor dem Sprechen.

Was ist denn eigentlich zuerst da, beim Kind, entwicklungspsychologisch gesehen? Manchmal kommt es mir so vor, als stelle sich hier die altbekannte Frage nach der Henne und dem Ei auf's Neue. Sicher werden Sie denken: Die Antwort liegt doch auf der Hand. Hören kann das Kind bereits im Mutterleib. In einer Reihe von Studien wurde nachgewiesen, daß Säuglinge auf die Stimmen ihrer Eltern nach der Geburt reagieren im Sinne von 'Damit-vertraut-Sein' oder gar von 'Wiedererkennen'. Ebenso wissen wir, daß bestimmte Musikstücke beruhigend auf das Ungeborene wirken.

Ich denke, wir müssen die Frage 'Hören können - sprechen können', grundlegender betrachten, um Zugang zu Vorstellungen des Spracherwerbs zu erhalten.

Von welchen aktuellen Grundannahmen im Sinne von Forschungsergebnissen geht die Sprachentwicklungspsychologie gegenwärtig aus? Und: Welchen Stellenwert haben diese für unsere Fragestellung und für unseren pädagogischen Alltag?

Die Frage, die sich grundlegend, quasi alle nachfolgenden Fragen überlagernd an uns richtet, ist die, die in der Angeboren-Erworben-Debatte immer wieder aufflackert. Es ist dies die Frage nach angeborenem und erworbenem Wissen, die immer wieder neu gestellt wird. Konsens herrscht, auch bei unterschiedlichen Erklärungsansätzen, in folgenden vier Grundannahmen (siehe Grimm 1995, 735):

1. Die Sprache ist humanspezifisch und hat eine biologische Basis.
2. Das Kind ist auf den Spracherwerbsprozeß vorbereitet, ein wichtiger Schlüssel für das Verständnis dieses Prozesses liegt demnach in der Zeit davor.
3. Inwieweit das Hören hier hineinspielt und dieses, ich nenne es einmal das Basislernen mitgestaltet, diese Frage werden wir nachher wieder aufgreifen.

4. Die dritte These kennen wir spätestens seit Kaspar Hauser, um nicht noch weiter zeitlich zurückzugehen. Sie lautet: Ohne eine sprachliche Umwelt ist der Erwerbsprozeß nicht möglich.
5. Die inneren Voraussetzungen des Kindes und die äußeren Umweltfaktoren müssen in optimaler Weise im Sinne einer gelungenen Passung zusammenwirken. Damit ist gemeint, daß der Spracherwerb des Kindes sich dann besonders harmonisch vollzieht, wenn das, was das Kind von sich aus mitbringt sowie das, was seine Umwelt ihm anbietet, in idealer Form zusammenwirken.

In diesen vier Thesen könnten Sie - sehr verkürzt zwar - die ersten Antworten von Sprachentwicklungspsychologen auf Fragen des Spracherwerbs wiederfinden (siehe dazu auch Grimm 1995). Wie gehen nun Pädagogen - Hörgeschädigtenpädagogen - mit einer solchen Frage um? Auch hier möchte ich nur einige ausgewählte Aussagen vor Augen und Ohren führen. Ich entnehme sie dem Stammbuch eines Pädagogen. Prof. Claußen aus Hamburg hat darin festgehalten:

Aus dem Stammbuch eines Pädagogen (Claußen 1991, 131 f.)

Zum lernenden Menschen

Der Mensch ist eine Ganzheit

Selbst der Ausspruch: „Zwischen den Ohren hängt immer ein Mensch!“ ist falsch, denn die Ohren sind ein nur unter der Vernichtung der Ohren und Veränderung des Menschen abtrennbarer Teil der Ganzheit. Daher - so Claußen - ist es auch nicht möglich, „reine Hörübungen zu veranstalten“. Geübt wird immer mit dem ganzen Menschen, der als Ganzheit eine Situation als ganze aufnimmt und verarbeitet.

Der Mensch ist lernfähig

Früher hat man versucht, etwa über den IQ, die Lernfähigkeit eines Menschen festzuschreiben. Bei Kleinkindern ist dies nie befriedigend gelungen. Heute weiß man, daß die Lernfähigkeit nicht ein statisches, sondern ein dynamisches System ist.

Der Mensch ist lernwillig

Die Lernwilligkeit läßt sich aus der biologischen Notwendigkeit erklären, denn nur durch Lernen kann der Mensch die notwendigen Fähigkeiten erwerben, die er benötigt, um sich in der Welt zu behaupten. Die Lernwilligkeit läßt sich pflegen, erhalten, entwickeln, aber auch verschütten.

Lernangebote müssen auf die individuelle Lernbereitschaft des Kindes ausgerichtet sein, wenn sie dauerhaftes und rasches Lernen bewirken sollen.

Zum Lerngegenstand: Hören / Sprechen

Wer Hören lehren will, muß wissen, wie Hören abläuft und was unter welchen Bedingungen hörbar ist. Wer sprachbezogenes Hören lehren will, der muß auch wissen, durch welche auditiv wahrnehmbaren sprachlichen und metasprachlichen Signale Inhalte verschlüsselt werden. Wer sprachbezogenes Hören lehren will, der muß auch über die Sprachentwicklung des Menschen informiert sein.

Zu den Rahmenbedingungen des Lernens und Lehrens

Zwischen Lernendem und Lehrendem besteht eine Beziehung, die unter anderem gesellschaftlich definiert ist. Das Verhalten des Lehrers wird von seinem Menschenbild bestimmt. Fragen an uns Pädagogen könnten folglich lauten:

Wie sieht unser Menschenbild aus?

> Wie sehen wir uns selbst?
>
> Wie sehen wir unsere Schüler?

Kein Mensch ist wie der andere.

Er will es auch nicht sein.

Und, so faßt Claußen seine Ausführungen zunächst zusammen:

Erfahrungen haben gezeigt, daß die Bewältigung des Lebens als Hörgeschädigter umso besser gelingt, je klarer eine bestehende Hörschädigung in die eigene Identität einbezogen wird.

Soweit einige handlungsleitende Gedanken aus dem Stammbuch eines Pädagogen. Vier Aussagen scheinen mir hieraus für die von uns aufgenommenen Gedanken von ganz zentraler Natur zu sein:

1. Unter dem Aspekt der Ganzheit ist es nicht möglich, „reine Hörübungen“ zu veranstalten. Der Mensch nimmt die ganze Situation als ein Ganzes auf und verarbeitet sie.
2. Wer Hören lehren will, muß wissen, wie und unter welchen Bedingungen der Mensch hören kann.
3. Wer sprachbezogenes Hören lehren will, der muß wissen, wie der Spracherwerb des Menschen sich vollzieht, oder kurz gesagt, wer das System Sprache vermitteln will, muß es kennen.
4. Zwischen Lehrer und Schüler besteht eine Beziehung, die sehr stark vom Menschenbild bestimmt ist, das mich als Pädagoge implizit oder explizit bestimmt.

Erlauben Sie mir zu dieser letzten 4. These einen kurzen Exkurs. Wir werden die darin aufgegriffenen Gedanken nicht weiter verfolgen können, obwohl sie mir im Hinblick auf die Situation von CI-Kindern erneut ganz aktuell und reflexionsbedürftig erscheinen.

Exkurs: Kleine Retrospektive zur Frage der Beziehung und des Menschenbildes

Für mich beinhaltet die Frage des Menschenbildes auch die Frage, wie sehe ich Behinderung, was ist für mich Behinderung und was ist für mich mein hörgeschädigter Schüler, mein Schüler, der ein Cochlear-Implant trägt?

Sie ist mir auch deshalb wichtig, weil wir in einer Studie, die wir mit gehörlosen und schwerhörigen Jugendlichen und Erwachsenen durchgeführt haben, Ergebnisse und Eindrücke bekommen haben, die uns sehr nachdenklich gestimmt haben.

Diese jungen Menschen haben uns in den Gesprächen, die wir mit ihnen geführt haben, ein Bild von ihrer Kindheit und Schulzeit entworfen, das uns tief betroffen gemacht hat. Ein Gefühl der Ablehnung, der Wut und Enttäuschung, der Trauer über erfahrene Verluste, und auch darüber, nicht so sein zu dürfen, wie man war, wurde unübersehbar und unüberhörbar geäußert. Es wurde zusammengefaßt in der Forderung, das gleichzeitig auch ein Statement zu ihrem Heute war und ist: Ich bin, wie ich bin!

Ich denke, daß wir dies nicht wollen, daß wir nicht wollen, daß unsere CI-Schüler, wenn sie später einmal zurückblicken, dies im Zorn tun. Wir wollen, so denke ich, daß sie die Bilder, die sie in sich tragen, aus ihrer Kindheit und

Schulzeit gerne betrachten, auch kritisch anzuschauen imstande sind, aber nicht voller Wut und Ablehnung sie aus ihrem Gedächtnis zu verbannen suchen.

Viele dieser negativen Erinnerungen, so die Befragten, hängen für sie mit dem, wie sie Hören- und Sprechen gelernt haben, zusammen, und auch mit den Erfahrungen, in ihrem individuellen So-Sein, nicht akzeptiert worden zu sein von den Eltern, von den Lehrern. Es stimmen solche Äußerungen gerade auf dem Hintergrund der Diskussionen, die sich um das Cochlear-Implant so kontrovers entwickelt haben und so kontrovers geführt werden, sehr nachdenklich. Ich fühle mich hier oft an Harlan Lane erinnert und frage mich, ob wir, die Pädagogen, nicht auch mit der Seele hören können sollten?

Gehen wir zurück zu unseren Thesen aus dem Stammbuch des Pädagogen und zu den Thesen der Sprachentwicklungspsychologie.

Thesen zur Sprachentwicklung (Grimm 1995)	Thesen der Hörgeschädigtenpädagogik (Claußen 1991)
- Die Sprache ist humanspezifisch; sie hat eine biologische Basis.	- Wer Hören lehren will, muß wissen, wie und unter welchen Bedingungen der Mensch hören lernen kann.
- Das Kind ist auf den Spracherwerbsprozeß vorbereitet, ein wichtiger Schlüssel zum Verständnis liegt demnach in der Zeit zuvor.	- Unter dem Aspekt der Ganzheit ist es nicht möglich, „reine Hörübungen“ zu veranstalten. Der Mensch nimmt die ganze Situation als ein Ganzes auf und verarbeitet sie so.
- Ohne eine sprachliche Umwelt ist der Erwerbsprozeß nicht möglich.	- Wer sprachbezogenes Hören lehren will, muß wissen, wie der Spracherwerb sich vollzieht.
- Die inneren Voraussetzungen des Kindes und die äußeren Umweltfaktoren müssen in optimaler Weise zusammenpassen	- Zwischen Kind und Erwachsenem, zwischen Mutter und Kind; zwischen Pädagogen und Schüler besteht eine besondere Form von Beziehung. Erziehung ist ohne Beziehung nicht möglich.

Ich möchte diesen Thesen nun weiter nachgehen und beginne mit dem Hörenlernen, der These 1 von Claußen. Werfen wir dazu zunächst einen Blick auf die Aussagen von Audiologen und Audiopädagogen, wie Norman Erber, Doreen Pollack und Herbert Ding, in denen sie Stufen des Hörenlernens beschreiben (Ding 1995, 23 f.). Allen Autoren ist gemeinsam, daß sie den auralen Weg in der

Erziehung hörgeschädigter Kinder suchen, und daß sie dabei verschiedene Stufen innerhalb des auditiv Wahrgenommenen unterscheiden.

Wir haben innerhalb eines von uns an der Pädagogischen Hochschule Heidelberg durchgeführten Projekts untersucht, ob und inwieweit die Wege cochlear-implantierter Kinder zu Beginn ihres Hören-Lern-Prozesses ebenfalls solche Stufen aufweisen. Wir haben dazu die Musik und das Bilderbuch des musikalischen Märchens „Peter und der Wolf" von S. Prokofjew und E. Voigt gewählt.

Die erste Stufe des Hörenlernens ist zunächst das Entdecken. Hierbei soll das cochlear-implantierte Kind lediglich erkennen, ob akustisch etwas geschieht oder nicht. Es folgt das Unterscheiden. Auf unser Beispiel von „Peter und der Wolf" bezogen, könnten diese Fähigkeiten so aussehen:

Die Kinder hören, daß Musik gespielt wird. Sie entdecken sozusagen den Peter. Sie entdecken ebenso den Wolf. Entdecken und Unterscheiden wären also die ersten beiden Wahrnehmungsstufen. Die beiden nachfolgenden wären Erkennen und Verstehen.

Die Kinder müßten also im Zuge ihres Lernens erkennen, daß die Musik von Peter anders ist als die des Wolfs. Sie müßten differenzierend feststellen, ob es sich um Peter oder um den Wolf handelt und entsprechend verstehend handeln; d.h. durch ihre Handlung zeigen, daß sie die Musik erkannt haben und diese zuordnen können.

Unsere CI-Kinder haben sich im Verlauf unserer Studie innerhalb ihres Hören-Lernen-Weges in etwa entsprechend den beschriebenen Stufen, den Stufen des Entdeckens, Unterscheidens, Erkennens und Verstehens, verhalten.

Im Hinblick auf unsere Fragestellung könnten wir deshalb festhalten: Auf dem Wege zum Hören zeigen unsere cochlear-implantierten Kinder: Hören-Können zeigt sich vor dem Sprechen-Können. Offensichtlich bereiten die Stufen des Hörenlernens den Boden vor für die gleichzeitig ablaufenden und die nachfolgenden Lernschritte, die den Spracherwerb bestimmen.

Dies könnte nun sehr leicht so verstanden werden, als bestünde ein linearer Zusammenhang vom Hören zum Sprechen in der auralen Entwicklung von CI-Kindern. So einfach ist es jedoch nicht.

Sicher ist mit der These 2 von Grimm mehr gemeint. Sie sei zur Erinnerung nochmals genannt: Das Kind ist auf den Spracherwerbsprozeß vorbereitet, ein wichtiger Schlüssel für das Verständnis dieses Prozesses liegt demnach in der

Zeit davor. Vorbereitet sein, das beinhaltet, daß das Kind zunächst grundlegende Schemata erwerben muß, die sich dann positiv konstruktiv auf seine Fähigkeit, Sprechen zu lernen, Sprache zu erwerben, auswirken. Es geht folglich darum, daß sich in der Zeit, bevor das Kind mit dem Sprechen beginnt, Strukturen basisbildender Art - Piaget (1969, 1975) würde von sensomotorischen Strukturen sprechen - entwickeln und koordinieren, die erst in ihrer Gesamtheit und den durch sie möglichen Leistungen des Säuglings und Kleinstkindes die Entwicklung voranbringen.

Ich erinnere hier nur an das Entwickeln der Objektpermanenz beim Kind dem Entstehen des Wissens um die Präsenz der Dinge, sowie an das Entstehen von Mittel-Zielhandlungen, also solchen Handlungen des Kindes, bei dem es ein Mittel oder einen Mittler benutzt, um sein Ziel zu erreichen, so z.B. auch seine Mutter, indem es deutend die Aufmerksamkeit der Mutter auf den Bär lenkt und ihr zu verstehen gibt, daß es ihn gerne haben möchte.

Zollinger (1991, 1995) spricht in diesem Zusammenhang vom Herstellen des referentiellen Bezugs und meint damit, daß das Kind zunächst lernt, in die gleiche Richtung wie die Mutter zu schauen, daß sie folglich beide gemeinsam auf ein Objekt blicken, mit dem sie zusammen etwas tun können, und über das die Mutter dann spricht. Im Zuge dieser Interaktionen lernt das Kind, diesen gemeinsamen Blickkontakt durch Eigeninitiative herzustellen und damit seiner Mutter eine Botschaft zu vermitteln, die - auf das Beispiel 'den Bär haben wollen' bezogen - heißen könnte: „Ich möchte den Bär haben, hole ihn mir doch bitte!“

Wir sehen, daß die These 2 von Grimm und die These 2 von Claußen irgendwie gut zusammenpassen. Hier noch einmal die beiden Thesen neben(nach)einander gestellt:

- Das Kind ist auf den Spracherwerbsprozeß vorbereitet, ein wichtiger Schlüssel zum Verständnis liegt demnach in der Zeit zuvor.
- Unter dem Aspekt der Ganzheit ist es nicht möglich, „reine Hörübungen“ zu veranstalten. Der Mensch nimmt die ganze Situation als ein Ganzes auf und verarbeitet sie so.

Hörenlernen ist ein Teilaspekt in dieser ganzheitlichen Sehweise. Was heißt das konkret auf unser Beispiel von Mutter und Kind bezogen? Hören, Verarbeiten und entsprechend Handeln - ist ein interaktionistischer Prozeß, der sowohl für die Mutter als auch für das Kind Gültigkeit hat und für alle Wahrnehmungsbereiche gilt. Er beginnt z.B., indem das Baby von der Mutter auf den Bär schaut und wieder zur Mutter zurück, und diese dies als Handlungsangebote, als Aufforderung für gemeinsame Interaktionen deutet und fragt: „Sollen wir das Bärenspiel machen, mit dem wilden, wilden Bär? Soll der Bär wieder buh-buh machen?“

Dies ist die Ganzheitlichkeit der Situation.

Aber nicht nur die der Situation!

Exkurs: Zur Ganzheitlichkeit

Ganzheit meint heute die Ganzheit des Wahrnehmenden, des Lernenden und nicht des Wahrgenommenen. Ich zitiere wieder Claußen (1995, 33):

„Für unsere Diskussion ist diese Änderung so zu interpretieren, daß der Lernende nicht nur ganzheitlich aufnimmt, sondern eine in soziale Situationen eingebundene, aktive, in sich geschlossene Person mit eigener Lernstrategie ist“ (Claußen 1995, 33).

Bezogen auf das Hörenlernen und insbesondere auf das Sprechenlernen erscheint diese Strategie aus unserer Sicht nicht sehr logisch: So nimmt sie z.B. Umwege in Kauf, es werden zunächst viel mehr Sprachlaute erworben, als für die zu erlernende Sprache notwendig ist, es wird mit Wortschöpfungen begonnen und syntaktischen Strukturen - wie Zwei-Wort-Sätze -, die denen der Sprache in der Mitwelt des Kindes nicht entsprechen.

Dennoch, so Claußen, ist die kleinkindliche Strategie offenbar weit effektiver als alle von Pädagogen mit hoher Intelligenz entwickelten Methoden. So stellt der Linguist Zimmer (1988, 21; in Claußen 1995, 33) fest:

„Der Spracherwerb läßt sich kaum beschleunigen oder verlangsamen, ist überhaupt so gut wie immun gegen erzieherische Anstrengungen oder Nachlässigkeiten. Großer pädagogischer Eifer scheint der Sprachentwicklung sogar schlecht zu bekommen. Entscheidend für den Spracherwerb scheint zu sein, daß das Kind viel Sprache hört und, wenn es selbst dann soweit ist, selbst viel spricht. Belehrungen helfen ihm nicht; sie halten ihn sogar auf. Tatsächlich schenken Kinder sprachlichen Belehrungen und Berichtigungen meist überhaupt keine Beachtung.“

Wieso sollen sich cochlear-implantierte Kleinkinder anders verhalten?

„Früher versuchten die Hörgeschädigtenpädagogen, Sprache zu vermitteln, indem sie hörgeschädigte Kinder die Syntax lehrten. Sie glaubten, der Sprachentwicklung gewissermaßen eine Gasse bahnen zu müssen, der sie dann folgen kann. Aus Gründen der Gerechtigkeit muß allerdings angemerkt werden, daß diese Sprachaufbaukonzepte für Erstkläßler konzipiert waren, die erst mit der Lautsprache konfrontiert wurden, als das übliche Alter für den Spracherwerb längst vergangen war. Heute, im Zeitalter der Früherziehung, kann die Vorstellung über den einzuschlagenden Weg in der Sprachanbahnung geradezu mit einem umgekehrten Bild beschrieben werden (Claußen 1995, 33).

Wir können davon ausgehen, daß auch das cochlear-implantierte Kind anhand der ihm innewohnenden Spracherwerbskompetenz Sprache erwirbt, so unvollkommen das zunächst auch geschehen mag. Wir erinnern uns hier an Chomsky, der in diesem Zusammenhang von einem LAD spricht, dem „Language-Acquisition-Device" (LAD), der humanspezifischen Fähigkeit des Menschen (siehe dazu auch These 1; Grimm).

Bruner (1987, 1990), einer der aktuellsten Spracherwerbspsychologen, würde nun sagen, daß dieses LAD nur funktioniert, wenn es auf ein LASS stößt. Er meint damit das „Language-Acquisition-Support-System" (LASS) (siehe These 2 und 3; Grimm). Dieses LASS ist nach Ansicht Bruners in der Umgebung, in der Mitwelt, würde Claußen sagen und insbesondere in der Person der Mutter zu suchen. Durch das Herstellen bestimmter, nahezu ritualisierter Handlungen, wie beispielsweise dem gemeinsamen Suchen eines bestimmten Gegenstandes - wir haben uns bereits für den Bär entschieden, mit dem gemeinsam etwas getan und über den dann auch gesprochen wird - entwickelt sich das Kind allmählich vom aktiven Zuschauer zum aktiven Gestalter.

Wichtig dabei ist, daß diese Interaktionen

- kontinuierlich, d.h. immer wieder und für das Kind zuverlässig, ab einem bestimmten Zeitpunkt dann von ihm erwartet, antizipiert, sozusagen voraussagbar, eben ritualisiert geschehen, sowie im Laufe der Entwicklung vom Kind selbst initiiert werden;
- ihren Platz im Leben von Mutter und Kind haben, am Tagesablauf orientiert sind, wie das gemeinsame Essen, das Spielen, das Baden usw., und somit nicht als etwas Fremdes, etwas Zusätzliches oder Künstliches, als etwas Aufgesetztes zwischen Mutter und Kind treten, wie das fälschlich oft behauptet wird, sondern selbstverständliche gemeinsame Aktivitäten dieser beiden sind, die sie gerne tun, die ihnen Spaß machen, die 'typisch' für sie sind und an die sich beide später einmal vielleicht gerne zurückerinnern.

Ich erinnere mich in diesem Zusammenhang an typische Mutter-Kind-Spiele, von denen mir Mütter berichtet haben, wie beispielsweise nachmittags gemeinsam auf dem Sofa zu sitzen, ein Bilderbuch anzuschauen und etwas zu trinken, die Mutter den Kaffee, das Kleinkind die Milch, oder dem Spiel: „Komm in Mamas Häusele“, einem Spiel während eines Spaziergangs, bei dem das Kleinkind in die aufgehaltenen Arme der Mutter läuft. Das Schöne an diesen Spielen innerhalb der gemeinsamen Aktivitäten ist, daß sie in einer bestimmten Lebensphase ein konstituierendes Element dieser Aktivität sind, deren Zeichen für Beginn und Ende, für Wiederaufnahme und Zu-Ende-Bringen beiden vertraut ist.

Bruner nennt diese gemeinsamen Interaktionen Formate. Sie schaffen dem Kind die äußeren Bedingungen, geben ihm Raum und halten ihm Platz für seine ihm eigene Entwicklung. In dieser ersten und sicher noch groben Beschreibung möchte ich Formate verstanden wissen und nicht im Sinne von solchen, den ganzen Tag andauernden Aktivitäten zwischen Mutter und Kind, in denen das Kind, wie es so schön heißt, ‘in Sprache gebadet’ wird, wo quasi eine Aktivität der anderen folgt. Dies sind für mich keine Formate!

Grundlegend ist folglich für Bruner die Vorstellung, daß vom Erwachsenen - bei Bruner ist es die Mutter - zunächst die Interaktionsangebote gemacht werden können und häufig auch gemacht werden, daß die Mutter, aber gleichzeitig auch sensibel und offen sein muß für das, was vom Kind ausgeht, für die Interaktionsangebote des Kindes, für seine Angebote zu kommunizieren. Bruner sagt, es muß ein williger Sprechpartner da sein, der grundsätzlich damit einverstanden ist, mit dem Kind zu verhandeln. Dieses Verhandeln hat wahrscheinlich am wenigsten mit Syntax zu tun, etwas mehr mit dem semantischen Bereich und sehr viel damit, Absichten deutlich zu machen (Bruner 1990, 200). In diesen Aussagen liegt für mich die Umkehrung des Bildes bezüglich der Vorstellung von Sprachanbahnung, von der Claußen oben sprach.

Diese Entwicklung beginnt mit dem Tag der Geburt. Sie ist der Schlüssel zum Verständnis für den Prozeß des Spracherwerbs. Die Thesen 3 und 4 von Claußen und Grimm stehen nach diesen Betrachtungen nicht mehr nebeneinander, sie zeigen vielmehr Vernetzungen.

Wenn wir nun einen theoretischen Schlußstrich ziehen, um zu betrachten, was unter diesem Strich stehen könnte, dann schauen uns vielleicht folgende Schlußsätze an:

> Cochlear-Implantierte Kinder entdecken die Welt des Hörens und Sprechens in vergleichbaren Schritten wie hörende Kinder dies tun.

Hörenlernen bildet dabei neben anderen Fähigkeiten die Basis zum Sprechenlernen.

Sprache wird nicht abstrakt erworben: Das Kind lernt von Anfang an, wie sie zu benutzen ist (Bruner 1990, 200).

Und: Warum sollte es bei cochlear-implantierten Kindern anders sein?

Dem Stammbuch eines Pädagogen wäre jetzt noch die Umsetzung dieser thesenartigen Gedanken in Möglichkeiten der beratenden Förderbegleitung durch den Pädagogen innerhalb des Systems Familie hinzuzufügen. Müssen wir diese Seite wirklich noch aufschlagen, oder sehen wir nicht den Weg, den diese dann gehen müßte? Lassen wir Claußen hier das abschließende Wort haben (1995, 33):

„Der Motor der Sprachentwicklung ist das Kommunikationsbedürfnis des Kindes! Der Pädagoge hat die Aufgabe, diesen Spracherwerb zu verstärken, indem er durch Zuwendung und für das Kind lustbetonte Interaktion zum intensiven Sprachgebrauch anregt."

Literatur

Bruner, J.S. (1987): Wie das Kind sprechen lernt. Bern

Bruner, J.S. (1990): Das Unbekannte denken. Stuttgart

Chomsky, N. (1969): Aspekte der Syntaxtheorie. Frankfurt

Claußen, H. (1991): Veränderungen im Bereich der Schwerhörigenschulen. In: Lehnhardt, E.; Bertram, B. (Hrsg.): Rehabilitation von Cochlear-Implant-Kindern. Berlin, Heidelberg, New York, 114-135

Claußen, H. (1995): Pädagogische Förderung bei hörgeschädigten Kindern. In: Stiftung zur Förderung körperbehinderter Hochbegabter (Hrsg.): Das Cochlear-Implant, eine (neue) Möglichkeit der Begabungsentfaltung bei Hörgeschädigten? Vaduz, Liechtenstein, 27-43

Ding, H. (1995): Aurale Rehabilitation Hörgeschädigter - Aller Anfang ist Hören. Heidelberg, New York

Grimm, H. (1995): Sprachentwicklung - allgemeintheoretisch und differentiell betrachtet. In: Oerter/Montada (Hrsg.): Entwicklungspsychologie. Weinheim, 705-757

Horsch, U. (Hrsg.) (1995): „Kann man Blumen wachsen hören?" Heidelberger Beiträge zur Gehörlosenbildung und Schwerhörigenbildung. Band 1. Heidelberg

Horsch, U.; Arndt, E. (1995) „Ich bin so wie ich bin!" Gehörlose Erwachsene im Interview. Untersuchungen zum Selbstbild. In: Horsch, U. (Hrsg.): „Kann man Blumen wachsen hören?" Heidelberg, 119-160

Jussen, H. (1977): Grundzüge eines interaktionalen Sprachausbaues beim Schwerhörigen. In: Sprache - Stimme - Gehör, 142-150

Papousek, H.; Papousek, M. (1987): Intuitive Parenting: A Dialectic Counterpart to the Infant's Integrative Competence. In: Osofsky (Ed.): Handbook of Infant Development. New York, 669-720

Papousek, M.; Papousek, H. (1989): Stimmliche Kommunikation im frühen Säuglingsalter als Wegbereiter der Sprachentwicklung. In: Keller, H. (Hrsg.): Handbuch der Kleinkindforschung. Berlin, 456-489

Papousek, M.; Papousek, H. (1991): Preverbal Vocal Communication from Zero to One: Preparing the Ground for Language Acquisition. In: Lanb, M.E.; Keller, H. (Eds.): Infant Development: Perspectives from German-Speaking-Countries. Hillsdale, 299-328

Piaget, J. (1965): Nachahmung, Spiel, Traum. Stuttgart

Piaget, J. (1975): Das Erwachen der Intelligenz beim Kinde. Stuttgart

Szagun, G. (1983): Sprachentwicklung beim Kind. Eine Einführung. München

Uden, van A. (1976): Eine Welt der Sprache für gehörlose Kinder. Muttersprachlich reflektierte Lautsprachmethode und psycholinguistische Erkenntnisse für die Gehörlosenbildung. Villingen

Zimmer, D.E. (1986): So kommt der Mensch zur Sprache. Über Spracherwerb, Sprachentstehung und Sprache und Denken. Zürich

Zollinger, B. (1991): Spracherwerbsstörungen. Bern

Zollinger, B. (1994): Spracherwerbsstörungen. Grundlagen zur Früherfassung und Frühtherapie. Bern

Zollinger, B. (1996): Die Entdeckung der Sprache. Bern

Dirk Jacobs

Integrative Betreuung durch die Schwerhörigenschule: bedarfsorientiert statt angebotsorientiert

Vorschlag für einen effektiven Einsatz von Ressourcen -

Nach den Vorstellungen des neuen Schulgesetzentwurfes wird es in den nächsten Jahren in Hamburg zu einer verstärkten Aufnahme behinderter und damit auch hörbehinderter Kinder in Regelschulen und folgerichtig zur Ausweitung der Integrativen Betreuung durch die Schwerhörigenschule kommen.

Eine möglichst effektive und die knappen personellen Ressourcen optimal nutzende Organisation der Integrativen Betreuung wird daher notwendig, um hörbehinderten Schülern auf Dauer eine faire Bildungschance in einer veränderten Schullandschaft im Regelschulbereich zu sichern.

1. Die Situation in Hamburg heute

Integrative Betreuung von hörbehinderten Kindern in Regelschulen wird seit einigen Jahren von den Kollegen der Schwerhörigenschule als ambulante Hilfe für die Klassen- und Fachlehrer an Regelschulen, für die hörbehinderten Schüler und als Beratung für die Eltern dieser Kinder angeboten.

Organisiert wurde und wird diese Hilfe im Regelfall durch das Angebot wöchentlicher Besuchstermine in den Regelschulen im gesamten Hamburger Stadtgebiet während der Unterrichtszeit des hörbehinderten Kindes sowie - bei Bedarf - auch durch Teilnahme an Klassen- bzw Zeugniskonferenzen, Elternsprechtagen und anderen Veranstaltungen der Regelschule.

2. Schwierigkeiten bei einer angebotsorientierten Hilfe

Durch das Angebot eines Stundeneinsatz von in der Regel 2 Lehrerwochenstunden (LWStd) pro Kind, die für mindestens jeweils ein halbes Schuljahr im voraus festgelegt werden, entstehen systembedingt eine ganze Reihe von Schwierigkeiten, die sich negativ auf die Effizienz und die Leistungsbilanz der eingesetzten hohen personellen Ressourcen auswirken:

- Jede Woche entstehen erhebliche Arbeitszeiten von Sonderschulpädagogen durch unproduktive Fahrtzeiten mit dem eigenen PKW auf dem Weg von und zu den Regelschulen im gesamten Hamburger Stadtgebiet. Diese Fahrtzeiten sind in einer ganzen Reihe von Betreuungsfällen oft deutlich länger als die effektive Betreuungszeit vor Ort. Die Kollegen in den Regelschulen sehen sich nach einem anfänglichen Informationsbedürfnis oft nicht in der Lage, die angebotene methodische Hilfe der Integrativen Betreuung regelmäßig gewinnbringend für den hörbehinderten Schüler in ihr Unterrichtskonzept zu integrieren und weichen dann häufig auf Vorschläge zur Förderung in Einzelarbeit mit dem hörbehinderten Kind aus. Sie fühlen sich zunehmend (und oft zu Recht) zeitlich überfordert, wöchentlich Zeiten für Gespräche mit dem Sonderpädagogen anzubieten oder das Angebot an Beratung zu organisieren und so zu koordinieren, daß auch die anderen in der Klasse unterrichtenden Fachlehrer davon profitieren könnten.

Dies gilt besonders dann, wenn es nach anfänglichen Schwierigkeiten bei guter Integration des Schülers und guten Schulleistungen keinen oder nur noch wenig aktuellen Beratungsbedarf (mehr) gibt.

- Die für das hörbehinderte Kind eingesetzte Gesamtunterrichtszeit von Regelschullehrer plus Sonderpädagoge entspricht bei zusätzlicher, regelmäßig 2 LWStd umfassender Integrativer Betreuung fast einer Verdoppelung der Schüler-Lehrer-Relation für das hörbehinderte Kind gegenüber dem normalen Ansatz für einen Regelschüler, ohne daß es dadurch für den geförderten Schüler auch nur annähernd zu einer adäquaten (d.h. verdoppelten) qualitativen und dauerhaften Verbesserung des Unterrichtsangebotes kommt.
- Bei Krankheit des hörbehinderten Schülers, bei Klassenfahrten, Sportfesten, Projektwochen, Schulfesten und ähnlichen Veranstaltungen einer Regelschulklasse fällt für den betreuenden Sonderpädagogen die Möglichkeit zur Integrativen Betreuung aus, und die fest eingeplanten LWStd müssen in aller Regel als nicht für andere Aufgaben nutzbare (bezahlte) Freistunden verbucht werden, da eine kurzfristige Umorganisation wegen der Vielzahl der beteiligten Personen und Stundenpläne, der unterschiedlichen Pausenordnungen sowie der langen Wegstrecken zwischen den Schulen nur in wenigen Ausnahmefällen möglich ist.
- Durch die häufig langen Fahrtwege zwischen der Stammschule und den Regelschulen entstehen außer der Fahrtzeit zusätzlich beachtliche Kilometergelder, die den Behördenetat belasten.
- Durch unterschiedliche Pausenordnungen der betreuten Schulen entstehen für den Sonderpädagogen oft nicht unerhebliche Wartezeiten zwi-

schen den einzelnen Betreuungsstunden oder Besprechungsterminen, die als „Springstunden“ in der Regel nicht für eine sinnvolle Arbeit genutzt werden können.

- Durch terminbedingte Organisationsplanung zu Schuljahrsbeginn kommt es in den Regelschulen häufiger vor, daß hörbehinderte Schüler bei Einschulung, Klassenwechsel oder Schulwechsel einer Klasse zugeteilt wurden, deren Klassen- und Fachlehrer von der Behinderung des neuen Schülers und der bereits über die Schulleitungen vor Beginn des Schuljahres abgesprochenen Integrativen Betreuung nicht informiert waren und die von sich aus zunächst auch kein Bedürfnis nach Hilfe durch einen Sonderpädagogen aus der Schwerhörigenschule geäußert hatten.

  In solchen Fällen ist erwartungsgemäß die Akzeptanz und Effektivität einer Integrativen Betreuung häufig nicht sehr hoch, und die regelmäßige Anwesenheit des Sonderpädagogen wird zum Teil sogar (berechtigterweise) als zusätzliche Belastung von den Kollegen der Regelschule empfunden.

- Insbesondere in Schulen mit Integrationsklassen oder Integrativen Regelklassen werden die dort beschäftigten Sonderpädagogen und Sozialpädagogen/Erzieher häufig nicht nach ihren eigenen Fördermöglichkeiten bzw ihrem Bedarf an fachpädagogischer Hilfe für das neue hörbehinderte Kind gefragt, was in der Folge häufig die Kooperation mit dem Kollegen der Schwerhörigenschule erschwert, zeitweilig zu parallelen Förderansätzen führt und die Effektivität der Integrativen Betreuung insgesamt beeinträchtigt.

- In keinem einzigen Fall konnte bisher erreicht oder sichergestellt werden, daß auch der Klassenlehrer der Regelschule für die zusätzlich notwendigen Abstimmungen und regelmäßigen Beratungsgespräche mit dem Kollegen der Integrativen Betreuung eine angemessene Unterrichtsentlastung für die Dauer der Fördermaßnahme erhielt. Die Bereitschaft der Kollegen aus der Regelschule für zeitintensive informierende Gespräche und die Entwicklung und Realisierung von didaktischen Konzepten zur Berücksichtigung des erhöhten sonderpädagogischen Förderungsbedarfes eines hörbehinderten Kindes hielt sich daher auch häufig mit Ausnahme einer Anfangsphase berechtigterweise in Grenzen.

- Immer wieder kommt es durch fehlende oder zu späte Mitteilungen aus den Regelschulen an den betreuenden Kollegen der Integrativen Betreuung etwa über Krankheit oder Abwesenheit eines betreuten Schülers, einen krankheitsbedingten Ausfall der Klassenlehrer oder durch plötzliche

Änderungen im Stundenplan der betreuten Klasse zu unnötigen und oft langwierigen Anfahrtzeiten zu den Regelschulen.

Häufig ist auch der Kollege der Integrativen Betreuung bei sehr kurzfristig auftretenden Veränderungen im Stundenplan der betreuten Schüler gar nicht mehr telefonisch zu erreichen, da er sich bereits auf seiner Rundfahrt zwischen den einzelnen Schulen befindet.

3. Vorteile einer bedarfsorientierten Organisationsform

Viele der aufgeführten und erklärbaren Schwachstellen würden sich vermeiden bzw. deutlich verringern lassen, wenn die Organisation der Integrativen Betreuung für hörbehinderte Kinder umgestellt würde

- von einer bisher angebotsorientierten, regelmäßigen, am Stundenplan des Schülers orientierten wöchentlichen Betreuung
- auf eine bedarfsorientierte, zeitlich begrenzte, am jeweils aktuellen Problem orientierte Hilfe.

Bei einer bedarfsorientierten Integrativen Betreuung könnten die Sonderpädagogen mit einem gewissen Stundenkontingent aus dem Stundenplan der Sonderschule herausgelöst werden und erhielten den Auftrag, auf Bitten der Klassenlehrer an Regelschulen bzw der Eltern der hörbehinderten Schüler innerhalb sehr kurzer Zeit Termine für Hospitationen, Beratungen, Demonstrationen etc. zu verabreden und diese Hilfe dann fallorientiert so lange - ggf. auch massiert in größeren Zeitblöcken - einzusetzen, wie es die aktuelle Schwierigkeit des hörbehinderten Kindes sachlich erfordert und die Regelschule gleichzeitig diese Hilfe in ihren Unterricht integrieren und pädagogisch umsetzen kann.

Zu all den Zeiten, in denen die Beratung nicht ausdrücklich von den Regelschulen angefordert wird, könnten die Kollegen der Integrativen Betreuung in ihrer Stammschule beispielsweise für Vertretungsunterricht und andere Sonderaufgaben zur Verfügung stehen.

Gegenüber der bisher üblichen mehr angebotsorientierten Zuteilung von 2 Lehrerwochenstunden pro Kind pro Schulhalbjahr und dem Auftrag, diese Unterrichtsstunden in der Regel für eine wöchentliche Betreuung und Beratung einzusetzen, hätte eine im Grundsatz an den Wünschen und Bedürfnissen der Klassen- und Fachlehrer, des Schülers und seiner Eltern und am aktuellen Problem orientierte, schwerpunktartige und zeitlich begrenzte bedarfsorientierte Integrative Betreuung deutliche Vorteile:

- Die Akzeptanz der angebotenen Hilfe wäre von vornherein sichergestellt, wenn der Wunsch nach aktueller Beratung von der Regelschule ausgehen würde, und mit einem adäquaten Zeiteinsatz auch von Seiten der Klassen- bzw. Fachlehrer der Regelschule zur Lösung aktueller schulischer Probleme des hörbehinderten Schülers wäre sicher zu rechnen.
- Durch einen konzentrierten Zeiteinsatz der Integrativen Betreuung für Beratung, Diagnose des sonderpädagogischen Förderungsbedarfes, Entwicklung didaktisch-methodischer Unterrichtskonzepte zur möglichst weitgehenden Kompensation der Hörbehinderung und zur Einweisung in technische Geräte wie Hörgerät und FM-Anlagen würden sehr viel weniger häufig unproduktive und teure Fahrtzeiten und -kosten entstehen als bei regelmäßigen wöchentlichen Visiten.
- Das Problem der ungeplanten Freistunden durch unterschiedliche Pausenordnungen und Stundenpläne, der unnötigen Anfahrten bei Fehlen des Schülers mit unproduktivem Leerlauf teurer LWStd würde sich bei bedarfsorientierter Hilfe stark reduzieren oder ganz wegfallen.
- Bei geringer werdender Nachfrage der Regelschulen nach Integrativer Betreuung für einen hörbehinderten Schüler im Verlauf des Schuljahres, die aus der bisherigen Erfahrung spätestens im zweiten Schulhalbjahr eintritt, stünden die LWStd wieder in größerem Umfang der Stammschule zur Verfügung, wobei vordringlich die Bearbeitung weiterer Beratungsfälle oder auch Vertretungsunterricht für krankheitsbedingten Unterrichtsausfall, Förderunterricht, die Betreuung von Sammlungen oder die Bearbeitung zeitlich nicht eng terminierter außerunterrichtlicher Projekte übernommen werden könnten.

4. Zusammenfassung

Die derzeitige Organisationsform der Integrativen Betreuung der Schwerhörigenschule weist in der Praxis eine Reihe von Schwachstellen auf, die sich bei genauer Analyse daraus ergeben, daß die angebotene Hilfe für schwerhörige Schüler an Regelschulen für jeweils ein Schulhalbjahr im voraus in Lehrerwochenstunden geplant und in der Regel als wöchentliche Besuchszeit als Angebot für die Regelschulen organisiert wird.

Hierdurch entstehen neben Überkapazitäten auch mangelnde Akzeptanz bei den Regelschulen und überflüssige Fahrtzeiten und -kosten.

Eine Umstellung der Organisationsform auf eine bedarfsorientierte, sich auf die aktuellen Betreuungs- und Beratungswünsche der Regelschule einstellende Integrative Betreuung, die nur auf Bitten der Klassenlehrer bzw der Eltern der behinderten Schüler fallweise und problemorientiert tätig wird, verspricht eine ganze Reihe von Vorteilen, die besonders in einer gesteigerten Effektivität des sehr kostenintensiven Personaleinsatzes liegen.

Eine Minderung der Qualität der Hilfe für hörgeschädigte Kinder an Regelschulen wäre mit einer solchen Umstellung der Integrativen Betreuung erkennbar nicht verbunden.

Thomas Kaul

Absehen und Möglichkeiten der mediengestützten Förderung

Einleitung

Für Menschen, die erst im Alter eine Schwerhörigkeit erwerben oder ihr Gehör in diesem Lebensabschnitt vollständig verlieren, beschränkt sich diese Beeinträchtigung nicht nur auf ein medizinisch beschreibbares Phänomen in Form eines definierbaren Hörverlustes, sondern aus der Einschränkung des Hörvermögens oder aus dessen vollständigem Verlust resultiert oftmals eine schwere kommunikative und psycho-soziale Beeinträchtigung (vgl. Richtberg 1980).

Die Verschreibung und Anpassung eines Hörgerätes stellt zwar eine wichtige Voraussetzung im Rehabilitationsprozeß dar, aber selbst eine optimal abgestimmte Hörhilfe ermöglicht keine dem normalen Hörvermögen vergleichbare Ausgangssituation. Drei Bereiche sollen hier exemplarisch für die kommunikative Dimension angeführt werden:

- Die durch das Hörgerät vermittelten Schalleindrücke unterscheiden sich oftmals deutlich von den bisherigen Hörerfahrungen. Hören muß neu gelernt werden.
- Die visuelle Komponente im Verständigungsprozeß gewinnt eine sehr wichtige Funktion. Das Absehen gesprochener Sprache vom Mund stellt ein bedeutsames unterstützendes Medium im Prozeß der Kommunikation dar, ohne dessen Einbezug Verständigung oftmals überhaupt nicht möglich ist (vgl. Kaplan u.a. 1987)
- Die kommunikativen Rahmenbedingungen vieler Gesprächssituationen sind für hörgeschädigte Menschen mit vielen Problemen behaftet: z. B. erschweren unterschiedliche Lichtverhältnisse den Ableseprozeß, Umweltgeräusche stören die lautsprachliche Verständigung, oder Gesprächspartner halten keinen Blickkontakt. Hier müssen Hörbehinderte selbständig und konstruktiv die Ausgangslage zu ihren Gunsten verändern, um kommunikativ an der Situation teilnehmen zu können. Es müssen zur Gestaltung dieser Gesprächssituationen Hör- und Kommunikationstaktiken eingesetzt werden, die dem nichtbehinderten Gesprächspartner die Problematik verdeutlichen oder die situativen Rahmenbedingungen so verändern, daß ein kommunikativer Austausch ermöglicht wird (vgl. Hase 1989; Neißkenwirth-Lindner 1990; Ward, Growers 1985).

Die Hilfe für Menschen, die im Erwachsenenalter schwerhörig geworden oder ertaubt sind, beschränkt sich aber oft nur auf eine medizinische und hörprothetische Versorgung. D. h. der kommunikativen und psycho-sozialen Beeinträchtigung wird nur in wenigen Fällen in vollem Umfang Rechnung getragen. Es existieren erst sehr wenige Rehabilitationseinrichtungen, die sich dieser Problematik widmen. Die Folge ist, daß die hohen Erwartungen, die an eine hörprothetische Versorgung geknüpft werden, nicht erfüllt werden und die Hörhilfe oftmals nicht getragen wird. Es kann so zu zusätzlichen kommunikativen und psycho-sozialen Belastungen kommen, die dazu führen, daß ältere Menschen mit einer Hörschädigung sich noch weiter vom sozialen Leben zurückziehen. Um diesen Prozeß aufzufangen, ist ein umfassender Rehabilitationsprozeß von großer Bedeutsamkeit (vgl. Claußen, Schuck 1989). Hierzu gehört neben der kommunikativen Förderung eine intensive psycho-soziale Beratung, Informationen zum Sozialrecht und Wissen um die Möglichkeiten und Grenzen der technischen Versorgung.

Die folgenden Ausführungen beschäftigen sich mit der Fähigkeit, gesprochene Sprache visuell wahrzunehmen. Diese Fertigkeit bildet einen wichtigen Teilaspekt der Rehabilitation Späthörgeschädigter. Es soll die Komplexität des Verstehens gesprochener Sprache auf der Basis der visuellen Sprachwahrnehmung umrissen werden. In einem weiteren Schritt wird die Entwicklung und der Aufbau eines computergestützen Lehr-Lern-Systems zum Erlernen des Absehens vorgestellt. Die grundlegende Konzeption des Lehr-Lern-Systems basiert im wesentlichen auf den hier dargestellten Überlegungen zum Absehen. Das Projekt strebt keine isolierte Maßnahme zur Kommunikationsförderung an. Vielmehr wird ein Lehr-Lern-System entwickelt, das neben dem Einsatz als Selbstlernmedium insbesondere als unterstützende Maßnahme in Absehkursen in einem breit angelegten Rehabilitationsprozeß eingesetzt werden kann.

Allgemeine Vorüberlegungen

Die Fähigkeit, gesprochene Sprache visuell wahrzunehmen, wird im deutschen Sprachgebrauch im allgemeinen als Ablesen oder Absehen bezeichnet. In einem engen Verständnis wird hierunter die Fähigkeit verstanden, anhand der Sprechbewegungen des Mundes und des Gesichtes die gesprochene Sprache zu dekodieren. Für diese auf das sprachliche Erfassen der Mund- und Gesichtsbewegungen ausgerichtete Fertigkeit möchte ich im folgenden den Begriff 'Lippenlesen' oder 'Ablesen' im engeren Sinne verwenden. In einem weiteren Verständnis muß unter 'Absehen' „die Fertigkeit (aufgefaßt werden) anhand visueller Wahrnehmungen zu verstehen, was eine sprechende Person meint" (Claußen, Treue

1993, 84). Um den Sinn des Gemeinten zu verstehen, müssen neben den visuell sichtbaren Mundbewegungen u.a. zusätzlich auditive und bei der Verwendung taktiler Wahrnehmungshilfen vibratorische Empfindungen, sprachliches Wissen, situative und thematische Faktoren berücksichtigt werden (vgl. Claußen, Treue 1993, 89)

Ablesen als Bestandteil des allgemeinen

Sprachwahrnehmungs-prozesses

Gemeinhin wird die Fähigkeit des Lippenlesens mit der Notwendigkeit in Verbindung gebracht, bei einem Hörverlust, Sprache kompensatorisch über den visuellen Weg wahrzunehmen. Diese allgemeine Auffassung beschränkt sich in der Regel auch nur auf die Fähigkeit, den Lippenbewegungen sprachlichen Sinn zu entnehmen. Hörende sind sich meistens über den Stellenwert des Lippenlesens während des normalen Kommunikationsprozesses nicht bewußt, allenfalls wird in besonderen Situationen, in denen z.B. Störgeräusche eine akustisch getragene Kommunikation erschweren, das Ablesen der Lippenbewegungen als bedeutsam erachtet. Allerdings kann es heute als gesichert gelten, daß die visuelle Komponente bei der Sprachwahrnehmung in der Sprachentwicklung und im Kommunikationsprozeß selbst auch für Guthörende einen Stellenwert hat.

In Untersuchungen zur Sprachentwicklung ist beispielsweise aufgezeigt worden, daß hörende Kinder schon im Alter von 3 Monaten einen Zusammenhang zwischen Lippenbewegungen und Sprachlauten herstellen können und daß sie im Alter von ca. 19 Monaten in der Lage sind, ihnen bekannte Wörter abzulesen (Dodd 1987). Das Verdecken des Mundbildes während des Sprechvorganges führt bei hörenden Kindern im Alter von 10 Tagen zu einer erhöhten Unruhe (Aronson, Rosenbloom 1971 nach Campbell 1989). Bei von Geburt an blinden Kindern kann darüber hinaus gezeigt werden, daß diese Kinder Sprachverzögerungen im Bereich der Lautentwicklung aufweisen. Betroffen sind davon insbesondere die Laute, die eine deutliche visuelle Komponente besitzen (Mills 1983, 1987). Ein eindrucksvolles Beispiel für den Einfluß der visuellen Sprachwahrnehmung auf das Verstehen gesprochener Sprache liefert der McGurk-Effekt (McGurk, McDonald 1976). Hörenden Probanden wird ein Sprecher mittels eines Filmes gezeigt. Dieser spricht (sinnlose) Silben (z.B. ta). Allerdings wird der Film synchronisiert. Der Proband hört eine andere Silbe (z.B. ma). Beim Wahrnehmungsprozeß kommt es zu einer Integration beider Wahrnehmungskanäle und der Proband gibt an, pa gehört zu haben. Der McGurk-Effekt erweist sich als ein äußerst stabiles Phänomen und ist häufig u.a. auch mit sinnvollem Sprachmaterial repliziert worden (McGurk 1981 nach Massaro 1987a).

Beispiel:

visuelle Darbietung:	My gag kok me koo grive
akustische Darbietung:	My bab pop me poo brive
Wahrnehmung:	My dad taught me to drive

Ein positiver Effekt der visuellen Sprachwahrnehmung kann bei Hörenden darüber hinaus auch in Fällen gestörter auditiver Wahrnehmung (z.B. durch Störschall) (Erber 1969) oder auch im Bereich des Verstehens von Fremdsprachen oder kognitiv anspruchsvoller Texte nachgehalten werden (Reisberg, McLean, Goldfield 1987). Auf der Basis dieser und weiterführender Studien sind erste Überlegungen in bezug auf Modelle der Sprachwahrnehmung unter Berücksichtigung der visuellen Modalität entwickelt worden. Beispielhaft seien hier die Arbeiten von Summerfield (1987) und Massaro (1987a, 1987b) angeführt.

Die auditiven und visuellen Informationen auf der phonologischen Ebene werden hiernach im Verlauf der Wahrnehmung auf der Basis eines übergreifenden Verarbeitungsprozesses zu einheitlichen Wahrnehmungskonzepten integriert (Massaro 1987b, 74). Summerfield (1987) unterscheidet darüber hinaus neben phonologischen Phänomenen noch weitere Integrationsmodalitäten. Er geht davon aus, daß ein direkter Zusammenhang zwischen Absehbild und lexikalischer Einheit vorliegen kann. Eine weitere Möglichkeit kann auch in der Analyse der sichtbaren Bewegungen des gesamten Sprechapparates (z.B. Veränderungen im Bereich des Halses) bestehen. Sie bilden ein Korrelat zur Filterfunktion des Ansatzrohres. Hierüber sollen u.a. Informationen zur Stimmqualität und deren Veränderungen wahrgenommen werden können.

Der Wahrnehmende wertet die verschiedenen Informationsquellen auf der Basis von bottom-up und top-down Prozessen aus und integriert die Ergebnisse, d. h. sie verschmelzen miteinander, so daß man eigentlich von einer bi- oder multimodalen Sprachwahrnehmung sprechen muß. Im Verlauf der Verarbeitungsprozesse kommt es zu einer Verknüpfung mit unterschiedlichen Vorwissensbeständen auf der Basis sprachlichen und kontextuellen Wissens (Boothroyd 1988, Cowie, Douglas-Cowie 1992, Gailey 1987). Der auditiven Wahrnehmung kommt im Rahmen eines solchen multimodalen Verständnisses der Sprachverarbeitung sicherlich die tragende Rolle zu. Sie liefert im Gegensatz zur visuellen Komponente die eindeutigeren Informationen.

Absehen und Hörschädigung

Wird die Funktion der auditiven Wahrnehmung durch einen Hörverlust eingeschränkt oder fällt diese u.U. vollständig aus, so kommt den verbleibenden Informationsquellen ein bedeutsameres Gewicht zu. Im folgenden sollen die unterschiedlichen Teilbereiche, die eine Relevanz für die Sprachwahrnehmung und das Sprachverstehen über den visuellen Kanal haben, kurz umrissen werden.

Ablesen im engeren Sinne: das Lippenlesen

Die visuelle Sprachwahrnehmung stellt für viele Hörgeschädigte ein grundlegendes Element im Verstehensprozeß gesprochener Sprache dar. Es basiert auf der Fähigkeit, aufgrund von sichtbaren Sprechbewegungen auf das Gesprochene zu schließen. In einer Vielzahl von Untersuchungen ist der Zusammenhang zwischen den äußeren bzw. sichtbaren Merkmalen von Sprachlauten und dem phonetisch-phonologischen System einer Sprache dargestellt worden (vgl. z.B. Fisher 1968; Walden u.a. 1981; Owens, Blazek 1985). Alich (1960, 1977) hat in einer grundlegenden Untersuchung diese Zusammenhänge für die deutsche Sprache herausgearbeitet. Er nennt die kleinste Ableseeinheit *Kinem*[9]. Er versteht hierunter „optische Merkmale an der Ablesegestalt, die als Stellvertreter der Phoneme oder der den Phonemen entsprechenden Lallempfindungen fungieren können und so Träger sprachlicher Elemente geworden sind“ (Alich 1960, 16). Die Anzahl der Kineme ist geringer als die Anzahl der in einer Sprache vorkommenden Phoneme. Das phonologische System der deutschen Sprache besitzt etwa 40 Phoneme. Demgegenüber lassen sich nach Alich nur 11-12 Kineme unterscheiden. Kineme sind demnach mehrdeutig. Jedes Kinem repräsentiert immer ein Cluster unterschiedlicher Phoneme und ein Phonem kann auch durch verschiedene Kineme repräsentiert werden. Sie haben selbst also keinen bedeutungsunterscheidenden Charakter und ermöglichen somit auch keine eindeutige Identifikation des gesprochenen Lautes. Erschwerend kommt hinzu, daß die Zuordnung von Phonemen zu Kinemen je nach Stellung im Artikulationsgefüge (Positionsfaktor), aufgrund von artikulatorischen Verflechtungen (z.B. koartikulatorische Prozesse) und Merkmalen des Sprechers (Physiognomie, psychisches Befinden) stark variieren kann (vgl. Alich 1977). Aufgrund der Merkmalsschwäche der Kineme kann auf der Basis des alleinigen Absehbildes also kaum ein Sprachverstehen erfolgen. Lyxell und Rönnberg (1987a) sprechen in diesem Zusammenhang sogar von einem Ratevorgang (guessing) des Ablesenden.

---

[9] In der anglo-amerikanischen Literatur wird im allgemeinen der Begriff *viseme* (z.B. Fisher 1968, Jackson 1987) verwendet.

Gailey (1987) sieht das Lippenlesen als den ersten eher analytisch getragenen Prozeß im Rahmen des gesamten Absehvorganges an. Dieser wird auf einer zweiten Ebene der Verarbeitung durch einen synthetischen Prozeß ergänzt, der sprachliche und nicht sprachliche Informationen in das Verstehen mit einbindet. Absehen wird aus dieser Perspektive also zu einem komplexen Schlußfolgerungsprozeß, der auf der Wahrnehmung des Gesprochenen, den unterschiedlichen Vorwissensbeständen des Absehenden und auf der Berücksichtigung der situativen Gegebenheiten beruht. Die gesamte Verarbeitung ist in Form von bottom-up und top-down Prozessen organisiert. Den top-down Prozessen kommt hierbei eine tragende Rolle zu. Im folgenden sollen die unterschiedlichen Komponenten, die für das Absehen als komplexe Fertigkeit als zentral angesehen werden müssen, kurz umrissen werden.

Sprachliches Wissen

Das Wissen um Wort- oder Satzbildungsregeln oder das individuelle Lexikon können einen positiven Einfluß auf die Analyse des Gesprochenen haben. So besteht eine Sprache aus einer begrenzten Anzahl von Phonemen, die nach bestimmten Regeln kombiniert werden können. Die Silbigkeit von Wörtern liefert wichtige Hinweise für das Verstehen. Ebenso kann das Wissen um die Bildung grammatischer Regularitäten wie es z.B. im Rahmen der Konjugation, Deklination oder Syntax von Bedeutung ist, Schlußfolgerungsprozesse ermöglichen. In Sprachen gibt es darüber hinaus vielfältige Redundanzen, die zusätzliche Hinweise geben können. Die Bedeutung dieser Teilkomponenten für das Absehen ist u.a. auch eine Erklärung dafür, daß prälingual Gehörlose gegenüber Ertaubten und Spräthörgeschädigten in der Regel eine geringere Absehkompetenz aufweisen (Berger 1972, Boothroyd 1988).

Hörhilfen und taktile Wahrnehmungshilfen

Eine gute Versorgung mit Hörhilfen ist ebenfalls für das Absehen von Bedeutung. Selbst geringe Hörreste können z.B. Informationen über Stimmhaftigkeit oder Stimmlosigkeit, Intonationsstrukturen, Rhythmus, Klangqualitäten oder auch Pausen geben. Diese zusätzlichen Informationen können ganz im Sinne des oben erwähnten multimodalen Ansatzes der Sprachwahrnehmung ergänzende Hinweise in bezug auf das Gesprochene geben. Eine ähnliche Funktion können auch taktile Wahrnehmungshilfen übernehmen. Sie können z.B. Informationen hinsichtlich der Stimmhaftigkeit oder auch des Sprachrhythmusses geben.

Sprecher

Die sprachlichen und physischen Charakteristika eines Gesprächspartners können sich positiv wie negativ auf den Verstehensprozeß auswirken. Zu den sprachlichen Merkmalen zählen neben der Sprechgeschwindigkeit und dem Sprachrhythmus auch der Sprach- oder Gesprächsstil. Zu schnelles wie auch zu langsames oder gar überartikuliertes Sprechen erschweren das Verstehen (vgl. den Überblick bei Lesner 1987). Erschwerend auf das Verstehen können sich z. B. Bart oder Dinge, die im Mundbereich gehalten werden (Hände, Zigaretten,...), auswirken. Im Gegensatz dazu kann die Expressivität im Bereich der nonverbalen Kommunikation (Gestik, Mimik) ein unterstützendes Element im Kommunikationsprozeß sein.

Gesprächskontext - Thema

Sprachliche Äußerungen beziehen sich auf Themen. Die Themen werden in der Regel über mehrere Sprecherwechsel aufrecht erhalten, so daß das, worüber gesprochen wird, für den Absehenden einen Interpretationsrahmen bietet. Durch Themen werden Inhalte erwartbar (Schemata, Scripts), die das Verstehen erleichtern. Auf diese Weise können antizipative (top-down) Wahrnehmungs- und Verarbeitungsstrategien zum Tragen kommen.

Gesprächssituation

Gesprächssituationen können Themen konstituieren oder beeinflussen. Ein Gespräch an einem Bankschalter läßt z.B. bestimmte Gesprächsthemen und in Abhängigkeit davon auch bestimmte sprachliche Wendungen erwarten. Neben diesen eher inhaltlichen Auswirkungen kann die Situation aber auch als physikalischer Raum das Absehen beeinflussen. Hier können sich insbesondere Licht- und Geräuschverhältnisse sowie die unterschiedlichen Positionen der Gesprächspartner im Raum auswirken.

Körperlich-geistige Verfassung

Konzentrationsfähigkeit, Aufmerksamkeit, Gedächtniskapazität und das psychisch-physische Befinden können in einem erheblichen Maß die Möglichkeiten, gesprochene Sprache visuell wahrzunehmen, beeinflussen (Lyxell, Rönnberg 1987b; Cowie, Cowie-Douglas 1992). Faßt man die dargestellten Ausführungen zusammen, so lassen sich die unterschiedlichen Einflußfaktoren folgendermaßen zueinander in Beziehung setzen:

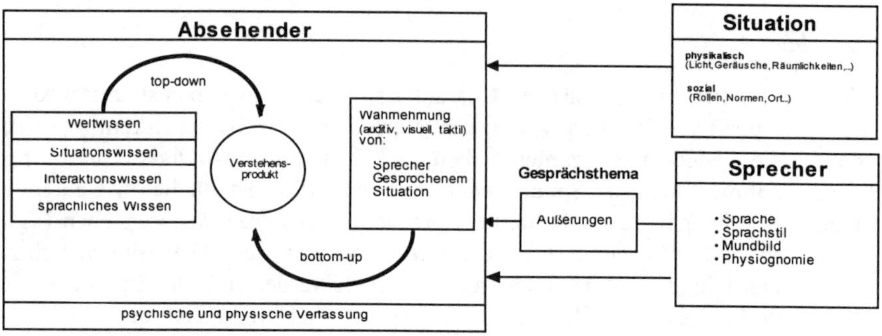

Erlernen des Absehens

Es ist schon zu Beginn erwähnt worden, daß auch Lippenlesen einen Stellenwert in der Sprachentwicklung und Kommunikation Hörender hat. Es erscheint daher zum einen die Frage berechtigt, ob es sich beim Absehen in seinem komplexen Verständnis um eine erst zu erwerbende Fähigkeit handelt und ob zum anderen diese Fertigkeit z.B. durch Absehkurse entsprechend gefördert oder verbessert werden kann. In einer vergleichenden Studie haben Lyxell und Rönnberg (1987b) aufzeigen können, daß es anscheinend keinen wesentlichen Unterschied zwischen erfahrenen Ablesern und untrainierten hörenden Versuchspersonen gibt. Diese Ergebnisse decken sich u.a. mit Resultaten aus einer kleinen Studie von Cowie und Douglas-Cowie (1992, 228). Offensichtlich verfügen Hörende über basale Fähigkeiten im Bereich des Ablesens. Allerdings zeigen sich oftmals von Person zu Person große individuelle Unterschiede. Jeffers und Barley (1971) haben allgemeine Einflußfaktoren wie z.B. die visuelle Wahrnehmungsfähigkeit, die Synthesefähigkeit, gemeint ist hiermit die Fähigkeit Schlußfolgerungen zu ziehen, und die Flexibilität als bedeutsame Parameter herausgestellt. Diese können individuell stark variieren. In einer Gegenüberstellung verschiedener Untersuchungen kommen dieselben Autoren auch zu der Überzeugung, daß Intelligenz kein bestimmendes Merkmal für die Absehkompetenz ist (Jeffers, Barley 1971, 135 ff). Alter und Geschlecht scheinen ebenfalls eine Variable im Hinblick auf die Absehfähigkeit zu sein. Frauen verfügen tendenziell über eine größere Absehkompetenz. Alte Menschen haben demgegenüber größere Probleme (Dancer, Krain, Thompson, Davis, Glenn 1994).

Vor dem Hintergrund der individuellen Unterschiede und damit der unterschiedlichen Ausgangsbedingungen ist die Frage nach der Förderbarkeit der Absehkompetenz durch rehabilitative Maßnahmen von besonderer Bedeutsamkeit.

In einer Vielzahl an Untersuchungen ist der positive Effekt solcher Maßnahmen aufgezeigt worden. In einer Überblicksdarstellung zeigen Crawford, Dancer und Bittenger (1986) auf, daß eine Verbesserung der Absehfähigkeit nach Fördermaßnahmen sowohl für hörende als auch für hörgeschädigte Versuchspersonen nachgehalten werden kann. Im Rahmen der Förderkonzepte lassen sich idealtypisch zwei Vorgehensweisen voneinander abgrenzen. Zum einen existieren Ansätze, die die analytische Seite, also das Erkennen von Mundbildern in den Mittelpunkt stellen. Im Gegensatz dazu besteht die ganzheitliche Methode darin, eher Sinnzusammenhänge zu erfassen und zusätzliche Informationen zum Verstehen zu berücksichtigen. Als fruchtbar hat sich eine Kombination beider methodischer Aspekte erwiesen (vgl. z.B. Petersen 1989, Treue 1992).

Interaktive Medien zur Unterstützung des Erlernens des Absehens

Audiovisuelle Medien haben schon seit jeher eine bedeutsame Rolle beim Erlernen des Absehens gespielt. In den Anfangsjahren sind Filme und später Videoaufnahmen als unterstützende Medien innerhalb von Kursen oder als Selbstlernmedien verwendet worden. Ein kleiner Überblick hierüber findet sich bei Sims (1988). Im deutschsprachigen Raum hat z.B. Heese (1956) schon sehr früh Filmmaterial zum Erlernen des Absehens entwickelt. Er verfolgte einen kontextbezogenen Ansatz, in dem Filme, deren Inhalte (Sätze) auf jeweils einen Beruf bezogen waren, zum Einsatz kamen.

Durch die rasch voranschreitende Entwicklung im Bereich der audiovisuellen Technik und gleichermaßen im Bereich der Computertechnologie hat es bereits Ende der siebziger Jahre Ansätze gegeben, beide Gebiete miteinander zu verbinden, um so eine interaktive Steuerung des Lernvorgangs zu ermöglichen. Als ein frühes Beispiel kann hier das System DAVID erwähnt werden (Sims, D.G; Feldt, J. von; Dowaliby, F.; Hutchinson, K.; Myers, T. 1979). Ähnliche Konzepte sind in den folgenden Jahren in Frankreich, Holland und den USA entwikkelt worden (z.B. Guilliams 1993; Ijsseldijk, Elsendoorn 1993; Tye-Murray u.a. 1988). Im deutschen Sprachraum hat sich insbesondere Bothe (1992, 1994, 1996) mit der Entwicklung eines computergestützen Ablesetrainings beschäftigt. Auf der Basis einer computeranimierten Gesichtsgrafik kann der Sprechvorgang visualisiert und so zur Basis eines Trainings gemacht werden. Die Lehrinhalte der oben erwähnten Systeme beziehen sich in den meisten Fällen auf Wortlisten und Sätze, die zum Teil kontextlos dargeboten werden.

Über den erfolgreichen Einsatz interaktiver Medien gibt es eine Reihe von Untersuchungen. Bothe (1994, 1996) konnte in einer kleinen Studie aufzeigen, daß sich die Arbeit mit dem von ihm entwickelten Computerprogramm positiv auf die Ableseleistungen schwerhöriger Jugendlicher auswirken. Zu ähnlichen Ergebnissen kommen beispielsweise auch Dodd, Plant und Gregory (1989) sowie Gagné, Dinon und Parsons (1991). Der Einsatz von computergestützten Medien erscheint aus dieser Perspektive also eine sinnvolle Ergänzung bestehender Rehabilitationsmaßnahmen zu sein. Allerdings sollten sich unseres Erachtens die Programme an den grundlegenden Voraussetzungen, die für das Absehen in einem komplexen Verständnis von Bedeutung sind, orientieren.

MUSKAT

Seit Ende 1994 wird an der Universität zu Köln das computergestützte Abseh- und Kommunikationstraining MUSKAT entwickelt[10]. Das Akronym MUSKAT steht für **M**edial **u**nter**s**tütztes **K**ommunikations- und **A**bseh**t**raining für Schwerhörige und Ertaubte im Alter. Die Zielgruppe sind also Späthörgeschädigte, die über eine vollständige Lautsprachkompetenz verfügen. Es wird ein interaktives Lernmedium entwickelt, daß sich an den für das Absehen bedeutsamen Faktoren in einem hohen Maße orientiert. Absehen wird hiernach als eine komplexe Fähigkeit aufgefaßt, die neben den visuellen Informationen des Mundbildes insbesondere situative Daten (Ort, Rollen,...) und Kontextinformationen (Thema) zum Verstehen des Gesprochenen berücksichtigt. Der Absehende ist auf seine schlußfolgernden Fähigkeiten angewiesen, aus den in einem Gespräch zur Verfügung stehenden Informationen ein kohärentes Gesamtbild des Gesagten aufzubauen. Es soll also insbesondere die Synthesefähigkeit angesprochen und geschult werden.

Vor dem Hintergrund dieser methodisch-didaktischen Grundentscheidung kommen folgende Zielformulierungen für die Entwicklung eines solchen Systems zum Tragen:

- Die Übungen müssen ein hohes Maß an Alltagsrelevanz besitzen.
- Es soll insbesondere die Fähigkeit zur Synthese, also die Fähigkeit zur Berücksichtigung unterschiedlicher Informationen zum Verstehen geschult werden. Hierzu gehört der Einbezug kontextueller und situativer Hinweise.

---

[10] Das Modellvorhaben wird vom Ministerium für Familie, Senioren, Frauen und Jugend finanziell gefördert.

- Es ist unterschiedliches sprachliches Material zu berücksichtigen (Wort-, Satz-, Text- und Dialogebene).
- Es wird kein „idealer" Sprecher verwendet, sondern es kommen verschiedene ungeschulte Sprecher unterschiedlicher Altersgruppen zum Einsatz.
- Es muß die Möglichkeit zur Veränderung der Lautstärke gegeben sein.
- Das System muß im Hinblick auf die Bedienung und die inhaltliche Gestaltung auf erwachsene und ältere Benutzer, die eine Hörschädigung erworben haben, ausgerichtet sein. Hierzu gehört insbesondere eine intuitive Benutzerführung, die es auch älteren Anwendern ermöglicht, ein solches System ohne Computerkenntnisse und ohne fremde Hilfe zu bedienen. Dies wird u.a. durch eine möglichst klare Programmstruktur und z.B. durch die Verwendung eines berührungsempfindlichen Bildschirms (Touch-Screen) erreicht.
- Es wird ein integriertes System entwickelt, daß die Verwendung von Grafiken, Videofilmen und Ton in einer hohen Qualität ermöglicht.
- Das Programm wird plattformübergreifend als CD-ROM entwickelt. D. h. es wird auf den heute gängigen Computertypen verwendet werden können. Darüber hinaus ist mittelfristig geplant, es auch für Video-CD-Player zur Verfügung zu stellen. So soll sichergestellt werden, daß eine breite Anwendergruppe das Programm verwenden kann.

Aufbau der Übungen

Das Programm ist modular strukturiert. Der situationsorientierte Ansatz spiegelt sich in der Verwendung einer Stadtmetapher wieder. Die Benutzer können in einer virtuellen Stadt unterschiedliche Gebäude auswählen, die stellvertretend für typische Alltagssituationen stehen. Zur Zeit werden drei Bereiche mit verschiedenen Übungsmodulen berücksichtigt: eine Frühstücksszene (Wohnhaus), die Aufgabe eines Paketes (Post) und der Besuch bei einem Zahnarzt (Praxis).

Nach der Wahl eines Gebäudes wird ein Videoclip mit einer für diese Situation typischen Handlungsabfolge und Gesprächssequenz vorgestellt. Dieser Film bietet den situativen und kontextuellen Hintergrund der eigentlichen Übungen. Jeder Situationstyp verfügt jeweils über eine oder mehrere Wort-, Satz-, Text- und Dialogübungen aus dem betreffenden Realitätsbereich. Der Übende hat die Möglichkeit, jede einzelne Übungssequenz zu wiederholen und bei Problemen eine Hilfestellung zu erhalten. Die Hilfestellungen stehen in einem direkten Zusammenhang mit der jeweiligen Übungsebene. So werden u.a. auf der Wortebene Silbenanzahl oder Vokalinformationen als Hilfe angeboten. Auf der Satzebene werden z.B. Anzahl der Worte oder Schlüsselwörter als zusätzliche Hinweise gegeben.

Die folgende Abbildung zeigt den typischen Bildschirmaufbau einer solchen Übung. Es handelt sich um eine Satzübung aus der Frühstücksszene. Der Übende wird mittels eines Videoclips aufgefordert, einen bestimmten Gegenstand, der graphisch auf einer Küchendurchreiche dargestellt wird, mit Hilfe der Maus oder durch Zeigen mit dem Finger (berührungsempfindlicher Bildschirm) auszuwählen und auf dem Tisch an einer bestimmten geforderten Stelle zu plazieren.

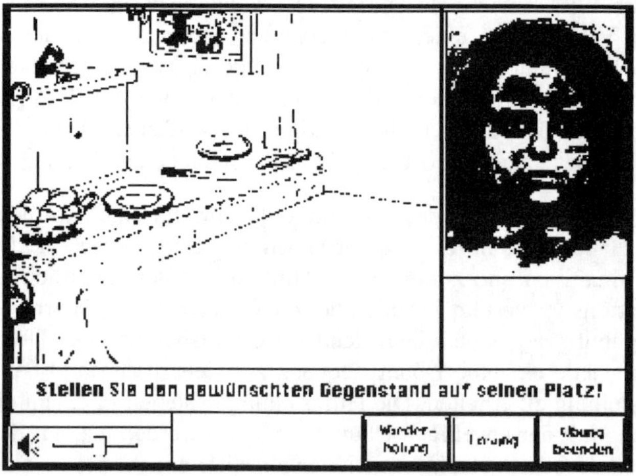

Wird die Aufforderung nicht korrekt ausgeführt, so erhält der Benutzer eine Rückmeldung, ob er z.B. den falschen Gegenstand ausgewählt hat oder ob er das Objekt an einem falschen Ort plaziert hat. Er kann daraufhin die Aufforderung wiederholen lassen und erneut einen Versuch durchführen. In anderen Übungen besteht darüber hinaus die Möglichkeit, sich bei weitergehenden Problemen eine Hilfestellungen geben zu lassen.

Im Rahmen von längeren Textübungen kommt es nicht darauf an, daß der Benutzer den Text vollständig wiedergibt, sondern es wird „lediglich" geprüft, ob er den Inhalt verstanden hat. Kommt es zu Verstehensproblemen, können die relevanten Sätze wiederholt oder Schlüsselwörter als Information gegeben werden. Zusätzlich können die Textstellen mit Untertiteln eingeblendet werden.

Neben den eigentlichen Absehübungen werden zur Zeit Einheiten vorbereitet, die hörtaktische Komponenten berücksichtigen. Hierzu gehören Übungen, die die Fähigkeit zur Beurteilung und Veränderung von räumlichen Rahmenbedingungen für eine möglichst optimale Kommunikation fördern sollen (z.B. bei einem Restaurantbesuch die Wahl eines Sitzplatzes, die Berücksichtigung der Lichtverhältnisse und möglichen Hintergrundgeräusche,....).

Da in dem Programm keine spezifischen Übungen zum Ablesen von einzelnen Mundbildern enthalten sind, können die Benutzer in einer Kinemübersicht Informationen zu den unterschiedlichen Mundbildern abrufen. Zu jedem Kinem wird neben einem Foto eine für den Laien verständliche Erklärung abgegeben. Diese enhält Informationen, welche Laute dieses Mundbild repräsentieren kann, wie der Laut gebildet wird, welche Aspekte sichtbar bzw. nicht sichtbar sind und mit welchen anderen Lauten bzw. Mundbildern er verwechselt werden kann. Zusätzlich können zu jedem Mundbild Videoclips mit Beispielwörtern abgerufen werden, in denen der Laut an einer jeweils unterschiedlichen Position innerhalb eines Wortes gezeigt wird. Ergänzend ist in dem Programm ein Übungsmodul zum Erlernen des Fingeralphabets enthalten. Die virtuelle Stadt verfügt darüber hinaus über eine Litfaßsäule. Diese repräsentiert ein Informationscenter. Hier sind wichtige Adressen von Rehabilitationseinrichtungen, Verbänden und Selbsthilfegruppen abgespeichert. Zusätzlich können die Benutzer Informationen über die jeweiligen Arbeitsschwerpunkte der Einrichtungen erhalten.

Entwicklung und Evaluation

Das Programm wird in enger Kooperation mit den potentiellen Anwendern entwickelt. Nach wichtigen Entwicklungsschritten wird das System erprobt. Hörgeschädigte Anwender bearbeiten die bis zu diesem Zeitpunkt fertiggestellten

Übungen. Die Benutzer werden hierbei gefilmt und gebeten, mit Hilfe des 'Lauten Denkens' ihre Eindrücke hinsichtlich der Bedienung und in bezug auf die Übungen selbst zu verbalisieren. Zusätzlich werden die Benutzereingaben und der Computerbildschirm mit Hilfe einer speziellen Videotechnik protokolliert. Im Anschluß an jede Testsitzung findet zusätzlich eine eingehende Befragung der Benutzer statt. Die Auswertung der Videoaufnahmen, der Interviews und des Lauten Denkens ermöglicht es, Fehler und Probleme in der Programmstruktur, der Bedienung des Programms und dem methodisch-didaktischen Aufbau der einzelnen Übungen zu entdecken und exakt zu analysieren. Die Ergebnisse dienen zur Überarbeitung der einzelnen Module und als Vorgaben für die weitere Entwicklung. Eine umfassende Evaluation im Hinblick auf den Lernfortschritt kann allerdings erst nach Fertigstellung des ersten Prototypen erfolgen. Das Programm wird dann als CD-ROM vorliegen und kann so auf einer breiteren Basis eingesetzt werden.

Literaturverzeichnis

Alich, G.: Zur Erkennbarkeit von Sprachgestalten beim Ablesen vom Munde. Bonn: Dissertation 1960.

Berger, K. W.: Speechreading principles and methods. Baltimore: National Educational Press 1972.

Bothe, H.-H.: Forschungsschritte zu einem computergestützten Absehtraining. In: Sprache - Stimme - Gehör 16, 1992, 139-144.

Bothe, H.-H. Polenz, A.; Rieger, F.: Absehen lernen mit Computer? Evaluierungsergebnisse eines Computerprogrammes für Hörbehinderte zur Verbesserung des Absehvermögens. In: Die Sonderschule 4, 39, 1994, 283-292.

Bothe, H.-H.: Erfahrungen beim Einsatz einer Computeranimation auf dem PC zum Absehtraining. In: Wisotzki, K. H.; Kaul, Th.; Wietheger, M.; Zahwe, C. (Hrsg.): Erstes Treffen der Leiterinnen und Leiter von Absehkursen. Tagungsbericht. Köln: Universität Köln 1996, 4-19.

Campbell, R.: Lipreading. In: Young, A.; Ellis, H. (Eds.): Handbook of research and face processing. Amsterdam 1989, 187-205.

Claußen, W. H.; Schuck, K. D. (Hrsg.): Pädagogische Hilfen für schwerhörige und ertaubte Erwachsene. Ein Forschungsbericht. Band 1: Grundlegungen und empirische Untersuchungen. Bonn: Der Bundesminister für Arbeit und Sozialordnung 1989.

Claußen, W. H.; Schuck, K. D. (Hrsg.): Pädagogische Hilfen für schwerhörige und ertaubte Erwachsene. Ein Forschungsbericht. Band 2: Inhalte und Methoden. Bonn: Der Bundesminister für Arbeit und Sozialordnung 1989.

Claußen, W. H.; Treue, S.: Absehkurse sind viel mehr als nur Absehkurse. In: Hörgeschädigtenpädagogik 2, 47, 1993, 84 - 98.

Crawford, J.; Dancer, J.; Bittenger, J.: Initial performance on a speechreading task as related to subsequent improvement after short term training. In: The Volta Review 88, 1986, 101-105.

Dancer, J.; Krain, M.; Thompson, C.; Davis, P.; Glenn, J.: A Cross-Sectional Investigation of Speechreading in Adults: Effects of Age, Gender, Practice, and Education. In: The Volta Review 96, 1994, 31-40.

Dodd, B.: The Acquisition of Lip-reading Skills by Normally Hearing Children. In: Dodd, B.; Campell, R. (Eds.): Hearing by Eye: The Psychology of Lipreading. London, Hillsdale, New Jersey: Lawrence Erlbaum 1987, 163-175.

Erber, N.: Interaction of audition and vision in the recognition of oral speech stimuli. In: Journal of Speech and Hearing Research 12, 1969, 423-425.

Fisher, J.: Confusion among visually perceived consonants. In: Journal of Speech and Hearing Research 11, 1968, 796-804.

Gagné, J. P. Dinon, D.; Parsons, J.: An evaluation of CAST: A Computer-Aided Speechreading Training program. In: Journal of Speech and Hearing Research 34, 1991, 213-221.

Gailey, L.: Psychological Parameters of Lip-reading Skills. In: Dodd, B.; Campell, R. (Eds.): Hearing by Eye: The Psychology of Lipreading. London, Hillsdale, New Jersey: Lawrence Erlbaum 1987, 115-141.

Giolas, Th.: Hearing Handicapped Adults. Prentice Hall: Englewood Cliffs 1982.

Guilliams, I.: Allao - an Interactive Videodisc for Teaching Lipreading. In: Elsendoorn, B.; Coninx, F. (Eds.): Interactie Learning Technology for the Deaf. NATO ASI Series. Computer and Systems Sciences. Vol 113.. Berlin, Heidelberg, New York, Paris, Tokyo: Springer 1993, 119-134.

Heese, G.: Über einige Erfahrungen bei der Herstellung von Absehfilmen. In: Neue Blätter für Taubstummenbildung ¾ , 1956, 91-94.

Ijsseldijk, F.; Elsendoorn, B.: Design and evaluation of interactive training programs for speechreading and hearing skills (ISEG). In: Elsendoorn, B.; Coninx, F. (Eds.): Interactie Learning Technology for the Deaf. NATO ASI Series. Computer and Systems Sciences. Vol 113.. Berlin, Heidelberg, New York, Paris, Tokyo: Springer 1993.

Jeffers, J.; Barley, M.: Speechreading (lipreading). Springfield, IL: Charles C. Thomas 1971.

Kaplan, H.; Bally, S. J.; Garretson, C.: Speechreading - a way to improve understanding. 2. ed.. Washington, DC: Gallaudet University Press 1987.

Lindner, G.; Bothe, H.-H.; Rieger, F.: Exemplarische phonetische Auswertungsergebnisse kontinuierlicher Lippenbewegungen. In: Sprache-Stimme-Gehör 18, 1994, 184-189.

Lyxell, B.; Rönnberg, J.: Cognitive determants for speechreading skills. In: Kyle, J. (Ed.): Adjustment to acquired hearing loss. Bristol: Centre of Deaf Studies 1987a, 48-54.

Lyxell, B.; Rönnberg, J.: Guessing Speechreading. In: British Journal of Audiology 21, 1987b, 13-20.

Massaro, D. W.:Speech Perception by Ear and Eye: A Paradigm for Psychological Inquiry. Hillsdale, NJ: Lawrence Erlbaum 1987a.

Massaro, D. W.: Speech Perception by Ear and Eye. In: Dodd, B.; Campell, R. (Eds.): Hearing by Eye: The Psychology of Lipreading. London, Hillsdale, New Jersey: Lawrence Erlbaum 1987b, 53-83.

McGurk, H.: Listening with eye and ear. In: Myers, T.; Laver, J.; Anderson, J. (Eds.): The cognitive representation of speech. Amsterdam: North-Holland 1981.

McGurk, H.; MacDonald, J.: Hearing lips and seeing voices. In: Nature 264, 1976, 746-748.

Mills, A. E.: Acquisition of speech sounds in the visually-handicapped child. In: Mills, A. E. (Ed.): Language acquisition in the blind child. London: Croom Helm Ltd. 1983, 46-56.

Mills, A. E.: The Development of Phonology in the Blind Child. In: Dodd, B.; Campell, R. (Eds.): Hearing by Eye: The Psychology of Lipreading. London, Hillsdale, New Jersey: Lawrence Erlbaum 1987, 145-161.

Petersen, A.: Absehen. In: Claußen, H. W.; Schuck, K. D. (Hrsg.): Pädagogische Hilfen für schwerhörige und ertaubte Erwachsene. Ein Forschungsbericht. Band 2: Inhalte und Methoden. Bonn: Bundesministerium für Arbeit und Sozialordnung 1989, 33-89.

Reisberg, D.; McLean, J.; Goldfield, A.: Easy to Hear but Hard to Understand: A Lip-reading Advantage with Intact Auditory Stimuli. In: Dodd, B.; Campell, R. (Eds.): Hearing by Eye: The Psychology of Lipreading. London, Hillsdale, New Jersey: Lawrence Erlbaum 1987, 97-113.

Richtberg, W.: Hörbehinderung als psycho-soziales Leiden. Empirischer Vergleich der Lebensverhältnisse von früh- und spöthörgeschädigten Personen. Gesundheitsforschung Band 32. Bonn: Bundesministerium für Arbeit und Sozialordnung 1980.

Sims, D. G; Feldt, J. von; Dowaliby, F.; Hutchinson, K.; Myers, T.: A pilot experiment in computer-assisted speechreading instruction utilizing the Data Analysis Video Interactive Device (DAVID). In: American Annals of the Deaf 124. 1979, 616-623.

Summerfield, A. Q.: Preliminaries to a comprehensive account of audio-visual speech perception. In: Dodd, B.; Campbell, R. (Eds.): Hearing by Eye: Experimental studies in the psychology of lipreading. 1987.

Treue, S.: Notwendigkeit und Aufbau von Absehkursen für schwerhörige und ertaubte Erwachsene. In: Jussen, H.; Claußen, W. H. (Hrsg.): Chancen für Hörgeschädigte. Hilfen aus internationaler Perspektive. München, Basel: Ernst Reinhardt Verlag 1991, 265-272.

Tye-Murray, N.; Tyler, R. S.; Bong, B.; Nares, T.: Computerized laser videodisc programs for training speechreading and assertive communication behaviors. In: Journal of the Academy of Rehabilitative Audiology 21, 1988, 143-152.

Ward, P. R.; Gowers, J. I.: Teaching Hearing-aid skills to elderly People: Hearing Tactics. In: British Journal of Audiology 15, 1985, 257-259.

Klaus Mangold

Integrative Beschulung Hörgeschädigter

Perspektiven für die Hörgeschädigtenschule - am Beispiel der Staatlichen Internatsschule für Hörgeschädigte Schleswig

1. Einleitung

Die staatlich unterstützte Beschulung Hörgeschädigter begann in Schleswig-Holstein im Jahre 1799 mit der Errichtung des „Königlichen Taubstummen-Instituts“ in Kiel durch König Christian VI von Dänemark. 1805 führte der König den „Schulzwang“ für Taubstumme ein und erhob das Taubstummeninstitut zu einer öffentlichen Bildungseinrichtung.

In den folgenden Jahrzehnten wurden an der Schule, die 1810 nach Schleswig verlegt wurde, neben Gehörlosen auch Schwerhörige unterrichtet. Um den besonderen pädagogischen Bedürfnissen sowohl der Schwerhörigen als auch der Gehörlosen gerecht zu werden, kam es 1963 zur Einrichtung einer Schwerhörigenabteilung. 1965 wurde eine Pädoaudiologische Beratungsstelle angegliedert, die im wesentlichen für Audiometrie und Früherziehung sowie die berufliche Eingliederung der Hörgeschädigten verantwortlich war. Seit Schuljahresbeginn 1973 gibt es an der Schleswiger Schule eine Realschulabteilung für Schwerhörige. Inzwischen wurde die Möglichkeit des Realschulabschlusses auf die Gehörlosenschule ausgedehnt.

Die Pädagogen der Hörgeschädigtenschule erkannten frühzeitig die Notwendigkeit, auch Hilfen für Hörgeschädigte zu leisten, die gemeinsam mit Hörenden in „Allgemeinen Schulen“ unterrichtet wurden. Eine regelmäßige, systematische Unterstützung konnte allerdings auch deshalb nicht stattfinden, weil die personelle Ausstattung dafür nicht ausreichte. Im Schulgesetz war die Begleitung der in Allgemeinen Schulen unterrichteten Hörgeschädigten durch Fachpädagogen bis 1990 nicht vorgesehen.

In den letzten Jahren haben sich die Anforderungen an die Hörgeschädigtenschule erheblich verändert. Im Beiheft 30 der „Hörgeschädigtenpädagogik“ aus dem Jahre 1992, verfaßt von einer Arbeitsgruppe der Staatlichen Internatsschule für Hörgeschädigte Schleswig, die von Professor Claußen geleitet wurde, heißt es:

„Die Schule für Hörgeschädigte trägt die Verantwortung dafür, daß allen hörgeschädigten Menschen in ihrem Einzugsbereich gehörlosen- beziehungsweise schwerhörigenpädagogische Hilfe zur Verfügung steht, unabhängig davon, welche Bildungseinrichtung sie besuchen. Damit erweitert sich der Verantwortungsbereich der Hörgeschädigtenschule weit über jene hinaus, die in dieser Einrichtung beschult werden."[11]

Verbesserte technische Hilfen, Intensivierung der Früherziehung u.a. haben dazu geführt, daß immer mehr Schülerinnen und Schüler, die früher eine Gehörlosenschule besuchten, nunmehr an Schwerhörigenschulen unterrichtet werden. Parallel dazu ist die Tendenz zu integrativen schulischen Maßnahmen in erheblichem Maße gestiegen.

Im folgendem soll an einigen Aspekten dargestellt werden,

- wie die Staatliche Internatsschule für Hörgeschädigte Schleswig seit 1991 auf die Vorgaben des novellierten Schulgesetzes und die Wünsche der Eltern nach schulischer Integration reagiert hat
- welche Veränderungen voraussichtlich aufgrund der zu erwartenden weiteren Intensivierung der integrativen Arbeit auf die Hörgeschädigtenschule zukommen
- welche Perspektiven sich hieraus ergeben

2. Entwicklung der Staatlichen Internatsschule für Hörgeschädigte von 1991 - 1996

2.1. Novellierung des schleswig-holsteinischen Schulgesetzes (1990)

Die langjährigen Bemühungen von Elternverbänden („Gemeinsam Leben - gemeinsam Lernen") und anderen fanden 1990 in Schleswig-Holstein ihren Niederschlag im novellierten Schulgesetz.

Im Paragraph 5 dieses Gesetzes heißt es:„Behinderte und nichtbehinderte Schülerinnen und Schüler sollen gemeinsam unterrichtet werden, soweit es die organisatorischen, personellen und sächlichen Möglichkeiten erlauben und es der individuellen Förderung behinderter Schülerinnen und Schüler entspricht."

Im § 25 des Gesetzes ist auch die Beschulung Behinderter an Sonderschulen (und damit auch Hörgeschädigter an Hörgeschädigtenschulen) vorgesehen:

„Die Sonderschulen unterrichten und erziehen Schülerinnen und Schüler sowie andere Kinder und Jugendliche, die wegen ihrer körperlichen, geistigen, seeli-

---

[11] Arbeitsgruppe Integration Schleswig: Unterrichtliche Integration...,S. 35

schen oder sozialen Entwicklung oder Behinderung einer sonderpädagogischen Förderung bedürfen."

Neu sind die integrativen Aufgaben der Sonderschulen, die so beschrieben werden: „Als Förderzentren unterstützen die Sonderschulen Unterricht und Erziehung von Schülerinnen und Schülern mit sonderpädagogischem Förderbedarf in anderen Schularten.

Sonderschulen sollen.....

- auf die Eingliederung der Schülerinnen und Schüler in Schulen anderer Schularten hinwirken,
- sich an der Förderung behinderter oder von einer Behinderung bedrohter Schülerinnen und Schüler in den anderen Schularten beteiligen."

Auch aus dem Text der „Ordnung für Sonderpädagogik" (OSP), die das Schulgesetz erläutert und ergänzt, wird sehr deutlich, daß die integrative Beschulung Behinderter nach dem Willen des schleswig-holsteinischen Gesetzgebers Priorität genießt. In § 1, Abschnitt 1 heißt es hier: „Der gemeinsame Unterricht von behinderten und nichtbehinderten Kindern und Jugendlichen soll es behinderten Schülerinnen und Schülern ermöglichen, in ihrer Wohnumgebung die Grundschule oder eine weiterführende allgemeinbildende Schule zu besuchen."

In Sonderschulen sollen die behinderten Kinder und Jugendlichen aufgenommen werden, die „ in anderen Schularten auch mit besonderen Hilfen dauernd oder vorübergehend nicht ausreichend gefördert werden können," (§13, 1).

Entscheidungsgrundlage für jede Form der Beschulung Behinderter sind der Elternwille sowie ein sonderpädagogisches Gutachten, in dem der individuelle Förderbedarf festgestellt wird.

2.2. Veränderung der Organisationsstruktur - die Abteilung für Integrative Beschulung entsteht

Die Hörgeschädigtenschule in Schleswig reagierte auf die neue Gesetzgebung und die Wünsche der Eltern nach Intensivierung der schulischen Integration im Jahre 1991 durch die Einrichtung einer „Abteilung für Integrative Beschulung".

Deren Aufgabe war zunächst nur sehr allgemein beschrieben als „Unterstützung von integrativen Maßnahmen für Hörgeschädigte".

Die Schule war zu einem „Überregionalen Förderzentrum" zu entwickeln, dessen Zuständigkeit sich auch auf alle hörgeschädigten Schüler/innen an öffentlichen Schulen des Landes Schleswig-Holstein erstreckt. Der Terminus „Überregionales Förderzentrum" wurde aufgenommen in die „Empfehlungen zur sonderpädagogischen Förderung in den Schulen in der Bundesrepublik Deutschland"und erhielt damit bundesweite Bedeutung. Im Beschluß der Kultusministerkonferenz vom 6. 5. 94 heißt es: „Die Angebotsvielfalt sonderpädagogischer Förderung führt immer häufiger zur Herausbildung Sonderpädagogischer Förderzentren. Es lassen sich dabei verschiedene Richtungen ausmachen, die einer fachlichen und organisatorischen Weiterentwicklung der sonderpädagogischen Förderung Rechnung tragen. Dabei sollen Sonderpädagogische Förderzentren als regionale oder überrregionale Einrichtungen einzelnen oder mehreren Förderschwerpunkten entsprechen und sonderpädagogische Förderung in präventiven, integrativen, stationären und kooperativen Formen möglichst wohnortnah und fachgerecht sicherstellen."

Die Staatliche Internatsschule für Hörgeschädigte Schleswig hat seit 1991 folgende Abteilungen:

- Pädoaudiologische Beratungsstelle (Aufgabenbereiche: Früherziehung, Berufliche Eingliederung)
- Abteilung für Integrative Beschulung (Unterstützung von Hörgeschädigten in Allgemeinen Schulen)
- Schwerhörigenschule (Grund- und Hauptschule, Förderschüler)
- Gehörlosenschule (Grund- und Hauptschule, Realschüler, Förderschüler)
- Realschule für Schwerhörige
- Schulinternat

Die veränderte Organisationsstruktur hatte auch personelle Konsequenzen. Mit Beginn des Schuljahres 1991 wechselten an der Schleswiger Schule 4 Pädagogen der Pädoaudiologischen Beratungsstelle in die „Abteilung für Integrative Beschulung". Eine spezielle Vorbereitung der Mitarbeiter für die Tätigkeit erfolgte nicht; allerdings hatten die Lehrkräfte z. T. jahrelang in der ambulanten Früherziehung gearbeitet. Der Abteilungsleiter hatte die Möglichkeit, berufsbegleitend eine einjährige Fortbildung in „Kooperativer Beratung" zu absolvieren.

1991 waren 240 hörgeschädigte Schülerinnen und Schüler an Regelschulen des Landes Schleswig-Holstein bei der Staatlichen Internatsschule Schleswig erfaßt. Jahr für Jahr wurden der Abteilung Lehrkräfte zugewiesen, so daß im Jahre 1996 14 Pädagogen mit 260 Lehrerwochenstunden für die integrative Arbeit zur Verfügung stehen. Geplant ist, möglichst kurzfristig jeder kreisfreien Stadt und jedem Landkreis in Schleswig-Holstein eine Beratungslehrkraft zuzuordnen. Für 11 Landkreise, 4 kreisfreie Städte und die Abteilungsleiterfunktion werden dann 16 Pädagogen benötigt.

2.3. Ziele der schulischen Integration

Das Ziel der Unterstützungsmaßnahmen ist, die schulische Integration Hörgeschädigter zu realisieren. Die hörgeschädigten Schülerinnen und Schüler sollen nach Möglichkeit in den Schulen unterrichtet werden, die am Heimatort zuständig sind. Neben der Einzelintegration ist auch die Zusammenfassung von Integrationsmaßnahmen sinnvoll, weil in ihnen Lehrerwochenstunden der begleitenden Fachpädagogen gebündelt werden können. Außerdem sind dann auch die für die Identitätsfindung Hörgeschädigter wichtigen Kontakte mit anderen Hörgeschädigten leichter zu knüpfen.

Für hörgeschädigte Kinder und Jugendliche wird der gemeinsame Unterricht mit Normalhörenden möglich, wenn die kommunikative Situation in der Regelschule den Bedürfnissen der Behinderten angepaßt werden kann.

Eine wesentliche Aufgabe der Beratungslehrkräfte ist, in den Regelschulen annähernd hörgeschädigtenspezifische Rahmenbedingungen herzustellen. Der Unterricht sollte so aufbereitet sein, daß Hörgeschädigte die wesentlichen Informationen aufnehmen und daß sie an der Kommunikation teilnehmen können.

Es müssen gute raumakustische Verhältnisse gegeben sein, die Klassenfrequenz sollte überschaubar bleiben, und die Hörgeschädigten sind optimal mit technischen Hilfsmitteln zu versorgen.

Die Mitschüler und Mitschülerinnen müssen über die Auswirkungen von Schwerhörigkeit informiert werden, und sie sollten bereit sein, sich in ihrem kommunikativen Verhalten auf die Hörgeschädigten einzustellen.

Die behinderten Schüler und Schülerinnen brauchen gute hörtaktische Fähigkeiten und die intensive Unterstützung durch ihre Familie .

Der gemeinsame Unterricht von Behinderten und Nichtbehinderten führt nicht automatisch und zwangsläufig zur sozialen Integration der Behinderten. Dies ist in vielen Fällen ein komplizierter und langwieriger Prozeß, bei dem auch von den Fachpädagogen der Hörgeschädigtenschule Hilfen erwartet wird.

2.4. Tätigkeitsbereiche der Abteilung für Integrative Beschulung

Die Aufgabenfelder der Abteilung für Integrative Beschulung lassen sich inzwischen folgendermaßen beschreiben:

- Hördiagnostik und Hörgerätekontrolle
- Hilfen bei der Versorgung mit technischen Hilfsmitteln
- Beratung von Hörgeschädigten, Eltern, Lehrkräften

- Unterstützung von integrativen Maßnahmen; auch durch Teilnahme am Unterricht und durch individuelle Förderung der Hörgeschädigten
- Durchführung von Seminaren und Hör- und Sprachtrainingskursen
- Erstellung von Gutachten
- Öffentlichkeitsarbeit

Einige der Tätigkeitsbereiche sollen im folgenden ausführlicher beschrieben und diskutiert werden, weil sie neu oder von besonderer Bedeutung für die veränderte Aufgabenstellung der Hörgeschädigtenschule sind.

a) Die Anzahl der audiometrischen Überprüfungen von Regelschülern und Regelschülerinnen ist von 1991 bis 1995 kontinuierlich stark angestiegen.

Im zweiten Halbjahr 1991 wurden 28 Schülerinnen und Schüler audiometriert, im gleichen Zeitraum des Jahres 1995 waren es 150 Kinder und Jugendliche. Das Angebot, eine Hördiagnostik an der Schule für Hörgeschädigte durchführen zu lassen, gilt für alle Schüler und Schülerinnen des Landes, bei denen eine Hörschädigung vermutet wird.

Die Möglichkeit wird unter anderem deshalb verstärkt genutzt, weil in der Schule ohne zeitlichen Druck - ggf. unter Einbeziehung von Eltern und Lehrern - die Hördiagnostik durchgeführt wird.

Von besonderer Bedeutung ist dann auch die sich anschließende ausführliche Erläuterung und pädagogische Beratung.

Die Hördiagnostik in der Hörgeschädigtenschule ist geeignet, den Eltern, Kindern und Lehrkräften Sicherheit in der Beurteilung der Hörschädigung zu verleihen.

Darüber hinaus werden konkrete Maßnahmen der Therapie und Förderung aufgezeigt.

Eine für die Betroffenen verständliche Audiometrie durch kompetente Fachkräfte ist die Basis für eine vertrauensvolle Zusammenarbeit.

b) In der Hörgeschädigtenschule werden regelmäßig Fortbildungsveranstaltungen für Lehrkräfte, Eltern und Hörgeschädigte angeboten.

Dies sind zum einen Seminare für Lehrkräfte von Regelschulen, die sich in einem dreitägigen Kurs über Hörschädigungen, den Unterricht in der Sonderschule und über Fragen der Integration informieren können. Die Kurse werden landesweit gemeinsam mit dem „Institut für Praxis und Theorie der Schule“ ausgeschrieben.

Wichtiger Bestandteil der Fortbildungsveranstaltungen ist der Kontakt und Austausch mit anderen Betroffenen.

Das gilt insbesondere für die Teilnehmer der Seminare für Eltern mit ihren hörgeschädigten Kindern.

Diese haben auch die Möglichkeit, am Unterricht in der Hörgeschädigtenschule teilzunehmen.

Die Freizeitseminare, zu denen hörgeschädigte Schülerinnen und Schüler aus integrativen Maßnahmen für eine Woche nach Schleswig eingeladen werden, haben eine erhebliche Bedeutung für die Identitätsbildung und die psycho-soziale Entwicklung der Hörgeschädigten. Schwerhörige in Einzelintegrationsmaßnahmen haben teilweise über lange Zeit keine Kontakte zu anderen Hörgeschädigten. Die Chance hierzu besteht während der Seminare. Ein weiterer inhaltlicher Schwerpunkt ist die Aneignung von hörtaktischen Kompetenzen. Außerdem nehmen die Schülerinnen und Schüler zeitweise auch am Unterricht in der Schwerhörigenschule teil. Für das Jahr 1996 sind regionale Seminare in den einzelnen Landkreisen bzw. den kreisfreien Städten vorgesehen, damit sich in den einzelnen Bezirken wohnortnahe Kontakte und Bindungen zwischen Hörgeschädigten, Eltern und Lehrkräften entwickeln.

c) Hörgeschädigte Schüler und Schülerinnen, bei denen die integrative Beschulung trotz aller Unterstützung zu scheitern droht, können an mehrwöchigen Hör- und Sprachtrainingskursen in der Hörgeschädigtenschule teilnehmen. Sie besuchen während dieser Zeit den Unterricht in einer entsprechenden Klasse und erhalten zusätzlichen Förderunterricht. Außerdem wird eine umfangreiche Diagnostik in den Bereichen Hörvermögen, Sprachkompetenz und allgemeine Entwicklung durchgeführt.

Nach Beendigung des Kurses wird in einem Hörgeschädigtenpädagogischen Gutachten der individuelle Förderbedarf des Schülers oder der Schülerin festgestellt. Wünschenswert wäre, daß die Kurse früher angeboten und mit einer größeren Förderintensität durchgeführt werden, damit Umschulungen an die Sonderschule noch häufiger vermieden werden.

d) Durch die verstärkte Einbindung des „Überregionalen Förderzentrums Hörgeschädigtenschule" in das Schulsystem des Landes Schleswig-Holstein hat die Öffentlichkeitsarbeit der Schule einen großen Stellenwert bekommen. Einzelne Eltern, Lehrer oder auch ganze Kollegien informieren sich in Schleswig. Daneben referieren die Beratungslehrkräfte der Abteilung für Integrative Beschulung vor Schulleiterversammlungen, in

Gesundheitsämtern und Elternversammlungen über Hörschädigungen und die Aufgaben des Bildungs- und Beratungszentrums.

Ziel dieser Bemühungen ist es, Eltern, Lehrkräften, Ärzten, Akustikern u.a. deutlich zu machen, daß die Staatliche Internatsschule für Hörgeschädigte Schleswig Dienstleistungen im Bereich Hördiagnostik, Beratung und Beschulung anbietet.

Es soll vermittelt werden, daß in der Schleswiger Schule hörgeschädigtenpädagogische Fachkompetenz „abgerufen" werden kann.

3. Konsequenzen der neuen Anforderungen

Der Auf- und Ausbau der Abteilung für Integrative Beschulung führte nicht zu einer erhöhten Zuweisung von Lehrerplanstellen; allerdings konnte durch die Intensivierung der integrativen Arbeit der Abbau von Stellen verhindert werden.

Alle erforderlichen Aufgaben müssen aus dem vorhandenen Stundenkontingent abgedeckt werden. Zwangsläufig führte diese Tatsache dazu, daß die stationäre Schule bei in etwa gleich bleibenden Schülerzahlen klassen- und jahrgangsübergreifend arbeiten muß. Bei einer Reihe von Lehrkräften der stationären Schule ist eine kritische Beurteilung der unterrichtlichen Integration von Hörgeschädigten festzustellen. Den Kolleginnen und Kollegen, die integrative Maßnahmen unterstützen, wird teilweise unterstellt, sie „verhinderten" in einer Reihe von Fällen die vermeintlich sinnvollere Beschulung Hörgeschädigter an der Sonderschule. Ein weiterer Grund für die kritische Sichtweise liegt in der Beschulung sogenannter „Seiteneinsteiger", also Hörgeschädigter, die aus Integrationsmaßnahmen in die Sonderschule überwechseln. Sie bedürfen häufig zunächst aufwendiger Eingliederungshilfen.

Die Vorsitzende der Bundesgemeinschaft der Eltern und Freunde hörgeschädigter Kinder, Hannelore Hartmann, schreibt in diesem Zusammenhang: „In unserem Land ... gilt... die Regelbeschulung leider noch zu oft als Konkurrenz zur Beschulung in der Schwerhörigenschule".[12]

Die Aussicht auf den möglicherweise unfreiwilligen Wechsel in eine der beiden Abteilungen des „Außendienstes" (ohne die erforderliche Vorbereitung und Ausbildung) verunsichert die Lehrkräfte der stationären Schule. Eine Rolle bei der Bewertung der schulischen Integration mag auch die fehlende Transparenz

---

[12] Hannelore Hartmann, Erwartungen..., S. 162

der Arbeit der Beratungslehrkräfte spielen. An der Schleswiger Schule hat sich daher inzwischen eine Arbeitsgruppe gebildet, deren Aufgabe es ist, mehr Informationen über die einzelnen Tätigkeitsbereiche zu vermitteln, um so vorhandene Unsicherheiten abzubauen.

Die grundsätzliche Bewertung von Integration wird auch davon beeinflußt, daß Lehrkräfte zum Teil über viele Jahre an einer Sonderschule tätig waren, ohne Einblicke in die Allgemeine Schule zu haben. Außer auf Anforderungen, die aus der integrativen Arbeit entstehen, muß die Hörgeschädigtenschule angemessen darauf reagieren, daß

- Eltern von Hörgeschädigten eine ausschließlich lautsprachlich-hörgerichtete Förderung ihre Kinder erwarten, die jeden Einsatz von Gebärden vermeidet
- andere Eltern den bilingualen Ansatz bevorzugen
- bei mehrfachbehinderten Schülern unter Umständen nur non-verbal unterrichtet werden muß
- Schüler/innen mit Cochlea-Implantaten in die Förderung aufzunehmen sind.

Ein erheblich verändertes Tätigkeitsprofil bringen integrative Maßnahmen vor allem für die Beratungs- und Unterstützungslehrkräfte mit sich. Die Mitarbeiter müssen Fähigkeiten entwickeln, für die sie nicht ausgebildet wurden und die der üblichen Arbeit eines Hörgeschädigtenpädagogen so gut wie gar nicht mehr entsprechen.

An der Schleswiger Schule mußte ab 1991 zunächst einmal mit einem kleinen Team die Abteilung für Integrative Beschulung aufgebaut werden, wobei sich die personelle Zusammensetzung in jedem Schuljahr veränderte.

Die Beratungslehrkräfte kommen ihren wesentlichen Aufgaben an 2 bis 3 Tagen in der Woche alleine in ihren Betreuungsbezirken nach und müssen hierfür zum Teil große Entfernungen mit dem PKW zurücklegen. Für sie gibt es überwiegend keinen festen Stundenplan mehr; die Arbeitszeiten werden individuell nach den Erfordernissen der Beratung und Unterstützung gestaltet. Die Tätigkeit in Schulen und Elternhäusern, bei Hörgeräteakustikern und Ärzten, in Gesundheits- und Schulämtern erfordert eine große Belastbarkeit und Flexibilität.

Die Berater und Beraterinnen müssen über detaillierte physikalisch-technische Kenntnisse und über ein gutes anatomisches Wissen verfügen. Die Lehrkräfte müssen die wesentlichen Teile des Behindertenrechts kennen und Einblick in das soziale und schulische System des Landes Schleswig-Holstein haben.

Neben guten pädagogischen Fähigkeiten, die Regelschullehrern auch demonstriert werden müssen und die im Team einzusetzen sind, wird von den Mitarbeitern der Abteilung für Integrative Beschulung vor allem eine ‘Professionelle Beratungskompetenz’ erwartet. Diese erfordert eine grundlegende, umfangreiche Ausbildung, die durch ständige Fortbildungsmaßnahmen aktualisiert werden muß.

Im Rahmen der Beratung werden die Pädagogen mit persönlichen Problemen und Schicksalen Hörgeschädigter und ihrer Angehörigen konfrontiert, die teilweise sehr belastend sein können. Zur Zeit wird versucht, in ausführlichen Gesprächen mit dem Abteilungsleiter und im Team Probleme aufzuarbeiten. Als Ergänzung wäre außerdem eine professionelle Supervision erforderlich.

4. Perspektiven

Die Schule für Hörgeschädigte entwickelt sich zu einer Angebotsschule, die ihre Aufgabe als Bildungs- und Beratungszentrum für alle Hörgeschädigten des Landes Schleswig-Holstein versteht. Die Intensivierung der schulischen Integration von Hörgeschädigten wird die Aufgaben der Lehrkräfte weiterhin erheblich verändern.

Generell wird in einem Förderzentrum eine effiziente Zusammenarbeit aller Abteilungen verlangt. Das System muß insgesamt offen, transparent und flexibel sein. Die Hörgeschädigtenschule wird sich in Zukunft noch mehr als heute auf die folgenden Anforderungen einstellen müssen:

- Der schulischen Integration Hörgeschädigter ist Priorität vor der Sonderschule einzuräumen.
- Schüler der Hörgeschädigtenschule sind ständig auch daraufhin zu beurteilen, ob eine Re-Integration an die Allgemeine Schule möglich ist.
- Die Beschulung in der Sonderschule wird in vielen Fällen zeitlich begrenzt stattfinden.
- Häufige Umschulungen von der Regelschule in die Sonderschule und umgekehrt erfordern eine ständige Überprüfung der „Kompatibilität“ der Schularten (dies betrifft Inhalte und Unterrichtsformen)
- Die Förderung wird verstärkt dezentral durchgeführt; in den Landkreisen werden regionale Seminare u. ä. angeboten.

Wesentliche Inhalte der Förderung werden u.a. sein:

- „Hörrehabilitation“[13] (besonders wichtig: Hörtaktik)
- Erweiterung der kommunikativen Kompetenz
- Leseintensivkurse in der Sonderschule oder der Regelschule
- Unterstützung der psycho-sozialen Entwicklung
- gezielte „Nachhilfe“ z.B. im Fremdsprachenunterricht .

Hervorzuheben ist in diesem Zusammenhang, daß zur Zeit nur etwa die Hälfte aller Schüler und Schülerinnen mit hörgeschädigtenpädagogischem Förderbedarf von der Schleswiger Schule erfaßt sind. Von der Hörgeschädigtenschule beschult und unterstützt werden im Jahre 1996 etwa 500 Kinder und Jugendliche. Bei einer Gesamtschülerzahl von ca. 300000 in Schleswig-Holstein ist allerdings von ca. 900 Hörgeschädigten (= 0,3%) auszugehen, die einen sonderpädagogischen Förderbedarf haben. Auf dem Gebiet der Diagnostik, Erfassung und Beratung der bisher nicht unterstützten Hörgeschädigten besteht noch ein großer Nachholbedarf.

Bei allen Lehrkräften ist das Bewußtsein dafür zu entwickeln, daß neben den traditionellen Fähigkeiten des Hörgeschädigtenpädagogen in Zukunft Kompetenzen in präventiver und integrativer Arbeit erwartet werden. Um diesen Anforderungen gerecht zu werden, ist es empfehlenswert, daß die Pädagogen zeitlich begrenzt in allen Abteilungen der Schule tätig werden.

Gesellschaftliche Integration Behinderter ist „Weg und Ziel“ zugleich: die konkreten integrativen Maßnahmen sollten daher zum frühestmöglichen Zeitpunkt beginnen. Die an der Hörgeschädigtenschule angebotenen Hör- und Sprachtrainingskurse müssen schon zum Zeitpunkt der Früherziehung und auch in der Vorschule gemeinsam mit Nichtbehinderten durchgeführt werden.

Die Kooperation der Schwerhörigen- und Gehörlosenschule mit der allgemeinen Schule sollte ausgebaut und vertieft werden. Jede Klasse der Hörgeschädigtenschule kann gemeinsame Aktivitäten mit einer Partnerklasse der Regelschule entwickeln. Für geeignete Fächer und Stunden ist auch ein zeitweiser gemeinsamer Unterricht mit normalhörenden Schülern denkbar. Organisiert werden kann diese Form des sozialen Lernens sowohl in der Sonderschule als auch in der Regelschule.

Für die Diskussion um die angemessene Beschulung Hörgeschädigter lassen sich hieraus unter anderem folgende Fragen ableiten:

---

[13] Hannelore Hartmann, Erwartungen..., S. 163 ff

Ist das in Schleswig-Holstein praktizierte Förderzentrumssystem generell in der Lage, dem schulischen Förderbedarf Hörgeschädigter gerecht zu werden? Ist es weiterhin geeignet, die integrative Beschulung Hörgeschädigter entscheidend zu intensivieren?

In einer Beurteilung der Förderzentrumsarbeit im Saarland schreibt Hans Wokken, daß „unter dem Schutzschild progressiver Absichten ... an der Stabilisierung und Aufstockung sonderpädagogischer Einrichtungen gearbeitet wurde". Nach Wocken kommt es nicht zur angestrebten „Umschichtung"[14] der Schüler und Schülerinnen von der Sonderschule zur Allgemeinen Schule. Auf den ersten Blick bestätigen die Erfahrungen und Ergebnisse der Schleswiger Schule aus den letzten 5 Jahren Wockens These. Die Schülerzahlen der Hörgeschädigtenschule sind in den letzten Jahren zwar rückläufig, die Zahl der an Allgemeinen Schulen integrativ unterrichteten und unterstützten Hörgeschädigten hat sich allerdings nicht nennenswert verändert. Für eine Bewertung der Förderzentrumsarbeit sind allerdings noch andere Kriterien als die Statistik maßgebend:

- Im Jahre 1990 wurden in Schleswig-Holstein ca. 230 (bei der Hörgeschädigtenschule erfaßte) Hörgeschädigte an Allgemeinen Schulen praktisch ohne fachpädagogische Hilfen gemeinsam mit Nichtbehinderten beschult.
- 1996 wird etwa die gleiche Anzahl je nach individuellem Förderbedarf kontinuierlich mit insgesamt 260 Lehrerwochenstunden unterstützt. Die Begleitung integrativer Maßnahmen ist also deutlich intensiviert worden, das Scheitern der gemeinsamen Beschulung zumindest unwahrscheinlicher geworden.
- Das Förderzentrum ist schwerpunktmäßig auch bei der Diagnostik und Erfassung Hörgeschädigter tätig und hat diesen Bereich erheblich ausgebaut.
- Durch eine gezielte Öffentlichkeitsarbeit ist das Bewußtsein für die Belange der Hörgeschädigten und insbesondere für die Möglichkeiten der integrativen Beschulung entwickelt und verstärkt worden.

Bei Eltern und Schülern und Schülerinnen wächst mit der Intensivierung der integrativen Arbeit auch die Akzeptanz der stationären Hörgeschädigtenschule. In diesem Sinne dient die Förderzentrumsarbeit auch der Stabilisierung der Sonderschule. Daß für die Förderung Hörgeschädigter die integrative Beschulung oder der Unterricht an der Sonderschule gewählt werden können, macht allerdings durchaus Sinn: Hörschädigungen gehen in aller Regel einher mit einer Kommu-

---

[14] Hans Wocken, Weiterentwicklung...; in: VDS-Materialien, S. 40 ff

nikationsbehinderung und teilweise auch mit einer erschwerten psycho-sozialen Entwicklung. In einer Reihe von Fällen sind die organisatorischen, personellen und sächlichen Rahmenbedingungen der Allgemeinen Schule zur Zeit nicht ausreichend, dem umfassenden Förderbedarf der Hörgeschädigten gerecht zu werden. Mit einer weiteren Intensivierung der integrativen Arbeit ist eine „Umschichtung" im Sinne Wockens von der Sonderschule zur Allgemeinen Schule möglich. Betrachtet man die Integration Behinderter als „normative Prämisse"[15], ist die Entwicklung des Systems der Förderzentren allerdings kritisch zu hinterfragen.

Fragen zur Akzeptanz von Behinderungen sowie die generelle Thematik der Integration müssen an der Hörgeschädigtenschule ausführlicher als bisher diskutiert werden. Ist eine „humane und gleichzeitig effektive Erziehung und Förderung behinderter Kinder ... ein Motiv für die Separierung"[16], oder ist gemeinsamer Unterricht „eine demokratische Selbstverständlichkeit, die auf empirische Bestätigung, also auf positive Erfahrungen nicht angewiesen ist?"[17] Besondere Bedeutung bei der Bewältigung der veränderten Aufgaben kommt der Ausbildung der Hörgeschädigtenpädagogen zu. An den Universitäten muß neben dem traditionellen Studium auch auf die integrative Arbeit eingegangen werden. Wichtig erscheint vor allem die Vermittlung von Beratungskompetenz. Außerdem sind didaktische Konzepte für den gemeinsamen Unterricht von Behinderten und Nichtbehinderten zu entwickeln. Die grundsätzliche Frage, ob im Flächenstaat Schleswig-Holstein eine zentrale Hörgeschädigtenschule ihren Platz hat, oder ob eine ausschließlich dezentral organisierte integrative Beschulung Hörgeschädigter ausreicht und sinnvoll ist, läßt sich nach den Erfahrungen der letzten 5 Jahre so beantworten: Beide Formen der Beschulung haben ihre Berechtigung für Hörgeschädigte; die jeweilige Entscheidung ist immer individuell - abhängig vom Förderbedarf des Hörgeschädigten - zu fällen. Außerdem brauchen die Beratungs- und Unterstützungslehrkräfte die fachspezifische Anbindung an die Hörgeschädigtenschule. Nur so kann Sonderpädagogik im integrativen Sinne weiterentwickelt werden.

Der Landesverband Schleswig-Holstein des Verbandes deutscher Sonderschulen hat im August 1996 Forderungen formuliert, die auch für das Überregionale Förderzentrum Hörgeschädigtenschule Gültigkeit haben. Sie lassen sich in den folgenden fünf Punkten zusammenfassen:

---

[15] Georg Antor, Pluralität der schulischen Normen - Uniformität des Lernortes; in: Lersch/Vernooij (Hrsg.): Behinderte Kinder und Jugendliche in der Schule, S. 33

[16] Lersch, Vernooij: Behinderte Kinder..., S. 9

[17] Antor: Pluralität..., S. 33

- Das Förderzentrum koordiniert mit anderen die sonderpädagogische Förderung aller beteiligten Institutionen.
- Das Förderzentrum muß flächendeckend individuelle Angebote an spezifischen Förderkonzepten vorhalten.
- Das Förderzentrum bietet als lernortunabhängiges Fördersystem institutionalisiert ambulante, mobile, präventive, integrative, teilintegrative, nachschulische sowie stationäre Sonderpädagogik an.
- Nur das Förderzentrum unter sonderpädagogischer Leitung kann sonderpädagogische Kompetenz weiterentwickeln und transferieren.
- Ziel aller sonderpädagogischen Arbeit ist die berufliche und gesellschaftliche Integration.

Literatur:

Schleswig-Holsteinisches Schulgesetz vom 1. 8. 1990

Ordnung für Sonderpädagogik vom 24. 11. 1992

Arbeitsgruppe Integration Schleswig: Unterrichtliche Integration hörgeschädigter Kinder, Hörgeschädigtenpädagogik Beiheft 30. Heidelberg 1992

Degner, Ingo: Zur Arbeit der Integrativen Abteilung der Staatlichen Internatsschule für Hörgeschädigte in Schleswig auf Grundlage schulrechtlicher Veränderungen seit 1990. Wissenschaftliche Hausarbeit im Fachbereich Erziehungswissenschaft der Universität Hamburg. 1994

Gers, Dieter (Hrsg.): Das Sonderpädagogische Förderzentrum. Hannover 1991

Hartmann, Hannelore: Erwartungen der Bundesgemeinschaft der Eltern und Freunde hörgeschädigter Kinder e. V. an die Schulen für Schwerhörige mit Einbeziehung von Zukunftsperspektiven; in: Hörgeschädigtenpädagogik 3/96

Lersch, Rainer / Vernooij, Monika A (Hrsg.): Behinderte Kinder und Jugendliche in der Schule. Bad Heilbrunn 1992

Löwe, Armin: Pädagogische Hilfen für hörgeschädigte Kinder in Regelschulen. Heidelberg 1992

Schmidt, Horst-Friedrich /Peter Wachtel (Hrsg.): Sonderpädagogische Förderzentren. Würzburg 1996

Wocken, Hans: Hilfsschule - Schule für Lernbehinderte - Förderschule; in: Zeitschrift für Heilpädagogik 7/96

Irene von Mende-Bauer & Manfred Hintermair

Schulische Angebote zur Auseinandersetzung mit der Hörschädigung - ein Thema auch für die Schwerhörigenschule?

1. Thematisierung von Hörschädigung - eine theoretische Wende und die Notwendigkeit ihrer Umsetzung in die Praxis (M. Hintermair)

1.1. Identitätsfindung als ein zentraler Aspekt hörgeschädigtenpädagogischer Fragestellungen in den 90er Jahren

Die Fixierung der Hörgeschädigtenpädagogik auf die sicherlich sehr wichtige Frage, wie (vor allem) gehörlose Menschen zur (Laut)Sprache kommen, hat dazu geführt, daß Fragen zur Identitätsfindung hörgeschädigter Menschen in den fachlichen Diskussionen vergleichsweise spät gestellt wurden. Der Blick auf den „auditiven Faktor" verengte die Perspektive und demzufolge wurde auch das, was „das Entscheidende" an der Hörschädigung ausmacht, lange Zeit ausschließlich von den Fachleuten definiert und in entprechende Konzepte umgesetzt.

Wenn nun das Thema „Identität" auch in deutsche Lande Einzug gehalten hat, so muß man auch hier wieder feststellen, daß seine Bearbeitung eine recht geteilte Aufmerksamkeit erfuhr; d.h., daß es gerade in den letzten Jahren sehr stark im Bezug auf gehörlose Menschen präzisiert und mit Vorschlägen für die praktische Arbeit untermauert wurde (vgl. z.B. die Aktivitäten des Zentrums für Deutsche Gebärdensprache in Hamburg); drängenden Fragen der Schwerhörigkeit wurde - gerade was Praxiskonzepte betrifft - nicht mit dieser Intensität begegnet, vielleicht auch, weil sich die Notwendigkeit dazu für viele PädagogInnen (und auch für viele Betroffene??) nicht so drängend stellte (vgl. allerdings Claußen 1980, Ding 1981, Kruse & Kiefer-Paehlke 1988, Horsch 1991). Das Leben mit einer Schwerhörigkeit (im Vergleich zur Gehörlosigkeit) als ein Leben gewissermaßen in einer „Grauzone" und mit vergleichsweise sehr viel weniger „Griffigkeit" hatte somit auch Folgen für die identitätstheoretischen Diskurse innerhalb der Schwerhörigenpädagogik und hier insbesondere bezüglich differenzierterer und vor allem konzeptueller Präzisierungen im Bereich der Schule.

Was an der Situation gehörloser Menschen machte dann dieses Thema insgesamt soviel intensiver und unmittelbarer zugänglich für das pädagogische Handlungsfeld als dies für schwerhörige Menschen gelang?

Das aufkeimende Interesse (vgl. im folgenden Hintermair 1996) an Fragen der Identitätsfindung bei gehörlosen Menschen wurde möglich über die (wenn oft auch nur mühsam und schmerzhaft vollzogene) Öffnung des Bildungs- und Erziehungsspektrums gegenüber der Gebärdenfrage. Damit ist nicht gemeint, daß durch die Einbeziehung von Gebärden(sprache) schon die Lösung aller Probleme gehörloser Menschen gewährleistet wäre. Sie hat aber den Weg frei gemacht, das Thema „Gehörlosigkeit" in seiner Ganzheit zu betrachten und über die Einbeziehung der sozialen Dimension auch Fragen der Identität präziser zu formulieren. Es wird somit zunehmend möglich, Schwierigkeiten, die gehörlose Menschen ja durchaus haben können, nicht mehr der bloßen Tatsache des Nichthörenkönnens zuzuschreiben, sondern sie im Kontext der Entwicklungsbedingungen, denen gehörlose Menschen ausgesetzt sind, zu analysieren, um ein Verstehen der Probleme zu ermöglichen und aus diesem Verstehen heraus dann nach möglichen Handlungsstrategien zu suchen (vgl. Hintermair 1994/95, 368ff). Die Verengung auf das Konzept „Lautsprache" wird hiermit überschritten; es findet ein Perspektivenwechsel statt hin zu einem ökologischen Entwicklungsverständnis, aus dem heraus Entwicklung als ein vielschichtiger und vor allem vielfältig beeinflußbarer Prozeß begriffen wird.

Was ist durch diese veränderte Sichtweise geschehen bzw. was zeigt sich an zukünftiger Perspektive noch auf?

Grundsätzlich wird im Sinne des Empowermentansatzes (vgl. Rappaport 1985) die einseitige Sicht einer Defizitperspektive dialektisch ergänzt durch eine Kompetenzperspektive. Gehörlose Menschen haben nicht nur Mängel, sondern sie verfügen über vielfältige Fähigkeiten, die sie unter entsprechenden Bedingungen aktiv und produktiv zur Lebensbewältigung zum Einsatz bringen können: Gehörlose Menschen haben eine eigene visuell ausgerichtete Sprache mit eigenen Gesetzmäßigkeiten, mit der sie auf einmal nicht mehr nur behindert sind, sondern vollwertige Mitglieder in unserer Gesellschaft; es zeigt sich weiter, daß sich unter gehörlosen Menschen im Rahmen der Gesamtkultur eigene spezifische Lebensformen, Gewohnheiten, verschiedenste Facetten von künstlerischen Aktivitäten und Selbstdarstellungen, etc. ausbilden, die sich unter der Überschrift „Gehörlosenkultur" mehr und mehr zu formen beginnen. Dieses Wahrnehmen eigener (Über)Lebensformen führt zur Auseinandersetzung mit der Vergangenheit und schafft über diesen Weg ein Bewußtsein für die Geschichte der eigenen Gruppe bzw. Sprachgemeinschaft. Es tun sich so Möglichkeiten des Lebens auf, die zwar die hörende Welt nach wie vor im Auge behalten, aber sich nicht mehr in alleiniger Abhängigkeit von dieser Welt und ihren Anforderungen definieren. Auch durch das CI rücken solche Fragen verstärkt in den Vordergrund, wenn sie auch derzeit nur zögerlich und zum Teil widerwillig zur Kenntnis genommen werden.

Es ist in diesem Sinne nur logisch, diese Perspektiven in einen entwicklungspsychologischen Zusammenhang zu stellen und zu überlegen, was es alles braucht, um solche Selbtsbewußtseinsprozesse gut auf die Wege zu bringen. Dementsprechend wurden auch Vorschläge entwickelt, um das Thema „Gehörlosigkeit“ im Unterricht zur Sprache zu bringen (vgl. z.B. Hintermair & Voit 1990, 104ff., Poppendiecker 1992, Ueding 1988) oder auch um eine gelungene Persönlichkeitsförderung zu gewährleisten (vgl. Greenberg & Kuschè 1993).

Und was ist bei den Schwerhörigen? Verschiedene Themen stellen sich vielleicht auf den ersten Blick nicht so drängend wie bei den Gehörlosen; der Erwerb der Lautsprache scheint hier wohl eine noch weniger zu hinterfragende Selbstverständlichkeit zu sein als bei Gehörlosen; die Gebärden(sprache) und somit die Funktion einer eigenen Sprachgemeinschaft scheinen ebenfalls auf Grund der in der Regel sehr gut verfügbaren Lautsprachkompetenz sowie auch der Heterogenität der Gruppe keine Rolle zu spielen; entsprechend kann auch von keiner eigenen Kultur die Rede sein; usw....

So mußten auch hier - wie bei den Gehörlosen - die Betroffenen selbst erst auf den Plan treten, um neue Impulse zu setzen und dadurch eine neue Dynamik in die Diskussionen der Schwerhörigenpädagogik zu bringen. Vor allem die Bundesjugend im Deutschen Schwerhörigenbund um Birgit Weber und Jochen Müller hat hier seit einigen Jahren angefangen, spezifisch aus der Perspektive der „Frühschwerhörigen“ Akzente zu setzen, die die Auseinandersetzung mit der eigenen Schwerhörigkeit betonen und Foren finden, um diese Auseinandersetzung intensiv voranzutreiben (vgl. z.B. Müller & Weber 1995, Weber 1995, Müller & Heeg 1993). Sie beschreiben z.B. immer wieder sehr deutlich, wie begrenzt die Möglichkeiten des Absehens, der körpersprachlichen Deutung, der Nutzung des Restgehörs sowie der Kombinationsfähigkeit in Kommunikationssituationen mit Guthörenden sind, wiewohl alles daran zu setzen ist, diese Möglichkeiten im Sinne einer vernünftigen Hörtaktik so gut wie möglich einzusetzen. Dennoch ist das Erleben vieler „Frühschwerhöriger“ bestimmt von Streß: „Der ‘Streß durch unsichere Kommunikation’ ist und bleibt ein ständiger Begleiter im Leben schwerhöriger Menschen“ (Müller & Weber 1995, 38). Sie beschreiben sehr eindringlich, daß in dieser Streßsituation der Keim liegt für das „sich nicht Bekennen zu der eigenen Behinderung“, das sich in den verschiedensten Verhaltens- und Einstellungsmustern im Alltag wiederspiegelt: Sich isolieren, im Gespräch an oberflächlichen Inhalten verbleiben, in Gruppenkommunikationen sich stoisch ruhig verhalten, etc. (38). Jochen Müller und Birgit Weber meinen weiter, daß diese „Versteckttaktik“ über viele Jahre die Arbeit der Bundesjugend wie ein roter Faden durchlief und erst jetzt seit einigen Jahren - nachdem die Krise nicht mehr wegzureden war - offensiv angegangen wird.

Auch hier muß sich natürlich dann irgendwann auch aus entwicklungspsychologischer und identitätstheoretischer Perspektive die Frage stellen, ob solche Auseinandersetzungsprozesse nicht schon relativ früh zu inszenieren sind, um das schwerhörige Kind möglichst frühzeitig für mögliche soziale und kommunikative Anforderungen des Lebens zu wappnen. Und welcher andere Ort als die (Schwerhörigen-)Schule bietet sich neben der Familie hierfür besser an?

1.2. Zur Notwendigkeit eines Theorie-Praxis-Dialogs

Ich möchte in diesem Abschnitt aus einem sehr persönlichen Rückblick heraus beschreiben, wie sich die Zusammenarbeit zwischen Irene und mir entwickelte.

Wie kommt es also, daß ein Hochschullehrer und eine Lehrerin einer Hörgeschädigteneinrichtung gemeinsam an einer Sache arbeiten? Eigentlich sollte es eine Selbstverständlichkeit sein, dennoch trifft man dies immer noch viel zu selten an (vgl. aber z.B.: Workshop „Theorie-Praxis-Dialog" zum Thema „Gehörlosigkeit - ein Thema für den Unterricht?" an der Universität München, Lehrstuhl für Gehörlosen- und Schwerhörigenpädagogik am 10.2.96): Zu gerne widmen sich WissenschaftlerInnen ihrem Schaffen im Elfenbeinturm, zu sehr werden die Praktiker im Strudel ihres pädagogischen Alltags „verbraten". So können recht schnell gegenseitige Zuschreibungen entstehen, wenn die Praktiker beklagen „Was wissen denn die schon von unseren Problemen" oder die WissenschaftlerInnen sticheln „Wie theorielos 'wurschteln' denn die vor sich hin", ...

Auch unser Zusammentreffen war - ehrlich gesagt - eher zufällig. Kennen tun wir uns schon lange, so ca. 10 Jahre. Irene war immer wieder mal als Gast zu unseren Elternwochenenden der Frühförderung eingeladen, die die pädoaudiologische Beratungs- und Frühförderstelle München seit 1984 regelmäßig durchführt und bei denen u.a. die Beiträge Selbstbetroffener eine wichtige Rolle spielen (vgl. Hintermair 1988).

Doch erst 1995 ergab sich ein intensiverer Kontakt: Irene rief mich an und meinte, sie hätte angefangen, im Sinne von Hörtaktik etwas Neues an der Schwerhörigenschule auszuprobieren und wollte wissen, was ich davon hielt. Ich selber hatte gerade begonnen, intensiver über Möglichkeiten der Persönlichkeitsförderung bei gehörlosen Kindern nachzudenken (vgl. Greenberg & Kusche 1993, Hintermair 1994/95, 6ff.) und so waren Offenheit und Kontakt schnell hergestellt. Irene gab mir dann Einblick in ihre bisherigen konzeptionellen Überlegungen und vor allem in ihre praktische Arbeit. Ich besuchte sie öfters bei dieser Arbeit, machte einige Videoaufnahmen, war bei Elternabenden dabei .... und war begeistert! Wir diskutierten viel und ich ermutigte Irene, ihre Ideen und praktischen Umsetzungen zu verfeinern und vor allem daran zu glauben, daß die

Sache an sich prima sei. Irene wird im zweiten Teil dieser Arbeit einen genaueren Einblick geben in die Aktivitäten, die sie mit den schwerhörigen SchülerInnen durchführte. Ich hoffe, daß in der vorliegenden Papierform zumindest noch ein Großteil der Intensität und Begeisterung rüberkommt, der bei den SchülerInnen stets zu spüren war. Und ich hoffe weiter, daß bei manchen Fachleuten der Funke überspringt und manche neugierig werden, die beschriebenen Dinge mal selber auszuprobieren bzw. sie in ihrer Einrichtung zu diskutieren.

Sogesehen paßt dieses Projekt in den pädagogischen Zeitgeist und findet nun auch seine Konkretisierung für den Bereich schwerhöriger Schüler, nachdem zuvor - wenn überhaupt - die Situation gehörloser Schüler meist im Vordergrund stand. Auch für schwerhörige Menschen gilt, daß sie bei aller Notwendigkeit sog. behinderungsspezifischer Maßnahmen nicht auf ihre sprachlichen Möglichkeiten oder auch (sehr viel häufiger) Unfertigkeiten reduziert werden dürfen, daß also Schwerhörigkeit mehr ist als nur eine „Hör- und Sprachangelegenheit“. Die sozial-kommunikativen Beziehungen bzw. die äußere (Verhalten/Handeln) wie innere Seite (Erleben) der Alltagserfahrungen schwerhöriger Kinder brauchen eine Plattform, auf der sie thematisiert und bearbeitet werden können und so sich letztendlich Identität entwicklen kann.

Die verschiedenen Identitätskonzepte (z.B. Mead, Krappmann, Erickson, Keupp, etc.), die ja auch für den Bereich der Hörgeschädigtenpädagogik Impulse gesetzt haben (vgl. Ahrbeck 1992, Horsch 1991, Ding 1981, Hintermair & Voit 1990, Kruse & Kiefer-Paehlke 1988, etc.) fangen an, auch im Bereich schwerhöriger Kinder in Praxiskonzepte umgesetzt zu werden.

Uns ist klar, daß das Beschriebene erste Anfänge sind, die sicherlich erweiterungs- und auch veränderungswürdig sind. Man kann sich also z.B. durchaus darüber streiten, ob all diese Inhalte in Form eines eigenen Faches oder einer eigenen Stunde thematisiert werden müssen. Auch die Bezeichnung dessen, was in all diesen Unterrichtsstunden passiert, ist mit dem Begriff „Hörtaktik“ sicherlich noch zu eng beschrieben; die emotionale Dimension wird dadurch zu wenig erfaßt. Man wird sich auch über das Thema LBG (das hier (noch) keinen Eingang gefunden hat) sicherlich noch sehr intensiv Gedanken machen müssen; hier hat die Diskussion über Notwendigkeit oder Unsinn erst angefangen und braucht noch Zeit, um alle Ecken und Kanten abzuschleifen.

Aber es ist ein Anfang - und wie ich denke kein schlechter!

2. Hörtaktik, ein neues Fach an der Schule für Schwerhörige? (Irene von Mende-Bauer)

2.1. Aus dem Alltag gegriffen

"Können wir bitte den Platz tauschen, das Licht blendet so !" Freundlich schaut Felix seinen Mitschüler an. Franz erhebt sich von seinem Platz am Fenster und bietet seinem Freund den Stuhl an. Felix setzt sich auf den neuen Platz. Abwartend blickt er in die Runde. Applaus kommt auf. Kinderhände klatschen. Ich frage Felix: "Wie fühlst du dich jetzt?" Felix verschränkt seine Arme und verkündet, daß es ganz einfach gewesen sei. Es habe ihm nichts ausgemacht, seinen Gesprächspartner um etwas zu bitten. Nun kommt auch Franz zu Wort. Es war nichts besonderes, mit jemandem den Platz zu tauschen, wenn er es sich wünscht. Hände fliegen in die Höhe, Finger schnalzen. Jeder möchte selber beim Rollenspiel teilnehmen. Ich verteile die Rollen aufs Neue. Es ist Freitagmorgen. Wir befinden uns in der Schule für Schwerhörige in Johanneskirchen/München. Auf dem Stundenplan steht: Förderunterricht „Hörtaktik / Verhaltens- und Kommunikationstraining für Schwerhörige".

2.2. Zur Entstehungsgeschichte des Faches „Hörtaktik" an der Schule für Schwerhörige in Johanneskirchen

Blicken wir zurück auf das Jahr 1986. Eine Frau bittet um Hilfe. Sie wird mit ihrer zunehmenden Schwerhörigkeit nicht fertig. Von ärztlicher Seite wird ihr ein Aufenthalt im Rehabilitationszentrum für Ertaubte und Schwerhörige in Rendsburg empfohlen. Diese Empfehlung soll das Leben der Frau hinsichtlich ihrer Hörbehinderung stark verändern. Sommer 1986 besucht sie ein ihr angebotenes Seminar im Rehabilitationszentrum in Rendsburg. Unterrichtsinhalte sind (vgl. Hase 1989, 11ff):

- Mundablesetraining
- Körpersprache
- Hörtraining
- Hörtaktik / Kommunikationstaktik
- Sprech- und Sprachpflege
- Umgang mit technischen Hilfen für Hörbehinderte
- Einführung in das Sozial- und Behindertenrecht

Das Seminar besteht aus 160 Unterrichtsstunden. Nach vier Wochen intensivem Training, interessanten Gesprächen, lebhaften Rollenspielen und fachkundiger Beratung verläßt diese Frau Rendsburg. Sie verläßt Rendsburg mit einer Selbstsicherheit, einem Selbstbewußtsein und einer großen Portion Lebenslust. Diese Frau bin ich.

Die neuerworbene Erkenntnis, daß man mit (nicht trotz) seiner Hörbehinderung gut in einer hörenden Welt zurechtkommen kann, macht mich stark. Nach dem Aufenthalt in Rendsburg konnte ich freier, ohne Angst vor weiteren Hörverschlechterungen, meinen Lehrerberuf ausüben. Die Arbeit und das Leben machten mir wieder Spaß. Ich hatte auf einmal Energien frei für neue Ideen. Anfang 1992 stellte ich mich bei der Münchner Volkshochschule vor. Ich bot einen Kurs für hörgeschädigte Erwachsene an, mit dem Thema: Hörtaktik für Schwerhörige und Ertaubte. Ich bekam einen Lehrauftrag, zusammen mit einer weiteren schwerhörigen Dozentin. Im Herbst 1992 fand das erste Seminar statt. Seitdem wird der Kurs einmal pro Semester angeboten.

2.3. Ein Unterrichtsmodell wird vorgestellt

Nachdem ich sehr viele positive Rückmeldungen von den Kursteilnehmern am Ende der Wochenendseminare erhalten hatte, wurde mir klar, daß ich auf dem richtigen Weg war. Ich als Selbstbetroffene konnte anderen erwachsenen Hörgeschädigten helfen, mit ihrer Behinderung zurechtzukommen. Warum sollte es nicht auch möglich sein, mit jungen Hörgeschädigten an der Kommunikation und am Verhalten zu arbeiten, um besser mit der Behinderung in einer hörenden Welt leben zu können. Wie Schuppen fiel es mir von den Augen. Nicht nur Wissensvermittlerin wollte ich sein, sondern den jungen Menschen an unserer Schule für Schwerhörige die Möglichkeit anbieten, sich an ihrer besonderen Lernstätte - es ist ja eine besondere Schule - mit ihrer Behinderung auseinanderzusetzen, an ihr zu arbeiten.

Dem Schulleiter der Schule für Schwerhörige in München-Johanneskirchen stellte ich nun mein geplantes Projekt vor. Ich bekam von ihm die Genehmigung, im Rahmen des Förderunterrichtes, einmal wöchentlich eine 4. Jahrgangsstufe nach meinen Vorstellungen und Wünschen zu unterrichten. Tür und Tor für mein Projekt standen nun - nicht zuletzt durch seine Unterstützung - offen.

In dieser Zeit suchte ich auch Kontakt zu Manfred, um ihn mit meinen Ideen zu konfrontieren, und er bot sich an, mich bei meinem Projekt zu begleiten. Er bestärkte mich in meiner Auffassung, daß hörgeschädigte Kinder in der Schule die Möglichkeit erhalten sollten, sich mit ihrer Behinderung auseinanderzusetzen. Er besuchte mich - wie schon gesagt - im Unterricht und machte Videoaufnahmen von verschiedenen Unterrichtseinheiten. Seine Erfahrung und sein Fachwissen halfen mir in zahlreichen Gesprächen für die notwendige Reflexion meiner Gedanken und Aktionen. Ich begann nun, einen Lehrplan zu dieser Unterrichtseinheit aufzubauen (vgl. Kapitel 2.3.4.), der jetzt seit Beginn des Schuljahres

1994/95 an der Schule für Schwerhörige in München-Johanneskirchen im Bereich des Förderunterrichtes als Fach „Hörtaktik" angeboten wird. Im ersten Jahr wurden hierin Schüler und Schülerinnen einer 5. Jahrgangsstufe unterrichtet. Im zweiten Jahr (1995/1996) erhielt ich auf Grund der positiven Resonanz (vgl. Kapitel 2.4.) die Möglichkeit, in einer 1. und 4. Klasse im Rahmen des Förderunterrichtes Hörtaktik zu geben. Der Unterricht erfolgt einmal pro Woche einstündig. In dieser Stunde unterrichte ich eine ganze Klasse. Die MitschülerInnen kennen sich gut und können sich somit öffnen.

2.3.1. Das pädagogische Konzept - Ziele dieses Faches

Menschen mit einer Hörschädigung versuchen, sich möglichst unauffällig in der hörenden Welt zurechtzufinden. Sie versuchen sich anzupassen, wollen auf keinen Fall anders sein als Hörende. Dies gelingt ihnen erstaunlicherweise recht gut, aber unter welchem Kräfteaufwand, welchen Ausreden, Tricks und Versteckspielen. Dies beginnt bereits in der Kindheit. Schüler vergleichen sich. Sie behaupten untereinander, besser zu hören als der andere. Sie sind sich ganz sicher, alles verstanden zu haben, was man ihnen gerade gesagt hat. Fragt man nach, stellt sich heraus, daß dem nicht so ist. Technische Geräte, die das Hören und Verstehen erst ermöglichen, werden häufig hinter halblangem Haar versteckt. In der Pubertät werden die Hörgeräte oft ganz abgelehnt. Es kommt vor, daß die Jugendlichen nicht nur am Nachmittag ihre Hörgeräte ablegen, sondern auch probieren, während der Unterrichtszeit darauf zu verzichten. Dieses Verhalten ist verständlich, wenn wir bedenken, daß Hörgeschädigte keine Vorbilder haben. In der hörenden Welt, in der sie sich bewegen, gibt es selten Hörgeschädigte, die sich zu ihrer Behinderung wirklich bekennen. Menschen, die zugeben können, daß etwas nicht verstanden wurde, die gekonnt ein Gespräch zu führen gelernt haben, die auch einmal zeigen können, wie müde sie von diesem Tag sind. Selten gibt es Menschen, die locker ihre bunten Hörgeräte zeigen können. Deshalb ist es so wichtig, daß SchülerInnen an einer Schule für Schwerhörige neben dem vorgeschriebenen Unterrichtsstoff auch die Möglichkeit erhalten, zu erfahren, wie man mit seiner Hörschädigung in einer hörenden Welt gut zurechtkommt.

2.3.2. Überlegungen zur Methodik des Unterrichts

Das Fach ist sehr stark handlungsorientiert konzipiert. Dies gelingt sehr gezielt durch Basteln, Singen, Diskussionen, Erfahrungsaustausch, Rollenspiele, Entspannungsübungen, Malen, Einladen von Betroffenen, Interviews, Besuch am Arbeitsplatz, Videoaufnahmen... . Wie sehr ich diesen handlungsorientierten Unterricht praktiziere, wurde mir bewußt, als ein Schüler einer fremden Klasse eine Unterrichtseinheit miterlebt hatte. Zu Beginn des Unterrichts skizzierte ich einige wichtige Informationen an der Tafel. Der Schüler machte sein Federmäppchen auf und wollte alles auf dem Block mitschreiben. Dazu hatte er aber dann keine Zeit, da er eine Rolle in einem Rollenspiel übernehmen durfte. Ein Bewußtsein, ein Verhalten und eine Denkweise lassen sich leichter verändern durch aktive Teilnahme am Unterricht, durch Üben in der Realsituation. Dies geschieht in diesem Schuljahr (1995/96) sehr bewußt in einer ersten und vierten Jahrgangsstufe. Die Eltern der ersten und vierten Jahrgangsstufe erhalten wöchentlich Briefe, in denen die Unterrichtsziele und Übungsmöglichkeiten zur vorhergehenden Stunde festgehalten sind. So haben die Kinder die Möglichkeit, mit ihren Eltern die Umsetzung in Alltagssituationen zu erproben. Die in der Schule "erarbeiteten" Lernschritte werden zuhause vertieft und zugleich als ein kleiner Erfolg empfunden, denn die Übungen, eingebettet in einer Alltagssituation, bewirken eine Veränderung beim Gesprächspartner und somit an der Gesprächssituation. Eine Kommunikation erfolgt somit entspannter.

Es braucht Zeit, bis Kinder sich öffnen können um von ihrer Behinderung zu sprechen. Zunächst wird nur verglichen, wer besser hört, wer schlechter hört. Um sich wirklich öffnen zu können, bedarf es zuvor der Ruhe. Der erste Schritt einer jeden Stunde ist zunächst das gemeinsame Ablegen der Hörgeräte. Damit machen wir alle - ich inbegriffen - unsere Hörbehinderung sichtbar. Wir empfinden sie auch, denn wir hören uns nicht. In diesem Moment sind wir uns sehr nahe. Ein Zeitpunkt, um dann - mit Hörgeräten - über uns zu sprechen.

Hörbehinderte leben sehr angespannt. Sie versuchen, ihre Behinderung durch äußerste Konzentration, Fleiß und Unauffälligkeit zu kompensieren. Dieses Verhalten kostet Energie. Deshalb ist es wichtig, daß sich Hörbehinderte Gedanken machen, was ihnen gut tut. Vorschläge werden gesammelt. Manch einer, auch eine, möchte dann Fußball spielen, andere holen lieber ihre Kuscheltiere vom Regal, um sie danach neu zu ordnen. Allen Vorschlägen gemeinsam ist, daß die Kinder zu sich kommen, sich spüren. Die Schüler sollen in oder nach einer Streßsituation die Möglichkeit haben, sich sehr bewußt zu entspannen. Unsere gemeinsame auch erprobte Sammlung zu "Wie lasse ich es mir gut gehen" kann dann angewandt werden und helfen, sich wieder zu entspannen.

Besuch von hörbehinderten Erwachsenen ist für die 5. Jahrgangsstufe etwas Besonderes gewesen. Für viele Schüler war es ein erstes Zusammenkommen mit einem gleichbehinderten Erwachsenen. Nach einem gemeinsamen Spiel lockert sich die anfängliche Stimmung im Raum und die Schüler, sowie der Gast kommen sich schnell näher. Wenn man erfährt, daß der Gast vielleicht die gleiche Schwerhörigenschule besucht hat, dann kommen die Fragen von den Schülern von ganz allein. Interessant ist für die Kinder der Beruf so wie die Freizeitgestaltung des Besuchers. Auch wird nach der Bewältigung seiner Behinderung gefragt. Nach so einem Besuch im Unterricht wirken die Kinder sehr aufgeregt, aber auch sichtlich zufrieden.

Durch diese vorhergegangenen Beispiele soll ein erster Eindruck meiner Art des Unterrichtens zum Ausdruck kommen. Es ist aus meiner eineinhalbjährigen Erfahrung her die geeignetste Möglichkeit, an die oft versteckte, verborgene Behinderung der SchülerInnen vorzudringen, an ihr zu arbeiten und mit ihr - durch bewußtes Annehmen - gut zu leben.

Ich habe einen großen Vorteil gegenüber meinen hörenden Kollegen an der Schule für Schwerhörige im Unterrichten. Meine eigene Hörbehinderung - den Schülern wohlbekannt - hilft mir im Fach "Hörtaktik" zu überzeugen. Ich bin ihnen ein Vorbild. Viele Kinder wissen, daß ich schlechter höre als manch ein Mitschüler. Sie können mich auch täglich beobachten, wie ich mit meinen hörenden Kollegen und Kolleginnen kommuniziere.

2.3.3. Zusammensetzung der Schülergruppen

Ich möchte die Schüler, die im Fach Hörtaktik unterrichtet wurden oder werden, vorstellen. Sie sind zwischen sechs und fünfzehn Jahre alt. Unter siebenundzwanzig Kindern gibt es ein ausländisches Kind, dessen Hörschädigung sehr spät festgestellt wurde. Sein Wortschatz ist sehr gering. Bei einem anderen Kind wurde die Hörschädigung ebenfalls sehr spät erkannt. Unter den siebenundzwanzig Kindern sind :

- *fünf mittelgradig schwerhörig (*zwei davon mit Teilleistungsstörungen bzw. mit einer starken Entwicklungsverzögerung)
- *zehn mittel- bis hochgradig schwerhörig* (eines davon mit einem Spasmus und eines mit einer Sehschwäche)
- *zwölf hochgradig, an Taubheit grenzend hörgeschädigt* (drei davon mit einer Sehschwäche, eines mit Ohrgeräuschen)

2.3.4. Der Lehrplan des Faches „Hörtaktik"

Im folgenden möchte ich nun meinen Lehrplan vorstellen (der Unterrichtsverteilungsplan kann bei mir angefordert werden). Was den Umfang und die Verteilung der Lernziele in Unterrichtseinheiten über ein Schuljahr betrifft, seien vorab noch einige Bemerkungen gemacht:

Hörtaktik wird pro Klasse einmal wöchentlich angeboten. Die im folgenden aufgezählten und näher beschriebenen Lernziele können in einem Schuljahr behandelt werden. Lernziel 1 sollte aus psychologischen Gründen zu Beginn des Schuljahrs erarbeitet werden. Lernziel 2 und Lernziel 3 folgen aus pädagogischen Gründen im Anschluß daran: Nach dem Sichöffnen wollen sie endlich etwas dazulernen. Die Inhalte dieser Lernziele geben den Hörgeschädigten sehr konkrete Hilfen zur Selbsthilfe. Die anderen Lernziele (vgl. den Unterrichtsverteilungsplan) können nacheinander oder in beliebiger Reihenfolge behandelt werden.

2.3.4.1. Kennenlernen der Gruppe

Auch wenn wir PädagogInnen annehmen, die SchülerInnen kennen sich gut und wissen viel voneinander, dringe ich darauf, das Lernziel "Kennenlernen der Gruppe" zu Beginn des Schuljahres ausgiebig zu behandeln. Im alltäglichen Schulleben haben die Kinder und Jugendlichen viel zu wenig Zeit und Möglichkeiten, sich untereinander näher kennenzulernen. Zu Beginn und mit dem Ende des Unterrichtsvormittags bleiben den SchülerInnen nur wenige Minuten, sich privat zu unterhalten. Die Schulpausen sind laut. Die Kommunikation unter Schwerhörigen ist in dieser Zeit erschwert. Oft kommen meine SchülerInnen nach der Pause völlig erregt ins Klassenzimmer zurück, weil sie etwas falsch oder nicht verstanden haben oder sich in den zwanzig Minuten Pause als Außenseiter gefühlt haben.

2.3.4.1.1. Lernziel: Bereitschaft, sich auf die Hörbehinderung einzulassen

Sich auf seine Behinderung einzulassen, ist nicht einfach. Es ist viel leichter, sie zu verdrängen. Besonders die Schwerhörigkeit bereitet da Probleme. Sie ist unsichtbar. Das Schlecht- oder Falschhören sieht man nicht. Mit etwas Geschick und Glück kann man/frau diesen "Makel" durch angepaßtes Verhalten vertuschen. Das technische Hilfsgerät, das Hinter-dem-Ohr- oder Im-Ohrgerät läßt sich durch Überhängen langer Haare fein verstecken. Man/frau möchte doch so gerne normal sein.

Mit dem Fach Hörtaktik bekommen die SchülerInnen an der Schule für Schwerhörige die Möglichkeit, über ihre Schwerhörigkeit zu sprechen. Die Kinder werden zunächst behaupten, keine Probleme zu haben. Dann beginnt man zu vergleichen. Die SchülerInnen mit hochgradiger Hörschädigung werden genannt und in den Vordergrund geschoben. Man/frau deutet auf den anderen, nicht auf sich. Es liegt nun an der Lehrkraft, den Kindern Hilfen zu bieten, um sich auf ihre Behinderung einzulassen, d.h. in sich zu gehen.

Unterrichtsbeispiel:

Die schwerhörigen Kinder einer ersten Jahrgangsstufe durften für diese Stunde ihre Kuscheltiere mitbringen. Mein Ziel war es, die Schüler/innen zu bewegen, ihre Hörgeräte abzulegen, um im Stuhlkreis einfach miteinander zu erleben, wie es ist, ohne Hörhilfen zu hören. Um nicht ganz bloßgestellt zu sein in der Gruppe, hatte jeder sein Kuscheltier bei sich. Zaghaft wurden die ersten Hörgeräte in die Kreismitte gelegt. Wer es geschafft hatte, seine Geräte abzulegen - ich inbegriffen - streichelte nun seine Ohren mit den Händen und später mit dem Kuscheltier. Nur ein Kind hatte seine Hörgeräte nicht abgelegt. Nach einer freundlichen Aufforderung, dies zu tun, schüttelte es nur den Kopf. Was tun? Ich habe eine Stoffpuppe, die dem Pumuckl in Form und Größe sehr ähnlich ist. Ich überreichte dem Kind den Pumuckl mit der Bitte, es möge dem Pumuckl seine Hörgeräte leihen. Und siehe da, plötzlich hingen am Pumuckl zwei Hörgeräte rechts und links am Kopf. Das Kind selber streichelte seine "bloßen" Ohren und schmiegte sich zufrieden an seinen Stoffhasen. Wir erleben also zusammen die Stille. Wir streicheln unsere Ohren. Wir vertrauen einander. Niemand lacht den anderen aus. Wir fühlen uns im Kreis Gleichbetroffener geborgen.

2.3.4.1.2. Lernziel: Bewußtsein, daß jede/r MitschülerIn anders hört und versteht

Jeder Schwerhörige hört und versteht anders, bedenkt man, daß ein Hörbild abhängig ist von der ankommenden Lautstärke, dem Vermögen, Töne zu differenzieren, dem Richtungshören, dem Selektieren von Geräuschquellen, der Lautheitsempfindung, usw.

Die Hörbehinderung kann dargestellt werden anhand von Zeichnungen, Texten und Tonaufnahmen usw. Es wird offensichtlich, daß das Lippenablesen für viele ein „muß“ ist, daß man ohne Hörgeräte nichts hört oder nur bestimmte Höreindrücke hat.

Zur Hörbehinderung kommt immer häufiger eine Zusatzbelastung, das Ohrensausen oder - medizinisch ausgedrückt - der Tinnitus. Er kann durch Musikinstrumente oder andere Tonquellen nachempfunden werden.

Optische und akustische Darstellungen über die individuellen Hörbilder der SchülerInnen helfen den GesprächsteilnehmerInnen, sich besser kennenzulernen.

Unterrichtsbeispiel:

Den Kindern werden mehrsilbige Zauberwörter vorgesprochen, die sie ohne die Möglichkeit des Mundablesens gemeinsam an der Tafel oder für eine spätere Ausstellung gemeinsam auf Plakaten fixieren. Unsinnige Wörter werden deshalb angeboten, da Schwerhörige durchaus in der Lage sind, mehrsilbige, bekannte Wörter trotz Diskriminationsverlust richtig zu verstehen. Die, von den SchülerInnen, aufgeschriebenen Wörter geben nun das wirklich Gehörte wieder. Es ist erstaunlich, wie verschieden die Kinder anders oder falsch hören.

2.3.4.1.3. Lernziel: Offenheit für Neigungen und Interessen der anderen SchülerInnen

Eine Unterrichtsstunde verwende ich gerne, um den SchülerInnen die Möglichkeit zu geben, sich zu öffnen für ihre Neigungen und Interessen. Die Gruppe kommt sich somit auch über Positives näher. In dieser Unterrichtseinheit darf gespielt und/oder es dürfen Bücher und Fotos miteinander angeschaut werden.

Unterrichtsbeispiel

SchülerInnen bringen von zuhause Lieblingsspiele, Bilderbücher und Fotos mit, die sie in der Gruppe herzeigen dürfen. Anschließend wird ein vorgeschlagenes Spiel gemeinsam gespielt.

2.3.4.2. Verbesserung bisher unbewußt eingesetzter Kommunikationsmittel

Es ist mir ein Anliegen, daß die hörgeschädigten SchülerInnen erkennen, wie sehr sie Kommunikationsmittel bereits geschickt anwenden oder auch beherrschen. Unter Kommunikationsmittel verstehe ich hier Körpersprache, Mundablesen und Umgang mit dem Restgehör.

2.3.4.2.1. Lernziel: Kenntnis der Dekodierung von Körpersprache

Körpersprache nehmen alle sehenden Menschen auf dieser Erde wahr, unabhängig von ihrer Muttersprache. Was ist Körpersprache? Mit ihr vermittelt der Körper meist unbewußt Zeichen von Gefühlen und Absichten. Die Körpersprache kann am ganzen Körper wahrgenommen werden oder auch nur partiell, z.B. im Kopfbereich. Sie ist abhängig von der Körperhaltung, der Bewegung der Gliedmaßen, der Geschwindigkeit der Bewegungen und vom Einnehmen des Raumes, in welchem der agierende Mensch sich befindet.

Mit dem Erkennen, Deuten und Eingrenzen der Absicht des Gesprächspartners ist den schwerhörigen SchülerInnen schon viel geholfen. Sie können leichter das dann Gesprochene verstehen. Die Dekodierung der Körpersprache ermöglicht ihnen auch, den geeigneten Zeitpunkt eines Gesprächseinstieges zu erkennen.

Unterrichtsbeispiel 1:

Ich zeige den SchülerInnen eine spezielle Diareihe. Auf den von mir hergestellten Dias sind Sprechsituationen erkennbar, die an unterschiedlichen Orten (z.B. Oktoberfest, Schulfest, Biergarten, Bahnhof...) aufgenommen wurden. An der Kommunikation sind jeweils 2-3 Personen beteiligt. Es liegt nun an den Kindern, den Inhalt des Gespräches zu erkennen und zu deuten. Die Kinder kommen oft erstaunlich nah an den Inhalt des Gesprochenen und es macht ihnen zugleich noch Spaß.

Unterrichtsbeispiel 2:

Rollenspiel ist angesagt. Thema: "Wie bin ich?" Ein/e Schüler/in soll mit dem Gesicht und dem ganzen Körper zeigen, wie er/sie sich fühlt. Die MitschülerInnen dürfen raten. In dieser Stunde werden somit zugleich die verschiedenen Gefühlszustände verbalisiert (Ich bin wütend, traurig, verzweifelt...). Das macht besonders der Unterstufe viel Spaß.

2.3.4.2.2. Lernziel: Bereitschaft zur Optimierung des Mundablesens

Mundablesen ist eine große Hilfe beim Verstehen der Sprache. Die Fähigkeit von den Lippen abzulesen ist abhängig zunächst von der Antlitzgerichtetheit, der Menge des Wortschatzes, der eigenen Sprechfähigkeit und der grammatischen Kompetenz. Es gibt jedoch schwerhörige Menschen, die alle oben genannten Qualitäten besitzen und das Mundablesen nicht nützen. In ihnen und den noch wenig geschulten Kindern muß die Bereitschaft zum Mundablesen geweckt werden, um eine möglichst reibungslose und fehlerfreie Kommunikation zu erzielen.

Unterrichtsbeispiel:

Ein Märchen wird erzählt. Zur Unterstützung können Bilder gezeigt werden. Nachdem das Märchen bekannt ist, werden den Kindern Namen, mehrsilbige Begriffe und kurze Sätze ohne Stimme vorgesprochen, zunächst deutlich artikuliert, später schneller und auch mit teilweise zur Seite gedrehtem Gesicht. Die Kinder sind gerne bereit zu lernen, wenn der Erfolg immer wieder sichtbar wird. Wichtig ist also hier immer, den Schwierigkeitsgrad langsam zu steigern.

2.3.4.2.3. Lernziel: Fähigkeit der optimalen Nutzung des Restgehörs

Zu den bewußt und unbewußt eingesetzten Kommunikationsmitteln gehört das Restgehör. Es ist bei den SchülerInnen sehr unterschiedlich ausgeprägt. Es optimal zu nutzen, ist von großer Bedeutung, weil das Restgehör dem hörgeschädigten Menschen ein erleichtertes Wiedererkennen von Wörtern, Sätzen und Geräuschen ermöglicht. Lernziel ist es, die Schüler anzuregen und zu ermuntern, ihr Restgehör optimal zu nutzen.

Unterrichtsbeispiel 1:

In einem Sack befinden sich Gegenstände, mit denen man Geräusche produzieren kann. Die Schüler müssen die Geräusche mit verbundenen Augen erkennen. Je nach Klasse können die Gegenstände den Kindern vor dem Hörspiel gezeigt werden. Hinweis: Ein an Taubheit grenzendes Mädchen konnte das Reiben und Zischen eines Zündholzes hören.

Unterrichtsbeispiel 2:

Ein Bild wird den Kindern gezeigt. Gemeinsam werden die Begriffe und der Inhalt der Illustration geklärt. Nun biete ich den SchülerInnen kurze Sätze mit verdecktem Mundbild an. Die Kinder wiederholen das Gesprochene. Eventuell muß es von den MitschülerInnen verbessert werden.

2.3.4.3. Verbesserung der Verständigung ist abhängig vom eigenen Verhalten

Während bei den Lernzielen 1 und 2 mehr das Bewußtsein über seine Hörleistung gefördert wird, beginnt mit dem Lernziel 3 eine Übungsphase und damit eine Verhaltensänderung auf der Kommunikationsebene.

2.3.4.3.1. Lernziel: Fähigkeit, gezielte Gesprächstechniken einzusetzen

Der/die Schwerhörige kann eine Gesprächssituation besser meistern, indem er/sie sich aktiv daran beteiligt. Erlernte Regeln werden durch Rollenspiele ausprobiert und eingeübt. Mit dem Erfolg in der Bewältigung von schwierigen Gesprächssituationen vermindert sich die Angst vor Mißerfolgen. Der/die Hörbehinderte wird im Zusammensein mit anderen Menschen lockerer und freier.

Unterrichtsbeispiel:

Im Rollenspiel werden begonnene Dialoge durch gezielte Sätze aufrechterhalten. Diese Sätze sind:

- Kannst Du es bitte noch einmal wiederholen!
- Sag´s noch einmal anders!
- Worüber habt Ihr gesprochen?
- Ich habe -------- verstanden!

Auch die ganzen W-Fragen können hier angewandt werden, z.B. Wo habt Ihr gespielt? Wie hieß die Straße?

Diese Rollenspiele nehme ich gerne auf Video auf, damit die Kinder sich selbst in einem Gespräch sehen und hören können.

2.3.4.3.2. Lernziel: Einsicht in die Gestaltungsmöglichkeiten des Gesprächsumfeldes

Auch auf das Gesprächsumfeld kann der/die Hörgeschädigte Einfluß nehmen. Welche Möglichkeiten zur besseren Verständigung, durch Ausnutzen von optimaler Raumakustik und optimalen Lichtverhältnissen, von geeigneter Standortbestimmung sowie Distanzhaltung hier vorliegen, wird hier mit dem/der Schwerhörigen erarbeitet.

Unterrichtsbeispiel 1:

Über das Rollenspiel hatten die SchülerInnen einer 5. Jahrgangsstufe erfahren, daß man einem Gespräch besser folgen kann, wenn man sich in einem Raum günstig plaziert. Um diese Erkenntnis für immer in ihrem Gedächtnis zu behalten, durften die Kinder ein Modell von einem Zimmer nachbauen. Jede/r brachte eine leere Schuhschachtel, Pappe- und Stoffreste. Wichtig war auch noch eine kleine Puppe oder ein kleines Stofftier. Die ganze Unterrichtsstunde über wurde nun geschnitten, gefalzt und geklebt. Am Ende der Stunde hatten wir neun verschiedene Zimmer mit Fenster. Nun bat ich die Kinder, ihre Puppe oder ihr Stofftier so hinzustellen, daß es optimal vom Mund ablesen könne. Wie erwartet, standen die Figuren alle mit dem Rücken zum Fenster. In einer weiteren Stunde durften die Kinder noch Mobiliar für das Zimmer basteln. Es wurde ebenfalls kommunikationsgünstig aufgestellt.

Unterrichtsbeispiel 2:

Das Ausnutzen von optimaler Raumakustik wird im Rollenspiel erarbeitet. Das Radio wird nach einer höflichen Erklärung oder Bitte ausgeschaltet, das Fenster für den Zeitraum des Gespräches geschlossen oder das Gespräch wird in einem ruhigen Nebenraum streßfrei beendet. Es reicht durchaus, wenn zu jeder Einflußnahme eines Gespräches eine Unterrichtseinheit verwendet wird. Wichtig ist das Befragen der "hörenden" Schauspieler, wie sie sich gefühlt haben, als von ihnen etwas erbeten wurde. Die meisten Menschen haben nichts dagegen. Sie sind eher erstaunt über die gestellte Frage.

2.3.4.3.3. Lernziel: Fähigkeit, die eigene Hörbehinderung anderen Personen aufzuzeigen

Zu Beginn des Schuljahres oder des Kurses haben die SchülerInnen bereits die Möglichkeit, ihre eigene Hörbehinderung den MitschülerInnen darzustellen. Die Darstellung der eigenen Hörbehinderung gegenüber anderen, nicht hörgeschädigten Menschen kann mit diesem Lernziel optimiert werden. Die genaue Beschreibung ermöglicht es dem Hörenden leichter und besser, mit dem Hörgeschädigten in Kommunikation zu treten.

Unterrichtsbeispiel:

Darstellung der eigenen Hörbehinderung auf Plakaten durch ein Comic, durch einen Text auf dem z.B alle S-Laute weggelassen werden, weil sie nicht gehört werden oder durch einen Text, in dem die Buchstaben M und N vertauscht werden.

2.3.4.4. Hörbehinderung verbraucht Energie

Eine Minderung des Hörvermögens bedeutet immer eine seelische wie körperliche Belastung für den/die Betroffene/n. Um möglichst viel bei Gesprächen verstehen zu können muß der/die Hörgeschädigte sich voll auf das Gesprochene konzentrieren. Das kostet sehr viel Kraft.

2.3.4.4.1. Lernziel: Einsicht, daß Ohren Schonung und Ruhe brauchen

Mit diesem Lernziel soll erreicht werden, daß Hörbehinderten bewußt wird, welch hohen Stellenwert Entspannungsübungen und Pausen für ihr Wohlergehen haben. Auch Ohren brauchen Schonung und Ruhe.

Unterrichtsbeispiel:

Die Lehrkraft bietet den SchülerInnen Übungen und andere Möglichkeiten an, die der Rekreation dienen: Meditation, leise Musik, langsamen Tanz, Kuschelecken zum Ausruhen, Partnermassage mit Bällen und Bürsten, sanftes Streicheln und Wärmen der eigenen Ohren.

Nach dem Kennenlernen der verschiedenen Entspannungsmöglichkeiten haben nun die SchülerInnen das Wort. Sie haben die Gelegenheit, Beiträge zu weiteren Übungen zu bringen. Dieser Erfahrungsaustausch bereichert einerseits das angebotene Repertoire an Übungsmöglichkeiten und bestätigt andererseits, daß das Bedürfnis nach Schonung und Ruhe der Ohren oft schon vorhanden war.

2.3.4.5. Hörbehinderte sind nicht alleine

Unsere hörbehinderten SchülerInnen sehen sich täglich fünfmal pro Woche. Sie werden behinderungsspezifisch unterrichtet und betreut. Ansonsten leben sie in einer hörenden Welt. Ihre meisten Verwandten, Nachbarn und Freunde werden normalhörend sein. Die Eltern und andere Erziehungsberechtigte beobachten mit Freude jeden erfolgreichen Schritt, den ihr Kind in der hörenden Welt macht.

Das ist sehr verständlich. Es darf aber nicht vergessen werden, daß ein Kind mit einer Behinderung auch Kontakt zu Gleichbehinderten sucht, um sich in diesen Augenblicken ganz "gleichwertig" fühlen zu dürfen.

2.3.4.5.1. Lernziel: Bereitschaft, von anderen Hörbehinderten, die mit ihrer Behinderung leben, zu lernen

Kinder brauchen Vorbilder. Hörgeschädigte Kinder brauchen Vorbilder, die mit ihrer Behinderung leben. Sie wollen und müssen erwachsene Hörbehinderte kennenlernen, um sich mit der Erwachsenenrolle auseinandersetzen zu können. Zu erleben, wie zufrieden und ausgeglichen man/frau als Erwachsener sein kann, daß man/frau einen Beruf mit Behinderung ausüben kann und daß man/frau in einer glücklichen Partnerschaft mit Behinderung leben kann.

Die SchülerInnen sollen die Möglichkeit haben, über die verschiedenen Lebensweisen und die möglichen Probleme bei der Partnersuche und Partnerwahl mit Betroffenen zu sprechen.

Unterrichtsbeispiel:

Im Schuljahr 1994/95 hatte die damalige 5. Klasse die Möglichkeit, zwei erwachsene Hörgeschädigte im Klassenzimmer kennenzulernen. Zunächst lud ich eine dreißigjährige Frau mit einer an Taubheit grenzenden Schwerhörigkeit ein. Die SchülerInnen waren sehr aufgeregt und gehemmt. Für diese Stunde hatte ich mit den Kindern Fragen bezüglich ihres Berufes, ihrer Interessen, ihrer Familiensituation vorbereitet. Sie lasen die Fragen vor. Die Antworten mußten teilweise wiederholt werden, da die Kinder sehr unruhig waren. Der Gast wurde mit großem Respekt bewundert.

Der zweite Gast war ein gleichaltriger Mann mit einer hochgradigen Schwerhörigkeit. Dieses Mal gestaltete ich den Unterrichtsverlauf anders. Wir begannen mit einem gemeinsamen Spiel. Der Gast nahm daran teil. Dann stellte ich den Mann namentlich vor und erwähnte seinen Beruf. Mit dem Auspacken seines Meisterwerkes, ein Paar wunderschönen roten Schuhen, war der Bann gebrochen. Die Kinder fragten sehr spontan. Ihr Interesse war geweckt. Als der Schulgong ertönte, wußten die Kinder Bescheid über seine schulische Laufbahn, seinen beruflichen Werdegang und seinen Alltag. Ich hatte vor, das Gespräch mit einem Spiel zu beschließen. Aber da schnalzten die Finger hoch. Die Kinder wollten noch wissen, ab wann er schwerhörig wurde und wie er mit seiner Behinderung zurecht komme. Ich mußte die Stunde verlängern. Ich wußte nun: Ich hatte mein Ziel erreicht.

2.3.4.6. Grenzen der Persönlichkeitsentfaltung Hörbehinderter

Die Schwerhörigkeit hindert den Menschen in vielen Lebensbereichen, so zu leben wie er möchte. Ihm sind Grenzen gesetzt beim Aufnehmen der akustischen Infomationsflut, bei der Wahl des Berufes, auch bei der Partnerwahl und z.B. bei der Verwendung des Telefons.

Im Rahmen des Faches Hörtaktik besteht die Möglichkeit, die schwerhörigen SchülerInnen auf diese Grenzen hinzuweisen. Dies muß sehr behutsam angegangen werden, da jeder Mensch ohne Einschränkungen leben möchte. Im Anschluß daran, wird mit den SchülerInnen erarbeitet, daß sie sehr wohl Möglichkeiten haben, innerhalb ihrer Grenzen ihr Leben genießen zu können.

2.3.4.6.1. Lernziel: Bewußtsein der Grenzen

Dem/der schwerhörigen Schüler/in wird bewußt gemacht, daß ihm/ihr Grenzen bei der Persönlichkeitsentfaltung gesetzt sind. Dies kann verdeutlicht werden anhand der Themen: Ausbildung, Freizeit, psychische Belastungen und Arbeitsplatz.

Unterrichtsbeispiel:

Erfahrungen austauschen mit SchülerInnen hinsichtlich Freizeitgestaltung, psychischer Belastungen und zwischenmenschlicher Kontakte. An welche Grenzen sind wir schon gestoßen? Sollen wir Grenzen durchstoßen? Kann sich dadurch für uns eine weitere Welt eröffnen? Sollen wir innerhalb unserer Grenzen unser Leben ausrichten?

2.3.4.6.2. Lernziel: Fähigkeit, innerhalb der Grenzen zu leben

Hörbehinderte können das Selbstbewußtsein stärken, wenn sie eigene Wünsche erkennen und versuchen sie sich zu erfüllen. Ihnen dafür Zeit und Raum zum Erkennen realisierbarer Wünsche zu geben, ist ein Anliegen von mir. So kann ihnen Hilfe zur Selbsthilfe gegeben werden.

Ab einem gewissen Alter sollen auch verschiedene Berufe, die von Hörbehinderten ausgeübt werden (können), vorgestellt werden.

Unterrichtsbeispiele:

Ein Besuch bei einer Realschule für Schwerhörige, bei einer Kollegstufe für Schwerhörige, die zum Abitur führt und ein Gang zum Berufsbildungswerk für Hörgeschädigte helfen den Kindern und Jugendlichen, sich mehr mit "ihrer" Zukunft zu beschäftigen.

2.3.4.6.3. Lernziel: Bewußtsein, daß Musikgenuß auch für Hörgeschädigte möglich ist

Zu Erkennen, daß nicht nur Hörende Musik genießen können, kann die Lebensqualität der Schwerhörigen verbessern. Es gilt, in einem geeigneten Raum, z.B. Rhythmikraum, die Musik herauszufinden, die den einzelnen SchülerInnen am meisten zusagt. Hierzu werden qualitativ hochwertige Übertragungsgeräte benötigt, die eine optimale Übertragung gewährleisten.

Unterrichtsbeispiel:

SchülerInnen bringen ihre Lieblingsmusikkassetten oder CDs mit. Sie erklären, warum sie diese Musik so sehr lieben.

2.3.4.6.4. Lernziel: Fähigkeit, mit allen Sinnen Musik wahrzunehmen

Ergänzend zur Rhythmisch-musikalischen Erziehung soll auch hier die angebotene Musik mit allen Sinnen erfaßt werden. Sie wird erkannt durch Tanz, gefühlt über den Schwingboden, sichtbargemacht durch Arm- und Handbewegungen, nachgeahmt auf Orffschen Instrumenten.

Unterrichtsbeispiel:

Ein Kreistanz kann die besonderen Merkmale eines Kinderliedes hervorheben, z.B. der Kreistanz: Nein, ich will nicht haben die da... Abwechselnd zum Kreistanz dürfen einige Kinder die Vibration auf der Haut von Trommeln oder an aufgeblasenen Luftballons fühlen.

2.3.4.7. Technische Hilfsmittel für Hörgeschädigte

Technische Hilfmittel sind ein großer Segen für Hörgeschädigte. Sie ermöglichen ihnen z.B. das Hören und das Verstehen von Sprache und Musik; sie können akustische Zeichen in optische Zeichen umwandeln; sie ermöglichen alternative Formen von Kommunikation, wo dem Hörgeschädigten durch den Grad seiner Hörbeeinträchtigung Grenzen aufzeigt werden; usw. Sinnvoll eingesetzt helfen sie somit dem Hörgeschädigten, ein selbständiges Leben zu führen.

2.3.4.7.1. Lernziel: Vorstellen technischer Hilfmittel

SchülerInnen werden vom Hörgeräteakustiker oder Fachverkäufer von z.B. Mobilicom über alle auf dem Markt erhältlichen Hilsmittel, wie Lichtwecker, Lichtsignalanlage, Schreibtelefon, Fax usw. informiert.

2.3.4.7.2. Lernziel: Einsicht, daß technische Hilfsmittel für Hörgeschädigte weitere Schritte in Richtung Selbständigkeit sind

Die Akzeptanz von Hörhilfen und anderen technischen Hilfsmitteln ist bei Hörbehinderten oft gering. Mit den sichtbaren technischen Hilfen wird die Behinderung sichtbar. Die Einsicht, daß ein technisches Gerät jedoch die Selbständigkeit eines/einer Schwerhörigen ermöglicht, ändert die Einstellung zu den Geräten und kann das Selbstbewußtsein der Hörgeschädigten heben. Eine Auseinandersetzung mit diesem Problem kann erfolgen im Gesprächskreis, aber auch durch tägliche Verwendung von Leihgeräten im Klassenzimmer.

2.3.4.8. Das Fingeralphabet als Hilfsmittel für Hörgeschädigte

Die Kommunikation mit Hörenden kann unter anderem erleichtert werden durch sichtbares Buchstabieren von nicht verstandenen Eigennamen und unbekannten Begriffen.

2.3.4.8.1. Lernziel: Beherrschen des Fingeralphabets

Dieses Lernziel kann übers Schuljahr erlernt werden oder im Block. Zunächst werden die einzelnen Buchstaben erarbeitet, dann zur Übung bei Eigennamen eingesetzt. Später im Rollenspiel werden bekannte Situationen, in denen Namen oder Begriffe akustisch nicht verstanden wurden nachgespielt und durch Anwendung des Fingeralphabets gelöst.

2.3.4.8.2. Lernziel: Einsicht, daß Freunde und Angehörige von Hörgeschädigten das Fingeralphabet erlernen sollen

Das Fingeralphabet kann nur dort angewandt werden, wo es verstanden und auch bekannt ist. Es ist nun Aufgabe der jungen Hörgeschädigten, das Fingeralphabet weiterzutragen. Es ist nicht nur ein Hilfsmittel, sondern ein sichtbares Zeichen der Soldarität zwischen Hörgeschädigten und unter Hörgeschädigten und Hörenden.

2.4. Rückmeldungen zum Unterrichtsfach „Hörtaktik“

Das Verhalten der Schüler, die Gespräche bei den Elternabenden, die Zusprüche der KollegInnen bei Stundenwechsel in der Aula und die Resonanz nach meinen Vorträgen zeigen mir die Notwendigkeit dieses Faches.

2.4.1. *Schülerverhalten*

"Was machen wir heute?" - Mit dieser Frage wurde und werde ich vor Unterrichtsbeginn von Hörtaktik häufig bestürmt. Nicht vergessen werde ich den Handkuß eines Schülers mit der Bemerkung: "Vielen Dank für die Stunde".

Das „Sich-öffnen-Können" und „Sich-Zeit-nehmen-Können" der SchülerInnen für ihre Hörbehinderung, das „Zulassen-Können" ihrer Gefühle, schließlich die Lust und der Wille an seiner Behinderung zu arbeiten und Techniken zur besseren Kommunikation zu erlernen drücken sich in einem besonderen Verhalten aus. Sich gegenüber sind die Schüler sehr ruhig und aufmerksam. Mir gegenüber verhalten sie sich sehr offen und dankbar. Es entsteht ein Band der Soldarität.

Nach außenhin zeigen sie sich selbstbewußter. Im Rollenspiel erprobte Situationen wenden sie tatsächlich in der "hörenden Welt" an und dies mit Erfolg.

2.4.2. *Resonanz von den SchulkollegInnen*

Während des letzten Schuljahres wurde ich von einer Kollegin angesprochen. Sie könnte nach dem Hörtaktikunterricht, den ihre SchülerInnen bei mir hätten, viel besser unterrichten. Die Kinder seien ruhiger und folglich aufmerksamer. Beim Zurückkommen ins Klassenzimmer hätten die Augen der Kinder einen anderen Ausdruck als sonst.

Eine andere Kollegin war überrascht, wie sehr die Kinder in der Lage waren, ihre Bedürfnisse bezüglich optimaler Verständigung zu äußern. Die Lehrerin hatte vergessen, auf ein freies, gut sichtbares Mundbild zu achten. Sie wurde von einer Schülerin höflich darauf angesprochen.

Nachdem immer mehr KollegInnen sich für mein Projekt interessierten, nahm ich das Angebot unseres Schulleiters an, eine innerschulische Fortbildung zum Thema: Hörtaktik / Verhaltens- und Kommunikationstraining zu geben. Über die positive Resonanz habe ich mich sehr gefreut.

2.4.3. *Resonanz von den Eltern der SchülerInnen, die an meinem Projekt teilnahmen oder teilnehmen*

Die Elternabende bestätigen mir, daß ich mit dem Projekt „Hörtaktik" auf dem richtigem Weg bin. Ein Großteil der Eltern möchte, daß ihre Kinder im Rahmen des Förderunterrichtes die Möglichkeit erhalten, sich mit ihrer Behinderung auseinanderzusetzen und ein Verhaltens- und Kommunikationstraining angeboten bekommen.

Bei den gemeinsamen Gesprächen zeigte sich, daß viele Eltern verunsichert waren über das neue Verhalten des Kindes bei Unterhaltungen der Eltern untereinander. Von vielen Vätern und Müttern wurde beobachtet, daß die Kinder bei Gesprächen auf einmal "stören". Ich bin zu der Überzeugung gekommen, daß die hörgeschädigten Kinder auf einmal Zweiergesprächen mehr folgen wollen. Sie versuchen, mit den erarbeiteten Verhaltens- und Kommunikationstechniken ein Gespräch zu verstehen und mitzuhalten. Pubertierende Verhaltensweisen im Sinne von passageren, rein entwicklungsbedingten und somit sich durch die Zeit wieder auflösenden Störungen in Gesprächen (wie von einigen Eltern vermutet), schließe ich eher aus.

Von einem Vater, wurde die vermehrte Kontaktaufnahme der Tochter zu anderen schwerhörigen Freunden angesprochen. Der Gedankenaustausch soll sich intensiviert haben. Andere Elternteile hatten dies auch beobachtet. Das Schlagwort „Ghettobildung" wurde in den Raum gestellt. Nur ein Gedanke meinerseits! Kann es sein, daß die SchülerInnen sich jetzt bewußter und damit leichter mit ihrer Behinderung im Kreis Gleichbehinderter auseinandersetzen können, um später in der Hörenden Welt besser zurechtzukommen?

Ein Vater berichtete stolz, daß seine hochgradig schwerhörige Tochter mit ihrem Fußballverein (nur Hörende) übers Wochenende weggefahren sei. Er könne es sich nicht vorstellen, daß sie ohne die vorhergegangene Schulung in Hörtaktik mitgefahren wäre.

Von einer Mutter eines hochgradig schwerhörigen Jungen erfuhren wir, daß die Wohnzimmereinrichtung umgestellt werden mußte. Das Sofa mußte vor das Fenster gerückt werden, da sonst eine optimale Kommunikation zwischen dem hörgeschädigten Kind und den übrigen Familienangehörigen nicht möglich wäre. Nicht die Eltern hätten dies veranlaßt, sondern der Sohn selber. Auf diese Weise erfuhren die Eltern, welche Möglichkeiten es für den Schwerhörigen gibt, um besser kommunizieren zu können.

Der gleiche Junge beruhigte seine Mutter mit den Worten: "Ich bin doch kein Baby mehr. Und überhaupt habe ich gelernt, wie ich mich verhalten muß, wenn etwas außerplanmäßiges passiert." Wegen eines S-Bahnausfalls kam der Sohn mit großer Verspätung nach Hause. Die Mutter hatte sich Sorgen gemacht, wegen seiner Verständigungsschwierigkeiten, und den damit verbundenen Komplikationen. Aber nein, er kam wohlbehalten und stolz nachhause. Denn er hatte die fremde Situation, eben den Ausfall des Zuges, das Nachfragen der unverständlichen Lautsprecherdurchsage bei den Umstehenden auf dem Bahnsteig gemeistert und ist schließlich auf Umwegen mit einem Ersatzbus mit Verspätung wohlbehalten zuhause angekommem. Eine ähnliche Situation hatten wir im Fach Hörtaktik im Rollenspiel geübt.

2.5. Kriterien für den Einsatz von Lehrkräften im Fach „Hörtaktik“

Die Lehrkraft, die das Fach „Hörtaktik“ unterrichten will, sollte mit der psychologischen Situation schwerhöriger Menschen vertraut sein und entsprechend qualifiziert sein. Langjährige Erfahrung in der Arbeit mit Schwerhörigen ist unablässig.

Um ein „Sich-fallen-Lassen“ der Hörgeschädigten zu ermöglichen, muß sie ausgebildet sein in Totalkommunikation, d.h. sie muß in jeder Situation erkennen, welche Kommunikationsform angebracht erscheint. In Situationen, wie "Ich zeige mich Euch ohne Hörgeräte, ich höre jetzt fast nichts" oder "Wie fühlst du dich jetzt, wo du gar nichts verstanden hast", also in sehr belastenden Grenzsituationen, müssen die Lehrkraft und die SchülerInnen auch ohne hörbare Lautsprache verstanden werden, sonst ist eine Arbeit an und mit der Behinderung nicht möglich. Unter Totalkommunikation verstehe ich in meiner Arbeit: eindeutiger Blickkontakt, gute Mimik und Gestik, ausdrucksvolle Körpersprache, sehr gutes Mundbild, Einsatz von Wort- und Satzkarten, Hinweisen oder -deuten mit der Hand, Rhythmisieren der gesprochenen Sätze durch leichte Hand- oder Armbewegung (zur verstehenden Ergänzung sei hier erwähnt, daß der Einsatz der Lautsprachbegleitenden Gebärde an der Schule für Schwerhörige nicht vorgesehen ist).

Die Lehrkraft muß sich hineinfühlen können in die Welt der Schwerhörigen. Sie muß ihre Ängste erspüren können, gegenüber dem Unverständnis der Hörenden, aufgrund der oft geringeren Sprachkompetenz und der fehlerhaften Aussprache. Die hörgeschädigten Kinder sind nicht nur kommunikationsgeschädigt, sondern auch leider oft unauffällig verhaltensgestört. Verhaltensgestört insofern, als sie eine Geschicklichkeit erreichen, Illusionen beim Gesprächspartner aufzubauen, indem sie so tun als ob sie alles verstanden hätten. Die Lehrkraft muß dieses Verhalten den Kindern vor Augen halten und es durch ein gezieltes Training verändern.

Besteht die Wahl zwischen einer hörenden und hörgeschädigten Lehrkraft, sich dem Fach Hörtaktik zuzuwenden, so sollte der hörgeschädigten Lehrkraft der Vorrang gegeben werden. Sie kann bei den SchülerInnen aufgrund ihrer gleichen Behinderung überzeugender wirken. Sie hat Vorbildfunktion.

Literatur

Ahrbeck, B. (1992): Gehörlosigkeit und Identität. Hamburg: Signum.

Claußen, H. (1980): Erziehung des Schwerhörigen - eine Pädagogik im Zwischenfeld. In: Hörgeschädigtenpädagogik, 6, 311-316.

Ding, H. (1981): Einige Anmerkungen zum Erziehungsziel „Ich-Identität". In: Hörgeschädigtenpädagogik 6, 319-327.

Ding, H. (1993[2]): Vorlesungen zur Schwerhörigenpädagogik. Heidelberg: Groos.

Greenberg, M.T. & Kuschè, C.A. (1993): Promoting Social and Emotional Development in Deaf Children. Seattle and London: Universtity of Washington Press.

Hase, U. (1989): Verständigung/Hörtaktik In: Claußen, H. & Schuck, K.-D.: Hilfen für schwerhörige und ertaubte Erwachsene. Forschungsbericht 179 des Bundesministers für Arbeit und Sozialordnung. Band II. Bonn, 11-33.

Hintermair, M. (1988): Elternwochenenden als integraler Bestandteil von Elternarbeit in der Früherziehung hörgeschädigter Kinder. Hörgeschädigtenpädagogik 1, 43-53.

Hintermair, M. (1994/95): Von einer „Psychologie der Gehörlosen" zu einer identitätsstiftenden Sozialisationsperspektive für gehörlose Kinder und Jugendliche. In: Hörgeschädigtenpädagogik 6, 361-370 (Teil 1), 1, 3-13.

Hintermair, M. (1996): Identitätsfindung gehörloser Menschen aus psychologischer Sicht. In: Deutsche Arbeitsgemeinschaft für evangelische Gehörlosenseelsorge (Hg.): „Gehörlos - na und?" Kompendium für Ersteinsteiger in die Arbeit mit gehörlosen Menschen.

Hintermair, M. & Voit, H. (1990): Bedeutung, Identität und Gehörlosigkeit. Heidelberg: Groos.

Horsch, U. (1991): Schwerhörig - die verkannte Behinderung. In: Hörgeschädigtenpädagogik 1, 17-29.

Kruse, M. & Kiefer-Paehlke, H. (1988): Schwerhörigkeit - Probleme der Identität. Heidelberg: Groos.

Müller, J. & Heeg, P. (1993): Schwerhörige und Gebärden. Referate und Diskussionsbeiträge der gleichnamigen Arbeitsgruppe 6 auf dem Kongreß zur Zweisprachigkeit Gehörloser in Hamburg vom 14.-17.10.93 (hrsg. von der Bundesjugend im Deutschen Schwerhörigenbund e.V.)

Müller, J. & Weber, B. (1995): Die Gruppenkommunikation frühschwerhöriger Menschen. In: dfgs-forum 1, 34-41.

Poppendiecker, R. (1992): Ich bin gehörlos! Vorschläge zum Thema Gehörlosigkeit im Unterricht. Hamburg: Signum.

Rappaport, J. (1985): Ein Plädoyer für Widersprüchlichkeit: Ein sozialpolitisches Konzept des „empowerment" anstelle präventiver Ansätze: In: Verhaltenstherapie & Psychosoziale Praxis 2, 257-278.

Ueding, E. (1988): Die Auseinandersetzung mit der Gehörlosigkeit an Schulen für Gehörlose unter besonderer Berücksichtigung familiärer und gesellschaftlicher Aspekte. Schriftliche Hausarbeit: München.

Weber, B. (1995): Soziale Probleme schwerhöriger Jugendlicher aus der Sicht und Erfahrung Betroffener. In: Hörgeschädigte Kinder 2, 54-59.

Birgit Milenk-Hell

Belastung, Bereicherung oder Normalität? Schwerhörige Lehrerin an der Schwerhörigenschule

- ein Erfahrungsbericht -

Professor Claußen mit einem Beitrag zu dieser Festschrift zu ehren, bereitet mir eine ganz besondere Freude: Er ist einer der wenigen Menschen, die mir während meiner Ausbildung zur Gehörlosen- und Schwerhörigenlehrerin keine Steine in den Weg legten, sondern mich vielmehr in meinen Bestrebungen unterstützten. So konnte ich die hörgeschädigte Frau werden, „die es auch noch wagt, Lehrerin für Hörgeschädigte zu werden", wie Professor Claußen es einmal formulierte.

Eine schwerhörige Lehrerin an einer Schwerhörigenschule ist heute eher noch die Ausnahme. Ich möchte mit diesem Erfahrungsbericht aufzeigen, welche Chancen und welche Probleme damit verbunden sein können. Als ich 1990 meinen Schuldienst in der Hamburger Schwerhörigenschule antrat, war das für alle Beteiligten eine neue Erfahrung. Die Schüler/innen fragten immer wieder, ob ich wirklich eine richtige Lehrerin sei. Auch heute noch gibt es verblüffte Gesichter unter den jüngeren Schülern und Schülerinnen, manchmal auch bei den Eltern, wenn sie meine farbigen Hörgeräte und die auffälligen Ohrpaßstücke bemerken.

Mein Hörvermögen verminderte sich von Geburt an durch eine progredient verlaufende Schwerhörigkeit. Mittlerweile verfüge ich durch zwei unerkannte Hörstürze nur noch über geringe Hörreste, zu denen zeitweise ein starker Tinnitus kommt.

Wie sieht mein Unterrichtsalltag in der Schwerhörigenschule aus?

Ein Beispiel: Fünf Stunden Unterricht stehen auf dem Stundenplan. In der ersten Stunde Biologie in der 10. Realschulklasse, danach folgt Geschichte in der 6. Klasse. In der 3. Stunde besucht uns in der 5. Klasse im Religionsunterricht eine Studentin. Mit ihr bespreche ich dann in der Pause den von mir geführten Unterricht. Anschließend ist eine Vertretungsstunde in der 4. Klasse angesetzt. In der letzten Stunde gebe ich wieder Biologieunterricht in einer 9. Hauptschulklasse. Zwei Schülerinnen bitten mich nach der Stunde um ein persönliches Gespräch. - Ein ganz normaler Unterrichtsalltag, vergleichbar denen der anderen Lehrer/innen. Aus meiner eigenen Betroffenheit von Hörschädigung erwuchsen Aufgaben, die an mich herangetragen wurden:

- Vorträge auf Konferenzen, Fortbildungsveranstaltungen, Seminaren und Tagungen über spezifische Probleme im Zusammenhang mit Hörschädigungen, z.B. Identitätsfindung, Integrations- bzw. Segregationserfahrungen, Hörtaktik, Tinnitus (1) u.a.
- Ansprechpartnerin für Schüler/innen und Lehrer/innen besonders hinsichtlich hörspezifischer Probleme
- Vertrauens-/Verbindungslehrerin
- Einsatz bei der Untertitelung von Videofilmen
- Wahlpflichtkurs „Lautsprachbegleitende Gebärden“
- Ansprechpartnerin für Eltern.

Auf meinen eigenen Unterricht bezogen bietet die Betroffenheit zusätzliche Chancen hinsichtlich Inhalt und Gestaltung:

- Mein hörtaktisches Verhalten kann ich bei jeder Gelegenheit vorleben und „nebenbei“ vermitteln.
- Hörtaktik nicht als Unterrichtsprinzip, sondern als Unterrichtsinhalt, nehmen die Schüler/innen besser an, weil ich mich selbst immer miteinbeziehen kann („Wir müssen von den Lippen ablesen lernen“). Ein Überdruß bei Wiederholungen der hörtaktischen Übungen oder Unmut darüber, daß Hörende ihnen sagen, wie sie sich verhalten sollen, entstehen häufig gar nicht erst.
- Mißverständnisse durch falsches Verstehen meinerseits bieten die Chance, den Schülern und Schülerinnen zu zeigen, daß ein gemeinsames Lachen darüber befreiend sein kann. Ein Erfahrungsaustausch schließt sich dann oft an.
- Lautsprachbegleitende Gebärden sind für mich selbstverständlich, wenn die Schüler/innen die Gebärden brauchen oder wünschen. Daraus ergeben sich immer wieder Diskussionen über Vor- und Nachteile der Gebärden für Schwerhörige. Oft kommen Schüler/innen nach einem Praktikum zu mir und wünschen Gebärden im Unterricht, weil sie sich mit gehörlosen Menschen verständigen lernen möchten.
- Behinderungsspezifische Probleme werden durchgesprochen, gemeinsam wird nach Problemlösungen gesucht. Meine eigenen Erfahrungen bieten dabei einen Ansatzpunkt und schaffen schnell eine Vertrauensbasis.
- Das „Zuhören“, wenn Schüler/innen mich als Ansprechpartnerin brauchen, bedeutet nicht selten schon eine erste Hilfe bei der Bewältigung von Schwierigkeiten. „Zuhören heißt, aufmerksam sein, beobachten, geduldig auf den nächsten Verständigungshinweis warten. Und - wie jeder weiß,

der sprech- oder hörbehindert ist - Zuhören meint nicht immer eine akustische Verständigung“ (2).

- Meine Biographie reizt die Schüler/innen zum Nachfragen. Dies wiederum ermöglicht es mir, bestimmte Aspekte zu verstärken, beispielsweise die Bedeutung des Lesens für uns schwerhörige Menschen oder die Bedeutung hörgeschädigter Partner/innen.
- Identitätsfindung und -stärkung der Schüler/innen erfolgen durch Ermutigung und Aufzeigen unserer Stärken als hörgeschädigte Menschen. Dabei lernen die Schüler/innen ebenso, ihre eigenen Schwächen zu akzeptieren.

Diese Chancen lassen sich in speziellen Unterrichtseinheiten aufgreifen und vertiefen (3). Darüberhinaus ist es mein Ziel, in den verschiedenen Klassenstufen die für uns Hörgeschädigten wichtigen Informationen wie z.B. zu technischen Hilfsmitteln, zu den rechtlichen Bestimmungen, Beratungseinrichtungen und Partnerschaftsfragen zu vermitteln (4).

Auf der anderen Seite birgt eine Hörschädigung auch Probleme für den Unterricht:

- Nichthören oder Nichtverstehen der Äußerungen, insbesondere bei den jüngeren Schülern und Schülerinnen;
- Keine Kontrolle der Artikulation der Schüler/innen;
- Erschwerte Durchsetzung, wenn die Schüler/innen die Hörschädigung der Lehrerin auszunutzen versuchen;
- Erschwerte Distanzhaltung, weil die Probleme der Schüler/innen oft auch die eigenen sind.

Zu Beginn meiner Dienstzeit mußte ich Erfahrungen sammeln und ausprobieren, in welchen Bereichen mein Einsatz am sinnvollsten ist. Dazu war Selbstkritik sehr wichtig, das Erkennen der eigenen Grenzen und das Dazu-Stehen. Für mich ergaben sich aus den aufgezeigten Problemen im Unterricht und der derzeitigen Schulstruktur folgende Arbeitsbereiche, auf die ich verzichte:

- Ich erteile keinen Artikulations- und Fremdsprachenunterricht wegen der fehlenden Korrekturmöglichkeit.
- In der Grundschule arbeite ich nur mit wenigen Stunden.
- Ich arbeite nicht in der hörgerichteten Früherziehung unserer Schule mit.
- Auf eigenen Wunsch bin ich nicht Klassenlehrerin, u.a. weil mir das Telefonieren nicht mehr möglich ist. Vorstellbar wäre aber die Klassenführung in Teamteaching.

Darüberhinaus gibt es keine weiteren Einschränkungen und keine Sonderregelungen.

Doch innerhalb des Kollegiums zeigen sich andere Schwierigkeiten. Diese sind sogar teilweise gravierender als die zuvor beschriebenen Probleme im Unterricht.

Von den Pausengesprächen verstehe ich auch in kleinen Gruppen nicht mehr viel, das „Putzsprechen“ (Claußen), wichtig für die Stabilisierung von Beziehungen, kommt zu kurz. Mir drohen Isolierung und Vereinsamung als Schwerhörige bzw. Ertaubte sogar in der Schwerhörigenschule. Dagegen hilft nur die Flucht nach vorn, wie es auch Christiane Krause in ihrem Lebensbericht beschreibt: „(ich) begebe mich eindeutig und ausgiebig unter Menschen, auch wenn es weh tut.“ (5).

Einzelne Kollegen und Kolleginnen haben Schwierigkeiten, mit mir als schwerhörige Erwachsene umzugehen. Dies zeigt sich z.B. in der Anmaßung von Kontrollen, ob ich die Hörgeräte trage, oder in ablehnenden Reaktionen, wenn ich auf das Ansprechen von hinten nicht reagiere. Mögen derartige Zwischenfälle auch nicht so häufig sein, so sind sie dennoch sehr belastend. Das Gefühl des Angenommenseins bei dem größten Teil des Kollegiums gleicht diese Unsensibilitäten immerhin wieder aus.

Den Konferenzen mit über 40 Kollegen und Kolleginnen kann ich nur folgen, wenn mit lautsprachbegleitenden Gebärden gedolmetscht wird, was in einer Schwerhörigenschule leider noch nicht selbstverständlich ist. Mündliche Informationen und Nachrichten erreichen mich oft gar nicht oder erst sehr spät.

Diese Schwierigkeiten und die Barrieren, die man mir besonders während der zweiten Ausbildungsphase trotz der bescheinigten sehr guten Leistungen in den Weg gestellt hat, zeigen, daß ich als behinderter Mensch nicht nur genauso gut, sondern besser als nichtbehinderte Menschen sein muß, um genauso akzeptiert zu werden!

Mein Zwang zum „Sich-Beweisen-Müssen“ (6) wird solange andauern, bis unsere Gesellschaft erkannt und verinnerlicht hat, daß jeder einzelne Mensch, behindert oder nichtbehindert, immer Stärken u n d Schwächen in sich trägt.

Schwerhörige Lehrer/innen stellen aufgrund ihrer Hörschädigung nicht automatisch eine zusätzliche Belastung für das Kollegium dar. Denn welcher Lehrer und welche Lehrerin kann für sich in Anspruch nehmen, in sämtlichen Unterrichtsanforderungen und schulischen Bereichen Stärken zu haben und diese umsetzen zu können? Welcher Lehrer und welche Lehrerin deckt alle schulischen Bereiche ab?

Schwerhörige Lehrer/innen können in den verschiedenen Arbeitsfeldern eine Bereicherung für die Schüler/innen, Lehrer/innen und Eltern sein.

Die Schule hat unter anderem auch die Aufgabe, ein Bild von der Gesellschaft und deren Strukturen und Vielfalt zu vermitteln. Behinderte Menschen gehören dazu.

Schwerhörige Lehrer und Lehrerinnen müssen an Schwerhörigenschulen zur „Normalität" gehören!

Anmerkungen und Verweise:

1) siehe hierzu z.B.: Milenk, Birgit: Tinnitus als zusätzliche Lebenserschwerung bei schwerhörigen und ertaubten Erwachsenen. In: Rehabilitation Schwerhöriger, Ertaubter und Gehörloser. Tagungsbericht der 2. Internationalen Tagung 1991 in Bad Berleburg
2) Merker, Hannah: Listening. Eine Frau erkundet ihre verstummende Welt. Klein-Verlag, Hamburg o.J., S. 22
3) ein Beispiel hierzu ist veröffentlicht: Milenk, Birgit: „Behindert-Sein" - Unterrichtsplanung und Unterrichtsdurchführung für die 5./6. Klasse der Schwerhörigenschule. In: RKGS Heft 31, Juni 1991
4) zusammengestellt in einem unveröffentlichten Konzeptpapier „Behindert-Sein" für das Seminar Hörtaktik, Universität Hamburg, Wintersemester 1993/94 (das Konzeptpapier kann bei mir über die Adresse der Hamburger Schwerhörigenschule angefordert werden)
5) Krause, Christiane: Wer nicht hören kann, muß fühlen. Ein Leben mit Schwerhörigkeit. Fischer Verlag, Frankfurt a.M. 1994, S. 135
6) vgl. Milenk-Hell, Birgit: „Sich-Beweisen-Müssen". Erinnerungen einer hörgeschädigten Lehrerin. In: hörgeschädigte kinder Heft 3/91

René J. Müller

Hörgeschädigtenpädagogik im Spannungsfeld zwischen Segregation und Integration

1.0. Einleitung

„Das Geheimis des Erfolges ist die Beständigkeit des Ziels."
Benjamin Disraeli (1804-1881)

1.1. Schulen in Europa und in der Schweiz

Im Europa des ausgehenden zwanzigsten Jahrhunderts gibt es trotz der Europäischen Union (EU) mindestens so viele Schulsysteme wie Staaten. Kein einziges Land hat bisher die Souveränität über seine Schulen aufgegeben. In manchen Staaten mögen auf nationaler Ebene zwar einzelne Aspekte einheitlich geregelt sein, aber die Art und Weise der Organisation und Umsetzung im Alltag ist oftmals den einzelnen Bundesländern überlassen. Im Falle der Schweiz liegt die Schulhoheit bei den 26 Kantonen und teilweise sogar bei den Gemeinden, wodurch diese in Schulfragen weitgehende Autonomie haben. Das bewirkt, daß Schule in der Schweiz nach teilweise stark divergierenden Systemen praktiziert wird.[18]

1.2. Behinderte Kinder und Schule früher — Segregation

Bis gegen Ende des 18. Jahrhunderts war der Besuch einer Schule das Privileg einiger wohlhabender Menschen und deren Kinder (vor allem Jungen). Im Zeitalter der Aufklärung wurden die gesellschaftlichen Bedingungen in Europa grundlegend verändert. Die Bildung des Volkes wurde als eine Aufgabe des Staates verstanden und in der Folge der Besuch der Volksschule (im 19. Jahrhundert) nach und nach zur Pflicht erklärt. Im Zentrum des Interesses standen damals die nichtbehinderten Kinder. Aus ihnen sollten durch Erziehung und Beschulung vollwertige, aufgeklärte Bürger gemacht werden. Realisiert werden sollte dies durch eine 'Homogenisierung' unter den Schülerinnen und Schülern

---

[18] In der ersten Bundesverfassung (BV) von 1848 wird die Schule nicht erwähnt. Erst in der Revision von 1874 findet sich ein erster Artikel zum Thema Bildung und Beschulung (Art. 27), der später erweitert und ergänzt wurde. Diese Entwicklung deutet schon an, daß der Bund sehr wenig Vorschriften zum Bildungswesen erläßt und sich an den Grundsatz hält: "Die kantonale Schulhoheit ist in allen Fällen zu wahren." (BV Art. 27 quater, Abs. 3) Abgesehen von der Berufsbildung engen die Vorschriften des Bundes die Kantone bei der Organisation des Bildungswesens kaum ein. Diese Freiheit nutzen die Kantone. Sie gestalten das Bildungs- und Schulsystem nach ihren Bedürfnissen und Vorstellungen, insbesondere auch im Bereich der Sonderschulen.

(Zusammenfassung der Kinder nach Jahrgang, Leistungsfähigkeit usw.). Jene Kinder, die dieser Norm nicht entsprachen, wurde der Besuch der Schule nicht gestattet. Insbesondere traf dies auf die behinderten Kinder zu.

Im Falle hörgeschädigter Kinder wurde zwar bereits zu Beginn des 19. Jahrhunderts versucht, Lehrer und Lehrerinnen der allgemeinen Schule für diese Behinderung in pädagogischer Hinsicht kompetent zu machen. Diese Bemühungen gingen in die Geschichte der Hörgeschädigtenpädagogik unter der Bezeichnung »Verallgemeinerung« ein. Neben der zu großen Schülerzahl und der nur selten praktizierten Kooperation zwischen Schule und Elternhaus waren weitere Faktoren dafür verantwortlich, daß diese Idee in der zweiten Hälfte des 19. Jahrhunderts wieder aufgegeben wurde (Arbeitsgruppe Integration Schleswig 1992, Armin Löwe 1992). Auf technischer Seite waren weder Hörgeräte (seit Anfang der Fünfziger Jahre ständig weiterentwickelt) noch Cochlea Implantate (in den Sechziger Jahren entwickelt und seit den Achtziger Jahren auch bei Kleinkindern angewandt) bekannt. Seitens der Medizin war das Wissen erst rudimentär; Hörschädigungen wurden entweder nicht oder viel zu spät diagnostiziert. Damit war eine Früherfassung nicht möglich und an eine Frühförderung nicht zu denken. Zudem waren grundlegende didaktische Voraussetzungen für einen gemeinsamen Unterricht von behinderten und nicht behinderten Kindern wie 'Individualisierung', 'innere Differenzierung', 'kooperative Tätigkeit' (Georg Feuser 1995, S. 172) erst in ihren Ansätzen bekannt. Damit ist offensichtlich, daß die Volksschulen unter den damaligen Rahmenbedingungen den speziellen Bedürfnissen behinderter Kinder nicht gerecht werden konnten. Aus dieser geschichtlichen Sicht bedeutete die Gründung von Sonderschulen für behinderte Kinder einen Fortschritt, boten sie doch überhaupt eine Möglichkeit der Erziehung und Wissensvermittlung, was für ein halbwegs selbständiges Leben schon damals unentbehrlich war. Als erste sonderpädagogische Einrichtungen wurden Schulen für Hörgeschädigte, später solche für Sehgeschädigte geschaffen. Diese Phase könnte man als die Legitimationsphase der Sonderschulen bezeichnen.

1.3. Integration Begriffsklärung

Die Frage, was Integration bedeutet, wird sehr unterschiedlich beantwortet. Ich schließe mich im wesentlichen der Ansicht von Jakob Muth (1988, S. 16f) an:

"Integration ist ein politisches Phänomen. Sie richtet sich auf das Zusammenleben der Menschen, auf den einzelnen Menschen in seiner Gemeinsamkeit mit anderen, sie bezieht sich auf den Menschen als zoon politicon. So hat Aristoteles in der Antike das Verständnis des Menschen für das Abendland verbindlich erschlossen. Zusammenleben der Menschen, Gemeinsamkeit aller, das sind humane Selbstverständlichkeiten. Wo sie nicht gegeben sind, ... da wird politisch gehandelt ... Als Konsequenz der Überlegungen zur politischen Dimension der

Gemeinsamkeit von Behinderten und Nichtbehinderten ergibt sich, daß Integration unteilbar ist. Sie läßt keine Ausnahme zu. Gemeinsamkeit aller ist eben nicht möglich, wenn nicht alle die allgemeinen Bildungseinrichtungen besuchen können. Immer wieder wird der Versuch unternommen, eine Gruppe von Behinderten zu definieren, die nicht integriert werden kann ... Das gehört in den Zusammenhang eines Denkens, dem es darum geht festzustellen, was ein Kind nicht kann. Immer noch stehen Defizite im Vordergrund, statt daß umgekehrt von dem ausgegangen wird, was ein Kind kann, um es von da aus zu fördern ... Pädagogisch sinnvoll ist es deshalb zu fragen, wenn ein behindertes Kind in eine allgemeine Schule aufgenommen werden soll, wie die Verhältnisse in der Schule arrangiert werden können, daß das Kind auf den Weg des Lernens kommt und Geborgenheit in der Schule erfährt. Die primäre Frage richtet sich also nicht auf die Integrationsfähigkeit des Kindes, sondern auf die Integrationsfähigkeit der Schule. Dazu gehört es zum Beispiel, daß nicht alle Schüler einer Klasse auf die gleichen Lernziele festgelegt werden. Das Lernen in den Schulklassen muß dem didaktischen Prinzip der Individualisierung der Lernprozesse folgen." (Jakob Muth 1988).

Der Integrationsgedanke existiert heute in vielen Teilen der Welt. Damit verbunden ist auch, Menschen mit einer Behinderung vermehrt sichtbar und als einzelne Individuen wahrnehmbar zu machen. Dann, wenn die Allgemeinheit, die Nichtbehinderten, jene Menschen, die behindert sind, im Alltag wahrnehmen, werden sie sich auch eher für deren individuelle Rechte einsetzen.

1.4. Integration - ein komplexes Unterfangen

Auch wenn gemeinsames Lernen von behinderten und nichtbehinderten Kindern keine Modeerscheinung ist, so bleibt dies dennoch eine sehr anspruchsvolle und komplexe Aufgabe. Noch allzuoft wird Integration als ein stationärer Zustand gedacht, der sich von selbst am Leben erhält, wenn er nur einmal verwirklicht ist. Diese Einstellung trifft die Wirklichkeit in der Regel nicht. Vielmehr ist Integration ein Prozeß, der innerhalb unterschiedlichster Rahmenbedingungen an die jeweilige Bedingung angepaßt werden muß und daher zwangsläufig zu unterschiedlichen Ausformungen führt. Damit wird ersichtlich, daß insbesondere den Rahmenbedingungen, die von den Schulbehörden geschaffen werden müssen, eine Schlüsselfunktion zukommt. Statt selbst innovative Konzepte zu erstellen, vermitteln Schulbehörden manchmal allerdings den Eindruck, daß sie eher Verhinderer integrationsfördernder Rahmenbedingungen sind. Tatsächlich ist es auch nicht einfach, Bedingungen für die gemeinsame Schule zu realisieren. Köppel, einer der ersten Wiener Integrationspädagogen, beschrieb die Situation folgendermaßen:

"In der Terminologie der Schule handelt es sich bei den integrativen Modellen um Schulentwicklung, wie man sie komplexer seit dem Krieg nicht versucht hat: Zweilehrersystem, verbale Beurteilung, verschiedene Lehrpläne pro Klasse und auch pro Schüler, Aufhebung der Jahrgangsklasse, verstärkte therapeutische Aufgaben in der Klasse, erhöhte Individualisierung, offene Unterrichtsformen und so fort ... Wir brauchen neue Konzepte für alle Kinder, wenn wir allein an die Zunahme der Verhaltensauffälligkeiten und Lernstörungen denken. Wenn man nun fragt, welche Unterstützungen für dieses Modell geleistet werden, das geeignet sein könnte, die Schule des 21. Jahrhunderts vorzubereiten (wo doch unsere heutige Praxis mit den Hypotheken aus dem 19. Jahrhundert ringt), so muß man erschrocken zur Kenntnis nehmen, daß Schule ihre Hauptaufgabe in der Verwaltung sieht und daß für die Entwicklung kaum ein Potential zur Verfügung steht. ... Entwicklungen, das heißt Veränderungen, werden immer wieder in reflexhafter Form abgeblockt." (Karl Köppel 1989).

Einige Länder haben früher und konsequenter mit der Integration behinderter Kinder in die Regelschule begonnen als Deutschland, die Schweiz oder Österreich. So wurde etwa in dem "Vorreiterland" Dänemark schon 1969 allen örtlichen Schulbehörden vom "Folketing" empfohlen, die Volksschule derart auszubauen, daß behinderte Kinder, soweit irgend möglich, in einer normalen Schule unterrichtet werden können. In den USA, in Kanada, in Australien, Neuseeland und den skandinavischen Staaten, um nur die wichtigsten zu nennen, haben die Eltern das letzte Wort, wenn es darum geht, zu entscheiden, welche Schulform ihr Kind besucht: Eine der wenigen noch bestehenden Sonderschulen, eine Sonderklasse, welche der Regelschule angegliedert ist oder ob das Kind mit einer besonderen Unterstützung eine Regelklasse besuchen soll. Italien, das in Europa als jenes Land gilt, in welchem die schulische Integration behinderter Kinder am weitesten verwirklicht ist, hat 1977 per Gesetz alle staatlichen Sondereinrichtungen für behinderte Kinder abgeschafft. Gleichzeitig wurde die Aufnahme von behinderten Kindern in die Regelschule zur Pflicht erklärt (Jutta Schöler 1996).

Der Ausschuß für Bildungsfragen der Kommission der Europäischen Union (damals EG) hat sich seit 1984 mehrfach mit der Frage der Integration befaßt. Auf Empfehlung dieses Ausschusses hat der EG-Bildungsministerrat 1987 die Bedeutung der Integration Behinderter betont und bestätigt, daß es wichtig sei, ein Höchstmaß an schulischer Integration behinderter Kinder zu erzielen. Zur breiteren Information über die pädagogischen Möglichkeiten der Integration unter den in den europäischen Ländern je unterschiedlichen Bedingungen hat die Kommission das sogenannte 'Helios'-Programm ins Leben gerufen. Am 31. Mai 1990 hat der EG-Bildungsministerrat eine Entschließung zur Eingliederung behinderter Kinder und Jugendlicher in das Schulsystem verabschiedet, die den Willen der Mitgliedstaaten zum Ausdruck bringt, die Förderung und Betreuung von Behinderten in Sondereinrichtung zur Ausnahme zu machen (ZIB 1993, S. 74 f.). In Österreich wurde 1993 ein Gesetz[19] erlassen, das behinderten Kindern bzw. deren Eltern das Recht einräumt, über Antrag gemeinsam mit nichtbehinderten Kindern an der Volksschule (1. bis 4. Schuljahr) unterrichtet zu werden. In der Schule der 10- bis 14jährigen Kinder gelten vorerst noch Schulversuchsregelungen. Im Jahre 1994 fand in Salamanca (Spanien) eine Konferenz statt, an der über 300 Vertreter von 92 Nationen und 25 internationalen Organisationen teilnahmen. Dabei wurde die "Erklärung von Salamanca" verabschiedet, die auch von den Vertretern Deutschlands, Österreichs und der Schweiz unterzeichnet wurde. In der Erklärung von Salamanca ist nachzulesen:

"Wir glauben und erklären: (...) daß Regelschulen mit dieser integrativen Orientierung das beste Mittel sind, um diskriminierende Haltungen zu bekämpfen, um Gemeinschaften zu schaffen, die alle willkommen heißen, um eine integrierende Gesellschaft aufzubauen und um Bildung für alle zu erreichen; darüber hinaus gewährleisten integrative Schulen eine effektive Bildung für den Großteil aller Kinder und erhöhen die Effizienz sowie schließlich das Kosten-Nutzen-Verhältnis des gesamten Schulsystems." (UNESCO 1994, S. 9).

Weiter heißt es in derselben Erklärung:

"Das grundlegende Prinzip der integrativen Schule ist es, daß alle Kinder miteinander lernen, wo immer möglich, egal, welche Schwierigkeiten oder Unterschiede sie haben. Integrative Schulen müssen die unterschiedlichen Bedürfnisse ihrer Schüler anerkennen und auf sie eingehen, indem sie sich auf unterschiedliche Lernstile und Lerngeschwindigkeiten einstellen. Sie müssen durch geeignete Lehrpläne, organisatorische Rahmenbedingungen, Unterrichtsmethoden und Materialeinsatz sowie durch Partnerschaften mit ihren Gemeinden hochwertige Bildung für alle sichern. Es sollte ein Kontinuum an Unterstützung und Dienstleistungen geben, um dem Kontinuum an besonderen Bedürfnissen zu entsprechen, dem man in jeder Schule begegnet." (UNESCO 1994, S. 16).

Konsequent kann die Integration von Kindern mit Behinderung in das Regelschulsystem nur dort erfolgen, wo alle Kinder, unabhängig von ihrer individuellen Leistungsfähigkeit, gemeinsam leben und lernen dürfen. In den Schulsystemen der deutschsprachigen Länder wird Selektion jedoch bei allen Kindern praktiziert, auch bei den nichtbehinderten. Deshalb darf es nicht erstaunen, daß wir ständig Kompromisse eingehen müssen. Kompromisse, die weder pädagogisch noch theoretisch zu rechtfertigen sind. In einem solchen System ist die Gefahr groß, daß bereits am Beginn eines Integrationsprozesses nach den Grenzen

---

[19] 15. Schulorganisationsgesetz-Novelle (SCHOG-Novelle) vom 30. Juli 1993.

gefragt wird. Nur allzu schnell werden die Kinder dann in integrationsfähige und in solche, die nicht integrationsfähig sind, unterteilt. Es werden Grenzen gesetzt. Nur selten wird die Frage gestellt, was unternommen werden muß, damit das Schulsystem integrationsfähig wird. In Wirklichkeit sind die Schulsysteme in den deutschsprachigen Ländern Sortiersysteme, wie dies die folgende Karikatur zeigt.

Abbildung 1: Unsere Schulsysteme gleichen Selektionsmaschinen (Aus: René J. Müller: „...ich höre - nicht alles!“, Heidelberg 1994, 75)

Sehr viel Energie wird darauf verwendet, die Kinder nach ihren festgestellten Unfähigkeiten, ihren Defiziten, auszusortieren. Anstatt Kreativität, Kooperation, problemlösendem Denken, sozialem Verhalten und der Akzeptanz von Verschiedenheit bestimmen in einem solchen Schulsystem Klassenarbeiten, Selektion und oftmals das Verstecken der eigenen pädagogischen Unfähigkeit den schulischen Alltag. Die unterste Stufe des Sortiersystems bildet die 'Hilfsschule', 'Förderschule' oder 'Sonderschule'. Leider haben es diese Schulen bis heute nur in ungenügendem Maße geschafft, daß Kinder mit Behinderungen nach der Schulzeit als Erwachsene tatsächlich in der Gesellschaft integriert sind. Das ist allerdings auch nicht erstaunlich. Wie sollte es möglich sein, daß die Kinder das Zusammenleben von Menschen mit unterschiedlichen Fähigkeiten oder Behinderungen erlernen können, wenn sich diese in stets von einander getrennten Schulen befinden. Ein hörgeschädigtes Kind kann nicht lernen, sich adäquat in einer hörenden Umwelt Gehör zu verschaffen, wenn es täglich nur mit anderen Hörgeschädigten zusammen ist. Nur, in unseren Schulsystemen brauchen wir die Regelschulen eigentlich nicht zu verlassen, um zu erkennen, wie enorm große Schwierigkeiten es zu überwinden gilt, um ein integrationsfähiges und damit nicht mehr aussonderndes Schulwesen zu errichten. Georg Feuser beschreibt dies folgendemaßen:

"Integration (...) ist auch ein Ansatz der Vereinheitlichung der großen Reformbegehren, weil der Ausschluß behinderter Kinder und Jugendlicher aus regulären Erziehungsinstitutionen und Schulen sinnfällig macht, was jedem Kind und Jugendlichen in seiner Schullaufbahn widerfährt, nämlich x-mal ausgelesen zu werden! Seit Beginn der wissenschaftlichen Pädagogik hat es zu keiner Zeit eine allgemeine Pädagogik für alle Kinder gegeben, nur Sonderpädagogiken! Universität, Gymnasium, Realschule, Hauptschule – und Gesamtschule in ihrer heutigen Struktur –: sie alle sind Sonderschulen, Schulen für Menschen ohne den jeweilig anderen Menschen ..." (Feuser 1995, S. 14).

Deshalb besteht eine der sowohl anspruchsvollsten als auch lohnendsten intellektuellen und sozialen Herausforderungen der Pädagogik in der Aufklärung gesellschaftlicher, politischer und pädagogischer Voraussetzungen für Integrationsprozesse. Der dabei zugrunde liegende Gedanke ist der, daß eine Behinderung kein Grund mehr sein darf, Kinder und Jugendliche aus regulären Lern- und Lebenszusammenhängen auszuschließen. Daß dies dereinst flächendeckend realisiert sein wird, ist derzeit kaum anzunehmen. Konsequenterweise müßte dies allerdings geschehen, da andernfalls die Regelschulen nicht gezwungen sind, ihr System von Grund auf zu reformieren, sondern eben doch wieder nur jene Behinderten integriert werden, die in die jeweiligen Rahmenbedingungen einigermaßen hineinpassen. Damit besteht innerhalb der Integration bereits wieder eine Selektion und Segregation. Angesichts der derzeitigen wirtschaftlich unbefriedigenden Lage, auch in den deutschsprachigen Ländern, ist es eher unwahrscheinlich, daß außer punktuellen Integrationsbemühungen, die auf der fallweisen Anpassung individueller Gegebenheiten beruhen, in einer breiten Gesellschaftsschicht jene Überzeugung, die für grundlegende integrationsvorbereitende und strukturelle integrationsunterstützende Rahmenbedingungen notwendig ist, Wurzeln schlagen kann. In diesem Dilemma befindet sich die aktuelle Diskussion wieder vermehrt. Dies ist leider selbst in Italien, wo seit nunmehr zwanzig Jahren eine großzügige gesetzliche Regelung besteht, nicht gewährleistet. So berichtet Andrea Canevaro:

"Die weitläufigen Integrationserfahrungen, die in diesen Jahren in Italien gelebt worden sind, haben viele positiven Aspekte. Sie weisen auch gleichzeitig auf einige Grenzen hin. Nicht so sehr, was behinderte Kinder betrifft, sondern was das Schulmodell angeht. Es ist ein Modell, das sich nicht auf eine Gruppe bezieht – den Klassenverband –, sondern auf die Summe aller einzelnen. Die Praxis des Einsatzes von StützlehrerInnen hat gezeigt, daß dieser Einsatz meist darauf reduziert wird, eine 'Unterstützung' für den Einzelnen zu sein und nur sehr selten für die Gruppe. (...) Es zeigt ein Schulmodell mit Grenzen, die überdacht und überwunden werden müssen." (Andrea Canevaro 1996, S.12).

2.0. Integration hörgeschädigter Kinder seit den Fünfziger Jahren

Früher als bei anderen Behinderungsarten, wurden im deutschen Sprachraum hörgeschädigte Kinder in Regelschulen unterrichtet. Dies war einigen wenigen Hörgeschädigtenpädagogen und -pädagoginnen zu verdanken, die die Veränderung in der pädagogisch-therapeutischen Betreuung von hörgeschädigten Kindern, wie sie in Großbritannien, vor allem in der Gegend von Manchester, seit der Entwicklung von Hörgeräten in den Fünfziger Jahren möglich wurde, aufmerksam beobachteten. Der erste unter ihnen war Armin Löwe (Heidelberg), etwas später dann Christian Heldstab (Zürich), Susanne Schmid-Giovannini (Luzern, später Meggen) und Joseph Weissen (Münchenbuchsee bei Bern). Alle von ihnen wiesen mit Nachdruck auf die Notwendigkeit der gemeinsamen Beschulung von hörgeschädigten und normalhörenden Kindern hin und entfachten damit die Diskussion um die Integration Hörgeschädigter in unserem Jahrhundert neu. Nachdem Löwe 1958 in Heidelberg die erste Pädaudiologische Beratungsstelle im deutschen Sprachgebiet und in der Folge die Früherziehung hörgeschädigter Kinder im Elternhaus verwirklichte, erkannten viele Eltern, daß sie selbst sehr viel für ihr hörgeschädigtes Kind tun konnten. Voraussetzung dafür war allerdings, daß sie die hierfür notwendigen Anleitungen erhielten (Löwe 1987, S. 38). Insbesondere in der Schweiz wurde bei der gemeinsamen Beschulung von Hörgeschädigten seither ein pragmatischer und unbürokratischer Weg beschritten, der bis zum heutigen Tag keinerlei gesetzliche Grundlagen hat. Gesamtschweizerisch werden heute rund 90 Prozent aller hörgeschädigten Kinder mit einem mittleren Hörverlust[20] bis 90 dB integrativ unterrichtet. Kinder, deren

---

[20] Der durchschnittliche oder mittlere Hörverlust wird in der internationalen Praxis üblicherweise durch das arithmetische Mittel der Reintonaudiogrammwerte der Frequenzen 500 Hz, 1'000 Hz und 2'000 Hz auf dem besseren Ohr angegeben.

mittlerer Hörverlust größer als 90 dB ist, besuchen jedoch auch hier zu über 50 Prozent die Sonderschule für Hörgeschädigte.

Bezüglich integrativem Unterricht mit hör- und sehgeschädigten[21] Kindern und Jugendlichen liegen etliche wissenschaftliche Untersuchungen vor: (Hans-Ulrich Lerch 1985, Armin Löwe 1985, Hansruedi Altorfer 1987, René J. Müller 1989, Alfred Kapral 1991, Arbeitsgruppe Integration Schleswig 1992, Priska Elmiger 1992, André Emmenegger-Hirschi 1992, René J. Müller & Max Gloor 1992, Werner Salz 1992, Armin Löwe & René J. Müller 1994). Insgesamt läßt sich sagen, daß die Erfahrungen der letzten bald vierzig Jahre mit der gemeinsamen Beschulung hörgeschädigter und normalhörender Kinder (insbesondere in der deutschsprachigen Schweiz, in einigen Bundesländern Deutschlands sowie Tirols) gezeigt haben, daß sie – auch bei massivem Hörverlust – am Unterricht in Regelklassen erfolgreich teilnehmen können. Voraussetzung dabei ist allerdings die Berücksichtigung geeigneter Rahmenbedingungen. Dies wird unter anderem auch durch die Ergebnisse einer wissenschaftlichen Untersuchung, die 1992/93 an rund 300 integrativ beschulten hörgeschädigten Mädchen und Jungen in der Region Zürich durchgeführt wurde (René J. Müller 1994), bestätigt:

Die integrativ beschulten hörgeschädigten Mädchen und Jungen erbringen im Vergleich zu normal hörenden Kindern und Jugendlichen eine durchschnittliche bis gute schulische Leistung.

Die Alltagsbelastung hörgeschädigter Kinder und deren Bezugspersonen wird nicht größer als bei normalhörenden Kindern empfunden.

Die psycho-soziale Situation integrativ beschulter hörgeschädigter Kinder unterscheidet sich nicht von jener normalhörender Kinder und Jugendlicher.

Diese Resultate sind insofern interessant, als in der Fachliteratur gelegentlich eine andere Meinung vertreten wird. So beispielsweise die folgende: "... daß aufgrund von Untersuchungen angenommen werden kann, daß schwerhörige

---

[21] Die Entwicklung auf seiten der Sehgeschädigten wurde ums Jahr 1970 initiiert, zu einem Zeitpunkt, als die Integrationsdebatte in der Schweiz erst einsetzte. Interessant ist, daß auch sie pragmatisch verlief und durch ihre Ergebnisse zu überzeugen vermochte. Umfassende Beschreibungen der Integrationsbewegung für sehgeschädigte Kinder in der deutschsprachigen Schweiz stellen die Arbeiten von (Urs Strasser 1984) und (Raffael Wieler 1988, Raffael Wieler 1992) dar. Für interessierte LeserInnen verweise ich zudem auf (Wolfgang Drave 1990), der in hervorragender Weise die Situation für Deutschland dargestellt hat. Neben Drave sind (Rudolf Schindele 1973) und (Franz Mersi & Rudolf Schindele 1975) zu erwähnen, die in Deutschland die wesentlichen Wegbereiter eines flexiblen Bildungssystems Sehgeschädigter waren.

Kinder deutlich schlechtere Schulleistungen erbringen als ihre Mitschüler" (Herbert Ding 1981).[22]

2.1. Skeptiker werden zu Befürwortern

Angesichts der oftmals als unüberwindbar dargestellten Schwierigkeiten beim Spracherwerb betrachteten viele Fachleute und (in der Folge) auch viele Eltern eine gemeinsame Beschulung normalhörender und hörgeschädigter Kinder und Jugendlicher lange Zeit als unerreichbar. Zudem schien das allgemein bekannte tiefe schulische Leistungsniveau in den Sonderschulen für Hörgeschädigte darauf hinzuweisen, daß Hörgeschädigte grundsätzlich schwächere Leistungen als gleichaltrige Normalhörende erbringen würden. Selbst neuere Forschungsarbeiten (R. Conrad 1979); (R. Pinter 1981) und Untersuchungen (A. Schildroth & M. Karchmer 1986) unterstreichen das niedrige Sprach- und Leseniveau von hörgeschädigten Kindern aus Sonderschulen und die daraus entstehenden schlechten akademischen Leistungen. Daß aus dieser unbefriedigenden Situation ausgebrochen werden mußte, scheint aus heutiger Sicht klar und zwingend. Doch wie sollte das bewerkstelligt werden? Erste Resultate von hörgeschädigten Kindern, die durch die erwähnten pädaudiologischen Beratungsstellen (Heidelberg, Zürich, Bern, Meggen) frühgefördert wurden, wiesen in Richtung eines Lernumfeldes, das gerade im sprachlichen Bereich keinen Einschränkungen unterliegt; den Regelkindergarten und die Regelschule. Zu Beginn der Sechziger Jahre waren in ganz Europa zudem erst wenige Lehrer und Lehrerinnen dazu bereit, ein hörgeschädigtes Kind in ihrer normalen Klasse 'mitzunehmen'. Bei Kindern mit einer mittleren Hörschädigung konnte oftmals bereits durch vorbereitende Gespräche mit der künftigen Kindergärtnerin oder Lehrkraft die Basis für eine erfolgversprechende Zusammenarbeit gelegt werden. In vielen Fällen vermochten zudem bauliche Maßnahmen die akustische Situation in Klassenräumen zu verbessern. Weiter brachte die Einführung der FM-Anlagen nochmals eine wesentliche Steigerung bezüglich der Qualität des sprachlichen Inputs für die hörgeschädigten Kinder. Bei hochgradig hörgeschädigten Kindern und Jugendlichen wurde oftmals eine zusätzliche Lehrkraft für eine beschränkte Stundenzahl pro Woche beantragt. Diese Person arbeitete in der Regel einzeln mit dem Kind. Neben dem Hörenlernen, dem Hörtraining, Übungen im Ablesen ging es dabei vor allem um die Erarbeitung des aktuellen Schulstoffes. Bei guter Zusammenarbeit seitens der Regelschullehrkraft war dies nicht nur im Aufarbeiten bereits vermittelten Stoffes möglich, sondern auch in dem Sinne, daß demnächst zu erlernender Stoff mit dem hörgeschädigten Kind vorbereitet werden konnte. Dies ermöglichte dem Kind die aktivere Teilnahme selbst bei kom-

---

[22] Ähnlich negative Aussagen finden sich bei: (K. H. Seifert 1982); (Heribert Jussen & Otto Kröhnert 1984), Ding in (Heribert Jussen 1987) S. 161; (W. Hartwig Claußen 1989).

plexen Unterrichtsthemen. Solche zusätzlichen Therapeutinnen, Lehrerinnen und Lehrer kamen in einigen Fällen aus einer benachbarten Sonderschule für Hörgeschädigte, jedoch keineswegs ausschließlich. Insgesamt waren bis heute bedeutend mehr Sprachtherapeutinnen, die ihre Fachkompetenz (oftmals auf privater Basis) erweiterten. Etliche Sonderschulen sahen in der integrativen Beschulung stets eine ungewollte Entwicklung und hielten aus diesem Grund ihre eigenen Lehrkräfte von der pädagogisch-therapeutischen Unterstützung in der Regelschule ab. Umgekehrt waren es dort, wo die Sonderschule diese Entwicklung unterstützte, dann nicht selten die Sonderschullehrerinnen und -lehrer, die sich schwer taten mit der Idee, als Wanderlehrekraft oder ambulante hörgeschädiftenpädagogische Erziehungskraft stundenweise in verschiedenen Umgebungen, mit verschiedenen Lehrkräften, womöglich sogar in verschiedenen Schulsystemen und auf jeweils unterschiedlichen Schulstufen zu unterrichten. Die integrative Arbeit bedeutete in jedem Fall den Abschied vom eigenen Klassenzimmer, der eigenen gewohnten Intimsphäre und insgesamt vom traditionellen Berufsbild des Lehrers bzw. der Lehrerin. Eine Kollegin schilderte ihren Weg aus der Sonderschule heraus in die Regelschule wie folgt:

"Es war schwer für uns, sich vorzustellen, wie die Kinder in einem normalen Klassenraum mit den entsprechenden Geräuschen und Aktivitäten zurechtkommen würden. Wie würden sie mit der Unterrichtsgeschwindigkeit Schritt halten? Obwohl sie vielleicht wünschenswerte gesellschaftliche Verhaltensformen durch die Integration lernen würden, bezweifelten wir, ob die meisten Kinder schulisch erfolgreich sein würden. Rückblickend habe ich heute eine andere Meinung. Obwohl wir uns (in der Sonderschule; der Autor) sehr viel Mühe in der Vorbereitung des Lehrplans in bezug auf die jeweilige Sprachebene der Kinder gaben, haben wir ungewollt die Qualität und Vielfalt des Lehrstoffes begrenzt. Diese Entwicklung begann in der Grundschule und wurde durch das gesamte Schulleben fortgesetzt. Auf diese Weise wurden unsere Ziele und Erwartungen entsprechend gesenkt" (Pat Chapman 1992, S. 119).

Das Verlassen der Sonderschule bedeutete in jedem Fall ein Wagnis. Das Risiko des Scheiterns mußte dabei in Kauf genommen werden. Diese Unsicherheit wurde durch Veröffentlichungen von Integrationsskeptikern solange noch verstärkt, bis engagierte Integrationspädagoginnen und -pädagogen durch 'Tatbeweise' belegen konnten, daß die Wirklichkeit anders aussah. Harrison konnte deshalb später schreiben:

"Das redliche Argument, daß hörgeschädigte Kinder nicht in der Lage seien, gute Leistungen in einer Regelschule zu erzielen, war lediglich eine Vermutung ohne überprüftes Fundament." (David R. Harrison 1992, S. 92)

Diese Aussage deckt sich mit jenen Erfahrungen, die ich selbst zwischen 1986 und 1993 in der Beratung und Begleitung hörgeschädigter Kinder sowie deren Eltern und Lehrkräfte in Regelschulen sammeln konnte. Auch Peter Raidt (1989, S. 194) ist der Meinung, daß "bei hörgeschädigten Schülern in der Regelschule in der schulischen Förderung kein Abstrich zu machen ist. Das Schulniveau ist mit dem der nichtbehinderten Schüler vergleichbar."

Aus psycholinguistischer Sicht ist dieser Sachverhalt nicht erstaunlich, da Sprechen stark von der Fähigkeit, Regeln bilden zu können, abhängig ist. Die genetischen Voraussetzungen zur lautsprachlichen Regelbildung sind bei Hörgeschädigten vorhanden (Noam Chomsky 1970) und werden durch die Hörschädigung nicht beeinträchtigt. Da jedoch jede Hörstörung eine Input-Störung ist, besteht in den jüngeren Jahren ein größeres Manko an gefestigten Sprachstrukturen im Gehirn. Damit die Fähigkeit wächst, mit zunehmendem Alter aus den fragmentarischen Höreindrücken sinnvolle Informationen zu gewinnen, ist ein kritisches Maß an Lautsprach-Quantität notwendig. Ist dieses Maß erreicht, kann quasi eine intra-psychische Input-Normalisierung und eine Verbesserung des kognitiven Instrumentariums stattfinden. Dadurch ist das hörgeschädigte Kind mit zunehmendem Alter zusehends besser in der Lage, seine intellektuellen Fähigkeiten nutzbringend zur Entfaltung zu bringen. Unter dem Titel 'Unausgeschöpftes Potential – Leseprobleme hochgradig hörgeschädigter Kinder müssen bereits in der Vorschulzeit angegangen werden' beschreibt (Armin Löwe 1994) weitere interessante Einzelheiten zu dieser Thematik.

Insgesamt fällt auf, daß die schulischen Leistungen gemeinsam beschulter hörgeschädigter Jungen und Mädchen von Sonderpädagogen und -pädagoginnen aus Sonderschulen häufig als problematisch eingeschätzt werden, während jene Pädagogen und Pädagoginnen, die integrativ beschulte hörgeschädigte Kinder betreuen, übereinstimmend aussagen, daß die schulische Leistung erstens innerhalb der Sonderschule tiefer sei als in der Regelschule und zweitens die in Regelschulen erbrachten Leistungen jenen der normalhörenden Schüler und Schülerinnen entsprächen. Diese Aussagen erhalten umso mehr Gewicht, als alle angeführten Autoren und Autorinnen früher selbst Lehrer und Lehrerinnen an Hörgeschädigtenschulen waren.

3.0. Hemmnisse auf dem Weg zur integrationsbereiten Gesellschaft

3.1. Die Sonderschule ist noch zu wenig auf Integration vorbereitet

Sicher wäre es überheblich, den Fachleuten, die der gemeinsamen Beschulung hörgeschädigter und normal hörender Kinder mit Skepsis gegenüber stehen oder standen, Unseriosität zu unterstellen. Die Frage bleibt jedoch, welches die Gründe für so unterschiedliche Erfahrungen und Resultate sind. Möglicherweise sind Unterschiede in den Schulsystemen dafür ausschlaggebend. Beispielsweise ist in den meisten Gegenden der Schweiz bis zum Ende der eingliedrigen Primarschule, der sechsten Klasse, eine einzige Lehrkraft für den gesamten Unterricht zuständig. In einigen Kantonen zieht sich das Einlehrersystem sogar bis zum Ende der obligatorischen Schulpflicht durch. Daneben sind die Unterschiede auch maßgeblich vom Konzept der für eine Gegend zuständigen Sonderschule abhängig. Während in der Schweiz in den vergangenen drei Jahrzehnten fast alle Schulen für Hörgeschädigte neben einer hörgerichteten Früherziehung nach und nach eine Abteilung für die ambulante schulische Unterstützung hörgeschädigter Kinder in Regelkindergärten oder Regelklassen am Wohnort aufgebaut haben und somit bereits über eine breite Erfahrung verfügen, ist dies in anderen Ländern noch nicht überall oder erst seit wenigen Jahren der Fall.

Gegenwärtig befassen sich einige Sonderschulen mit der Frage, wie sie sich zu einem Förder- oder Kompetenzzentrum umwandeln oder weiterentwickeln könnten. Dabei bestehen nicht überall die gleichen Vorstellungen darüber, was ein Förderzentrum ist. Meines Wissens besteht bis zum heutigen Zeitpunkt im gesamten deutschen Sprachraum kein einziges Zentrum, in dessen Einzugsgebiet sämtliche hörgeschädigten Kinder außerhalb einer Sonderschule unterrrichtet werden. Lediglich in Schleswig-Holstein (Arbeitsgruppe Integration Schleswig 1992), im Saarland (Schule für Schwerhörige Lebach) und in der Nordwestschweiz (Gehörlosen- und Sprachheilschule Riehen) ist bisher mit der notwendigen Konsequenz auf das Ziel hin gearbeitet worden, nach und nach eine Schule mit weniger und schließlich eine Schule mit gar keinen Kindern zu sein, im Gegenzug aber das Angebot für die ambulante Unterstützung auszubauen. Auch wenn bereits einige Integrationspädagogen vehemente Kritik an einer solchen Form des Vorgehens anmelden (vgl. etwa Feuser 1995, S. 17), bin ich doch der Meinung, das Ziel einer Schule für alle, könne dadurch in einem ersten Schritt realisiert werden, indem das sonderpädagogische Know-how, die besonderen Kompetenzen, zu den behinderten Kindern in die Regelschule hineingebracht wird. Diese Aufgabe ist ein integrationsorientierter Auftrag, der zum Ziel hat, die Anzahl der Sonderschulaufnahmen gegenüber jener der ambulant betreuten Kinder in der Regelschule stetig zu verringern. Daß sich die Veränderung nicht auf eine Umbenennung der Institutionen beschränken kann, versteht sich aus den obigen Überlegungen.

Die Entwicklung zu Förder- oder Kompetenzzentren ist keineswegs einfach und basiert nicht immer auf der Überzeugung, daß die gemeinsame Erziehung und Unterrichtung der effizientere und erfolgversprechendere Weg darstellt. Manchmal beruht sie eher auf der Angst, keine Schüler mehr in die Sonderschule zu bekommen, wenn man nicht selbst parallel zum Sonderschulbetrieb auch ambulante Hilfestellungen anbieten kann. So oder so, selbst dort, wo der Wille zur Bildung eines Förderzentrums seitens der Sonderschulen bzw. deren Leitungen besteht, liegen viele Hemmnisse und Stolpersteine auf dem Weg. Einige davon, wie etwa das Organisieren und Durchführen von Informationsveranstaltungen für Regelschullehrkräfte oder die supervisorische Begleitung einzelner Lehrerinnen und Lehrer, die in ihren Klassen hörgeschädigte Kinder unterrichten, können durchaus von der Sonderschuleinrichtung, die sich zum Förderzentrum entwickeln will, in eigener Kompetenz erkannt und eliminiert werden. Dies trifft jedoch keineswegs auf alle zu. Beispielsweise müßte die Ausbildung zu Sonderschullehrererinnen und -lehrern die Aspekte der integrativen Arbeit und dabei insbesondere jene der Beratungstätigkeit mit einem weit größeren zeitlichen Umfang in ihr Programm aufnehmen als dies bisher der Fall ist. Diesem Aspekt sollte meines Erachtens bei der künftigen Besetzung der Lehrstühle für Behindertenpädagogik (nicht nur in der Hörgeschädigtenpädagogik) besonderes Gewicht beigemessen werden. Es muß gewährleistet sein, daß angehende Sonderschullehrkräfte während ihrer Ausbildung nicht in erster Linie Einblick in Sonderschulen, sondern hauptsächlich in Regelschulen erhalten. Und dort sollten sie den Unterricht in Klassen kennenlernen, in denen behinderte Schüler gemeinsam mit nicht behinderten unterrichtet werden. Nur so erleben sie von Anfang an das Dabeisein von Kindern mit Behinderung als alltäglich. So werden sie auch nicht dem Irrglauben verfallen, sie als Sonderpädagogen seien dereinst die Spezialisten, ohne die überhaupt mit behinderten Kindern keine gute Förderung möglich wäre. Andererseits würden jene Regelschullehrererinnen und -lehrer, die integrativ arbeiten, in ihrem Selbstverständnis unterstützt. Umgekehrt wäre es auch für die angehenden Regelschullehrer hilfreich, Klassen mit behinderten Kindern kennenzulernen, um so allfällige Ängste vor einem behinderten Kind nicht aufkommen zu lassen. Dies wäre doch ein ganz anderer Ansatz als jener, der vorsieht, daß von den Studentinnen und Studenten in ihrer Ausbildung während eines Semesters der Reihe nach sämtliche Behinderteneinrichtungen einer Region besucht werden.

3.2. Das Regelschulsystem ist zu wenig auf Integration vorbereitet

Eine einzelne Sonderschule ist in der Regel zu unbedeutend, um das Schulsystem einer ganzen Region in Richtung Integration zu beeinflussen. Oftmals sind dazu gesetzliche Änderungen notwendig, die von der Allgemeinheit getragen werden müssen. Erst wenn die notwendigen Rahmenbedingungen innerhalb des Regelschulsystems realisiert sind, kann ein Förder- oder Kompetenzzentrum seine Aufgaben befriedigend erfüllen. Dazu sind vorerst jedoch einige auch außerhalb der Sonderschule liegende Stolpersteine etwas genauer zu betrachten. Anhand der beiden folgenden Karikaturen soll verdeutlicht werden, daß die Regelschule derzeit mancherorts noch ungenügend auf die gemeinsame

Beschulung von behinderten und nicht behinderten Kindern und Jugendlichen vorbereitet ist. Mit 'vorbereitet' ist nicht jene Euphorie aus den Siebziger Jahren gemeint, die mit programmiertem Unterricht und Sprachlabors beabsichtigte, die Kinder quasi zu 'verkabeln' und im Gleichschritt lernen zu lassen. Bald sahen die Pädagoginnen und Pädagogen ein, daß solche Methoden allenfalls als zusätzliches Angebot in einzelnen Phasen des Unterrichts ihre Berechtigung hatten, keinesfalls jedoch als durchgehendes Unterrichtsprinzip brauchbar waren. Die Lernvoraussetzungen bei den Kindern sind eben doch sehr unterschiedlich, und wir können den Grad ihrer Aufmerksamkeit nicht synchron kontrollieren. In diesem Sinn ist auch die folgende Karrikatur zu verstehen.

Abbildung2: Gleicher 'Input' für alle Schüler und Schülerinnen? (Aus: René J. Müller: "... ich höre – nicht alles!", Heidelberg 1994, S. 67)

Tatsächlich können viele Praktiken unserer Schulsysteme karikiert werden. Nicht, daß dies so lustig wäre, aber auf diese Art wird einem manchmal ein Umstand bewußter. So funktioniert unser System der Benotung beispielsweise in aller Regel wirklich viel häufiger als uns vielleicht lieb ist, nach dem in der Karikatur dargestellten Prinzip. Besonders beachtet wird dabei in schulischen Prüfungen zumeist das, was die Kinder nicht können. Und all jene, die denken, diese Probleme bekäme man in den Griff, würde man im schulischen Alltag nur konsequent neue Technologien, wie Computer, die auf die individuellen Bedürfnisse eines jeden Kindes zugeschnitten sind, einsetzen, täuschen sich vermutlich.

***Abbildung 3:** Er war nur ein Fachverständiger – kein Sachverständiger (Aus: René J. Müller: "… ich höre – nicht alles!", Heidelberg 1994, S. 229)*

Gemeinsame Beschulung oder Integration darf nicht länger als ein Prozeß verstanden werden, der in einseitiger Weise vom behinderten Kind, von seiner Familie oder allenfalls von der Sonderschule abhängig ist. Vielmehr ist Integration ein reformpädagogischer Prozeß und stellt eine gesellschaftspolitische Aufgabe dar. Wird sie nicht als das wahrgenommen, werden auch in Zukunft nur jene behinderten Kinder eine Chance auf Integration haben, die durch ihre Schädigung nicht in dem Maß behindert sind, daß sie den Regelschulanforderungen nicht zu genügen vermögen. Dies widerspräche dem Integrationsgedanken diametral. Tatsache ist jedoch, daß sowohl die Lehrkräfte im Regelschulbereich als auch jene im Sonderschulbereich während ihrer Ausbildung nicht oder sicher nicht genug auf Integration vorbereitet werden. Da kann es nicht wirklich erstaunen, daß die Regelschule insgesamt sich für eine gemeinsame Beschulung als nicht kompetent genug erachtet. Für einen integrativen Unterricht müßte demnach also eine Pädagogik geschaffen werden, die sich sowohl von der bestehenden Sonderpädagogik als auch von der Allgemeinen Pädagogik unterscheidet. Sie hätte die Aufgabe, Erkenntnisse aus beiden Bereichen miteinander zu verschmelzen und dabei neue Grundlagen zu schaffen. Diese Allgemeine Pädagogik wird sich von der jetzigen, die in einem unentwirrbaren Netz von Annahmen, wie beispielsweise jener einer vermeintlich homogenen Schülerschaft basieren, verstrickt ist, möglicherweise stark unterscheiden. In einer solchen neu zu schaffenden Allgemeinen Pädagogik würde jedes behinderte Kind zusammen mit den nichtbehinderten Kindern all das lernen dürfen, wozu es unter Zurverfügungstellung der erforderlichen Mittel in personeller und materieller Hinsicht in der momentanen Phase seiner jeweiligen Entwicklung im Stande ist.

3.3. Psychologische, gesellschaftspolitische und finanzielle Hemmnisse

Bei den Anstrengungen, das Terrain für die Integration hörgeschädigter Kinder vorzubereiten, stößt man unter anderem auf Ängste und Vorurteile bei Lehrerinnen, Lehrern, Eltern und auch bei Schulverwaltungsangestellten. Die Kinder, die im Alltag mit Hörgeschädigten am nächsten zusammen sind, zeigen in der Regel am wenigsten Vorbehalte. Sie finden es normal, daß in der Klasse auch behinderte Kinder sind. Das größte Hemmnis ist oftmals der psychische Widerstand von Lehrkräften und Schulbehördenvertretern. Gesellschaftspolitische Faktoren kommen am ehesten als 'öffentliche Meinung' zum Tragen. Im Gegensatz zu Vorurteilen bildet sich die öffentliche Meinung nicht schnell heraus. Ilsedore Wiesner führte anläßlich des Treffens der Integrationsforscher im Februar 1995 in Innsbruck aus: "Die Erfahrung zeigt, daß 'Integration' hohe Zustimmungsquoten erreichen kann, wenn die Einstellung dazu global und abstrakt erhoben wird; je näher die Integrationsidee an die Praxis heranrückt und je mehr die Befragten das Gefühl haben, von ihnen selbst würde auch irgendeine Art Einlösung oder Umsetzung gefordert, desto weniger zahlreich werden die expliziten Befürworter von Integration sein. Diese Zahl steigt erst wieder an, wenn die Befragten als Lernende selbst Erfahrungen mit Integration gemacht haben. Das heißt: Der Widerstand gegenüber der Innovation 'Integration' wächst, wenn sich die Idee in der Praxis folgenreich durchzusetzen beginnt und wenn die Befragten damit selbst noch keine Erfahrungen machen konnten. Das kann bei dieser Gruppe dazu führen, daß das, was sie zuvor als Reform verbal begrüßt hat, sehr schnell Objekt ihrer Kritik wird; gleichzeitig wird das Herkömmliche am Schulsystem und das Traditionelle am Schulunterricht, das vielleicht bisher Unzufriedenheit auslöste, zunehmend als 'bestens bewährte Praxis' verteidigt."(Ilsedore Wieser 1995)

Im Gegensatz zu Italien, das die Integration als gesellschaftliche Grundhaltung an sich betrachtet und deshalb das Weiterbestehen von staatlichen Sonderinstitutionen nicht mehr zuläßt, ist in den deutschsprachigen Ländern die Situation derzeit offen. Das heißt, daß alles möglich ist. Tatsächlich werden derzeit eine kaum überschaubare Zahl von verschiedenen Integrationsmodellen verwirklicht. Daneben bestehen die Sonderschulen weiterhin. Es gibt hier also 'theoretisch' die Möglichkeit, auf die Bedürfnisse der Eltern einzugehen.

'Theoretisch' deshalb, weil Eltern aus verschiedenen Gründen nicht immer in der Lage sind, rationale Entscheide zu treffen (z. B. Nähe der Sonderschule, erwartete Schwierigkeiten in der Regelschule, Unsicherheit über zusätzliche Unterstützung im schulischen Alltag, mangelndes Wissen über integrative Schulen allgemein). Dazu wäre eine breitere Öffentlichkeitsarbeit notwendig, die derzeit jedoch noch in ihren Anfängen steckt. Die Frage ist auch, wie die Öffentlichkeitsarbeit künftig organisiert wird und wer am ehesten für sie zuständig sein sollte. Sind das die Schulbehörden, die Sonderschulen, Fördervereine von Eltern oder die Hochschulen? Ein weiterer Stolperstein auf dem Weg zu einer integrationsfähigen Schule wird von den Steinmetzen der Aussonderung dort zugehauen und auf den Schulwegen behinderter Kinder plaziert, wenn die Finanzierung für einen speziellen Förderbedarf nur dann realisiert werden kann, wenn die Kinder in einer Sonderschule unterrichtet werden. Besuchen sie eine Regelschule gelten sie als nicht mehr behindert, da sie ja sonst wohl nicht in der Regelschule sein könnten. Damit kann diesen Kindern jedoch nur beschränkt pädagogisch-therapeutische Unterstützung gewährt werden.

4.0. Die Integration Hörgeschädigter wirkt vielleicht als Entwicklungsmotor

Trotz vieler Probleme, die es in den vergangenen Jahren zu überwinden galt, kann gesagt werden, daß die Integration hörgeschädigter Kinder heute in sehr vielen Fällen möglich ist und auch vielerorts mit großem Erfolg praktiziert wird. Damit werden Erfahrungen aus anderen Ländern, die über eine größere Erfahrung mit Integration verfügen (Großbritannien, Canada, USA, Skandinavien) weitgehend bestätigt. In vielen Gegenden wirken sich die guten Erfahrungen mit der Integration Hörgeschädigter wie ein Katalysator aus, so daß dort später auch Kinder mit anderen Behinderungen mit einer größeren Bereitschaft in die Regelschule aufgenommen werden. Die Integration Hörgeschädigter wirkt sich oftmals auch in didaktischer Hinsicht in dem Sinne aus, daß man von einem eigentlichen Entwicklungsmotor für Schulreformen sprechen kann. Durch behinderte Kinder in der Klasse wird klar, daß der Unterricht individualisiert werden muß. Es wird jedoch auch deutlich, daß – bei starker Behinderung durch die Hörschädigung – die Schülerzahl beschränkt werden muß und allenfalls eine zweite Lehrkraft wenigstens in einzelnen Unterrichtsstunden anwesend sein muß. Dadurch werden auch die Anforderungen an die Lehrerausbildung gesteigert. Integration macht auch deutlich, daß beim Bau von Schulhäusern pädagogische Belange verstärkt bereits bei der Planung miteinzubeziehen sind. Allein diese unvollständige Aufzählung zeigt, daß Integrationspädagogik eine extrem komplexe Form von Pädagogik darstellt. Was vielerorts derzeit weitgehend noch fehlt, ist die Unterstützung integrativen Unterrichts durch eine externe wissenschaftliche Begleitung. In einzelnen Fällen ist dies vielleicht wirklich nicht notwendig, weil in die Projekte Personen involviert sind, die selbst kompetent genug sind und über ihr Handeln im Team reflektieren und damit permanente Handlungsforschung betreiben. Das bedeutet jedoch nicht, daß eine stärkere Unterstützung seitens der Hochschulen nicht doch wünschenswert ist. Durch sie könnte insbesondere gegenüber Behörden eine objektive qualitative und quantitative Darstellung der Aufgabenzuschreibung und -erfüllung und damit eine institutionelle Absicherung gewährleistet werden. Nicht zuletzt sollte ja auch eine solche externe Instanz vorhanden sein, damit verhindert werden kann, daß im Sonderschulwesen nicht lediglich ein Wechsel von Bezeichnungen stattfindet, sondern auch tatsächlich ein Beitrag zur integrativen Schule geleistet wird. Sonderschulen, die sich zu multiprofessionellen Beratungs-, Förder- oder Ressourcenzentren für (hör)behinderte Kinder und Jugendliche verändern, die quasi als Pool für Know-how und Innovationen wirken, sollten von den Behörden auch entsprechend anerkannt werden. Dies ist gerade in einer wirtschaftlich schwierigen Zeit wichtig, sinkt dadurch an manchen Orten doch die Bereitschaft und Spontaneität, ein hörgeschädigtes Kind in der Regelklasse zu unterrichten. Pädagoginnen, Pädagogen und Eltern, die für die gemeinsame Beschulung einstehen, sehen sich, obwohl da und dort gesetzliche Regelungen für die Integration vorhanden sind, mit zusehends schwieriger werdenden Situationen konfrontiert. Die Zeit der Konstanz, in der 'vom Wandel als Ausnahme' die Rede war, ist offensichtlich vorbei. Wir sind nunmehr in einer Phase, in der 'der Wandel als Normalfall' begriffen werden muß. Dies erfordert eine außergewöhnlich große Flexibilität seitens aller Betroffenen. Bezüglich der Hörgeschädigtenpädagogik bedeutet dies, innerhalb dieses enormen Spannungsfeldes offen zu bleiben für alle Entwicklungen, die den hörgeschädigten Kindern und Jugendlichen ein Leben als vollwertige Mitglieder in unserer Gesellschaft ermöglichen können.

Literatur

Altorfer, Hansruedi (1987). Der Übertritt in die Oberstufe bei integrativ beschulten Hörgeschädigten im Kanton Zürich. Zürich, unveröff. Diplomarbeit am Heilpädagogischen Seminar Zürich.

Arbeitsgruppe Integration Schleswig (1992). Unterrichtliche Integration hörgeschädigter Kinder. Heidelberg, Julius Groos Verlag.

Canevaro, Andrea (1996, 6. bis 8. Juni). Behinderte Menschen im Spannungsfeld zwischen Problemen und Möglichkeiten. Es ist normal, verschieden zu sein. 11. Österreichisches Symposium für die Integration behinderter Menschen, Innsbruck.

Chapman, Pat (1992). Integration, Segregation – Erfahrungen einer Lehrerin. Begabungsentfaltung gehörloser Schüler durch gemeinsames Lernen mit Nichtbehinderten. Vaduz, Stiftung zur Förderung körperbehinderter Hochbegabter. 118-122.

Chomsky, Noam (1970). Sprache und Geist. Frankfurt a. M.

Claußen, W. Hartwig (1989). "Reizwort 'Integration (II)' – Zur gegenwärtigen Krise der Schwerhörigenschule." Hörgeschädigtenpädagogik 43 (5): 280-291.

Conrad, R. (1979). The deaf school child. London, Harper & Row.

Ding, Herbert (1981). "Zur Notwendigkeit flankierender Maßnahmen." Hörgeschädigtenpädagogik 35 (4): 231-233.

Drave, Wolfgang (1990). Lehrer beraten Lehrer. Würzburg, Edition Bentheim.

Elmiger, Priska (1992). Soziale Situation von integriert geschulten Schwerhörigen in Regelschulen. Freiburg (Schweiz), unveröff. Diplomarbeit an der Universität Freiburg, Schweiz.

Emmenegger-Hirschi, André (1992). Zur Betreuung von integrativ beschulten hörbehinderten Kindern – eine statistische Erhebung. Schwerhörige Kinder und Jugendliche in Regelschulen. Berichte der Arbeitstagungen 1990/1991. Zürich, Appletree (Verein zur Förderung Hörgeschädigter in Familie und Ausbildung). 31-35.

Feuser, Georg (1995). Behinderte Kinder und Jugendliche: zwischen Integration und Aussonderung. Darmstadt, Wissenschaftliche Buchgesellschaft.

Harrison, David R. (1992). Die Förderung schulischer und persönlicher Entwicklung hörgeschädigter Kinder in einer integrativen Einrichtung. Begabungsentfaltung gehörloser Schüler durch gemeinsames Lernen mit Nichtbehinderten. Vaduz, Stiftung zur Förderung körperbehinderter Hochbegabter, 86-103.

Jussen, Heribert (1987). "Möglichkeiten und Grenzen der gemeinsamen Unterrichtung behinderter und nichtbehinderter Kinder und Jugendlicher unter besonderer Berücksichtigung der Hörgeschädigten." Sonderpädagogik 17 (4): 158-169.

Jussen, Heribert & Kröhnert, Otto (1984). "Integration Hörgeschädigter – Überlegungen zum gegenwärtigen Stand der Diskussion." Hörgeschädigtenpädagogik 38 (5): 286-302.

Kapral, Alfred (1991). Schulversuch zur sonderpädagogischen Versorgung schwerhöriger Schülerinnen und Schüler an Regelschulen 1988-1991. Abschlussbericht. Bielefeld, Westf. Schule für Schwerhörige, Bielefeld.

Köppel, Karl (1989). "Trotzdem Anlaß zur Besorgnis." Betrifft: Integration 1: 2 f.

Lerch, Hans-Ulrich (1985). Fragebogenerhebung bei Eltern und Klassenleitern hörgeschädigter Kinder in Regelschulen der deutschsprachigen Schweiz. Hörgeschädigte Kinder in Regelschulen. Dortmund.

Löwe, Armin (1985). Hörgeschädigte Kinder in Regelschulen. Ergebnisse von Untersuchungen und Erhebungen in der Bundesrepublik Deutschland und in der Schweiz. Dortmund, Geers-Stiftung.

Löwe, Armin (1992). Hörgeschädigtenpädagogik international. Heidelberg, Edition Schindele.

Löwe, Armin (1994). "Unausgeschöpftes Potential – Leseprobleme hochgradig hörgeschädigter Kinder müssen bereits in der Vorschulzeit angegangen werden." Sprache • Stimme • Gehör 18 (4): 162-167.

Löwe, Armin & Müller, René J. (1994). "Für und Wider die integrative Beschulung hörgeschädigter Kinder." Vierteljahresschrift für Heilpädagogik und ihre Nachbargebiete 63 (1994) 3: 501-513.

Lynas, Wendy (1992). Integration von hörgeschädigten Kindern in Großbritannien: Theorien, Ziele, Einstellungen. Begabungsentfaltung gehörloser Schüler durch gemeinsames

Lernen mit Nichtbehinderten. Vaduz, Stiftung zur Förderung körperbehinderter Hochbegabter. 70-83.

Mersi, Franz & Schindele, Rudolf (1975). "Überlegungen zur Entwicklung eines flexiblen Bildungssystems für Sehbehinderte in der Bundesrepublik Deutschland." Sehgeschädigte 75 (3): 47-74.

Müller, René J. (1989). Hörgeschädigte Kinder in Regelklassen. Bericht zur Arbeitstagung: "Hörgeschädigte Kinder in der Volksschule" am 25. 11. 1989 in der Schweiz. Schwerhörigenschule Landenhof. Zürich, Müller-Marcon, Ulrike. 33-50.

Müller, René J. (1994). Ich höre ... nicht alles! Hörgeschädigte Mädchen und Jungen in Regelschulen. Heidelberg, Edition Schindele.

Müller, René J. & Gloor, Max (1992). Schwerhörige Kinder und Jugendliche in Regelschulen. Berichte der Arbeitstagungen 1990 und 1991 von ambulant tätigen LehrerInnen im Bereich hörgeschädigter Kinder. Zürich, Appletree.

Muth, Jakob (1988). Zur bildungspolitischen Dimension der Integration. Behinderte und Nichtbehinderte lernen gemeinsam. Handbuch der Integrationspädagogik. Weinheim, Beltz.

Pinter, R. (1981). "The Measurement of Language Ability and Language Progress of Deaf Children." Volta Review 20: 755-764.

Salz, Werner (1992). Ambulante sonderpädagogische Förderung hörgeschädigter Kinder und Jugendlicher in Rheinhessen-Pfalz. Begabungsentfaltung gehörloser Schüler durch gemeinsames Lernen mit Nichtbehinderten. Vaduz, 356-379.

Schildroth, A. & Karchmer, M. (1986). Deaf Children in America. S. Diego.

Schindele, Rudolf (1973). "Schulorganisatorische Möglichkeiten der Unterrichtung Sehgeschädigter." Sehgeschädigte 73 (3): 20-63.

Schöler, Jutta (1996). "Italienische Verhältnisse" - Teil II - Menschen mit Behinderung auf dem Weg von der Schule in die Arbeitswelt. Berlin, Klaus Guhl.

Seifert, K. H. (1982). Soziologische Aspekte der Gehörlosigkeit und Schwerhörigkeit. Pädagogik der Gehörlosen und Schwerhörigen. Berlin, 633-660.

Strasser, Urs (1984). Sehbehinderte Schüler an der Volksschule. Ein Schulversuch. Zürich, Universität Zürich, unveröffentlichte Diplomarbeit.

UNESCO (1994). World Conference on Special Educational Needs, Salamanca, Spanien.

Wieler, Raffael (1988). Die Zürcher Blindenschule. Existenzkämpfe einer Zwerganstalt seit 1809. Luzern, SZH.

Wieler, Raffael (1992). "Sehbehinderte Kinder und schulische Integration." RP-Journal 47 (48):

Wieser, Ilsedore (1995). Die Integration Behinderter in die Regelschule - ein Meilenstein auf dem österreichischen Bildungsweg! Tagung der Integrationsforscher, Innsbruck, 22.-24.2.1995,

ZIB (1993). Materialien zur sozialintegrativen Schule. Einführung und Grundlagen. Graz, Zentrum für integrative Betreuung.

Joachim M.H. Neppert

Zur Relevanz von akustisch-auditiv-phonetischer und audiologischer Terminologie und von exakter Meßwerterfassung in diesem Bereich für die Hörgeschädigtenpädagogik

Den Anstoß, einen lange gehegten Plan zur Niederschrift der in diesem Artikel geäußerten Gedanken zu verwirklichen, bekam ich durch ein Gespräch mit Hartwig Claußen. Angsichts der auch in Hamburg inzwischen deutlich sichtbaren guten Erfolge eines hörgerichteten Ansatzes in der Frühförderung hochgradig hörgeschädigter Kinder vertrat Hartwig Claußen die Meinung, daß die traditionelle Einteilung nach Hörverlustangaben in leicht-, mittel-, hochgradig Schwerhörige und Gehörlose nun endgültig für die Pädagogik bedeutungslos geworden sei. In der Sache selbst konnte ich dem weitgehend zustimmen, nicht jedoch darin, daß der Hörgeschädigtenpädagoge diese und andere auf Meßwerte gegründete Einteilungen und Begriffe zukünftig nicht mehr zu kennen brauche. In diesem kurzen Gespräch, das mehr oder weniger zwischen „Tür und Angel" stattfand, konnte ich zu meiner Auffassung keine ausführlichere Begründung liefern. Dies, lieber Hartwig, hole ich im folgenden nach.

1. Beobachtungen über terminologische Unklarheiten und Irritationen in fachpädagogischen Äußerungen

Beim Hören oder Lesen von fachpädagogischen Äußerungen, insbesondere von studentischen Referaten und Examensarbeiten, kann man gelegentlich feststellen, daß die Begriffe, die im Bereich der Schallvorgänge und der Hörereignisse erforderlich sind, sehr unscharf und oft sogar unlogisch Verwendung finden. So hat man in manchen Texten den Eindruck, daß Begriffe wie *Schall*, *Ton*, *Geräusch*, *Klang*, *Laut* und *Rauschen* teilweise oder sogar allesamt als stilistische Varianten für ein- und dieselbe Sache, also als Synonyme, benutzt werden. Manchmal scheint *Geräusch*, ein andermal *Laut* im Sinne eines Oberbegriffs für alle Arten von Schallereignissen zu dienen. Wenn schon die allgemein-akustischen und die allgemein-auditiven Begriffssysteme nicht klar gegliedert zur Verfügung stehen, wird es bei der Verwendung akustisch-phonetischer und auditiv-phonetischer Begriffe natürlich noch schwieriger. Immer wieder begegnet man beispielsweise der Verwechslung oder Gleichsetzung der Tonhöhe eines Klanges mit der Helligkeit eines Klanges (Helligkeit im weiter unten dargestellen Begriffssystem als eine der Komponenten der Qualität). Nicht nur einmal habe ich in der pädagogisch-therapeutischen Praxis erleben müssen, daß aufgrund dieser Gleichsetzung in völlig unsinniger Weise mit schallvisualisierenden Artikulationshilfssystemen gearbeitet wurde, und zwar dann im allgemeinen leider in der Weise, daß Systeme oder Übungen, die zur Rückmeldung der tonhöhenbezogenen *Perioden-* bzw. *Grundfrequenz* konzipiert waren, zu Diskriminationsübungen zwischen Sprechlauten unterschiedlicher *qualitativer Helligkeit* (z.B. [u] vs. [i]) eingesetzt wurden. Ein weiterer relativ häufiger Fehler ist beispielsweise der, daß zwischen *Schallschwingung* und *Schallwelle* nicht klar genug differenziert wird, was u. a. verhindert, daß es zu klaren Begriffen und zum richtigen Verständnis von Größen im Bereich der Audiologie kommen kann.

Da sich audiologische Begriffe und Größen also teilweise auf Wissen aus der Akustik und Audition sowie aus den Relationen zwischen beiden (Psychoakustik) beziehen, führen ungenügende derartige Kenntnisse natürlich dazu, daß die audiologische Begriffswelt ebenfalls oft unklar bleibt. Das gilt erfahrungsgemäß in besonderem Maße für den Bereich der zugegebenermaßen sehr komplexen Verhältnisse bei der Messung der hörerbezogenen *Schallintensität* und der *Schallfeldgrößen* sowie der davon abgeleiteten verschiedenen dB-Skalierungen. Ob der Hörgeschädigtenpädagoge derartige Begriffskenntnisse und richtige Grundvorstellungen in diesen Bereichen wirklich gebraucht, kann wie alles in dieser Welt natürlich auch bezweifelt werden, und dieses ist phasenweise oder hier und dort auch mehr oder weniger stark in der Hörgeschädigtenpädagogik geschehen. Zur Zeit gibt es bei einigen Befürwortern des *Hörgerichteten Spracherwerbs* die Auffassung, daß der Pädagoge auf alle diese naturwissenschaflichen und meßtechnischen Kenntnisse weitgehend verzichten kann und diesen Bereich in erster Linie den Medizinern und Hörgeräte-Akustikern überlassen sollte. Ich kann mich dieser Auffassung nicht anschließen und bin der Meinung, daß auch der Pädagoge in den bisher genannten fachlichen Bereichen zumindest so etwas wie Grundbegriffe und Grundvorstellungen haben muß, und dieses allgemein deshalb, weil er beispielsweise mit den genannten Berufgruppen kommunizieren muß, und auch z.B. speziell deshalb, weil er auf der Grundlage der genannten dB-Skalierungen wie auch des gesamten angeführten fachlichen Wissens Audiogramme akustisch-auditiv-phonetisch und von daher auf mögliche Lernprozesse hin interpretieren können muß.

Weiter unten wird daher der Versuch unternommen, für die fachlichen Bereiche der Akustik, der Audition sowie der Akustischen und Auditiven Phonetik exemplarisch einige terminologische Fragen zu diskutieren, einige terminologische Differenzierungen und Einengungen vorzuschlagen und letztlich einige kurze Folgerungen für den audiologischen Bereich zu ziehen.

2. Mögliche Ursachen für terminologische Unklarheiten

Die Ursachen für Probleme in den Begriffssystemen liegen wie in allen fachlichen Bereichen zu einem großen Anteil in der Unterschiedlichkeit der Auffassungen verschiedener Schulen und in der geschichtlichen Entwicklung der Fächer selbst. Das letzte gilt in besonderem Maße für die Akustik und auch für die Akustische Phonetik. Es ist im Rahmen dieses Artikels nicht möglich, alle unterschiedlichen Begriffsführungen der verschiedenen Schulen zu diskutieren, nicht einmal die der im Literaturverzeichnis angegebenen Autoren. Ohne also jeweils im einzelnen zu zitieren, sei exemplarisch darauf verwiesen, daß bei einigen Autoren Begriffe vorkommen, die wir nicht verwenden. Der Begriff *Tongemisch* z.B. deckt in dem einen Begriffssystem die *harmonischen Klänge* und die *nichtharmonischen Tongemische* (teils auch *nichtharmonische Klänge* genannt) ab, in anderen Terminologien sogar auch noch das *Rauschen*. Die *nichtharmonischen Tongemische* (Glocken, Pauken, Gongs u. a. flächige Schwinger) kommen in unserem weiter unten vorgeschlagenen System nicht vor, und zwar deshalb nicht, weil sie akustisch-phonetisch praktisch irrelevant sind. Für *Klänge* und *nichtharmonische Tongemische* gibt es auch die in unserem System nicht verwendete Bezeichnung *komplexe Töne*. Für die *Tonhöhe* von *Klängen* wird auch das Wort *Klanghöhe* vorgeschlagen, was anscheinend bedeutet, daß der Begriff *Tonhöhe* nur für *Sinustöne* reserviert bleibt.

Die Akustik, die sich im vergangenen Jahrhundert noch eher als ganzheitliche, zumindest die wahrnehmungspsychologische Seite einschließende Wissenschaft verstanden hat, mußte spätestens seit der Psychoakustik zur Kenntnis nehmen, daß es richtiger ist, die Welt der Reize (beim Hören also die Welt der Physik), von der Welt der Empfindungen und wahrnehmenden Verarbeitung (also der Psychologie) zu trennen, um dadurch besser die Relationen zwischen diesen Welten erforschen zu können. Unter weiterer Abgrenzung von der zwischen den beiden bisher genannten fachlichen Bereichen vermittelnden Physiologie des Hörens faßt sich die heutige Akustik nahezu ausschließlich als Teilgebiet der Physik auf. Sie beschränkt sich daher so weit es geht auf Registrierungen, Messungen, Berechnungen und Deutungen von akustischen, d.h. materiell-energetischen „*Vorgängen*", jedoch dabei weitgehend in Eingrenzung auf solche Gegenstände, die für die menschliche Wahrnehmung auditive „*Ereignisse*" sind.

Im Fach *Akustische Phonetik* haben diese Entwicklung und auch der eigene fortschreitende Erkenntnisgewinn etwa seit den 50er und 60er Jahren ebenfalls zur Veränderung im Bereich der Begriffe und der Systematisierung geführt. Doch auch hier ist die Terminologie-Diskussion nicht abgeschlossen, und sie wird es sicher angesichts der Komplexität des Gegenstandsbereiches auch nie ganz sein.

Und daß die meisten Neuerungen jeweils einer Disziplin 20 bis 30 oder mehr Jahre benötigen, um in anderen Fächern oder allgemein in der Lebenswelt in voller Tragweite zur Kenntnis genommen worden zu sein, ist zwar bedauerlich, aber eine allgemein bekannte und in erheblichem Maße aus der Dauer der Lebensarbeitszeit von Lehrenden zu erklärende Tatsache.

Sich in dem Wirrwar der gegenwärtigen Literatur zurechtzufinden, ist nicht nur für den Studienanfänger, sondern für jeden, der nicht Spezialist in den geannnten Fächern ist, schwierig. Hinzu kommt noch, daß wie in vielen Fächern gerade auch im Bereich von Akustik und Akustischer Phonetik viele eng definierte Begriffe existieren, die als Wörter der Alltagssprache viel umfassendere oder sogar andere Bedeutungen tragen. Und letztlich ist wohl darauf hinzuweisen, daß die Akustik von der Mehrzahl der Menschen (auch wohl von Physiklehrern) mit einem gewissen Recht nicht als das existentiell wichtigste Teilgebiet der Physik angesehen wird. Doch selbst wenn in der Schule Akustik hinreichend differenziert gelehrt würde, geht das offenbar an vielen Schülern, die später als Studierende der Hörgeschädigtenpädagogik zu uns in die Universitäten kommen, vorbei; denn das vielfältig die fachlichen Spezialisierungen ermöglichende System deutscher Gymnasien läßt es ja zu, daß man die Studienstufe auch nach jahrelanger optimaler Vermeidung der Naturwissenschaften und Mathematik mit dem Abitur verlassen kann.

Besonders hervorzuheben ist im Zusammenhang mit den terminologischen Unklarheiten noch, daß es offenbar ein Grundbedürfnis des Menschen ist, nach eindeutigen Ursachen für das, was er erlebt, zu suchen. So neigt er auch immer wieder dazu, seine Wahrnehmungen in eindeutiger Wechselbeziehung zu bestimmten Strukturen in den zugrundeliegenden materiell-energetischen Vorgängen zu sehen. Für den Bereich der Akustik bedeutet das, daß er gern an einen eineindeutigen Bezug zur Schallstruktur glaubt und daher allzugern immer wieder die auditiven und akustischen Begriffe vermengt oder sogar gleichsetzt. Demgegenüber muß in aller Schärfe festgestellt werden: gleiche akustische Strukturen (*akustische Vorgänge*) können durchaus verschiedene Wahrnehmungsgestalten (*auditive Ereignisse*) erzeugen, und umgekehrt können gleichen *auditiven Ereignissen* (z.B. Sprachlauten oder sprachlichen Intonationsmustern) verschiedene *akustische Vorgänge* zugrundeliegen.

3. Mögliche Ursachen für Skepsis gegenüber Meßwerten und meßwertabhängigigen Konsequenzen

Schallstrukturen können registriert werden, und es können an ihnen mit Hilfe definierter Größen und Maßeinheiten Meßwerte ermittelt werden. Für diese gilt dasselbe wie für die oben diskutierten Begriffe. Diese Meßwerte (z.B s.u.: *Peri-*

odenfrequenzen von *Oszillogrammen*, *Formantmittenfrequenzen* aus *Schallspektren*) sind in gewissen Toleranzen Bedingungen für bestimmte Wahrnehmungen (z.B. *Tonhöhen*, *Lautqualitäten*), sind jedoch nicht auch eindeutig zwingende Bestimmungsgrößen für diese Wahrnehmungen.

Diese Vagheit in den Wechselbeziehungen gilt selbst dann, wenn wir zu psychoakustischen Messungen übergehen, wie wir es beim Audiometrieren tun, indem wir unter den Bedingungen bestimmter akustischer Vorgänge nach auditiven Ereignissen fragen. Noch stärker wird diese Vagheit, wenn wir aus den audiometrischen Messungen interpretatorisch irgendwelche audiologisch-pädagogische Konsequenzen ziehen. Die sogenannten durchschnittlichen Hörverluste, nach welcher Methode auch immer berechnet, sind schon immer in Bezug auf das Sprechverstehen und auf pädagogische Ansätze eine fragwürdige Sache gewesen, und je steiler beispielsweise der Abfall der Hörverlustkurve im Sprechschallfeld verläuft, desto mehr gilt diese Fragwürdigkeit. Dieses zu wissen, ist für den Hörgeschädigtenpädagogen m.E. äußerst wichtig, oder soll er daraus die Konsequenz ziehen, sich um Hörverlustkurven, um durchschnittliche Hörverluste und ähnliche Dinge überhaupt nicht zu kümmern?

Sehr aktuell ist auch die Frage nach den im einleitenden Absatz schon erwähnten Abgrenzungen zischen den Graden der Hörschädigung, insbesondere nach der Grenze zwischen Schwerhörigkeit und Gehörlosigkeit. Seit nahezu eineinhalb Jahrzehnten haben wir erlebt, daß durch sehr früh beginnende Hör-Sprech-Spracherziehungsansätze (*Hörgerichteter Spracherwerb hochgradig hörgeschädigter Kinder*), die auf wesentlich verbesserter Hördiagnostik und Hörhilfenanpassung beruhen, die alten Grenzwerte für die Lernerfolgsprognostik sowie für die Entscheidung über pädagogische Konzepte bis hin zur Entscheidung über Methoden und Schullaufbahnen weitgehend irrelevant geworden sind. Da diese Grenzwerte wiederum durchschnittliche Hörverlustwerte sind, waren sie schon von daher immer in gewissem Maße fragwürdig. Weil jedoch die alten Grenzwerte aufgrund der guten Erfolge des Hörgerichteten Spracherwerbs jetzt auch ihre Grenzfunktion in Bezug auf den Hör-Sprech-Spracherwerb und das Sprechverstehen weitgehend verloren haben, ist es auch hier mehr denn je die Frage, ob diese Grenzwerte oder überhaupt irgendwelche Grenzen von Hörschadensgraden im pädagogischen Bezugsrahmen noch Relevanz haben. Unter engem pädagogischen Aspekt ist diese Relevanz mit Sicherheit als äußerst gering anzusehen oder sogar zu verneinen. Dennoch kann sich der Verfasser mit einer völligen Außerachtlassung von Einteilungen und Abgrenzungen nicht abfinden, da einerseits das kategoriale System der Hörgeschädigtenpädagogik und andererseits die pädagogische Handlungswirklichkeit nicht isoliert existieren und auf Kommunikation mit jeweiligen Nachbarbereichen angewiesen sind, und da andererseits der einzelne Pädagoge derartige Einteilungen als wie auch immer zu relativierendes Bezugssystem für seine Grundvorstellungen und Grundbewertungen braucht.

4. Abriß der grundlegenden Terminologien

Im Rahmen dieses Artikels ist es nicht möglich, für alle bisher angesprochenen Fächer komplette Terminologien darzustellen. Es werden daher nur einige allgemeine Aspekte angesprochen und weiter unten einige exemplarische Teilbereiche von Terminologien zur Akustik und zur Audition des Sprechschalles vorgelegt, die vielleicht als grundlegend und diskutierenswert angesehen werden können.

Terminologien sollen um der interdisziplinären Kommunikation willen möglichst kompatibel zu denen von Grundlagen-, Hilfs- oder Nachbarfächern sein. Anzustreben ist also eine Vereinheitlichung zwischen den Fächern. Da es in der Pädagogischen Audiologie und in der Hörgeschädigtenpädagogik neben anderem auch um die Ermöglichung, Entwicklung und Ausnutzung des Hörens geht, sowohl im Hinblick auf das Hören von Umweltschällen als auch insbesondere im Hinblick auf das Verstehen des Sprechschalles, bezieht sich dieses auf die Kompatibilität mit den Terminologien der allgemeinen Audiologie, der Akustik, der speziellen Hörgeräte-Akustik, der Hörphysiologie, der Psychoakustik, der Hörpsychologie sowie der Akustischen Phonetik und Auditiven Phonetik. Schon wegen der Vielzahl der beteiligten Fächer ist dieser Anspruch schwer zu erfüllen. Angesichts der ständigen aktuellen Eigenentwicklungen in den vielen Fächern wird eine Terminologie-Vereinheitlichung noch schwieriger. Was bleibt, kann nur die Forderung nach ständig strebendem Bemühen um diese Vereinheitlichungen sein.

Terminologien sollten um ihrer Verständlichkeit und zum Zwecke ihrer Anwendbarkeit in menschen- und sozialbezogenen Fächern und Handlungsfeldern auf Wahrnehmungen und Erfahrungen der Menschen bezogen oder beziehbar sein. Aus diesem Grunde wird im nachfolgenden Unterabschnitt mit der Terminologie auditiver Ereignisse im Bereich des Sprechschallverstehens begonnen. Bei der Verwirklichung dieser Forderung kann es aber zu erheblichen Konflikten mit der Verwirklichung der Forderung nach Terminologie-Vereinheitlichung kommmen, denn Wahrnehmungen sind zwar reizbedingt, aber erfahrungs-, funktions- und bedeutungsbestimmt und können daher, wie wir oben schon dargestellt haben, bei gleichen oder zumindest sehr ähnlichen akustischen Vorgängen recht unterschiedliche auditive Ereinisse sein. Die angestrebte Erfüllung beider Forderungen macht es teilweise nötig, über neue Begriffe und Begriffszuordnungen nachzudenken und hier und da dennoch Kompromisse zu schließen.

4.1. Zur Terminologie der auditiven Ereignisse

Ohne etwas über die zugrundeliegende Akustik zu wissen, kann der Mensch beschreiben, was er auditiv wahrnimmt. Die auditive Dimension der Lautheit wird beispielsweise in jedem Fall zu seinen Beschreibungskategorien gehören, denn zwischen laut und leise zu unterscheiden, ist in praktisch allen Hörsituationen und bezüglich aller Hörgegenstände möglich und oft auch funktional wichtig.

Andere Beschreibungskategorien sind nicht in gleicher Weise universell. In der mit herkömmlichen Instrumenten und mit der menschlichen Stimme erzeugten Musik beispielsweise ändert sich die Tonhöhe (im Sinne von Tonhöhenstufungen und Intervallbildungen) stets parallel und gleichgerichtet mit der Helligkeit des Schalles, solange man ein und derselben Schallquelle zuhört. Erst beim Vergleich verschiedener Musikinstrumente, die dieselbe Tonhöhe erzeugen, kann man entdecken, daß unterschiedliche Helligkeiten als Bestandteil dessen, was man im allgemeinen die Klangfarbe (Klangqualität) nennt, im Spiel sein können. Seitdem es Möglichkeiten zur synthetischen Schallerzeugung gibt, können Tonhöhe und Helligkeit getrennt, ja sogar gegenläufig generiert werden, was bei einem ersten Hören meist zu erheblicher Irritation führt. In der Musikwissenschaft gibt es diesbezüglich eine kontroverse Diskussion darüber, ob und wie weit beide Aspekte als Einheit oder als unterschiedliche Kategorien oder völlig getrennt zu betrachten sind. Auch die in der Musik bedeutsame Oktavproblematik hängt damit zusammen. Soll man beispielsweise Töne in den jeweils höheren Oktaven als höher und heller oder wegen der zyklischen Wiederholung der Stufungen nur als heller bezeichnen. Für den musikalisch interessierten Leser sei hierzu auf die Kontroverse zwischen ALBERSHEIM (1979, 260-264) und HESSE (1972, 145-175) verwiesen. In der musikalischen Früherziehung hat die bei den herkömmlichen Musikinstrumenten und bei der menschlichen Singstimme vorliegende Parallelität von Tonhöhe und Helligkeit dazu geführt, daß man höhere und tiefere Töne gern als hellere und dunklere Töne bezeichnet. Für das Verständnis auditiv-phonetischer Gegenstände und Begriffe ist das leider äußerst unglücklich.

Beim Hören von Sprechschall und bei der Beschreibung der in diesem Hörmodus wichtigen Hördimensionen ist gerade diese enge Verkopplung von Tonhöhe und Helligkeit weitgehend irrelevant. Ausschließlich für die Sprecherunterscheidung, insbesondere bezüglich der Unterscheidung zwischen Kinder-, Frauen- und Männerstimmen, ist diese Parallelität von einiger Bedeutung. Ähnlich wie bei den verschiedenen Lagen (speziell in den Oktaven) der Musik, z.B. bei den verschiedenen Lagen der Familie der Blockflöteninstrumente, kann man die mit der Tonhöhe verkoppelte Helligkeit bei diesen verschiedenen menschlichen Stimmen lediglich als Erzeugermerkmal betrachten. Nachdem die Stimmlage (und damit ggfs. der Sprechertyp) erkannt ist und sobald man sich auf die

Sprechschallwahrnehmung konzentriert, interessieren diese mit der Tonhöhe verkoppelten, relativ großen Helligkeitsunterschiede nicht mehr.

Für die Unterscheidung und Erkennung der Sprechlaute und der prosodischen Elemente sind in grundlegender und daher vereinfachter Einteilung Unterschiede in den Schallarten (*Klang* und *Rauschen)*, in der *Lautheit*, in der *Tonhöhe* und in der *Qualität* relevant. Dabei ist es in diesem Zusammenhang sinnvoll, die *Helligkeit* der *Qualität* unterzuordnen. Im einzelnen ergibt sich dann die in der Tabelle 1 vorgestellte Einteilung sprachlich relevanter auditiver Dimensionen, die beim Hören von Sprechschall nacheinander, in simultaner Mischung und/oder in ihren Änderungen im zeitlichen Verlauf wahrgenommen werden.

	Schallarten		
	Klang	**Rauschen**	**Geräusch**
Auditive Dimensionen	Lautheit	Lautheit	Lautheit
	Tonhöhe	----------	im übrigen: nicht definierbares Schallgemisch
	Qualität	Qualität	

Tabelle1: Die Schallarten mit Zuordnung der auditiven Dimensionen

Der Oberbegriff für alle hörbaren Ereignisse heißt *Schall* (Plural: *Schalle* oder *Schälle*). Die Schallarten sind *Klang*, *Rauschen* und *Geräusch*. Der beispielsweise bei LINDNER (1992, 31-32) und anderen Autoren verwendeten Unterscheidung der Schallarten nach Dauer und Verlauf (Dauerschall vs. Knack, Knall und anderen Kurzzeitschällen) schließen wir uns nicht an, weil sie auf Änderungen im zeitlichen Verlauf beruhen, und diesen zeitlichen Änderungen können alle Schallarten der hier vorgeschlagenen Terminologie unterliegen. Sofern das menschliche Ohr diese zeitlichen Änderungen und die Dauerverhältnisänderungen verarbeitet, vor allem zeitlich auflösen kann, bildet der *zeitliche Verlauf* eine weitere auditive Dimension, die in einem sich vorgestellten Diagramm quer zu allen anderen Dimensionen liegen müßte. Dieses ist sehr wichtig, da die zeitlichen Änderungen gerade auch in der Wahrnehmung des Sprechschalles für die Erkennung sprachlicher Einheiten eine große Rolle spielen.

Das Schallereignis *Klang* (auch: *Harmonischer Klang*) ist auditiv dadurch bestimmt, daß an ihm neben der *Lautheit* und der *Qualität* eine *Tonhöhe* wahrnehmbar ist und daß diese drei auditiven Dimensionen eine gewisse Zeit etwa gleichbleibend sind oder zumindest nur mit so geringer Änderung andauern, daß Ausgangszustand, Änderung und Endzustand noch deutlich wahrzunehmen sind. Beispiele sind alle von Blas- oder Saiteninstrumenten als sogenannte „Töne" und vom menschlichen Kehlkopf als sogenannte „Stimmtöne" erzeugten Schälle. Mit seinem *Stimmklang* kann der Mensch wegen des Vorhandenseins von *Tonhöhe* singen. Der *Stimmklang* ist aber auch als *Stimmhaftigkeit* konstituierendes Element von Sprechlauten mehrerer Lautklassen (Vokale, Nasale, stimmhafte Konsonanten). Besonders hingewiesen werden muß an dieser Stelle auf die etwas verwirrende Tatsache, daß alle diese *harmonischen Klänge* in der Tat umgangssprachlich und auch von Musikern und Sängern fast immer als „Töne" bezeichnet werden. In der auditiven Terminologie sollen sie jedoch um der Kompatibilität zur akustischen Terminologie willen *Klänge* heißen. Fast allgemeingültig dürfen in den meisten akustischen Terminologien (s.auch Ziff. 4.2., Tab. 2) nur solche auditiven Ereignisse als *Töne* bezeichet werden, deren zugrundeliegender Schallvorgang eine Sinusschwingung ist. In den meisten bisher vorliegenden Terminologien wird entgegen unserem Vorschlag (Tab. 2) dieser *Ton* als eigene Kategorie verwendet. Das ist durchaus eine Möglichkeit der Einteilung, jedoch haben sich gerade für diesen Begriff im Sprachgebrauch einige verwirrende Vermischungen oder Gleichsetzungen ergeben, erstens die schon erwähnte umgangssprachliche Verwendung von „Ton" („Instrumententon", „Sängerton") für das, was in unserer Terminologie auf jeden Fall *Klänge* sind, und zweitens die Verwendung von *Ton* sowohl für den akustischen Vorgang *Sinusschwingung* als auch für das auditive Ereignis *(Sinus-)Ton*. Nur um der Vollständigkeit willen sei noch angemerkt, daß es genau gesehen eigentlich gar keinen *(Sinus-)Ton* geben kann, sondern nur eine Annäherung daran: einen *Quasi-(Sinus-)Ton*. In der natürlichen und mechanisch-technischen Umwelt gibt es (Sinus-)Töne nirgends. Sie lassen sich als Sinusschwingungen nur in elektronischer Generierung in sehr guter Annäherung erzeugen (Beispiel: Audiometer), aber bei der Schallwandlung in mechanische Schwingungen entstehen daraus je nach Qualität der Telefone oder Lautsprecher in unterschiedlicher Ausprägung *Klänge* mit *harmonischen Teilschwingungen* (s.u.) im Spektrum (gelegentlich sogar mit nichtharmonischen Teilschwingungen).

Unter der in unserem System vorgenommenen Einordnung der *Sinustöne* in die Gruppe der *Klänge* (s. Ziff. 4.2. und Tab. 2) sollten wir sprachlogischerweise bei allen Schällen mit hinreichender Periodizität (s. Tab. 2) von *Klanghöhe* statt von *Tonhöhe* sprechen. Wegen der tradierten und allgemein verbreiteten Verwendung bleiben wir jedoch bei *„Tonhöhe"*. Unter *Tonhöhe* wollen wir ausschließlich das intervallbildende Moment verstehen, auch wenn es sich nicht unbedingt im musikalischen Sinne um tonale und abgestuft hörbare Intervalle handeln muß. Ein Intervall ist ja auch durch den Anfang und das Ende eines Glissandoverlaufs gegeben. Praktisch gesagt: Tonhöhe soll in unserem Zusammenhang des Sprechschallhörens das sein, was man, ohne eventuelle Stimmlagenunterschiede (z.B. Oktavunterschiede) zu beachten, als höhere oder tiefere Tonhöhe nachsingen kann. Im Sprechschall von *Tonsprachen* kommen Tonhöhenunterschiede als Merkmale von Sprachlauten vor. Im Deutschen, welches keine Tonsprache ist, dienen Tonhöhenunterschiede nur zur Konstituierung von Akzenten und/oder der Sprechmelodie.

Da Lautheit und Qualität sowohl an Klängen als auch an Rausch-Schällen wahrnehmbar sind, werden diese Begriffe weiter unten gemeinsam besprochen.

Statt *Rauschen* hat man früher Geräusch gesagt und diese beiden Begriffe somit nicht unterschieden. Unter *Rauschen* verstehen wir heute ein durch eine Qualität oder durch eine eindeutig wahrnehmbare Qualitätsänderung ausgezeichnetes und meistens auch in der Lautheit eine gewisse Dauer ähnlichbleibendes Rauschen. Im Sprechschall sind dafür Beispiele das Rauschen der stimmlosen und stimmhaften Frikative und die trotz ihrer Kürze gerade noch qualitativ unterscheidbaren Rauschimpulse (phonologisch: Aspiration; phonetisch: Affrikation plus Aspiration) überwiegend der stimmlosen aspirierten Verschlußlaute. Sehr kurze derartige Rauschimpulse, wie sie auch bei stimmlosen nahezu nicht aspirierten Verschlußlauten auftreten (oft werden die sogenannten stimmhaften Verschlußlaute des Deutschen so realisiert), sind für die Wahrnehmung in ihrer Lautheit und vor allem in ihrer Qualität indifferent. In diesen Fällen geht das *Rauschen* in die Form des *Geräusches* über. Am *Rauschen* ist *keine Tonhöhe* wahrnehmbar. Lautheit und Qualität sind hier die einzigen auditiven Dimensionen, deren Behandlung, wie schon gesagt, unten gemeinsam erfolgt.

Unter *Geräusch* verstehen wir heute im allgemeinen Misch-Schälle, die aus Klang- und Rauschanteilen sowie aus unbestimmten Impulsen bestehen können, die außerdem in Ihrer Mischung und in der Lautheit schnellen und unregelmäßigen Änderungen unterworfen oder sehr kurz sind. Ein *Geräusch* ist also letztlich ein undefinierbarer Schall, der keine einheitliche Wahrnehmung ermöglicht. Prototypen dafür sind der Verkehrslärm und manch anderer Störschall. Die sowohl aus Klang als auch aus Rauschen gemischten stimmhaften Frikative rechnen wir nicht zu den Geräuschen, weil beide Anteile in der Wahrnehmung klar getrennte Kategorien darstellen und weil sie eine gewisse Zeit lang in etwa gleich bleiben.

Unter *Lautheit* (oder auch *Lautstärke*) verstehen wir die Unterscheidbarkeit und Konstatierbarkeit von laut und leise. Beide Begriffe sind hier im allgemeinen Sinne und nicht als psychoakustisch definierte Einheiten gemeint. Die *Lautheit* ist sowohl an *Klängen*, als auch am *Rauschen* als auch am *Geräusch* wahrnehmbar. Unterschiede der Lautheit verhelfen im Sprechschall zur Erkennung von Pausen, der Silbigkeit und der Abgrenzung zwischen Sprachlauten sowie von Akzenten. Als eindeutiges Lautmerkmal von Vibranten haben wir es mit einem mehrmaligen, abrupten Wechsel von laut und leise zu tun. Die gesamte Klasse der Verschlußlaute ist durch abrupten ein- oder zweimaligen Wechsel zwischen laut und leise gekennzeichnet.

In der auditiven Dimension der *Qualität* differenzieren wir überwiegend beim Unterscheiden von verschiedenen Musikinstrumenten, auch wenn diese aktuell Schälle mit gleicher Lautheit und Tonhöhe erzeugen. Selbst an den Schallprodukten verschiedener Schlaginstrumente, bei denen keine Tonhöhe wahrnehmbar ist, hören wir Qualitätsunterschiede. Der Oberbegriff *Schallqualität* ist also zu untergliedern in *Klangqualität* und *Rauschqualität.* Ältere und heute noch oft in der Musikinstrumentenkunde gebrauchte Synonyme für Schallqualität sind die Begriffe Schallfarbe (Klangfarbe oder Rauschfarbe) und Schallcharakteristik. In der Phonetik sowie auch in der neueren Akustik und Hörkunde wird fast ausschließlich der Begriff *Qualität* verwendet. In der Dimension der *Klangqualität* unterscheiden wir überwiegend vor allem innerhalb derjenigen Lautklassen, die *rein stimmklanghaft* (phonetisch: stimmhaft) sind (z.B. Vokale, Nasale, [l]). Aufgrund verschiedener *Rauschqualitäten* unterscheiden wir vor allem die *rein rauschhaften* (phonetisch: stimmlosen) Laute (z.b. stimmlose Frikative, stimmlose Verschlußlaute). Sowohl die *Klang-* als auch die *Rauschqualitäten* dienen zur Diskrimination der *kombiniert stimmklang-/rauschhaften* (phonetisch: stimmhaften) Laute (z.B. stimmhafte Frikative).

Wenn wir natürlich, d.h. kontinuierlich hervorgebrachten Sprechschall hören, liegen die wichtigsten Merkmale zur kombiniert verlaufenden Phonem-/Morphemerkennung mit größter Wahrscheinlichkeit in der Unterscheidung zwischen Klang und Rauschen und vor allem in der fein abgestuften Unterscheidung der darin sich kontinuierlich ändernden Qualitäten. Vermutlich erfolgt das in einem stetig voranschreitenden Vorwärts-/Rückwärtsvergleich, in dem einerseits die Schallarten und Qualitäten aus den (nur) ungefähr stationären Mittenphasen der Lautsegmente, andererseits aber auch die relativ starken und lautkombinationsspezifischen Qualitätsänderungen in den zwischen den Lautsegmenten liegenden Übergangsphasen auditiv verarbeitet werden.

Es wird hier nicht behauptet, daß wir im Rahmen unserer terminologischen Grundzüge das Phänomen der Lautqualitäten erschöpfend und endgültig abgehandelt haben, aber das wichtigste ist wohl dargestellt worden. Dazu gehört jedoch auch noch, daß wir zumindest zwei *Unteraspekt*e (oder *Unterdimensionen*) der *Qualität* ansprechen, die sowohl bei Klang- als auch in Rauschspektren vorliegen. Den ersten Unteraspekt wollen wir in Ermangelung eines passenden Beschreibungsbegriffes *formantenbedingte Qualität* nennen. Daß wir hier schon auf einen erst weiter unten bei der Akustik definierten Begriff zurückgreifen müssen, ist natürlich eine Verlegenheitslösung, wird aber nach der dort dargestellten akustischen Terminologie (s. Ziff. 4.2., Tab. 2) verständlich. Die Formanten in den Schallspektren bestimmen in erster Linie die Klang- und/oder Rauschqualitäten der Sprechlaute. Die im zeitlichen Ablauf des Sprechvorganges erfolgende Verschiebung dieser Formanten, insbesondere der tief- bis mittelfrequenten Klang-Formanten (Vokal- und Nasalformanten), über der Frequenzskala des Spektrums bestimmt die starken kurzzeitigen Qualitätsänderungen in den Lautübergangsphasen (Qualitätsänderungen in der Art superkurzer Diphthonge).

Der zweite Unteraspekt der Qualität ist die *Helligkeit* (oder: *qualitative Helligkeit*), die wir, wie oben dargestellt, im Sprechschall-Hörmodus nicht mit der Tonhöhe verkoppelt betrachten dürfen, zumal das im Rauschen wegen der fehlenden Tonhöhe auch unmöglich wäre. In den Qualitäten des Frikativrauschens ist der Aspekt der Helligkeit zu ungunsten der formantenbedingten Qualität zwar etwas wichtiger als in den Klängen der anderen Laute, aber prinzipiell wirken beide Unteraspekte der Qualität immer zusammen. Von ihrer akustischen Begründung her stehen sie sogar in wechselseitiger Abhängigkeit zueinander (Lage der Formanten und Lage des spektralen Schwerpunktes auf der Frequenzskala des Spektrums), in der Hörwahrnehmung sind beide Aspekte jedoch kategorial unterscheidbar.

4.2. Zur Terminologie der akustischen Vorgänge

Die wichtigsten akustischen Grundbegriffe werden vorausgesetzt, obgleich auch an diesen teilweise Änderungen oder Präzisierungen vorgenommen werden müssen. Zunächst werden die beiden für die Sprechschalldarstellung erforderlichen Diagramme angesprochen.

Das *Oszillogramm* (Schwingungsdiagramm, Schwingungskurve) stellt die Schwingungsbewegungen, also unmittelbar die physikalische Realität eines Schwingungsvorganges dar. Solche Schwingungen werden von der abstrahlenden Oberfläche eines Schallsenders und dem Mitschwingen eines Schallempfängers (z.B. das Trommelfell im Ohr) sowie in der wandernden Schallwelle von jedem einzelnen (nicht mitwandernden) Luftteilchen vollführt.

<table>
<tr><th>Oszillogramm</th><th>Spektrogramm</th><th>auditives Ereignis</th></tr>
<tr><td>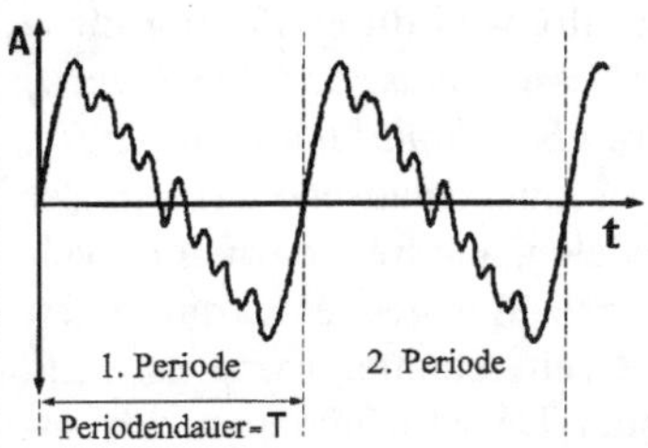
</td><td>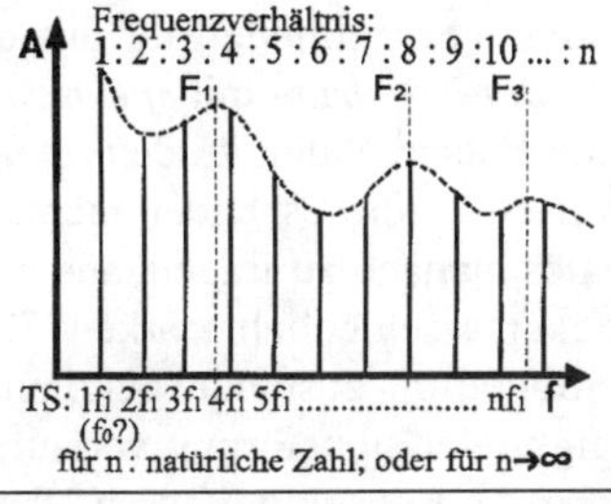
</td><td>Klang
(ugs. „Ton“)</td></tr>
<tr><td>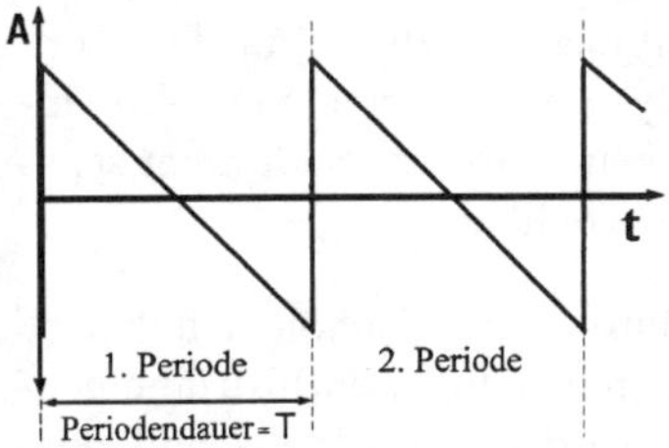
</td><td>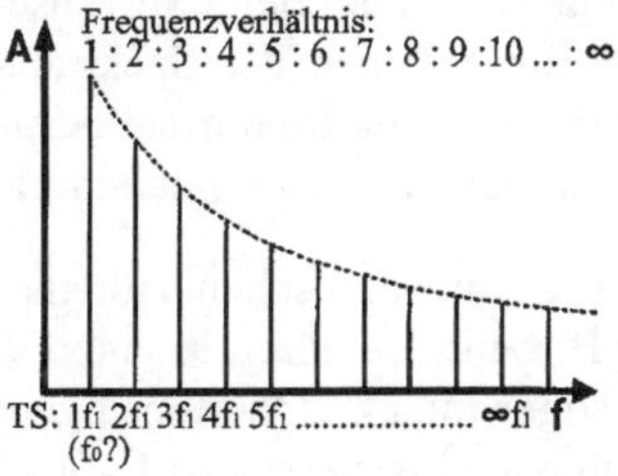
</td><td>Klang
(ugs. „Ton“)</td></tr>
<tr><td>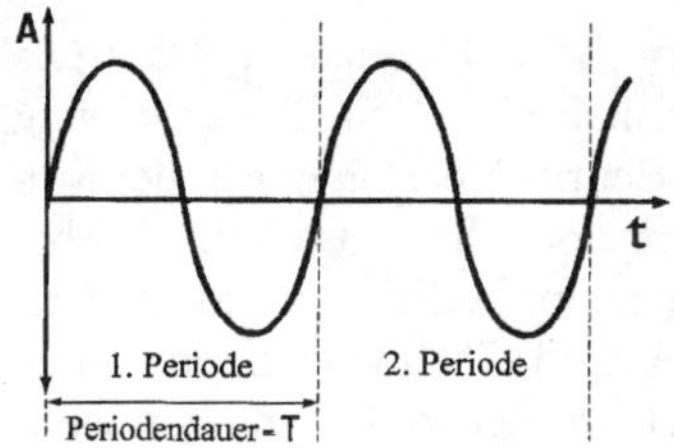
</td><td>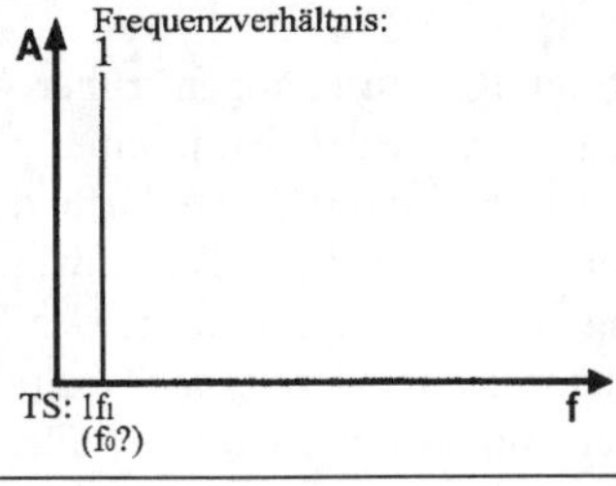
</td><td>Klang
(als Grenzfall mit nur einer Teilschwingung)
oder
(Sinus-)Ton
(als eigene Kategorie)?</td></tr>
<tr><td>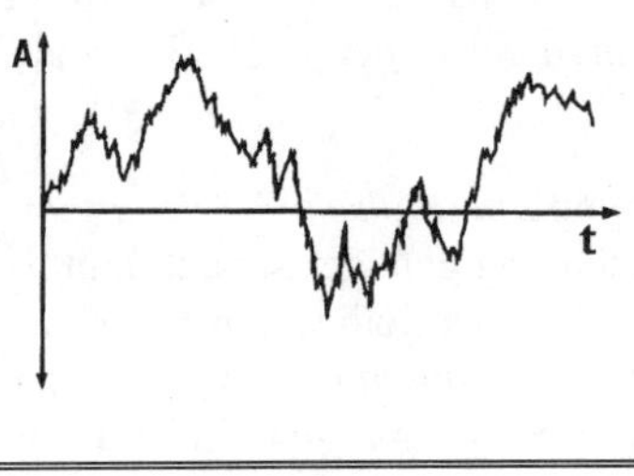
</td><td>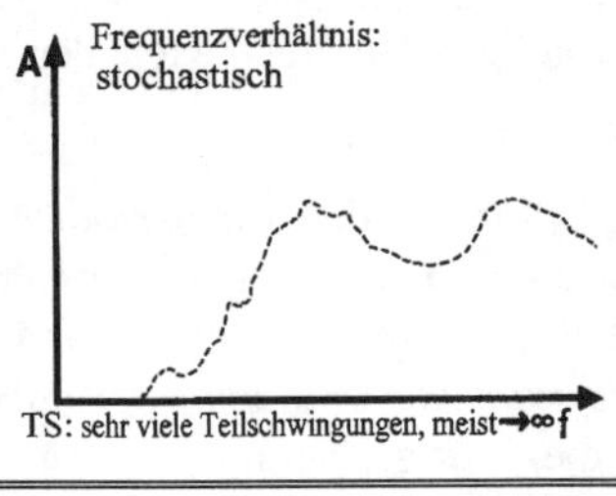
</td><td>Rauschen</td></tr>
</table>

Tabelle2: Die den Schallarten zuzuordnenden Schwingungsformen (Die Kurven und Spektren sind konstruierte Prototypen)

Das *Spektrogramm* ist das Ergebnis einer bestimmten mathematischen Analyse (*Spektralanalyse*, *Fourier-Analyse*) eines Oszillogrammes. Es stellt nicht direkt die physikalische Schallwirklichkeit dar, es ist ein mathematisches *Schallmodell*. Von Interesse ist dieses Schallmodell für uns deshalb, weil diese und nur diese Registrierungsart (*Schallspektrum* mit *spektralem Schwerpunkt* und *Formanten*) in der Lage ist, eine Entsprechung zu den *auditiven Schallqualitäten* zu liefern. Das Oszillogramm leistet dieses leider nicht. Das mathematische Prinzip der Spektralanalyse ist es, danach zu fragen, aus wievielen, aus frequenzmäßig welchen und aus wie unterschiedlich starken *Teilschwingungen* ein kompliziert verlaufendes Oszillogramm zustande gekommen sein könnte, wenn es denn durch Überlagerung vieler sinusförmig verlaufender Teilschwingungen entstanden wäre. Eine derartige Entstehung durch Überlagerung aus nachweisbaren separaten Teilschwingungen liegt beim Sprechschall jedoch niemals vor. Die Teilschwingungen, die im Rahmen der Spektralanalyse als einzelne Sinusschwingungen aufzufassen sind, sind im normal gesprochenen Sprechschall nicht separat hörbar, weder mit ihrer Lautheit, noch mit ihrer Tonhöhe.

In bestimmten Fällen musikalischen Hörens können ihre Tonhöhen teilweise hörbar werden (z.B. beim Einhören in einen längeren stationären Instrumentenklang oder beim sogenannten „Obertonsingen"), bei den ständigen Schalländerungen des lebendigen Musizierens und vor allem beim natürlich, d.h. kontinuierlich hervorgebrachten Sprechschall ist dieses jedoch wie gesagt nie der Fall.

Die für Teilschwingungen in Klängen früher verwendete Bezeichung *Obertöne* hat, da *Ton* ein auditiver Begriff ist, in einer physikalischen Schallbeschreibung nichts zu suchen. Auf auditiver Ebene dürfte der Begriff Oberton nur in den wenigen Sonderfällen, in denen diese Teilschwingungstonhöhen tatsächlich hörbar sind, Verwendung finden. Die schon im Oszillogramm kodiert (versteckt) vorhandenen und letzten Endes daraus nur abstrahierten Teilschwingungen sorgen aber in integrierter Funktion wesentlich dafür, daß wir neben den anderen auditiven Dimensionen auch eine *Qualität* wahrnehmen können, und zwar mit den oben schon dargestellten Unteraspekten der *formantenbedingten Qualität* und der *Helligkeit*.

Im Oszillogramm unterscheiden wir *periodische* von *aperiodischen Schwingungen*. In Bezug auf die relativ tolerante Hörwahrnehmung genügt es, nach hinreichend periodischem (*quasiperiodischem*) und deutlich aperiodischem Schall zu unterscheiden. *Periodische und quasiperiodische Schwingungen* sind auf der auditiven Ebene die *Klänge*, *deutlich aperiodische Schwingungen* sind für das Gehör die *Rausch-Schälle* (und die in unserem Zusammenhang seltenen und weniger wichtigen *Geräusche*).

(Quasi-)Periodische Schwingungen entsprechend den Klängen

Die Frequenz, mit der in einem *periodischen Oszillogramm* die gesamte Periode im zeitlichen Verlauf wiederkehrt, ist die *Periodenfrequenz*. Sie bestimmt die *auditive Tonhöhe*. Rein zahlenmäßig entspricht dieser Periodenfrequenz im *Spektrogramm* die Frequenz der tiefstfreqenten, der *ersten (harmonischen) Teilschwingung* (in Tab 2.: TS). Diese Frequenz auf der Frequenzskala des Spektrums wurde früher auch „Grundton" genannt (und von der 2. Teilschwingung an begannen dann die 1., 2. bis n. Obertöne). In der akustischen Beschreibung von „Tönen" zu sprechen, lehnen wir jedoch ab, man dürfte bestenfalls von Schwingungen und dann von Grund- und Oberschwingungen sprechen. Wir halten jedoch diese begriffliche Aufspaltung überhaupt für unglücklich, weil man dann in der Zählung nach der Formel n-1 vorgehen muß und dadurch die Grundschwingung den Index 0 bekommt. Aus dieser älteren Terminologie ist aber in der Phonetik der Begriff *Grundfrequenz* (f_0) als unausrottbares Relikt weiter in Verwendung geblieben und scheint weiter in Verwendung zu bleiben. Deshalb können wir ihn nicht ignorieren. Numerisch sind also die *Periodenfrequenz* des Oszillogramms und die *Frequenz der 1. Teilschwingung* des Spektrums ≈ *Grundfrequenz* (f_0) gleich, und diese Frequenzen sind in dem jeweiligen Diagramm numerisch die akustischen Korrelate zur *auditiven Tonhöhe*.

Wenn wir auch den numerischen Meßwert der jeweiligen spektralen 1. harmonischen Teilschwingung als Korrelat der auditiven Tönhöhe betrachten, heißt das jedoch nicht, daß die Existenz und nur die Existenz einer 1. Teilschwingung zu einer Tonhöhenwahrnehmung führt. Wenn in einem konkreten Spektrum die 1. Teilschwingung fehlt oder sogar einige tieffrequente Teilschwingungen fehlen (vgl. den folgenden Absatz), hat das zugrundeliegende Oszillogramm dennoch eine Periodenfrequenz, die der nicht vorhandenen „Grundfrequenz" des Spektrums gleicht. Die wahrgenommene Tonhöhe entspricht dann dennoch der nicht vorhandenen 1. Teilschwingung (= Differenz zwischen beliebigen zugehörenden höheren Teilschwingungen) bzw. der numerisch gleichen Periodenfrequenz. Dieser Zusammenhang ist auch die Begründung dafür, daß wir normalerweise den Begriff Periodenfrequenz bevorzugen. Wenn überhaupt, dürfen wir von „Grundfrequenz" nur sprechen, wenn wir das Schallspektrum betrachten und wenn in diesem tatsächlich eine 1. harmonische Teilschwingung (Grundfrequenz) enthalten ist.

Die Frequenzskala des Spektrogrammes dient aber nicht nur zum Ablesen der tonhöhenbezogenen Frequenz der 1. Teilschwingung (in Tab.2.: TS), über ihr liegen auch die Frequenzbereiche (*Frequenzbänder*) mit jeweils stärkeren oder schwächeren Gruppen von höheren Teilschwingungen. Die Frequenzen dieser *Teilschwingungen* stehen in *Klängen* stets in einem ganzzahlig rationalen Zahlenverhältnis (*harmonisches Zahlenverhältnis*) zueinander. Sie verhalten sich von der 1. Teilschwingung an gerechnet wie 1 : 2 : 3 : 4 ... : n, wobei nicht alle Teilschwingungen in konkreten Klängen zwingend vorhanden sein müssen. Diese Teilschwingungen werden auch *harmonische Teilschwingungen* oder *die Harmonischen* genannt. Sie sind über einer linearen Frequenzskala entsprechend dem angegebenen Zahlenverhältnis in gleichen Abständen angeordnet. Wenn Teilschwingungen, auch wenn sie wie bei den oben schon erwähnten *nichtharmonischen Tongemischen* leicht vom ganzzahlig rationalen Zahlenverhältnis abweichen, exakt festlegbar sind und deutliche Abstände voneinander haben, werden diese in den Spektren zur veranschaulichenden Kennzeichnung als senkrechte Striche dargestellt. Solche Spektren nennt man auch *Linienspektren*.

Die oben erwähnten *Frequenzbänder* mit den stärkeren Teilschwingungsgruppen (die „Hügel“ der zur Veranschaulichung gestrichelt eingezeichneten *spektralen Hüllkurve*) sind die *Formanten*, die mit ihrer Lage über der Frequenzskala und ihrer relativen Lage zueinander in besonderer Weise für die Formung der *auditiven Qualität* zuständig sind. Die *auditive Qualität* läßt sich also weitgehend auf die insbesondere durch die *Formantenlage* bestimmte *spektrale Struktur* zurückbeziehen. Die jeweilige Formantenlage wird durch die *Formantmittenfrequenz* auf der spektralen Frequenzskala bezeichnet, wobei diese Formantmittenfrequenz jedoch auf keinen Fall mit einer Tonhöhe assoziiert werden darf. Aus der Rückschau dürfte damit klar sein, warum wir als Korrelat der Tonhöhe auf keinen Fall den bloßen Begriff Frequenz, sondern entweder *Periodenfrequenz* oder im spektralen Schallmodell *Frequenz der 1. Teilschwingung („Grundfrequenz“)* verwenden. Von den verschiedenen Formantentypen sind in der Tabelle 2 (oben) exemplarisch die *Vokalformanten* F_1, F_2 und F_3 eingezeichnet.

Werden die *maximalen Auslenkungen* (die vertikalen Entfernungen von der horizentalen Mittellinie) der größten Haupt- und der kleineren Zwischenauslenkungen des Oszillogramms größer oder kleiner, so spricht man in Verallgemeinerung des Amplitudenbegriffs von einer Veränderung der *Amplitude*. Mit der Änderung der *Amplitude* ändert sich gleichsinnig die *auditive Lautheit*. Im Spektrogramm steigt bei Zunahme der *auditiven Lautheit* die *spektrale Hüllkurve (spektrale Umhüllende, Hüllkurve des Spektrums)* und fällt entsprechend mit der Lautheitsabnahme.

Aperiodische Schwingungen entsprechend den Rausch-Schällen

Wegen der nicht vorhandenen *Periodizität* gibt es keine *Periodenfrequenz* im aperiodischen Oszillogramm. Damit hängt es zusammen, daß am *Rauschen* keine *Tonhöhe* wahrzunehmen ist. Das läßt sich im folgenden auch aus der Sichtweise des spektralen Schallmodells erklären.

Auch aperiodische Schwingungen können der *Spektralanalyse* unterworfen werden. Im hier betrachteten Sprechschallzusammenhang denken wir dabei zur Hauptsache an das Frikativrauschen. Das durch die Analyse gewonnene Spektrum zeigt eine *nichtharmonische Teilschwingungsfolge*, d.h. die Frequenzen aufeinanderfolgender Teilschwingungen stehen in (nichtganzzahlig) rationalen oder in irrationalen Zahlenverhältnissen zueinander, also auf keinem Fall im Verhältnis 1 : 2 : 3 : 4 ... : n. Insbesondere bei den hier betrachteten Rausch-Schällen sind die Abstände der Teilschwingungen als gegen Null gehend klein anzusehen. Und nicht einmal die Lage der einzelnen Teilschwingung auf der Frequenzskala des Spektrums kann als festlegbar angesehen werden. Auch die obere und untere Grenzfrequenz können nicht als exakt, sondern nur als um einen ungefähren Wert schwankend verstanden werden. Es gibt also keine Frequenz einer 1. Teilschwingung.

Dabei ist die Angabe beider Grenzfrequenzen (beim Rauschen wie bei allen anderen Schallarten) ohnehin unter Bezug auf die menschlichen Hörbedingungen nur unter willkürlicher Definition einer Mindest-Pegelschwelle möglich ist. Die obere Grenzfrequenz geht bei Rauschspektren wie bei vielen Klangspektren oft gegen Unendlich. Weil das alles schwer vorstellbar ist, flüchten wir uns am besten in die Statistik, und sagen, daß es sich beim Rauschspektrum um ein zufälliges Auftreten und eine zufällige Verteilung nahezu oder meist gegen Unendlich gehend vieler Teilschwingungen zwischen zwei nur vage in der Art von Mittelwerten angebbaren Grenzfrequenzen handelt. Ganz kurz und knapp gesagt: Beim *Rauschspektrum* liegt eine *stochastische Verteilung der Teilschwingungen* vor. Weil nur die Energieverteilung oder zeitbezogen die Leistungsverteilung entlang der spektralen Frequenzskala dargestellt werden kann, findet man für *Rauschspektren* auch die Bezeichung *Leistungspektrum.*

Trotz der Tatsache, daß die einzelnen Teilschwingungen nicht genau ermittelt werden können, gibt es wie beim Klangspektrum *Frequenzbänder* mit stärkeren und solche mit schwächeren Teilschwingungen. Diese lassen sich im Rauschspektrum nicht durch die Teilschwingungen selbst, sondern nur durch die *spektrale Umhüllende* darstellen. Auch hier sind die „Hügel" der *spektralen Hüllkurve* die *Formanten*, eben die Formanten eines Rauschspektrums, und auch diese werden durch ihre *Formantmittenfrequenz* bezeichnet. Analog zu den Verhältnissen bei Klangspektren tragen diese *Rausch-Formanten* wesentlich zur Wahrnehmung der *Rauschqualitäten* bei.

Der Zusammenhang zwischen der oszillographischen *Amplitude* bzw. der *Höhenlage der spektralen Umhüllenden* und der *Lautheit* läßt sich von den periodischen Schwingungen voll und ganz auf die aperiodischen Schwingungen übertragen. Bei höherer Lage der spektralen Hüllkurve ist das Rauschen lauter, bei niedrigerer Lage ist es leiser.

5. Bewertung und Konsequenzen im phonetisch-audiologischen Zusammenhang und im Hinblick auf die Hörgeschädigtenpädagogik

Die hier vorgestellte und auch in unseren Lehrbüchern (NEPPERT / PÉTURSSON 1992; PÉTURSSON / NEPPERT 1996) weitgehend so verwendete Terminologie erscheint uns allgemein logischer als manche tradierte und vielfältig vermischte, insbesondere zwischen auditiven und akustischen Begriffen nicht hinreichend abgrenzende Terminologie.

Unser auditives Begriffssystem ist darüber hinaus m.E. besser zur Erklärung der tatsächlichen Diskrimination und Identifikation von Sprechschall-Einheiten geeignet als manche tradierten phonetischen und phonologischen Merkmalssysteme. Insbesondere phonologische Merkmalssysteme haben ja nur die Zweckbestimmung, ein Minimalinventar an Unterscheidungskriterien für eine linguistische Systematik und ggfs. noch für die Lauterkennung des guthörenden Sprachverwenders zu bieten.

Im übrigen braucht die Hörgeschädigtenpädagogik auch bezüglich des in diesem Artikel nicht weiter behandelten Artikulierens genauere und umfassendere Beschreibungen als sie für die linguistisch-phonetische oder phonologische Lautsystematisierung ausreichen. In den zuletzt genannten Bereichen ist es legitim, sich bezüglich der Organeinstellungen und -bewegungen weitgehend auf die Beschreibungsmöglichkeiten mit Hilfe des Sagittalschnittes der Sprechorgane zurückzuziehen. Wirkliche Artikulation findet aber in der Form kontinuierlicher Bewegungsverläufe im dreidimensionalen Raum statt und betrifft immer simultane Bewegung mehrerer Organe oder Organteile.

Das wichtigste für pädagogische Grundvorstellungen wie auch für einzelne methodische Ansätze und Techniken scheint mir die Verknüpfung von artikulatorischen Vorgängen mit Sprechschallparametern und sprachlichen Merkmalen und Einheiten zu sein, wie sie in vereinfachter schematischer Darstellung aus der Tabelle 3 ersichtlich ist.

Ein weiterer wichtiger Aspekt sind die Kenntnis und das Verständnis aller Typen von Formanten, und dieses insbesondere im audiologischen Zusammenhang unter der Frage ihrer Hörbarkeit und Verarbeitung. Die Lage der wichtigsten Formanten auf der Frequenzskala des Spektrums sollte bekannt sein, speziell bei den Vokalformanten, bei denen das Minimum an Wissen die Eckwerte des akustischen Vokaltrapezes sein müßte. Eine besondere Bemerkung muß dabei noch den Klangformanten (Vokal- und Nasalformanten) gewidmet sein.

Artikulation	Sprechschallparameter	sprachliche Merkmale/Zeichen
Erzeugung von quasiperiodischen Öffnungs- und Schließungsbewegungen der Glottis versus Turbulenzbildung in der Glottis oder an den Artikulationsstellen	Quasiperiodische Druckschwankungen oder Schwingungen der Luft (Stimmklang) versus aperiodische Schwingungen (Rauschen) an der Glottis (Hauchrauschen) oder an den Artikulationsstellen (Frikativrauschen, oder Rauschimpulse der Verschlußlaute)	Stimmklanghaftigkeit (phonetisch: Stimmhaftigkeit) versus Rauschhaftigkeit (phonetisch: Stimmlosigkeit) versus kombinierte Stimmklang-/ Rauschhaftigkeit (phonetisch: Stimmhaftigkeit)
Periodenfrequenz der zyklischen Öffnungs- und Schließungsbewegungen der Glottis	Periodenfrequenz der Druckschwankungen oder Schwingungen der Luft (des Stimmklanges)	Sprechtonhöhe, („Ton" als Laut- oder Silbenmerkmal in Tonsprachen), tonaler Anteil am Akzent, Silbigkeit, Intonation
Änderung des Exspirationsdrucks, Spannungsänderung in der Glottis, Öffnungsgrad des Ansatzrohres, Wechsel zwischen oder Kombination von Klang- und Rauscherzeugung	Amplitude oder davon abgeleiteter Schallpegel	Sprechlautstärke, kurze Pegeländerungen in Lautübergängen, abrupte Pegeländerungen in Verschlußlauten und Vibranten, dynamischer Anteil am Akzent, Silbigkeit
Ansatzrohrformung durch Organeinstellungen, bei Frikativen auch Strömungsgeschwindigkeit in der Engstelle (durchschnittliche Frequenz der Wirbelerzeugung bei der Engstelle)	Struktur der Schallspektren (Formantenstruktur)	Klang- und/oder Rauschqualitäten der Sprechlaute
Veränderung der Hohlraumform des Ansatzrohres durch kontinuierliche Bewegungen bestimmter Organe und Organteile	Verschiebung einzelner oder mehrerer Formanten auf der Frequenzskala des Spektrums (kontinuierliche Änderung der Struktur des Spektrums)	Veränderung der Lautqualitäten im natürlich fließenden Sprechen von Sprechlaut zu Sprechlaut und besonders starke Änderung in den Lautübergängen, lautkombinationsspezifische Qualitätsänderungen als Merkmale für die Erkennung der beiden an den Übergang angrenzenden Sprechlaute

***Tabelle 3:** Zusammenhänge zwischen Artikulationsvorgängen, Schallvorgängen und sprachlichen Merkmalen oder Einheiten (vgl. Neppert 1991, 351)*

Diese Formanten werden zwar in den meisten Registrierungsverfahren aus mathematisch-technischen Gründen als Gruppe relativ starker Teilschwingungen sichtbar gemacht, wobei eine dieser Teilschwingung die absolut stärkste ist. Dennoch dürfen wir die Formanten prinzipiell nicht mit diesen relativ starken Teilschwingungen und schon gar nicht mit der stärksten unter ihnen identifizieren, sie werden durch diese gewissermaßen nur mit Schalleistung „ausgefüllt". Diese Formanten sind relativ stark gedämpfte und daher breitbandige Resonanzkurven der Eigenresonanzen der Luftsäulen bzw. Luftkörper in den Hohlräumen des Ansatzrohres.

Dadurch ist es zu erklären, daß die Formantmittenfrequenzen prinzipiell nichts mit bestimmten einzelnen Teilschwingungen zu tun haben, sondern die Mittenfrequenz der Resonanzkurve sind. Auf der anderen und positiven Seite ist dadurch der unmittelbare Zusammenhang zwischen Artikulationsbewegungen und Änderungen der spektralen Struktur geklärt. Und dieses bietet ein gutes Erklärungsmodell für das „vorsprachliche Sprechenlernen", für den Erwerb der Schall-Imitationsfähigkeit, des hörenden und auch des früh optimal mit Hörhilfen versorgten hochgradig hörgeschädigten Kindes (NEPPERT 1995).

Letzten Endes halten wir unser Begriffssystem gerade für die Begründung pädagogischer Grundvorstellungen und methodischer Ansätze für in besonderem Maße tragfähig.

Das alles hat auch Konsequenzen für die Audiologie, wohl sogar für die Weiterentwicklung audiometrischer Verfahren. Das darzustellen, ist jedoch hier nicht der Ort. Doch die pädagogisch wichtige Interpretation der Hörmeßergebnisse steht in unmittelbarem Zusammenhang mit den oben angesprochenen Kenntnissen über das Wesen der Spektren und mit der Verknüpfung zwischen Artikulation und Sprechschallstruktur.

Als letztes komme ich im audiologischen Zusammenhang auf die Einteilung der Hörschadensgrade nach Hörverlust-Grenzwerten und damit auf das eingangs erwähnte Gespräch mit Hartwig Claußen zurück:

Mit Dir, lieber Hartwig, stimme ich voll darin überein, daß wir aus derartigen Meßwerten keine Schlüsse in Richtung auf Entwicklungs- und Lernerfolge ziehen können. Auch die Frage, wie weit man Eltern hörgeschädigter Kleinkinder den Grad des Hörschadens nach den herkömmlichen Einteilungen angeben und interpretieren darf, ist in der Tat sehr delikat. Es gibt aber m.E. im Interesse einiger Betroffener wie auch für den Hörgeschädigtenpädagogen selbst sehr gute Argumente dafür, dennoch einige exakte Begriffe und Meßwerte in sein Denken und Beurteilen einzubeziehen.

Für alle im späteren Leben hörgeschädigt gewordenen Menschen, für viele der mit progressiv verlaufender Hörschädigung behafteten und für alle Kinder, denen keine optimale Frühförderung zuteil werden konnte, machen die herkömmlichen Einteilungen nach wie vor einen Sinn, jedenfalls so weit, wie sie nicht schon immer zu relativieren waren. Das betrifft u.a. also auch den Bereich der von Dir in so hervorragender Weise bearbeiteten Andragogik. Der Hörgeschädigtenpädagoge braucht (wie auch immer zu relativierende) Kategorien für seine Grundvorstellungen und Beurteilungen. Insbesondere für den Pädagogen halte ich daher auch heute noch technische Simulationen von Hörschäden unter besonderer Berücksichtigung der Hörverlust-Grenzwerte für angezeigt. Ohne diese käme er völlig ins Schwimmen.

In Bezug auf die großartigen Ergebnisse der heutigen frühen Hör-Sprech-Spracherziehungsansätze braucht der Pädagoge m.E. sogar diese in etwa auf die Sprechverstehensfähigkeit der Menschen mit erworbenen Hörschäden beziehbaren Einteilungen, um sich ihrer erfreulichen Ungültigkeit für hörgerichtet geförderte Kinder bewußt sein und bleiben zu können. Diese Bewußtheit dürfte ein wesentlicher Grund für den Erhalt der Motivation bei der Durchführung des hörgerichteten Ansatzes sein. Es ist doch leider eine alte Erfahrung in der Pädagogik, daß erfolgreiche Methoden für die nachfolgenden Pädagogen-Generationen so selbstverständlich geworden sind, daß die Einsicht in ihre Besonderheiten, in die Notwendigkeit besonderer Maßnahmen und in die Notwendigkeit des persönlichen Einsatzes verlorengeht. Und das sollte bezüglich des Hörgerichteten Spracherwerbs nach meinen Vorstellungen - und ich glaube auch nach den Deinigen - nicht geschehen.

Literatur

Albersheim, G. (1979): Zur Musikpsychologie. (Taschenbücher zur Musikwissenschaft. Hrsg. R. Schaal. Bd. 33) Heinrichhofen's Verlag, Wilhelmshaven 2. Auflage 1979

DIN-Norm 1301: Einheiten

DIN-Norm 1313: Physikalische Größen und Gleichungen

DIN Norm 1320: Grundbegriffe der Akustik

Feldtkeller, R. / Zwicker, E. (1956): Das Ohr als Nachrichtenempfänger. S. Hirzel, Stuttgaart 1956

Frerichs, H.H. / Neppert, J.M.H. (Hrsg.) (1995): Grundlagen und Modelle für den Hörgerichteten Spracherwerb. (Wiss. Beiträge aus Forschung, Lehre und Praxis zur Rehabilitation behinderter Kinder und Jugendlicher. Hrsg. K. Schulte. Bd. 42) Neckar-Verlag, Villingen-Schwenningen 1995

Günther, B.C. / Hansen, K.-H. / Veit, I. (1994): Technische Akustik - Ausgewählte Kapitel. Grundlagen, aktuelle Probleme und Meßtechnik. (Kontakt & Studium. Hrsg. W.J. Bartz. Bd. 18) expert verlag, Renningen-Malmsheim 5. Auflage 1994

Hellbrück, J. (1993): Hören. Physiologie, Psychologie und Pathologie. Hogrefe, Göttingen-Bern-Toronto-Seattle 1993

Hesse, H.-P. (1972): Die Wahrnehmung von Tonhöhe und Klangfarbe als Problem der Hörtheorie. (Veröffentlichungen des Staatlichen Instituts für Musikforschung, Preußischer Kulturbesitz. Hrsg. H.-P. Reinecke. Bd. VI) Köln 1972

Jussen, H. / Claußen, W.H. (Hrsg.) (1991): Chancen für Hörgeschädigte. Hilfen aus internationaler Perspektive. Reinhardt, München-Basel 1991

Lindner, G. (1992): Pädagogische Audiologie. Ein Lehrbuch zur Hörerziehung. Ullstein Mosby, Berlin 1992

Martin, U. (1993): Bedingungen des auralen Spracherwerbs bei hörgeschädigten Kindern und Jugendlichen. Diss. Bremen 1993

Neppert, J.M.H. (1991): Der Computer als Lernhilfe in der Hör-, Abseh- und Sprecherziehung. In: Jussen, H. / Claußen, W.H. (Hrsg.) (1991), 346-352

Neppert, J.M.H. (1995): Eine akustisch- und auditiv-phonetische Begründung zum Erwerb fließenden Sprechens durch das Hören. In: Frerichs, H.H. / Neppert, J.M.H. (Hrsg.) (1995), 25-46

Neppert, J.M.H. (1995a): Frühe Hör- und Sprechdiagnostik bei hörgeschädigten Kindern. In: Frerichs, H.H. / Neppert, J.M.H. (Hrsg.) (1995), 67-74

Neppert, J. / Péturson, M. (1992): Elemente einer Akustischen Phonetik. Selbstverlag, Hamburg 1. Auflage 1984; Buske, Hamburg 3. Auflage 1992

Pétursson, M. / Neppert, J. (1996): Elementarbuch der Phonetik. Buske, Hamburg 21996

Pompino-Marschall, B. (1995): Einführung in die Phonetik. de Gruyter, Berlin 1995

Rieländer, M. (Hrsg.) (1982): Reallexikon der Akustik. Erwin Bochinsky, Frankfurt/M. 1982

Roederer, J.G. (1973): Introduction to the Physics and Psychophysics of Music. (Heidelberg Science Library, Vol. 16). Springer, New-York - Heidelberg - Berlin 1973

Wängler, H.-H. (1983): Grundriß einer Phonetik des Deutschen. Elwert, Marburg 4. Auflage 1983

Zwicker, E. (1982): Psychoakustik. Springer, Berlin 1982

Volker Schmeling

Schwerhörigenpädagogische Perspektiven für eine Schwerhörigenseelsorge

„Die Pädagogik kann weder darauf verzichten, die Schüler an die bestehenden sozialen Rahmenbedingungen anzupassen, noch darauf, sie zu selbständigen, kritischen und ihrer eigenen Bedürfnisse bewußten Persönlichkeiten zu erziehen, die in der Lage und willens sind, zu den gesellschaftlichen Anforderungen in eine kritische Distanz zu treten. Die Aufgabe, aber auch die Schwierigkeit pädagogischen Handelns liegt darin, zwischen diesen Polen immer wieder einen Ausgleich zu finden, der die berechtigten individuellen wie gesellschaftlichen Ansprüche möglichst weitgehend berücksichtigt und zwar unter Einbeziehung der durch eine Schwerhörigkeit gegebenen Lernvoraussetzungen" (Claußen 1991/92, 188).

Wenn W. Hartwig Claußen unter dem Leitbegriff „Integration! (... oder lieber nicht?)" Erziehungsziele der Schwerhörigenpädagogik darstellt, die nicht nur für Schüler, sondern auch für Erwachsene und alte Menschen gelten sollen, dann hat er damit ein Problem beschrieben, das auch die Schwerhörigenseelsorge in ihren unterschiedlichen Aufgabenfeldern bestimmt (vgl. Gewalt 1987 und Schmeling 1996): Können Kinder- und Jugendgruppen in den Kirchengemeinden vor Ort auch Schwerhörige und Ertaubte aufnehmen? Soll der Konfirmandenunterricht in der Schwerhörigenschule oder in der Heimatgemeinde besucht werden? Können Schwerhörige den sonntäglichen Gottesdienst der Gemeinde mitfeiern oder brauchen sie regelmäßig besondere Schwerhörigengottesdienste? Soll es einen speziellen Altenkreis bei der Schwerhörigenseelsorge geben, oder gehen ältere Schwerhörige selbstverständlich in den Altenkreis der Ortsgemeinde?

Schwerhörigenpädagogik und Schwerhörigenseelsorge können bei der Reflexion dieser Fragen nicht darauf verzichten, sich mit den schwerhörigen und ertaubten Menschen selbst und den Auswirkungen ihrer Kommunikationsbehinderung in psychosozialer Hinsicht zu beschäftigen, die Betroffenen und ihre sozialen Bezugspersonen selbst zu fragen und am Gespräch über diesen scheinbaren Widerspruch zu beteiligen. Pädagogik und Theologie werden hier als zwei Wissenschaften verstanden, die sorgfältig unterschieden werden, aber in einem dialektischen Konvergenzverhältnis aufeinander bezogen stehen (vgl. Nipkow 1992, bes. 294). Heil und Wohl, Glauben und Leben des Menschen dürfen nicht getrennt werden. Seelsorge als Sorge um den Menschen kommt also ohne die Erkenntnisse und Ergebnisse der Humanwissenschaften wie z. B. der Pädagogik nicht aus, geht aber auch nicht in ihnen auf. Es sollte in beiden Bereichen kritisch geprüft werden, ob sowohl seelsorgerliche als auch pädagogische Hilfestellungen für schwerhörige und ertaubte Menschen den besonderen Sprachwahrnehmungsmöglichkeiten und Lernvoraussetzungen der Betroffenen entsprechen und ob sie besonderes Augenmerk auf die „Polarität von Selbstentfaltung und sozialer Eingliederung“ (Claußen 1991) legen. Deshalb sollen in dieser kurzen Skizze schwerhörigenpädagogische Perspektiven nach dem pädagogischen Konzept des Jubilars dargestellt (Teil I), die Konsequenzen für eine Schwerhörigenseelsorge aufgezeigt werden (Teil II), um schließlich ihre praktische Relevanz mit Hilfe zweier konkreter Arbeitsbereiche der Schwerhörigenseelsorge in der Evang.-Luth. Kirche in Bayern zu verdeutlichen (Teil III).

I

Als schwerhörig werden hier die Menschen verstanden, die zwar in ihrem Hörvermögen erheblich beeinträchtigt sind (besonders bei Gruppengesprächen), lautsprachliche Äußerungen von anderen und vor allem von sich selbst aber noch vorwiegend über das Ohr aufnehmen können. Ertaubte sind Menschen, die nach dem Erwerb der Lautsprache ihr Gehör verloren haben oder hochgradig schwerhörig geworden sind (vgl. Claußen 1992, 11f). Schwerhörige und Ertaubte leiden meist zusätzlich an Tinnitus (Ohrgeräusche, Ohrensausen), der Menièreschen Krankheit (Schwindelanfälle) oder starken Gleichgewichtsstörungen. „Aus pädagogischer Sicht kann eine Schwerhörigkeit oder Ertaubung unter verschiedenen Aspekten betrachtet werden. Als Hörschädigung bezeichnet man jede Minder- oder Fehlleistung des Gehörs. ... Die Hörschädigung führt zu einer Lebenserschwerung. ... Von einer Hörbehinderung spricht man, wenn die sozialen Auswirkungen einer Hörschädigung betrachtet werden“ (Claußen 1992, 13). Der medizinische Begriff der Hörschädigung als Störung der biologischen Funktionen des Hörens bezieht sich also nur auf die Beeinträchtigung des Gehörs, die meistens nicht rückgängig zu machen ist. Pädagogisch bedeutsamer ist die Schwerhörigkeit als Lebenserschwerung und Behinderung mit weitreichenden Auswirkungen auf die Kommunikation, das psychische Wohlbefinden der Betroffenen, und auf seine soziale Mitwelt, die auch von der Hörbehinderung betroffen ist. „Insgesamt liegt das Hauptproblem bei schwerhörigen bzw. spätertaubten Personen und ihren mitbetroffenen hörenden Angehörigen in der Kommunikation und der Bewältigung des alltäglichen Lebens“ (Fink 1995, 109). Neben den Beeinträchtigungen in der Kommunikation, der auditiven Umweltkontrolle und der Sprachwahrnehmung kann die Schwerhörigkeit bei kleinen Kindern dazu führen, daß das Erlernen der Lautsprache wegen der unvollkommenen auditiven Selbstkontrolle erheblich erschwert wird. Außerdem kann ein nicht normgemäßes Sprechen zu Distanzierung und Ausschluß führen, da es häufig als befremdlich empfunden wird.

Die Hörschädigung beeinflußt die Beziehung zu anderen Menschen und die soziale Eingliederung in Familie, Freizeit, Berufswelt oder Öffentlichkeit, da mit der beeinträchtigten Kommunikation und Interaktion auch der Erwerb sozialer Normen und Rollen erschwert wird, was oft zu emotionaler Distanz, mangelndem Verständnis und nicht selten zu Entfremdung und Vereinsamung führt. „Eine Unterhaltung kann für beide Seiten anstrengend werden und dadurch auch ihr Gelingen bedroht sein: Von dem Guthörenden aus, weil er nicht immer sofort verstanden wird, und von dem Schwerhörigen aus, weil er immer sofort verstehen will und soll. So kann aus der Schädigung im sozialen Kontext eine Behinderung entstehen, die dann oft nicht ohne Folgen für die psychische und gesundheitliche Stabilität der Betroffenen bleibt" (Claußen 1991a, 10f). Schwerhörige und Ertaubte leiden häufig unter Selbstwertkrisen und Minderwertigkeitsgefühlen; außerdem sind sie oft von Depressionen betroffen und gehen häufiger mit Selbstmordabsichten um als Guthörende. Die psychischen, psychosomatischen und vegetativen Leidenszustände bei Schwerhörigen und Ertaubten resultieren meist aus einer chronischen Streßbelastung im Rahmen der alltäglichen Lebensbewältigung, insbesondere aus einer erhöhten vitalen Erschöpfung und sozialen Konfliktbelastung. Im Vordergrund der gehäuft anzutreffenden Beschwerden und Störungen stehen z. B. Wetterfühligkeit, Kopfschmerzen, Nervosität, Schreckhaftigkeit, Schwindel, Schlafstörungen, Erschöpfung und Abgeschlagenheit, Lebensangst, depressive Verstimmtheit und Vereinsamungstendenzen (vgl. Richtberg 1980, bes. 125 - 130). Schwerhörige wirken auf Guthörende häufig scheu, gehemmt, unsicher, ängstlich oder aber aggressiv. Ihr Bemühen um soziale Eingliederung in die Welt der Guthörenden führt oft zu Identitätsproblemen bei den Betroffenen und wird von den sozialen Bezugspersonen oft als Aufdringlichkeit, Distanzlosigkeit oder krampfhaftes Bemühen um Anschluß mißverstanden, wodurch die Isolation und Einsamkeit noch verstärkt werden kann. Das zentrale Lebensproblem für Schwerhörige und Ertaubte ist also die Behinderung, das Netz aus sozialer Isolation und Identitätskrise; sie kann die Betroffenen in eine Verzweiflung führen, die nur noch den Suizid als letzten Ausweg erscheinen läßt (vgl. Richtberg 1980, 169). Es muß aber nicht mit schicksalhafter Notwendigkeit dazu kommen!

Da die Hörschädigung in aller Regel nicht zu beheben ist, erfordert die Lebenserschwerung und Behinderung eine schwerhörigenpädagogische Begleitung, die neben der medizinisch-technischen Versorgung die Förderung der sprachlichen, sozialen, kognitiven und emotionalen Entwicklung mit einschließt.

Pädagogische Hilfen für Schwerhörige und Ertaubte reichen von speziellen Maßnahmen wie Hör- und Sprecherziehung, Absehen vom Mund, Sprachunterricht oder Hörtaktik bis zur Vorstellung von und Einweisung in den Umgang mit technischen (Hörgeräte, Höranlagen, Cochlea Implantate) und manuellen (Fingeralphabet, Körpersprache und Gebärden) Hilfen und beziehen auch das soziale Umfeld der Betroffenen mit ein. Dabei ist im pädagogischen Prozess darauf zu achten, daß die Balance zwischen den Bildungszielen der sozialen Einbindung und Individuation, der sozialen Teilhabe und Selbstbestimmung, der Sozialisation und Personalisation, der sozialen und personalen Integration, der sozialen Eingliederung und Selbstentfaltung nicht einseitig aufgelöst wird (vgl. Claußen 1992, 20 - 22 und Ding 1984, 65ff). Schwerhörige sollten also ihre besonderen Bedürfnisse, Interessen und Möglichkeiten einbringen, aber auch Rollen und Normen gemäß den allgemeinen Erwartungen der Gesellschaft übernehmen, um zu einer ausgeglichenen Identitätsentwicklung zu kommen, getragen von einem positiven Selbstwertgefühl, das die Hörschädigung bewußt als Teil der Persönlichkeit integriert. Die pädagogischen Hilfsmöglichkeiten sollen nun anhand der praktischen Arbeit mit schwerhörigen und ertaubten Erwachsenen konkretisiert werden, wie sie einmal beim Aufbau des Rehabilitationszentrums für Hörgeschädigte in Rendsburg von W. Hartwig Claußen und Karl-Dieter Schuck entwickelt (vgl. Claußen/ Schuck 1989) und später von W. Hartwig Claußen ausgebaut wurden:

„Die notwendigen Hilfsangebote an ertaubte und schwerhörige Erwachsene lassen sich grob drei Ebenen zuordnen:

a) Hilfen für die hörgeschädigte Person;

b) Hilfen für die von der Hörschädigung gleichfalls betroffene nahestehende Mitwelt;

c) Hilfen für die Eingliederung in die Gesellschaft und ihre Teilgruppen" (Claußen 1988, 10).

(Zu a) Hilfen für die hörgeschädigte Person

Der schwerhörige oder ertaubte Mensch muß als unverwechselbare Persönlichkeit anerkannt werden, einmalig auf dieser Welt und mit dem unbedingten Anspruch auf menschliche Würde. Damit das Individuum aber nicht zum angepaßten Mitläufer wird, ist es wichtig eine Identität zu entwickeln mit Ausbildung eines ausgeprägten Selbstbewußtseins und Selbstwertgefühls, und den betroffenen Menschen zu ermutigen, den notwendigen Weg der Verhaltensänderung zu gehen. Zur Identität des schwerhörigen und ertaubten Menschen gehört aber die Hörschädigung unabdingbar hinzu: „Erst wenn der Einzelne fähig ist, seine Hörschädigung als einen wichtigen Teil seiner Persönlichkeit zu akzeptieren, hat er eine Chance, sich mit den durch sie gegebenen Aspekten seines Daseins erfolgversprechend auseinanderzusetzen; erst dann kann er ihre Auswirkungen beeinflussen; erst dann hat er die Möglichkeit ein mit seinem Schicksal versöhntes und als lebenswert empfundenes Leben zu führen" (Claußen 1991/92, 187). Dazu gehört die bewußte Auseinandersetzung mit der eigenen Hörschädigung und die Erweiterung der Verständigungsmöglichkeiten und Handlungskompetenz, um die Kommunikation zu verbessern, mit der Behinderung zu leben und wieder aktiv am gesellschaftlichen Leben teilnehmen zu können. Die Lebenserschwerung soll gemindert und die soziale Behinderung verringert werden. Der schwerhörige und ertaubte Mensch benötigt einen Zuhörer, dem er seine Situation und seine Probleme ausführlich darstellen kann. „Dieses Gespräch kann der Beginn einer Auseinandersetzung mit der eigenen Situation sein, insbesondere wenn es vorsichtig in die Richtung gelenkt wird, nach den verbleibenden Möglichkeiten der Bewältigung der Behinderung zu fragen“ (Claußen 1988, 10). Schwerhörige benötigen andere Schwerhörige zur Identifikation, zum Vergleich und als Vorbild, und die Solidarität, Geborgenheit und Stabilität einer Gruppe von Schwerhörigen ist für den Prozeß der Integration der Schwerhörigkeit in die Persönlichkeit von zentraler Bedeutung. Eine klar definierbare Identität besitzen Schwerhörige schon wegen der Inhomogenität ihrer Behinderung und ihres oft mangelnden Selbstverständnisses als Schwerhörige und wegen ihres geringen Gruppenzugehörigkeitsgefühls, z. B. im Vergleich zu Gehörlosen, nicht. Während Charles A. Laszlo auf dem 2. Internationalen Schwerhörigenkongreß 1984 in Stockholm noch die Vielfalt der Identitäten von Schwerhörigen betonte, die bei der Definition der Bedürfnisse eingebracht wird (Laszlo 1985, 21), stellte er auf dem 5. Internationalen Schwerhörigenkongreß in Graz im August 1996 Hörgeräte, Höranlagen und andere unterstützende technische Hilfsmittel dar, deren Einsatz seiner Meinung nach zur Identitätsbildung beitragen, und deren Bekanntmachung und Verbreitung er in die Mitverantwortung der Schwerhörigen stellte (vgl. Laszlo 1996, noch unveröffentlicht und vgl. Sorkin 1996, ebenfalls unveröffentlicht, die auf dem Grazer Kongreß ein leidenschaftliches Plädoyer für eine eigene Identität von Schwerhörigen abgab). Im Identitätsfindungsprozeß spielen also das bewußte Selbstverständnis als Schwerhöriger oder Ertaubter und die damit zusammenhängende Orientierung an einer Gruppe Gleichbetroffener eine Rolle. Um zur Identitätsfindung beizutragen, sind Gruppenangebote zu machen, die den Kontakt Schwerhöriger zu Schwerhörigen fördern, als Möglichkeit des Erfahrungsaustausches, als Quelle der Kraft und zur Selbstbestätigung, aber auch den Kontakt Schwerhöriger zu Guthörenden unterstützen, um die allgemein gültigen Normen kennenzulernen, zu erfahren dazuzugehören und als Schwerhöriger seinen Platz in der Gesellschaft der Guthörenden einzunehmen.

(Zu b) Hilfen für die von der Hörschädigung gleichfalls betroffene nahestehende Mitwelt

Der ebenfalls durch die Hörschädigung betroffene Partner, die Eltern hörgeschädigter Kinder oder guthörende Bezugspersonen des Schwerhörigen benötigen Informationen über die Behinderung und ihre Auswirkungen, um die Situationen und Reaktionen der Kommunikationspartner besser zu verstehen und sich angemessener darauf einstellen zu können. „Sie müssen die Einsicht gewinnen, daß es entscheidend von ihrem Verhalten - und nicht nur von dem des Hörgeschädigten - abhängt, wie die Ertaubung beziehungsweise Schwerhörigkeit bewältigt wird. Sie müssen Techniken erlernen, die den Austausch mit dem Hörgeschädigten erleichtern, insbesondere, um ein entspanntes, emotional zusammenführendes Gespräch wieder zu ermöglichen. Sie benötigen Kenntnisse über zur Verfügung stehende Hilfen und Ermutigung, um den gemeinsamen Weg mit dem hörgeschädigten Partner zu gehen“ (Claußen 1988, 11). So brauchen z. B. Eltern schwerhöriger Kinder Hilfen, die es ihnen ermöglichen, die Schädigung ihres Kindes zu akzeptieren, damit sie ihr Kind „annehmen“ können (vgl. Ding 1984, 40 - 48). Elternarbeit (Elternhilfe) hat die Aufgabe, den Eltern das schwerhörigenpädagogische Wissen zur Verfügung zu stellen, damit sie nach ihren Erziehungsvorstellungen sachgerechte, ihrem Kind gemäße Entscheidungen treffen können. Die pädagogische Frühförderung mit Prävention und Intervention bezieht sich neben der frühen Hörgeräteversorgung auf die Eltern-Kind-Interaktionen zur alltäglichen Verständigung, auf die sensomotorische Entwicklung, auf die kommunikativ-sprachliche Förderung als wichtigstes Anliegen und auf die Interaktionen außerhalb der Familie (vgl. Ding 1984, 48 - 58). Schwerhörige und Ertaubte fühlen sich z. B. in der Familie am wohlsten und befriedigen ihre sozialen Kontakte am liebsten im engsten Familien- und Freundeskreis. Aus diesem Grunde sind Angehörige Schwerhöriger oft durch eigenen Verzicht, Ohnmacht und Hilflosigkeit in einschränkender, leidvoller Weise in die Behinderung miteinbezogen. Sie fühlen sich in vielfältiger Weise in ihrer spontanen Entfaltung und freien Entwicklung behindert, so daß ihre Situation oft als emotionales Spiegelbild der Schwerhörigkeit erfahrbar wird. Hilfen für Angehörige und Hörgeschädigte können z. B. die „Familientherapeutischen Seminare“ in Bad Berleburg anbieten, damit die Angehörigen „über selbstloses engagiertes Helfen und gelebte Toleranz emotionale Bereicherung und Lebenssinngebung“ (Richtberg 1991, 88) im Zusammenleben mit einem Hörgeschädigten erfahren. Weitere Hilfsangebote für Schwerhörige und ihre guthörenden Angehörigen bieten einige Institutionen und Vereine, um einen Austausch über die Behinderung in der Familie anzuregen. Genauso wichtig sind aber Begegnungen von guthörenden Bezugspersonen untereinander, da auch sie von der Hörschädigung betroffen sind und lernen sollen, mit der Behinderung in ihrem sozialen Umfeld zu leben.

(Zu c) Hilfen für die Eingliederung in die Gesellschaft und ihre Teilgruppen

Die Hilfen betreffen die Bereiche Arbeit und Beruf, Freizeitwelt und Öffentlichkeit. „Manche berufliche Abqualifizierung oder Ausgliederung, mancher Ärger, manche Zurücksetzung ließe sich vermeiden oder doch mindern, wenn die guthörenden Ansprechpartner nicht selbst der durch die Hörschädigung veränderten und daher ungewohnten Lage hilflos gegenüberstünden“ (Claußen 1988, 12). Die soziale Situation eines Schwerhörigen oder Ertaubten wird vor allem durch seine Hörfähigkeit, zusätzliche Behinderungen, seine Lerngeschichte und sein Alter bestimmt. Er muß Verhaltensnormen und Handlungsmuster erwerben, mit denen er den Erwartungen der für ihn wichtigen Gruppen entspricht. Die Normen des Verhaltens sind aber nach eigenen Bedürfnissen und Interessen kritisch zu überprüfen, eventuell zu ändern und mit einer Gruppe Gleichgesinnter in der Gesellschaft zu vertreten. „Kontakte mit anderen schwerhörigen und ertaubten Menschen sind wichtig, um mit ihnen eine weniger belastende Kommunikation zu erleben und Erfahrungen auszutauschen, aber auch, um gemeinschaftliche Interessen zu entwickeln“ (Claußen 1991/92, 187). Für Schwerhörige kann also eine wichtige integrierende Gruppe aus anderen Schwerhörigen bestehen. Dort können sie ihre Erfahrungen mit der Hörschädigung austauschen und mit Hilfe der Hörtaktik Möglichkeiten zur aktiven Gestaltung sozialer Situationen entwikkeln und trainieren. Hörtaktische Verhaltensweisen mit dem Ziel, daß Schwerhörige und Guthörende soziale Situationen für die Kommunikationsfähigkeit günstig gestalten (Vognsen 1976), bedeutet u. a. das Nutzen technischer Hilfsmittel, Einflußnahme auf Faktoren wie Licht (Voraussetzung für gutes Absehen), Akustik (Vermeiden von Störschall durch Dämmungs- und Dämpfungsmaßnahmen), Position und Sitzordnung (Gesprächspartner im Blick, Lichtquelle im Rücken) und Verhalten der Partner (Hinweis auf Hörschädigung, Information über hilfreiche Verhaltensweisen, ruhige und deutliche Sprechweise). Da Guthörende oft von Unsicherheiten, Ängsten, Vorurteilen und sozialer Distanz zu Schwerhörigen bestimmt sind, können die Kenntnisse von pädagogischen Methoden in entspannter und vertrauter Atmosphäre dazu beitragen, die Verständigung untereinander abzusichern, so daß eigenes Verstehen und Verstandenwerden so gut wie möglich verwirklicht werden können. Hilfen für die Eingliederung in die Gesellschaft gehen von den Guthörenden und den Schwerhörigen aus. So sind die Guthörenden den Schwerhörigen bei der Anpassung an ihre Lebensformen und -normen behilflich, sollten aber gleichzeitig die Behinderten in ihrem Eigenwert respektieren. Umgekehrt helfen die Schwerhörigen den Guthörenden, indem sie auf ihre Hörschädigung hinweisen und ihre Bedürfnisse und Interessen, Wünsche und Forderungen äußern. Die Informations- und Öffentlichkeitsarbeit für Guthörende und Schwerhörige spielt bei der Aufklärung über die Hörschädigung und ihre Auswirkungen in der Gesellschaft und ihrer Teilgruppen eine wesentliche Rolle und sollte eine Brückenbauerfunktion einnehmen. Nur so kann sowohl der Schwerhörige sich von der eigenen Behinderung lösen und in die Situation des Guthörenden hineinfühlen, als auch der Guthörende sich auf die Schwerhörigkeit einstellen und Vorurteile, Ängste und Unsicherheiten abbauen. Pädagogische Bemühungen um die soziale Eingliederung des schwerhörigen und ertaubten Menschen dürfen nicht dazu führen, daß bei den Betroffenen eine schwerwiegende Beeinträchtigung des Selbstwertgefühls und der Entwicklung seiner Identität eintritt. Keine Hilfe darf soweit gehen, daß der hörgeschädigte Mensch zu einem Leben 'als ob' verleitet wird: 'Als ob' er ein Guthörender sei.

Pädagogische Maßnahmen und Methoden finden dort ihre Grenze, wo der Sinnfindungsprozeß eines Schwerhörigen nicht mehr durch „gelerntes Handwerkszeug" beeinflußt werden kann, um ihm einen bestimmten Weg aufzudrängen. Vereinnahmung, Entmündigung und Indoktrination anderer sind unbedingt zu vermeiden, weil nur das Angebot der beratenden Begleitung durch nichtdirektive Hilfen den Bildungsprozeß in Richtung Identitätsfindung voranbringen kann. „Selbstentfaltung und soziale Eingliederung sind keine Gegensätze, zwischen denen der Erzieher wählen könnte. Es handelt sich um Pole im pädagogischen Feld, zwischen denen eine verantwortbare Erziehung ein Gleichgewicht zu suchen hat" (Claußen 1991, 24).

II

Seelsorge an Schwerhörigen und Ertaubten wurde bereits vor vielen Jahren als Aufgabe der Gemeinde vor Ort beschrieben mit der doppelten Ausrichtung an den Betroffenen selbst und an ihre guthörende Mitwelt, „die fähig gemacht werden soll, den geringsten Bruder als ihresgleichen anzunehmen" (Gewalt1972, 267). Dabei kann einerseits auf die Anfänge der Schwerhörigenseelsorge verwiesen werden, als Margarete von Witzleben am Pfingstfest 1901 eine Gruppe von Schwerhörigen in Berlin zum ersten evangelischen Schwerhörigengottesdienst sammelte, andererseits auf den Reformator Martin Luther, der sich für die Abendmahlsgemeinschaft der damals „Tauben und Stummen" mit allen anderen Gliedern der christlichen Gemeinde einsetzte (vgl. Gewalt1987, 392). Auch in der Schwerhörigenseelsorge begegnet uns also die dialektische Spannung von Selbstentfaltung und sozialer Eingliederung, obwohl sie doch auf dem Menschenbild der Theologie fußt, das im Gedanken von der Gottebenbildlichkeit des Menschen eine grundlegende Kategorie von Menschsein beschreibt: „Das Personsein des Menschen ist in seiner Beziehung zum Schöpfer gegeben und begründet die Gleichwertigkeit aller Menschen. Ebenbildlichkeit besagt: der Mensch ist auf Gott als den Schöpfer bezogen und zu seiner Ent-Sprechung geschaffen. Es ist im Handeln des Schöpfers begründet und als geschenkte Würde unabhängig von individuellen Leistungen und Eigenschaften" (Müller-Friese1996, 14). Dabei gehört sowohl die Erfahrung von Begrenztheit und Endlichkeit und die Sehnsucht nach ihrer Überschreitung konstitutiv zum Menschsein hinzu als auch die Beziehungshaftigkeit im Dialog, aus der der Mensch Selbstbewußtsein und Erfüllung gewinnt. Dieses neuere integrative Bildungsverständnis geht deshalb von individuellen Kompetenzen des (behinderten) Menschen aus, um seine eigenen Grenzen zu erkennen, aber auch, um die Perspektive der Hoffnung auf Überwindung und Aufhebung der Grenzen miteinzubeziehen. Der allgemeine Bildungsprozess kann als „Miteinander der Verschiedenen" beschrieben werden, indem einerseits die Identitätsbildung des Individuums in Freiheit und Eigenständigkeit betont wird, andererseits die Begegnung des Individuums mit dem Anderen und Fremden, um zu einer „Gemeinschaft aus Verschiedenen" zu werden (vgl. Müller-Friese1996, 16 - 19). Der Apostel Paulus beschreibt im Neuen Testament das „Miteinander der Verschiedenen" theologisch mit dem Bild vom Leib Christi mit den vielen Gliedern (Römer 12,3-8; 1. Korinther 12,12-31a), um die Einheit der Gemeinde bei grundsätzlicher Verschiedenheit der Glieder festzuhalten. Als Glieder am Leib Christi sind alle dazu aufgerufen, füreinander zu sorgen und einander zu helfen; leidet ein Glied, so hat das Folgen für den ganzen Leib (1. Korinther 12,22.25-26). Paulus beschreibt die christliche Gemeinde nicht als heile Welt, sondern als Solidargemeinschaft, in der alle gemeinsam das tragen, was einzelne an Last zu tragen haben, damit nicht Teile des Ganzen verloren gehen. Starke und Schwache werden in der Gemeinde aufeinander verwiesen, um die Gemeinschaft des einen Leibes durch die einander helfende Liebe in „versöhnter Verschiedenheit" zu verwirklichen. Keiner braucht also in der Kirche seine Begrenztheit und Endlichkeit, seine Fähigkeiten und Möglichkeiten zu verbergen. Schwerhörige und Ertaubte dürfen sich zu ihrer Behinderung bekennen; sie sind Christen unter Christen. Schwerhörige und Guthörende sind im „Miteinander der Verschiedenen" christliche Gemeinde. In der Theologie spielt also auch die Polarität von „Besonderem" und „Allgemeinem" eine wesentliche Rolle, die nicht einseitig aufgelöst werden darf. Für die Integration von Schwerhörigen in Gemeinde und Gesellschaft sind also auch die Identitätsförderungsprozesse miteinzubeziehen. „Versteht man Kirche als Feld charismatisch, traditional und bürokratisch geleiteter Interaktion und interpretiert man dieses Interaktionsfeld theologisch als Leib Christi ..., so erfordert der Integrationsgedanke besondere Aufmerksamkeit. Angesichts der ihn begleitenden Polemik vergegenwärtige man sich, daß Paulus den Leib Christi nicht ohne Nächstenliebe denkt (Röm. 12,9-21; 1. Kor. 13). Wer integrieren will, frage sich daher, wie er dem Bedürfnis der Gehörlosen, Schwerhörigen und Ertaubten am besten gerecht wird." (Gewalt1987, 393).

Viele Schwerhörige und Ertaubte möchten teilhaben am geistlichen und gemeindlichen Leben in der Kirche, sind auf der Suche nach religiösen Erfahrungen und einer Heimat, wo sie sich mit ihrer Hörschädigung angenommen und in der Gemeinschaft geborgen fühlen. Dabei kommen Schwerhörige auf allen Gebieten gemeindlichen Lebens, in Verkündigung, Unterricht, Diakonie und Seelsorge vor. Aber wie sollen sie sich in der eigenen Begrenztheit angenommen und mit der eigenen Existenz versöhnt fühlen, um das Leben als sinnvoll und lebenswert zu erfahren?

Wo Schwerhörige nicht verstehen und sich nicht verstanden fühlen, da bleiben sie häufig fremd, einsam und erleben sich als oft minderwertig und begrenzt. Es erreichen sie meist weniger Erfahrungen und Informationen; sie nehmen deshalb weniger davon auf, mißverstehen einen Teil davon oder ziehen falsche Schlüsse daraus. So können sowohl Selbstüberschätzung als auch Entmutigung entstehen. Die Schwierigkeiten häufen sich vor allem in der gestörten Kommunikation und Interaktion unter Schwerhörigen. Diese Verhaltensweisen und Grundmuster, die immer wieder vorkommen, aber nicht verallgemeinert werden dürfen, können zu Problemen und Mißverständnissen führen, oft mit der Auswirkung, daß Schwerhörige sich zurückziehen und sich von Gott und der Welt im Stich gelassen fühlen. Nach gescheiterten Begegnungen mit Guthörenden oder Schwerhörigen leben viele Betroffene in Ängsten, Unsicherheiten und mit Vertrauenstörungen. Häufig hadern sie mit ihrem Schicksal, zweifeln an sich und der Welt, sind auf Gott zornig und stellen die Frage nach dem Sinn ihres psycho-sozialen Leidens (vgl. Arbeitsgemeinschaft, Hirschler 1993, 4-5). In dieser Situation „braucht der Hörbehinderte, namentlich der Schwerhörige und Spätertaubte, Begleiter auf seinem Weg durch die Gegenwart in die Zukunft, Begleiter, die ihm seine Situation erträglicher, hoffnungsvoller, sinnvoller machen. ...Kirchen und Sozialdienste können nicht minder nützliche persönliche Hilfe erbringen, in deren Mittelpunkt wir die Gestaltung einer lebensmöglichen und lebenswerten Zukunft stellen möchten“ (Richtberg/Bochnik 1987, 54).

Die Kirchengemeinden und kirchlichen Einrichtungen sind aber auf die besonderen Bedürfnisse und Interessen schwerhöriger und ertaubter Gemeindeglieder nicht eingestellt und vorbereitet. Vielleicht hat sich eine Kirchengemeinde gerade noch zum Einbau einer Lautsprecheranlage in Kirche oder Gemeindezentrum entschließen können; eine explizite Berücksichtigung Schwerhöriger z. B. im Gottesdienst oder in der Gemeinderarbeit findet sich nur selten. Zwar werden Schwerhörigenseelsorger teilweise zu Studiengängen beurlaubt, Aus- und Fortbildungskurse und Fernlehrgänge für Mitarbeiter eingerichtet, und vereinzelt Veranstaltungen über Behindertenfragen an den theologischen Fakultäten durchgeführt, ein wirkliches „Miteinander der Verschiedenen“, bei dem die Betroffenen nicht nur still und unauffällig anwesend sind, sondern wirklich dazugehören, wird kaum realisiert. Neben-, haupt- und ehrenamtliche Mitarbeiter in der Schwerhörigenseelsorge müßten erst in genügender Zahl vorhanden sein und kompetent ausgebildet werden. In ganz Deutschland gibt es nur zwei hauptamtliche Beauftragte für Schwerhörigenseelsorge; andere Landeskirchen beauftragen Gemeindepfarrer nebenamtlich mit dieser Aufgabe. Viele Landeskirchen sind zur Zeit ohne Schwerhörigenseelsorger, in weiteren wird die Arbeit von Emeriti wahrgenommen. Obwohl sich die Aufgaben seelsorgerlicher Beratung und Begleitung Schwerhöriger und Ertaubter in allen Bereichen kirchlicher Gemeinde- und Bildungsarbeit stellen, insbesondere im Zusammenhang mit älteren Menschen, wurden die Probleme bisher meist erfolgreich vernachlässigt. Ein großes Hindernis stellt sicher das mangelnde Gruppenzugehörigkeitsgefühl und der geringe Organisationsgrad von Schwerhörigen dar.

Trotzdem bieten sich als notwendige Einsatzfelder für Schwerhörigenseelsorger folgende Bereiche kirchlicher Gemeinde- und Bildungsarbeit an: Gottesdienst, Einzelseelsorge und Gruppenangebote, soziale Dienste, Religions- und Konfirmandenunterricht, z. B. an der Schwerhörigenschule, Eltern- und Angehörigenarbeit, Kinder- und Jugendarbeit, Erwachsenenbildung in Zusammenarbeit mit den Schwerhörigenvereinen und Volkshochschulen, Altenarbeit, Freizeiten und Rüstzeitenarbeit, Beratung der Ortsgemeinden und integrationsbegleitende Dienste, Aus- und Fortbildungsangebote in verschiedenen Bildungseinrichtungen, Einsätze in Rehakliniken und Altenheimen, Gremienarbeit und Zusammenarbeit mit anderen Verbänden und Organisationen, Informations- und Öffentlichkeitsarbeit (vgl. Schmeling 1995, 152 -155; in einer schwerhörigenseelsorgerlichen Konzeption müßte jeder Bereich für sich untersucht werden).

Dabei ist zu beachten, daß in allen Bereichen auch Guthörende Hilfestellungen im Umgang mit Schwerhörigen und Ertaubten brauchen, damit sie nicht von Unwissenheit und Hilflosigkeit bestimmt sind. Auf Seiten der Betroffenen wird dabei eine Identitätsentwicklung angestrebt, die die Schwerhörigkeit als wichtigen Teil der Persönlichkeit einschließt, sie nicht als einen Defekt sieht, den es zu verbergen gilt, sondern als anzunehmenden Teil der Person mit den daraus resultierenden Möglichkeiten und Grenzen. „Identität bedeutet, sich selbst als Fragment und als Empfangende/r zu verstehen und darin Handlungsfreiheit zu gewinnen" (Müller-Friese1996, 16). Neue Handlungsperspektiven werden gewonnen, befreit von der Vorstellung, der Schwerhörige müsse für die Bedingungen seiner Selbstverwirklichung ganz allein aufkommen. An die Stelle von Kampf gegen das Leiden und Desintegration von Teilen der Persönlichkeit, an die Stelle von Konkurrenz zwischen den Betroffenen und Fluchttendenzen aus der Gemeinschaft treten die Integration der Behinderung in die Persönlichkeit und die Solidarisierung sowohl der Schwerhörigen und Ertaubten untereinander, als auch der Hörgeschädigten mit den Guthörenden. Identitätsbildung „bedeutet zunächst, Trauer über Beeinträchtigungen und Beschädigungen des individuellen Lebens ausdrücken zu können und Verstummten Sprachhilfe zu leisten. Es meint zugleich, die eigene Begrenztheit anzunehmen und sich mit der eigenen Existenz zu versöhnen. Darüber hinaus läßt es die Sehnsucht nach Überschreiten von Grenzen zu und ermöglicht die Hoffnung auf eine Zukunft, die den Horizont des eigenen Werkes überschreitet" (Müller-Friese1996, 17). Im Identitätsbildungsprozeß darf die Bedeutung der Gruppe Gleichbetroffener zur Orientierung und Solidarisierung nicht übersehen werden. Schwerhörigenseelsorge sollte Begegnungsmöglichkeiten für Schwerhörige und Guthörende schaffen, um sie in ihrer Verschiedenheit, mit ihren kommunikativen und interaktiven Möglichkeiten und Grenzen anzunehmen und mit ihnen zusammen gute Erfahrungen mit der heilenden Kraft der Gemeinschaft zu sammeln. Verständnis und gezielte Rücksichtnahme der guthörenden Mitwelt können einen wesentlichen Beitrag leisten, damit Schwerhörige sich ohne Selbstmitleid mit Mut und Zuversicht der sozialen Umwelt zuwenden und ihren Platz in der Gemeinde und der Gesellschaft finden. Dabei sollte den Betroffenen sowohl die Übernahme von Normen und Erwartungen der Gemeinde und Gesellschaft als auch die selbstbestimmte Verwirklichung der eigenen Interessen und Bedürfnisse unter Einbeziehung der Hörschädigung ermöglicht werden. Maßstab bleibt auch hier die ausgewogene Balance von Selbstentfaltung und sozialer Eingliederung. Schwerhörigenseelsorge hat sich somit doppelt auszurichten, an Schwerhörigen, Ertaubten und ihren sozialen Bezugspersonen auf der einen Seite, an Guthörenden in der Gemeinde und der Gesellschaft auf der anderen Seite. Sie hat zwei Schwerpunkte:

(1) Sie ist Arbeit mit schwerhörigen und ertaubten Menschen und ihren Bezugspersonen als Einzel- und Gruppenseelsorge, Bildungsarbeit, Gemeindearbeit in besonderen Gruppen.

(2) Sie ist Beratungs-, Informations- und Öffentlichkeitsarbeit für die Kirchengemeinden und kirchlichen Bildungseinrichtungen. Hier ist Schwerhörigenseelsorge ein Aspekt der Gemeinde- und Bildungsarbeit, die den Schwerhörigen und Ertaubten u. a. die Teilnahme am Leben der Gemeinde und der Gesellschaft ermöglichen soll (vgl. Schwerhörigkeit und kirchliche Arbeit 1996, 3).

Schwerhörigenseelsorge sollte deshalb sowohl Schwerhörige, Ertaubte und ihre sozialen Bezugspersonen in Gottesdiensten, Veranstaltungen und Gruppen der guthörenden Gemeinden beraten und begleiten, als auch besondere Gottesdienste und gemeindepädagogische Angebote neben Einzelseelsorge an Schwerhörigen, Ertaubten und Guthörenden umfassen (vgl. Schmeling 1996). Zu ihren Aufgaben gehören auch der Einsatz von technischen und optischen Hilfen (Induktionsschleife, Infrarotanlage, FM-Anlage, Overheadprojektor, u. a.) und die Bewußtseinsbildung und Aufklärungsarbeit in den Ortsgemeinden, um das

Verständnis gegenüber den Betroffenen zu wecken und Begegnungsmöglichkeiten zwischen Guthörenden und Schwerhörigen anzubahnen und auszubauen (vgl. die auf dem 5. Internationalen Kongreß des Internationalen Schwerhörigenverbandes IFHOH am 09.08.1996 verabschiedete Resolution, die u. a. die Einrichtung angemessener Höranlagen und die Verbreitung von Informationen über die Kommunikation von schwerhörigen und ertaubten Menschen fordert). Dazu sind Einfühlungsvermögen, Geduld und Toleranz der kirchlichen Mitarbeiter, sonderpädagogisches Fachwissen und behindertenspezifische Kenntnisse erforderlich. Die kirchliche Schwerhörigenseelsorge sollte in den verschiedenen gemeindepädagogischen Arbeitsfeldern auf- und ausgebaut werden; aus punktuellen und örtlich begrenzten Angeboten sollten regelmäßige und überregionale Seelsorgedienste erwachsen. Die notwendigen strukturellen, personellen und finanziellen Voraussetzungen und Rahmenbedingungen bezüglich der Aus- und Weiterbildung kirchlicher Mitarbeiter, der Ausstattung des seelsorgerlichen Arbeitsbereichs und der Beratung und Begleitung der Schwerhörigen, Ertaubten und ihrer Bezugspersonen sollten geschaffen werden, um ihnen Hilfe zur Selbsthilfe zu einem sinnvollen und versöhnten Leben anzubieten, versöhnt mit sich und ihrer Hörschädigung, versöhnt mit ihrer sozialen Mitwelt und versöhnt mit Gott (Römer 5; 2. Korinther 5; Kolosser 1).

Wie könnte nach diesem Konzept die kirchliche Schwerhörigenseelsorge praktisch aussehen? Was wünschen sich und fordern die Betroffenen selbst von ihren Landeskirchen und der Diakonie?

Die Arbeitsgemeinschaft der Hörgeschädigten-Selbsthilfegruppen im DSB veranstaltete im November 1992 unter der Schirmherrschaft der AFESS eine Arbeitstagung, bei der sie ihre wichtigsten Wünsche, Bedürfnisse, Erwartungen und Forderungen zur Schwerhörigenseelsorge folgendermaßen formulierte (vgl. Arbeitsgemeinschaft, Resolution, 1993, 1 - 6):

- Eine flächendeckende Versorgung mit haupt- und nebenamtlichen Seelsorgern für Schwerhörige und Ertaubte,
- integrationsbegleitende Hilfen durch eine ansprechbare Seelsorgeeinrichtung,
- die Vernetzung der Hörgeschädigtenarbeit auf Stadt-, Landes- und Bundesebene mit anderen Verbänden.

Unter Heranziehung der Claußen'schen Einteilung der pädagogischen Hilfestellungen werden von schwerhörigen und ertaubten Laien folgende seelsorgerlichen Beratungs- und Begleitungsangebote gefordert:

(Zu a) Hilfen für die hörgeschädigte Person

Besonders wichtig sind den Betroffenen Einzelgespräche. Sie erwarten Verständnis und Aufmerksamkeit, mehr Hilfe zum Gebet und Hilfe, um aus der Finsternis der Verlassenheit, Einsamkeit und Isolation herauszukommen (Lebenshilfe). „Hörgeschädigtenseelsorge sollte unterstützen, ermutigen, Ansporn und Rückhalt geben bei dem Versuch der Hörgeschädigten als freie Menschen im Bewußtsein ihrer Eigenverantwortlichkeit, zu leben und sich zu entfalten. Hörgeschädigtenseelsorge sollte die Betroffenen in ihrem Streben nach einem Selbstverständnis, das die Hörbehinderung nicht nur annimmt, sondern darüber hinaus zur Grundlage einer bewußteren Lebensführung macht, unterstützen" (Arbeitsgemeinschaft, Resolution 1993, 3). Die Betroffenen wünschen sich, daß ihre Seelsorger Zeit für sie haben, und daß ihnen Zuwendung zuteil wird. Sie sollten hörgeschädigtengerechte Gottesdienste, Andachten, Gesprächskreise, Bibelstunden, Besinnungstage und Seminare (z. B. Partner-Selbsterfahrung) ausarbeiten und umsetzen, Zeit haben für Kontakte zu Selbsthilfegruppen, zur Vermittlung bei Konflikten (z. B. mit Partner, Angehörigen und Kollegen), für gemeinsame Veranstaltungen, ganz besonders aber viel mehr Zeit, um noch auf die Bedürfnisse von Mehrfachbehinderten eingehen zu können. Wichtig ist den Schwerhörigen und Ertaubten eine Sprechstunde für Hörgeschädigte und gutausgebildete Seelsorger, die deutlich, klar und langsam sprechen, und die Interesse für ihre besondere Lebenssituation aufbringen.

(Zu b) Hilfen für die von der Hörschädigung gleichfalls betroffene nahestehende Mitwelt

„Hörgeschädigte und ihr soziales Umfeld - auch die Familien und die Partner sind betroffen - brauchen Begleiter, die sie beraten, stützen und ihnen zuhören. Sie brauchen Partner, die ihnen zur Seite stehen und die das entsprechende Sachwissen haben. Seelsorgerische Begleitung muß Seelsorge und Lebenshilfe miteinander verbinden" (Arbeitsgemeinschaft, Resolution 1993, 6). Die Betroffenen wünschen sich gerade im Blick auf ihre nahestehende Mitwelt in der Gemeinde „mehr Gespräche miteinander, von beiden Seiten, Hörenden und Hörbehinderten, und nicht das freundlich gemeinte Schulterklopfen und Wegtrösten" (Arbeitsgemeinschaft, Hirschler1993, 5). Sie möchten versuchen miteinander die Hörbehinderung sichtbarer, begreifbarer zu machen, möchten nicht betreut, sondern befähigt werden, z. B. ihre Hörbehinderung mitzuteilen anstatt sie zu verstecken.

(Zu c) Hilfen für die Eingliederung in die Gesellschaft und ihre Teilgruppen (hier z.B. die Gemeinde)

Es sollten sowohl regelmäßige hörgeschädigtengerechte Sondergottesdienste für Schwerhörige und Ertaubte in unmittelbarer Nähe ihres Wohnortes stattfinden, als auch die Integration Hörgeschädigter in die guthörende Gemeinde bei einem Gottesdienst gefördert werden, indem „Gottes Wort sichtbar" gemacht wird, z. B. durch Blickkontakt, gute Artikulation, deutliches Mundbild, ohne lange Sätze und viele Fremdworte, durch Mimik, Gestik und Gebärden, technische und optische Hilfen (z. B. Höranlage, Overheadprojektor), gute Beleuchtung und direkte Kommunikation. Insbesondere sollte der Pfarrer/Pastor sich nicht von der Gemeinde wegdrehen und den Kopf beim Gebet nicht senken. Andere alternative Formen des Gottesdienstes (z. B. Meditationsgottesdienst mit Bildmeditation) sind in Erwägung zu ziehen, die z. B. verschiedene Sinne ansprechen, und die Defizite im Erleben der Gemeinschaft sind durch anschließende Zusammenkünfte auszugleichen. Da das Lesen der Predigt allein anhand schriftlicher Vorlagen nicht zum unmittelbaren Verstehen genügt, sollten entweder Gebärden oder der Overheadprojektor Verwendung finden, damit man sich immer auf der Höhe des Gottesdienstgeschehens befindet. Der Einsatz von Gebärden im Gottesdienst bezieht sich hier auf Lautsprachbegleitende Gebärden, die zu einer direkten und entspannten Kommunikation, besonders bei Ertaubten, beitragen können (vgl. Günther1991).

Höranlagen sollten regelmäßig überprüft und gewartet werden. Ein Schild an der Kirchentür und/oder ein Hinweis im Gemeindeblatt sollten auf sie aufmerksam machen. Die Betroffenen wünschen sich aber auch Kontakte und gemeinsame Aktivitäten mit den guthörenden Gemeinden, um die soziale Umwelt über die Hörschädigung zu informieren und eine bessere Integration zu fördern. Sie fordern eine flächendeckende Versorgung durch haupt- und nebenamtliche Schwerhörigenseelsorger innerhalb einer zu betreibenden Angebotsstrategie. Hauptamtliche Planstellen werden vor allem in Ballungsräumen und im Falle einer zentralen Versorgung, wie z. B. im Reha-Zentrum für Hörgeschädigte in Rendsburg als dringend notwendig erachtet. Nebenamtlich sollte in jedem Kirchenkreis oder Dekanat ein qualifizierter und gut ausgebildeter Seelsorger arbeiten. Er sollte über gute Kontakte z. B. zu Beratungsstellen, HNO-Ärzten, Kliniken, Selbsthilfegruppen, Schwerhörigen- und Gehörlosen-Vereinen verfügen und sich in relevante Arbeitsgemeinschaften einbringen. „Aber damit sind die Aufgabenbereiche der derzeit wenigen - in der Regel überlasteten - Schwerhörigenseelsorger nicht erschöpfend beschrieben. Sie sollen hörgeschädigte Kinder und Jugendliche in den Schulen, beim Religions- und Konfirmandenunterricht und in der Freizeit betreuen und begleiten, Lern- und Sozialisationshilfen geben, gute Öffentlichkeitsarbeit betreiben und vieles, vieles mehr leisten" (Arbeitsgemeinschaft, Resolution 1993, 6).

Doch hier stoßen wir an die Grenzen des Machbaren bei Seelsorgern und der Seelsorge. So werden eigene Interessen und Bedürfnisse der Schwerhörigen und Ertaubten nur in Grenzen durchgesetzt werden können; ebenso werden die Normen des sozialen Verhaltens in der kirchlichen Praxis nur in Grenzen zu übernehmen und die guthörenden Seelsorger nur begrenzt belastbar sein. Schwerhörige und Ertaubte sollten auch immer die Grenzen ihrer Hörfähigkeit und Kommunikationsfähigkeit, Guthörende die Grenzen ihrer Geduld und Rücksichtnahme erkennen. Während die Seelsorge mehr die fragmentarischen und vorgegebenen Aspekte des Identitätsfindungsprozesses betont, weist die Pädagogik mehr auf die sozialen und gestalterischen Aspekte hin. Beides ist jedoch miteinander zu verbinden, denn es steht immer der Mensch im Zentrum des Denkens, Redens und Handelns, der als einmalige und unendlich wertvolle Person auf das „Geheimnis des Lebens" hinweist, das unverfügbar und unverrechenbar bleibt.

III

Im Anschluß an die von Betroffenen selbst erarbeitete Konzeption einer Schwerhörigenseelsorge werden nun zwei Arbeitsbereiche der bayerischen kirchlichen Seelsorgepraxis als Beispiele vorgestellt, (1) die Altenarbeit und (2) der Gottesdienst, um an ihnen die Relevanz der „Polarität von Selbstentfaltung und sozialer Eingliederung" Schwerhöriger und Ertaubter in Gemeinde und Gesellschaft aufzuzeigen.

Am 6. Oktober 1994 wurde das erste kirchliche Schwerhörigenzentrum Deutschlands in Nürnberg offiziell eröffnet, und damit eine Modelleinrichtung für die Seelsorge an Schwerhörigen, Ertaubten und ihren guthörenden Bezugspersonen geschaffen. Dank guter technischer und räumlicher Voraussetzungen finden die Betroffenen und ihre Angehörigen sowohl die verschiedensten gemeindepädagogischen Angebote als Einzel- und Gruppenseelsorge als auch sachgerechte Beratungs-, Informations- und Öffentlichkeitsarbeit für Kirchengemeinden und andere Bildungseinrichtungen. „Lichtklingel, Schallisolation, gute Beleuchtung, im Gruppenraum eine ausgeklügelte Sitzordnung - jeder sieht jeden -, Induktionsschleife, Infrarot, verschiedene Lautsprecheranlagen für Sprache und Musik, und das alles auf dem technisch neusten Stand" (Hirschler, In: Schmeling u. a. 1995, 157) gehören zur Grundausstattung. Die Dienststelle der Schwerhörigenseelsorge in der Evang.-Luth. Kirche in Bayern ist zugleich Beratungsstelle in allen Fragen, die die Arbeit mit und die Integration von Schwerhörigen und Ertaubten betreffen: Schwerhörigengottesdienste, Jugend- und Konfirmandenarbeit, Einzelseelsorge, Freizeiten für Schwerhörige und ihre Angehörigen, Elternarbeit, Erwachsenenbildung, Altenarbeit, Öffentlichkeitsarbeit,

Fortbildungen, Gremienarbeit, Seminare, Kurse, Selbsthilfegruppen u. a. finden hier statt oder werden von hier aus organisiert.

(1) Die Altenarbeit begann kurz nach der Eröffnung des Schwerhörigenzentrums mit dem Aufbau eines Seniorenkreises. Mitglieder des Nürnberger Schwerhörigenvereins wurden zu monatlichen Treffen eingeladen. Unser schwerhörigengerecht ausgestatteter Veranstaltungsraum eröffnet für die Betroffenen und ihre guthörenden Bezugspersonen Möglichkeiten, sich akustisch gut zu verständigen, miteinander zu sprechen und zu diskutieren. Durch Anzeigen in den Gemeindeblättern Nürnbergs versuchen wir weitere schwerhörige ältere Menschen in den Kirchengemeinden für unseren Seniorenkreis zu gewinnen. Unsere Altenarbeit geht von folgenden Voraussetzungen aus:

Immer mehr Menschen werden immer älter. Der Anteil älterer Menschen über 65 Jahre an der Gesamtbevölkerung der Bundesrepublik Deutschland beträgt zur Zeit ca. 23 %, im Jahr 2030 wird er über 30 % betragen. „Es ist ein allgemein bekanntes Phänomen, daß das Alter zu Hörverlusten für hohe Töne führt, so daß Grillenzirpen, Vogelzwitschern und andere hochfrequente Signale nicht mehr oder nur noch schwer gehört werden. Es ist aber falsch, Schwerhörigkeit im Alter als schicksalsbedingte Alterserscheinung anzusehen“ (Plath 1995, 41). Vorliegende Studien der Gerontologen schätzen vorsichtig, daß mindestens 30 % aller Menschen über 60 Jahre so schwerhörig sind, daß eine Versorgung mit Hörgeräten und anderen Rehabilitationsmaßnahmen angezeigt wäre (vgl. Tesch-Römer 1996, 6). Hinzu kommen noch zahlreiche ältere Menschen, die zwar noch fast alles hören und alles geistig verstehen, die aber nicht mehr alles so schnell aufnehmen können, wie es gesprochen wird. Die Ursachen der Altersschwerhörigkeit liegen vorwiegend im Innenohr und sind wahrscheinlich durch generative Veränderungen, Abnutzungserscheinungen an den Nervenzellen und Durchblutungsstörungen bedingt. Doch beim schleichenden Hörverlust mit den Jahren sind nicht nur alterungsbedingte Veränderungen ausschlaggebend. Zivilisationsbedingte Einwirkungen spielen eine große Rolle. Hier sind vor allem Lärm, Krankheiten, Eßgewohnheiten und Giftstoffe wie Alkohol, Nikotin und einige Medikamente zu nennen. „Man kann die Hörminderung im Alter, die vor allem die hohen Frequenzen betrifft, als Summe aller exogenen und endogenen Schädigungen des Hörorgans ansehen, die es im Laufe des Lebens erlitten hat“ (Plath 1995, 41). Leider lassen sich gerade ältere Schwerhörige meistens keine Hörgeräte verschreiben, oder sie tragen ihre Hörgeräte nicht, so daß die guthörende Umgebung über die Hörprobleme nicht informiert wird und so keine Chance hat, auf diese Probleme einzugehen und Rücksicht darauf zu nehmen. So erleben gerade Altersschwerhörige immer wieder, daß Kontakte zu Menschen gestört sind, mißlingen oder sogar abbrechen. Viele von ihnen fühlen sich einsam und klagen über psychosomatische Symptome. Schwerhörigkeit im Alter ist ein „Risikofaktor“ für das Wohlbefinden des älteren Menschen (vgl. Tesch-Römer 1996, 7). Mißtrauen, Unsicherheit, gestörtes Selbstvertrauen, Ängste, Vertrauensverlust, Isolation und Depressionen belasten viele ältere Schwerhörige. Je älter man wird und je länger man Hörprobleme hat, desto schwieriger wird die Hörgeräteversorgung. „Sie sind ‘gehörentwöhnt’, und das bedeutet, daß ihre auditiven Wahrnehmungszentren tatsächlich teilweise abgeschaltet, unter Umständen sogar funktionslos geworden sind“ (Plath1995, 42). Nur eine frühe und gute Versorgung mit technischen Hörhilfen kann den Altersschwerhörigen helfen, wieder in die Gemeinschaft der Hörenden integriert zu werden, da sie doch meist noch gerne am Leben der anderen teilhaben möchten. Viele ältere Menschen suchen nach sinnstiftenden Tätigkeiten und Engagements. Deshalb gehen wir bei unserer Altenarbeit nicht von einer Betreuungsmentalität aus, sondern wir versuchen die schwerhörigen Menschen zu befähigen, aktiv ihr Leben zu gestalten. Wir orientieren uns dabei an dem Schwerhörigen in seiner besonderen Lebenslage, an seiner Biographie und an seinen gegenwärtigen Bedürfnissen, Wünschen und Hoffnungen, um ihm zu helfen, seine Einsamkeit zu überwinden und wieder in die „Gemeinschaft der Verschiedenen“ zu finden.

Konkret sollen folgende Ziele in unserer Altenarbeit verwirklicht werden (vgl. auch Empfehlungen 1996, 1):

- Hilfen zur Akzeptanz der Schwerhörigkeit und der technischen und optischen Hilfsmittel.
- Ermutigung zur aktiven Lebensgestaltung und zum Entdecken neuer Lebensmöglichkeiten.
- Vermittlung von Bewältigungsstrategien für die spezifischen Belastungen und Krisensituationen des Alters.
- Hilfen zur Integration in das guthörende gesellschaftliche und gemeindliche Umfeld.
- Stärkung des Selbstbewußtseins und Begleitung beim Trauerprozeß.

Zur Seelsorgepraxis mit Schwerhörigen, Ertaubten und ihren guthörenden Bezugspersonen gehören für uns u. a. Besuche, Einzelberatungen, Gruppenveranstaltungen wie Seniorennachmittage mit und ohne Guthörende im Schwerhörigenzentrum und in den Ortsgemeinden der bayerischen Landeskirche, Exkursionen und Freizeiten für ältere Schwerhörige und ihre Angehörigen, Gottesdienste und Andachten, z. B. im Schwerhörigenverein, Kurse wie z. B. das Autogene Training, Beratung und Begleitung von Pfarrern und Mitarbeitern in der Altenarbeit, Altenerholung und Altenpflege, Gespräche mit guthörenden Bezugspersonen, Fortbildungsveranstaltungen mit Altenkreisleitern und Altenpflegeschülern, integrative und generationsübergreifende Angebote für alle Gruppen der Gemeinde, Kontakte zu Altenheimen in Bayern und Gremien der verschiedenen Altenhilfeorganisationen. In Zusammenarbeit mit dem Diakonischen Werk wird gerade eine gemeinsame Altenerholungsmaßnahme über das Thema: „Schwerhörigkeit im Alter“ mit schwerhörigen und guthörenden Menschen geplant und vorbereitet. Ein Schwerpunkt unserer Altenarbeit liegt in der Prozeßbegleitung und Identitätsförderung zur Annahme der Schwerhörigkeit und der möglichen technischen und optischen Hilfsmittel. Die Zahl derer, die ihre Schwerhörigkeit nicht anerkennen und wahrhaben wollen, ist beträchtlich. Bei vielen geht damit auch eine Verleugnung des allgemeinen Schwächerwerdens der Kräfte im Alter einher. Bei Besuchen in Altenkreisen und Altenclubs in den Ortsgemeinden wird dies besonders deutlich. Auf die Frage: „Wer von Ihnen ist denn schwerhörig?“ meldet sich meist erst einmal niemand. Nach längerem und intensiverem Nachfragen und Eingehen auf die Besucher stellt sich dann doch heraus, daß einige der Teilnehmer schlecht verstehen, sogar schon ein Hörgerät zu Hause haben, das sie jedoch nicht tragen. Gerade bei älteren Menschen ist die Scheu vor der Technik und den kleinen Bedienungselementen sehr ausgeprägt. Sie müssen das Hören mit einem Hörgerät erst wieder lernen und sich daran gewöhnen, mehr zu hören und wahrzunehmen. Die plötzliche Überflutung mit akustischen Informationen, Umweltgeräuschen und verfremdeten Formen vertrauter Stimmen irritiert und erschreckt sie und führt oft zur Ablehnung der Hörgeräte. Eine wesentliche Hilfe bei der Arbeit an der Akzeptanz der Schwerhörigkeit ist die oben dargestellte Hörtaktik, meistens in Verbindung mit einem Kommunikationstraining. Es zeigt sich eine höhere Bereitschaft, ein Hörgerät zu tragen, wenn die Betroffenen ihren Wunsch nach sozialen Kontakten und einer Steigerung des Selbstbewußtseins erst einmal erkennen. Anschließend sollen die zur Verfügung stehenden Kommunikations- und Wahrnehmungsmöglichkeiten bestmöglich genutzt und ausgebaut werden. Wir möchten die älteren Menschen ermuntern, sich aktiv und reflexiv mit ihrem Leben und ihrer Welt auseinanderzusetzen und alle Möglichkeiten im Alter auszuschöpfen. Unter Berücksichtigung der jeweils vorhandenen Phase der Gruppenentwicklung werden Angebote gemacht, sich mit der eigenen Lebenssituation auseinanderzusetzen, Angebote, die Neugier und Freude an der Vielfalt der Welt wecken und dabei helfen, sich in der Welt mit der Schwerhörigkeit zurechtzufinden, sich zu engagieren und Verantwortung zu übernehmen. Gespräche, Freizeiten und gemeinsame Unternehmungen, auch mit Guthörenden, sollen helfen, Isolation und Einsamkeit zu durchbrechen, Körper und Geist anzuregen und die Chance bieten, sich auch mit anderen über persönliche Fragen oder aktuelle Themen auszutauschen. So soll z. B. der Altenkreis dazu beitragen, Schwerhörige in Lebenskrisen zu stützen, ihre Lebensqualität zu steigern und Anregungen zu geben, wie der Alltag zufriedenstellender gestaltet werden kann. Um zu lernen, mit Streß und Belastungssituationen besser umzugehen und den Alltag sicherer zu bewältigen, versuchen wir verschiedene Entspannungsmethoden zu vermitteln. Sehr erfolgreich ist der Kurs „Autogenes Training", der in Zusammenarbeit mit dem Bildungszentrum der Stadt Nürnberg schon seit einigen Semestern im Schwerhörigenzentrum angeboten wird. Ein wichtiger Punkt neben der Vermittlung von Kompetenzen im Umgang mit Streß ist aber auch das Erfahren und Akzeptieren von Grenzen der eigenen Belastbarkeit. Dies kann einen veränderten Umgang mit Belastungen bedeuten, z. B. zu lernen, daß es aufgrund des Mundabsehens, der starken Konzentration auf den Sprecher und des notwendigen Kombinierens nur zeitlich begrenzt möglich ist, einer Diskussion oder Unterredung zu folgen. Dies beinhaltet die Möglichkeit, „nein" zu sagen, wenn überhöhte Anforderungen gestellt werden. So gehört die Einübung in den Umgang mit den eigenen Möglichkeiten und Grenzen als Schwerhöriger in der Kommunikation mit Gleichbetroffenen und Guthörenden zu den wesentlichen Inhalten unserer Altenarbeit. „Die Erhaltung der Kommunikationsfähigkeit bedeutet gleichzeitig die Erhaltung der Würde des einzelnen Menschen in der Welt der Hörenden" (Plath1995, 45).

(2) Gottesdienst

Im Arbeitsbereich Gottesdienst werden von der Schwerhörigenseelsorge der Evang.-Luth. Kirche in Bayern sowohl regelmäßig Sondergottesdienste für Schwerhörige und Ertaubte angeboten, als auch schwerhörigengerechte Gottesdienste mit den Guthörenden in den Ortsgemeinden gefeiert. Im letzteren Fall sind die zentralen Aufgaben in der Beratung der Pfarrer, Meßner und anderen kirchlichen Mitarbeiter in den Gemeinden und in der seelsorgerlichen Begleitung der schwerhörigen Gottesdienstbesucher zu sehen, damit sie sich wirklich mit in das Gottesdienstgeschehen einbezogen fühlen. Als eine besondere Herausforderung stellen sich für uns die Konfirmationsgottesdienste dar, da beim Fest der Konfirmation meistens auch Eltern, Bekannte und Verwandte anwesend sind. Die Konfirmanden erhalten von mir Konfirmandenunterricht in der Schwerhörigenschule und lassen sich fast ausschließlich in der Heimatgemeinde unter Beteiligung des Gemeindepfarrers, vieler kirchlicher Mitarbeiter und des Schwerhörigenseelsorgers konfirmieren. Eine Konfirmation nur schwerhöriger Konfirmanden ist auch möglich. Wenn der Unterricht in der Heimatgemeinde stattfindet, werden von uns integrationsbegleitende Dienste angeboten. Vor der Konfirmation werden von mir alle Konfirmanden zu Hause besucht, um ein Stück Konfirmanden- und Elternarbeit in die Tat umzusetzen. Im Vorfeld finden ebenfalls mehrere Besuche in den Kirchen der Heimatgemeinden statt, um die Gegebenheiten vor Ort kennenzulernen, die Schwerhörigenanlage zu prüfen oder eine neue zu installieren, optische und akustische Hilfsmittel probeweise einzusetzen und sämtliche

Beteiligten in die Probleme der Kommunikation Schwerhöriger im Gottesdienst einzuführen.

Wir rechnen heute mit ca. 30 % schwerhöriger Gemeindeglieder in einem normalen Sonntagsgottesdienst. Sie haben meist ein besonderes Verhältnis zur Liturgie, da sie ihnen bekannt und deshalb leichter nachvollziehbar ist. Größere Verstehensschwierigkeiten haben sie oft bei den wechselnden, inhaltlich verschieden ausgeformten Teilen des Gottesdienstes (z. B. Predigt, Lesungen, Abkündigungen). Bei Wendungen des Pfarrers zum Altar, z. B. beim Gebet, können Schwerhörige nicht mehr absehen; auch bei Gegenlicht (z. B. Fenster hinter dem Rücken) und mangelnder Beleuchtung des Sprechers ist der Mund schlecht zu sehen. Induktionsschleifen oder andere Hörhilfen sind in großen und halligen Kirchen größtenteils vorhanden, ihr Zustand und ihre Funktionstüchtigkeit lassen jedoch meist zu wünschen übrig. Schwerhörige sitzen in der Kirche aus Unsicherheit heraus häufig ganz hinten, eventuell in der letzten Bank, da sie instinktiv dort einen Platz suchen, wo sie die Wand hinter sich haben. Von hinten können sie auch sehen, was die übrigen Gemeindeglieder tun und können es nachmachen, so daß z. B. nicht die Gefahr besteht, an der falschen Stelle aufzustehen und sich somit zu blamieren. Das Zuhören wird für einen schwerhörigen Gottesdienstbesucher wegen des Störschallpegels, der schlechten Lichtverhältnisse oder der räumlichen Distanz zwischen Redner und Zuhörer in großen Kirchen zu einer mühevollen und anstrengenden Konzentrationsübung. Da kann es leicht vorkommen, daß er sich überfordert zurückzieht, sich aus dem Gottesdienst ausgeschlossen fühlt, oder erst gar nicht mehr in die Kirche geht. Schwerhörige und Ertaubte sollten sich dagegen im sonntäglichen Gottesdienst darauf verlassen können, daß in der Gemeinde wirklich alles getan wird, damit sie verstehen können und auch wirklich einbezogen sind in das Geschehen. Sie sollten nicht nur still und unauffällig anwesend sein, sondern wirklich zur Gemeinde der Gläubigen dazugehören. Dazu ist viel Beratungs-, Informations- und Öffentlichkeitsarbeit für die Gemeinden erforderlich, da die meisten Gemeindepfarrer und kirchlichen Mitarbeiter über die Schwierigkeiten und Kommunikationsbedingungen Schwerhöriger nicht Bescheid wissen. Auf dem Weg zur sozialen Eingliederung Schwerhöriger in den sonntäglichen Gemeindegottesdienst, der sie bestärken, ermutigen und ihr Selbstwertgefühl steigern soll, versucht die Schwerhörigenseelsorge, den Gemeinden beratend und begleitend zur Seite zu stehen, sie in Einzelberatung oder in Publikationen auf die wichtigsten Bedürfnisse der Betroffenen hinzuweisen und den Guthörenden etwas die Ohren für die Schwerhörigen im Gottesdienst zu öffnen. Wir geben dabei den Pfarrern und kirchlichen Mitarbeitern etwa folgende Tips, die für eine Handreichung für Lektoren zusammengestellt wurden:

Schwerhörige brauchen in großen und halligen Kirchen unbedingt eine Höranlage, die die Störgeräusche und den Raumhall ausschaltet (meist Induktion). Alles, was gesagt wird, muß in ein Mikrophon gesprochen werden; der Mund sollte gut sichtbar und im Licht sein. Technik für Hörgeschädigte heißt jedoch nicht, möglichst viele Lautsprecher zu installieren und in das Mikrophon zu brüllen. Dies beschert ihnen nur „Hörsalat", da dann der Schall von mehreren Seiten kommt. Außerdem sind sie meist lärmempfindlich; große Lautstärke tut ihnen weh. Dagegen können sie mit Hörgerät und T-Schaltung störungsfrei und angenehm empfangen, wenn um den gesamten Kirchenraum eine Induktionsschleife verlegt ist. Die Höranlage sollte allerdings unabhängig von den Lautsprechern reguliert werden können, sonst ist sie immer zu schwach eingestellt. Außerdem ist es wichtig, Hinweisschilder anzubringen und mit den Betroffenen den Umgang mit der Höranlage zu üben.

Technik allein reicht jedoch nicht aus. Damit Schwerhörige in das Gottesdienstgeschehen wirklich einbezogen werden können, sind zusätzliche Kommunikationshilfen notwendig. Wichtig ist die Zuwendung des Sprechers zur Gemeinde, also Blickkontakt und gute Beleuchtung, die das Mundabsehen ermöglichen. Auch die Sprechweise ist von großer Bedeutung. Besonders bedeutsam ist es, langsam und sehr deutlich zu sprechen und nicht laut zu schreien. Eine gewisse Ausführlichkeit und Breite (Redundanz) hilft, unvermeidliche Ausfälle beim Verstehen zu überbrükken und Lücken zu schließen. Die Endsilben sollten nicht verschluckt werden, und am Satzende sollte man nicht leiser werden, denn oft fällt gerade am Ende eines Satzes eine sinnentscheidende Aussage. Für Schwerhörige ist es hilfreich, wenn man Fremdworte so gut es geht vermeidet. Auch Guthörende Gottesdienstbesucher verstehen viele Fremdworte nicht, aber sie können darüber hinweghören und aus der Fortsetzung vielleicht schließen, was gemeint war. Schwerhörige verlieren jedoch darüber den Zusammenhang, weil sie an dem unverständlichen Wort hängenbleiben. Außerdem sind auch Guthörende dankbar für kurze, klare und deutsche Sätze. Bei allen hörtaktischen Regeln weisen wir jedoch darauf hin, daß auch durch Technik und Methodik allein nicht alle Kommunikations- und Interaktionsprobleme gelöst werden können.

Bei unseren eigenen Sondergottesdiensten für Schwerhörige und Ertaubte versuchen wir auf die Hörschädigung mit ihren psychosozialen Folgeerscheinungen auch inhaltlich explizit einzugehen, damit sich die Betroffenen auch in ihrer besonderen Lebenssituation verstanden fühlen und bei ihrem Identitätsfindungsprozeß begleitet werden. „Der Schwerhörige ist dankbar, wenn er auch erwähnt wird - nicht nur die Blinden und Gelähmten, nicht nur die Einsamen und Vergessenen“ (Ost 1989, 60). In unseren Schwerhörigengottesdiensten wird regelmäßig der Overheadprojektor für Texte, Lieder, Gebet, Lesungen und die Predigt eingesetzt, und es werden bei der Teilnahme von Ertaubten auch Lautsprachbegleitende Gebärden oder schriftliche Vorlagen verwendet.

Zum Arbeitsbereich Gottesdienst gehören auch die Beratungen und Unterstützungen der Kirchengemeinden und kirchlichen Organisationen in Bayern beim Einbau von Lautsprecher- und Schwerhörigenanlagen in Kirchen und Gemeindezentren (Beratung, Begutachtung, Abnahme und Nachbetreuung von Anlagen), die Herstellung und Vervielfältigung entsprechender Merkblätter zum Einbau dieser Anlagen und die Zusammenstellung von Verzeichnissen von Induktionsschleifen oder Infrarotanlagen in Kirchen und Gemeindezentren. Nach dem Einbau einer Höranlage in der Kirche findet meist auf Einladung der Gemeinde ein Vortrag im Seniorenkreis über das Thema „Schwerhörigkeit“ statt. Dabei wird nicht nur eine konkrete Einweisung in die neu installierte Ringleitung mit praktischer Erprobung gegeben, sondern auch eine Einführung in die technischen, pädagogischen, psychologischen, sozialen und seelsorgerlichen Hilfsmöglichkeiten für Schwerhörige, Ertaubte und Guthörende, um in dem Prozeß der sozialen Eingliederung in Gemeinde und Gesellschaft und dem der Selbstentfaltung als „Miteinander der Verschiedenen“ beide Seiten, schwerhörige und guthörende Menschen, seelsorgerlich zu begleiten.

Schließen möchte ich mit dem Auszug aus einer kurzen Besinnung, die uns W. Hartwig Claußen zur Eröffnung der Jahrestagung der Schwerhörigenseelsorge am 25.09.1995 hielt. Nachdem er uns Musik des ertaubten Ludwig van Beethoven vorgespielt hatte, erinnerte er daran, daß uns bei all unseren Bemühungen um Schwerhörige und Ertaubte doch immer bewußt sein soll, „daß wir von Menschen reden, von vielen Menschen die mit uns leben, die es schwerer haben als die guthörenden, die deswegen aber nicht ärmer sein müssen. Wer weiß schon, welches Leid und welche Freude, welcher Schmerz und welches Glück, welche Liebe und welche Schönheit in ihnen wohnt? Wir sprechen über Menschen, die uns lächelnd sagen könnten: und der Beethoven - das ist auch einer von uns!“

Literatur

Arbeitgemeinschaft der Hörgeschädigten - Selbsthilfegruppen im DSB (Hrsg.): Seelsorge für hörgeschädigte Menschen. Ansätze - Bedürfnisse - Konzepte. Arbeits-und Informationstagung vom 27. - 29. November 1992. Private Tagungsmappe. Hannover 1993

Bierlein, K. H./ Opp, J/ Winter, H. (Hrsg.): Alt werden ohne Angst. Anregungen für ein gelingendes Miteinander der Generationen. München: Claudius 1992

Claußen, W. H.: Die Erziehung des Schwerhörigen - eine Pädagogik im Zwischenfeld. In: Hörgeschädigtenpädagogik 34, 1980, 311 - 316

Claußen, W. H./ Schuck, K. D.: Erfordernisse praktischer Hilfe für ehemalige Teilnehmer der Seminare für Ertaubte und Schwerhörige in Rendsburg. In: Gewalt, D.(Hrsg.): Rehabilitation und Seelsorge. Nordhorn: AFESS 1988, 7 - 17

Claußen, W. H./ Schuck, K. D.(Hrsg): Pädagogische Hilfen für schwerhörige und ertaubte Erwachsene. Ein Forschungsbericht Bd. 1 Grundlegungen und empirische Untersuchungen (Gesundheitsforschung 179). Bonn: Der Bundesminister für Arbeit und Sozialordnung 1989

Claußen, W. H.: Schwerhörigenandragogik. In: Claußen, W. H. / Schuck, K. D. 1989, 14 - 125

Claußen, W. H.: Zur Polarität von Selbstentfaltung und sozialer Eingliederung. In: Jussen, H./ Claußen, W. H. 1991, 17 - 24

Claußen, W. H.: Schwerhörig. Eine Arbeitshilfe zur Plakatserie für den Unterricht. Mit Aufgabenblättern von H. Hanisch. Stuttgart und Nordhorn: Diakonisches Werk der EKD und AFESS 1991a

Claußen, W. H.: Integration! (...oder lieber nicht?). In: hk 4/1991, 186 - 194.1/1992, 44 - 49.2/1992, 103 - 107

Claußen, W. H.: Schwerhörigenpädagogik. In: Bleidick. U. u. a.: Einführung in die Behindertenpädagogik. Band III. Stuttgart, Berlin, Köln: Kohlhammer 3. Aufl. 1992, 9 - 40

Ding, H.: Vorlesungen zur Schwerhörigenpädagogik. (Hörgeschädigtenpädagogik. Beiheft 13). Heidelberg: Groos 1984

Eitner, J.: Zur Psychologie und Soziologie Hörbehinderter. Heidelberg: median 1990

Empfehlungen Des deutschen evangelischen Verbandes für Altenarbeit E.V. zur Seelsorge mit alten Menschen. In: AFESS Information 2/1996

Fink, V.: Schwerhörigkeit und Spätertaubung. Eine Untersuchung über Kommunikation und Alltag hörgeschädigter Menschen. Neuried: ars una 1995

Gewalt, D.: „Seelsorge" an Hörgeschädigten - Eine grundsätzliche Besinnung. In: Neue Blätter für Taubstummenbildung 24/1970, 75 - 83

Gewalt, D.: Seelsorge an Schwerhörigen und Spätertaubten als Aufgabe der Gemeinde. In: Wege zum Menschen 24/1972, 264 - 273

Gewalt, D.: Theologische Grundlagen der Seelsorge an Schwerhörigen und Ertaubten. Eine Skizze. In: Gewalt. D. (Hrsg.): Seelsorge und Diakonie im Dienste der Schwerhörigen und Ertaubten. Referate und Berichte von der 5. ökumenischen Arbeitstagung für evangelische Schwerhörigenseelsorge in Hohenbrunn-Riemerling. Nordhorn: AFESS 1978, 15 - 31

Gewalt, D.: Kirche und Schwerhörige. Integration und Segegration. In: IFHOH (Hrsg.): Bewusstheit und Identität der Schwerhörigen. Kongreßbericht. Hamburg 1985, 246 - 248

Gewalt, D.: Gehörlose und Schwerhörige. In: Bloth. P. C. u. a. (Hrsg.): Handbuch der Praktischen Theologie. Bd. 4. Praxisfeld: Gesellschaft und Öffentlichkeit. Bonn 1987, 392 - 392

Gewalt, D.: Schwerhörige Kinder - Konfirmanden und ihre Eltern. In: IVSS = Internationaler Verband für Schwerhörigenseelsorge (Hrsg.) . Jesu Botschaft für Schwerhörige. Vorträge und Berichte von der 7. Internationalen Arbeitstagung für Schwerhörigenseelsorger in Al/Norwegen. Nordhorn 1992, 20 - 30

Gewalt, D.: Religionsunterricht und Konfirmandenunterricht für Schwerhörige. Ein Gesprächsbeitrag aus Deutschland. In: IVSS (Hrsg.): Schwerhörige in der Ortsgemeinde. Vorträge und Berichte von der Internationalen Arbeitstagung für Schwerhörigenseelsorge vom 05. - 09. 09.1994 in Budapest/Ungarn. Nordhorn 1994, 123 - 128

Günther, K.-B.: Gehörlosenpädagogik zwischen Hörsprecherziehung, Lautsprachbegleitenden Gebärden und Gebärdensprache. In: Hörgeschädigtenpädagogik 45/1991, 321 - 348

Jussen, H.: Möglichkeiten und Grenzen der gemeinsamen Unterrichtung behinderter und nichtbehinderter Kinder und Jugendlicher unter besonderer Berücksichtigung der Hörgeschädigten. In: Sonderpädagogik 17/1987, 158 - 169

Jussen, H./ Claußen, W. H.(Hrsg.): Chancen für Hörgeschädigte. Hilfen aus internationaler Perspektive. München: Reinhardt 1991

Kruse, M.: Die Erziehung zum Mitglied in der Gemeinschaft der Schwerhörigen. In: IFHOH (Hrsg.): Bewusstheit und Identität der Schwerhörigen. Kongreßbericht. Hamburg 1985, 191 - 194

Laszlo, CH. A.: Bewusstheit und Identität der Schwerhörigen. In: IFHOH (Hrsg.): Bewusstheit und Identität der Schwerhörigen. Kongreßbericht. Hamburg 1985, 13 - 21

Müller-Friese, A.: „Miteinander der Verschiedenen" - ein Prinzip allgemeiner Bildung. Sieben Thesen zur Diskussion. In: RKGS 41/1996, 12 - 22

Nipkow, K. E.: Bildung als Lebensbegleitung und Erneuerung. Kirchliche Bildungsverantwortung in Gemeinde, Schule und Gesellschaft. Gütersloh: Mohn 2. Aufl. 1992

Ost, M.: Schwerhörige im Gottesdienst. In: Gewalt, D. (Hrsg.): Schwerhörigenseelsorge im gesellschaftlichen Umfeld. Beiträge aus der Bundesrepublik und der DDR. Im Auftrage der „AFESS - Arbeitsgemeinschaft für Evangelische Schwerhörigenseelsorge e. V." und der „IVSS - Internationaler Verband für Schwerhörigenseelsorge e. V." Nordhorn 1989, 55 - 63

Plath, P.: Hören im Alter - Medizinische und soziale Aspekte. In: RKGS 40/1995, 41 - 45

Richtberg, W.: Hörbehinderung als psycho-soziales Leiden. Empirischer Vergleich der Lebensverhältnisse von früh- und spähthörgeschädigten Personen. Ein Forschungsbericht (Gesundheitsforschung 32). Bonn: Der Bundesminister für Arbeit und Sozialordnung 1980

Richtberg, W.: Hilfen für Angehörige von Hörgeschädigten - „Familientherapeutische Seminare“. In: Jussen, H./ Claußen, W. H. 1991, 82 - 88

Richtberg, W./Bochnik. H.-J.: Zur psychischen und sozialen Situation hörbehinderter Menschen. In: Gewalt, D. (Hrsg.): Seelsorge und Diakonie im Dienste der Schwerhörigen und Ertaubten. Referate und Berichte von der 5. ökumenischen Arbeitstagung für evangelische Schwerhörigenseelsorge in Hohenbrunn-Riemerling. Nordhorn: AFESS 1978, 36 - 55

Schmeling, V./Dürschner, R./Hirschler, R.: Das Schwerhörigenzentrum der Bayerischen Evangelisch-Lutherischen Kirche in Nürnberg. Konzeption und Aufbau des kirchlichen Schwerhörigenzentrums. In: hk 4/1995, 151 - 158

Schmeling, V.: Schwerhörige. In: Art. Hörgeschädigte, Hörbehinderte, 2. Einzelschädigungen. In: LThK Bd. 5, 3. Aufl. 1996 (erscheint im Herbst 1996)

Schmeling, V.: Ertaubte und Spätertaubte. In: Art. Hörgeschädigte, Hörbehinderte, 2. Einzelschädigungen. In: LThK Bd. 5, 3. Aufl. 1996

Schwerhörigkeit und kirchliche Arbeit- Notwendige Bemerkungen zu einem vernachlässigten Problem. In: AFESS Information 2/1996

Tesch-Römer, C.: Schwerhörigkeit im Alter. In: DSB-Report 4/1996, 5 - 8

Vognsen, S.: Hörbehindert. Wie Schwerhörige ihre Alltagsprobleme meistern. Heidelberg 1976

Karl Dieter Schuck

Zum Allgemeinen in der Schwerhörigenpädagogik

Ein Fach wie die Schwerhörigenpädagogik hat keine Perspektiven an sich, sondern nur die, die in täglicher Praxis entwickelt werden. Perspektiven, die ich der Schwerhörigenpädagogik (und auch der Gehörlosenpädagogik) zuschreibe, sind ganz wesentlich aus einer langjährigen, freundschaftlichen und ertragreichen Zusammenarbeit mit Hartwig Claußen in Forschungsprojekten und im Alltagsgeschäft des Instituts für Behindertenpädagogik der Universität Hamburg entstanden. Dies will ich durch eine themenbezogene Reinterpretation zweier, gemeinsam verantworteter empirischer Untersuchungen verdeutlichen.

1.0. Die Entwicklung hörgeschädigter Kinder in verschiedenen vorschulischen Einrichtungen

Meine erste fachliche Auseinandersetzung mit Hartwig Claußen fand im Rahmen der Planung, Durchführung und Interpretation einer empirischen Untersuchung zur Entwicklung hörgeschädigter Kinder im Vorschulalter statt. Der hier oft unversöhnlich nebeneinander stehenden, empirisch nicht immmer gut belegten Meinungsvielfalt wollte Hartwig Claußen eine solide empirische Untersuchung zur Qualität vorschulischer Förderung Hörgeschädigter in integrativen und separierenden Kontexten entgegensetzen. Für mich war es in meinem wissenschaftlichen Werdegang ein Glücksfall, daß Hartwig Claußen die Chance sah, sich mit mir als Empiriker und Psychologen auf den Weg zu machen, mit einer klassischen empirischen Untersuchung „gesicherte" Ergebnisse zu einem nicht nur damals wichtigen Thema der Schwerhörigenpädagogik zutage zu fördern. Mit der Einladung, diese Untersuchung zu gestalten, machte mich Hartwig Claußen auf Problemstellungen der Schwerhörigen- und Gehörlosenpädagogik aufmerksam und weckte mein anhaltendes Interesse für dieses Fachgebiet.

1.1. Das Forschungsdesign und die Ergebnisse der Kieler Untersuchung

Die Verantwortung von Schwerhörigenpädagogen zielt unter anderem darauf ab, hörgeschädigten Kindern „so früh wie möglich außer der medizinischen Hilfe auch fachpädagogische zu gewähren. Diese Hilfe hat zum Ziel, die durch eine Schwerhörigkeit bedingte Lebenserschwerung zu mindern und das soziale Umfeld des Kindes so zu beeinflussen, daß es in der

Entfaltung seiner Fähigkeiten möglichst wenig behindert wird" (Claußen/Schuck 1986, 10 f.). Das war die tragende Idee hinter der globalen Fragestellung, ob eine in einem Kindergarten praktizierte integrative Erziehung förderlich für die Entwicklung Hörgeschädigter ist, ohne dabei die normalhörenden Kinder in ihrer Entwicklung zu beeinträchtigen. Zur Beantwortung unserer Fragen verwendeten wir einen Kontrollgruppenversuchsplan mit drei Versuchsplangruppen an unterschiedlichen Orten, die die seinerzeit praktizierten Formen vorschulischer Angebote für schwerhörige Kinder repräsentierten (Claußen/Schuck 19986, 15 f.):

(a) Kiel als „Experimentalgruppe": Integrative Förderung von 4 hörbehinderten und 7 normalhörenden Kindern in einer Kindergartengruppe.

(b) Schleswig als erste „Kontrollgruppe": Segregierte Förderung von 12 hörgeschädigten Kindern mit zeitweisem Internatsaufenthalt in einer Wechselgruppe.

© Hamburg als zweite „Kontrollgruppe": Segregierte Förderung von 15 hörbehinderten Kindern in einem Kindertagesheim.

Wir führten in allen drei Gruppen umfängliche Untersuchungen zum allgemeinen kognitiven Leistungsniveau der Kinder, zur Sprachentwicklung, ihrer Sinnes- und Bewegungsentwicklung und ihrer psychosozialen Entwicklung durch. In der „Experimentalgruppe", im Kindergarten in Kiel, realisierten wir darüber hinaus noch eine Analyse des Integrationsgeschehens und der kommunikativen Prozesse in der Gruppe und baten die Eltern und Erzieherinnen, den Integrationsversuch hinsichtlich seiner Wirkungen und seines Erfolges einzuschätzen. Die Ergebnisse waren für uns, trotz mancherlei Interpretationsprobleme, die aus der unterschiedlichen sozialen Zusammensetzung der Gruppen und der unterschiedlichen Verteilung der Hörverluste in den Gruppen entstanden, eindeutig und überzeugend:

Der Vergleich der nach unterschiedlichen Konzepten geförderten Hörgeschädigten in den einzelnen Versuchsplan- bzw. Wohnortgruppen ergab

- keine Unterschiede hinsichtlich des kognitiven Leistungsvermögens bzw. hinsichtlich des aktuell beobachteten Entwicklungsstandes;
- keine Unterschiede bezüglich der Sprachentwicklung der hörgeschädigten Kinder in den verschiedenen Ortsgruppen. Daneben zeigten sich gerade die beiden hochgradig schwerhörigen Kieler Kinder

innerhalb der untersuchten hochgradig schwerhörigen Kinder als besonders leistungsfähig;

- keine Benachteiligung der motorischen Entwicklung der Kinder in Schleswig und Kiel gegenüber der Hamburger Gruppe;
- sehr positive Ergebnisse zur psychosozialen Entwicklung der Kieler Kinder, die als Hinweise dafür interpretiert wurden, daß gerade eine integrative Erziehung die Selbständigkeitserziehung hörgeschädigter Kinder positiv beeinflußt;
- keine Benachteilung der guthörenden Kinder in ihrer Entwicklung bezogen auf die Normstichproben der verwendeten Tests;
- eine durchweg geglückte Integration der hörgeschädigten Kinder in das kommunikative Geschehen der Kieler Gesamtgruppe. Trotz wahrgenommener Besonderheiten der kommunikativen Kompetenz der einzelnen Gruppenmitglieder kam es nicht zu Isolationserscheinungen einzelner Kinder oder Gruppen.

In der abschließenden Bewertung unserer Untersuchung zogen wir eine durchweg positive Bilanz sowohl im Hinblick auf die Entwicklung der Guthörenden als auch auf die hörbehinderten Kinder in integrativen Gruppen. Die abschließende Passage unseres damaligen Berichts ist ein klares Bekenntnis zur Integration und nennt zusammenfassend auch jene, als Voraussetzung gelingender Integration zu erfüllenden Bedingungen (Claußen/-Schuck 1986, 59 f.):

- Wir haben mit der empirischen Begleitung eines realen Projekts zeigen können, „daß eine wie in Kiel realisierte Integration hörbehinderter und normalhörender Kinder erfolgreich sein kann und einer Erziehung Hörbehinderter ausschließlich im Elternhaus vorzuziehen ist“.
- „Die Kieler Integrationsgruppe schafft für alle Kinder dieser Gruppe Entwicklungsbedingungen, die durch eine ausschließliche Familienerziehung oder in einer ausschließlich segregierten Erziehung nicht ohne weiteres geboten werden können.“
- Gewährleistet sein muß, daß eine integrative Gruppe zur Förderung der Identitätsentwicklung der Hörbehinderten mindestens 2, besser 3 oder 4 hörbehinderte Kinder aufweisen muß.
- Ferner muß eine ausreichende personelle Ausstattung gewährleistet sein. Dazu gehört die Doppelbesetzung der Gruppenleitung und die Verfügbarkeit eines in der Früherziehung hörbehindertenpädagogisch

ausgebildeten Sonderpädagogen. Dieser Sonderpädagoge bzw. diese Sonderpädagogin hat die Gruppenleitung in der Gestaltung des Tagesablaufes in der Gruppe zu beraten und eine unverzichtbare additive hörgeschädigtenspezifische Einzelförderung durchzuführen.

- „Es sind didaktische Leitprinzipien weiter zu entwickeln, die die weitgehend gemeinsame Erziehung Hörbehinderter und Normalhörender ermöglicht. Dabei ist vor allem Wert auf die Vermittlung effektiver Kommunikationssysteme zu legen und das Erlernen die Verständigung erleichternder Handzeichen durch die Gesamtgruppe anzustreben."
- Es sind die organisatorischen und inhaltlichen Voraussetzungen für eine Fortsetzung der integrativen Vorschulerziehung im Primarbereich zu schaffen.

1.1.1 Ein Detailergebnis

Eine Betrachtung der von uns erhobenen Entwicklungsindizes für die Intelligenz (CMM: Columbia Mental Maturity Scale), die Motorik (LOS-KF18: Lincoln Oseretzky-Skala, Kurzform 18) und den passiven Wortschatz (PPVT: Peabody Picture Vocabulary Test), unabhängig von den Versuchsplangruppen über die verschiedenen Hörverlustgruppen hinweg, erbrachte ein theoretisch wie praktisch außerordentlich interessantes Ergebnis. Üblicherweise korrelieren diese drei Entwicklungsindizes im Vorschulalter sehr hoch in der Weise miteinander, daß hohe Intelligenztestergebnisse regelhaft mit einem guten motorischen Entwicklungsstand und einem guten aktiven wie passiven Wortschatz einhergehen. In der Tat erreichte die Gruppe der guthörenden Kinder bezogen auf die Standardisierungsstichproben der verwendeten Tests relativ ähnlich hohe Ergebnisse in allen drei Entwicklungsbereichen (zwischen 55 und 65 T-Werten). Die Gleichsinnigkeit der Ergebnisse blieb für die Intelligenz- und Motorikleistungen über die Hörverlustgruppen (30-60 db, 61-90 db, >90db) erhalten. Der passive Wortschatz fiel allerdings bei ansonsten durchnittlichen Leistungen bei den Hörverlustgruppen ab 30 db auf 20 bis 25 T-Werte ab. Mit anderen Worten: Hörgeschädigte Kinder im Vorschulalter sind hinsichtlich ihrer Intelligenz- und Motorikleistungen völlig vergleichbar mit gleichaltrigen guthörenden Kindern. Im Wortschatz allerdings erreichen sie Ergebnisse, mit denen sie mehr als zwei negative Standardabweichungen unter den Leistungen der vergleichbaren guthörenden Kindern und ihren eigenen Leistungen im Intelligenz- und Motoriktest liegen.

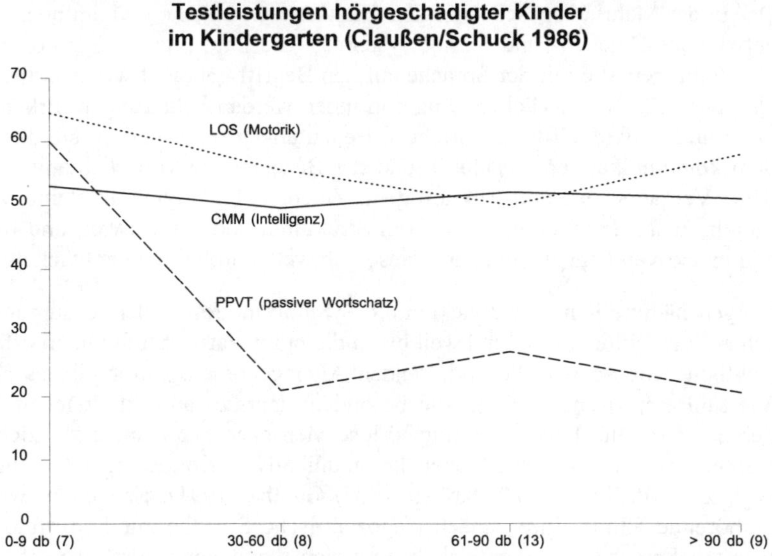

Abbildung 1: Grafische Darstellung der Tabellen 1.4, 1.6 und 1.8 aus Claußen/Schuck 1986, 65 ff.

Wir interpretierten dieses Ergebnis auf dem Hintergrund der entwicklungspsychologischen Frage, wie die äußere Welt zu inneren Strukturen und damit individuell verfügbar wird. Hierzu hat gerade Piaget eine Reihe erklärungsmächtiger Konstrukte vorgelegt und gezeigt, daß die Welterschließung, das heißt die Entwicklung innerer Repräsentationen von Realität im ständigen assimilierenden und akkomodierenden Austausch zwischen bereits entwickelten inneren psychischen Strukturen und der äußeren Welt geschieht. Diese äußere Welt zeichnet sich dabei durch spezifische kommunikative Situationen und charakteristische personale und materielle Gegebenheiten der jeweiligen Lebensgemeinschaften aus. Guthörende und hörgeschädigte Kinder und Menschen gleichen sich prinzipiell in ihrem Bedürfnis, Welt zu erschließen und durch effektive innere Strukturen zu repräsentieren. Eine zentrale Rolle spielt dabei offensichtlich die von Piaget beschriebene Symbolfunktion. Sie führt über mehrere Entwicklungsstufen hin zu einem Zeichen- und Symbolsystem, mit dem eine Befreiung im Denken der Kinder vom Hier und Jetzt, vom konkret Anschaulichen gelingt.

Das in der Mehrheitsgesellschaft der Guthörenden übliche und am höchsten entwickelte Zeichen- und Symbolsystem ist die Lautsprache. Symbolische Vorstellungen, die mit der Sprache auf den Begriff gebracht werden, dienen als Ersatz für die wirklichen Dinge; in ihnen werden Erfahrungen, Erkenntnisse und individuell zugeschriebene Bedeutungen repräsentiert; sie dienen dem kommunikativen Austausch und der Bezeichnung von Nichtanwesendem, Vergangenem und Zukünftigem. Zeichen- und Symbolsysteme vermitteln zwischen internen kognitiven Strukturen und der Umwelt und werden im aktiven Umgang eben mit dieser Umwelt je individuell entwickelt.

Hörgeschädigte Kinder entwickeln die Symbolfunktion in der sensumotorischen Entwicklungsstufe und weit bis in die präoperative Stufe hinein offensichtlich genauso wie die guthörenden Altersgenossen. Dafür gibt es eine Vielzahl empirischer Belege, die besonders dann zu aufschlußreichen Ergebnissen geführt haben, wenn gehörlose Menschen miteinander verglichen werden, die in unterschiedlichen kommunikativen Kontexten aufwuchsen (vgl. z. B. Prillwitz 1982, Krüger 1987, Günther 1991). Erst dann, wenn guthörende Kinder ihre zunächst egozentrische Sprache zur konventionalisierten Sprache weiterentwickeln und sich damit neue Formen der Auseinandersetzung mit Welt und Umwelt erschließen, beginnt sich der ungenügend mögliche Lautspracherwerb bei den hörgeschädigten Kindern behindernd auf die Entwicklung der Symbolfunktion auszuwirken. Die Welterschließung in ihren komplexen Strukturen und Verästelungen gelingt nun zunehmend schwerer, da ein für Kommunikation, Kooperation und Bedeutungsaustausch unabdingbar notwendiges Zeichen- und Symbolsystem nicht ohne weiteres zur Verfügung steht. Dabei scheint die Nichtverfügbarkeit eines Zeichen- und Symbolsystems in einer Gemeinschaft und nicht die Nichtverfügbarkeit der Lautsprache das entscheidende behindernde Moment zu sein.

Wir resümierten schließlich: „In diesem Begründungszusammenhang muß vorschulische Erziehung hörgeschädigter Kinder daran gemessen werden, inwieweit sie entwicklungsgerechte, repräsentative und altersgerechte Erfahrungsräume schafft und eine hohe Kommunikationsdichte zwischen Personen einer Gemeinschaft fördert. Hierbei spielt die Verwendung effektiver Kommunikationssysteme bei allen Graden der Hörschädigung eine entscheidende Rolle“ (Claußen/Schuck 1986, 51). Ich betrachte es unter dieser theoretischen Perspektive nicht als Zufall, daß gerade die beiden hochgradig schwerhörigen Kinder der Kieler Gruppe besonders gut im passiven Wortschatztest abschnitten. Darin mögen sich in besonderer Weise die positiven

Wirkungen der besonderen Kommunikationssituation in der integrativen Gruppe gezeigt haben.

1.2. Die Perspektiven

Viele unserer Schlußfolgerungen sind noch heute Programm und ergeben für mich folgende Perspektiven:

Empirie

Die Weiterentwicklung der Schwerhörigenpädagogik braucht eine elaborierte Empirie, bei der es nur darum gehen kann, die Vereinbarkeit empirischer Daten mit den untersuchungsleitenden Hypothesen festzustellen und jene Bedingungen herauszuarbeiten, unter denen sich diese Hypothesen realisieren lassen. Empirische Untersuchungen überprüfen dann nur noch, ob und wie sich Praxis so verändern läßt, daß sie sich im Einklang mit einer Theorie befindet und zu jenen wünschenswerten Ergebnissen führt, die theoretisch erwartet wurden. In Kiel wurde untersucht, wie sich die Idee gemeinsamen Lernens hörgeschädigter und guthörender Kinder realisieren läßt. Vorgängig war die Theorie, es folgte eine veränderte Praxis und die wiederum wurde empirisch daraufhin überprüft, ob und auf welche Weise die in pädagogischer Verantwortung entwickelte Idee hilfreiche Praxis für die betroffenen Kinder werden konnte.

Die pädagogische Verantwortung

In Kiel wurde für mich deutlich, daß es in der Verantwortung professioneller Pädagogen liegt, zur Richtschnur für die Weiterentwicklung institutioneller Förderung die besonderen Bedürfnisse der sich entwickelnden Kinder werden zu lassen, nicht die institutionellen Gewohnheiten und nicht die scheinbaren Grenzen des Finanzierbaren. Zunächst bedarf es einer kindorientierten pädagogischen Konzeption, deren Realisierbarkeit und Nutzen empirisch zu belegen ist. Erst dann sind die Probleme der großflächigen Implementation zu reflektieren. Kiel war ein Glücksfall. Eine pädagogische Idee wurde - getragen von allen Beteiligten - erfolgreich umgesetzt und bleibt beispielhaft für zukünftige Veränderungen pädagogischer Praxis.

Gestaltete Praxis und individuelle Entwicklung

Ich interpretiere unsere Kieler Untersuchung als einen weiteren Beleg dafür, daß sich die Welterschließung guthörender und hörgeschädigter Kinder erst dann auseinanderzuentwickeln beginnt, wenn ein leistungsfähiges Symbolsystem für die Entwicklung in lautsprachlich orientierten Lebensgemeinschaften allgemein notwendig wird, den hörgeschädigten Kindern aber dieses Symbolsystem zur Interaktion, Kommunikation und Kooperation nicht oder nur unvollkommen zur Verfügung steht bzw. zur Verfügung gestellt wird. Auf diesem Hintergrund gewinnt unsere Forderung, effektive Kommunikationsmittel für alle Kinder einer integrativen Gruppe Guthörender und Hörbehinderter zu vermitteln, ein neues Gewicht. Es ist die Perspektive, zukünftig vermehrt eine Realität zu schaffen, die die Bedeutung und die Kombination hörgerichteter und gebärdenorientierter Erziehung empirisch kontrollierbar macht.

Welterschließung, Kontinuität und Wandel

Das je individuelle Entwicklungsproblem von Menschen ist die Welterschließung. Darin sind Phasen der Kontinuität und des Wandels zu beobachten. Unsere Kieler Untersuchung zielte auf Kinder, die sich in einer Übergangsphase befanden, in einer Situation nämlich, in der effektive Kommunikationssysteme zur Entwicklung ihres Weltbildes immer mehr von Bedeutung wurden, ohne daß ihnen diese in integrativen oder segregierenden Betreuungsformen wirklich verfügbar gemacht wurden. Die Schwerhörigen- und Hörgeschädigtenpädagogik wird sich zukünftig verstärkt mit allen Formen des Übergangs in der Entwicklung hörgeschädigter Menschen beschäftigen müssen, um jenseits aller ideologisch besetzten Streitereien jene Hilfen bereitstellen zu können, die auch unter der Bedingung der Hörschädigung eine optimale individuelle Entwicklung ermöglichen.

2 Die Rendsburger Seminare für schwerhörige und ertaubte Erwachsene

In einem zweiten Forschungsprojekt zusammen mit Hartwig Claußen haben sich für mich Perspektiven des Faches Schwerhörigenpädagogik bei einer anderen Altersgruppe und einer anderen schwerhörigenpädagogischen Fragestellung weiter ausdifferenziert. Es war die begleitende Evaluation der Rendsburger Seminare zur Entwicklung pädagogischer Hilfen für schwerhörige und ertaubte Erwachsene (Claußen/Schuck 1989 und Schuck 1991). Im Rahmen dieses Projektes ging es nicht nur um die Beantwortung einer breiten Palette von Fragen zur Gestaltung derartiger Seminare, sondern auch um die individuelle pädagogische und psychologische Beratung der von Schwerhörigkeit oder Ertaubung betroffenen Erwachsenen. Ich war dafür verantwortlich, daß alle entwicklungsorientierten Fragen auf dem Hintergrund eines transaktionalen Subjektmodells behandelt wurden (Schuck 1989, Allmer 1985).

2.1 Welterschließung, Kontinuität und Wandel im Leben schwerhörig gewordener oder ertaubter Erwachsener

Wir konzipierten Beratungs- und Forschungsaktivitäten nach Überlegungen, wie sie Filipp (1981) im Zusammenhang mit der Theorie der kritischen Lebensereignisse entwickelt hat. Wir verstanden die allmähliche oder abrupte Veränderung des Hörvermögens bis hin zur Ertaubung genauso wie die von uns initiierten pädagogischen Hilfen als Ereignisse, welche eine allmähliche oder abrupte Neuorganisation in den jeweiligen Person-Umwelt-Bezügen erforderlich macht. Für derartige Ereignisse wurde der Begriff „kritische Lebensereignisse" geprägt, mit denen sich vor allem Filipp (1981) im deutschen Sprachraum beschäftigt. Dem Ansatz der „kritischen Lebensereignisse" liegen transaktionale, handlungstheoretisch begründete Entwicklungsvorstellungen insofern zugrunde, als die je aktuelle Lebens- und Kommunikationssituation von Menschen als ein im Gleichgewicht befindliches Ganzes verstanden wird. In diesem Ganzen haben die Menschen einer Lebensgemeinschaft Formen des Austauschs, des Umgangs miteinander, der Kommunikation, der Interaktion und Kooperation entwickelt, die ihnen die Bewältigung ihrer alltäglichen Realität und die Befriedigung ihrer physischen und psychischen Bedürfnisse ermöglichen. Ein zumeist plötzlich und unerwartet eintretendes Lebensereignis stört dieses Passungsgefüge zwischen Person und Umwelt und macht es erforderlich, es neu zu organisieren. Solche kritischen Ereignisse sind nicht unbedingt negativ besetzt, denn sie bieten auch die Chance des Wandels, der Bewegung und der Neubesinnung. In diesem Sinne werden auch so absehbare Ereignisse wie Übergang ins Berufsleben, Trennung von der Herkunftsfamilie und dergleichen als kritische Ereignisse verstanden, die in das Passungsgefüge von Person und Umwelt eingreifen. Im Falle einer allmählichen oder abrupten Ertaubung jedoch handelt es sich in der Regel um ein negativ besetztes kritisches Lebensereignis, welches ganz massiv nicht nur die unmittelbar betroffene Person, sondern alle Personen einer Lebensgemeinschaft berührt. Grundlegende Formen des Austauschs, der Bedeutungsvermittlung, der Kommunikation und Interaktion gelingen nicht mehr in gewohnter Weise und bedürfen der Neustrukturierung.

Das Modell der kritischen Lebensereignisse bietet nun in einer sorgfältigen Differenzierung ein heuristisches Gerüst von Variablen, die im Zusammenhang mit der Bewältigung kritischer Lebensereignisse von Bedeutung sind. Auf dem Hintergrund dieses Kategoriengerüstes haben wir in Rendsburg sowohl empirische Sozialforschung als auch Einzelfallberatung durchgeführt. Es gelang uns, in der Kooperation mit den von der Schwerhörigkeit oder Ertaubung Betroffenen, in vielfältiger Weise die Prozesse der Restrukturierung von Person-Umweltbezügen zu unterstützen und zusammen mit den Betroffenen neue und effektive Handlungsorientierungen zu entwickeln. Empirische Nachuntersuchungen der Konsequenzen unserer beratenden und forschenden Tätigkeit konnten die Erfolge belegen, die ganz ausgesprochenermaßen personseitige Effekte betrafen und fast durchgängig zu positiven Veränderungen der individuellen Biographien führten. Die subjektiv berichteten und auch objektiv nachweisbaren Erfolge der Rendsburger Seminare wurden von einem ganzen Bündel von Bedingungen bestimmt, die sowohl auf die sogenannten vorauslaufenden Bedingungen als auch die Merkmale der unmittelbaren Auseinandersetzung mit Rendsburg zurückgingen (vgl. Braband u. a. 1989). Und hier waren es vielfältige sogenannte instrumentelle Aktivitäten des Rendsburger Angebots wie Pflege der Lautsprache und Aneignung eines neuen Kommunikationssystems. Aber es waren vor allem die durch die Seminare angeregten kognitiven Aktivitäten, die sich auf die Arbeit am Selbstkonzept, an der eigenen Identität bezogen. Diese identitätsstiftenden Prozesse waren unmittelbar abhängig von der Qualität der Interaktionen und Kommunikationen in den Gruppen, die wiederum von den vorauslaufenden Bedingungen beeinflußt wurden, welche als personseitige Merkmale von den jeweiligen Teilnehmerinnen und Teilnehmern in der Gruppe zur Geltung gebracht wurden. Sobald diese gemeinschaftliche und kooperative Arbeit Gleichbetroffener am eigenen Selbstbild zu einer Weiterentwicklung und neuen Identität als Hörgeschädigter oder Ertaubter führen konnte, war der Erfolg personseitig gesichert, ein ausgeprägtes und neues Selbstwertgefühl, ein deutlicher Selbstbehauptungswille, neuer Lebensmut und neue Lebensperspektiven möglich. Auch kontextseitig-interaktional waren auf dieser Grundlage Prozesse der Kontinuität und des Wandels merklich. Die Kommunikation mit den Menschen der maßgeblichen Lebensgemeinschaften gelang besser, die Handlungskompetenz in sozialen Situationen stieg an, ein Solidaritätsgefühl mit Hörgeschädigten entwickelte sich, Selbsthilfegruppen entstanden.

All diese Prozesse der Restrukturierung von Person-Umweltbezügen konnten von Rendsburg nur angestoßen, mußten aber von den Betroffenen selbst aktiv gestaltet werden. Viel wichtiger als die unmittelbar tätigen Pädagogen und Psychologen war dabei der Austausch unter Gleichbetroffenen, das Erlebnis eigener Fähigkeiten und Fertigkeiten in dieser Gruppe und die Möglichkeiten, zusammen mit Gleichbetroffenen die Fragen zu bearbeiten: Wer bin ich? Wer will ich sein? Wer kann ich sein? Wohin führt mein Weg? Für die hilfreiche Bearbeitung und Beantwortung dieser Fragen ist das Leben in einer Gemeinschaft Gleichbetroffener offensichtlich eine unersetzliche Bedingung, selbst wenn sie nur für eine Zeit von vier Wochen herzustellen war.

Wir haben in Rendsburg zusammen mit den schwerhörig gewordenen und ertaubten Menschen erlebt, wie sich Formen der Welterschließung verändern mußten. Hierzu waren instrumentelle und kognitive Aktivitäten bei den Teilnehmerinnen und Teilnehmern der Kurse anzustoßen. Prozesse des notwendigen Wandels waren jedoch geprägt von dem kontinuierlichen Wirken der im bisherigen Leben entwickelten psychologischen Strukturen des Austauschs zwischen Innen und Außen. Kontinuität und Wandel waren auch unter den mit einem kritischen Lebensereignis neu entstandenen Bedingungen die Grundlage einer beständigen, andauernden Welterschließung. Die treibenden Kräfte waren Selbstbestimmung und Eigenaktivität der Betroffenen, mit denen sie sich eine veränderte Realität schafften.

2.2. Die Perspektive

Eine Schwerhörigenpädagogik und Schwerhörigenandragogik hat sich mit eben diesen Prozessen der Welterschließung, der Kontinuität und des Wandels selbstbestimmter und eigenaktiver Menschen in unterschiedlichen Lebensgemeinschaften unter der Bedingung der Hörschädigung zu beschäftigen. Das Gegenüber ist niemals Objekt eines forschenden, lehrenden und belehrenden Wissenschaftlers, Pädagogen oder Elternteils, sondern ist gleichberechtigter Partner im gemeinsamen Bemühen um eine immer effektivere Weltsicht. Der Mensch/das Kind/der Erwachsene ist als Subjekt in jeder Situation ernst zu nehmen und hat ein Recht auf partnerschaftliche Kooperation mit professionellen Pädagogen und Pädagoginnen, die sich intensiv um ein Verständnis, eine Berücksichtigung und Weiterentwicklung seiner Interpretationsstrukturen von Realität bemühen und ihn stetig in der Neubestimmung seiner Identität unterstützen.

3. Zum Schluß

So gesehen ist die Pädagogik der Schwerhörigen und Gehörlosen eine Allgemeine Pädagogik, die ihr Wissen bei allen Prozessen der Rehabilitation und Erziehung hörgeschädigter Menschen einsetzt. Forschungen bei Gehörlosen und Schwerhörigen ist demnach Forschung über die Bedingungen der allgemeine Entwicklung (vgl. Furth 1977, 90) und Forschung über die allgemeine Entwicklung ist Forschung für Gehörlose und Schwerhörige. Über das Allgemeine im Besonderen und das Besondere für sich habe ich mit Hartwig Claußen oft gestritten. Wir endeten nicht immer mit einem Konsens, aber immer mit einer jeweils veränderten Sicht der Dinge.

Literatur

Allmer, H.: Entwicklungspsychologie aus handlungstheoretischer Sicht: Implikationen für die Theoriebildung und Forschungskonzeption. In: Psychologische Rundschau 36 (1985) 181-190.

Braband, H./Schuck, K. D./Wagner, CH.: Empirische Ergebnisse zum Verlauf und zu den Wirkungen der Seminare. In: Claußen, W. H./Schuck, K. D. (Hrsg.): Pädagogische Hilfen für Schwerhörige und Ertaubte. Band 1: Grundlegungen und empirische Untersuchungen. Bonn 1989, 188-257.

Claußen, W. H./Schuck, K. D.: Die Entwicklung hörgeschädigter Kinder. In: Hörgeschädigtenpädagogik: Beiheft 18 (1986).

Claußen, W. H./Schuck, K. D. (Hrsg.): Pädagogische Hilfen für schwerhörige und ertaubte Erwachsene. Band 1: Grundlegungen und empirische Untersuchungen. Band 2: Inhalte und Methoden. Forschungsbericht des Bundesministers für Arbeit und Sozialordnung in der Reihe Gesundheitsforschung, 179. Bonn 1989.

Filipp, S. H. (Hrsg.): Kritische Lebensereignisse. München 1981.

Furth, H. G.: Lernen ohne Sprache. Weinheim 1977.

Günther, K.-B.: Gehörlosenpädagogik zwischen Hörspracherziehung, Lautsprachbegleitender Gebärde und Gebärdensprache. In: Hörgeschädigtenpädagogik 45 (1991) 321-348.

Krüger, M.: Psychologie der Gehörlosen und Schwerhörigen. In: Fengler, J. (Hrsg.): Heilpädagogische Psychologie. Stuttgart, Berlin, Köln, Mainz 1987, 43-72.

Prillwitz, A.: Zum Zusammenhang von Kognition, Kommunikation und Sprache mit Bezug auf die Gehörlosenproblematik. Stuttgart 1982.

Schuck, K. D.: Pädagogische Hilfen für Schwerhörige und Ertaubte Erwachsene unter Handlungstheoretischen Perspektiven. In: Claußen, W. H./Schuck, K. D. (Hrsg.): Pädagogische Hilfen für schwerhörige und ertaubte Erwachsene. Band I: Grundlegungen und empirische Ergebnisse. Bonn 1989, 126-157.

Schuck, K. D.: Aktivität und Veränderung - Ziele und Aufgaben der Erwachsenenarbeit bei Schwerhörigen und Ertaubten. In: Jussen, H./Claußen, W. H. (Hrsg.): Chancen für Hörgeschädigte - Hilfen aus internationaler Sicht. München 1991, 192-199.

Karl Heinz Wisotzki

Altersschwerhörigkeit

1. Das Syndrombild der Altersschwerhörigkeit

Vordergründig scheint es sich bei der Altersschwerhörigkeit oder Presbyakusis um ein einheitliches Schädigungsbild zu handeln, das mit ganz bestimmten Konsequenzen für den Betroffenen verbunden ist. Es gibt allerdings eine ganze Reihe von Faktoren, die deutlich machen, daß das so nicht stimmen kann:

- So können die Art und der Umfang des Hörschadens höchst unterschiedlich sein. Im Kapitel 2 soll dieses noch weiter ausgeführt werden.
- Von Bedeutung ist auch der Zeitpunkt, an dem die Hörschädigung eintritt. Sie kann bereits nach dem Abschluß der Berufsausbildung auftreten, aber auch erst im hohen Lebensalter manifest werden.
- Von unterschiedlichen Konsequenzen für den Betroffenen kann man auch dann ausgehen, wenn die Schädigung des Hörorgans über einen langen Zeitraum progredient auftritt oder aber als plötzliche Ertaubung praktisch über Nacht da ist.
- Außerdem können zur eigentlichen Hörschädigung noch andere Schädigungen im Zusammenhang mit der Schädigung des Hörorgans auftreten. Besonders im hohen Lebensalter können noch weitere körperliche Schäden dazukommen, die von der Schädigung des Hörorgans unabhängig sind. Darauf soll in Kapitel 4 eingegangen werden.

Dabei kommt es zu Einschränkungen des Hörens auf verschiedenen Ebenen. Von Richtberg und Bochnik (1980, 293-297) stammt ein Modell, das eine Alarmierungs-, Orientierungs- und Kommunikationsebene beschreibt. Man muß davon ausgehen, daß die größten Einschränkungen dann auftreten, wenn die dritte Ebene betroffen ist. „Die Bedeutung des Hörens verwirklicht sich im menschlichen Leben vor allem in der Möglichkeit zur direkten sprachlichen Kommunikation, die eine rationale und eine emotionale Seite hat“ (Richtberg / Bochnik 1980, 294). Thomas hat in Anlehnung an eine Definition der Weltgesundheitsorganisation ein Vier-Stufen-Konzept der Auswirkung eines Hörschadens auf die psycho-soziale Befindlichkeit des Betroffenen entwickelt:

1. „Disorder“ (Störung): Anatomische und physiologische Störung,
2. „Impairment“ (Schaden): Verlust der grundlegenden Funktionen,
3. „Disability“ (Unvermögen): Verminderte Funktionstüchtigkeit im alltäglichen Leben,
4. „Handicap“ (Behinderung): Ausmaß der Beeinflussung von Lebensqualität und Wohlbefinden (Thomas 1984, 150).

Legt man die zuvor genannten Prämissen und Modelle zugrunde, so muß man folgern, daß mit zunehmender Schwere der Hörschädigung existentielle Funktionen des Hörens beschnitten oder ausgeschaltet werden können. Schon bei einer leicht- bis mittelgradigen Schwerhörigkeit kann es zum Verlust von Informationen einer lautsprachlichen Mitteilung kommen. Wenn zunächst nur Nuancen der Stimmodulation, aber teilweise auch schon Inhalte eines Gespräches, vor allem wenn unter Störlärm gesprochen wird, verloren gehen, werden bei einer mittelgradigen Schwerhörigkeit merkliche Kommunikationsschwierigkeiten auftreten. Emotionale und inhaltliche Mißverständnisse können dadurch zwischen den Gesprächspartnern entstehen. Bei einer hochgradigen Schwerhörigkeit kommt es zu weiteren Kommunikationsproblemen, und eine Ertaubung schneidet schließlich gänzlich vom akustischen Informationsstrom ab. Dann werden auch die Alarmierungs- und Orientierungsfunktionen des Hörens in Mitleidenschaft gezogen.

Das wirkt sich schließlich auf die psychische Befindlichkeit des Betroffenen aus. „Der Verlust oder die Einschränkung der auditiven Umweltkontrolle führt vermehrt zu Situationen, in denen Ereignisse unerwartet eintreten und daher Schrecksituationen auslösen. Daraus kann eine starke nervliche Belastung erwachsen, die zu den übrigen Auswirkungen der Hörschädigung hinzukommt“ (Claußen 1989, 22).

Erikkson-Mangold und Erlansson haben festgestellt, daß die Unfähigkeit, Umgebungsgeräusche und Mitmenschen zu hören, zu Gefühlen der allgemeinen Unsicherheit, Anspannung und Einsamkeit führt (Erikkson-Mangold 1984, 246). Fengler nennt als ein besonderes Merkmal der psychischen Befindlichkeit Schwerhöriger den Streß (Fengler 1990, 148-149). Burton nennt bei Altersschwerhörigen als weitere Symptome Depression und das Gefühl der Einsamkeit (Burton 1980, 87). Andere Symptome sind nach Hauser Frustration, Isolation, Depression bis zur Paranoia und zum Streß (Hauser 1993, 628). Hauser führt dazu an, daß es zu einer Bedrohung der Identität altersschwerhöriger und besonders ertaubter Menschen kommen kann. Als letzten

Ausdruck für die Bedrohung der Identität betrachtet er, daß die Suizidrate dieser Betroffenengruppe sehr hoch ist.

Aber auch mit den zuvor genannten Faktoren ist das Syndrombild der Altersschwerhörigkeit noch nicht hinreichend beschrieben. Man muß nämlich davon ausgehen, daß es zusätzlich noch reaktive Prozesse gibt. Zunächst tritt häufig ein reaktiver Prozeß zwischen den Betroffenen und ihrer Umgebung auf. Schwerhörigkeit ist nicht sichtbar. Dadurch reagieren die Kommunikationspartner altersschwerhöriger Menschen häufig unangemessen. Das wiederum kann zu unangemessenen Reaktionen des Betroffenen führen. Damit wird unter Umständen ein circulus vitiosus in Gang gesetzt. Ein weiterer Punkt, der erschwerend auftreten kann, ist das Phänomen der Übertragung. Altersschwerhörige und ertaubte Menschen finden sich, zumal wenn die Schädigung abrupt eintritt, nur schlecht mit der Beeinträchtigung ab und trachten danach, durch alle möglichen Hilfen dem Schicksal zu entrinnen. Dabei kann es passieren, daß sie sich von einem Arzt oder einem Hörgeräteakustiker, von dem sie eine Hilfe erwarten, nicht gut genug behandelt vorkommen. Sie entwickeln dann unter Umständen gegenüber diesen Personen eine Aggression. Diese Aggression können sie aber nicht offen zeigen, weil sie dann vielleicht Konsequenzen befürchten müssen. Diese werden dann zum Beispiel auf andere Personen des sozialen Umfeldes übertragen. Das können Kinder oder aber auch die Ehepartner sein. Das macht die Situation des altersschwerhörigen Menschen noch schwieriger.

Schließlich kann es, vom Betroffenen ausgehend, zu einer sicher ungewollten Aggravation des Hörschadens kommen. Altersschwerhörige lehnen häufig eine prothetische Versorgung des oder der betroffenen Ohren mit einem Hörgerät ab. Neuere Untersuchungen scheinen darauf hinzuweisen, daß es dann zu einer Desaktivierung des sensorischen Apparates kommen kann. Eine zu späte Versorgung mit Hörgeräten kann sich daher für den Betroffenen fatal auswirken.

Inter- und intrapersonale Faktoren bilden ein dichtes Geflecht, das sich auf die Altersschwerhörigkeit auswirkt. Man kann nicht unbedingt davon ausgehen, daß eine zunächst einsetzende Schwerhörigkeit das auslösende Moment für die sich möglicherweise dann einstellenden Behinderungen ist, sondern es ist dieses Geflecht.

2 Terminologie

Wie bereits die Beschreibung des Syndrombildes der Altersschwerhörigkeit vermuten läßt, ist die Terminologie in diesem Bereich sehr uneinheitlich. In Anlehnung an Schuknecht (1974) weist Hellbrück (1988, 146) die Altersschwerhörigkeit oder Presbyakusis der Gruppe der sensorineuralen Schwerhörigkeiten zu. Als Ätiologie nennt er eine Störung im Haarzellbereich des Innenohres. Er unterscheidet vier Typen der Presbyakusis: „1. Die häufigste Form ist die 'sensori p.'. Sie zeichnet sich histologisch durch atrophische Veränderungen am basalen Ende des Corti-Organs aus. 2. 'Neural p.' ist durch einen Verlust cochleärer Neurone gekennzeichnet. 3. 'Metabolic p.' wird verursacht durch Atrophie der Stria vascularis, eines normalerweise stark durchbluteten Gewebes, das zur Sauerstoff- und Glukoseversorgung dient. 4. 'Cochlear conductive p.' meint eine mit Versteifung der Basilarmembran einhergehende Beeinträchtigung" (1988, 146). Nach seiner Definition spricht man von Altersschwerhörigkeit dann, wenn keine anderen Ursachen als das Alter anzunehmen sind. Diese sichere Aussage Hellbrücks wird von Hauser (1928, 628) relativiert. Er bezeichnet die Diagnose der Altersschwerhörigkeit oder Presbyakusis als unpräzise und nennt sie eher einen „Sammelbegriff, der die Störung einer ganzen Reihe unterschiedlicher Komponenten des auditiven Systems von der peripher gelegenen Cochlea bis hin zum auditorischen Kortex und zu seinen assoziativen Verbindungen umfaßt. Die relativen Beiträge der einzelnen Komponenten können interindividuell erheblich variieren. ... Als klinischer Arbeitsbegriff ist die Presbyakusis als eine alterssabhängige, sonst nicht erklärbare Abnahme der Hörfunktion zu definieren" (1993, 628).

Huizing unternimmt einen weiteren Definitionsversuch. Von ihm wird die Presbyakusis auf zwei verschiedene Arten zurückgeführt:

> „1. Presbyakusis ist die durch das Altern selbst hervorgerufene Schwerhörigkeit. Diese Definition ist die Umschreibung von 'pure'-Presbyakusis oder presbyakusis sensu stricto.
>
> 2. Presbyakusis ist der im hohen Lebensalter gemessene Hörverlust nach Ausschluß anderer Hörstörungsfaktoren. Diese Definition ist die praktische Umschreibung von Altersschwerhörigkeit, und auf diese Weise kommt man der Presbyakusis in der Praxis näher.

Eine Presbyakusis oder eine presbyakusis sensu stricto läßt sich nie wirklich messen. Im Laufe des Lebens treten bei jeder Person bestimmte Umstände ein, die eine mehr oder weniger schädigende Wirkung auf das Gehör ausüben“ (1980, 41.1).

Zwei Jahre vorher hat Lehnhardt die Diagnose „Altersschwerhörigkeit“ problematisiert. Er vergleicht dabei die beiden Sinnesorgane Auge und Ohr. Beim menschlichen Ohr kann man nach Lehnhardt nicht wie beim menschlichen Auge von einer zwangsläufigen Alterung ausgehen. Während der Augenarzt mit Recht von einer Presbyopie sprechen kann, da die Linse im Auge als ein mechanischer Teil des Auges altert, ist der Abbau der Hörfunktion nicht an die Alterung mechanischer Teile, sondern an sensorische und neuronale Anteile gebunden. Die Augen aller Menschen altern zwangsläufig. Dagegen können 80-jährige oft noch erstaunlich gut hören und verstehen. Daher macht Lehnhardt den Vorschlag, diese Art der Schwerhörigkeit als Soziakusis zu bezeichnen (Lehnhardt 1978).

Während es im medizinischen Bereich eine gewisse Uneinigkeit in der Frage der Bezeichnung der Altersschwerhörigkeit gibt, die ihre Unsicherheiten in der ungeklärten Frage der Ätiologie hat, kann man für den Bereich der Pädagogik und Andragogik unter dem Aspekt der Auswirkungen einer Hörschädigung doch zu einer einigermaßen angemessenen Terminologie kommen. Dies soll an dem folgenden Schaubild verdeutlicht werden (Neef 1995, 19):

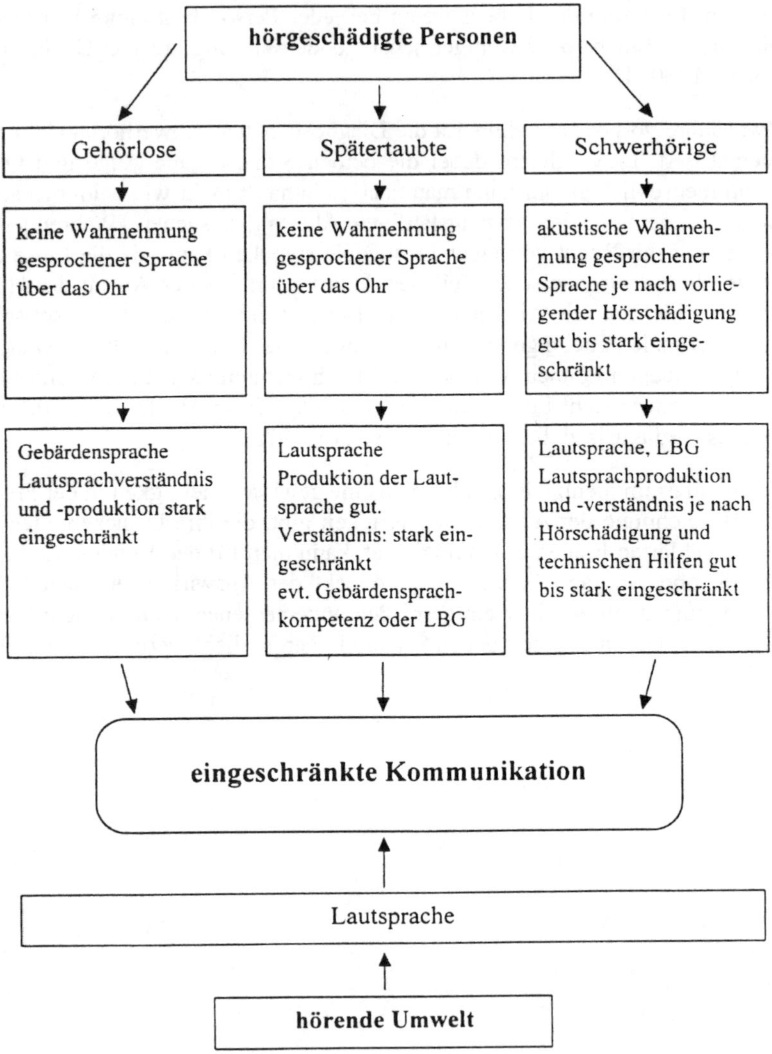

Abb. 1: Übersicht über Hörschädigungen (aus: Neef 1995, 19)

Die Gesamtgruppe der Menschen, die eine Hörschädigung erlitten haben, kann man in vier unterschiedliche Personenkreise einteilen:

- Zunächst ist von der Gruppe der Gehörlosen zu sprechen. Darunter versteht man diejenigen Menschen, die entweder mit einer hochgradigen Hörschädigung geboren sind oder diese Hörschädigung vor dem Abschluß des Spracherwerbs erlitten haben.
- Die zweite Gruppe ist die Gruppe der Schwerhörigen. Das sind diejenigen Menschen, die im gleichen Zeitraum wie die Menschen der zuvor beschriebenen Gruppe eine Hörschädigung erlitten haben, die aber nicht so schwer war, daß sie nicht einen direkten Zugang zur Lautsprache über das Ohr hatten. Hierzu gehört auch die Gruppe der Ertaubten, die den Hörschaden allerdings in einem Zeitraum nach dem Abschluß des Spracherwebs und vor dem Abschluß der Berufsausbildung erlitten haben.
- Von den beiden zuvor genannten Gruppen unterscheidet sich die Gruppe der Altersschwerhörigen. Als altersschwerhörige Menschen bezeichnet man diejenigen, die einen Hörverlust nach dem Abschluß der Berufsausbildung erlitten haben.
- Die vierte Gruppe ist die Gruppe der Spätertaubten. Das sind diejenigen Menschen, die das Gehör in der Zeit der zuvor genannten Gruppe verloren haben.

3 Statistik

Zuverlässige Angaben über die Anzahl altersschwerhöriger und ertaubter Menschen in Deutschland gibt es im Prinzip nicht. Man muß daher auf Angaben aus anderen Industrienationen zurückgreifen. Hinsichtlich der Probleme, die sich aus dem Phänomen Altersschwerhörigkeit oder Presbyakusis für die Gesamtgesellschaft ergeben, besteht aber weitgehende Einigkeit. Hauser (1993, 627) weist darauf hin, daß „im Jahre 2025 .... in Europa der Anteil der über 60-jährigen mehr als 25 % der Gesamtbevölkerung betragen (soll). Mit zunehmender mittlerer Lebenserwartung gewinnt also in unserer kommunikationsorientierten Gesellschaft die Altersschwerhörigkeit als häufigste Form der Schwerhörigkeit überhaupt an medizinischer und sozioökonomischer Bedeutung“. Für Deutschland meldet die Zeitschrift Audio-Forum (1/95, 13), daß nach einer Berechnung Freigangs derzeit etwa 26,8 % der Deutschen schwerhörig sind und daß etwa 12 Millionen Menschen eine Innenohrschwerhörigkeit haben und somit Kandidaten für Hörprothesen und Hörgeräte sind. Burton (1980, 85) gibt für die Gruppe der über 70-jährigen folgende Statistik: „Die größte Zahl aller wissenschaftlichen Untersuchungen stellt Hörbehinderungen fest bei:

44 % derjenigen von 70 Jahren und darüber,

39 % derjenigen von 75 Jahren und darüber,

54 % derjenigen von 80 Jahren und darüber,

69 % derjenigen von 85 Jahren und darüber".

Nach einem Hörtest scheint allerdings die Anzahl der Hörgeschädigten in diesen Altersgruppen wesentlich höher zu sein, „nämlich daß

60 % derjenigen von 70 Jahren und darüber hörgeschädigt sind,

69 % derjenigen von 75 Jahren und darüber hörgeschädigt sind,

82 % derjenigen von 80 Jahren und darüber hörgeschädigt sind,

84 % derjenigen von 85 Jahren und darüber hörgeschädigt sind".

Es ist zu vermuten, daß diese in Großbritannien ermittelte Statistik auch für Deutschland gültig ist.

Nach einer Untersuchung des Deutschen Grünen Kreuzes in den Jahren 1984 und 1985 in den alten Bundesländern und Westberlin bezüglich der Hörfähigkeit der Bevölkerung leiden rund 14 Millionen Menschen an einer Hörschädigung (Stanger 1992, 17ff). 90 % davon haben eine behandlungsbedürftige Innenohrschwerhörigkeit. Allerdings sind nur circa 2 Millionen dieser Menschen mit Hörgeräten versorgt, nur 0,7 Millionen beidseitig.

Auf ein besonderes Problem macht Fink (1995, 77) aufmerksam. Nach einer Erhebung des statistischen Bundesamtes von 1989 ist jeder zwölfte Bundesbürger schwerbehindert. In dieser Gruppe finden sich aber nur sehr wenige Hörgeschädigte. In einer Statistik der deutschen Hauptfürsorgestellen (Blatt 5/1990) wird festgestellt, daß von den 5,1 Millionen anerkannten Schwerbehinderten mit einem Grad der Behinderung (GdB) von 50 bis 100 % nur 183000 Personen als hör- oder sprachbehindert erfaßt sind.

Nach einer Untersuchung der Universität zu Köln über „Schwerhörigkeit im Alter" wird im Jahre 2025 bereits jeder vierte Deutsche eine Hörschädigung aufweisen (Wisotzki 1992, 26).

4 Gerontologische und geriatrische Aspekte

Man kann davon ausgehen, daß mit zunehmendem Lebensalter zur Schwerhörigkeit noch weitere Schädigungen dazukommen, wobei sie unter Umständen eine Sekundärerkrankung zur Schwerhörigkeit sein können. Burton (1980, 86-87) berichtet von einer Untersuchung eines Arztes, „der sich mit der gesundheitlichen Lage einer Gruppe älterer Menschen im Norden Englands beschäftigt hat". Er stellt fest, „daß nur 17 % dieser Gruppe lediglich zwei oder weniger Krankheiten hatten, 38 % dagegen zwischen zwei und fünf verschiedenen Krankheiten und 45 % hatten sechs oder mehr verschiedene Krankheiten. Diese deprimierenden Ergebnisse weisen darauf hin, daß eine Anzahl von älteren Menschen neben ihrer Hörbehinderung noch andere Probleme haben werden wie Gehbehinderung, nachlassende Sehschärfe und Gedächtnisschwund" (1980, 86). Er weist auch darauf hin, daß es in England etwa 5000 schwerhörige Menschen gibt, die gleichzeitig blind sind, wobei sie sich meistens im fortgeschrittenen Alter befinden. 76 % der älteren hörgeschädigten Bewohner eines Altersheimes gaben an, daß sie sich einsam fühlen, während es bei den nicht hörgeschädigten Bewohnern nur 14 % waren. Einsamkeit aber kann zu weiteren psychischen Erkrankungen führen. Nach einer derzeit an der Universität zu Köln laufenden Studie, in der Bewohner von Seniorenheimen auf eine Hörschädigung hin untersucht werden, kann vermutet werden, daß bei einem Großteil der als altersdement bezeichneten Personen eine unerkannte Hörschädigung möglicherweise zu einer Scheindemenz geführt hat.

Florin (1990) stellt in einer in Deutschland durchgeführten Untersuchung fest, daß

- Schwerhörige mehr körperliche Krankheiten aufweisen als nicht Schwerhörige,
- Schwerhörige mehr psychische Symptome aufweisen als nicht schwerhörige Vergleichspersonen. Sie sind insbesondere ängstlicher als die hörenden Vergleichspersonen. In zwischenmenschlichen Situationen sind sie gehemmter.
- Schwerhörige sozial weniger gut eingebunden sind als nicht Schwerhörige.

Es läßt sich allerdings kein Zusammenhang feststellen zwischen den körperlichen und psychischen Symptomen und dem Grad der Schwerhörigkeit.

Entwicklung und Altern sind untrennbar miteinander verbunden. Es handelt sich um ein physiologisches Geschehen, das durch einen fortschreitenden Verlust der psychischen und physischen Anpassungsfähigkeit an sich verändernde Lebensbedingungen gekennzeichnet ist. Im Alter wird nicht nur ein erreichter Stand mit Mühe oder nicht mehr aufrechterhalten, sondern die notwendige ständige Anpassung an laufende Veränderungen wird unmöglich. Daraus kann psycho-physisch eine resignative Einstellung des betroffenen Menschen erwachsen. Dadurch wird eine Kompensation zusätzlich verhindert.

Die Übergänge von physiologischen Altersveränderungen, die in gewissem Umfang normal sind, zu echten Funktionsstörungen auf der Grundlage des Unvermögens einer psychischen und physischen Anpassungsfähigkeit bis zu klinisch diagnostizierbaren Ausfällen und Krankheiten sind fließend. Meistens sind Erkrankungen subakut oder latent, bevor sie ausbrechen. Kleinste Veränderungen genügen dazu häufig. Sie können das labile Gleichgewicht stören und zu manifesten Krankheiten und schließlich zur Katastrophe führen. Man kann von primären Alterskrankheiten sprechen, die erstmals oder fast ausschließlich im höheren Lebensalter entstehen. Es gibt auch Erkrankungen, die zwar in jeder Altersstufe entstehen können, aber im Alter oft untypisch verlaufen und daher besondere Probleme bereiten können.

Die Geriatrie sieht sich fünf besonderen Alterssymptomen gegenüber:

- intellektuellem Abbau,
- Immobilität,
- Instabilität,
- Inkontinenz
- und daraus folgender partieller körperlicher, geistiger und sozialer Inkompetenz.

Bereits 1991 hat die Deutsche Gesellschaft für Geriatrie eine inhaltliche Beschreibung der Geriatrie in Form von 17 Dimensionen vorgenommen. Einige der Dimensionen sind auch für die Betrachtung der Altersschwerhörigkeit von Bedeutung.

- Die Dimension „Rehabilitation“: In der Geriatrie geht es um die Wiederherstellung, Verbesserung und Erhaltung der individuellen Funktionen. Während sich bei Akuterkrankungen die Rehabilitation an die Heilung der Akuterkrankung anschließt, muß bei älteren Menschen die Rehabilitation bereits neben der Diagnostik und Therapie geplant und durchgeführt werden. Insbesondere muß früh beurteilt werden, welche Möglichkeiten dem älteren Patienten verblieben sind, wie man sie sichern und festigen kann, ob es Chancen für eine weitergehende Rehabilitation gibt oder ob der ältere Patient für eine klassische Rehabilitation geeignet ist. Dabei ist eine intensive Zusammenarbeit mit Angehörigen wichtig. Häufig müssen übertriebene Erwartungen allerdings auf ein realistisches Maß zurückgeschnitten werden. Aber es muß auch Mut gegeben werden zur Fortsetzung der gemeinsamen Bemühungen. Unter dem Aspekt der Altersschwerhörigkeit ist hier nach dem Stellenwert einer frühen Hörgeräteversorgung zu fragen.

– Die Dimension „Multimorbidität“: Wie bereits gesagt wurde, haben Menschen mit zunehmendem Alter häufig mehrere Krankheiten akut oder latent nebeneinander. Dabei können verschiedene Krankheiten ein einzelnes Organ betreffen, aber es können auch verschiedene Erkrankungen vorliegen, die die Grenze zwischen den traditionellen organbezogenen Gebieten der Medizin überschreiten. Daher ist Geriatrie eine ausgesprochene Individualmedizin. Unter dem Aspekt der Organpolypathie muß man bei Altersschwerhörigen Komplexe aus Schwerhörigkeit, Morbus Ménière und Tinnitus betrachten.
– Die Dimension „senile Demenz“: Bei älteren Patienten ist oft mit einer mehr oder minder großen Hirnleistungseinschränkung zu rechnen. Nach Untersuchungen weisen ein Drittel aller alten Menschen kurzfristige reversible oder permanente Hirnleistungsstörungen auf. Außer einer somatischen Behandlung muß hier eine Aktivierung der cerebralen Möglichkeiten erfolgen. Wie bereits gesagt wurde, lassen Kölner Untersuchungen in Seniorenheimen vermuten, daß viele demente Patienten tatsächlich „nur“ altersschwerhörig sind.
– Die Dimension „Interdisziplinarität“: Die zuvor beschriebene Komplexität der Probleme führt dazu, daß an der Rehabilitation altersschwerhöriger Menschen bisweilen viele Fachdisziplinen beteiligt sein müssen.
– Die Dimension „Hierarchisierung“: Im allgemeinen ist jede Krankheit für sich meist gut therapierbar. Unter dem Aspekt der Multimorbidität kann es allerdings komplexe Probleme geben. Bei der Versorgung eines altersschwerhörigen Menschen mit Hörgeräten muß hier nach einer Gewichtung und Abschätzung der tatsächlichen Notwendigkeit und Nützlichkeit gefragt werden.

– Die Dimension „Umweltbezogenheit“: In dieser Dimension sind die meisten der übrigen Dimensionen irgendwie enthalten bzw. erweitern sie. Eine erfolgreiche Therapie ist immer auf das soziale Umfeld angewiesen. Das gilt auch und besonders beim Vorliegen einer Altersschwerhörigkeit oder Ertaubung.

5 Belastungen

Die Kommunikationsbelastung ist bei Altersschwerhörigkeit augenfällig und als ein primärer Faktor für die in Zusammenhang mit der Altersschwerhörigkeit auftretenden Probleme zu sehen. Die Einschränkung der akustischen Wahrnehmungsfähigkeit greift in erheblicher Weise auch in personale und soziale Bereiche des betroffenen Menschen ein (Claußen 1989, 21; Richtberg 1980, 19; Vernon 1984, 4), wobei das Gesamtleben des Altersschwerhörigen, also nicht nur sein Privatleben, sondern ebenso auch das Berufsleben betroffen sind. Altersschwerhörige sind im Vergleich zu jüngeren schwerhörigen Menschen mit einer Schwerhörigkeit vergleichbaren Ausmaßes in ihrer Kommunikationsfähigkeit besonders stark beeinträchtigt (Giolas 1982, 130).

Damit gehen die Folgen einer Altersschwerhörigkeit über die alleinige Einschränkung der Hörfähigkeit hinaus. Besonders der ältere Mensch erleidet den teilweisen oder sogar völligen Verlust seiner akustischen Wahrnehmungsfähigkeit, die ihm die Integration in die soziale Umwelt ermöglicht und in den verschiedensten Lebensbereichen zu einem angemessenen Handeln beigetragen hat (Wisotzki 1993). Das Kontinuum seines bisherigen Lebens geht damit verloren. Der Hörverlust ist eine funktionale Einschränkung und Behinderung, die in sein gesamtes Leben eingreift und als eine umfassende Lebenserschwerung und psycho-soziale Leidens- und Konfliktbelastung erfahren werden kann. Der altersschwerhörige Mensch kann seine bisherige Rolle nicht mehr oder nur eingeschränkt und mit Modifikationen leben. Diese Belastungen müssen sowohl beim ersten Auftreten der Symptome als auch bei weiteren Schüben bewältigt werden.

Zusammenfassend kann man die Altersschwerhörigkeit als einen Lebensfaktor bezeichnen, der in tiefgreifender Weise das psychische und soziale Erleben, die Selbstverwirklichung und die Persönlichkeitsentfaltung des Menschen beeinflussen kann.

Richtberg weist darauf hin, daß in Deutschland die Altersschwerhörigkeit „in gerontopsychologischen Arbeiten wegen ihrer scheinbaren Selbstverständlichkeit meist nur beiläufig erwähnt (wird), ohne daß ihr Stellenwert im Erlebniswandel des alternden Menschen besonders analysiert wird" (Richtberg 1980, 59). Claußen bemerkt, daß repräsentative Untersuchungen zu den Auswirkungen einer Schwerhörigkeit im Alter in Deutschland weitestgehend fehlen (Claußen 1989). International gesehen wurden allein im anglo-amerikanischen Raum bereits viele empirische Untersuchungen speziell zu dem psycho-sozialen Problem älterer schwerhöriger Menschen vorgenommen. Diese Untersuchungen sind allerdings problematisch, denn sie sind in ihren Ergebnissen teilweise sehr uneinheitlich. Ohne den Ursachen für diese Uneinheitlichkeit nachgehen zu wollen, kann man darauf hinweisen, daß zweifellos methodische Probleme eine Rolle gespielt hatten. Zugleich aber spiegelt diese Uneinheitlichkeit die Komplexität sowohl in inhaltlicher als auch in methodischer Hinsicht wieder.

In Deutschland gibt es in neuerer Zeit verschiedentliche Hinweise auf die psycho-soziale Situation altersschwerhöriger Menschen. (Fengler 1990; Lienhard 1992; Fink 1995). Bei der Erforschung der Auswirkung einer Altersschwerhörigkeit lassen sich besonders zwei Problembereiche herausarbeiten:

- Ob eine Altersschwerhörigkeit oder Ertaubung als Behinderung erlebt wird und wie sie sich auf die jeweilige Person auswirkt, ist individuell sehr verschieden. Es gibt verschiedene inter- und intrapersonale Faktoren, die dies beeinflussen. Zweifellos haben die Art und der Grad der Hörminderung einen Einfluß auf die Ausprägung der Hörprobleme. Aber gleichermaßen bestimmen der individuelle Lebensstil, der jeweilige Kommunikationsbedarf, die Zahl der gepflegten sozialen Interaktionen und verhaltensbezogenen situativen Faktoren die Art und den Umfang der Kommunikationsprobleme, die ein altersschwerhöriger oder ertaubter Mensch hat. Auch die Möglichkeit zur Akzeptanz der Hörschädigung und die individuelle Art und Weise der jeweiligen Problembewältigung spielen eine wichtige Rolle dabei, ob vom altersschwerhörigen Menschen ungeeignete Anpassungsmuster entwickelt werden, so daß es zu einer Behinderung kommt, oder ob ihm die Bewältigung der Probleme gelingt. Nicht zuletzt hat das soziale Umfeld einen Einfluß auf das Gelingen der Bewältigung. Der schwerhörige oder ertaubte Mensch findet hier emotionale Unterstützung oder Entmutigung und Frustration (Giolas 1986, 2; Demorest & Erdman 1989, 180). Aus dem zuvor Gesagten wird deutlich, daß bei Personen mit der gleichen Art der Hörschädigung es deshalb zu unterschiedlichen Formen und Ausprägungen einer Behinderung und, darin enthalten, einer psycho-sozialen Beeinträchtigung kommen kann.

- Ein weiteres Problem läßt sich darin erkennen, daß nur mit großen methodischen Schwierigkeiten nachzuweisen ist, ob die psycho-soziale Situation altersschwerhöriger Menschen beeinträchtigt ist und ob diese Beeinträchtigung auf die Altersschwerhörigkeit zurückzuführen ist (Falconer 1986, 9). Deutlich wird das daran, daß das höhere Erwachsenenalter eine Lebensphase darstellt, in der es zu einer Häufung bedeutsamer Veränderungen im Hinblick auf die psycho-physische Gesundheit, auf die Lebenssituation und auf die soziale Umwelt mit u.U. belastenden Folgewirkungen für den älteren Menschen kommen kann (Häfner 1986, 28; vgl. Kap. 4). Richtberg (1980, 60) weist darauf hin, daß man die Altersschwerhörigenproblematik sicher nicht als lineares Ursache-Wirkung-Verhältnis analysieren kann.

Bei der Anpassung des anglo-amerikanischen Tests „Communication Profile for the Hearing Impaired" (CPHI) (Demorest & Erdman 1989) an den deutschen Sprachraum konnte der Verfasser 1990 (Wisotzki 1992, 110-121) Hinweise auf die komplexen Strukturen des Ursache-Wirkung-Verhältnisses von Altersschwerhörigkeit, Kommunikationsbelastung und Kommunikationsstrategien finden, wobei sich als zusätzliches Phänomen zeigte, daß eine kybernetische Rückkopplung anzunehmen ist und hochdifferenzierte interpersonale Anpassungsprozesse ablaufen.

Diese interpersonalen Anpassungsprozesse sind psycho-physischer Art. Sie haben bei den individuellen Veränderungen in der Person des altersschwerhörigen oder ertaubten Menschen einen hohen Stellenwert (Trautmann-Sponsel 1988, 17). Die individuellen Veränderungen stellen das Bindeglied zwischen den von außen an den altersschwerhörigen Menschen herangetragenen objektiven Kommunikationsbelastungen und den als Antwort subjektiv entwickelten Kommunikationsstrategien dar. Durch die Person des Kommunikationspartners erfolgt eine zusätzliche kybernetische Rückkopplung. Die emotionalen Komponenten der Akzeptanz der Hörschädigung und ihrer Folgen und die emotionalen und verhaltensmäßigen Reaktionen auf immer wieder auftretende kommunikative Schwierigkeiten bilden dabei den Schwerpunkt.

Das Beziehungsgeflecht der Hörbehinderung im Alter zeigt die folgende Skalenübersicht (S. 31) der deutschen Version des CPHI (Wisotzki 1992, 115).

Die angesprochenen Schwierigkeiten altersschwerhöriger Menschen lassen sich, wie die Skalenübersicht zeigt, durch folgende psycho-physische Faktoren aufklären:

- Selbstakzeptanz,
- Akzeptanz der Hörbeeinträchtigung,
- Abgabe der Verantwortung und Verdrängung,
- Übertreibung der Verantwortung,
- Resignation und
- Ärger.

Diese Faktoren kann man folgendermaßen beschreiben:

- Selbstakzeptanz

  Von den Schwerhörigen wurden in der Studie mit Selbstakzeptanz die negativen Gefühle oder Einstellungen beschrieben, die sie gegenüber ihrer eigenen, als behindert empfundenen Person haben und die sie entweder aus der Hörbeeinträchtigung selbst oder als Konsequenz aus Verständigungsschwierigkeiten resultierend bezeichnen.

- Akzeptanz der Hörbeeinträchtigung

  Ob es dem altersschwerhörigen Mensch gelingt, seine Hörschädigung zu bewältigen, setzt unter anderem voraus, daß er die Tatsache der Hörschädigung annimmt. In der Studie zeigte sich, daß altersschwerhörige Menschen besondere Schwierigkeiten damit haben, ihre Hörbeeinträchtigung gegenüber anderen Menschen einzugestehen.

- Abgabe der Verantwortung und Verdrängung

  Aus der Untersuchung läßt sich ableiten, daß altersschwerhörige Menschen aggressive Einstellungen gegenüber anderen Personen entwickeln. Grundlage für die aggressiven Einstellungen ist die Überzeugung, daß der guthörende Kommunikationspartner für das Gelingen der Kommunikation verantwortlich ist. Eine eigene Mitverantwortung des Altersschwerhörigen bei kommunikativen Schwierigkeiten für ein Gelingen der Kommunikation lehnt der altersschwerhörige Mensch ab.

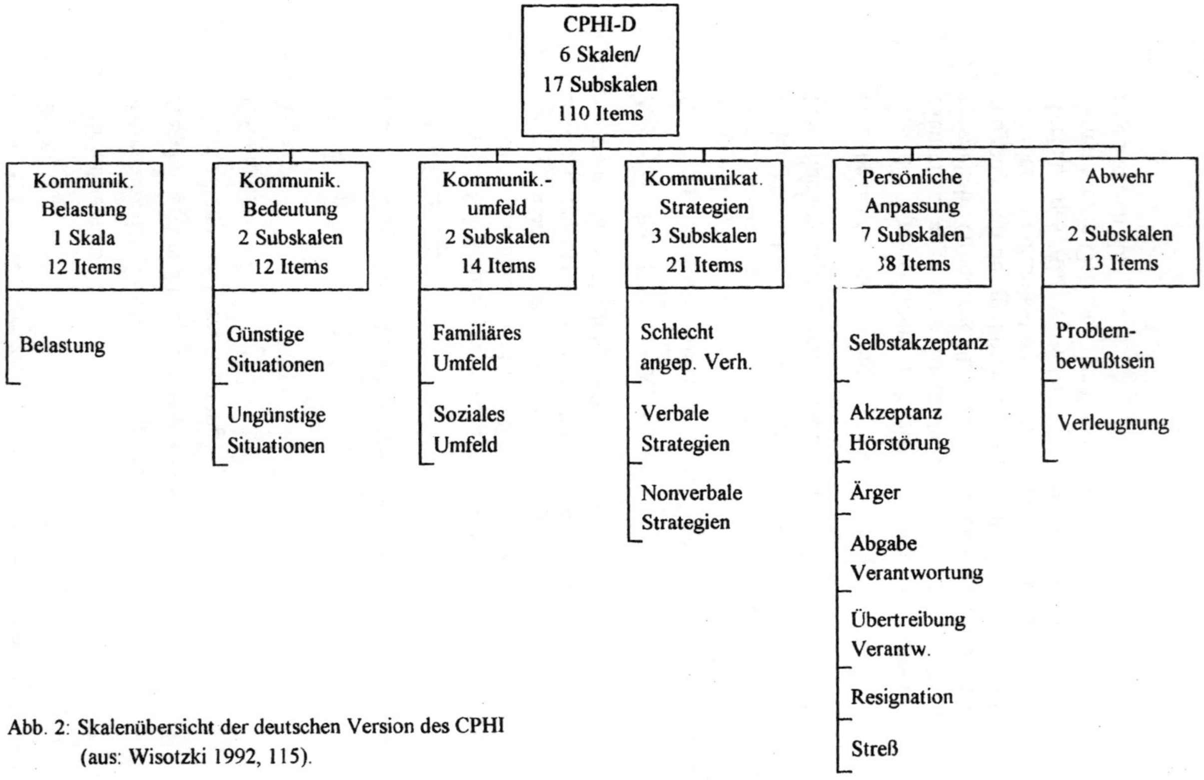

Abb. 2: Skalenübersicht der deutschen Version des CPHI
(aus: Wisotzki 1992, 115).

- Übertreibung der Verantwortung

  Als einen Gegenpol kann man die Übertreibung der eigenen Verantwortung für das Gelingen der Kommunikation ansehen. Bei diesen Schwerhörigen besteht eine starke Hemmung oder Abneigung, den guthörenden Kommunikationspartner für einen guten Kommunikationsablauf verantwortlich zu machen. Deshalb übertreibt der altersschwerhörige Mensch die eigene Verantwortung und gesteht nicht ein, daß er wegen seiner Hörschädigung auf Hilfe durch das Umfeld angewiesen ist. Im Extremum ließen sich in dieser Untersuchung selbstzerstörerische Tendenzen altersschwerhöriger Menschen nachweisen.
- Resignation

  Ein resignatives Verhalten ist ein besonderes Merkmal altersschwerhöriger Menschen. In der Studie hat dieser Faktor ein hohes Gewicht. Resignation ist das Resultat der immer wieder auftretenden Mißerfolge und erlebten Schwierigkeiten in der Kommunikation. Sie mündet schließlich in den Rückzug von Gesprächen und sozialen Kontakten und fördert das Gefühl der Isolation, Entmutigung und Niedergeschlagenheit. Bei altersschwerhörigen Menschen, die in einem Seniorenheim wohnten, konnte nachgewiesen werden, daß sie im Extremfall eine hohe senile Demenz entwickelten. Allerdings ließ sich nicht darstellen, daß die Resignation der alleinige Auslöser für die Demenz war. Vom sozialen Umfeld wurde aber berichtet, daß sich die dementen Symptome zunehmend mit dem Eintreten der Hörschwierigkeiten entwickelten.
- Ärger

  Aus dem Problem, sich mit anderen Menschen nur unter Schwierigkeiten unterhalten zu können, entwickeln viele altersschwerhörige Menschen emotionale Reaktionen von Ungeduld, Gereiztheit und Ärger. Als Ursache für die von ihnen entwickelten emotionalen Reaktionen führten viele altersschwerhörige Untersuchungspersonen die Ungeduld der hörenden Kommunikationspartner beim Wiederholen und das unangemessene laute oder undeutliche Sprechen der guthörenden Partner an. Man muß allerdings auch daran denken, daß die von den altersschwerhörigen Personen gezeigten emotionalen Reaktionen eine altersgemäße Komponente haben können (vgl. Kap. 4).
- Streß

  Die Untersuchung zeigt, daß Kommunikationssituationen für altersschwerhörige Menschen als besonders streßbelastet erlebt werden. Ursächlich hierfür sind besonders chronische Erschöpfung durch die erhöhte Konzentration und Aufmerksamkeitsanspannung beim Verstehen. Außerdem lassen sich Sorge und Ängste vor Mißverständnissen nachweisen. Aber auch hier ist eine klare Trennung zwischen den beiden Faktoren Alter und Schwerhörigkeit im Alter nicht möglich.

Die Untersuchung zeigt aber auch, daß es über die Skala „persönliche Anpassung", die zuvor zur Darstellung der psycho-sozialen Situation des altersschwerhörigen Menschen vorgestellt wurde, weitere Skalen die Eingebundenheit des Altersschwerhörigen sowohl in das Umfeld als auch in Situationen wie auch in Unterhaltungen abbildet. Interessant ist in diesem Zusammenhang auch, daß die in der Untersuchung gefundene Skalenverteilung mit der amerikanischen Version nicht übereinstimmt. Daraus läßt sich ableiten, daß anglo-amerikanische Untersuchungsergebnisse mindestens auf die psycho-soziale Situation Altersschwerhöriger in Deutschland nicht ohne weiteres übertragen werden können (Wisotzki 1996, 146).

6 Bewältigungsstrategien

Das Finden einer Rolle mit einer neuen psycho-sozialen Identität, die den persönlichen und den gesellschaftlichen Bereich umfaßt, kann im günstigsten Fall durch eine Balance im Sinne von Krappmann (1971) gelingen. Im ungünstigsten Fall kommt es zu einem Aufgeben der Rolle und zum Abgleiten in Schizophrenie und Demenz. Im Sinne der im vorigen Kapitel vorgestellten Untersuchungsergebnisse ist von einem rückkoppelnden System auszugehen. Es wird nahegelegt, für die Altersschwerhörigkeit ein komplex konstruiertes System anzunehmen.

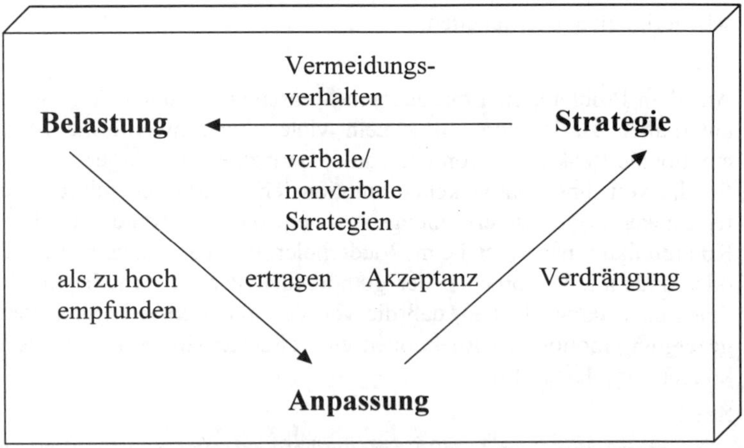

Abbildung. 3: Kybernetisches Modell einer Hörbehinderung (aus: Wisotzki 1996, 146)

Empfindet der altersschwerhörige Mensch die Belastung im Interaktionsprozeß als zu hoch, so zeigt die Untersuchung, daß es zu einer Verdrängung bzw. Abgabe der Verantwortung für die Gestaltung der sozialen Interaktionen an die Kommunikationspartner kommt. Kann der altersschwerhörige Mensch dagegen die Belastung ertragen, seine Hörschädigung akzeptieren, so kann es zur Ausbildung einer neuen Identität kommen.

Aus der Untersuchung läßt sich weiter ableiten, daß durch die unterschiedlichen Anpassungsmechanismen verschiedene Kommunikations- und Interaktionsstrategien entwickelt werden können. Der akzeptierende altersschwerhörige Mensch versucht Interaktionssituationen positiv zu gestalten. Will der altersschwerhörige Mensch dagegen die Schwierigkeiten verdrängen und die Verantwortung abgeben, wird er sich bemühen, Situationen, in denen er in eine Kommunikation eingebunden werden könnte, zu vermeiden. Kann er diesen Situationen nicht mehr entrinnen, so wird er sie als um so belastender empfinden und unter den in der Untersuchung gefundenen Symptomen leiden. Daraus ist die Forderung abzuleiten, daß schwerhörigen Menschen, die ihre Hörschädigung im Alter erlitten haben, die Möglichkeit gegeben werden muß, Anpassungsverfahren und Interaktionsstrategien zu lernen.

Während bei der Besprechung der Untersuchungsergebnisse immer wieder darauf abgehoben wurde, daß unbefriedigende Kommunikationssituationen streßaufbauend sein können, lassen sich aus der Lernpsychologie Modelle entwickeln, mit deren Hilfe Streß abgebaut werden kann. Gedacht ist hier an das Modell der Konditionierung. Ein altersschwerhöriger oder ertaubter Mensch, dem es gelingt, sich an positiven Situationen (z.B. Musik, Essen und Entspannung) zu orientieren und für seine Hörschädigung entsprechende Ersatzschemata zu schaffen, wird den Verlust nicht so schwer empfinden und deswegen daraus keinen Streß und keine Depressionen entwickeln. Ein ähnliches Schema ist z.B. zu entwickeln, wenn es um das von Claußen (1974) genannte „Putz-Sprechen" geht, bei dem im Vordergrund die soziale Kontaktnahme und nicht der Informationsaustausch steht.

Ähnliche Möglichkeiten bietet die Lernpsychologie mit dem Modell des instrumentellen Konditionierens. Instrumentelles Konditionieren hat als Schema für altersschwerhörige oder ertaubte Menschen eine doppelte Bedeutung:

- Der altersschwerhörige oder ertaubte Mensch kann mit Hilfe dieser Methode auf seine Umwelt einwirken oder
- die Umwelt kann mit dieser Methode auf den Altersschwerhörigen oder Ertaubten einwirken.

1. Eine Handlung hat eine angenehme Konsequenz:
   - Mit diesem Verfahren kann ein Altersschwerhöriger das gute Kommunikationsverhalten seiner Umwelt häufiger auftreten lassen, wenn er sich positiv zu den Bemühungen seiner Kommunikationspartner äußert.
   - Andererseits kann die Umwelt den Altersschwerhörigen zu mehr Geduld in Kommunikationssituationen erziehen, wenn sie das beharrliche Bemühen des Altersschwerhörigen, Mißverständnisse zu ertragen, akzeptiert und anerkennend belohnt.
2. Eine Handlung hat eine angenehme Konsequenz zur Folge, aber nachdem sie einige Male erfolgte, folgt die Konsequenz nicht mehr:
   - Wenn ein bestimmtes kommunikatives Verhalten bei einigen Kommunikationspartnern zu einer positiven Reaktionen führt, von den meisten aber negativ beantwortet wird, dann wird der Altersschwerhörige das Verhalten nicht weiter äußern.
   - Ein altersschwerhöriger Mensch kritisiert das Kommunikationsverhalten seines sozialen Umfeldes. Dieses könnte mit einer Vermeidung von Kommunikationssituationen antworten (Liebesentzug). Dadurch wird vom sozialen Umfeld zwar erreicht, daß der Altersschwerhörige weniger häufig kritisiert oder die Kritik ganz unterläßt, aber es wird auch bewirkt, daß der Altersschwerhörige Kommunikationssituationen grundsätzlich vermeidet.
3. Folgen einer Handlung unangenehme Konsequenzen, dann wird die Häufigkeit des Auftretens dieses Verhaltens herabgesetzt:
   - Ein Altersschwerhöriger wird, wenn sein häufiges Nachfragen mit Stirnrunzeln oder Tadel zurückgewiesen wird, in Zukunft zur Sicherung der Kommunikation nicht mehr nachfragen.
   - Wenn ein Altersschwerhöriger die Kommunikationsangebote seiner Umgebung nicht aufgreift, weil er sie aufgrund seiner Hörschädigung nicht annehmen kann, er aber nicht zu erkennen gibt, daß er Hörprobleme hat, wird er von seiner Umwelt nicht mehr angesprochen werden. Es ist also eminent wichtig, daß der Altersschwerhörige auf seine Hörschädigung hinweist.
4. Wenn ein Verhalten keine unangenehmen Konsequenzen nach sich zieht, dann wird das Verhalten häufiger geäußert:
   - Wenn ein Altersschwerhöriger auf Kommunikationsmißverständnisse nicht zurückweisend reagiert, sondern sich bemüht, die Mißverständnisse zu lösen, dann wird der hörende Kommunikationspartner eher geneigt sein, weiterhin Kommunikation mit dem Altersschwerhörigen zu pflegen.

- Ein Altersschwerhöriger wird die Probleme seiner Umgebung in der Kommunikation mit ihm um so eher akzeptieren, wenn die Umgebung seine Probleme akzeptiert.

5. Wenn auf eine Handlung keine Konsequenz folgt, so kann die Verhaltensweise, die Handlung auszuführen, gelöscht werden. Diese Löschung kann als Lernvorgang aktiv herbei geführt werden:
   - Wenn der Altersschwerhörige unangemessene Reaktionen der Umwelt auf Verständigungsschwierigkeiten ignoriert, so wird die Auftretenswahrscheinlichkeit dieser unangemessenen Reaktionen herabgesetzt.
   - Wenn ein Altersschwerhöriger ständig über den Hörverlust klagt, so kann die Umwelt die Häufigkeit des Klagens herabsetzen, wenn sie auf die Klagen nicht eingeht.

Auch das Modell des Imitationslernens kann von Altersschwerhörigen und seinen Partnern eingesetzt werden.

Lernen durch Beobachtung:

- Ein Altersschwerhöriger wird beim Besuch einer Selbsthilfegruppe oder eines Schwerhörigenvereins den positiven Umgang mit z.B. dem Lebenspartner anderer Altersschwerhöriger auf die eigene Situation übertragen können.
- Auf der anderen Seite kann der hörende Lebensgefährte den in der Selbsthilfegruppe oder im Schwerhörigenverein beobachteten positiven Umgang auf sein eigenes Verhalten mit dem schwerhörigen Lebenspartner übertragen.

Tatsächlich findet man diese Beobachtungen durch Schilderungen altersschwerhöriger Menschen und ihrer Lebensgefährten bestätigt. Speziell den Schwerhörigenvereinen und den Selbsthilfegruppen kommt hier ein hoher Stellenwert zu.

Ein anderes Modell ist das „Lernen in der Gruppe“. Solche Situationen entstehen, wenn altersschwerhörige oder ertaubte Menschen an Kommunikations- oder Hörtaktik- sowie Absehkursen teilnehmen oder sich einem Hörtraining unterziehen. Auch der Umgang mit Hörgeräten kann und muß gelernt werden. Die Kurskonzeptionen können sich allerdings nicht auf die Methodik und Didaktik des Lernens in der Schule stützen, sondern müssen das Lernen Erwachsener, die besonderen Gegebenheiten des Lernens Behinderter und des Lernens von Menschen, die sich im fortgeschrittenen Lebensalter befinden, berücksichtigen. Es gibt ganz bestimmte Parameter, die das Lernen in der Gruppe fördern.

Aktives Lernen

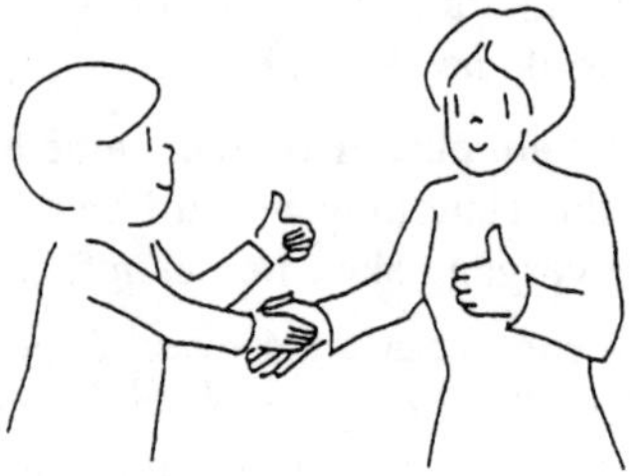

Vereinbaren der Ziele

Ständige Reflexion

Vorzeigen, Üben und Bestätigung

Unterstützung

Abb. 4: Voraussetzungen für ein besseres Lernen (aus: UNESCO 1993, IX).

1. Aktives Lernen
   Häufig haben sich altersschwerhörige oder ertaubte Menschen in die Isolation begeben, besonders dann, wenn der Zustand der Schwerhörigkeit schon länger andauert. Sie müssen lernen, auf andere Menschen zuzugehen und mit ihnen aktiv ihre Probleme zu lösen. Sie werden dadurch in ihrem

Engagement gefördert. Im Zusammensein helfen sie einander über die Zukunftsängste hinweg. Altersschwerhörige und ertaubte Menschen sollen sich gegenseitig helfen, aber auch mit Normalhörenden über ihre Probleme und deren Lösungsmöglichkeiten diskutieren.

2. Vereinbaren der Ziele
Wenn altersschwerhörige oder ertaubte Menschen sich entschließen, in einen Kurs zu gehen, so bringen sie ihre eigene Identität, Erfahrungen, Vorbehalte und Vorurteile in die Gruppe mit ein. Sie haben auch Vorstellungen, wie man bestimmte Probleme lösen kann. Desgleichen werden sie auf der Grundlage ihres bisherigen Lebens Prioritäten setzen und Vorstellungen darüber haben, wie man die Lernziele erreichen kann. Eine Optimierung des Vorgehens durch das Vereinbaren der Ziele unter den Kursteilnehmern ist aber nützlich.

3. Vorzeigen, Üben und Bestätigung
Besonders bei älteren schwerhörigen oder ertaubten Menschen ist es nötig, ein bestimmtes methodisches Vorgehen zu wählen. Dazu bietet sich ein Dreierschritt an. Dem Vormachen oder Vorzeigen durch den Kursleiter oder auch ein anderes Kursmitglied folgt das Üben, und zwar entweder als Einzel-, Partner- oder Gruppenübung. Wichtig ist, daß jede Übung ein unmittelbares Feedback erhält, weil altersschwerhörige und ertaubte Menschen oft sehr verunsichert sind.

4. Ständige Reflexion
Die Gruppe der altersschwerhörigen und ertaubten Menschen ist aus verschiedenen Gründen sehr heterogen. Das liegt einmal an der Schädigung, die sehr unterschiedlich sein kann, und zwar sowohl hinsichtlich der Art als auch des Grades der Schwerhörigkeit. Außerdem hat jeder ältere Mensch eine verschiedene Lebensgeschichte. Und schließlich ist Altersschwerhörigkeit, wie bereits beschrieben wurde, ein Syndrom. Daraus folgt, daß die Erreichung von Lernzielen und die Lernmethode sehr individuell festgelegt werden müssen. Hinzu kommt, daß altersschwerhörige oder ertaubte Menschen nur sehr schlecht ihre Lernfortschritte einschätzen können. Deshalb ist es möglich, daß sie selbst dann, wenn große Lernfortschritte erzielt worden sind, entmutigt sind und schließlich den Kurs abbrechen. Durch eine ständige Reflexion über die Lernziele und die Lernleistung kann dies verhindert werden. Hierbei ist es besonders wichtig, daß Kritik immer positiv und aufbauend sein muß. Die Reflexion sichert auch, daß jeder einzelne ein rechtes Verständnis erzielt.

5. Unterstützung
Für jeden Menschen ist Lernen anstrengend. Anstrengung kann zu Streß führen. Da altersschwerhörige oder ertaubte Menschen, wie bereits beschrieben wurde, eine symptomatische Streßneigung haben, sind sie be-

sonders gefährdet. Wenn Streß auftritt, ist meistens kein Lernerfolg erzielbar. Auch unter dem Aspekt, daß ältere Menschen insgesamt schlechter lernen und Altersschwerhörige und Ertaubte noch zusätzliche Probleme haben, muß eine Unterstützung der Lernenden erfolgen. Diese Unterstützung kann der Gruppenleiter, aber auch ein Mitglied der Gruppe geben.

Eine Reihe von Konfliktlösemechanismen zeigt die Psychoanalyse auf, die zwar ein Verfahren darstellt, das in den ärztlichen Bereich gehört, aber für die Bewußtmachung bestimmter Prozesse hilfreich sein kann. In der Psychoanalyse geht man dabei in einem Zwei-Stufen-Modell vor:

- der Bewußtmachung
- der Reflexion auf der Grundlage der Bewußtmachung.

Einige der wichtigsten Konfliktlösemechanismen sollen im Folgenden kurz dargestellt werden:

- Die Verdrängung :

  Eine Konfliktlösung kann dadurch erreicht werden, daß Tatsachen verdrängt werden. Bei Altersschwerhörigen kann man häufig beobachten, daß sie die Tatsache der Hörschädigung, die für sie ein Angstpotential ist, nicht rational verarbeiten, sondern verdrängen. Sie gelangen so nicht zu einer, wenn auch für sie schmerzhaften Problemlösung.

- Die Projektion:

  Hierbei werden eigene Unzulänglichkeiten auf andere Personen des Umfeldes übertragen. Sie sind ein Schutz gegen eigene Motive, die man anderen Menschen zuordnet. Dieser Abwehrmechanismus ist deswegen besonders unheilvoll, weil er das oft schon belastete Interpersonalverhältnis zwischen der hörenden Umwelt und dem Hörgeschädigten durch Zuschreibungen noch zusätzlich belastet. So werden Kommunikationsprobleme vom Altersschwerhörigen der Umwelt zugewiesen, die als verantwortlich für ihre Lösung angesehen wird. Eigene Lösungen werden, weil dieser Abwehrmechanismus unbewußt ist, überhaupt nicht in Erwägung gezogen und können auch wegen ihrer Unbewußtheit nicht in Betracht gezogen werden. Das Modell der Bewußtmachung und Reflexion bietet hier eine Lösung.

- Die Regression:

  Sie ist der Rückzug aus Konflikt- und Streßsituationen, wobei eine Flucht in frühere Entwicklungsstufen stattfinden kann. Kennzeichnend ist, daß alle möglichen Hilfen gesucht werden. Möglicherweise liegt hier der Grund für das Phänomen, daß Altersschwerhörige sechsmal häufiger einen Arzt aufsuchen als Normalhörende der gleichen Altersstufe. Nicht zu verkennen ist, daß der Abwehrmechanismus der Regression zu einer psychosomatischen Krankheit führen kann. Diese ist dann ärztlich zu behandeln. Eine Lösung des Problems wird aber nicht erreicht. Vielmehr müßte eine Reflexion erfolgen.

- Die Rationalisierung:

  Altersschwerhörige Menschen neigen dazu, durch rationale Argumente ein bestimmtes Verhalten zu rechtfertigen, dessen wirkliche Ursache nicht angenommen werden kann. So werden Kommunikationsprobleme dadurch rationalisiert, daß Störschall oder schlechte Lichtverhältnisse oder andere äußere Gegebenheiten für ein Nichtverstehen angeführt werden. Die tatsächliche Ursache, nämlich die Altersschwerhörigkeit, wird dabei dissimuliert.

- Die Verschiebung:

  Sie ist eine Übertragung feindseliger Gefühle auf Personen, die weniger gefährlich sind oder als weniger gefährlich angesehen werden. Aggressionen richten sich dann nicht gegen die Personen, die die Emotionen ursprünglich ausgelöst haben, sondern gegen deren Stellvertreter. Auch das kann man bei Altersschwerhörigen öfter beobachten.

7 Resümee

Altersschwerhörigkeit ist ein Syndrom, dessen Ausmaß sehr heterogen ist und immer wieder neu individuell für jeden einzelnen Menschen festgelegt werden muß. Dabei spielen nicht nur otologische Gesichtspunkte eine Rolle, sondern gleichermaßen, zumal bei älteren hörgeschädigten Menschen, geriatrische und gerontologische Gesichtspunkte. Die Statistik zeigt, daß sich hinter der Altersschwerhörigkeit zunehmend ein großes sozialpolitisches Problem verbirgt. Das zunächst augenfällige Symptom der Kommunikationsbelastung erweist sich bei näherem Hinsehen als ein zwar bedeutender, aber nicht der entscheidende Faktor. Vielmehr muß davon ausgegangen werden, daß es erhebliche psycho-soziale Belastungen gibt, die sich schließlich auf die gesamte Psychosomatik auswirken können. Eine Bewältigung der Probleme, die sich aus einer Altersschwerhörigkeit oder Ertaubung ergeben, kann sich deswegen nicht auf Kommunikationsstrategien beschränken. Vielmehr müssen auch andere Strategien in Betracht gezogen werden, so wie zuletzt auf die Problemlösestrategien der Psychoanalyse hingewiesen wurde. Es ist ein besonderer Verdienst von Hartwig Claußen, bereits sehr früh auf diese Probleme, die sich aus der Altersschwerhörigkeit ergeben, hingewiesen zu haben und Lösungsmöglichkeiten entwickelt zu haben, die wegweisend sind, wie z.B. das Rendsburger Seminar.

Literatur

Burton, D.K. (1980): Probleme älterer Schwerhöriger. In: Deutscher Schwerhörigenbund und Bundesgemeinschaft der Eltern und Freunde schwerhöriger Kinder (Hrsg.): 1. Internationaler Kongreß der Schwerhörigen. Hamburg, 08.-10. August 1980. Kongreßbericht. Hamburg: IFHOH. 84-90.

Claußen, W.H. (1974): Das Putzsprechen - ein wichtiges sozial-integratives Verhalten. In: Hörgeschädigtenpädagogik 28. 154-161.

Claußen, W.H. (1989): Schwerhörigenandragogik. In: Claußen, W.H.; Schuck, K.D. (Hrsg.): Pädagogische Hilfen für schwerhörige und ertaubte Erwachsene. Ein Forschungsbericht. Band 1: Grundlegung und empirische Untersuchung. Gesundheitsforschung Band 179. Bonn: Der Bundesminister für Arbeit und Sozialordnung (Hrsg.). 14-125.

Demorest, M.E.; Erdman, S.A. (1989): Relationships among behavioral, environmental and affective Communication Variabels: A canonical analysis of the CPHI. In: A Journal of Speech and Hearing Disorders 45. 180-188.

Erikkson-Mangold, M.N.; Erlansson, S.I. (1984): Psychological Importance of Non Verbal Sounds. Skandinavian Audiology 13. 243-249.

Falconer, J. (1986): Aging and Hearing. In: Physical and Occupational Therapie in Geriatries 4.2. 3-26.

Fengler, J. (1990): Hörgeschädigte Menschen: Beratung, Therapie und Selbsthilfe. Stuttgart: Kohlhammer.

Fink, V. (1995): Schwerhörigkeit und Spätertaubung. Eine Untersuchung über Kommunikation und Alltag hörgeschädigter Menschen. Deutsche Hochschuledition Band 34. Neuried: ars una.

Florin, I. (1990): Psychische Symptome und Krankheitsauffälligkeiten bei schwerhörigen Erwachsenen 2. Teil. In: Hörakustik. 10. 64-74.

Giolas, Th. (1982): Hearing handicapped Adults. Englewood Cliffs: Prentice Hall.

Häfner, H. (1986): Psychische Gesundheit im Alter. Stuttgart: Gustav Fischer.

Hauser, R. (1993): Presbyakusis. In: Therapeutische Umschau. Band 50. Heft 9. 627-632.

Hellbrück, J. (1988): Strukturelle Veränderung des Hörfeldes in Abhängigkeit vom Lebensalter. In: Gerontologie 21. 146-149.

Huizing, E.H. (1980): Presbyakusis. In: Berendes, J; Link, R.; Zöllner, F. (Hrsg.): Hals-Nasen-Ohren-Heilkunde in Praxis und Klinik. Band 6. 2. Auflage. Stuttgart: Thieme. 41. 1-13.

Krappmann, L. (1971): Soziologische Dimension der Identität. Stuttgart: Klett.

Lehnhardt, E. (1978): Zur Fragwürdigkeit des Begriffs „Altersschwerhörigkeit“. In: HNO 26. 406-413.

Lienhard, P. (1992): Ertaubung als Lebenskrise. Bewältigung des Hörverlusts im Erwachsenenalter. Luzern: Schweizerische Zentralstelle für Heilpädagogik.

Neef, E. (1995): Die Versorgung Hörgeschädigter im somatisch-medizinischen Bereich. Wissenschaftliche Hausarbeit. Universität zu Köln.

Richtberg, W. (1980): Hörbehinderung als psycho-soziales Leiden. Gesundheitsforschung. Band 32. Bonn: Der Bundesminister für Arbeit und Sozialordnung (Hrsg.).

Richtberg, W.; Bochnik, H.J. (1980): Zur personalen Situation von Schwerhörigen und Spätertaubten. In: Deutscher Schwerhörigenbund und Bundesgemeinschaft der Eltern und Freunde schwerhöriger Kinder (Hrsg.): 1. Internationaler Kongreß der Schwerhörigen. Hamburg, 08.-10. August 1980. Kongreßbericht. Hamburg: IFHOH. 293-297.

Schuknecht (1974): Pathology of the ear. Cambridge, Mass.: Harvard University Press.

Stanger, G. (1992): Hörtest. In: TW Kopf Hals 2. 17-21.

Thomas, A.J. (1984): Acquired Hearing Loss: Psychological and Psychosocial Implications. London: Academic Press.

Trautmann-Sponsel, R.D. (1988): Definition und Abgrenzung des Begriffs „Bewältigung". In: Brüderl, L. (Hrsg.): Theorien und Methoden der Bewältigungsforschung. Weinheim: Juventa. 14-25.

UNESCO (Hrsg.) (1995): Handbuch der UNESCO zur Lehrerfortbildung: Besonderer Förderbedarf in der Klasse. Graz: Zentrum für integrative Betreuung.

Vernon, N. (1984): Psychological stress and hearing loss. In: SHHH Applications July/August. 3-6.

Wisotzki, K.H. (1993): Kommunikationsbelastung und Kommunikationsstrategien Schwerhöriger. In: Hörbericht 50. Das Fachthema. Dortmund: Geers.

Wisotzki, K.H. (1996): Altersschwerhörigkeit. Stuttgart: Kohlhammer.

Wisotzki, K.H.; Mühlich, A. (1992): Pilotstudie zur Adaptation des amerikanischen Tests „Communication Profile for the Hearing Impaired" (CPHI). In: Heilpädagogische Forschung. Band XVIII. Heft 3. 110-121.

Autoren

Dr. Bodo Bertram
Cochlear Implant Centrum
„Wilhelm Hirte“
Gehägestraße 28-30
30655 Hannover

Olaf Biermann,
Ulrich Hase,
Paul Heeg
Paradeplatz 3
24768 Rendsburg

Prof. Dr. Herbert Ding
Peter-Wenzel-Weg 8
69118 Heidelberg

Hajo Hinrich Frerichs
Kurlandweg 23
38518 Gifhorn

Dr. Ursula Gegner
Gebsattelstraße 30
81541 München

Prof. Dr. Klaus-B. Günther
Eimsbütteler Marktplatz 34
20257 Hamburg

Hannelore Hartmann
Pirolkamp 18
22397 Hamburg

Dr. med. Agnes Hildmann
Institut für Phoniatrie und Pädaudiologie
Vestische Kinderklinik
Lloydstraße 5
45711 Datteln

Prof. Dr. Manfred Hintermair
Pädagogische Hochschule Heidelberg
Fakultät I - Sonderpädagogik
Gehörlosen-/Schwerhörigenpädagogik
Zeppelinstraße 3
69121 Heidelberg

Prof. Dr. Ursula Horsch
Pädagogische Hochschule Heidelberg
Fakultät I - Sonderpädagogik
Gehörlosen-/Schwerhörigenpädagogik
Zeppelinstraße 3
69121 Heidelberg

Dirk Jacobs
Jaspersdiek 1
22399 Hamburg

Dr. Thomas Kaul
Klosterstraße 79b
50931 Köln

Klaus Mangold
Möwenweg 18
24837 Schleswig

Birgit Milenk-Hell
Bellealliancestraße 6
20259 Hamburg

Irene von Mende-Bauer
Schule für Schwerhörige
Musenbergstraße 30
81929 München

Dr. René J. Müller
Drosselgasse 19
CH-8038 Zürich

Joachim M.H. Neppert
Am Sooren 51
22149 Hamburg

Pfarrer Volker Schmeling
Landauer Gasse 10
90403 Nürnberg

Prof. Dr. Karl Dieter Schuck
Universität Hamburg
Institut für Behindertenpädagogik
Sedanstraße 19
20146 Hamburg

Prof. Dr. Karl Heinz Wisotzki
Auguste-Viktoria-Straße 37
50321 Brühl